Zita

Kaiserin und Königin

Meiner lieben, verehrten,
ewig jungen und charmanten
Irmgard Maria Tschöll,
der waschechten Südtirolerin
zum „100"sten
herzlich zugeeignet

Erich Feigl

9.5.92

Zita

Kaiserin und Königin

Erich Feigl

Amalthea

Titel der Erstauflage
»Kaiserin Zita –
Legende und Wahrheit«

Die im Originalwortlaut wiedergegebenen
Erinnerungen I. M. der Kaiserin sind im fortlaufenden
Text *kursiv* gedruckt.

Vorsatz:
Ein Schnappschuß, der das innige Verhältnis
des jungen Kaiserpaares dokumentiert (um 1917).

Nachsatz:
Das Kaiserpaar an der österreichisch-italienischen Front.
Ein Photo mit symbolhaftem Charakter.

5., völlig neu bearbeitete Auflage 1991

Umschlag und Herstellung:
VerlagsService Dr. Helmut Neuberger und
Karl Schaumann GmbH, Heimstetten
Satz: Jos. C. Huber KG, Dießen
Gesetzt aus 10/12 Punkt Garamond
Druck und Bindung: Wiener Verlag, Himberg bei Wien
Printed in Austria 1991
ISBN 3-85002-307-9

Inhalt

Vorwort zur fünften Auflage

Am Anfang dieser Biographie der Kaiserin stand meine Begegnung mit der Monarchin, vor allem die gemeinsame Arbeit mit dieser ungewöhnlichen Frau, damals, als ich nach vielen Gesprächen bei verschiedensten Anlässen mir endlich einen Lebenstraum erfüllen durfte: Ich konnte einen Dokumentarfilm für das Österreichische Fernsehen drehen, 1972, anläßlich des 80. Geburtstages der hohen Frau.
Das schier unüberwindliche Problem dabei war zunächst, daß es so gut wie kein Budget gab. Der Betrag, der mir zur Verfügung stand, reichte unter normalen Umständen, wie er in dem ohnehin unterdotierten Dokumentarfilmfeld üblich ist, bestenfalls für einen 5-Minuten-Spot, aber nicht für einen einstündigen Bericht über die Kaiserin.
Der Zufall half mir damals über die Hürden. Während ich mir noch den Kopf darüber zerbrach, wie ich dieses an sich unlösbare Problem doch lösen könnte, sah ich ganz zufällig eine Reportage über das Schicksal einer Nonne, die, nach einer steilen Karriere im Rundfunk mit ihrer Schwester Oberin und ihrem Gehorsamsgelübde nicht mehr zurechtkam, den Weg in die Öffentlichkeit suchte, und, an jenem Fernsehabend, ihr Schicksal und ihre Probleme an die naturgemäß höchst neugierige Öffentlichkeit trug.
Mir fiel dabei auf, daß der Regisseur das Gesicht dieser Ex-Nonne (um im Jargon zu bleiben) nie richtig zeigte, sondern seinen kurzlebigen Star hinter einer Hecke auf- und niedergehen ließ, der Zuschauer also zwischen sich und dem Wort immer etwas hatte, was den freien Blick ins offene Gesicht unterband.
Ich wußte nun, was zu tun war.
Denn ich kannte das Antlitz der Kaiserin. Von einem Augenblick zum anderen war mir klar, daß dieses Gesicht, diese Augen, diese Züge, diese Stimme genügten und keinerlei »Handlung« notwendig war.
Wichtig war nur ein gutes Vorbereitungsgespräch mit der Kaiserin: worauf es ankomme, welche Fakten zu erwähnen, welche Dinge beim Namen zu nennen seien.
Über vieles mußte erst gar nicht gesprochen werden, etwa über das »Deutsch« von Kaiserin Zita. Es darf nicht vergessen werden, daß bis zur Ausstrahlung dieses Films die überwältigende Mehrheit der Österreicher dachte, »diese Italienerin« spräche nur Italienisch, während die Deutschen meinten, »diese Fran-

zösin« spräche nur Französisch ... die großdeutsche Propaganda der Clique um Ludendorff hatte während des Ersten Weltkriegs ganze Arbeit geleistet, und die Anti-Zita-Kampagne der National- und sonstiger Sozialisten hatte das übrige getan.
Als schließlich die Kaiserin vor der Kamera saß und zum ersten Mal in ihrem Leben frei in ein Objektiv sprechen sollte – die hohe Frau war immerhin schon achtzig – stellte sich bei uns allen eine gewisse Unsicherheit ein. Wie sollte da ein Monolog gelingen, über eine Stunde hin?
Heute sind solche Dinge schon insofern leichter, als genug Video-Material zur Verfügung steht. Wir aber hatten 35mm-Material in der Kamera, und das Geld reichte gerade für das glatt durchgesprochene Material für eine einstündige Dokumentation.
Neugierig stand damals der achtjährige Enkel der Kaiserin in der Tür, Erzherzog Paul Georg. Ich bat ihn zu mir zu kommen, setzte mich vor die Kamera, Kopf unmittelbar unter dem Objektiv, und zog den Buben an mich. »Majestät, bitte denken Sie daran, daß wir von Ihrem Leben und Kaiser Karls und Ihrem Wirken nichts oder wenig wissen. Bitte erzählen Sie uns beiden die Geschichte Ihres Lebens ... das ist alles.«
Es gelang auf Anhieb, so gut wie ohne Versprecher, in makellosem Schönbrunner Deutsch, und vor allem mit diesem – für mich – unvergleichlichen Antlitz, in dem sich Freude und Schmerz, Liebe und Mitleid, Humor und Trauer mit jedem gesprochenen Wort, mit der Sprachmelodie so vollendet deckten.
Der Film wurde ein überwältigender Erfolg, von einem Fernsehabend zum anderen wußten die Menschen, wer diese Frau wirklich war – weil sie ihr in die Augen schauen konnten.

Naturgemäß waren manche Leute unglücklich über die Wirkung des Films, und sie machten aus ihrem Herzen auch keine Mördergrube. Ich zog es damals jedenfalls vor, angesichts der Schäbigkeit gezielter Angriffe Österreich überhaupt zu verlassen und übersiedelte nach Westafrika, fest entschlossen, mich keinen derartigen An- und Untergriffen mehr auszusetzen.
Mein frei gewähltes Exil dauerte nicht allzu lange; zu schön war der Dankesbrief der Kaiserin gewesen, zu schön die Reaktion der überwältigenden Mehrheit der Österreicher. Über Madeira fuhr ich wieder nach Hause und machte mich an die Arbeit an diesem Buch, in ständigem Kontakt mit Ihrer Majestät, mit ihrer Familie, mit ihrem hinreißenden Bruder, dem Prinzen Xavier von Bourbon-Parma (später Herzog von Bourbon-Parma), Professor Ludwig Jedlicka, Dr. Peter Broucek – der mir seither stets mit Rat und Tat beistand –, mit Baron von Kövess, dem Sohn des letzten Oberbefehlshabers der k.u.k. Armee, mit Erich Thanner und seiner Gemahlin Zita Thanner – Tochter von Baron Zeßner, dem großen Legitimisten, der als erster Österreicher im KZ Dachau sein Leben für seine Liebe zum Kaiserhaus hingegeben hatte –, Fürst Karl zu Löwenstein, Gräfin Anna

Coreth, Prinz Alfred von und zu Liechtenstein, Fürst Thurn und Taxis, Kardinal Mindszenty – auf den ich gleich noch einmal zu sprechen kommen werde, und natürlich mit der jüngsten Tochter der Kaiserin, Erzherzogin Elisabeth, Prinzessin von und zu Liechtenstein, Erzherzogin Monika und Otto von Habsburg.
Als schließlich die Buchpräsentation stattfand, beeindruckte mich das Wort meines Verlegers Dr. Fleissner, das mir seither unvergessen ist: »Dieses Buch wird seinen Weg machen«, sagte er den anwesenden Freunden und Gästen – und ich dachte damals: »Hoffentlich wird es den Weg der Kaiserin machen.« Es öffnete sogar den Weg für zwei weitere Fernseh-Filme, die ich mit weiland Ihrer Majestät herstellen durfte, einen zu ihrem 95. Geburtstag im Auftrag von 3-SAT, einen für den ORF, der am Todestag, dem 14. März 1989, ausgestrahlt wurde, und es bot schließlich die Grundlage für mehrere andere Biographien über Kaiserin Zita, die, zitiert oder auch nicht, auf dieser Arbeit fußen.

Anläßlich der nun 5. Auflage des Buches möchte ich noch gerne an die Entwicklung erinnern, die seit dem Erscheinen der 1. Auflage im Jahre 1975 stattgefunden hat. War die Erstauflage noch in einem gewissen Sinne ein Kampf- und Rechtfertigungsbuch, eine Arbeit, die (ähnlich wie der erste Fernsehfilm »Die Kronzeugin«) der Öffentlichkeit noch beweisen mußte, daß sie nur ein Zerrbild der Kaiserin kannte, so ist diese Aufgabe – Gott sei Dank – längst überholt. Das Andenken an diese Frau hat heute einen festen Platz im Herzen der Menschen, ja die mittlere und jüngere Generation weiß nicht einmal mehr über die Schmähungen durch Ludendorff, Bauer, Goebbels & Co – sie kennt vielmehr die unvergessenen Eindrücke und Gefühle von den Besuchen der Kaiserin in Wien, Innsbruck, Lienz oder Mariazell und all den Orten ihrer triumphalen Heimkehr nach 63 Jahren ungerechtfertigter Verbannung. Man erinnert sich mit Ergriffenheit an die Beisetzung weiland Ihrer Majestät in der alten Reichshaupt- und Residenzstadt Wien am Sterbetag Kaiser Karls, dem 1. April 1989.
Und Geschichte wird vielleicht wieder lebendig werden, wenn Kaiser Karls Leichnam heimkommt nach Wien, von der Atlantikinsel Madeira, und dieses wunderbare, in Liebe, im Glück und im Unglück, vor allem in der Treue so hervorragende Paar im Tode wieder vereint sein wird.

Zur Erinnerung an diese Entwicklung möchte ich ein paar Absätze aus der 4. Auflage zitieren, als ich, ganz beeindruckt von einem Besuch bei der Kaiserin während der Dreharbeiten zu jenem Film niederschrieb: »Ich hatte vor wenigen Tagen wieder Gelegenheit, ein längeres Gespräch mit Kaiserin und Königin Zita zu führen, und war zunächst wegen der starken Veränderung des Aussehens der Monarchin überrascht, hatte sich doch seit der Heimkehr der Kaiserin im Jahre 1982 aus ungezählten Bildern, die, vom Fernsehen ausgestrahlt und in Zeitungen abgebildet, eine fest umrissene Kontur der großen alten Dame im Bewußtsein der

Öffentlichkeit geprägt: das einer überaus zerbrechlich wirkenden, jedoch von unversiegbarer Energie geladenen, freundlichen Neunzigjährigen, deren Haar noch immer nicht völlig ergraut und deren Züge irgendwie noch immer nicht gealtert schienen, zeigte doch das Antlitz einen merkwürdigen, nicht recht erfaßbaren, aber doch deutlich erkennbaren Schimmer von jugendlicher, mitunter mädchenhaft wirkender Frische. Selbst in den letzten Filmaufnahmen, die anläßlich der Hochzeit ihrer Enkelin Erzherzogin Alexandra im Jahre 1984 in Brüssel entstanden, ist dieser jugendliche Zauber der Zweiundneunzigjährigen ein Teil des Geheimnisses ihrer Ausstrahlung gewesen.
Im Februar 1986, als ich der Kaiserin und Königin wieder gegenüberstand, bewegte mich ein völlig anderer Eindruck. Nach einem Augenblick des Erstaunens, gleichsam der Korrektur eines so starken, älteren Eindrucks durch die vielen Begegnungen mit der Kaiserin in fast allen Stätten ihrer unvergessenen Österreichbesuche nach der Heimkehr, sah ich unvermittelt einen völlig neuen, bisher in dieser Dimension kaum erahnten Menschen vor mir: eine Frau, die einerseits äußerlich sehr stark verändert wirkte, fehlte doch jener so faszinierend gewesene Schimmer längst vergangener Jugend nun völlig.
Etwas anderes war nun an dessen Stelle getreten, etwas, was viele wegen der schier unerschöpflichen jugendlichen Dynamik dieser Frau nicht richtig gewürdigt oder gar übersehen hatten, eine vergeistigte Kraft, die ich in meinem persönlichen Gesichtskreis erst ein einziges Mal gesehen habe, und das vor fast einem Vierteljahrhundert, als ich im Zuge einer ausgedehnten Filmarbeit in Asien Seine Heiligkeit den Dalai Lama näher kennenlernen durfte; schon bei der ersten Begegnung mit dem Oberhaupt der ›Gelben Kirche‹, es war zu Beginn der sechziger Jahre, hatte ich das Gefühl, einem Wesen aus reinem Kristall gegenüberzustehen, einem Menschen, der, so sehr er seinem leidgeprüften Volk auch mit jeder Faser seines Herzens verbunden ist, dennoch nicht von dieser Welt ist, sondern einem besonderen, von Außenstehenden kaum oder gar nicht begreifbaren Qualitätsbegriff zugeordnet werden muß; in jener Weltordnung, die ich seinerzeit im Zuge meiner Dokumentarfilmtätigkeit bei den Tibetern wenigstens am Rande kennenlernen durfte, entspricht das einem Sonderzustand vor der Vollendung.
Mein Eindruck, den ich nach dem langen Gespräch mit Ihrer Majestät hatte, läßt sich vielleicht gerade von mir als einem dem so tief verwurzelten Glauben der Kaiserin eher kühl und dem Gebet und der Hingabe an den Glauben der Kirche eher verständnislos Gegenüberstehenden in einem einzigen Satz beschreiben: Die Kaiserin und Königin geht vollständig im Glauben an ihren Schöpfer und die kommende Vollendung auf.
Ich hatte in jenem Gespräch wiederholt das Gefühl, mit einem zwischen Zeiten und Räumen schwebenden Wesen zu sprechen; einesteils voll und interessiert Zeitgenosse, wachsam und dankbar für jede kleinste Mitteilung (ich berichtete der Kaiserin von meinem Besuch in ihrem Geburtshaus, der Tätigkeit der Schulbrüder

Cavanis dort, von meiner jüngsten Reise auf den Spuren ihres Lebens und der bevorstehenden Fahrt nach Ungarn und von den damit zusammenhängenden Fernsehaufnahmen), andernfalls aber schien mir die Kaiserin trotz ihrer hellwachen Reaktionsfähigkeit irgendwie ›entrückt‹, zerbrechlich, ja durchsichtig. Unsere Gesprächsthemen entsprachen dieser ›Durchsichtigkeit‹; ging es zuerst um meine Berichte über die Reise, so alsbald um das innerste Anliegen der hohen Frau, den Frieden. Ich machte irgendwie, vielleicht etwas zu oberflächlich, eine Bemerkung wie ›ohne die Friedensbemühungen des Kaisers und Eurer Majestät, die schließlich so tragisch in der Gosse der Schlagworte ›Sixtusaffaire‹ oder ›die Verräterin aus Italien‹ endeten, würden die Habsburger möglicherweise noch heute, respektiert und geachtet, in Mitteleuropa regieren‹. Die Kaiserin reagierte mit der größten Selbstverständlichkeit der Welt und nahm die Menschen der Österreichisch-Ungarischen Monarchie in Schutz: ›Sie wußten es nicht anders, und angesichts der unsagbaren Opfer, die sie dargebracht hatten, ist ihnen überhaupt alles nicht anzurechnen; sie wollten den Frieden, wie wir den Frieden gewollt hatten. Daß sich Mißverständnisse eingeschlichen hatten, für die weder wir noch die Menschen, die uns anvertraut waren, etwas konnten, dafür kann niemand verantwortlich gemacht werden, am wenigsten der, der die schwersten Opfer gebracht hat, nämlich das Volk.‹

Ich erzähle von dieser Begegnung auf die offenkundige Gefahr hin, der Sentimentalität oder gar der Einseitigkeit geziehen zu werden. ›Sentimentalität‹. Ich empfand sie wenige Tage später in Budapest nicht nur angesichts der Gefühle der Ungarn gegenüber dem Königshaus, vor allem auch der jungen Magyaren, sondern auch ganz besonders stark angesichts des Flugzeuges, das im Jahre 1921 das junge Königspaar nach Ungarn gebracht hatte. Als ich einen leitenden Beamten des Verkehrsmuseums, wo sich die alte Junkers F19 befindet, fragte, wieso denn dieses offensichtlich noch immer flugtüchtige Gerät nicht während des Zweiten Weltkriegs wieder in Einsatz gekommen sei, antwortete er, beinah erbost über die in der Frage verborgene Zumutung: ›Aber ich bitte Sie, mit diesem Flugzeug ist unser Königspaar nach Ungarn gekommen. Dieser Aeroplan *ist eine Reliquie!*‹«

So geschehen in Budapest, im Februar 1986, noch in der Zeit der schlimmsten kommunistischen Herrschaft und Unterdrückung, unter der die Kaiserin und Königin besonders litt. Ich merkte das damals in jener Unterredung besonders, sprach ich doch über das bevorstehende Jubiläum – 70 Jahre nach der Königskrönung zu Budapest, am 30. Jänner 1916 – und sprach ich doch von meinem Plan, eine Ausstrahlung des Films zu diesem Anlaß zu versuchen, was denn ja auch gelang.

Am 95. Geburtstag der Kaiserin hatte ich abermals Gelegenheit, in unmittelbarer Nähe der hohen Frau zu sein, während der Familienfeier im Johannesstift zu Zizers, dann auf der großen Waldwiese, wo die zahlreich erschienene Nachkom-

menschaft Völkerball spielte, und schließlich beim Fest- und Dankgottesdienst, den der Bischof von Chur (zugleich Hausherr des Altersheims) zelebrierte. Mein Team hatte hinter den Blumen am Altar Aufstellung genommen, und wir konnten so, völlig unbeachtet, die Fünfundneunzigjährige während des Gebets beobachten und filmen.
Eine ganz unglaubliche Sequenz gelang dabei, als sich nach Beendigung der Meßfeier die Familie – sie füllte die ziemlich große Kapelle bis zur Empore – erhob, um gemeinsam den Hymnus, Ungarns Nationallied und Haydns »Gott erhalte« zu singen. Die Kaiserin trug einen schwarzen Schleier auf dem immer noch dunklen Haar, sang mit – nein, das war es eben: sie sang nicht eigentlich mit, sondern betete singend mit, stets eine Spur hinter dem Chorgesang der Familie nach, jedes einzelne Wort bewußt und bedacht setzend.
Im Mai 1991 wurden die sterblichen Überreste Kardinal Mindszentys aus Mariazell nach Gran überführt. Er hat nach einer denkwürdigen Begegnung mit seiner Königin im Johannesstift von Zizers für die 1. Auflage dieser Biographie ein Geleitwort geschrieben, trat seine große Südamerikareise an, kehrte todkrank heim und konnte sich nicht mehr erholen. Im Dom zu St. Stephan in Wien nahm die alte Reichshaupt- und Residenzstadt Abschied vom Primas Hungariae ... es war am 9. Mai 1975, Geburtstag seiner Königin. Sie wurde vierzehn Jahre später nach dem Requiem in St. Stephan in die Kapuzinergruft überführt, am 1. April, dem Todestag Kaiser Karls. Merkwürdig, wie sich das damalige Geleitwort des Kardinals in diese späteren Fakten fügt:

»›Der Mann ist durch die Frau geworden‹, sagt der Apostel Paulus. Im Werke des Mannes zeigt sich das Antlitz der Frau.
Sie gibt ihm die Richtung mit auf den Weg.
Auf die Ehe Karl–Zita angewandt, heißt das, daß sie als erste die religiöse Genialität ihres Mannes erkannte und sie bis zum heroischen Ende auf Madeira so zu gestalten und zu entfalten wußte, daß sich immer mehr Menschen in aller Welt mit der Bitte an die Kirche wenden, sie möge unfehlbar feststellen, daß Karl aus dem Hause Habsburg der Ehre der Altäre würdig sei.
Unsere Königin war ihrem Manne Gefährtin. Sie teilte alles mit ihm, auch die bitterste Not und Gefahr.
›Ehrgeiz‹ sagten die einen – ›Machthunger‹ sagten die andern. Heute wissen wir, warum der König die tollkühne Heimkehr nach Ungarn wagte. Der Heilige Vater persönlich, Papst Benedikt XV., hatte den Apostolischen König von Ungarn gebeten, diesen Einsatz zu wagen, um das Land vor dem drohenden Unheil zu bewahren. Der König folgte dem Ruf, und die Königin folgte dem König. Ich glaube, sie wird für kommende, hellere Tage, für immer ein Vorbild der Treue, der Pflichterfüllung sein; auch darin Gefährtin des Königs.
Und eine Mutter.
Drei Generationen sah ich knien um den Altar, als ich im Johannesstift das heilige

Meßopfer darbrachte... die Königin, um sie herum ihre Kinder, und dazu die blühende, herrliche Schar ihrer Kindeskinder – und alle gemeinsam sangen sie unseren Hymnus...
wem ist da bange um unsere Zukunft?«

Ganz in diesem Sinne erfolgte übrigens auch die Auswahl der Bilder zu dieser Biographie. Da es – vom gleichen Autor und im gleichen Verlag – einen umfassenden Bildband über Kaiserin Zita gibt, der von den Ahnen der hohen Frau bis zu ihrer Beisetzung ihre Geschichte in Bilddokumenten umfaßt, bringt diese Biographie vor allem Fotos der Kinder und Kindeskinder der Kaiserin, die ihre Familie in schwerster Zeit zu einer Einheit prägte und vielen als Vorbild gilt.

Wien, 9. Mai 1991 *Erich Feigl*

1. Teil

Prinzessin Zita von Bourbon-Parma

Kaiserin Zita war schon siebenundsechzig Jahre alt, als ihre Mutter starb. Es war zufällig der Tag, an dem die Sowjets eine Raumstation in eine Erdumlaufbahn schossen – der 14. Mai 1959. Im Jahre 1862, als die Mutter der Kaiserin zur Welt kam, peitschte Bismarck soeben die Reform des preußischen Heeres durch, marschierte Garibaldi mit seinen Carbonari auf Rom. Als die Großmutter der Kaiserin starb, Königin Adelheid von Portugal, war Prinzessin Zita siebzehn, »und ich erinnere mich meiner Großmutter und ihrer Worte so, als hätte ich sie gestern gesehen«. Das war 1909.
Als Königin Adelheid zur Welt kam, regierte Kaiser Franz, der noch Kaiser des Heiligen Römischen Reiches gewesen war. Königin Adelheid hatte ihren Mann, König Michael von Portugal, über alles geliebt, seine Mutter verehrt. Was immer sie sprach, verwirklichte oder unterließ – es war, als wollte sie es auch vor ihrer Vorgängerin, Königin Charlotte, verantworten und vor allen, die vor ihr waren.

So hielt es später auch meine Mutter, so hielt es ich, so scheinen es auch die Kinder und Kindeskinder zu halten. Wenn ich daher aus meinem Leben erzähle, erzählen sie alle, ergänzen, erweitern. Alle, die vor mir kamen, prägten ja auch mein Leben mit, alle, die mit mir waren und sind, vor allem der Kaiser, der meinem Dasein Erfüllung und Inhalt gab. Ohne jene, die vor uns waren, wären wir nichts. Was immer geschah, was immer ich tat, ich tat es für alle, die vor uns waren, mit uns sind, nach uns kommen. Gewiß, wir haben Fehler gemacht. Aber der gute Wille war immer dabei, was immer wir auch unternahmen.
Tausend und eine Macht: alle die Mächte, die vor, mit und um uns wirken, treiben und hemmen, sind nichts gegen die eine Macht, die über uns herrscht. Ihr hat Kaiser Karl gedient. Ich war nur Weggefährtin.

Um die Herrscher und Großen der Erde bauen sich gerne Legenden und Mythen auf, so wie um die Menschen ihrer Umgebung.

Auch ich bin Zeugin einer Legendenbildung, und spätestens seit den Tagen, da Kaiser Karl versuchte, Frieden zu schließen, stehe auch ich im Mittelpunkt von Legenden, Geschichten. »Geschichte« kommt von »Geschehen«. Was hier erzählt wird, ist die Geschichte, die ich als unmittelbare Zeugin erlebte oder, was die

Ereignisse vor mir betrifft, als Mitträgerin der Tradition in unserer Familie mittelbar in Erfahrung brachte; aus den Berichten des Vaters, der Mutter, unserer Verwandten und Freunde, die überall in Europa lebten und vielfach auch herrschten. Gewiß erhebe ich Anspruch darauf, nach bestem Wissen die Wahrheit zu überliefern.

Ich hatte in meiner Familie eine ungemein fröhliche und glückliche Kindheit. Wir waren, alles zusammen, vierundzwanzig Geschwister, und das gab schon eine lautstarke, fröhliche Schar. Wirklich alle auf einmal tummelten sich freilich nur während der Ferien durch den Park von Schloß Schwarzau am Steinfeld oder von Villa Pianore nahe von Lucca; sonst schmälerten Schule und Studium leider unsere Zahl, und als ich zehn war, erwischte es auch mich, als ich ins oberbayrische Zangberg ins Internat mußte.

Bis zu unserem zehnten Lebensjahr durften wir ganz zu Hause bleiben, was freilich nicht hieß, daß wir bis dahin nichts zu studieren hatten, im Gegenteil, da lernten wir früh und spät mit unseren Hauslehrern, deren wir mehrere hatten, was bei der kleinen Schule, die wir Geschwister schon beinahe bildeten, weiter auch nicht verwundert.

Selbst in den Ferien mußten wir unsere »Stunden« nehmen, denn wenn wir auch bei unseren Eltern mit etlichen Sprachen, mit Französisch, Deutsch, Italienisch, Englisch, Spanisch und auch Portugiesisch, wie selbstverständlich heranwuchsen, so ist es doch ein großer Unterschied, ob man so viele Sprachen im kindlichen Reden und Spielen erlernt und auch ganz leidlich spricht, oder ob man sich auch mit Rechtschreibung und mit Grammatik befaßt, und das mußten wir wohl.

Das Sprachgemisch kam durch die Eltern und deren Eltern zusammen; die Sprache der Mutter war Deutsch, doch war sie die Tochter eines portugiesischen Königs und der wieder Sohn einer spanischen Mutter; Vaters Muttersprache war natürlich Französisch, aber als Sproß der spanischen Linie der Bourbons sprach er wie selbstverständlich auch Spanisch und als Herzog von Parma auch Italienisch; Englisch brauchten die Eltern oft auf ihren Reisen, wohl auch im Umgang mit Gästen, und so ergab sich für alle das bunte Europagemisch ganz von selbst.

Wo wir zu Hause waren? Wir Kinder in Schwarzau am Steinfeld und in der Villa Pianore nahe von Lucca.

Jedes Jahr kam die doppelte Übersiedlung, von Österreich nach Pianore im Herbst, im Frühling wieder zurück nach Schwarzau, wo wir den Sommer verbrachten. Die Übersiedlungen bedeuteten für uns Kinder stets das ganz große Ereignis. Da wir so zahlreich waren, bestellte der Vater gleich einen Extrazug, der unmittelbar hinter dem Expreß einherfuhr, und wir füllten ihn prompt. Eltern und Kinderschar, da war schon ein Waggon voll. Wenn noch ein paar Freunde mitkamen, übervoll.

Dann die Sekretäre des Vaters, die Erzieher, die Lehrer, das Personal, das wir zum Teil von einem Wohnort zum anderen mitnahmen, zu guter Letzt auch die Pferde, denn von unseren liebsten Reittieren kamen ja auch immer ein paar mit, und dann ging's los. Den Höhepunkt der Aufregung und der Freude erreichten wir stets,

wenn in der Steiermark, am Fuße des Semmerings, die zweite Dampflokomotive vor unsere Wagen kam und dann mit uns die Paßstrecke hinaufpfauchte.
Wenige Minuten später erreichten wir schon St. Egyden, die Bahnstation von Schwarzau, wo uns der Pfarrer erwartete – wir waren ja im Sommer seine Pfarrkinder –, der Bürgermeister, die Hausangestellten aus Schwarzau, unsere Freunde und Schutzbefohlenen, deren wir viele hatten.
In Schwarzau selbst ging es dann erst recht hoch her, da konnten uns wohl auch die Trompetenstöße Ferdinands begrüßen, den man zwar allgemein den »Dorftrottel« nannte, der aber ein gutmütiger, lieber Kerl war, der Schafe hütete und sich einmal zum Weihnachtsfest eine Trompete gewünscht hatte, die ihm Franziska und ich auch schenkten.
Franziska war meine Schwester, mit der ich als Kind die herzlichste Beziehung hatte; wie es ganz selbstverständlich ist, bildeten sich in unserer riesigen Geschwisterschar da und dort besondere Freundschaften aus. So waren mein Bruder Sixtus und meine Schwester Adelheid unzertrenntlich, und sehr bald kam in den Freundeskreis um Sixtus auch Erzherzog Karl hinein, der ganz in der Nähe wohnte und dessen Großmutter unsere Tante war. Bei uns in Schwarzau hat er auch sein erstes Kaninchen erlegt und war mächtig stolz darauf.
Da erinnere ich mich auch, daß wir Mädchen einmal drüben in Villa Wartholz, wo Erzherzog Karl wohnte, zu Besuch waren und er mit seinem Flobertgewehr uns Mädchen versehentlich ein Fenster einschoß, was uns sehr wurmte. Sonst beachteten wir ihn nicht allzu sehr, und auch er schloß sich noch den Buben an. Wir Mädchen hatten auch anderes zu tun, als mit dem Flobertgewehr nach Hasen und Fenstern zu zielen.
Denn auch in den Ferien, wenn wir weniger lernten (zu wenig nach Meinung unserer Hauslehrer), mußten wir doch viel nähen, flicken und stopfen, und zwar nicht nur unsere eigene Wäsche, unsere eigenen Strümpfe, sondern auch die der Alten und Kranken von Schwarzau und auch die unserer zwölf »zusätzlichen Kinder« im Dorf; jedes Jahr übernahmen wir eine Art von Patenschaft über ärmere Mädchen von Schwarzau, und nur einen Buben hatten wir dazuadoptiert – eben jenen Hüterbuben, der nicht ganz klar im Kopf war, aber nicht nur auf seine Trompete mächtig stolz war, sondern auch darauf, daß er der einzige »Mann« in der Schar unserer schutzbefohlenen Mädchen sein durfte. Wir selber, ich meine: die Jüngeren unter uns Geschwistern, standen wieder unter der Patenschaft unserer älteren Geschwister, also der Kinder aus der ersten Ehe unseres Vaters (gleichfalls ihrer zwölf), und jedes Jahr führten uns also die Älteren in eine Textilfabrik in Neunkirchen, einem Industrieort nahe von Schwarzau, wo sie in einer Art »Sommerschlußverkauf« zu billigen Preisen direkt beim Erzeuger größere Mengen von Stoffresten für uns kauften, aus denen wir dann das ganze Jahr über Kleider für die Armen von Schwarzau nähten, mehr aber noch für die Armen von Pianore, wo ja wesentlich andere Zustände herrschten als in Österreich.
Ich erinnere mich, daß wir – meine Schwester Franziska und ich – die Linie von

unserem Haus, das auf einer Anhöhe oberhalb der Ortschaft lag, die Straße hinunter zum Meer, als unsere »Grenze« bezeichneten.

Links von der Straße, wo wesentlich ärmere Leute wohnten als auf »meiner Seite«, lag das Gebiet von Franziska, ich aber arbeitete rechts. Wir hatten einen Pferdewagen, manchmal auch nur die Pferde, auf die wir unsere Sachen packten; dann zogen wir los.

Franziska hatte mitunter schier übermenschliche Arbeit zu leisten, in ihrem Gebiet gab es zahlreiche Menschen, die an schwerer Tuberkulose litten und an bösartigen anderen ansteckenden Krankheiten. Auf meiner Seite schien die Arbeit etwas leichter zu sein, ich hatte dafür mehr Ältere und Alleinstehende zu betreuen. Das Ganze mag heute seltsam klingen. Aber damals gab es weder eine Sozialversicherung im heutigen Sinn noch ein durchorganisiertes Gesundheitswesen. Fast immer fanden die Kranken Hilfe und Zuspruch in ihrer Familie, aber dort, wo aus irgendwelchen Gründen diese Art der »Versicherung« nicht zur Wirksamkeit kam, mußten eben wir einspringen. Wenn wir abends, oft völlig erschöpft, von unserer Sozialtour nach Hause kamen, mußten wir uns immer auf das gründlichste reinigen, nach Anweisung unserer Mutter das Haar mit Alkohol desinfizieren und Kleider wechseln – es ging dabei vor allem um eine Vorsichtsmaßnahme hinsichtlich unserer jüngeren Geschwister. Im übrigen pflegte die Mutter, wenn wir es gar zu ernst mit dem Reinigen nahmen, zu sagen: »Schluß jetzt! Die Caritas ist immer noch die beste Hilfe gegen Ansteckungsgefahr!«

Wenn ich das Erziehungs-»System« meiner Eltern beschreiben soll, muß ich wohl sagen, daß es um vieles einfacher, unkomplizierter war als das, was sich später hinsichtlich Kindererziehung anbot. So bedeutete es für uns Kinder so ziemlich die härteste Strafe, die allerdings nur selten verhängt wurde, wenn einem von uns die Süßspeise entzogen wurde. Das war ganz schön hart, beschämt zuschauen zu müssen, wenn Brüder und Schwestern ein Stück Apfelstrudel oder Kompott bekamen … denn auch das Essen, das auf unseren Tisch kam, war ja einfach, und eine süße Kleinigkeit hintennach war schon ein Höhepunkt.

Unter uns durften wir eigentlich reden und plaudern, wie uns der Schnabel gewachsen war; bald allerdings hatten wir zu erlernen, wie man sich Freunden, Bekannten und Fremden gegenüber zu verhalten hat – immer schön sachte im Einstufen – vor allem jedoch, ich meine, das war fast das Wichtigste, wie wir zu grüßen hätten, und daß wir niemals zögern sollten, zuerst zu grüßen.

Meine Mutter war wohl sehr streng. Daß wir sie dennoch liebten, über alles liebten, bedarf nicht der Erwähnung.

Vater war der Inbegriff der Güte, des Wohlwollens. Wenn er einmal einen von uns ausschimpfen mußte, traf das alle sehr hart; geschlagen hat er nie, nicht ein einziges Mal. Er war so ein froher, gutmütiger Charakter und sah es am liebsten, wenn alle lachten, wenn sich alle vertrugen, und je lustiger es bei uns zuging, desto glücklicher war auch er. Übrigens lernten wir von Vater, mit Gästen, mit Besuchern umzugehen, »Konversation zu pflegen«. Auch da muß ich wieder sagen, daß sowohl unser

Vater als auch die Mutter alles Gewicht darauf legten, uns anzuerziehen, Haltung zu bewahren. Sie meinten oft, »Haltung« sei eine angelernte Natur, etwas, das nur durch ständige Übung zu erlernen sei, weil Beherrschung gar nicht der angeborenen Art des Menschen entspreche – um so mehr achteten sie darauf. Sicher hing das auch damit zusammen, daß wir früh lernen mußten, alles, was uns umgab – den gewissen Wohlstand, den großen Haushalt, aber auch die gewisse Macht, derer sich manche unserer Verwandten erfreuten –, als etwas zu sehen, das man von einem Tag auf den andern verlieren konnte.

An Tagen ohne Arbeitsprogramm konnte es wohl passieren, daß uns die Eltern erlaubten, hinunter ans Meer, zum Schwimmen und Picknick, zu gehen. Für diesen Zweck hatten wir einen Pferdeomnibus, den wir dann, zwanzig Geschwister zugleich, mit Sack und Pack stürmten, mit unserem Badezeug und dem Proviant, und regelmäßig setzte ein heftiger Kampf um die luftigsten Plätze oben auf dem Dach unseres »familiare« ein, den ich meistens, wohl dank der Güte der älteren Geschwister, für mich entschied. Den ganzen Tag, bis in den Abend hinein, weilten wir dann am Meer, schwammen oder ritten auf unseren Pferden, spielten mit den Kindern aus Pianore und vergnügten uns bei Federball und Boccia, bis es gen Abend wieder hinauf ging zu unserem roten Haus, auf das unser Vater so stolz war, weil es nach seinen Anleitungen gebaut worden war. Dabei bildete Villa Pianore gewiß den geringeren Teil seiner großen Welt, die er sich aufgebaut hatte, in der er lebte.

Seine eigentliche Heimat, sein »geistiges Zuhause«, war sicherlich Schloß Chambord in Frankreich, das Erbe nach unserem Onkel, dem Grafen von Chambord, dessen Geschichte ganz wesentlichen Anteil an unserem Leben und den Verhaltensweisen hatte. Unser Zuhause, sofern es sich auf die schönsten Erlebnisse bezieht, auf das, was uns Kinder und wohl auch die Eltern, am meisten freute, jenes Zuhause, das wir alle genannt hätten, hätte uns aus der internationalen Gesellschaft jemand gefragt, »wo wir nun eigentlich hingehörten«, war eindeutig Schloß Schwarzau.

Aber auch Pianore mochten wir gern, schon deswegen, weil es Vater hatte errichten lassen, zumindest den Teil, in dem wir wohnten und wo die Eltern auch Gäste empfingen. Übrigens lernten wir Kinder schnell, die »Bedeutung« der Gäste an der Staubfahne zu messen, die der Wagen (oder die Karawane) hinter sich herzog; daß wir jene, die weniger Staub aufwirbelten, meistens bevorzugten, liegt fast in der Natur der Sache.

Daß ich dort geboren bin, ist schon erwähnt.

Welche Rolle dieser »Geburtsort Pianore« in meinem Leben noch spielen sollte, ist eine Geschichte für sich, so wie die Herkunft von Herzog Robert von Parma, meinem geliebten, verehrten Vater.

Die genaue Kenntnis der Herkunft und der Welt, aus der Kaiserin Zita kommt, ist notwendig zum Verständnis der Zusammenhänge, des Zeitgeistes und der

Umstände, in denen die großen Familien Europas lebten. Die Haltung der Eltern, der Großeltern, der Ahnen, prägte den Charakter der jungen Prinzessin entscheidend.

Der Geburtsort: Pianore in Italien

Hof- und Personalnachrichten: »Der Kaiser hat sich heute vormittag mit kleiner Suite von der Station Hetzendorf aus mittelst Separat-Hofzuges der Südbahn nach St. Egyden begeben, von wo der Monarch mittels bereitstehender Equipage ins Schloß Schwarzau fährt, um dortselbst die vormittags stattfindende Taufe des jüngstgeborenen Sohnes des Herzogs Robert von Parma und seiner Gemahlin Herzogin Antonia von Parma zu besuchen.«
Der »Pester Lloyd« wußte tags darauf zu berichten: »26. April 1890. Seine Majestät der König weilte gestern, wie bereits gemeldet, in Schwarzau am Steinfeld der Taufe des jüngsten Sohnes von Herzog Robert von Parma an. Der König überreichte der Herzogin Maria Pia ein wertvolles Schmuckstück, darstellend eine Edelweißblüthe, deren Blätter aus weißen Brillanten gefertigt sind, während die Staubgefäße, aus gelben Diamanten, einen grünen russischen Solitär von bedeutendem Werthe umgeben. Auch für den Pfarrer von Schwarzau, der den Taufakt vorgenommen, wie für die zahlreiche Dienerschaft hat Se. Majestät reiche Geldgeschenke in Dukaten gespendet. Nachmittags 1 Uhr kehrte S. Majestät wieder nach Wien zurück.«
In die Meldungen des Tages hatten sich einige Irrtümer eingeschlichen: Es handelte sich nicht um einen »jüngst geborenen Sohn«, sondern um eine Tochter. Und Herzogin war damals schon lange nicht mehr Maria Pia. Die neue Herzogin von Parma – Maria Antonia – hatte Herzog Robert soeben ihr viertes Kind geschenkt. Die neugeborene kleine Prinzessin Franziska, die der alte Kaiser persönlich aus der Taufe hob, trat schon in jüngeren Jahren in das Kloster Solesmes (Frankreich) ein, wo sie bis in das letzte Viertel des 20. Jahrhunderts hinein gemeinsam mit ihrer Schwester Maria Antonia als Nonne ein Leben der Buße und des Gebetes führen sollte.
Zwei Jahre später bringt Herzogin Maria Antonia von Parma ihr fünftes Kind zur Welt: Prinzessin Zita von Bourbon. Geburtsort: Villa delle Pianore, Herzogtum Lucca, Königreich Italien.

Und ausgerechnet ich mußte in Pianore zur Welt kommen. So viele meiner Geschwister stammen aus Schwarzau am Steinfeld in Niederösterreich; Franziska kam dort vor mir zur Welt, Kaiser Franz Joseph hob sie persönlich aus der Taufe. (Nicht auszudenken, um wieviel leichter für Kaiser Karl manches gewesen wäre,

wäre der alte Kaiser mein Taufpate gewesen ...) Felix kam nach mir in Schwarzau zur Welt, Renatus, auch Maria Antonia, dann Isabella ... und ausgerechnet mich mußte es in Pianore erwischen. Nichts gegen Pianore, wirklich nicht. Aber wie anders wäre alles gewesen, damals, im Weltkrieg, als man mich aufgrund der Zufälligkeit des Geburtsortes als »Italienerin« verteufeln konnte. Wäre ich so wie meine Geschwister in Schwarzau geboren, wäre auch ich schon eine geborene Österreicherin gewesen. Aber »Österreicher« waren wir trotzdem alle in der Gesinnung, gleichgültig, wo wir zufällig zur Welt gekommen waren. Was wären wir denn ohne dieses Österreich überhaupt gewesen? Es war doch unsere Zuflucht, der Hort meiner Eltern und von uns Kindern. Was tat überhaupt der Geburtsort für das Österreicher-Sein zur Sache? Wäre dann Rilke etwa ein Tscheche, oder Gustav Mahler? Was waren wir Kinder anderes als ganz normale Mitbewohner von Schwarzau? Jeder von uns hatte seine Freunde im Dorf, wir kannten die Familien in Schwarzau, so wie die uns. Stundenlang ritten wir in den herrlichen Föhrenwäldern um Wiener Neustadt; dann ging's wieder in die Steiermark nach St. Jakob, nach Gschöder, dann nach Puchberg, nach Reichenau ... es war immer wieder eine neue Freude, all diese schönen Orte aufzusuchen. Überhaupt hatten wir uns an Österreich, an seine Atmosphäre, die Art der Menschen hier so gewöhnt, daß Österreich für uns die Heimat war. Niemals hätte ich gedacht, daß Österreich für mich etwas Fremdes sein könnte, schon gar nicht ein fremdes Land. Auch bevor ich geheiratet hatte, kannte ich einen großen Teil von Österreich in- und auswendig. Es war einfach unser Zuhause.

Wie absurd, daß es die Jahre des dummen, brutalen Hasses gab, als es entscheidend zu sein schien, wo ein Mensch geboren war, ob jenseits der »Grenze« oder noch »hier«, als ob der Boden des Herzogtums Lucca nicht genauso europäisch wäre wie das Steinfeld südlich von Wien, wo Schloß Schwarzau liegt. Zumal Villa Pianore im Herzogtum Lucca ohnehin eine denkbar österreichisch-verwandtschaftliche »Herkunft« aufzuweisen hatte, die auch chauvinistische Gemüter hätte beruhigen müssen, war doch Villa Pianore seinerzeit von der Zwillingsschwester der Kaiserin Maria Anna von Österreich (der Gemahlin Kaiser Ferdinands), Maria Theresia, gekauft worden, die dort ein Landhaus im »toskanischen Stil« errichten ließ.

Der junge Herzog Robert fand an dem exotischen Park und der günstigen Lage des Besitzes Gefallen und gab um die Mitte der achtziger Jahre den Auftrag zum Bau eines modernen, geräumigen Landhauses. Im Jahre 1888 vollendete dann der Architekt Domenico Martini die neue »Villa delle Pianore«, die so vollkommen den Vorstellungen, ja dem Weltbild des Bauherrn, Herzog Robert von Parma, entsprach wie nur je etwas.

ROBERTUS PARMAE DUX MDCCCLXXXIIX verkündet in klaren Lettern eine Inschrift in der Marmorhalle und das mehr als drei Jahrzehnte nach der gewaltsamen Vertreibung aus dem Herzogtum Parma, im längst errichteten Königreich

Italien. Sollte sich ein Besucher über Geist und Haltung des Hauses Bourbon-Parma noch nicht im klaren gewesen sein, mochte ein Blick in den großen Salon, gleich an der prachtvollen, dem Meer zugewandten Terrasse, letzte Zweifel beseitigen. Dort zierte ein kostbarer Gobelin mit einer Darstellung der Krönung König Ludwigs XIV. zu Reims die Längswand der Aula Magna – wie zur Erinnerung an die Verpflichtung der Herkunft.

König Ludwig XV. hätte seiner Tochter »Babette«, der ersten Herzogin von Bourbon-Parma, kein bezeichnenderes Hochzeitsgeschenk nach Parma schicken können als diesen Gobelin.

Während des Ersten Weltkrieges, als deutsche Truppen vor Reims in Stellung lagen und der heftige Artilleriebeschuß der Stadt auch die Kathedrale von Reims auf das äußerste gefährdete, versuchte Erzherzogin Zita – damals schon Gemahlin des Erzherzog-Thronfolgers Karl – durch eine Intervention beim Großen Deutschen Hauptquartier den Beschuß der Kathedrale von Reims zu verhindern. Eine Intervention, die sie teuer zu stehen kam, weil die ohnehin latent vorhandene Abneigung der deutschen Kriegspartei gegen die wegen ihrer Herkunft stets verdächtigte Erzherzogin Zita neuen Auftrieb erfuhr. Ob die Rettung der Kathedrale von Reims – eindeutig das Werk der jungen Erzherzogin Zita – die Verstimmung von 1915 aufwiegt, steht hier nicht zur Debatte. Die Motive für ihr Eingreifen hingegen sind klar; es handelt sich um den Versuch einer Bewahrung von etwas, das seit den frühesten Tagen einer glücklichen Kindheit als groß und schön erkannt worden war.

Geist und Haltung des Hausherren von Villa Pianore spiegelte sich auch in der reichen Bibliothek des Herzogs Robert, deren kostbarste (Ein)Bände ihrerseits wieder den amerikanischen Besatzungssoldaten gegen Ende des Zweiten Weltkrieges in die Augen stachen. Bezeichnenderweise interessierten sie sich für die ledernen, goldbedruckten Hüllen mehr als für die Werke selbst, und so ließen sie denn auch jene zu Hunderten mitgehen; die mißhandelten Bücher aber verkamen irgendwo, zerrissen, verbrannt, geschunden, wie so vieles andere Wertvolle auch.

Der Großvater: Herzog Karl III. von Parma (ermordet 1854)

»Wir sind französische Fürsten, die in Parma regierten«, pflegte mein Vater zu antworten, wenn die Frage auf unsere Herkunft kam, und diese Frage erhob sich eigentlich oft, schon deswegen, weil auch wir Kinder es als schön, aber vielleicht auch doch als sehr seltsam empfanden, daß uns die Menschen, die wir aus Villa Pianore kannten, ganz für die »Ihren« hielten, daß andererseits unsere Freunde in

Die neue Achse Wien–Paris

Fünf von sechzehn Kindern aus der Ehe der Kaiserin Maria Theresia mit Franz Stephan von Lothringen schließen bourbonische Ehen:

Maria Theresia ∞ Franz I. Stephan

1. Kaiser Josef II.
vermählt sich am 6.10.1760 mit Isabella von Parma

2. Kaiser Leopold II.
vermählt sich am 5.8.1765 mit Maria Ludovika von Bourbon-Spanien. Aus dieser Ehe stammt die gesamte Nachfolge im Haus Österreich

Franz (II.) I.

Ferdinand I.

Franz Joseph I.

Karl I.

König Ludwig XIV. von Frankreich

Enkel

König Philipp V. von Spanien

4 seiner Enkel heiraten in das Haus Österreich

4. Maria Amalia
vermählt sich am 19.7.1770 mit Herzog Ferdinand von Bourbon-Parma

Karl II.

Karl III.

Robert ∞ Maria Antonia von Bragança

Zita von Bourbon-Parma

Karl I. ∞ Zita von Bourbon-Parma

Otto von Österreich ∞ Regina von Sachsen-Meiningen

Karl

3. Karoline
vermählt sich am 12.5.1768 mit König Ferdinand I. von Neapel-Sizilien. Dieser Ehe entstammt die gesamte Nachkommenschaft im Hause Neapel-Sizilien, das bis 1861 regierte; aus diesem Hause stammt auch die Mutter des Erzherzog-Thronfolgers Franz Ferdinand, Maria Annunziata.

5. Marie Antoinette
Königin von Frankreich,
vermählt sich am 16.5.1770 mit König Ludwig XVI., einem Enkel von König Ludwig XV. Das Königspaar starb 1793 unter der Guillotine. Die einzig überlebende Tochter, Marie Thérèse, starb 1851 auf Schloß Frohsdorf, das sie 1845 für ihre Familie erworben hatte; in der Folge wird Frohsdorf zu einem »österreichischen Versailles« der königlichen Familie von Frankreich im Exil. Im Bannkreis von »König Heinrich V.«, dem letzten Bourbonen aus der älteren Linie des Hauses Frankreich, wächst auch der junge Herzog Robert heran, der Erbe Heinrichs V. Herzog Robert bezieht dann das nahe gelegene Schloß Schwarzau, wo 1911 die Hochzeit zwischen seiner Tochter Prinzessin Zita und dem jungen Erzherzog Karl stattfindet.

Schwarzau am Steinfeld meinten, wir seien Österreicher und gehörten vollkommen zu ihnen, und in Chambord reklamierten sie uns für Frankreich ... da mußte dann Vater mitunter auch für uns Kinder den Standort bestimmen: »Wir sind französische Fürsten«, und er hätte hinzufügen können: »... die für Parma, das sie regierten, auch starben, so wie mein Vater«.

Es war einmal eine Zeit – und sie ist noch immer nicht verklungen –, da hatten die Menschen Europas nichts anderes im Kopf, als für ihre »Nation« zu reden, zu raufen, zu morden, als ob es nichts Besseres gäbe auf unserem Kontinent, als in kindischen, kleinlichen Streitereien »nationales Gedankengut« in tödlichen Fanatismus zu verwandeln.

Unsere Familie hatte unter diesen nationalen Wahnideen unsinnig viel zu leiden, und wenn wir überhaupt überleben konnten, unsere Vorstellungen von einem besseren, toleranteren Zusammenleben bewahrt und bestätigt fanden, dann in Österreich.
Dort lebte auch mein Großonkel Chambord, ganz in der Nähe von Schwarzau, das damals noch nicht meinem Vater gehörte, auf einem Schlosse, das in der Geschichte noch eine große, bedeutende Rolle spielen sollte, von dem ich noch viel erzählen muß: Schloß Frohsdorf. Die Erschütterungen des unseligen Revolutionsjahres von 1848 hatten auch Österreich in Mitleidenschaft gezogen, aber die übernationale Ordnung war immerhin unversehrt erhalten geblieben.
Schlimmer erging es Parma, das in den Jahren von 1848 bis 1849 einen Vorgeschmack der »nationalen Einigung Italiens« abbekam. Truppen aus Piemont fielen in unser Herzogtum ein, plünderten, brandschatzten und beraubten die überaus reiche und wohlausstaffierte Stadt nicht nur ihrer wertvollsten Kunstschätze, sondern nahmen auch den Staatsschatz mit – und das bis aufs letzte Goldstück. Ein Bild der »Befreiung«, wie wir es seither zur Genüge kennen, auch in Österreich.
Nichts wäre ungerechter, als hinsichtlich der Jahre nach 1848 sagen zu wollen, trotz aller Übel, trotz aller bösen Lehren von 1848 sei das Volk »nicht klüger geworden«. Was da geschah in den Jahren bis zur Ermordung meines Großvaters durch die Sendboten eines absurden Nationalismus, der unter dem Namen der »Carbonari« auf der Apenninenhalbinsel sein Unwesen trieb, hatte mit dem Volk und mit seinen Wünschen so wenig zu tun, wie die Bestrebungen der Terroristen im Ausgang des 20. Jahrhunderts mit den Wünschen der Völker zu tun haben.
Bei uns in Parma begannen die Carbonari die Wühlarbeit gegen die Dynastie – wie anders? – mit der Verbreitung übler Nachreden wegen unserer französischen Abstammung. Drüben in Modena geschah das gleiche mit ähnlichen Argumenten, bloß unter umgekehrten Vorzeichen. Dort herrschte ein Zweig des Hauses Österreich, unten im Süden wieder die Bourbons. Plötzlich sollten sie alle »Fremde« sein, obwohl sie, wie immer in der Geschichte der Dynastien, die eigentlich schönen, charakteristischen Züge der Völker, über die sie herrschten, reiner und klarer

angenommen hatten, als oft die Völker selber ihr Wesen zu zeigen wußten. Aber für Überlegungen, für vernünftige Argumente gab es da keinen Platz. Für meinen Großvater hieß das schlicht: er mußte beseitigt werden.

Nun war Herzog Karl III. von Parma kein Mann, der ein Feld kampflos räumte. Mit klarem Blick erkannte er, daß es sich hier um einen Kampf auf Leben und Tod zwischen zwei Prinzipien handelte: dem übernationalen, universalen Reichsgedanken, wie ihn Österreich vertrat, in dem sich die beste europäische Tradition verkörperte, und dem engstirnigen Prinzip des Nationalstaates, das den Kontinent früher oder später in den Abgrund führen mußte.

In Österreich wirkten damals so bedeutende Männer wie der Freiherr von Bruck und Alois Negrelli, der auch die Pläne zum Bau des Suezkanals geliefert hatte. Innerhalb kürzester Zeit gelang es damals den Österreichern, in Oberitalien ein hervorragendes Bahnnetz zu errichten, womit nicht nur Truppen und Material für die Armeen, sondern vor allem auch Handelsgüter auf raschestem, billigstem Wege befördert werden konnten.

Parma fand Anschluß an dieses Netz, womit sich die wirtschaftliche Lage unseres Herzogtums entscheidend besserte. Was die Armee betrifft, erkannte Herzog Karl, daß das Kernstück seiner Verteidigungskräfte eine auf den neuesten Stand der Technik gebrachte Artillerietruppe zu sein hatte, wobei ihm französische Ingenieure beistanden. Rasch entstand auch ein Ring von Befestigungsanlagen um Parma, weil die kleine Armee des Herzogtums im Ernstfall den zahlenmäßig weit überlegenen piemontesischen Angreifern innerhalb der Festung so lange standzuhalten hatte, bis Entsatz von den Österreichern herangebracht werden konnte.

Während der Großvater seine ganze Kraft und Energie auf die Verteidigungsbereitschaft der Armee konzentrierte, besorgte seine Herzogin, Louise von Bourbon, das gemeinsame Haus im ganz anderen, fraulichen Sinn.

Parma war einst ein Traumland der Künstler. Es ist nicht zu glauben, welch eine Fülle großer und größter Namen aus diesem kleinen Flecken auf der politischen Karte des alten Europa, aus diesem Herzogtum hervorbrach: die Namen eines Goldoni, Correggio, des Parmigianino, des Antelami, des Torquato Tasso bleiben für immer mit Parma verbunden. Auch die Musik fand in Parma stets ein besonders reiches, schöpferisches Erbe vor; die großen Namen in der Musik aus den Herzogtümern von Lucca und Parma reichen von Paer über Paganini und Puccini bis zu Verdi und Toscanini.

In der Zeit der Herzogin Louise, meiner Großmutter, gab der herzogliche Palast von Parma mit seinen weiten, französischen Gärten noch einmal den Rahmen für glanzvolle Veranstaltungen, die jenen vergangener Tage um nichts nachstanden. Abstammung und parmaische Tradition meiner Familie reichen auf dem Boden des Herzogtums bis in die Tage von Ottavio Farnese zurück, dem großen Feldherrn des Kaisers, und von Margarethe von Österreich, seiner Gemahlin, der Tochter Kaiser Karls V. Mein Ahnherr Ottavio wieder war der Enkelsohn jenes Farnese, der als Papst Paul III. Auftraggeber des Michelangelo Buonarrotti gewesen war. Schon damals, unter den Farnese, stieg unser Herzogtum Parma zu einer der bedeutendsten Pflegestätten von Kunst und Musik auf; und als Elisabeth Farnese es durch ihre kluge Politik zustande brachte, Parma an ihren Sohn Don Felipe zu bringen, schien sich das Glück von Parma zu vollenden. Don Felipe holte aus Frankreich seine Gemahlin Elisabeth von Bourbon, die eine Tochter König Ludwigs XV. war, noch dazu seine Lieblingstochter.

All der Glanz der Hofhaltung von Versailles fand nun mit den so nahen Verwandten des Königs von Frankreich lebhaften Widerschein auch in Parma, das bald das Paris des Südens genannt wurde. Als eine Tochter der Kaiserin Maria Theresia in Parma mit ihrem Gemahl regierte (sie war vielleicht tatkräftiger als Herzog Ferdinand) fiel auch ein Abglanz des Wiener Hoflebens auf Parma, und das nicht zum Schaden des Herzogtums.

Freilich hatten sich die Zeiten in Louisens und Karls III. Tagen verändert. Zwischen Louise und der Epoche Ludwigs XV., der Kaiserin Maria Theresia oder gar Papst Pauls III. und des Kaisers Karl V. lagen nicht nur die Jahre, sondern auch die Greuel der Französischen Revolution und – nicht zuletzt, damals sogar noch taufrisch – die Schrecken von 1848.

Aber sowohl Louise als auch Karl III. waren doch Fleisch und Blut all dieser Ahnen, deren Erbe sie in Parma verwalten und mehren sollten.

Hätte Maria Theresia aufgegeben?

Hätte Ludwig XIV. das Feld kampflos geräumt?

Hätte Papst Paul III. oder hätte Karl V. den Ideen nationalstaatlicher Beschränktheit nachgegeben?

Niemals!

Auch meine Großeltern taten es nicht.

Während Louise in fraulicher Klugheit und Tüchtigkeit den kulturellen Glanz der Herzogstadt Parma wiederherstellte, festigte Karl III. die Machtpositionen so, daß sich seine Feinde zum raschen Handeln entschließen mußten, sollte es nicht mit ihren Ideen ein für alle Male vorbei sein. Da die Carbonari als Sendboten des Nationalismus weder mit ihrer Propaganda noch mit ihren verwerflichen Methoden der Verleumdung beim Volk Erfolge erzielten, beschlossen sie schließlich, Herzog Karl III. zu ermorden.

Einer der Fanatiker, ein gewisser Francesco Carrà, übernahm diese Aufgabe, der er sich mit all der zynischen Selbstsicherheit eines Meuchelmörders entledigte, der sich des Einverständnisses seiner Regierung sicher weiß – staatlich garantierten Fluchtweg und Leibrente inbegriffen.

Am Nachmittag des 26. März 1854 befand sich Herzog Karl III. gemäß seiner Gewohnheit auf einem Spaziergang entlang der Wälle von Parma. In seiner Begleitung befand sich nur ein Adjutant. Gemeinsam hatten sie soeben eine in der Nähe befindliche Festungsanlage besucht. Jener 26. März 1854 lebte später – wie es mit solchen Tagen zu sein pflegt – in der Erinnerung der Menschen als ein besonders strahlender, klarer Frühlingstag fort. Ein Tag zum Leben, zum Lieben.

Für Francesco Carrà ein Tag zum Morden.
Eine fröhliche Menge erging sich auf den Promenaden entlang der Stadtwälle, alles erfreute sich des wunderschönen Frühlingswetters. Passanten erkannten den Herzog, näherten sich ehrfurchtsvoll, grüßten. Der Kontakt zwischen Landesvater und Landeskindern war ja noch ein anderer... man kannte einander nicht nur vom Hörensagen und von den Bildern, sondern auch vom Spaziergang. In unmittelbarer Nähe des Palastes näherte sich wieder ein Mann dem Herzog, grüßte, verbeugte sich tief. Allzu tief. Mit blitzschnellem Stoß rannte er dem Herzog einen Dolch in den Unterleib, schlitzte die Bauchdecke auf, der Dolch blieb in der Lunge erst stecken.
Während sich der Adjutant über seinen tödlich verletzten Herrn beugte und Hilfe zu leisten versuchte, entkam der Mörder in der Menge. Er flüchtete auf wohlvorbereitetem Wege nach Genua, reiste ungeschoren nach Buenos Aires weiter und genoß dort als wohlversorgter italienischer Staatspensionär in aller Ruhe sein Leben.
Eine zeitgenössische Darstellung zeigt Herzog Karl III. auf seinem Sterbelager. Er hatte entsetzliche Qualen auszustehen. Stundenlang überwältigten ihn rasende Schmerzen. Endlich erlöste ihn der Tod. Er starb, umgeben von seiner Familie, der Herzogin Louise von Parma, dem Prinzen Heinrich, den Prinzessinnen Alix und Margarethe sowie seinem Erben und Nachfolger, Herzog Robert von Parma, meinem Vater. Mit dem Mord an meinem Großvater glaubten die Carbonari, das Herzogtum Parma von der Karte Europas gelöscht zu haben.
Aber sie kannten die Tugenden nicht und die Zähigkeit, die in der Herzogin steckten.
Absurderweise hatte der Vater von Herzogin Louise, der Herzog von Berry, vor dreißig Jahren in Paris den gleichen Tod gefunden. Auch er war auf offener Straße ermordet worden.
Die Mutter Louisens, die Herzogin von Berry, hatte damals auch nicht an Aufgeben und Verzagen gedacht. Im Gegenteil.
Aber das ist eine andere Geschichte.

Der Urgroßvater: Herzog Karl Ferdinand von Berry (ermordet 1822)

Am 21. September des Jahres 1819 donnerten Kanonen über die Dächer von Paris Salut und zeigten an, daß ein Königskind geboren worden sei: Louise-Marie-Thérèse, meine Großmutter...

Bourbon-Parma und Frankreich

Ludwig XIV.

Großenkel

Ludwig XV.

Tochter

4 Enkel

Elisabeth, vermählt mit
Herzog Philip von Parma

Elisabeth – Ludwig XVI. – Ludwig XVIII. – Karl X.
kinderlos

Sohn

Sohn
»Ludwig XVII.«
(mit 10 Jahren)
im Temple gest.)

Tochter
Marie Thérèse ⚭ 1. Sohn
Herzogin von Angoulême, Erzieherin Chambords
Ludwig Anton
Herzog von Angoulême
»Ludwig XIX.«

2. Sohn

Ferdinand ⚭ Maria Amalia von Österreich

Karl ⚭ Marie Karoline
Herzog von Berry
»die Berry«
Tochter des Königs beider Sizilien Franz I.

Ludwig ⚭ Marie Louise von Spanien

Karl II. ⚭ Theresia von Sardinien

Karl III. ⚭ Tochter
Herzog von Parma
Louise von Bourbon

Sohn
Heinrich V.
Herzog von Bordeaux
»Graf von Chambord«
Erzieher Herzog Roberts

Robert ⚭ Maria Antonia von Bragança
Herzog von Parma
1862-1959 (12 Kinder)

in 1. Ehe mit Maria Pia von Neapel-Sizilien, 1849-1882 (12 Kinder)

8 Kinder

Zita ⚭ Karl I. Kaiser von Österreich
König von Ungarn

7 Kinder

Otto ⚭ Regina von Sachsen-Meiningen

Karl *1961

Der Jubel in den Tuilerien wäre freilich unvergleichlich größer gewesen, wenn ein einundzwanzigfacher Salut die Ankunft eines Sohnes hätte verkünden können. Denn nicht nur die Lage Frankreichs war nach den entsetzlichen Ereignissen der Revolution und der Herrschaft Napoleons, die das Land bis zum Weißbluten geschunden hatten, fatal, auch die bourbonische Dynastie sah sich in ihrem Bestande bedroht. Als es der klugen und maßvollen Politik König Ludwigs XVIII. endlich gelungen war, Frankreich wieder eine Epoche des Friedens und der Ruhe zu sichern, lag das Fehlen eines jungen männlichen Thronerben wie ein dunkler Schatten über dem Königshaus. Der letzte Dauphin hatte 1795, als zehnjähriger Knabe, sein Leben ausgehaucht. Er war an der unmenschlichen Behandlung durch den Schuster Simon gestorben, den die Revolutionsregierung mit der »Umerziehung« des Kindes beauftragt hatte.
Sein Onkel, Ludwig XVIII., blieb ohne Kinder, und zur unverhohlenen Freude der Orléanisten und Bonapartisten wäre die Dynastie ausgestorben, hätte sich nicht der Herzog von Berry endlich doch noch zu einer Heirat entschlossen.

Die Hochzeit fand dann unter großem Gepränge im Juni 1816 in Notre-Dame zu Paris statt. Im September 1819 kam Louise zur Welt, meine künftige Großmutter, die wir schon kennen – vom Sterbelager des Herzogs von Parma her, von dem Augenblick an, da sie mit ihren vier Kindern, darunter auch meinem Vater, einem ungewissen Schicksal allein überantwortet blieb.

Louise, die Großmutter, war noch nicht einmal ein halbes Jahr alt, als das Unheil über die junge Familie hereinbrach.
Am 13. Februar 1820 besuchte die Herzogin von Berry mit ihrem Gemahl eine Galavorstellung in der Opéra. Kurz vor Mitternacht verließ die Herzogin die Oper. Ihr Gemahl begleitete sie zum bereitstehenden Wagen und war eben im Begriffe, wieder zur Vorstellung zurückzukehren, als ein Unbekannter auf ihn zukam und ihm einen Dolch in die Brust stieß. Der Mörder entkam. Rasch trugen Helfer den Schwerverletzten in einen Salon der Oper. Er hatte noch die Kraft, den Morddolch selbst aus seiner Brust zu ziehen. Doch die Wunde war tödlich, die Kunst der Ärzte machtlos. Als der Herzog fühlte, daß das Ende nahe sei, bat er, ihm seine kleine Louise zu bringen.
Im Palais de l'Elysée weckte man das Kind aus dem Schlaf und brachte es ihm. Sterbend legte er die Hand auf das Köpfchen der Tochter. »Armes Kind! Mögest du glücklicher sein als die Deinen!« waren die letzten Worte des Herzogs...
Der Mörder, ein gewisser Louvel, ein fanatischer Anhänger Napoleons, hatte gehofft, mit diesem Mord die Dynastie auszulöschen. Aber das Wunder geschah: die Herzogin von Berry, schon seit Wochen in gesegneten Umständen, brachte am 29. September 1820 ein zweites Kind zur Welt. Und diesmal feuerten die Kanonen einen vierundzwanzigfachen Salut über die Dächer von Paris: der längst erwartete Thronfolger war geboren!

»L'enfant du miracle« nannte ihn das Volk, und millionenfache Hoffnung knüpften sich an seine Geburt.
Zehn Jahre später fegte die Revolution von 1830 über die Länder Europas hinweg, und abermals suchte die königliche Familie von Frankreich Zuflucht in Österreich – so wie die Tochter Marie Antoinettes schon Jahre zuvor, nach der Großen Revolution.

So kam es, daß meine Großmutter in Österreich heranwuchs, im Waldviertel auf Schloß Kirchberg, wo sie übrigens den Knaben Hamerling kennenlernte und förderte, in Böhmen auf Schloß Brandeis weilte und in Prag, und daß sie schließlich, es war 1845, auf Schloß Frohsdorf in Niederösterreich den Prinzen Karl von Bourbon-Parma heiratete – meinen künftigen Großvater –, ohne zu ahnen, daß er schon wenige Jahre später haargenau das gleiche Schicksal erleiden werde wie ihr Vater...
Bleibt noch die Geschichte von dem Kamin, in dem meine Urgroßmutter steckte, die Herzogin von Berry.

Marie-Caroline-Ferdinande-Louise, hübsch und charmant, ehrgeizig, tatendurstig und unternehmenslustig wie keine zweite, Legitimistin und königstreu bis in die Knochen, von ihrer Sendung so fest überzeugt wie einst die Jungfrau von Orléans, dachte nicht daran, wie ihr Schwiegervater, König Karl X., im österreichischen Exil zu verweilen und mehr oder weniger untätig andere Zeiten abzuwarten. Sie war eine kämpferische Natur und fand alsbald im Herzog von Modena, schon damals verschrien als klassischer »Reaktionär«, einen tätigen Verbündeten für ihre Pläne.
Zu Massa bestieg sie ein Schiff und landete unbemerkt bei Nacht und Nebel an der französischen Südküste. Statt der angekündigten zweitausend Mann fand sie deren sechzig, der Überfall auf das Rathaus von Marseille scheiterte. Doch die Berry gab nicht auf. Zu Fuß schlug sie sich bis in die Vendée durch, die sich schon zur Zeit der Französischen Revolution so heldenmütig für die Sache des Königs geschlagen hatte.
Die Regierung des »Bürgerkönigs« Louis Philippe sandte ganze Regimenter von Soldaten und Polizisten in die Vendée, um der Berry, die sich sogar zur »Regentin« Frankreichs ausgerufen hatte – im Namen ihres Sohnes Heinrich, des Königs Heinrich V., wie ihn die Legitimisten nannten –, endlich habhaft zu werden. Vergeblich. Marie-Caroline gelang es immer wieder, ihren Häschern zu entwischen, und allmählich begann nicht nur Frankreich, sondern die ganze Welt über den Bürgerkönig zu lachen.
Schließlich fand sie ihren Judas in Gestalt des Hyacinthe Deutz. Er verriet der Polizei, daß sich die Vielgesuchte im Hause der Schwestern Guiny zu Nantes versteckt halte. Die Damen saßen gerade beim Mittagessen, als ein großer Polizeikordon das Haus umstellte. Als die Uniformierten in die Wohnung

eindrangen, suchten sie allerdings vergeblich. Die Berry war spurlos verschwunden. Nach Stunden des Suchens gaben die Häscher auf, wollten sich aber, nach all dieser Jagd kreuz und quer durch das Schloß, endlich ein warmes Essen zubereiten.

Da geschah das Verrückte: Marie-Caroline fiel aus dem Kamin, in dem sie sich mit zwei Getreuen seit sechzehn Stunden versteckt gehalten hatte. Schwarz von Ruß und mit angebrannten Kleidern ergab sie sich General Dermoncourt. Unter militärischen Ehren brachte man sie nach der Festung von Blaye, und am 10. Mai 1833 gebar sie – seit elf Jahren Witwe – im Gefängnis ein Mädchen, das übrigens noch am gleichen Tage starb. Der Vater des Kindes? Graf Ettore Lucchesi-Palli aus Palermo, mit dem die Herzogin schon vor einiger Zeit eine (allerdings geheimgehaltene) Ehe eingegangen war.

Natürlich war jetzt, zumindest für den Augenblick, das Lachen beim Bürgerkönig und den Orléanisten. Aus der Herzogin von Berry war eine Gräfin Lucchesi-Palli geworden, aus der Heldin der Vendée eine Abenteurerin, aus der Märtyrerin eine ganz normale junge Frau.

Der einzige, der die Situation übrigens richtig einschätzte, war Fürst Metternich. Er bezeichnete die Veröffentlichung all dieser Details aus der Festung von Blaye schlicht als Unfug, der letztlich nicht nur der Sache des bourbonischen Legitimismus schade, sondern auch auf lange Sicht den Orléans selbst und schließlich dem Ordnungsprinzip an sich. Hätte nicht der Bürgerkönig Louis-Philippe bei Geheimhaltung der Affaire die Berry genauso in der Hand gehabt, ohne dabei allgemeinen Schaden anzurichten? Aber das waren Überlegungen Metternichs, und außerdem war es zu spät.

Marie-Caroline führte mit ihrem Grafen Lucchesi-Palli eine übrigens recht glückliche und recht bewegte Ehe, unruhig und sehr mobil blieb sie bis in die letzten Tage. Ständig reiste sie zwischen Graz und Schloß Brandeis, zwischen Görz, Prag und Triest hin und her, gelegentlich durfte sie auch ihre Kinder besuchen, Großmutter Louise (damals ein junges Mädchen) und Onkel Chambord, ihren Sohn, die Hoffnung der französischen Legitimisten.

Selbstverständlich vertraute ihr König Karl X., der Großvater des Thronerben, des Grafen von Chambord, die Erziehung nicht an; weder die von Louise noch die von Heinrich Chambord.

Das besorgte Tante Marie-Thérèse, die überlebende Tochter von Königin Marie Antoinette und König Ludwig XVI., die sich südlich von Wien angekauft hatte: sie war die erste bourbonische Herrin von Frohsdorf. Sie hat auch noch später, im Alter, meinen Vater, Herzog Robert von Parma, erzogen.

Aber das ist eine andere Geschichte.

Ich glaube, es wäre jetzt gut, nach Parma zurückzukehren, wo wir Großmutter Louise verließen – damals noch eine junge Frau von einunddreißig Jahren, vierfache Mutter und Witwe. Die Carbonari hatten ihren Mann ermordet und

gehofft, Parma so niederzuringen. Aber sie kannten nicht die Energie dieser jungen Bourbonin, die nicht daran dachte zu verzichten.
Mit welchem Recht auch. Sie hatte das Erbe des Sohnes, des Herzogs Robert von Parma, zu erhalten und, wenn möglich, sogar zu vermehren. Daran ging sie, unverzagt und unverdrossen. Vom Sterbebett ihres Herzogs weg.
Aber das ist wieder eine andere Geschichte.

Der Ururgroßvater: Herzog Ferdinand von Parma (ermordet 1802)

Es war einmal ein Herzog von Parma, dessen Geschichte mit dem Verlauf der Ereignisse hier nur insofern zu tun hat, als er gleichfalls eines gewaltsamen Todes starb. Fast eines natürlichen Todes: denn »natürlich« brachten ihn italienische Nationalisten um. Dieser Herzog von Parma, er hieß Ferdinand, hinterließ ein eher getrübtes Bild im Gedächtnis der Nachwelt; das eines bigotten, sehr klerikalen, jesuitisch und pfäffisch denkenden Schwächlings, und eigentlicher Herr von Parma soll seine Frau gewesen sein. Diese, Maria-Amalia, war eine Tochter der Kaiserin Maria Theresia.

So unbedeutend aber Herzog Ferdinand auch gewesen sein mag... den Carbonari schien er bedeutend genug, um ihn zu ermorden. Er starb an einer Tasse Schokolade, beziehungsweise an dem Gift, das man ihm hineingemischt hatte.
Ja, noch eine schlechte Eigenschaft soll Herzog Ferdinand gehabt haben: er soll nicht nur sehr dick, sondern auch sehr – nun, sagen wir »eßlüstern« gewesen sein. Und so hinterließ er in der Familie ein seltsames Vermächtnis. Seit Generationen ist von ihm die Rede, wenn eines der Kinder sich bei Tisch nicht beherrscht oder ein wenig neidisch nach dem Teller eines anderen schielt, was bei Kindern vorkommen soll.
»Denk an Onkel Ferdinand!« hieß es dann, heißt es dann. Worauf man sich prompt seines »Schokoladentodes« erinnerte.

Bourbon-Parma und Österreich

Das Haus Bourbon-Parma, einschließlich seiner Abstammung aus dem Hause Farnese

Kaiser Karl V.
vermählt mit Isabella von Portugal

Papst Paul III.
Alexander Farnese, vor seiner Papstwahl
Vater des

Peter Ludwig ⚭ Gerolama Orsini

Philip II.

Margarethe von Österreich ⚭ Oktavius

Philip III.

Alexander ⚭ Maria von Portugal
Statthalter i.d. Niederlanden

Anna von Österreich ⚭ Ludwig XIII. von Frankreich

Rainuzio I. ⚭ Margarethe Aldobrandini

Ludwig XIV.

Eduard I. ⚭ Margarethe von Medici

Rainuzio II. ⚭ Isabella d'Este

Enkel

Eduard II. ⚭ Dorothea von der Pfalz

König Philip V. von Spanien ⚭ Elisabeth Farnese

Don Philip Herzog von Parma ⚭ Elisabeth von Frankreich
Tochter von König Ludwig XV.

Ferdinand von Bourbon-Parma ⚭ *Maria Amalia, Tochter der Kaiserin Maria Theresia*

Ludwig ⚭ Marie Louise von Bourbon-Spanien

Karl II. ⚭ Therese von Savoyen (eine Schwester der Kaiserin Maria Anna v. Österreich, Gemahlin Kaiser Ferdinands I.)

Karl III. ⚭ Louise von Bourbon
Enkelin von König Karl X. v. Frankreich, Schwester des Grafen von Chambord (Heinrich V. von Frankreich)

Robert ⚭ Maria Antonia von Bragança, Tochter König Miguels I. von Portugal

insgesamt 24 Kinder

8 Kinder — Zita ⚭ Kaiser Karl I.

7 Kinder — Otto ⚭ Regina von Sachsen-Meiningen

Karl *1961

Der Vater: Herzog Robert von Parma (gestorben 1907)

Als unmittelbar nach den Trauerfeierlichkeiten für den ermordeten Herzog Karl III. von Parma der parmaische Ministerrat zusammentrat, um über die Regentschaft zu beraten, erschien die Herzogin-Witwe Louise mit ihrem sechsjährigen Söhnchen Robert vor dem versammelten Kabinett: »Meine Herren, bemühen Sie sich nicht weiter. Die Regentin von Parma bin *ich!* Ich danke Ihnen.«

George William Clarendon, später als britischer Staatssekretär für die Durchführung des Krimkrieges verantwortlich, bemerkte über das Regiment der Herzogin-Witwe von Parma: »Es arbeitet wirtschaftlich, mild, gemäßigt, von bestem Hausverstand geleitet!« Die Herzogin-Witwe bezeichnete er kurzerhand als »wahre Souveränin«. Louise bewies nicht nur in der Auswahl ihrer Minister eine außerordentlich glückliche Hand, sondern besänftigte auch durch die Zurücknahme einer Zwangsanleihe, die Herzog Karl III. den parmaischen Bürgern auferlegt hatte, durch Steuerermäßigungen und äußerste Sparsamkeit in der Verwaltung die Gemüter.

Nach wenigen Jahren der Regentschaft der Herzogin Louise wies Parma als einziger Staat der Apenninenhalbinsel ein ausgeglichenes Budget auf. Selbstverständlich bildete die vernünftige Regierung der Herzogin kein Hindernis für die rastlosen Bemühungen der Carbonari; im Gegenteil: eine tüchtige Monarchin hatte nur umso schneller zu verschwinden. Parma, eine katholische und bourbonische Insel im allmählich liberalistisch-nationalistisch werdenden Italien, erschien ihnen als Anachronismus.

Die Macht der Carbonari zeigte sich deutlich während der Untersuchungen zur Aufdeckung der Hintergründe der Ermordnung von Herzog Karl III. Nicht weniger als vier der mit den Nachforschungen betrauten Beamten fanden einen gewaltsamen Tod; sogar den gleichen wie ihr toter Herzog: Dolchstoß. Dagegen berichtete die piemontesische Presse voll Befriedigung über die gelungene Flucht des Attentäters.

Am 18. März des Jahres 1859 gab es eine von außen her organisierte Erhebung in der Stadt. Plötzlich tauchten Männer mit roten Kokarden auf, Insurgenten errichteten Barrikaden. Louise, Herzogin-Regentin von Parma, verhängte den Belagerungszustand. Die überlegte, ja kaltblütige Handlungsweise der Herzoginmutter (sowie einige Salven aus den Kanonen der Artillerie Herzog Karls III.) stellten die Ordnung zunächst mühelos wieder her; es hatte weder das Volk noch überhaupt ein vernünftig denkender Mensch Lust zu Aufruhr und »nationaler Erhebung«. Die parmaischen Truppen umjubelten den damals elfjährigen Herzog Robert – den künftigen Vater der Kaiserin Zita –, der sich in der Uniform der herzoglichen Garde den Soldaten seiner kleinen, aber schlagkräftigen Armee zeigte.

Die Carbonari erfaßten sofort, daß sie ihre Taktik zu ändern hatten; mit »Volksaufständen« erreichten sie offensichtlich nichts, weil das Volk nicht mittat. Blieb die andere Methode: Terroranschläge, Morddrohung, Brandlegung, mit einem Wort: allgemeine Verunsicherung, Aufweichung der Widerstandsfähigkeit bei gleichzeitiger Durchführung eines allgemeinen Verleumdungs- und Einschüchterungsfeldzuges. Im Mittelpunkt der Diffamierungskampagne stand der Name »Bourbon«; mit den Jahren gelang es den Carbonari allmählich, die müde gewordene Bevölkerung zu übertölpeln, selbst so eingefleischt monarchisch denkende Regionen wie die Hauptstadt des Königreichs beider Sizilien, Neapel, zu zermürben, sie vor dem »Zug der Zeit« resignieren zu machen. Sehr früh erkannten die Carbonari die Bedeutung der Presse und die Macht der Journalisten. Immer öfter traten die Zeitungen auch in Parma offen für die »nationale Einheit« auf. Es gehört zu den widerwärtigsten Erscheinungen dieser Art von »Nationalismus«, daß er in der Stunde seines größten Triumphes, beim Diktat von Saint-Germain, als Österreich zerstückelt wurde, nichts Eiligeres zu tun hatte, als den neuen »Nationalstaaten« Minoritäten gegen deren Willen einzugliedern: so die deutschsprachige Bevölkerung von Südtirol, gleichsam als Trophäe eingebracht, als Prügelknabe nationaler Großmannssucht.
Die Vorleistung bestand zunächst im Kampf gegen die »fremden« Bourbonen, gegen die das Irrationale der Nationalgefühle relativ leicht aufzustacheln war.
Den Startschuß zum abermaligen Aufruhr in Parma lieferten die Schlachten von Magenta und Solferino, die Niederlagen der Österreicher gegen die verbündeten Piemontesen und Franzosen unter dem Regime eines Emporkömmlings Napoleons III. Wie sein Ahnherr, hoffte auch der dritte Napoleon, Europa eine neue Ordnung aufzwingen zu können; im Grunde genommen erniedrigte er sich bloß zum Steigbügelhalter Cavours in Italien und zu jenem Bismarcks in Deutschland; sobald er seine Schuldigkeit als Förderer des preußischen Militarismus und des italienischen Nationalismus getan hatte, mußte er gehen.
Die Meisterleistung des Grafen Camillo Cavour, eines ebenso glühenden Patrioten wie bedenkenlosen Diplomaten, bestand darin, daß er durch die an und für sich bedeutungslose Teilnahme Sardiniens am Krimkrieg die Sympathien Englands und Frankreichs gewann. 1858 verbündete er sich dann mit Napoleon III. gegen Österreich. Und nachdem Italien die Lombardei zugefallen war, galt es, den Weg nach Rom freizukämpfen, der vom Norden her über Parma führte, vom Süden her aber über Neapel-Sizilien. In beiden Fällen mußten zuerst die Bourbonen vernichtet werden, dann, in logischer Folge, der Kirchenstaat. Da die Bourbonen zu den treuesten Katholiken Europas zählten, ließ sich der Feldzug der Carbonari gleichzeitig gegen Bourbonen und Kirchenstaat inszenieren.
Als hinderlichster Sperriegel auf dem Marsch nach Rom erwies sich 1859 Parma. In der Lombardei zeichnete sich inzwischen die heraufkommende Entscheidung zwischen dem von allen Seiten bedrängten Österreich einerseits und den mit den Piemontesen unter der Führung des genialen Cavour vereinigten Franzosen unter

Napoleon III. ab: niemand konnte »italienischer« denken als Cavour, dieser halbe Franzose.
In Parma selbst brach nun offener Aufruhr aus; die Piemontesen und ihre Helfershelfer hielt nichts mehr zurück.
Die Herzogin-Regentin, die verhindern wollte, daß ihre Kinder den Meuterern in die Hände fielen, verließ Parma und ernannte in Brescello sofort eine neue, provisorische Regierung. Das Angebot des österreichischen Oberkommandierenden in der Lombardei, Franz Graf Gyulai, mit österreichischen Truppen zu Hilfe zu kommen, lehnte die Regentin mit den Worten ab: »Ich habe mich aus Parma zurückgezogen, damit die Neutralität nicht gefährdet sei, zu der sich mein Herzogtum hinsichtlich seines Verhältnisses zu Österreich und Piemont entschlossen hat. Ich will keineswegs die Ursache neuer Schwierigkeiten für mein Land sein. Sollte in Parma eine usurpatorische Regierung ans Ruder kommen, werde ich auch in diesem Falle keine fremde Regierung auffordern, in meinem Lande die legitime Ordnung wiederherzustellen. Sollten jedoch nach Kriegsschluß die legitimen Rechte meines Sohnes Robert keine Respektierung finden, werde ich sowohl an den Kaiser von Österreich als auch an die anderen Mächte appellieren, meine Ansprüche zu garantieren und ihnen auf friedlichem Wege zum Durchbruch zu verhelfen.«
Mittlerweile griff die kleine parmaische Armee, gereizt von den Erpressungen, denen die privisorische Regierung in Brescello ständig ausgesetzt war, zur Selbsthilfe. Soldaten hißten den Waffenrock des kleinen Herzogs Robert auf einer Lanze und jagten die Revolutionäre innerhalb einer Stunde zum Teufel. In Mantua erreichte die Herzogin-Regentin ein Telegramm, daß die Ordnung wiederhergestellt sei und ihr Volk sie erwarte. Sie möge heimkehren. Unmittelbar nachdem Herzogin Louise wieder in Parma eingetroffen war, wandte sie sich an die europäischen Mächte in einem Memorandum, das einen genauen Bericht über alle Vorkommnisse in Parma enthielt, und wiederholte darin ihren Entschluß, in der Auseinandersetzung zwischen Österreich und dem mit Frankreich verbündeten Piemont neutral bleiben zu wollen.
Für die hochfliegenden, ultranationalistischen Pläne eines Cavour bedeutete die friedliebende, neutrale Politik eines kleinen Herzogtums nicht mehr als ein lästiges Hindernis – zumal seine Sendlinge in Parma selbst so wenig Erfolg gehabt hatten. Zunächst erfolgte eine kleine Änderung seines diplomatischen Feldzuges: Cavour mußte Parma und Frankreich einander entfremden. Die klug und skrupellos geführte Kampagne zeitigte zunächst den Erfolg, daß Frankreich sich in Turin nicht mehr für Parma verwendete. Wie Cavour dieses Ziel erreichte, ist leicht zu erraten: er mußte Napoleon III. nur an seiner schwächsten Stelle, seinem Minderwertigkeitskomplex gegenüber allem Bourbonischen, packen. Dies mochte Cavour insofern besonders leicht fallen, als es sich bei der Herzogin-Regentin von Parma um Prinzessin Marie-Louise handelte, eine Enkelin des letzten bourbonischen Königs von Frankreich, eine Tochter der Herzogin von Berry, der Heldin

des legitimistischen Widerstands, und noch dazu um eine Schwester des Grafen von Chambord, der in Österreich lebte und auf die Stunde der Wiedererrichtung der legitimen, bourbonischen Herrschaft in Frankreich wartete.

Dann erst schlug Cavour zu. Am 27. Mai 1859 erklärte er Parma den Krieg. Eine sardische Armee-Einheit unter Führung des Generals Ribotti, eines Erzveteranen der Carbonari, bemächtigte sich Pontremolis, wo nichts als eine kleine Schar parmaischer Gendarmen lag, und marschierte auf Parma, wohingegen sich Napoleons Neffe, Prinz »Plon-Plon«, der jüngste Sohn von Napoleons I. Bruder, Jérôme, der österreichischen Festung Piacenza näherte. Während der Nacht erfuhr die permaische Regierung, daß ein drittes Armeekorps sardischer Truppen im Anmarsch sei.

Die Herzogin formierte ihre Armee, knapp viertausend Mann, unmittelbar vor Parma. Am 9. Juni erschienen die Vorhuten der Piemontesen vor der Hauptstadt des Herzogtums, die Armee des Generals Ribotti stellte sich gleichfalls zur Schlacht. Der alte Liberale Ribotti sah die Stunde seines Triumphes über das kleine, katholische Parma herannahen. Die Armee von Parma mußte innerhalb von Stunden der gigantischen Übermacht der nationalistischen Truppen erliegen. Die Herzogin-Regentin berief einen letzten Ministerrat ein. Kurz darauf verließ eine Karosse, geschmückt mit dem Lilienwappen des Hauses Bourbon, die schweigende Stadt. In Begleitung der Souveräne befanden sich Minister Pallavicino, Sir Peter Campbell Scarlett und Don Escabante. Die Armee, ihres Eides entbunden, löste sich auf. Das selbständige Herzogtum Parma bestand de facto nicht mehr.

Wenige Monate darauf veranstalteten die Piemontesen eine »Volksabstimmung« in Parma, die – wie anders? – zugunsten der Annexion des Herzogtums Parma durch Piemont entschied. Das Plebiszit sollte nicht nur die Herrschaft der Usurpatoren legitimieren, sondern auch eine Antwort auf die formelle Feststellung der Rechte des jungen Herzogs Robert von Parma durch seine Mutter darstellen, die die Regentin in Zürich getroffen hatte.

Unmittelbar nach der »Volksabstimmung« in ihrem Lande meldete sich die Regentin Marie-Louise in St. Gallen neuerlich zu Wort, als sie schärfsten Protest gegen die Okkupation ihres selbständigen, unabhängigen Herzogtums erhob. Ihr Manifest vom 20. Juni 1859 schließt mit den Worten: »Wir appellieren feierlich an die Mächte, voll Vertrauen in die gerechte Sache, im Glauben an die Unverletzlichkeit der Rechte der Souveräne und der Staaten. Wir appellieren an ihre Großherzigkeit. Mögen sie für die Sache des jungen Souveräns von Parma, Herzog Robert, tatkräftig eintreten.«

Am 28. März 1860 protestierte die Herzogin-Mutter in ihrer Eigenschaft als »Schirmherrin, Regentin und Mutter« neuerlich gegen die Annexion ihres Landes durch das Königreich Sardinien und rief Europa auf, sich gegen diese »spoliation odieuse« der Rechte ihres Sohnes, Herzog Roberts von Parma, und der Rechte seiner Nachfolger zu erheben.

Es war der letzte diplomatische Akt der für die Rechte des Hauses Bourbon-Parma kämpfenden Regentin Louise. Europa meinte, andere Sorgen zu haben. Garibaldi schlug die ganze Apenninenhalbinsel in seinen faszinierenden Bann, allenthalben (nicht nur in Italien) nahm der Nationalismus immer heftigere, leidenschaftlichere Formen an. Wen kümmerten da legitime Rechte, zumal es sich ja doch »nur« um einen Kleinstaat handelte?
Mit dem Fall der habsburgischen und der bourbonischen Herrschaften in Italien – Neapel hielt sich nicht viel länger als Parma – war der Weg für die Ereignisse von 1866 und 1870 und in der Folge für das Drama von 1914 und 1939 frei. Nach einer heftigen Expansionsperiode der nationalistischen Staaten Europas, in deren Verlauf sich Italien seine andersfarbigen Untertanen in Libyen, Eritrea und Äthiopien holte, nach dem Zusammenbruch dieser Periode, scheint eine neue Welle von Terroranschlägen, politischen Morden, Erpressung und anarchistischen Parolen die nächste Katastrophe anzukündigen. Wer denkt noch an das Herzogtum Parma, das den Weg nach Rom zu verlegen schien, den Weg in diese »neue, glorreiche Zukunft«?
Über den Zinnen von Parma flatterte eine Trikolore, das Zeichen der »Unità Italiana«. Das Lilienbanner, wie der Doppeladler Symbol einer übernationalen europäischen Ordnung, ging mit der Familie Bourbon aus Parma ins Exil nach Österreich, dem letzten Hort übernationalen Europäertums. Zwei Jahrhunderte Geschichte, von der Geschichte überrollt. Frankreich verlor in diesem von Napoleon III. geschürten Abenteuer, das sich zuerst gegen Österreich und dann (1870) gegen Frankreich selbst wendete, die großen, unschätzbaren Bastionen seiner Kultur auf dem Boden Italiens; sowohl Neapel-Sizilien als auch Parma bildeten die lebendigsten Zentren kultureller und zivilisatorischer Wechselbeziehungen. Österreich büßte noch mehr ein: Mit dem Fall der bourbonischen Dynastien in Italien verlor es seine letzten, natürlichen Verbündeten im Kampfe gegen die immer tollwütiger sich gebärdenden, von der nationalistischen Woge nicht nur emporgeschwemmten, sondern auch fortgerissenen »Volkstribunen«. Ihre Brecher machten weder vor dem Kirchenstaat halt, noch vor der eigenen Schöpfung selbst, dem italienischen Nationalstaat, der, wie die Entwicklung in der zweiten Hälfte des 20. Jahrhunderts zeigt, sich selbst zerfrißt, noch dazu mit den gleichen Methoden, mit denen er sich einst schuf: mit Terror, Anarchismus, Streik, Extremismus.
Gegen Ende des Jahres 1860 erwarb die entthronte Regentin Louise ein kleines Schloß in der Ostschweiz, Wartegg, das seit den Tagen der Französischen Revolution in der Geschichte des königlichen Hauses von Frankreich eine gewisse Rolle gepielt hatte, sei es als Fluchtort von Familien, die, wie die Bombelles, dem Hause Bourbon treu gedient hatten, sei es als Stützpunkt zur Vorbereitung und Ausführung gewisser royalistischer Unternehmen, wie der Entführung der französischen Agenten Sémonville und Maret, in deren Händen sich die Juwelen der unglücklichen Königin Marie Antoinette befanden, die in Paris ihre Hinrichtung

erwartete. Diese beiden von den Österreichern gekaperten Emissäre bildeten später das Tauschobjekt gegen die Tochter Marie Antoinettes, Prinzessin Marie-Thérèse, die auf diese Weise einem gewaltsamen Tod entging und sich später in Frohsdorf ansiedelte, wo sie ein sehr segensreiches Wirken entfaltete und indirekt noch die Erziehung von Herzog Robert von Parma beeinflußte, des Vaters von Kaiserin und Königin Zita. Wartegg erfuhr unter der Herrschaft der neuen Besitzerin, Louise, einige einschneidende Veränderungen. Rasch wurde Wartegg zu einem Treffpunkt der französischen Legitimisten; auch ein Treffpunkt der Bourbons von Neapel-Sizilien; Nuntius Agnozzi weilte auf Wartegg, die Königin von Hannover, aber vor allem auch der Graf von Chambord, der rechtmäßige Thronerbe Frankreichs, Bruder der Herzogin von Parma, der dort seinen französischen Freunden gleichsam auf halbem Wege aus Österreich entgegenkam. Oft trafen sich Hunderte von Franzosen in der Umgebung von Wartegg oder im Schlosse selbst.

Aus Paris kamen Meldungen, großartig klingende Nachrichten über das glanzvolle Leben der Kaiserin Eugénie, der Gemahlin Napoleons III. Niemand konnte damals ahnen, wie bald auch ihr das Schicksal der Emigration beschieden sein sollte.

Am 2. Jänner 1864 reiste Herzogin Louise von Parma von Wartegg nach Venedig, wo sie ihren Bruder, den Grafen von Chambord, treffen wollte. Kaum in der Lagunenstadt angekommen, zog sie sich eine Typhusinfektion zu, der sie am 12. Februar des Jahres 1864 erlag. Ihr Bruder, der Graf von Chambord und Erbe des Thrones von Frankreich, weilte am Sterbebett der Herzogin-Regentin von Parma und versprach, sich der Kinder anzunehmen. Damit verbunden aber war die Übersiedlung der herzoglichen Familie von Bourbon-Parma in die Nähe des Grafen von Chambord – nach Österreich, womit sich ein Kreis zu schließen begann: eine Verbindung der Häuser von Österreich und von Bourbon-Parma bereitete sich abermals vor.

Einige Wochen nach dem Tode der letzten Herzogin-Regentin von Parma brachte im Spätwinter des Jahres 1864 eine schwere Berline vier Waisen nach Österreich: den sechzehnjährigen Herzog Robert von Parma – meinen künftigen Vater – sowie seine Geschwister Margarethe, Heinrich und Alix. Die Fahrt ging von Wartegg bei St. Gallen über das Voralpenland nach Wien, von dort südwärts nach Wiener Neustadt und ein Stück Weges weiter nach Frohsdorf, der Residenz von »Onkel Chambord«, dem König Heinrich V. der französischen Legitimisten. Bruder meiner verstorbenen Großmutter Louise von Parma.

Genau fünfundfünfzig Jahre später sollte Schloß Wartegg wieder zum Asyl werden. Im März des Jahres 1919 suchten Kaiser Karl und seine Gemahlin, Kaiserin Zita – die Enkelin der tapferen Louise von Bourbon –, auf Schloß Wartegg Zuflucht ...

Spätes Postscriptum zum »Zufluchtsort Österreich«: In der Mitte der siebziger Jahre dieses Jahrhunderts gründete eine Gruppe von Journalisten, denen der »Corriere della sera« wegen seines Linksdralls nicht mehr behagte, eine neue Zeitung, »Il Giornale Nuovo«, die interessanteste, bestgemachte Zeitung Italiens. »Contro corrente« – »Gegen den Strom« hieß eine Rubrik auf der Titelseite der Zeitung, die der Herausgeber selbst redigierte. Am 8. August 1975 stand dort zu lesen: »Der Senator Brugger von der Südtiroler Volkspartei sagte, im Falle einer kommunistischen Machtergreifung in Italien könnten die deutschsprachige Bevölkerung in Südtirol und wahrscheinlich auch ein Teil der italienischen den Anschluß an Österreich verlangen.
Das ist eine Idee, die wir nur wegen ihres ungerecht diskriminierenden Charakters ablehnen.
Warum nur die Südtiroler?
Warum sollten wir anderen Bewohner des alten Lombardo-Veneto von dieser Wohltat ausgeschlossen bleiben?
Und unsere Leser mögen sich nicht täuschen: wenn wir ›Wohltat‹ sagen, meinen wir es diesmal keineswegs ironisch.«

Ein Bruder: Prinz Sixtus (gestorben 1934)

Herzog Robert von Parma war Vater von vierundzwanzig Kindern – vierzehn Prinzessinnen und zehn Prinzen. Sie hatten alle Ansprüche auf die Anrede »Königliche Hoheit«, genossen eine vorzügliche, gewissenhafte Erziehung und verfügten, von klein auf, über mehr Pflichten als Rechte. Strenggenommen fast keine Rechte; was sich an »Rechten« ergab, entsprang stets einer erfüllten Verpflichtung, ausgenommen vielleicht die Anrede »Königliche Hoheit« , aber auch das galt nur für die erste Zeit; und alsbald wollte auch dieses Recht nichts anderes sein als Verpflichtung.

Meine Ururururgroßmutter, Kaiserin Maria Theresia, gab einst einer ihrer Töchter – ich glaube jener, die nach Neapel heiraten sollte – eine Lehre mit auf den Weg, die sinngemäß lautete: »Passe dich deiner neuen Nation an. Gewinne ihr Vertrauen. Jedes Volk hat seine guten und seine schlechten Seiten; gib dir daher den Anschein, in allem, was gut ist, Neapolitanerin zu sein, aber in nichts, was schlecht ist...« Ich sah dieses Beispiel später bei meinen fünf Tanten, den Schwestern meiner Mutter, und bei meiner Mutter selbst: diese sechs portugiesischen Königstöchter waren nach ihrer Heirat vollendete Angehörige ihrer neuen Nation; meine Mutter war bis zu ihrem letzten Tag die Herzogin von Parma, ihre Schwestern Österreicherin, Bayerin, Luxemburgerin, Spanierin... Gewiß blieben sie stets portugiesische Kö-

nigstöchter, aber nur in zweiter Linie, sozusagen in einer schönen Erinnerung. Wohingegen mein Onkel, der einzige Prinz in der Schar, Dom Miguel, das Erbe des Königs verwaltete und sich selbst als König mit allen daraus sich ergebenden Pflichten empfand. Von Rechten war auch bei ihm keine Rede.

Für uns Mädchen in der Familie – selbstverständlich fühlten wir uns als Prinzessinnen des königlichen Hauses von Frankreich – galt aber doch von allem Anfang an ein anderer, weicherer Erziehungston als für unsere Brüder; in allem, was wir lernten und hörten, stellte sich doch schon dar, daß wir eines Tages vielleicht Angehörige eines anderen Volkes werden könnten... Österreicherin, Bulgarin... wie es eben kam.

Bulgarin. Eine meiner Schwestern war schon Fürstin von Bulgarien, als ich noch im Steckkissen lag.

Für meinen Bruder Sixtus bedeutete aber deren prunkvolle Hochzeit in Villa Pianore schon ganz etwas anderes. Er, damals sieben Jahre alt, vom Vater bewußt zum Miterleben, zum Mithören angelernt, zog schon die ersten, kindlichen Schlüsse über Benehmen und Takt, über das Schicksal der schönen Schwester, vor allem natürlich über die Stellung und die Bedeutung des Vaters, den er mehr liebte und mehr verehrte als irgend etwas in dieser Welt.

Es ist durchaus möglich, daß auch der Vater Prinz Sixtus mehr liebte als die anderen – bemerkt oder gewußt hat das keiner, denn nie wäre es Vater eingefallen, einen von uns auch nur im geringsten zu bevorzugen.

Sixtus hatte vieles, was ihn geradezu unwiderstehlich machte. Abgesehen davon, daß er sehr gut aussah, zeichnete er sich durch ein ausgeglichenes Temperament aus, war immer lustig, gut aufgelegt, an allem und jedem interessiert... und von einer Gewandtheit im Sprachgebrauch, die ihresgleichen suchte. Er sprach nicht nur das, was auch wir alle von zu Hause mitbekamen, er beherrschte Sprachen bis in die feinsten Nuancen seiner jeweiligen Umgebung hinein. So beherrschte er allein sein Deutsch auf ganz verschiedene Arten: er sprach das schönbrunnerische, leicht singende und melodiöse Deutsch, wie es bei Hofe üblich war, er sprach wahlweise wie ein niederösterreichisches oder steierisches Bauernkind, er beherrschte ein »Schwyzerdütsch«, daß ihn niemand von einem bodenständigen St. Gallener hätte unterscheiden können (er war in Wartegg am Bodensee geboren). Und er beherrschte Französisch mit all den Feinheiten, die sich in der Sprache des Parisers – oder auch des Belgiers – zeigen. Ähnlich war es mit seinem Italienisch und seinem Englisch, und es ist gewiß nicht übertrieben, von Sixtus zu sagen, er habe auch den Dialekt der Vorarlberger vollendet gesprochen; schließlich war er dort jahrelang zur Schule gegangen.

Man sagt, die Gegensätze ziehen einander an. Mitunter wohl auch die Gleichartigkeit. Erzherzog Karl kam als Bub ja stets zu uns, er hatte in Schwarzau bei meinen Eltern genauso sein Zuhause wie drüben in Villa Wartholz bei seiner Großmutter, meiner Tante, und er hatte bei uns eine richtige, echte Bubenfreundschaft mit Sixtus geschlossen. Obwohl von einer »Ergänzung« bei diesen zweien wohl keine Rede

sein konnte – sie glichen einander sogar äußerlich wie Brüder – und obwohl aus der fernen Erinnerung jener Tage die Einzelheiten noch klar hervortreten, verschwimmen die Bilder der beiden Buben Sixtus und Karl geradezu in eines. Die Ergänzung in dieser Freundschaft bildeten Prinzessin Adelheid, meine ältere Schwester, die von Sixtus so unzertrennlich war wie ich von Franziska, und Prinz Xavier, der sich äußerlich von Sixtus mehr unterschied als Erzherzog Karl, in Anlage und Temperament aber sehr seinem Bruder ähnelte.
Mit zehn Jahren ereilte Sixtus das gleiche Schicksal, wie es uns allen blühen sollte: er mußte fort von zu Hause und ins Internat, und in ein sehr strenges dazu. Er mußte nach Feldkirch, in die »Stella Matutina« der Jesuiten, eine der ungewöhnlichsten, besten Schulen der Zeit.
Die Zahl der berühmten Absolventen dieser Schule ist Legion. Fürst Löwenstein war dort zur Schule gegangen, Prinz Heinrich, der Bruder unseres Vaters, die Grafen von Kerssenbrock, spätere Universitätsprofessoren (wie Graf Degenfeld), Bundeskanzler, Gelehrte…

Die Härte der Erziehung in der alten Stella rechtfertigten die Erfolge. Stets hatten die Burschen »Reihe« zu halten, Stillschweigen bei Tisch galt als Selbstverständlichkeit, und der sonntäglichen »Gewissenserforschung«, im Speisesaal, vor versammelter Schülergemeinde, kam stets die Bedeutung einer hochnotpeinlichen Selbstkontrolle zu, »bei der in die verborgensten Falten der Zöglingsseelen geleuchtet wurde… ob denn der gute Geist, von dem der Generalpräfekt mit erhobenem Zeigefinger nachdrücklichst zu reden wußte, noch vorhanden oder in Brüche gegangen war…« Oft ist es erst in späteren Jahren den Schülern der Stella klargeworden, was sie von dort alles mitbekommen hatten: Gewöhnung an strikteste Pünktlichkeit, peinliche Ordnung in allem und jedem, Schweigen, Genügsamkeit.
Wie unvorstellbar hart die Zöglinge an der Stella einst hergenommen wurden, mag ein Wort des Prinzen Xavier charakterisieren, der in seiner trocken-humorigen Art im Mai 1945, nach seiner Befreiung aus dem Konzentrationslager Dachau, auf die Frage eines bestürzten Helfers, wie er die Schrecken dieser Zeit so gut habe überstehen können, antwortete: »Was wollen Sie? Ich habe in der Stella von Feldkirch gelernt. Uns bringt nichts so leicht um…«

Aber sie haben die Härte der »Stella« gut überstanden, so wie wir Mädchen die Strenge des Zangberger Internats in Oberbayern.
Zum Ausgleich gab's außerdem die Ferientage in Schwarzau am Steinfeld, wo für ein paar Wochen die ganze Familie, wieder vereint, sich des Zusammenseins und auch einer gewissen Freiheit erfreute, mit Ausflügen, Reiten und Schwimmen – wir hatten ein herrliches Schwimmbecken in Schwarzau – und gewiß auch mit Träumen.
Auch im Träumen übertraf uns Prinz Sixtus wahrscheinlich bei weitem. Gerade er,

der so brillant und klar denken, analysieren und kombinieren konnte, ritt dann recht oft hinüber nach Frohsdorf, auf den Spuren einer großen Vergangenheit. Besuche bei »Onkel Chambord«, dem Vorbild des Vaters, dem Idol meines Bruders Sixtus.

Was war das Geheimnis von Frohsdorf?

Der Großonkel: Heinrich Graf von Chambord (gestorben 1883) Vormund und Lehrer des Vaters

Wenn der Knabe Sixtus sein Pferd sattelte und keinen der Freunde oder der Brüder und Schwestern einlud, mit ihm zu reiten, wußten alle, wohin es ihn zog: nach Frohsdorf hinüber, zum Schlosse des »Onkel Chambord«, wo Sixtus seine Verwandten besuchte, die immer noch Frohsdorf bewohnten: Prinz Don Jaime, den spanischen Thronprätendenten, und seinen kleinen Hofstaat; aber eigentlich galt der Besuch nicht Don Jaime, so gern er ihn haben mochte, sondern dem Andenken seines vor Jahren verstorbenen Onkels König Heinrich V. von Frankreich, Graf von Chambord.

Die Vorgeschichte zu Frohsdorf und Onkel Chambord ist schnell erzählt. Jahrhundertelang hatte erbitterte Feindschaft zwischen den Häusern von Frankreich und Österreich geherrscht, bis Kaiserin Maria Theresia und König Ludwig XV. energisch das Steuer herumzureißen versuchten und Frankreich mit Österreich ver»söhnten« im wahrsten Sinne des Wortes, ver»töchterten«, wenn man so will: Marie Antoinette heiratete den künftigen König von Frankreich, Ludwig XVI.

Das Ende dieser Geschichte ist ja bekannt, sie endete für beide auf dem Schafott. Der kleine Dauphin kam unter den Händen seines sadistischen Revolutionslehrers um. Aber die Österreicher retteten die Tochter Marie Antoinettes, indem sie ein paar Revolutionäre entführten und diese dann gegen Prinzessin Marie-Thérèse austauschten; die gleiche Marie Thérèse, die wenige Jahre später Schloß Frohsdorf erwarb. Sie hatte in den Jahren ihrer Gefangenschaft zur Zeit der Revolution unsagbare Qualen durchgemacht. Sie hatte, wie unzählige Könige und Prinzessinnen vor ihr, gelernt, daß nichts so vergänglich ist wie weltliche Macht, und daß nichts so unvergänglich besteht wie Glaube und Haltung. Sie hatte Haltung bewahrt im Gefängnis, Haltung bewahrt, als man die Mutter zur Guillotine führte, als sie die Haltung der Königin sah, schon vorher die Haltung des Königs.

Marie-Thérèse, die Tochter Marie-Antoinettes, war auf Schloß Frohsdorf der Vormund und die Erzieherin des Grafen von Chambord, des späteren Vormunds und Erziehers meines Vaters. Sie lehrte den Knaben Durst ertragen, Hunger und Schmerz, sie lehrte ihn schweigen. Ich bin versucht, sie in dieser Hinsicht mit einer indianischen Squaw zu vergleichen, die ihren Sohn dazu erzieht, dereinst auf dem Marterpfahl keinen Ton von sich zu geben, tapfer zu leiden und aufrecht zu sterben. Sicher hatte sie das Vorbild des Sterbens ihrer Eltern auf der Guillotine, das sie ja miterlebt hatte, vor Augen. Und sie, die selbst schon am Schafott gestanden war, lehrte den Knaben Heinrich gut, lehrte ihn, ohne zu übertreiben, ohne sinnlose Schikanen. Und der Knabe Robert, mein späterer Vater, nahm diese Lehren wieder entgegen von seinem Vormund Heinrich, Graf von Chambord. Er nahm keinen Schaden dabei, weder an seiner ungezwungenen Fröhlichkeit noch an seiner Gesundheit; so wie auch später meine Brüder Sixtus und Xavier in der Stella von Feldkirch keinen Schaden nahmen und meine Brüder Renatus und Felix bei den Kalksburger Jesuiten auch nicht. Mein Bruder Xavier hatte später im KZ Hitlers Gelegenheit genug zu beweisen, wie er in unserer Familie und in der Stella von Feldkirch erzogen worden war. Doch das war alles noch Fernwirkung von der »alten Königin« her. Ja, ich muß sagen, mein Vater, Herzog Robert von Parma, blieb unerschütterlich hart, wenn es um Grundsätzliches ging. Aber mein Vater war deshalb kein »harter« Mann, wie man sie zur Genüge kennt; er war der zärtlichste Vater und Gatte der Welt. Auch jene Tante in Frohsdorf, Prinzessin Marie-Thérèse, wußte die Menschen zu lieben und zu verzeihen. Sie hat meinen Vater Haltung gelehrt, mehr noch, die Menschen zu lieben. Das gleiche lehrte sie die älteren Schutzbefohlenen, den Grafen Chambord, dessen Schatten Prinz Sixtus in Frohsdorf so gerne suchte.

Wer war jener »Graf von Chambord«, jener geheimnisumwitterte Prinz aus dem Hause Bourbon?

Er stand im vierundzwanzigsten Lebensjahr, als er nach Frohsdorf kam, in das Schloß seiner Tante Marie-Thérèse, die ihr ganzes Leben in den Dienst der Erziehung Chambords gestellt hatte und später auch der Erziehung Herzog Roberts. Der Graf von Chambord, ihr Neffe, war der legitime Erbe des Thrones von Frankreich, Enkel Karls X.

Zu den Erinnerungsstücken, die Marie-Thérèse in Frohsdorf aufbewahrte, gehörte auch die blutige Halskrause vom Rock ihres Vaters, Ludwigs XVI., dessen Enthauptung sie als halbes Kind noch am Fuße der Guillotine miterlebt hatte. Aber Marie-Thérèse dachte niemals an Rache, nur an Verzeihen, an das Bessermachen, sollte der Graf von Chambord einmal den Thron seiner Väter besteigen.

Diesem Ziel galt ihr Leben. Frohsdorf und ihre Herrschaft dort betrachteten alle geradezu als Modell einer künftigen Herrschaft Bourbons in Frankreich; ihre Erfahrungen prägten den Stil der Hofhaltung von Frohsdorf. Da gab es einesteils die schrankenlose Verbundenheit mit Bauern und Pächtern, die gemeinsame Jagd, die Mildtätigkeit sowohl des Grafen Chambord als auch von Marie-Thérèse; andernteils fuhren sie nur in der liliengeschmückten, sechsspännigen Kalesche aus, und am königlichen Hofe zu Frohsdorf taten die vornehmsten Adeligen Frankreichs ihren Ehrendienst: der Graf von Chambord war ihr König, nicht jener Louis-Philippe von Aufrührers Gnaden!

Zahlreiche Gäste aus aller Welt fanden sich damals in diesem »österreichischen Versailles« ein, der Herzog von Modena, der den Restaurationsversuch der Berry, der Mutter Chambords, einst ermöglicht hatte, der Großherzog von Toskana, Erzherzogin Sophie kam aus Wien zu Besuch mit ihren vier Buben (von denen zwei einst Kaiser werden sollten: Franz Joseph von Österreich und Maximilian von Mexiko) und der Herzog von Parma, dessen Sohn Karl sich prompt in die Schwester des Grafen Chambord verliebte: in Louise, meine Großmutter. Sie heirateten auch auf Schloß Frohsdorf – und selbstverständlich heißt es, meine Urgroßmutter, die Berry, habe die Heirat »eingefädelt«. Möglich. Eine perfekte Liebesehe war es trotzdem und eine perfekte politische Ehe dazu; all diese Verwandten aus dem Dunstkreis von Frohsdorf prägte ein frischer, konservativer Zug, der freilich manchen nicht paßte. Hätten sie sich deswegen »anpassen« sollen?

Die Frohsdorfer pflegten den anderen, zeitlosen Stil, der mit Modeströmungen und Opportunismus, wie sie schon damals allmählich in Schwung kamen, nichts zu tun haben wollte. In diesem Stil gestaltete sich auch die Ehe des Grafen Chambord mit Erzherzogin Therese, einer Tochter des als »Erzreaktionär« verschrienen Herzogs von Modena: nicht »reaktionär«, sondern konservativ; nicht »altmodisch«, aber traditionsbewußt; nicht »bigott«, aber fromm.
Die Tragödie dieser Ehe: sie blieb kinderlos.
Die größte Freude dieser Ehe: die Fürsorge, die sie den früh verwaisten Kindern aus der Ehe der Louise von Bourbon mit dem Herzog von Parma angedeihen ließen – Alix, Margarethe, Heinrich und Herzog Robert von Parma, dem künftigen Vater von Kaiserin Zita. Der Graf von Chambord ließ seinem Schützling Robert die besten Lehrer aus Frankreich kommen. Er nahm den jungen Mann auf seine großen Reisen mit, führte ihn allmählich und behutsam in die Politik ein.
Der Graf von Chambord – König Heinrich V. der französischen Legitimisten – hatte die schwierige Aufgabe, die französische Politik von außen her zu beurteilen, mußte mit ansehen, wie sich der Abenteurer Napoleon III. zum »Kaiser der Franzosen« ausrief und dies, wie zum Hohn, nachträglich vom Volke bestätigen ließ; acht Millionen Franzosen stimmten für ihn, nur eine Viertelmillion gegen ihn. (Auch Hitler ist ja auf demokratischem Wege zur Macht gekommen.)
Der ganze Unsinn plebiszitärer Bestätigung schlug sich in diesem Ergebnis nieder; wenige Jahre später führte Napoleon III. sein Volk in die Katastrophe von 1871, nicht ohne vorher auch auf italienischem Boden gigantisches Unheil angestiftet zu haben, indem er Österreich entscheidend schwächte. Das führte schließlich zur Niederlage der Österreicher von 1866 bei Königgrätz; fünf Jahre später bereits zu seiner eigenen Katastrophe.

Der Zusammenbruch von Napoleons Kaiserreich schien allerdings die Stunde Chambords zu sein. Pausenlos konferierte dieser damals mit den Abgesandten aus Frankreich, mit republikanischen Parlamentariern, Legitimisten, Orléanisten. Fast alle waren in diesem Augenblick für ihn, für eine Versöhnung Frankreichs mit seiner Dynastie, für einen Bourbonen auf dem Thron.
Schließlich blieb nur noch ein einziger Punkt offen: die Frage der Fahne. Chambord bestand auf der Wiedereinführung des bourbonischen Lilienbanners. Er wollte nicht König sein über ein Frankreich, dessen Symbol die Trikolore der Revolution war, Symbol des Nationalstaates. Allzuviel Unheil und Blut klebte für ihn an diesem Zeichen.
Gewiß gab es damals in allen Lagern Überlegungen, die soviel hießen wie: Soll er doch erst einmal kommen, regieren und walten. Wenn er erst hier ist, im Sattel sitzt und sich bewährt, kann er noch immer den Streit um die Fahne in seinem Sinne entscheiden.
Doch der Graf von Chambord war nicht dieser Mann. Wahrscheinlich beurteilte er Frankreichs Lage von seinem Exil aus nüchterner, klarer als seine Freunde im legitimistischen Lager. Was hieß es denn schon, daß sich die Mehrheit jetzt für ihn entschied? Hatte nicht auch eine Mehrheit von acht Millionen gegen zweihundertfünfzigtausend für Napoleon III. gestimmt? Und ihn wenige Jahre danach mit Schimpf und Hohn verjagt?
Nein, Chambord wird das Frankreich der Trikolore (des Banners der Massenmorde, der Guillotine) auch trotz Mehrheitsbeschluß nicht regieren; sein Königtum ist legitim, nicht plebiszitär.
Immer noch bittet, beschwört ihn eine gewaltige Mehrheit, nach Frankreich zu kommen. König Heinrich lehnt ab. Keine Rückkehr unter dem Zeichen einer »Liberté«, die keine ist, einer »Fraternité«, die Mord und Totschlag brachte, einer »Egalité«, die mehr Privilegien schuf (für die jeweiligen Machthaber), als sie alle Könige zusammen jemals hatten.
Herzog Robert von Parma, der junge, tatendurstige Prinz, kann es nicht fassen, daß sein geliebter, verehrter Onkel »wegen der Fahne« nicht heimkehrt. Er wird später begreifen, daß es ja nicht um »die Fahne« allein ging, sondern um ein Prinzip.
Chambord lehnt ab, Chambord bleibt in Frohsdorf. Besser ein legitimer König im Exil als ein plebiszitärer König an einer fragwürdigen Macht.
Nach den hektischen Tagen in diesen siebziger Jahren wurde es wieder stiller um Frohsdorf. Doch immer noch kamen die treuen Freunde aus Frankreich, um »ihrem König« zu huldigen. Am 24. August 1883 starb Frankreichs heimlicher König Henri V., Duc de Bordeaux, Comte de Chambord.

Mein Vater, Herzog Robert von Parma, war sein Universalerbe; er erbte auch Schloß Chambord.
Oft weilten wir alle dort; mein Vater hat alles darangesetzt, Schloß Chambord im

Sinne des toten Königs würdig zu erhalten und weder Kosten noch Mühe gescheut, diesen Symbolort eines anderen Frankreich zu hegen, zu schützen.
Auch in Frohsdorf drüben blieb alles, wie es unter Chambord gewesen war; in seinem einstigen Arbeitszimmer war es, als hätte er eben noch hier geatmet.
Auf dem Friedhof von Frohsdorf zeugten Reihen von Gräbern mit französischen Namen für die Getreuen, die ihrem König ins Gastland Österreich nachgefolgt waren, dort lebten und starben.
Das ist die Geschichte vom Grafen Chambord, der ein Königreich für eine Lilie gab, wie manche verständnislos meinten.
Die Freunde wußten es schließlich besser, auch mein Bruder, Prinz Sixtus, der oft und so gerne in Frohsdorf weilte:
Nicht einmal für ein Königreich hat Chambord die Lilie hingegeben!

Postscriptum zur Geschichte des Grafen von Chambord: Es geht dabei um die Kampagne des deutschen Verbündeten gegen die österreichischen Friedensversuche im Ersten Weltkrieg – und damit um unsere Gegenwart, die wohl anders aussähe, wäre es damals, 1917 oder 1918, zu einem rechtzeitigen Friedensschluß gekommen:

Nachrichtenstelle des k.u.k. Militärkommandos Graz
Na. Nr. 1084 Res.
Inhibierter Artikel im Obersteirerblatt
Verschluß!

An die Ministerial-Kommission im k.u.k. Kriegsministerium in Wien.

Graz, am 9. Mai 1918

Nachstehend wird die Abschrift des von der k.k. Bezirkshauptmannschaft in Bruck a.d. Mur inhibierten Artikels im Obersteirerblatt vom 4. Mai mit der Meldung vorgelegt, daß der Satz vor der Drucklegung zerstört wurde.

»Seitdem Kaiserbriefe an den Bruder der Kaiserin Zita, den Prinzen Sixtus von Parma, gelangten, steht das Haus Parma im Mittelpunkt lebhafter Erörterungen. In den ›Leipziger Nachrichten‹ veröffentlichte dieser Tage ein Wiener Politiker eine fesselnde Schilderung jener Glieder dieser Familie und ihrer für uns gefährlichen Tätigkeit.
In dieser Schilderung heißt es unter anderem: ›Vor allem wird festzustellen sein, daß der Vater der Kaiserin, der Herzog Robert von Bourbon-Parma und damit der Erbe jenes Grafen von Chambord ist, der sich zeit seines Lebens als den rechtmäßigen König von Frankreich betrachtet und, auf seinem Schloß Frohsdorf residierend, die Anschauung, er sei der wirkliche Herrscher Frankreichs, bis an

sein Ende aufrecht erhielt. In dieser Überlieferung sind alle Mitglieder der Familie des Herzogs Robert, der es in zwei Ehen auf die beachtliche Anzahl von vierundzwanzig Kindern brachte, von denen achtzehn am Leben sind, aufgewachsen.
Die Verwirklichung ihrer Träume von ihrer Wiedereinsetzung auf die Throne von Frankreich und Portugal glaubten die Parmas nun in greifbare Nähe gerückt, als im Jahre 1914 der Weltkrieg ausbrach. Bis dahin hatten die Prinzen Sixtus und René, wie ihre Brüder, keinerlei besondere Neigung für das Militär bewiesen, namentlich der erstere nicht, der in der Praxis wissenschaftlichen Studien obgelegen hatte. Nun plötzlich verließen sie schleunigst die Monarchie, in der sie in der Zeit vor Ausbruch des Weltkrieges weilten, und traten, wohl weil ihrer Betätigung im französischen Heere die bekannten gesetzlichen Bestimmungen im Wege stehen, in das belgische Heer ein, um in dessen Reihen gegen unsere Verbündeten zu kämpfen. Es handelt sich dabei nämlich nicht um eine Dienstleistung im Roten Kreuz, sondern in der Feldarmee Belgiens. Diese Zugehörigkeit zum belgischen Heere hinderte die beiden Prinzen aber nicht, wiederholt während des Krieges in Wien zu weilen. Man war bemüht, sich des Einflusses des kaiserlichen Schwagers auf seine Verbündeten zu bedienen, um einen für Frankreich möglichst günstigen, ruhmvollen und vorteilhaften Frieden zu erzielen, um auf diesem Wege die Franzosen einer Rückberufung des Hauses Bourbon auf den Thron geneigt zu machen. Wenn es sich so nebenbei so machen ließe, wäre man auch nicht abgeneigt, wieder in Italien, wenn auch nicht über das ganze Königreich, so doch über Teile desselben, die Zügel der Regierung zu ergreifen, denn es gehört zu den festen Überzeugungen aller Mitglieder des Hauses Parma, daß Italien, wenn der Krieg für dieses Land ungünstig ausgehe, die jetzige Monarchie beseitigen und dann in nicht allzu großer Ferne die neue, in Italien entstandene Republik zerfallen wird. Deshalb ist man in Kreisen dieser Familie, deren geistiges Haupt jetzt die Mutter der Kaiserin, die Herzogin Maria Antonia, ist, die einem ihrer Söhne auch gern den portugiesischen Thron zuschanzen möchte, eifrig bemüht, daß Italien auf alle mögliche Art geschont werde.
Tatsächlich hatte das den Erfolg, und zwar, wie ziemlich zweifellos ist, infolge eines Ersuchens des Papstes, daß Venedig eine Zeitlang von Fliegern geschont wurde.
Der Vatikan hat aber noch andere Kanäle, die bis in die nächste Umgebung des Kaiserpaares führen. Es sind dies zwei Jesuitenpatres Schmitt und Musil, die zur Zeit wohl einflußreichsten Männer am Hofe ... Während man von diesen Dingen in den breiten Kreisen der Bevölkerung nur unbestimmte Ahnungen hat, dennoch aber den Einfluß des Hauses Parma mit steigender Besorgnis wachsen sieht, hat sich der Kreise der wissenden, gut deutsch und österreichisch gesinnten hohen Staatsmänner, die die Berater Kaiser Franz Josephs waren, ein außerordentlicher Pessimismus bei Fortsetzung des jetzigen Kurses bemächtigt.‹
Ergeht in verschiedener Fassung an das k.u.k. Kriegs-Ministerium in Wien, an das

Evidenzbüro des k.u.k. Generalstabes in Wien und an die Ministerial-Kommission im k.u.k. Kriegsministerium in Wien.

Der Generalstabschef:
Obermayer, Oberstleutnant«

Abgesehen von einem kleinen Irrtum – nicht Prinz Renatus diente mit Sixtus in der belgischen Armee, sondern Prinz Xavier (Renatus war österreichischer Soldat) –, ist diesem relativ gut fundierten Bericht heute nichts mehr hinzuzufügen. Es gehörte zur österreichischen Tragödie, alle diese an sich absolut positiven Tatsachen propagandistisch nicht nützen zu können. Zum Schaden Europas – vor allem aber auch zum Schaden des deutschen Verbündeten, dem ein rechtzeitiger Friedensschluß die Teilung und Zerstückelung Deutschlands erspart hätte.

Die Mutter: Herzogin Maria Antonia von Parma (gestorben 1959) und ihre Geschwister: ein Bruder, fünf Schwestern

Es war einmal ein Märchen, das sowohl das Schicksal meiner Mutter als auch meiner Familie und, was millionenfach zählt, das Schicksal so vieler Völker auf das schrecklichste beeinflußte. Es ist das Märchen von der »italienischen Abstammung« meiner Mutter und allen – damals – damit verbundenen Konsequenzen.

Meine Mutter war eine portugiesische Königstochter, die Mutter meiner Mutter eine deutsche Prinzessin.

Ich werde beide Geschichten gerne erzählen; sie sind der Schlüssel zu dem Verständnis so vieler Dinge, die auch noch heute und jetzt das Schicksal zahlloser Menschen bestimmen.

Die Geschichte von den sechs Königstöchtern ist die Geschichte auch meiner Mutter, die von sechs Prinzessinnen aus dem Hause Bragança die jüngste war, eine aus einem halben Dutzend außergewöhnlicher Frauen.

Übrigens: Die Geschichten von den sechs Bragança-Prinzessinnen stehen für das, was von meiner Schulzeit im oberbayerischen Zangberg erzählt werden müßte, wo es uns Mädchen ähnlich erging wie den Buben in Feldkirch. Bei aller Liebe beinah hart, sehr streng, aber gerecht und ausgleichend das Regiment der Schwestern. Wäre ich später in der Wahl einer Schule für meine eigenen Töchter frei gewesen, ich hätte sie auch nach Zangberg geschickt.

Wenn ich von den Bragança-Prinzessinnen erzähle, so deshalb, weil man ihr Leben nicht erkennt, nicht ihre Ausstrahlung, ihr Beispiel über Jahrzehnte hinweg. Sie wurden alle zwischen achtzig und hundert Jahre alt, erlebten ihr Leben bis in den

letzten Atemzug hinein mit hellem, wachem Verstand und voll von Lebensmut. Was ich bin, was meine Kinder sind – es kommt zu einem Gutteil von meiner Mutter und ihren Schwestern.
Darum die sechs Geschichten anstelle des üblichen »Bildungsweges« von sechs bis vierzehn oder, wenn's hoch geht, bis achtzehn.
Wir lernen und lernten immer – nicht zuletzt von den Schwestern Bragança.

Maria das Neves

König Miguel I. von Portugal ∞ Königin Adelheid von Portugal, Prinzessin von Löwenstein-Wertheim-Rosenberg

Miguel – M. Theresia – M. Josepha – Adelgunde – M. Anna – Maria Antonia, Mutter von Kaiserin Zita Gemahlin von Herzog Robert von Parma

1.

Maria das Neves geb. 5.8.1852 zu Kleinheubach, gest. 15.2.1941 in Wien ∞ Don Alfonso Carlos Prinz von Bourbon, Herzog von S. Jaime, karlistischer Thronprätendent v. Spanien 1931-1936, geb. 12.9.1849 in London, gest. 1936 in Wien —— Bruder von Don Carlos, der mit Margarethe, einer Schwester von Herzog Robert von Parma, verh. war

Bei allen Frauen vom Schlage Habsburg, Bourbon und Bragança ist der bestimmende Leitstern ihres Lebens die Familie, jene der Eltern zunächst, die des Gemahls in der Folge. In diesem Sinne wandelt sich eine Portugiesin wie Maria das Neves in eine eifrige, überzeugte spanische Carlistin, ganz im Geiste ihres Gemahls, des Bruders des spanisch-karlistischen Thronprätendenten.
Mit neunzehn zog sie schon in den Krieg, an der Seite ihres Gemahls, des Prinzen Don Alfonso von Spanien. An seiner Seite kämpfte der jugendliche Herzog Robert von Parma – der künftige Vater der Kaiserin Zita.
Maria das Neves, Meisterschützin und hervorragende Reiterin dazu, zog auf einem prachtvollen Schimmel von Scharmützel zu Scharmützel, immer vorne, ruhe- und rastlos, in einem nur beständig: in der Liebe zu ihrem Gemahl Don Alfonso. Es heißt, die beiden hätten sich in einer 65jährigen Ehe nicht einen einzigen Tag lang voneinander getrennt.

Don Alfonso wurde übrigens nach dem Tod meines Vaters mein Vormund. Er war der führende Kopf der Antiduellbewegung, über deren Bedeutung man heute

kaum mehr ein Urteil abzugeben vermag. Wer ahnt denn noch, welche Tragödien, welches Elend und Leid aus dem Irrsinn des Duellierens einst kamen!
Zum Duell gehörte ja sicher viel Mut; zur Antiduellbewegung ein zehnfacher Mut. Mein Vater hatte nicht nur die Schneid, dort mitzuarbeiten, er stellte auch Männer wie Graf Ledóchowski in seinen Dienst, die wegen Duellverweigerung aus der Armee ausgeschlossen worden waren. Aber, wie gesagt, es ist heute schwer zu ermessen, was das einst bedeutete. Zumal wir in Schwarzau in unmittelbarer Nachbarschaft mit der Wiener Neustädter Militärakademie lebten!
Wie viele der dortigen Offiziere mochten dann während des Ersten Weltkrieges von Maria das Neves gepflegt worden sein. Unermüdlich stand sie im Einsatz, oft unmittelbar an der Kampflinie. Sie war schon eine Achtzigerin, als der Spanische Bürgerkrieg ausbrach, und nur mit Mühe konnten wir sie daran hindern, abermals für die als gerecht erkannte Sache ins Feld zu ziehen. Sie erlebte noch den Einmarsch der Truppen Hitlers in Österreich und gab auch in diesem Falle nicht auf: bis zu ihrem letzten Atemzug glaubte sie an die Wiedergeburt ihrer zweiten Heimat.

Dom Miguel

König Miguel I. von Portugal ⚭ Königin Adelheid von Portugal, Prinzessin von Löwenstein-Wertheim-Rosenberg

M. das Neves | *M. Theresia* – *M. José* – *Adelgunde* – *M. Anna* – Maria Antonia

2.

Miguel «Herzog von Bragança» ⚭ in 2. Ehe mit Therese von Löwenstein-Wertheim-Rosenberg, (Tochter von Fürst Karl Löwenstein, Bruder der Königin Adelheid von Portugal)

Dom Duarte II. (geb. 23.9.1907 zu Seebenstein, NÖ, portugiesischer Thronprätendent) vermählt mit Maria Franziska von Orléans-Bragança, geb. 8.9.1914 in F, gest. 15.1.1968 in Lissabon

Dom Duarte – Miguel – Henrique

Der Herzog von Bragança, im niederösterreichischen Seebenstein zu Hause, unweit von Schwarzau, Frohsdorf und der Villa Wartholz, ist der »König Michael II.« der portugiesischen Legitimisten. Er war ein tapferer österreichisch-ungarischer Offizier. Nach dem Ersten Weltkrieg verzichtete Dom Miguel II. zugunsten seines Sohnes Dom Duarte.

Maria Theresia

König Miguel I. von Portugal ∞ Königin Adelheid von Portugal, Prinzessin von Löwenstein-Wertheim-Rosenberg

M. das Neves – Miguel | M. José – Adelgunde – M. Anna – Maria Antonia Mutter der Kaiserin Zita

3.

Maria Theresia
geb. 24.8.1855 zu Kleinheubach, Bayern
gest. 1942 in Wien
∞ Erzherzog Karl Ludwig (1833-1896)
Bruder von Kaiser Franz Joseph I.

Söhne aus 2. Ehe:
Eh. Franz Ferdinand (gest. 1914, Sarajewo)
Eh. Otto, Vater Kaiser Karls I.
Ehin. Maria Theresia ist demnach Stiefgroßmutter von Kaiser Karl und Tante von Kaiserin Zita

Maria Annunziata
geb. 31.7.1876
Reichenau, NÖ.

Elisabeth Amalia
geb. zu Reichenau 7.7.1878
∞ Prinz Alois von und zu Liechtenstein

Gräfin Gina von Wilczek
geb. 24.10.1921 in Graz
gest. 18.10.1989
∞ Fürst Franz Joseph II. von und zu Liechtenstein
geb. 16.8.1906 zu Frauenthal in der Steiermark
gest. 13.11.1989

Fürst Hans Adam II.
geb.14.2.1945 in Zürich
∞ Marie Gräfin Kinsky
geb. 14.4.1940 in Prag

Erbprinz Alois
geb. 12.6.1968
in Zürich

Maria Theresias Schicksal ist von jenem des Kaisers und Königs Karl und des Erzherzog-Thronfolgers Franz Ferdinand nicht zu trennen. Seltsam, daß noch niemand ihr ein Denkmal errichtet hat oder einen Roman über sie schrieb; sie hätte zu beidem Anlaß genug gegeben.
Da wäre zum Beispiel die Geschichte von der Liebe Erzherzog Franz-Ferdinands zur Gräfin Sophie von Chotek. Daß dieses Beinahe-Drama gut ausging, in einer glücklichen Ehe endete, ist bekannt. Wer weiß aber heute noch, daß Tante Thérèse die Sache beim Kaiser durchfocht?

Und wie sie behutsam über Erzherzog Karl wachte, wie sie in allem und jedem ihm half, ja auch in der Sache mit mir … Sie war einfach ein guter Mensch.

Dabei attraktiv in der Erscheinung, schön, elegant, gebildet. Mit einem Wort, die vollendete Erste Dame bei Hof. Kaiser Franz Joseph hat sie verehrt und geschätzt, gab viel auf den klugen Rat dieser Frau. Sie repräsentierte das Kaiserhaus bei vielen öffentlichen Veranstaltungen. Schon während der oft monatelangen Abwesenheit der Kaiserin Elisabeth übernahm sie einen Großteil der Repräsentationspflichten, und nach dem tragischen Tod der Monarchin nahm sie nach bestem Wissen und in absoluter Pflichttreue deren Platz in vielen Belangen des Protokolls ein. Wieso ihr diese Stellung zukam? Sie war die Gemahlin des nächstberechtigten Bruders Kaiser Franz Josephs, Erzherzog Karl Ludwig, der seinerseits in mancherlei Dingen den Kaiser vertrat, vor allem Kunst und Wissenschaft, Technik und Architektur förderte.
Erzherzog Karl Ludwig nahm ja nach dem Tode des Kronprinzen Rudolf insofern auch eine besondere Stellung ein, als er der Vater des neuen Thronfolgers, des Erzherzogs Franz Ferdinand, war, aber auch Vater von Erzherzog Otto, der wieder Vater von Erzherzog Karl war, dem zukünftigen Kaiser und Gemahl von Prinzessin Zita.

Maria Theresia war Erzherzog Karl Ludwigs dritte Frau, und jetzt wird's kompliziert: Maria Theresa war also meine Tante, aber zugleich auch des künftigen Kaisers Karl Stiefgroßmutter.
In Wirklichkeit spielte sich das naturgemäß weniger verwickelt ab, weil wir ja Nachbarn waren. Meine Mutter lebte mit uns, mit ihrer gewaltigen Kinderschar, in Schwarzau, und ihre Schwester, Tante Maria Theresia, drüben in Villa Wartholz, nur eine halbe Stunde war's mit dem Auto, das meine Brüder vorzüglich zu steuern wußten, auch Erzherzog Karl natürlich, der ja in Wartholz aufwuchs. Wie innig (aber auch verwickelt) die Verwandtschaftsbeziehungen zwischen Schwarzau und Villa Wartholz sich darstellten, mag illustrieren, daß die erste Frau Karl Ludwigs (die Mutter Franz Ferdinands) und die erste Frau meines Vaters Schwestern waren.

Erzherzog Franz Ferdinand verehrte seine Stiefmutter auf eine schwärmerische Weise. Daß er sich auf seine Stiefmutter in jeder Lebenslage verlassen konnte, bewies sie in den für Franz Ferdinand so schwierigen Jahren bis zu seiner Vermählung mit Gräfin Chotek.
Eine ebenso gute Mutter war sie auch dem Erzherzog Otto, dem »schönsten Mann der Monarchie«, der mit seiner Frau (der Mutter Kaiser Karls) eine nicht gerade erfüllte Ehe führte. Die sächsische Prinzessin paßte in ihrer wenig phantasievollen, vielleicht sogar ein bißchen hausbackenen Art so gar nicht zu dem schwungvollen, überdurchschnittlich begabten Erzherzog Otto.
Erzherzogin Maria Theresia fand immer den richtigen Ton für den flotten Erzherzog, sie hielt ihm auch bei seinem so tragischen Ende die Treue. Erzherzog Otto verschied 1906 in den Armen seiner Stiefmutter. Sechzehn Jahre später stand sie dem Sohn Erzherzog Ottos, Kaiser Karl von Österreich, in seiner Todesstunde

auf Madeira bei. Über die Hungermonate von 1918 und 1919 halfen ihr galizische Juden hinweg; die Anfeindungen der Nationalsozialisten nahm sie voll Zuversicht auf eine österreichische Wiedergeburt hin. Unbeschreibbaren Schmerz verursachte ihr die Verhaftung ihrer geliebten Stiefenkel Max und Ernst von Hohenberg, der Söhne von Erzherzog Franz Ferdinand, der ersten Waisen des Ersten Weltkriegs, und deren Leiden im Konzentrationslager.

Maria José

König Miguel I. von Portugal ⚭ Königin Adelheid von Portugal, Prinzessin von Löwenstein-Wertheim-Rosenberg

7 Kinder

M. das Neves – Miguel – M. Theresia | *Adelgunde – M. Anna* – Maria Antonia Mutter der Kaiserin Zita

4.

Maria José geb. 19.3.1857, Bronnbach ⚭ Karl Theodor Herzog in Bayern (Bruder der Kaiserin Elisabeth) geb. zu Possenhofen, 9.8.1839 gest. 30.11.1909

Elisabeth geb. zu Possenhofen am 25.7.1876, gest. 23.11.1965 in Brüssel ⚭ König Albert der Belgier geb. 8.4.1875 in Brüssel gest. 17.2.1934 bei Namur

Léopold III. König der Belgier

Albert (Prince de Liège) — Baudouin König der Belgier

Philippe (Thronfolger) — Laurent — Astrid ⚭ Ehg. Lorenz von Österreich-Este

Amadeo 1986

Maria Laura 1988

Wie ich in die Liebesgeschichte [Anm.: zwischen Kaiser Franz Joseph und Elisabeth] und ihre seltsame Fortsetzung geriet, ist gar nicht leicht zu erzählen, weil sich Verwandtschaften sehr leicht verwirren, wenn von Nichten und Großneffen geredet werden muß.

Aber es ist nicht so schlimm: der Bruder von Kaiserin Elisabeth war Herzog Karl Theodor in Bayern, wohnhaft – wo sonst? – in Possenhofen. Diesen Karl Theodor,

der ein berühmter Augenarzt war, heiratete die Schwester meiner Mutter, Prinzessin Maria José. »Die schönste Frau in Bayern«, nannten sie ihre Zeitgenossen, und das wollte schon etwas heißen, in Bayern.
Beider Tochter – wie anders konnte sie heißen als Elisabeth? – war des alten Kaisers erklärter Liebling. Vor vielen Jahren, als Herzog Karl Theodor die schöne Bragança-Prinzessin geheiratet hatte, sandte Kaiserin Elisabeth ein wunderschönes Hochzeitsgeschenk nach Possenhofen, da sie gehört hatte »Maria José sei die beste Wahl gewesen, die ihr Bruder habe treffen können«. Als sie kurze Zeit darauf ihre neue Schwägerin beim Besuch in Possenhofen kennenlernt, ist sie entzückt: »Maria José hat mir ungeheuer gut gefallen. Ich finde, sie ist eine seltene Schönheit, und ich kann sie nicht genug anschauen ...« Nach der Tragödie von Genf, der Ermordung der Kaiserin im Jahre 1898, nahm die Tochter von Maria José, Prinzessin Elisabeth, eine ganz seltsame, wehmütig-elegische Erinnerungen weckende Stellung im Leben des alten Kaisers ein. Im Jahr 1900 vermählte sich Prinzessin Elisabeth mit dem künftigen König Albert der Belgier. Wie oft fragte mich Kaiser Franz Joseph nach Kriegsausbruch, ob ich etwas Neues gehört habe von seiner geliebten Nichte, die als Königin der Belgier nun im anderen Lager stand, und gelegentlich konnte ich ihm tatsächlich Neues erzählen, wenn sich die Mutter der Königin und meine Mutter wieder einmal irgendwie verständigen hatten können. Königin Elisabeth der Belgier war es auch, die, obwohl selbst damals mit ihrem König im Felde stehend, alles unternahm, um den Friedensbemühungen und den Bemühungen um die Rettung Österreichs in diesem tödlichen Kampfe zum Durchbruch zu verhelfen. Auch meine Brüder Sixtus und Xavier kamen durch ihre Hilfe und Vermittlung in der belgischen Armee unter. Die freundschaftlich-verwandtschaftlichen Beziehungen zum belgischen Königshaus bedeuteten für meine Familie eine große Hilfe, als wir von Spanien nach Steenockerzel bei Brüssel übersiedelten, wo meine Kinder eine Basis für das Studium an der nahen Univesität von Löwen fanden. 1940 befanden wir uns alle dann auf einer gemeinsamen Flucht: die uns anvertrauten Kinder der Großherzogin von Luxemburg, unsere belgischen Verwandten und meine eigenen Kinder dazu, und hinter uns her die Erben der großdeutschen Träume von einst, die zum Alptraum geworden waren ...

Zur Zeit, als Karl und Zita Hochzeit auf Schloß Schwarzau feierten, tobte in Portugal ein erbitterter Bürgerkrieg: Legitimisten gegen Republikaner, und Adelgunde, Gemahlin von Prinz Heinrich, kämpfte tapfer für die Monarchie. Auf Mauleseln schleppte sie Munition über die steilsten Bergpfade heran, auf Lastwagen – man schrieb 1911 –, die sie selber chauffierte, transportierte sie Nachschub über die Pässe im Norden Portugals für die royalistischen Truppen herbei.

Nichts charakterisiert ihre Wesensart besser als eine kleine Anekdote vom Ende ihrer Tage. 1946 war es, in der Schweiz: »Tante«, sagte Dom Duarte, ihr Neffe, Portugals Thronprätendent, »Tante, der Arzt meint, du hast noch 24 Stunden zu

Adelgunde

König Miguel I. von Portugal ⚭ Königin Adelheid von Portugal, Prinzessin von Löwenstein-Wertheim-Rosenberg

M. das Neves – Miguel – M. Theresia – M. Josefa | *M. Anna* – Maria Antonia Mutter von Kaiserin Zita

5.

Adelgunde
geb. zu Bronnbach,
10.11.1858
verh. zu Salzburg
am 15.10.1876
gest. 1946

⚭

Heinrich, Prinz von
Bourbon-Parma,
Graf von Bardi, Bruder des
Herzogs Robert von Parma
geb. 12.2.1851,
gest. 14.4.1905

leben...« Tante Adelgunde dachte kurz nach. »Nun gut«, sagte sie schließlich, »so rauch' ich noch eine Zigarre. Dann fangen wir halt an zu beten...«
»Tante Adelgunde war meine Taufpatin. Der Name Zita war ihre Idee...«

Es war einmal eine Prinzessin, die stellte sich ganz allein einer Armee entgegen. Es war zu Beginn des Ersten Weltkriegs. Maria Anna trug damals als Großherzogin-Regentin von Luxemburg die Verantwortung für ihr kleines Land. Als die Deutschen sich anschickten, in den neutralen Kleinstaat einzumarschieren, raste sie mit ihrem Wagen hinunter zur Moselbrücke und stellte das Fahrzeug quer zur Fahrbahn. Hier sollte keiner durchkommen. Die Deutschen kamen selbstverständlich trotzdem durch. Die großherzogliche Familie internierten sie auf Schloß Berg, aber das Signal zum Durchhalten, zum Überdauern Luxemburgs war gegeben. Nach dem Kriege, in den Wirren der Revolution, verteidigte sie ihren Besitz in Deutschland, wie ihre Schwester in Wien, mit der Waffe in der Hand gegen die Rotgardisten. Sie hat sich behauptet.

Am 6. November des Jahres 1919 vermählte sich ihre zweite Tochter, Großherzogin Charlotte von Luxemburg, mit meinem Bruder Felix, der während des ganzen Krieges treu in der österreichisch-ungarischen Armee gedient hatte.
Auch mit den Kindern aus dieser Ehe verband uns nicht nur Verwandtschaft und Freundschaft, sondern auch Dramatik der Flucht vor den Schergen Hitlers, die uns im Mai 1940 vor sich her trieben, oft nur Wegminuten von uns entfernt, durch Belgien, Frankreich, bis uns die Flucht nach Spanien und nach Portugal, schließlich nach Kanada und in die USA gelang, wo wir das Exil mit den Luxemburgern teilten.
Ein klassisches Zweigestirn, Tante Maria Anna und meine Mutter – wie schade, daß

Maria Anna

König Miguel I. von Portugal ∞ Königin Adelheid von Portugal, Prinzessin von Löwenstein-Wertheim-Rosenberg

M. das Neves – Miguel – M. Theresia – M. José – Adelgunde | Maria Antonia

6.

Wilhelm Großherzog von Luxemburg geb. 22.4.1852, gest. zu Luxemburg am 25.2.1912 ∞ Maria Anna geb. z. Bronnbach 13.7.1861 gest. zu New York 31.7.1942

6 Kinder, darunter

Felix Prinz v. Bourbon-Parma Sohn der Herzogin Maria Antonia, Bruder v. Kaiserin Zita geb. 6.11.1919, gest. 7.4.1970 ∞ Charlotte Adelgunde Großherzogin von Luxemburg geb. 23.1.1896 Großherzogin am 15.1.1919

Maria Adelheid Großherzogin von Luxemburg geb. 14.6.1894 Abdankung 15.1.1919

6 Kinder, darunter

Jean Großherzog v. Luxemburg geb. 5.1.1921 ∞ Joséphine Charlotte Prinzessin von Belgien geb. 11.10.1927 (Tochter v. König Léopold u. Astrid, Prinzessin von Schweden)

Astrid ∞ Karl Christian Erzherzog von Österreich – Henri ∞ Marie Therese Erbgroßherzog – Jean – Margaretha – Guillaume

Marie Christine, Imre, Christoph, Alexander

Guillaume (11.11.1981), Felix, Louis

die anderen nicht bei uns sein konnten. Wir standen viel Angst um sie aus. Ich erinnere mich, einmal bei Tisch, ich glaube es war in Quebec, wir saßen gerade beim Essen, meine Tochter Elisabeth, Großherzogin-Regentin Maria Anna und meine Mutter, da kam durch das Radio die Nachricht vom Absturz eines Flugzeugs, bei dem eine bedeutende Persönlichkeit ums Leben gekommen war. Absichtlich, das war sofort klar. Ich erinnere mich, damals ein sehr abfälliges, hartes Wort gesagt zu haben – nein, nicht über die Deutschen: es waren die Alliierten, die sich eines unbequemen Verbündeten entledigt hatten.

Da sagte meine Mutter: »Zita! Nicht bitter werden!«
Ich war damals fünfzig, meine Mutter schon achtzig. Was hatte sich alles in ihrem Leben geändert! An ihren Grundsätzen nichts. »Nicht bitter werden...«, das war meine Mutter. Was sie von sich selbst wohl erzählt hätte? Wahrscheinlich nichts. Sie nahm immer nur die anderen wichtig. Wie hätte sie aber ein Außenstehender beurteilt?

»Was ich im Elternhaus der Exkaiserin Zita von Österreich erlebte«, nannte sich eine der übelsten Schmähschriften, die nach dem Zusammenbruch des Kaiserreiches erschien.
Der Verfasser des Buches, ein gewisser Karl Wagemut, Hausgeistlicher, intimer Vertrauter und Lehrer der Familie Bourbon-Parma, schildert, offenbar der »Objektivität« wegen, seine ersten Eindrücke vom herzoglichen Paar, den Eltern von Kaiserin Zita: »Jetzt teilte sich die Portiere und heraus trat, gefolgt vom Grafen Z., ein sehr gut erhaltener Fünfziger, von nicht eben großer, aber voller Gestalt, der Herzog Robert. Sein überaus gepflegtes Äußeres verriet die Sorgfalt des Weltmannes, der blonde Spitzbart war französisch geschnitten, um das treue Auge lag ein sinnender, weicher, fast wehmütiger Zug, der so viel leidgeprüfte Herzensgüte und aufrichtige Menschenliebe verriet, daß man beim ersten Blick Vertrauen zu diesem fürstlichen Dulder fassen mußte. Warum ich ihn Dulder nenne, werden die nachfolgenden Schilderungen dem Leser zeigen. Er war es in der Tat.
Mit freundlichem Lächeln kam er auf mich zu, begrüßte mich schon aus der Entfernung und reichte mir wie einem alten Bekannten herablassend die Hand...
Während er des weiteren mit mir über meine künftigen Schülerinnen und Schüler sprach – seine Kinder aus erster und zweiter Ehe –, trat er langsam in eine Fensternische, doch so, daß wir beide mit dem Gesicht dem Saale zugewandt blieben und die hohe Eingangstüre, durch die ich selbst getreten war, vor uns hatten.
Jetzt hörte man deutlich das Rauschen seidener Kleider, die Flügeltüren wurden wie von unsichtbaren Händen geöffnet, und herein schwebte mit graziösestem Schwunge die hohe, schlanke, wahrhaft herrliche Gestalt Ihrer Königlichen Hoheit, der Herzogin Maria Antonia.
Ich werde diesen ersten Eintritt der hohen Frau in den glänzenden, fürstlichen Rahmen nie in meinem Leben vergessen. Etwas derartig Hinreißendes, so ganz und gar Königliches, wie es die Herzogin von Parma in diesem und in allen den Augenblicken zu entfalten wußte, wo sie in ihren prachtvollen Toiletten in einen Saal hineinrauschte oder mitten in einer Versammlung erschien, läßt sich nur schwer mit Worten wiedergeben. Das fühlte ich damals und habe es stets gefühlt, solange ich die Ehre hatte, in ihrer Nähe sein zu dürfen. Neidlos wurde es allgemein, selbst von noch höher stehenden Damen, anerkannt, daß die Herzogin

Maria Antonia – die Mutter

König Miguel I. von Portugal ⚭ Königin Adelheid von Portugal, Prinzessin von Löwenstein-Wertheim-Rosenberg

M. das Neves – Miguel – M. Theresia – M. Josefa – Adelgunde – M. Anna

Herzog Roberts Kinder aus der 1. Ehe mit Prinzessin Maria Pia v. Neapel-Sizilien: ⚭ Herzog Robert von Bourbon-Parma, am 15.10.1884 verh. zu Fischbach/Salzburg geb. 9.7.1848, gest. 16.11.1907 ⚭ Maria Antonia geb. Bronnbach 28.11.1862 gest. 14.5.1959 Berg/Luxemburg

1. Marie Louise 17.1.1870-1.2.1899, verh. mit König Ferdinand der Bulgaren
2. Ferdinand 1871-1872
3. Louise 24.3.1872-1912
4. Heinrich 13.6.1873-1939
5. Maria Immakulata 21.7.1874-16.5.1914
6. Joseph 30.6.1875-1950
7. Marie Thérèse 15.12.1876-1940
8. Maria Pia 9.10.1877-29.1.1915
9. Beatrix 9.1.1879-1946
10. Elias 23.7.1880-1959, verm. mit Erzherzogin Maria Anna, 8 Kinder
11. Anastasia, 25.8.1881-7.9.1881
12. Auguste geb. u. gest. am 29.9.1882

13. (1.) Adelheid, 5.8.1885 zu Wartegg, Priorin des Klosters Solesmes, Profess 1909, gest. 6. Feb. 1959
14. (2.) Sixtus, 1.8.1886 zu Wartegg, in Paris gest. 14.3.1934, verm. m. Hedwige de la Rochefoucauld, 1 K.
15. (3.) Franz Xaver (Xavier) 25.5.1889 zu Pianore, gest. 4. Mai 1977, verm. m. Madeleine de Bourbon-Busset, 6 K., darunter Hugo, karlist. Prätendent
16. (4.) Franziska, geb. 22.4.1890 zu Schwarzau, Nonne in Solesmes, gest. 7.10.1978
17. (5.) Zita, geb. 9.5.1892 zu Pianore, verm. mit Kaiser Karl von Österreich, 8 Kinder, gest. 14.3.1989
18. (6.) Felix, geb. 28.9.1893 Schwarzau, gest. 7.4.1970 Berg, Luxemburg, verm. mit Großherzogin Charlotte von Luxemburg, 6 Kinder
19. (7.) Renatus (René) 17.10.1894 zu Schwarzau, verm. mit Margarethe von Dänemark, 4 Kinder, gest. 30.7.1962
20. (8.) Maria Antonia, geb. 7.11.1895 zu Schwarzau, Nonne in Solesmes, gest. 29.10.1977
21. (9.) Isabella, geb. zu Schwarzau, am 14.6.1898, gest. 28.7.1984
22. (10.) Louis, geb. 5.12.1899 Schwarzau, verm. mit Prinzessin Maria von Savoyen, 4 Kinder, gest. 4.12.1967
23. (11.) Henriette, geb. Pianore, 8.3.1903
24. (12.) Gaëtan, geb. 3.6.1905 zu Pianore, verm. mit Prinzessin Margarethe von Thurn und Taxis, 1 Tochter, gest. 9.3.1958

Maria Antonia die schönste und würdevollste Erscheinung sei, die man sich an einem Hofe denken könne.«
Als Prinzessin Maria Antonia von Bragança am 15. Oktober des Jahres 1884 auf Schloß Fischhorn Herzog Robert die Hand zum Ehebund reichte, brachte die 22jährige damit das Kunststück zuwege, im selben Augenblick neunfache Mutter geworden zu sein – und sechsfache Pflegemutter zugleich, sechs der Kinder Herzog Roberts aus erster Ehe waren krank und bedurften ständiger Pflege.
Maria Antonia hat niemals einen Unterschied gemacht zwischen den eigenen Kindern, die in rascher Folge zur Welt kamen, und jenen aus der ersten Ehe des Herzogs. Auch die Kinder selbst verstanden einander bestens. Wie es im Leben Maria Antonias zuging, welche Aufgaben, welche Pflichten sie als Mutter, Vormund, Güterdirektor, Hausfrau zu erfüllen hatte, kann man kaum ermessen. Wo gibt es noch Familien mit mehr als zwanzig Kindern?

Meine Mutter, die fast hundert Jahre alt wurde, bis zur letzten Sekunde bei klarstem Verstand und hellem Bewußtsein, überlieferte in der Familie im eigentlichsten Sinne die Tradition. Ihr Vater, König Miguel I. von Portugal, war noch in den Tagen des Heiligen Römischen Reiches geboren worden, ihre Mutter, Königin Adelheid von Portugal, beeinflußte noch die Erziehung der Kinder Maria Antonias; Maria Antonia selbst hinterließ noch bei meinen Enkelkindern den lebendigsten, nachhaltigsten Eindruck.
Quintessenz ihrer Lehre: Nichts ist beständig in dieser Welt, nichts so fragwürdig wie äußere Macht. Was zählt, ist die Liebe, sonst nichts. Es gehört zu den Merkwürdigkeiten der neueren Geschichte, daß der publizistische Propagandafeldzug während des Ersten Weltkrieges, der es sich zum Ziel gesetzt hatte, die Völker Österreich-Ungarns ihrer Dynastie, als dem eigentlichen Bindeglied des Reiches, zu entfremden, bei meiner Mutter, der Herzogin Maria Antonia von Bourbon-Parma ansetzte, einer Frau mit deutscher Mutter und portugiesischem Vater, und sie als »Italienerin« verteufeln konnte, obwohl sie mit dem italienischen Staat ja nichts weiter zu tun hatte, als daß dieser ihrem Gemahl, dem Herzog Robert von Parma, das Land geraubt hatte.
Von der Kunst, einen Staat durch die Entfremdung zwischen Völkern und Dynastie, die Dynastie aber durch die Verteufelung einer Muttergestalt zu zerstören, reden wir später ... das ist eine Geschichte für sich.

Prinzessin Zita: Abschluß der Studienzeit

Wann ich Erzherzog Karl zum ersten Mal sah, weiß ich nicht mehr, und selbst wenn ich es wüßte, es wäre ganz ohne Bedeutung: er kam zu uns und lebte bei uns in Schwarzau, wie wir nach Villa Wartholz kamen und bei der Tante spielten, ein bißchen Unfug trieben, jagten und schwammen… wir waren Kinder im gleichen Familienkreis, und ich sah in ihm einen Bruder, den Freund meiner Brüder, nicht mehr; auch nicht weniger. (Ausgenommen damals, als er uns in Wartholz das Fenster einschoß mit seinem Flobertgewehr. Da waren wir sehr empört, meine Schwester Franziska und ich.) Aber vielleicht versöhnten wir uns mit dem Schützen deswegen so rasch, weil er seinem kleinen Bruder Max immer so besorgt die Jacke an- oder auszog, je nach Sonne und Schatten.

Es heißt, Erzherzogin Maria Theresia, die Stiefgroßmutter Erzherzog Karls, sei die erste gewesen, die eine tiefere Sympathie zwischen der jungen Prinzessin Zita und dem um wenige Jahre älteren kaiserlichen Prinzen gespürt habe. Sie war eine kluge Frau, beobachtete gut, hat gewiß auch ein Wort darüber bei ihrer Schwester, Herzogin Maria Antonia, in Schwarzau fallen lassen. Maria Antonia habe ziemlich energisch abgewinkt: »Bei *den* komplizierten Thronfolgeverhältnissen…!«, und das dürfte schon weniger stimmen, denn wenn die energische Herzogin Maria Antonia überhaupt vor etwas Angst hatte, so gewiß nicht vor der Nähe zum Thron.

Die Sache hatte einen anderen Haken: Prinzessin Zita von Bourbon war auch dem portugiesischen Königshaus verbunden und zwar durch ihre Mutter, Maria Antonia, deren Vater der letzte legitime König von Portugal aus dem Hause Bragança gewesen war. Zur Zeit, als sich die erste zarte Neigung zwischen Erzherzog Karl und Prinzessin Zita zeigte, regierte in Portugal aber das Haus Sachsen-Coburg-Gotha, was, ein wenig vereinfacht gesprochen, für Portugal ungefähr dasselbe bedeutete, als hätten im Österreich der Jahrhundertwende statt der angestammten Dynastie die Könige von Norwegen regiert. Erzherzogin Maria Josefa, die Mutter von Erzherzog Karl war aber eine Prinzessin aus dem Hause Sachsen, und nicht nur das, sie war auch die Enkelin König Ferdinands von Portugal, eines Königs aus dem Hause Sachsen-Coburg.

Und die Kinder des letzten rechtmäßigen Königs von Portugal aus dem Hause Bragança, Dom Miguels I., die damals weithin berühmten sechs Bragança-Prinzessinnen, saßen auf Schwarzau (Herzogin Maria Antonia, Mutter der Prinzessin Zita), auf Villa Wartholz (Erzherzogin Maria Theresia, Großmutter Erzherzog Karls), nicht zu vergessen der Thronprätendent selbst, Dom Miguel II., der zwischen Wartholz und Schwarzau wohnte, auf Schloß Seebenstein. Nun wäre nichts verfehlter, als hier eine Feindschaft zu sehen in der Art oder Größenordnung der Fehde zwischen Montague und Capulet, und in der erwachenden Liebe zwischen Zita und Karl ein heraufdämmerndes Drama wie bei Romeo und Julia. Es handelte sich von seiten der Mutter Erzherzog Karls vielmehr um einen inneren Widerstand, der sich wahrscheinlich aus ganz anderen Ursachen erklären läßt: Erzherzog Karls Mutter, Maria Josefa, hatte mit ihrem Gemahl, Erzherzog Otto (dem »schönsten Mann der Monarchie«), alles andere als eine erfüllte Ehe geführt.

Ganz anders verhielt es sich hingegen mit Maria Theresia, der Stiefmutter Erzherzog Ottos, und ihrem Stiefsohn; die beiden kamen großartig miteinander aus. Maria Josefa, so geehrt und geachtet sie aufgrund ihrer Korrektheit, ihrer untadeligen Lebensweise auch sein mochte, stand in diesem so ganz auf unkomplizierte Herzlichkeit gegründeten Familienverband ein wenig abseits.
Auch das Verhältnis der zwei Söhne Maria Josefas, Karl und Max, zu ihrer Mutter gründete mehr auf kindlichem Respekt; die richtige »Nestwärme« fanden die beiden Buben jedoch in Villa Wartholz, bei Stiefgroßmutter Erzherzogin Maria Theresia, Prinzessin Zitas Tante. All diese Dinge, wahrscheinlich mehr unterschwellig vorhanden als augenfällig und bewußt – es kam jedenfalls niemals zu äußeren Differenzen –, mochten die Mutter und auch die Tante Prinzessin Zitas dazu bewogen haben, die beste Kur zu verschreiben, die es in solchen und ähnlich gelagerten Fällen gibt: reisen.
Und zwar recht weit und recht lang. Sollte die Neigung trotz dieser Trennung anhalten, dann konnte man weiter sehen. Aber vorläufig sollte Prinzessin Zita aus dem Blickfeld des jungen Erzherzogs Karl verschwinden und auf die Insel Wight reisen, in das Benediktinerinnenkloster von Ste. Cécile, das eine altehrwürdige Familientradition bereits mit den Familien Bragança und Löwenstein verband.
Seit Jahren schon lebte die Großmutter von Prinzessin Zita, Königin Adelheid von Portugal, als Nonne in Ste. Cécile; seit einiger Zeit auch Zitas Schwester. Adelheid, die temperamentvollste aus Herzog Roberts großer Töchterschar, die unzertrennliche Gefährtin des Prinzen Sixtus, von der man schon sagte, sie wäre gewiß »die Richtige für Erzherzog Karl«. Ganz plötzlich war dann diese Prinzessin Adelheid nach Ste. Cécile gegangen und Nonne geworden, die ihre Erfüllung im klösterlichen Leben fand.
Während des fast einjährigen Aufenthalts Prinzessin Zitas auf der Insel Wight bei den Benediktinerinnen von Ste. Cécile bewährte sich an ihr die Hohe Schule benediktinischer Lehr- und Lebenskunst. Königin Adelheid von Portugal übernahm als Priorin der Benediktinerinnen selbst die Leitung.
Nun war das Kloster von Ste. Cécile aber weder ein Institut noch eine Schule für »höhere Töchter«, sondern ein strenges Kloster, in dem eine geistige Elite von Benediktinerinnen wirkte; aber in Ausnahmefällen übernahmen es die gelehrten Nonnen, jungen Menschen eine abschließende Ausbildung zu vermitteln, in einem Stil und einer Arbeitsweise, die durchaus der Pädagogik und der Methodik vergleichbar waren, wie wir sie aus Hermann Hesses »Glasperlenspiel« kennen.
Zusätzliche Intensität, auch geistige Intimität, gewann dieser Abschnitt im Leben der künftigen Kaiserin und Königin durch das besondere Nahverhältnis zu ihrer »magistra ludi«, zu Königin Adelheid, die selbst als vielfache Mutter, aber auch als gewaltsam von Portugal ferngehaltene Landesmutter alle Höhen und Tiefen menschlichen Lebens kannte.
Wie im »Glasperlenspiel« kam auch in Ste. Cécile der Musik, und zwar in theoretischer und praktischer Hinsicht, überragende Bedeutung zu, vor allem der

1 Louise, Herzogin-Witwe von Parma, mit ihrem Sohn, Herzog Robert von Parma (in der Uniform eines parmaischen Obersten)

2 Zita, Kaiserin- und Königin-Witwe, Tochter des Herzogs Robert von Parma, mit ihrem Erstgeborenen Otto

3 Herzog Robert von Parma, in der Uniform eines bulgarischen Obersten, mit seiner Gemahlin und fünfzehn seiner insgesamt 24 Kinder: Prinz Sixtus mit seiner Schwester Adelheid, Immaculata, Beatrix, Maria (hier schon als Fürstin von Bulgarien, mit dem späteren König Boris auf dem Schoße), Zita, Felix (auf dem Schoße seiner Mutter, Herzogin Maria Antonia), Josef, Xavier, Louise, Heinrich, Pia, Elias, Franziska, Therese. Die Aufnahme stammt aus dem Jahre 1894 und wurde vom k. k. Hoffotografen C. Pietzner (»Karlsbad, Teplitz, Brünn, Aussig a. d. Elbe, in Wien nächst den k. u. k. Hofmuseen«) auf Schloß Schwarzau angefertigt

4 (rechts) Die sieben Kinder der Königin Adelheid von Portugal und des Königs Miguel I. (im Sinne des Uhrzeigers, von oben beginnend): Maria Antonia (1862–1959, Mutter der Kaiserin Zita), Maria das Neves (1852–1941), Erzherzogin Maria Theresia (1855–1944, vermählt mit Karl Ludwig, einem Bruder Kaiser Franz Josephs), Maria José (1857–1943, vermählt mit Herzog Karl Theodor in Bayern, einem Bruder der Kaiserin Elisabeth), Adelgunde (1858–1942) und Maria Anna (1861–1942); in der Mitte Miguel II. (1853-1927)

5 Der große Tag: Offizielle Verlobung des Erzherzogs Carl Franz Joseph mit Prinzessin Zita von Bourbon-Parma am 13. Juni 1911 im Vaterhaus der Braut, Villa delle Pianore, Lucca

6 Brautzeit, 1911: Prinzessin Zita von Bourbon in Schwarzau am Steinfeld, mit Scheibtruhe und Geschwistern: Renatus, Sixtus, Maria Antonia und Franziska

7 Das junge Hochzeitspaar mit dem alten Kaiser und Erzherzogin Maria Josepha (Mutter des Bräutigams), Herzogin Maria Antonia (Mutter der Braut) und dem sechsjährigen Prinzen Gaetan auf der Schloßveranda

8 Ankunft des jungen erzherzoglichen Paares in Brandeis an der Elbe am 28. November 1911 (Photo: »Illustrationsunternehmung C. Seebald, Wien XVIII.«). Bürgermeister Čelákovich und die hohe Geistlichkeit, auch die vom nahegelegenen Wallfahrtsort Alt-Bunzlau, begrüßen die neuen Mitbürger

9/10 Ankunft des jungvermählten Paars nach dem Ende der Hochzeitsreise in Erzherzog Karls Garnisonsort Brandeis an der Elbe. Aufmerksam lauschen Karl und Zita, gekleidet nach der neuesten Wintermode des Jahres 1911, den Gedichte in tschechischer und deutscher Sprache aufsagenden Kindern; dann geht's durch ein dichtes Spalier einer freudig gestimmten Menge – das junge erzherzogliche Paar ließ auch einen spürbaren wirtschaftlichen Aufschwung für das Städtchen erwarten – zum Offizierskasino. Die Bildreportage stammt von Karel Dvořak, Hof- und Kammerfotograf in Josefstadt, Smiřitz

11 Das festlich geschmückte Offizierskasino von Brandeis an der Elbe. Es steht heute an der »Straße des 9. Mai« – wobei vordergründig des ersten Friedenstages im Jahre 1945 gedacht werden sollte; gleichzeitig aber ehrten die Bürger von Brandeis an der Elbe damit den Geburtstag von Kaiserin und Königin Zita und die Erinnerung an den Aufenthalt des späteren Kaiserpaares. Übrigens befindet sich das hübsche, solide Bürgerhaus nach Jahrzehnten der Konfiskation und Devastierung nun wieder im rechtmäßigen Besitz der Enkel jenes Brandeisers, dem schon zu Kaiser- und Königs Zeiten das Anwesen gehörte.

12 Ein gelungener Schnappschuß vom Alltag in Brandeis an der Elbe: Karl und Zita wollten zum Post- und Telegrafenamt – und freundliche Passanten klären das hohe Paar darüber auf, daß es inzwischen einen prächtigen Neubau mit eigener Telefonvermittlung gäbe, am anderen Ende des Platzes ...

13 Denkwürdiger, bewegender Besuch Ottos, seines Sohnes Paul Georg und seines Neffen Karl Christian (links) im Rathaus von Brandeis an der Elbe, wo Karl und Zita im Jahre 1911 in Garnison weilten. Bevor sich Otto, Paul Georg und Karl Christian ins Goldene Buch von Brandeis eintragen, zeigt man ihnen stolz den Namenszug von Erzherzogin Zita, der vom 28. November 1911 stammt

Musiktheorie und dem Partiturlesen, nur mit dem Unterschied, daß die Beschäftigung mit Kontrapunkt, Musiktheorie und Harmonielehre nicht Selbstzweck, »reines Spiel« und damit indirekt auch schon letztes Ziel bedeutete, sondern ein Mittel zum Lobpreis Gottes, ganz im Sinne der heiligen Cäcilia, Schutzpatronin der Kirchenmusiker. Niemand Geringerer als Mère Hildegardis, eine Schwester des berühmten Musikgelehrten P. Mocquerau, der als Benediktinermönch zu einem der bedeutendsten Kenner des gregorianischen Chorals zählte, war Lehrerin von Prinzessin Zita, wohingegen sich Mère Adélaide, Portugals Königin, die ihr Land nie betreten durfte, mit Bildung und Erziehung anderer Art befaßte: der Weitergabe der Familientradition.

Königin Adelheid stand geistig ganz in der Nachfolge der Mutter ihres Gemahls, König Miguels: Königin Charlotte von Portugal war eine der am meisten angefeindeten Frauen ihrer Zeit, die sich durch ihre unbeugsame Haltung, ihre kompromißlose Papsttreue die tödliche Feindschaft der Freimaurer zugezogen hatte. Königin Adelheid wußte wie »fragil alles ist, worauf die Mächtigen thronen«, und daß sich jeder, der zum Vorbild, vielleicht auch zum Herrschen geboren ist, über eines ständig im klaren sein muß: Macht ist vergänglich; was bleibt und was zählt, ist das, was man selber ist, die Persönlichkeit, die kompromißlos die als richtig erkannten sittlichen und religiösen Werte bewahrt – und weitergibt. Jahrzehnte später sollte es für Kaiserin und Königin Zita und ihre Großmutter Adelheid ein in seiner Art wohl seltenes Wiedersehen geben.

Die Großmutter: Königin Adelheid von Portugal (gestorben 1909)

Es war gewiß das merkwürdigste Wiedersehen in meinem Leben, damals, 1969. Am Horizont von Lissabon tauchte eine portugiesische Militärmaschine auf, die einige Stunden vorher von der britischen Insel Wight gestartet war.

»Da kommt sie ...«, sagte jemand aus meiner Begleitung. »Kaum zu glauben«, sagte ich drauf, »traf ich doch meine Großmutter, die ich seit sechzig Jahren unter der Erde weiß, ein Jahr vor ihrem Tode zum letzten Mal. Jetzt seh' ich sie wieder, und sie fliegt durch die Luft...«

Die Herren meiner Begleitung bemühten sich, ihr Schmunzeln zu verbergen. Hatte ich etwas gesagt, das in Anbetracht... doch nein, gewiß nicht; meine Großmutter (die Maschine setzte bereits zur Landung an) war eine so heitere, fröhliche Frau gewesen; sie hätte unsere Situation am Rande des Flugfelds auch sehr komisch gefunden.

Wiedersehen nach sechs Jahrzehnten Totsein, Wiedersehen auch gerade in Lissabon, das Adelheid als Königin dieses Landes niemals betreten durfte. Portugiesische Bücher hat sie gelesen, wann immer sie konnte, Getreue empfangen aus Portugal, der Heimat ihres Gemahls Dom Miguel. Jetzt kam sie endlich selbst in ihre portugiesische Heimat. Der Leichnam ihres Gemahls war auch schon eingetroffen: aus Deutschland, aus der Familiengruft der Fürsten von Löwenstein, wo man ihn 1866 bestattet hatte.

Wie das alles zusammenhängt, ist nicht ganz einfach gesagt, aber es ist wichtig genug, darüber zu reden, vieles, das seither geschah, kann niemand verstehen, der die Geschichte meiner Großmutter und die meines Großvaters, des Königs von Portugal, nicht kennt.

Warum etwa das Portugiesische Kolonialreich 1974 zusammenbrach. Warum die Österreichisch-Ungarische Monarchie zusammenbrach, sechs Jahrzehnte vorher. Die beiden Tragödien hängen sehr eng zusammen, und die Ereignisse rund um die Großeltern – mütterlicherseits – bilden einen der Schlüssel zum Verständnis dieser Ereignisse. Sie gehören auch insofern sehr eng zusammen, als 1918 nur wenige Menschen begriffen, welche Folgen der Untergang, die Zerstörung Österreich-Ungarns für die Welt und Europa nach sich ziehen würde, etwa den Zweiten Weltkrieg mit all seinen Schrecken. Ganz ähnlich verhält es sich mit dem Untergang des Portugiesischen Kolonialreiches im Jahr 1974; auch da begriffen nur wenige Menschen, welche Folgen die Zerstörung dieses multinationalen und multirassischen Staatsgebildes noch haben sollte.

Doch zurück zu meiner »fliegenden Großmutter«. Sie war als Priorin des Klosters von Ste. Cécile auf der britischen Insel Wight gestorben, kurze Zeit, nachdem ich sie dort als ihre letzte »Schülerin« verlassen hatte, um wieder zurück nach Österreich, zunächst nach Franzensbad, zu gehen. Ich war damals siebzehn, meine Großmutter fast achtzig. Und jetzt, auf dem Flughafen von Lissabon war ich selber fast achtzig und Großmutter nur mehr ein Häufchen Staub. An ihrem Ehering mit der Gravierung »Adelaide – Miguel 24. 9. 1851« hatte die Exhumierungskommission auf dem Friedhof des Klosters von Ste. Cécile die sterblichen Reste der Königin erkannt, gesammelt und in den neuen Sarg gebettet.

Die Regierung Salazar hatte beschlossen, sowohl König Dom Miguel I. als auch seine Gemahlin Königin Adelheid in der Gruft der portugiesischen Könige von São Vicente de Fora neben den Grabmälern der Eltern Dom Miguels, des Königs João VI. und der Königin Carlota (eine Bourbon), beizusetzen, jener Königin, die das Vorbild für viele Frauen aus den Häusern Bourbon, Bragança und in der Folge auch aus dem Hause Österreich war.
Die Feierlichkeiten rollten mit all der grandiosen Würde ab, deren das königlich-

portugiesische Protokoll fähig ist. Der Kardinalpatriarch von Lissabon nahm die neuerliche Einsegnung der heimgekehrten Toten vor, die gesamte Regierung war anwesend, das diplomatische Corps und eine große Zahl illustrer Gäste, darunter die nächsten Verwandten des Königspaares, die Familie, König Umberto von Italien, König Simeon der Bulgaren und Fürst Karl von Löwenstein. *»Eine seltsame Zeremonie angesichts der schon wenige Jahre später erfolgenden Totalliquidation des portugiesischen Reiches, dessen letzter, konservativer Heros König Miguel I., mein Großvater, gewesen war.«*

Dom Miguel gilt als der »paladino inflexivel do Portugal traditional« und Adelheid als seine »unbeugsame Gefährtin«. In Dom Miguel und Adelheid hatten sich zwei Menschen zusammengefunden, wie es idealer kaum möglich war. Ähnlich gute Ehen, auch in der politischen Übereinstimmung, gab und gibt es in der Verwandtschaft von Kaiserin Zita allerdings viele; es war bei ihren Eltern und den Großeltern so gewesen, beim Grafen von Chambord, bei den Modenas, bei der Herzogin von Berry – eine Fülle von glücklichen Ehen! Es ist für die Familien der Kaiserin bezeichnend, daß sich die Verbindung zwischen Prinzessin Adelheid von Löwenstein und König Miguel von Portugal im Wien des Kaisers Franz I. anbahnte.

Warum König Miguel von Portugal damals in Wien lebte? Die Geschichte ist ein bißchen verwickelt, aber gerade angesichts der Ereignisse in Portugal ist sie von Bedeutung. Liegt doch in den Ereignissen von damals der Schlüssel zum Verständnis des Heute. In Portugal war es ungeschriebenes-geschriebenes Gesetz, daß der König nicht auch Souverän eines anderen Landes sein konnte. Genau das trat aber zur Zeit des Prinzen Miguel, des Großvaters von Kaiserin Zita, ein, als sich sein Bruder, Dom Pedro, zum Kaiser von Brasilien ausrufen ließ. Im gleichen Augenblick hätte er den Thron Portugals aufgeben müssen – tat es aber nicht.

Da er sehr wohl erkannte, daß seine Ansprüche nicht zu Recht bestanden, versuchte er, die königliche Macht auf seine Tochter zu übertragen, auf Maria da Gloria, eine Enkeltochter von Kaiser Franz (durch dessen Tochter Leopoldina, die tatkräftige Kaiserin von Brasilien).

Am Rechtsanspruch des Bruders von Dom Pedro, des Prinzen Miguel, auf den Thron Portugals konnten überhaupt keine Zweifel bestehen. König Miguel übte denn auch seine königliche Macht in Portugal aus, bis ihn die vereinigten Engländer und Franzosen vertrieben.

Weder den Engländern noch den Franzosen hatte das unabhängige, eigenständige Portugal, das weder Rassendiskriminierung noch Zentralismus kannte, ins Konzept gepaßt. Außerdem erwies sich der junge König Miguel als papsttreuer Katholik, was ihn zusätzlich zum »Erzreaktionär« stempelte. Für ihn war im Weltbild des Lord Palmerston (»Lord Feuerbrand« hieß dieser allmächtige Revolutionsmanager damals in ganz Europa) und auch nicht in jenem des Louis Philippe, des »Bürgerkönigs«, ein Platz vorhanden. So brachte London Dom Miguel zu Fall, wobei Paris ein bißchen mitmischte.

König Miguel von Portugal mußte noch den direkten Einflüssen der englischen Politik weichen; die Katastrophe Portugals in den siebziger Jahren dieses Jahrhunderts ging nur noch indirekt vom Westen aus; die eigentlichen Drahtzieher saßen schon in Moskau. So wie der konservative General Spínola nur als Aushängeschild diente und in die Wüste geschickt wurde, sobald (gegen seinen Willen) das Portugiesische Reich liquidiert war, so erging es übrigens schon dem Bruder König Miguels, Pedro IV. (als Kaiser von Brasilien Pedro I.). Er erntete weder von den Engländern noch von den Franzosen Dank und durfte gleichfalls gehen, sobald der Zweck seiner Intervention erfüllt war: König Miguel zu beseitigen.
Wie das publizistisch und propagandistisch vor sich ging, entspricht in allen Einzelheiten den Techniken, mit denen man seit frühesten Tagen eine Monarchie oder einen Monarchen in Mißkredit bringt: Man verleumdet eine Frau aus der Umgebung des Königs, zunächst meistens die Mutter.
Nun war die Mutter Miguels von Portugal zweifellos wie geschaffen für eine Propagandakampagne größeren Stils, galt sie doch als ebenso unbeugsam wie kirchentreu und traditionsbewußt. Königin Carlota, für alle »Fortschrittlichen« alsbald ein »reaktionäres Monster« (in Wirklichkeit eine Frau mit konservativen Grundsätzen), diente der von London her gesteuerten propagandistischen Wühlarbeit gegen König Miguel als vorläufiges Abschußziel.
Zeigte sich der junge König mit seiner Mutter in der Öffentlichkeit, hieß es sofort »Carlota, diese bigotte Heuchlerin, hat ihren Sohn so an der Kandare, daß er keinen Schritt allein tun darf. Keinen Augenblick läßt sie ihn aus den Augen...« Wechselte der König den Wohnort, so geschah dies »nach wüsten Auftritten mit der Mutter, die sich den Sohn bedingungslos unterwerfen wollte«.
Das Pressebüro der portugiesischen Liberalen in der Londoner South Audley Street erwies sich als unerschöpflich im Erfinden neuer »Enthüllungen«. Je primitiver die Geschichten waren, desto eher fanden sie Glauben – wie sich bald zeigte. Erstmals in der Geschichte hatte ein Team von eiskalt berechnenden Schreibern und Propagandisten die Verdrehung von Geschehnissen und Fakten in »nützliche Lügen« zu einer Wissenschaft ausgebildet. Die Pervertierung von Nachrichtenübermittlungen in Zwecklügen erreichte ihren ersten Höhepunkt. »Man muß daher lügen wie ein Teufel«, hatte schon der alte Voltaire gelehrt, »nicht furchtsam, sondern kühn, nicht einmal, sondern allzeit. Lügt, Freunde, lügt!«
Wenn König Miguel von Portugal einen Fehler beging, so den, diese Gefahr nicht rechtzeitig erkannt zu haben. Ganz Europa hielt damals – aufgrund der weltweiten pressepolitischen Bearbeitung von London aus – den Kaiser von Brasilien für den rechtmäßigen König von Portugal und Dom Miguel für einen Usurpator, der seiner armen, liebenswürdigen Nichte den Thron streitig machte.
Nach der Vertreibung aus Portugal lernte König Miguel schließlich in Wien, wo er bei Kaiser Franz I. Asyl gefunden hatte, die Prinzessin Adelheid von Löwenstein-Wertheim-Rosenberg kennen, die einen Gutteil ihrer Jugend in Wien verbracht hatte, bei ihren Großeltern Windischgraetz.

Prinzessin Adelheid wuchs mit ihrem Bruder Prinz Karl von Löwenstein in einer ebenso aufgeschlossenen wie streng katholischen Welt heran. Durch Prinz Karl von Löwenstein – den späteren Präsidenten des Deutschen Katholikentages, den unerschrockenen Führer der Konservativen im deutschen »Kulturkampf« – lernte Prinzessin Adelheid auch König Miguel kennen. Diese beiden Männer, Miguel von Portugal und Karl von Löwenstein, verband zeitlebens eine innige Freundschaft.
Königin Adelheid von Portugal trat später als Witwe – nachdem sie sechs Töchtern und einem Sohn das Leben geschenkt hatte – in das Kloster von Ste. Cécile als Nonne ein. Ihr Bruder, Fürst Karl von Löwenstein, trat hochbetagt in den Dominikanerorden ein und wurde zum Priester geweiht.
Er besuchte seine Schwester in Ste. Cécile, kurz nachdem Prinzessin Zita von dort Abschied genommen hatte, und stand der Königin auch in ihrer Sterbestunde bei. Das war 1909.

... und sechs Jahre später hatte ich diese Begegnung mit meiner Großmutter in Portugal!
Vieles von dem, was ich einst von ihr gelernt hatte, war inzwischen schon über mich in den Besitz meiner eigenen Kinder und Enkelkinder übergegangen. Wie gesagt, vor allem das Wissen um die Zerbrechlichkeit jeder äußeren Macht und die beständige, unzerstörbare Kraft der Liebe.
Wahrscheinlich hab' ich das damals, als ich das Kloster von Ste. Cécile verließ, mehr geahnt als wirklich gewußt.
Das Studium auf Ste. Cécile ist sehr anstrengend gewesen. Als mich einmal meine Tante, Erzherzogin Maria Theresia, im Kloster besuchte, war sie bestürzt darüber, wie blaß ich angeblich aussah. Kurze Zeit später besuchte mich dann ihre Tochter, Erzherzogin Maria Annunziata, und holte mich ab. Sie half mir sogar beim Kofferpacken. Ein paar Tage verbrachten wir noch in London, dann ging's nach Franzensbad in Böhmen, diesmal zu einer »echten« Nachkur, ohne Philosophie und Theologie und Musiktheorie. Wie absichtlich mir die beiden Erzherzoginnen gerade Franzensbad »verschrieben« hatten, kann ich nicht sagen: jedenfalls besuchte uns dort auch Erzherzog Karl, das heißt: es hieß, er besuche seine Tante Maria Annunziata. Aber das ist eine andere Geschichte...

Die Verlobung Erzherzog Karls mit Prinzessin Zita bahnt sich an

Ich fuhr mit Erzherzog Maria Annunziata, der Tante Erzherzog Karls, zwei Jahre hintereinander nach Franzensbad in Böhmen, als ihre Gesellschafterin, damit sie sich nicht langweile bei der Kur. Dort traf ich mit Erzherzog Karl mehrmals zusammen, der ganz nahe in Garnison war und seine Tante besuchte.

Wie lange braucht ein verliebter junger Oberleutnant, der in seiner Garnison Brandeis an der Elbe dient, bis Franzensbad im Egerland?
Die Entfernung beträgt knapp 250 Kilometer, und laut Fahrplan konnte ein Reisender im Jahre 1911 die Strecke in fünf Stunden und dreißig Minuten zurücklegen. 70 Jahre später brauchte ein Bahnreisender immer noch viereinhalb Stunden, inzwischen obligat gewordene Verspätungen allerdings nicht eingerechnet.
Tatsächlich schaffte es auch der k.u.k. Oberleutnant nicht in fünf Stunden, sondern in runden zwei Jahren; allerdings betraf seine Zielfahrt nicht die Tante in Franzensbad, sondern Prinzessin Zita und den Hafen der Ehe.
Von Franzensbad fuhr Erzherzog Karl geradewegs zu seiner Mutter nach Wien.
»Mama, was würdest du dazu sagen, wenn ich demnächst heiraten wollte?«
Die Mama winkte ab: »Wann geht es wieder in die Garnison?«
»Bald, wie's jetzt ausschaut, schon übermorgen. Aber bitte, Mama – wie ist das mit dem Heiraten?«
Erzherzogin Maria Josefa, plötzlich jeder Zoll eine sächsische Prinzessin, antwortete bedächtig: »Jung gefreit hat oft gereut...«, womit das Thema zunächst beendet zu sein schien.
Natürlich nicht für Erzherzog Karl. Immer wieder fand sich eine Gelegenheit, die Prinzessin zu sehen, im Jahr darauf fuhr er abermals »die Tante in Franzensbad besuchen«.
Wie nicht anders zu erwarten, bemächtigte sich alsbald auch der Klatsch dieser nicht unverborgen gebliebenen Romanze. Tatsächlich umwarben mehrere eifrige Freier die schöne Prinzessin Zita, und nur zu gern überbrachten Zwischenträger Nachrichten wie die, daß der Nachbar der Parmas, Don Jaime von Bourbon-Spanien, Herzog von Madrid, Herr auf Schloß Frohsdorf, spanischer Thronprätendent, um die Hand von Prinzessin Zita angehalten habe (das hatte er tatsächlich), und andererseits fehlte es keineswegs an »heißen« Heiratsgerüchten um den jungen Erzherzog Karl, und als die »on dits« sogar dem alten Herrn in Schönbrunn zu Ohren kamen, befahl er den Großneffen zur Audienz, die mit dem ultimativen Auftrag endete, sich binnen Halbjahresfrist zu vermählen.

Kaiser Karl hat das ganz gern erzählt, weil er gern lachte: wie ihn der Kaiser fragte, »ob es denn wahr sei, was die Leute so redeten...« Wahrscheinlich meinte er das damals kolportierte Verlobungsgerücht um die Prinzessin Hohenlohe.
»Nein, Majestät, an der Sache ist wirklich...«
Aber der Kaiser schien gar nicht erleichtert zu sein über das »Nein«. Kein Wunder: seit der Heirat des Erzherzog-Thronfolgers Franz Ferdinand mit Gräfin Sophie von Chotek und der Verzichtserklärung für die Nachfolgerechte der Kinder aus

dieser Ehe kam Erzherzog Karl geradezu eine Schlüsselstellung bezüglich der Zukunft der Dynastie zu; alles lag an dem jungen Prinzen, an seiner Heirat. Und diesmal wollte der Kaiser rechtzeitig vorbauen: »Karl! Es wird Zeit für dich – schau dich nach einer passenden Braut um. Aber bitte, nimm eines zur Kenntnis; es muß unbedingt eine kaiserliche oder königliche Prinzessin sein. Alles andere ist absolut ausgeschlossen.«

Erzherzog Karl will zu reden beginnen, doch der alte Kaiser sagt ultimativ: »Das ist ein Befehl, Karl!«

»Aber Majestät, ich habe bereits...«

»Ich wiederhole, das ist ein Befehl. Du mußt eben suchen, wenn du noch keine kennst, die du magst. Am einfachsten ist's, du nimmst dir den Gotha, suchst dir heraus, was in Frage kommt, und dann gehst auf Brautschau.«

»Aber Majestät, ich habe...«

»Das ist ein Befehl. Du hast sechs Monate Zeit. Und wenn du dich, wie ich dich kenne, im Gotha nicht auskennst, so sag es dem Grafen Wallis, der soll dir helfen!«

Befehl ist Befehl.

So setzten sich also Erzherzog Karl und Graf Wallis, sein einstiger Erzieher, Lehrer und nun auch Freund, zusammen und blätterten auftragsgemäß im Gotha.

Reihen- und seitenweise, sozusagen kapitelweise, standen sie hier verzeichnet: kaiserliche Hoheiten, königliche Hoheiten... bis nach einer Weile Erzherzog Karl sagte: »Lieber Graf Wallis, klappen S' das Buch wieder zu. Sie können blättern wie S' wollen, ich seh' ja eh' nur ein' einzigen Namen...«

Und so schlug Graf Wallis das Buch wieder zu.

Auftrag erfüllt.

Die Braut war damit allerdings noch nicht gewonnen. Denn schließlich wollte ja auch ich noch gefragt sein...

Und zwar ganz offiziell, durch die Mutter, Erzherzogin Maria Josefa, die aber auch nicht bei der Braut anfragte, sondern wieder bei deren Mutter, Herzogin Maria Antonia.

Aber Erzherzog Karl schien sich seiner Sache noch nicht ganz sicher zu sein, suchte nach einer passenden Gelegenheit zu einem längeren Beisammensein. Wie sollte er das nur zuwege bringen?

Wie immer, fand auch diesmal Erzherzogin Maria Theresia, die ideale »Stiefgroßmuttertantefreundin«, den richtigen Weg, die beiden jungen Leute zusammenkommen zu lassen; unkompliziert ohne »Protokoll«.

Mitte Mai arrangierte sie auf ihrem Gut bei St. Jakob in der Steiermark ein kleines Familientreffen. Prinzessin Franziska ist eingeladen, Prinzessin Zita und der kaiserliche Prinz dazu, und das ganze ist ein kleiner Jagdaufenthalt. *»Bei der Gelegenheit schoß Erzherzog Karl einen sehr schönen Auerhahn, den ich mit Stolz aufhob und nach Hause trug. Bald darauf folgte die Verlobung...«*

Aber so folgerichtig die Kaiserin Jahrzehnte danach vom Fortgang der Dinge

erzählt, so unsicher scheint die Sache in diesen Tagen für den Meisterschützen noch immer gewesen zu sein.
War da nicht noch ein letztes Zögern, ein letztes Prüfen?
Auch für Erzherzog Karl, der von St. Jakob direkt nach Brioni fährt, wo seine Mutter zur Kur weilt.
Brioni – damals schon ein paradiesischer Fleck Erde, den Paul Kupelwieser aus einem malariaverseuchten Stück Wildnis in ein gesundes Urlaubsdorado verwandelt hatte (ein altösterreichischer Feldwebel, Jošip Broz, genannt Tito, sollte später dort verschwenderisch Hof halten), dieses Brioni wird so zur ersten Station auf Erzherzog Karls Weg ins Verlobungsglück. Denn die Mutter sagt diesmal ja, sie wird in aller Form auf Villa delle Pianore für ihren Sohn um die Hand der Prinzessin Zita anhalten. Wie es der Kaiser befahl.
Schließlich, nach allen formellen Vorbereitungen und allseitiger Zustimmung zu dieser Verbindung, einigten sich die Mütter auf einen Verlobungstermin, zum Namenstag der Herzogin Maria Antonia, den 13. Juni. Schauplatz dieses Verlobungsfestes: Villa delle Pianore, Provinz Lucca.
Für Herzogin Maria Antonia von Parma, die Mutter der Braut, die stets in den Kategorien ihres verstorbenen Gemahls dachte, bedeutet die Verlobungsfeier auf Pianore selbstverständlich auch etwas wie die Demonstration einer Präsenz. Sie vertritt das einstige Herrscherhaus der Herzogtümer von Parma und Lucca, das durch die nun zustande gekommene Verbindung mit dem Haus Österreich zweifellos an Bedeutung gewinnen muß.
Die Verlobungsfeier verlief in der heitersten, ausgeglichensten Weise. Es gab auch die obligate Panne, als Prinzessin Zita am Vormittag, während der offiziellen Verlobungsfeier, den Verlobungsring statt an den Finger in die Tasche steckte und »Dankeschön« sagte...
Doch am Nachmittag, während der kirchlichen Feier, läuft alles wie am Schnürchen, und während der Weihe der Ringe erfaßt alle Anwesenden das Gefühl, hier hätten zwei junge Menschen zusammengefunden, die füreinander bestimmt seien.
Es folgten ein paar herrliche, unbeschwerte Tage für die Brautleute, für ihre Freunde, ihre Verwandten. Das Zusammensein, die Ausflüge hinüber in das traumhaft schöne, heimelig alte Lucca, die Besteigung des schiefen Turmes von Pisa, ein Besuch in Carrara, in der alten Burg von Rotaio, Picknick am Meer, in den herrlichen Pinienwäldern rund um die Villa delle Pianore, und wieder nach Lucca, in diese unvergleichliche Altstadt, wo in der Kirche von San Frediano die Reliquien der heiligen Zita ruhen.
Dann, nach einigen Tagen ungetrübten Glücks unbelasteter Freiheit, beginnt für Erzherzog Karl wieder der Dienst. Kaiser Franz Joseph hat seinem Großneffen eine sehr wichtige Aufgabe anvertraut: Vertretung Seiner Majestät des Kaisers und Königs bei den Krönungsfeierlichkeiten für König Georg V. in London.
Während eines kurzen Zwischenaufenthalts in Paris trifft Erzherzog Karl nicht nur seinen künftigen Schwager, Prinz Xavier von Parma, sondern auch Slatin

Pascha, den damals in England wohl prominentesten Österreicher, der ebenfalls auf dem Wege nach London ist.
Erzherzog Karl reist aber zunächst noch nach Belgien. In Ostende trifft er mit dem belgischen Königspaar zusammen und überbringt die Grüße seines Kaisers. Die Königin der Belgier, Elisabeth, ist mit Erzherzog Karl zunächst durch Kaiser Franz Joseph und Kaiserin Elisabeth verwandt: Elisabeth ist eine Nichte des alten Kaisers (ihr Vater und Kaiserin Elisabeth waren Geschwister). Die zweite Verwandtschaft wird sich durch die Ehe mit Prinzessin Zita einstellen: Die Mutter der Königin der Belgier und die Mutter der künftigen Kaiserin von Österreich sind ebenfalls Geschwister.
Königin Elisabeth der Belgier und ihr Gemahl, König Albert, empfangen den habsburgischen Prinzen, der durch seine bevorstehende Heirat ein doppelt verschwägerter Verwandter sein wird, auf das freundlichste. Noch ahnt niemand, von welcher Tragweite diese nahe verwandtschaftliche Beziehung schon wenige Jahre später bei der Anbahnung der Friedensversuche des künftigen Kaisers und Königs Karl und seiner Schwäger Sixtus und Xavier sein wird.
Die ganze Fahrt, nicht nur der Besuch in Ostende, übt auf den jungen Erzherzog Karl einen nachhaltigen Eindruck aus. Über weite Strecken führte ihn seine Reise durch uralte habsburgische, lothringische und burgundische Lande, immer auf den Spuren der großen Ahnen.
In Paris wieder war es das Zusammentreffen mit Prinz Xavier von Bourbon-Parma und in England wieder der persönliche Kontakt mit König Georg, mit Königin Mary, der der Erzherzog das Bild seiner Braut zeigt... Es ist ja auch nicht nur der Eindruck, den Erzherzog Karl empfängt, auch umgekehrt hinterläßt er das beste, freundlichste Bild, wahrscheinlich auch, weil alle Welt nicht nur einem Verliebten, sondern auch einem Glücklichen wohlwill.
Selbstverständlich fährt Erzherzog Karl, trotz seines ungemein dichten Programms und des nicht einfachen Protokolls, hinunter nach Wight, um im Kloster von Ste. Cécile seine künftige Schwägerin Mère Adélaide – eine Schwester Prinzessin Zitas – aufzusuchen, die, strahlender und glücklicher als je zuvor, nun als Nonne ihrer Berufung lebt.
Nach Abschluß der Krönungsfeierlichkeiten kann der Kaiser mit der Mission des Erzherzogs Karl wohl zufrieden sein. Der Prinz hat sich seiner Aufgabe bestens entledigt, Österreich–Ungarn und seinen Monarchen auf das vorteilhafteste repräsentiert. Daß die persönliche Kontaktaufnahme mit dem belgischen und dem britischen Königspaar für die künftigen schweren Jahre entscheidend werden sollte, konnte man noch nicht ahnen.
Von London reist Erzherzog Karl zunächst wieder nach Paris, wo er abermals mit Prinz Xavier von Bourbon-Parma zusammentrifft, und dann gelingt dem Erzherzog etwas, das sowohl für seine Pflichttreue als auch für seine Versiertheit im Umgang mit internationalen Fahrplänen spricht. Findet doch Erzherzog Karl tatsächlich eine Schnellzugverbindung heraus, die ihn mit nur minimaler Verspä-

tung von Paris über Pianore nach Wien führen wird. Rasch ist die Erlaubnis aus Wien eingeholt (wo er dem Kaiser berichten muß), und noch in der Nacht erreicht die Braut in Pianore ein Telegramm, das den unverhofften Besuch ankündigt. Eine Braut, die ein seltsames Erlebnis in diesen Tagen zutiefst bewegt...

Papst Pius X.: »Karl wird der nächste Kaiser von Österreich«

Es war der ausdrückliche Wunsch des jungen Bräutigams gewesen, daß seine Braut die Zeit vor der Hochzeit auch noch zu einem Besuch des Heiligen Vaters in Rom benütze: nachher sei es zu spät. Die Gründe waren technisch-politischer Natur; seit der Einnahme Roms durch die Truppen Garibaldis befand sich der Papst in freiwilliger Gefangenschaft im Vatikan.

Und jedes Mitglied des Hauses Österreich, das offiziell nach Rom reiste, geriet unweigerlich in einen Zwiespalt: Suchte es den Papst auf (was bei Gott näher lag), war an einen Besuch beim italienischen König nicht mehr zu denken (was Verstimmung brachte). Und umgekehrt erst recht.

So ergab sich für die Braut, Prinzessin Zita von Bourbon-Parma, die »letzte Gelegenheit«, ohne große Protokollschwierigkeiten den Heiligen Vater, Pius X., aufzusuchen, seinen Segen zu erbitten und für all die Güte zu danken, die er ihrem Vater stets entgegengebracht hatte, für die Freundschaft, die er ihm stets bezeugte, schon damals, als er noch Patriarch von Venedig gewesen war, und die beiden Männer – Herzog Robert, der »depossedierte« Monarch, und der »Altösterreicher« Giuseppe Sarto – sich einig waren in ihren Gefühlen: gegen den Nationalstaat, für das Übernationale, das Reichsdenken.

Giuseppe Sarto, dessen Bruder jahrelang in der österreichischen Armee gedient hatte – zuletzt in der k.u.k. Botenjägerabteilung –, sah die Welt mit ähnlichen Augen wie Herzog Robert; und es ging dabei absolut nicht um eine heimliche Trauer wegen einer verlorenen Herrschaft. Wirklich, man lebte ohne die Herrschaft gefahrloser und auch bequemer. Es ging vielmehr um das Wissen von einer drohenden Zukunft. Die Prinzipien des Nationalstaates italienischer Prägung mußten, einmal auf Europa übertragen, von wahrhaft tödlicher Wirkung für den Kontinent sein.

Nun gab es aber auf dem Boden Europas nur mehr zwei Staaten, die einer übernationalen Reichsidee verbunden waren: Österreich-Ungarn und das Osmanische Reich. Und eine christliche Reichsidee lebte nur mehr unter dem schützenden Dach der Casa de Austria.

Am 24. Juni des Jahres 1911, als die Bourbons von Parma den Heiligen Vater aufsuchten, erschien zunächst Prinz Sixtus mit seiner Schwester Isabella in Audienz. Die Prinzessin empfing das Sakrament der Firmung aus der Hand des Pontifex maximus. Sie blieb zeitlebens eine der liebsten Begleiterinnen der künftigen Kaiserin und Königin: eine treue Seele, die sich bemühte, der Schwester ihre schwere Last tragen zu helfen.

Im Anschluß an die Begegnung mit Prinz Sixtus gewährte Papst Pius X. der Herzogin von Parma und Prinzessin Zita eine Audienz. Kaiserin Zita erinnert sich an die denkwürdige Begegnung mit einer Lebhaftigkeit, als hätte sie soeben erst stattgefunden:

»Jetzt heiraten Sie also den Thronfolger!« sagte der Papst und lächelte der Prinzessin freundlich zu. »Ich wünsche Ihnen dazu allen Segen!«

Die Prinzessin widersprach sofort: *»Euer Heiligkeit... mein Bräutigam ist nicht Erzherzog-Thronfolger. Mein Bräutigam ist Erzherzog Karl!« – (Ich wollte einen Irrtum aufklären. In einigen italienischen Zeitungen hatte man über unsere Verlobung berichtet und dabei Erzherzog Karl als ›Thronfolger‹ apostrophiert; dieses Mißverständnis wollte ich natürlich bereinigen, dachte ich doch, der Papst beziehe seine Meinung von dort.)*

Pius X. blieb hartnäckig: »Karl wird der Erbe von Kaiser Franz Joseph sein.« Er war sehr ernst geworden, sprach sehr eindringlich.

Die junge Prinzessin versuchte es noch einmal: *»Nein, Euer Heiligkeit, Erzherzog Franz Ferdinand ist der Thronfolger.«*

Der Papst schüttelte nur den Kopf. »Nein, Karl wird der Erbe sein ... Ob das ein Rücktritt ist... das weiß ich nicht.« Und er wird bitter ernst: »Aber etwas weiß ich: Karl wird der Nachfolger von Kaiser Franz Joseph sein!«

Und nach einer kurzen Pause, in der Verblüffung, in die maßlose Verwunderung seiner Besucher hinein, setzt er fort: »Und ich freue mich unendlich darüber, weil Karl der Lohn ist, den Gott diesem Österreich gewährt für alles, was es für die Kirche getan hat!«

Da habe ich nichts mehr gesagt. Es war unmöglich, etwas zu sagen, ich mußte es hinnehmen.

Erst draußen, als wir den Heiligen Vater verlassen hatten, sagte ich sehr leise zu meiner Mutter: »Gott sei Dank, daß der Papst nicht auch in politischen Fragen unfehlbar ist.«

Seltsamerweise stimmte mir meine Mutter jedoch nicht zu; sie lächelte nur vor sich hin, als wüßte sie eine andere Antwort.

Es war nach der Ermordung des Erzherzog-Thronfolgers, als ich zu meiner Mutter, auf das tiefste ergriffen, sagte: »Nun hat der Heilige Vater recht gehabt.«

Da erklärte mir meine Mutter: »Ich habe den Heiligen Vater damals sehr wohl verstanden – und dir auch heftig Handzeichen gegeben, du mögest endlich still sein. Aber du hast es nicht bemerkt. Heute muß ich dir aber doch sagen, ich freue mich darüber, daß du ihn nicht verstanden hast, dachte ich doch, daß dir dieses Nicht-

Wissen noch ein paar glückliche Jahre beschert... daß du noch eine kurze, glückliche Zeit vor dir hast.«

Die Geschichte dieser Weissagung hat übrigens noch eine kleine Ergänzung. Als bei dieser denkwürdigen Audienz die Rede auf den Vertreter des Heiligen Vaters kam, den er zur Trauung delegieren sollte, bat die Prinzessin, der Heilige Vater möge Monsignore Bisletti zur Trauung nach Schwarzau entsenden. Darauf der Papst: »Ich wollte eigentlich einen Kardinal entsenden; aber bitte, auch Monsignore Bisletti ist Kardinal – in pectore...«
Zur Trauung in Schwarzau brachte der später tatsächlich zum Kardinal ernannte Monsignore Bisletti dann auch die Traurede mit, ein Autograph des Heiligen Vaters.
Nach der Trauung, quasi unter sechs Augen, überreichte Bisletti den Jungvermählten den vollen Wortlaut der Rede.
Er hatte nicht alles verlesen, was der Heilige Vater zu Papier gebracht hatte, um den bei der Trauung anwesenden Erzherzog-Thronfolger Franz Ferdinand nicht zu verletzen. Denn wieder war davon die Rede, »es möge Gott Erzherzog Karl den Segen geben«, wenn es einmal so weit sei, daß der alte Kaiser sein Amt nicht mehr ausüben könne. Also Kaiser werde.

Ich dachte mir damals: wie gut, daß er das nicht verlesen hat. Zum Seligsprechungsprozeß von Papst Pius X. stellte ich den vollen Inhalt der Ansprache zur Verfügung, handelte es sich doch um eine Prophetie des Heiligen Vaters, die voll in Erfüllung gegangen war!

Vierundsechzig Jahre später, PS zu jenem denkwürdigen Besuch bei Papst Pius X., der inzwischen längst zu den Heiligen zählt; PS zum 19. Oktober 1975, an dem Papst Paul VI. drei Alt-Österreicher »kraft Apostolischer Autorität in das Buch der Seligen« eintrug: P. Josef Freinademetz, P. Arnold Janssen und Gräfin Maria Theresia Ledóchowska.

Kommentar Dr. Erich Thanners in der »Furche«:

»Die wenigen, auf dem Petersplatz immerhin schwierigen und nur mit Teleobjektiv erzielbaren Einstellungen der RAI ließen erkennen, was da vor sich ging: diesen Triumph des Österreichischen, das eine von Staatsgrenzen unabhängige, völkerverbindende, friedensbewahrende Geisteshaltung ist, an der zwar nicht alle auf dem zweitrepublikanischen Gebiet Lebenden teilhaben, dagegen aber viele, deren Reisepässe inzwischen auf eine andere Staatszugehörigkeit lauten...
Und die auf der Ehrentribüne für Sekunden sichtbare, an ihrem Sternkreuzorden erkennbare Kaiserin Zita verband uns alle durch ihre französische Herkunft mit dem seliggesprochenen Mazenod aus Aix-en-Provence.

Es war gut, daß die herrschende Neue Klasse unseres Staates durch ihre Abwesenheit peinlich auffiel. Das wirklich Österreich war durch die Rompilger aus den Bergtälern und Industriestädten, durch die Bischöfe, durch die 83jährige Kaiserin mit den Nachkommen und der Schwiegertochter des Friedenskaisers Karl lebendiger vertreten als selbst Frankreich, das seinen Lecanuet in Person entsandt hatte. Man atmete auf ...«

Regina von Habsburg, die Gemahlin des ältesten Sohnes der Kaiserin Zita, Oberste Schutzfrau des Sternkreuzordens, erzählt: »Kann es einen schöneren Anlaß für die Kaiserin geben, nach Rom zu fahren, als die Seligsprechung dreier Österreicher? Pater Freinademetz, diesen liebenswerten Südtiroler, kannte sie seit Jahrzehnten. Pater Janssen wieder war der Ordensobere des Pater Schmidt von der Gesellschaft vom Göttlichen Wort, eines großen Gelehrten, der zu den wichtigsten Ratgebern Kaiser Karls zählte. Und was Gräfin Ledóchowska betrifft, so war sie mit der Familie auf das engste verbunden. Sie war sogar Hofdame bei der Großherzogin von Toskana gewesen, einer Schwester des Herzogs Robert von Parma, bei dem wieder ein Graf Ledóchowski, ein erbitterter Gegner des Duells, als Obersthofmeister fungierte. Sein Bruder stand im Dienste Kaiser Karls, der zu seinem Namensfest am 4. November 1917 den Duellzwang abschaffte.
Alle Ledóchowskis, ob nun aus dem einen oder anderen Zweig, waren treu. Nebenbei gesagt, war die Mutter des Jesuitengenerals Ledóchowski eine Gräfin Salis-Zizers, und von Zizers, wo die Kaiserin-Mutter seit Jahren wohnt, brachen wir im Wagen meines Schwagers Rudolf auch gemeinsam zu unserer Romfahrt auf.
Noch am Tage vor der Abfahrt hatte die Kaiserin unerträgliche Rückenschmerzen, und die Kniegelenke machten jeden Schritt zur Qual. Aber mit der ihr eigenen Energie ging sie darüber hinweg und wies jeden Gedanken einer Verschiebung der Reise von sich.
Die Fahrt selbst, über den verschneiten St. Bernhard und dann durch die sonnige Poebene, war ein Erlebnis. Bei der Fahrt über den Apennin und durch die Lombardei wird die Kaiserin nicht müde, alle Orte zu nennen und historische Zusammenhänge zu erwähnen. Nach neun Stunden Fahrt kommen wir noch bei Tageslicht in Rom an.
Unser Quartier ist, wie schon oft, bei den Franciscaines Missionaires de Marie. Die Klosterfrauen – viele sind schon lange mit der Familie befreundet – tun ihr möglichstes, um den Aufenthalt angenehm zu gestalten. Man könnte sich nirgendwo mehr zu Hause fühlen.
Das Programm unseres kurzen Aufenthaltes ist sehr gedrängt. An einem einzigen Tag werden nach einer heiligen Messe in St. Peter und einer Andacht am Grab des großen Heiligen, dem die Kaiserin so sehr verbunden ist, Papst Pius X., die drei anderen Hauptbasiliken besucht. Es geht um die Gewinnung des Jubiläums-Ablasses. Außerdem fahren wir noch nach Santa Prassede, Santa Cecilia in

Trastevere und Santa Croce. Auch hier kennt die Kaiserin jede Einzelheit. Sie kennt das Grabmahl des Kardinals Rampolla, zeigt uns besonders schöne Details in Mosaiken, weist auf eine Gnadenkapelle hin.
Es stehen aber auch andere Besuche auf dem Programm. Es gilt, kranke, befreundete ältere Klosterfrauen aufzusuchen, einige Kardinäle, den Großmeister des Souveränen Malteserordens.
Der große Tag – der 19. Oktober 1975 – beginnt für uns sehr früh. Unsere Plätze befinden sich links vom Altar auf einer überdachten Tribüne, zusammen mit den Verwandten der Seligen und jenen Auserwählten aus allen Erdteilen, die dem Heiligen Vater bei der Opferung ihre Geschenke überbringen dürfen.
Südtiroler in ihrer wunderschönen Tracht sitzen bei uns, sie kommen aus dem gleichen Dorf wie Pater Freinademetz. Daneben zwei Indianer im malerischen Festgewand aus weißem Leder mit Perlschmuck und einer gewaltigen Federkrone.
Als der Heilige Vater zum Hochaltar schreitet, verhält er vor uns seinen Schritt und erteilt der Kaiserin seinen besonderen Segen. Zu ihrer großen Freude wird die Missa de Angelis gesungen.
Nach der ergreifenden Zeremonie begrüßt die Kaiserin noch eine ganze Reihe von Bischöfen aber auch die Wiener Sängerknaben, die in der Vorhalle von St. Peter gewartet haben. Mit größter Aufmerksamkeit begrüßt sie jeden einzelnen.
Auf dem Petersplatz haben in dieser Woche die österreichischen Malteser den Hospitaldienst zu versehen, und der Jubel im kleinen Ambulanzraum ist groß, als die Kaiserin auch hier einen Besuch macht und alle einzeln vorgestellt werden. Es ist immer wieder eine Freude zu sehen, wie alle Menschen strahlen, die mit ihr in Kontakt kommen, und oft überrascht sind durch ihre mütterliche Warmherzigkeit und die Einfachheit dieser großen Frau.
Ein wenig Ruhe könnte nach all diesen Ereignissen und Begebenheiten nicht schaden, aber die Kaiserin will lieber ans Meer fahren. Also fahren wir nach Tisch hinaus nach Ostia.
Am Strand ist es trotz des strahlenden Sonnenscheins sehr ruhig. Ein junges Ehepaar geht spazieren, ein paar Hunde tollen übermütig um ihren Herrn. Von uns nehmen sie keinerlei Notiz. Nach einer Weile tauchen an den Dünen, die die Sicht zur Straße verdecken, ein paar recht ungut wirkende Gestalten auf, und sofort stürzen sich die Hunde mit Gebell in ihre Richtung.
Während wir noch lachend feststellen, daß die Tiere uns offensichtlich gar nicht für verdächtig hielten – was für ein Instinkt! –, machen wir auch schon, an unseren Wagen zurückgekehrt, die böse Entdeckung. Eine Scheibe eingeschlagen. Alles, was die Kaiserin im Wagen liegen hatte lassen, ist weg. Ein äußerst unangenehmer Verlust, da die Wiederbeschaffung der Reisedokumente allein schon gleich eine ganze Fülle von schwierigen Problemen auslösen wird. Eine so unangenehme Sache wie sie nur sein kann. Während wir den Wagen von Splittern reinigen, fällt mir auf, mit welcher Ruhe die kleine Reisegesellschaft den bösen Vorfall hinnimmt. So peinlich der Verlust auch sein mochte – kurze Zeit später, nach einem

etwas anstrengenden Besuch am Hinrichtungsort des Apostels Paulus in Trefontane, wird von dem Zwischenfall überhaupt nicht mehr geredet. Wir fahren noch die Via Appia hinunter, freuen uns über die Schönheit des Grabmahls der Cäcilia Metella und jene der Märtyrerkirchen.
Dann kommt der Abschied von Rom. Ein letzter Blick von Monte Pincio, ein wunderbarer Eindruck von der Ewigen Stadt im gleißenden Herbstlicht, eine Freude für die ganze Heimreise.
Die fast tausend Kilometer weite Heimfahrt, an einem Tag, wird von Kaiserin Zita als etwas Selbstverständliches hingenommen.
In Zizers kommen wir eben zum Rosenkranz zurecht. Dann beginnt sofort wieder der Alltag im Johannesstift. Berge von Post warten bereits auf die Erledigung, und viele alte Leute im Haus sind glücklich, daß sie wieder mit dem täglichen tröstenden Besuch der lieben alten Dame rechnen dürfen, die ihnen ein wenig Licht in das immer mühsamer werdende Leben bringt.«

Die Brautzeit

Nichts wäre verfehlter, als anzunehmen, die Braut hätte nichts anderes mehr im Kopfe gehabt als Vorbereitungen für das Schwarzauer Hochzeitsfest; sie nahm die Sache eher gelassen hin.
Vor allem das Hobby des jungen Paares, die Fliegerei, erfreute sich weiterhin uneingeschränkt aller Sympathien, nicht nur von Karl und Zita, sondern auch des ganzen Familienclans der Bourbons von Schwarzau und Frohsdorf. Für Erzherzog Karl bedeutete Förderung der Fliegerei nicht nur Anschluß an die Interessen der Braut und ihrer Verwandtschaft, sondern viel mehr. Erzherzog-Thronfolger Franz Ferdinand hatte in den vergangenen Jahren die österreichisch-ungarische Kriegsmarine durch eine ganze Reihe gezielter Maßnahmen zu einer Flotte von anerkannter Qualität und Kampfkraft geformt. Neigung und Klugheit ließen Erzherzog Karl das gleiche Augenmerk der zukunftsträchtigen Luftflotte schenken: das war ein Feld, auf dem sich der Erzherzog-Thronfolger nicht so zurechtfand, aber mit Befriedigung zusah, wie sich der jugendliche Nachfolger einer Sache annahm, die jeder Förderung wert war.
So berichteten die Wiener Zeitungen im Oktober 1911, wenige Tage vor dem großen Ereignis in Schwarzau, über die »Erste Österreichische Flugwoche« in Wiener Neustadt:

»Bald nach Eröffnung des Wettfliegens traf Erzherzog Carl Franz Joseph mit seiner Braut, Prinzessin Zita von Parma, und deren Mutter, Antonia von Parma, im Automobil ein. In seiner Begleitung befanden sich Erzherzog Max, Don Jaime von Bourbon und einige junge Prinzen von Parma. Alle schenkten den Flugvorführungen größte Aufmerksamkeit, und als dann Rittmeister von Umlauff einen glücklicherweise sehr glimpflich verlaufenden Sturz mit Havarie des Apparates machte, fuhr der Erzherzog noch mit seinem Auto zur Unfallstelle, von wo er mit einem großen Bruchstück des zertrümmerten Propellers zurückkehrte, das er dann seiner Braut vorwies.«

Erzherzog Karl stand einem Verband zur Förderung der österreichischen Luftfahrt vor, und allenthalben erregte es Aufsehen, wie gut die junge Erzherzogin Zita über Fragen der Aviatik Bescheid wußte; mit den Piloten plauderte sie über Thermik, Turbulenz und die diversen klimatischen Tücken österreichischer Flugplätze. Das junge Paar stand ganz im Bann dieser zukunftsträchtigen Entwicklung. Zweifellos trugen diese Dinge dazu bei, daß das Königspaar wenige Jahre später den abenteuerlichen Flug nach Ungarn wagte.

Es war auf dem Flugfeld von Wiener Neustadt, daß Erzherzog Karl und ich das erste – und letzte – ernsthafte Zerwürfnis in unserem gemeinsamen Leben hatten. Ich erinnere mich eines strahlend schönen, heiteren Tages, der immer ein wenig spannungsgeladenen Stimmung auf dem Flugfeld, die wir so mochten wie alle die flugbegeisterten Männer mit ihren oft abenteuerlich anmutenden Apparaten. Ich erinnere mich auch der Gruppe von Menschen, die uns beide erkannten und uns recht lautstarke Ovationen entgegenbrachten und die auch ein Lied anstimmten. Es war eine Manifestation, wie sie an sich nicht schöner, nicht erhebender sein konnte; aber ich fühlte mich nicht so recht wohl in diesen etwas zu lautstarken Ovationen – Umsturz und Aufruhr mochten recht ähnlich klingen.

Das sagte ich auch, als wir den kleinen Pavillon am Rande des Flugfeldes erreicht hatten, und als Erzherzog Karl, den der Jubel der Menge naturgemäß sehr erfreut hatte, nicht gleich verstand, was ich meinte, sprach ich ganz offen von den Erfahrungen, die meine eigene Familie schon in Parma gemacht hatte, von ähnlichen Erfahrungen, die die Verwandten unseres Kaiserhauses in Modena, in Florenz hatten machen müssen, vom Umsturz in Portugal, von aller Fragwürdigkeit jeder Macht.

»Bitte, sprich weiter«, meinte Erzherzog Karl.

Da sprach ich von meinen Gedanken über die Lage des Reiches. Von der unendlichen »Ehrfurcht«, die alle Kreise, ganz gleich, wie ihre Gesinnung war, dem alten Kaiser entgegenbrachten. Und dabei sagten: Solange der lebt… und was dann?

Ich sprach nur davon, wie nüchtern wir uns zu verhalten hätten. Wie »fragil« unser Leben sei, wie zerbrechlich die Macht. Ich hatte es so gelernt, schon zu Haus, auch im Kloster von Ste. Cécile, bei Königin Adelheid, meiner Großmutter und großen Lehrerin.

Das hieß ja bei Gott nicht »verzagen« oder auf Pflichten und Rechte verzichten. Es hieß nur, die Grenzen der Macht und der Treue erkennen.

Ich erinnere mich, welch niederschmetternden Eindruck meine Worte bei Erzherzog Karl hervorriefen. Minutenlang sagte er kein Wort. Es schien, als habe sich vor ihm ein Abgrund geöffnet, der Abgrund einer grausamen, unerbittlichen Wahrheit. Sein wacher, heller Verstand hatte ihm insgeheim längst das gleiche gesagt, seine schier grenzenlose Anständigkeit und Redlichkeit aber wollten hier etwas nicht wahrhaben, womit der Verstand jedoch fest rechnen mußte.

»Ich glaub' zu verstehen, was du mir sagen willst, aber in Österreich ist das anders. Ich bitte dich – sprechen wir nicht mehr davon!« Jahrelang sprachen wir nicht mehr davon.

Ich meinte nur oft zu wissen, woran Kaiser Karl dachte, in all den schweren Jahren, die dann noch kamen. Aber er schwieg.

Es war am 24. März 1919, unmittelbar nachdem wir die Grenze überschritten hatten und in das Inferno des Exils kamen, als Kaiser Karl, offenbar völlig zusammenhanglos, zu mir sagte:

»Du hast recht gehabt ...«

Acht Jahre lagen zwischen jenem Augenblick und der Debatte am Rande des Flugfelds von Wiener Neustadt. Aber ich wußte im gleichen Moment, wovon die Rede war, was Kaiser Karl meinte.

»Was würde ich dafür geben, unrecht gehabt zu haben«, sagte ich leise. Das war das letzte Wort dieser Auseinandersetzung, der einzigen, und auch der größten Meinungsverschiedenheit, die wir je hatten.

Die vorausschauende Illusionslosigkeit der jungen Prinzessin Zita mag zunächst überraschen. Aber um 1911 wußten die Bourbons von Parma recht gut Bescheid über Pläne, die zur Zertrümmerung Österreich-Ungarns führen sollten, sie kannten die Beschlüsse des Freimaurerkongresses von Schottland, bei dem über die letzte katholische Großmacht, Österreich–Ungarn, eine Art von Todesurteil gefällt worden war. Andernteils wußten sie aber auch in allen Einzelheiten über die viel genaueren und handgreiflichen Pläne der Großdeutschen Bescheid und kannten die hochfliegenden Gedanken, die man sich in Berlin über ein künftiges »vereintes« Deutschland unter einem »nationalen Kaisertum« machte und die, vom Kreise der Schönererianer ausgehend, mit tatkräftiger Förderung durch die Presseabteilung der deutschen Botschaft in Wien, immer mehr um sich griffen.

Die Pläne, die man in Deutschland hegte, blieben natürlich nicht nur den Parmas nicht verborgen. Schon im Jahre 1887 hatte Kronprinz Rudolf den damaligen österreichischen Militärbevollmächtigten in Berlin, Oberstleutnant Steininger, von Äußerungen des Hohenzollernprinzen Wilhelm (ein Jahr später war er auch Kronprinz und noch später Kaiser Wilhelm II.) verständigt, die da lauteten, in Österreich sei »der ganze Staat morsch, der Auflösung nahe... die deutschen Provinzen« würden als »unbedeutendes Erzherzogtum in noch abhängigere Stellung als Bayern unter Preußen kommen...«

Übrigens war Hitler damals noch nicht geboren.

1911 allerdings lebte er, zweiundzwanzigjährig, im Wiener Männerheim in der Meldemannstraße im 20. Wiener Gemeindebezirk und baute sich jene Gedankenwelt auf, die dreißig Jahre später das alte Europa zersprengen sollte. Das Spannungsfeld, in dem Österreich–Ungarn lebte, immer noch Großmacht, immer mehr auch Hoffnungsmacht, regte naturgemäß auch die positiv eingestellten Geister an, die sich um den Erzherzog-Thronfolger Franz Ferdinand, die Galionsfigur der konservativen Evolution, aber auch in katholischen Kreisen und in den breiten Schichten der sozialdemokratischen Arbeiter und christlich sozialen Bauern sammelten.

Sie waren durchwegs reichs- und dynastietreu und sahen im übernationalen Bauwerk der Monarchie ihre natürliche Heimat und Wirkstätte. Es bedurfte erst der jahrelangen, mit fanatischer Hingabe verfochtenen Überredungskünste eines Otto Bauer, in die österreichische Arbeiterschaft nationalistisches, auf »Anschluß« an Deutschland drängendes Denken zu tragen. Denn der Nationalismus war den breiten Massen der gesamten Monarchie nicht nur ein fremder, sondern auch unsympathischer Gedanke.

Nichts wäre daher verfehlter, als zu denken, die entscheidenden Schichten des Volkes hätten angesichts all der Gefahren, die ringsum drohten, ans Aufgeben gedacht, und die Chancen für ein Überleben standen gar nicht so schlecht. Fünf Jahre Weltkrieg bewiesen das. Kaum je in der Geschichte hatten die vielen unterschiedlichen Völker eines Reiches einer Dynastie so uneingeschränkt Sympathie entgegengebracht wie die Völker Österreich–Ungarns dem Hause Österreich in der Endphase der Monarchie.

Diesen reichen Schatz an Vertauen und Zuneigung galt es, klug zu verwalten, zu mehren, und der Tag von Schwarzau, die Heirat des jungen Habsburgers und der Prinzessin Zita, erwies sich als die beste Gelegenheit dazu.

Seltsam, wie sich das gewaltige Spannungsfeld dieser Monarchie schon im Jahre 1911, ein paar Tage vor der großen Schwarzauer Hochzeit, in einem kleinen Zeitungs-Feuilleton niederschlägt:

»Da macht jemand die Bemerkung: ›Schön ist diese Monarchie!‹, und gleich hat Erzherzog Karl, der jugendliche Bräutigam, das Wort aufgehascht, an sich genommen.

›Ja, und das alles haben wir – alles, einfach alles... an nichts fehlt es uns!‹ Und Bilder ziehen da vorbei: von der Adria Strand bis in die Dolomiten, von der Puszta in ihrer Poesie bis zu der Romantik der Tatra, von den Reichtümern Böhmens bis hinein in die Karpaten Galiziens, und Wien und Budapest und Prag, Salzburg und Innsbruck, Miramare – und Schwarzau am Steinfeld.

Es gibt kaum ein Thema von Ernst und Bedeutung, das bei Besuchen in Schwarzau nicht berührt wird: Politik, Kunst, Reisen, Sport. Die Tagesereignisse werden mit Eifer verfolgt, Journale aller Nationen und aller Färbungen bringen Kunde von Vorgängen der Außenwelt, mit der außerdem eine im großen Stil gepflegte

Korrespondenz verknüpft. Post, Telegraph und Telephon arbeiten unablässig und verbinden dieses fast gewaltig zu nennende Schloß und seine vielen Menschen mit allen intellektuellen Zentren der Welt.
Gerade jetzt ist es die monarchistische Bewegung in Portugal, die hier mehr noch interessiert als anderswo. Nahe an Schwarzau ist Seebenstein, wo Dom Miguel II. und seine Familie leben, und ein Prinz von Parma – Xavier – steht mit seinen Vettern von Bragança in den Reihen derer, die es sich zur Aufgabe machen wollen, das angestammte Vaterland seiner Mutter, der Herzogin Maria Antonia, der Republik Portugal zu entreißen. Was diese Mutter dabei empfindet? Ob sie um den fernen Sohn zittert? Die Frauen von Bragança sind nicht danach, daß man solches merkt. Und was hat man nicht schon alles von der Intoleranz, der starren Frömmelei der Bourbons und der Braganças vernommen! Man würde sie sich nach diesen Schilderungen allerdings ganz fern Stehender noch im tiefsten Mittelalter befindlich vorstellen, von Fanatismus erfüllt, von Vorurteilen gepanzert. Und wenn man sie so in der Nähe sieht, in ihrer Mitte ist, sind es moderne Menschen, die mit der Tradition ihrer Fürstlichkeit und der Religion ihrer Herzen mit der Zeit, in der sie leben, wahrhaft Schritt halten!«

Das Herzogtum Parma war längst verloren, die Aussicht auf eine Wiedererlangung der Herrschaft dort gleich Null. Selbstverständlich änderte das nichts an den Ansprüchen, die das Haus Bourbon-Parma zu stellen hatte. Die Herzogin von Parma wußte, was sie zu verwalten hatte: das Erbe ihres verstorbenen Gemahls, Herzog Roberts von Parma, der als Kind noch seine souveränen Rechte ausgeübt hatte und dessen Ansprüche es zu wahren galt.
Park und Schloß Schwarzau am niederösterreichischen Steinfeld bildeten so etwas wie ein letztes Refugium, einen letzten Fußbreit Boden des Herzogtums von Parma, und Geist und Stimmung des Hauses atmeten denn auch diese Souveränität der Familie Bourbon-Parma:

»Das von einem herrlichen Park umgebene Schloß Parma wurde angeblich von Fischer von Erlach erbaut. Das Schloß kam später an die ungarischen Grafen Nákó – bei denen auch Richard Wagner zu Gast weilte, der Schwarzau wegen seiner ›wundervollen Lage‹ rühmte, und schließlich an Herzog Robert von Parma.
Durch herrliche Parkpartien, durch hohe und dunkle Alleen, dichte Laub- und Nadelholzbestände nähert man sich dem stilvollen Herzogspalast, dessen vorspringender Mittelrisalit mit dreieckigem Frontgiebel einen vornehm-eindrucksvollen Anblick bietet.
Im Park des Schlosses sieht man auch das zwischen Gehölz errichtete Blockhaus, das als Lieblingsaufenthalt des Brautpaares und der jungen Prinzessinnen von Parma bezeichnet wird.
Stallgebäude, Equipagenpark und Garagen des Schlosses sind Sehenswürdigkeiten, auch für Sportsleute.

Durch das Tor der Hauptfassade, die das bourbonische Lilienwappen ziert, treten wir in das herrliche Haus ein.
Der erste große Gesellschaftsraum, ein Empfangszimmer, ist im Wiener Interieurstil gehalten. Wahre Kostbarkeiten an Bildern, Plastiken, stilvollem Mobiliar und herrlichen Dekorationsstücken enthält der »Rote Salon« mit seiner großen Parkterrasse, und ein dritter prunkvoller Raum ist das Arbeitszimmer des verstorbenen Herzogs, das pietätvoll in derselben Ausstattung belassen wurde, wie sein Besitzer es geschaffen und benützt hat. Mächtige Regale tragen Bücher und Kunstmappen, die Schriften und Bilder, welche diese Bibliothek als eine reiche und erlesene zeigen, und vor dem Schreibtisch des Verstorbenen erhebt sich auf einer Staffelei das gerahmte, große Portrait der Herzogin.
Herzog Robert von Parma hat den Besitz vom Grafen Nákó erworben, der als Gutsherr der unmittelbare Nachfolger der Grafen Wurmbrandt war. Als Adelssitz eines Geschlechtes ›von Schwarzau‹ ist die Herrschaft seit dem Mittelalter bekannt. Im Jahre 1030 ist Schwarzau als Ort zuerst urkundlich genannt.«

In der fast tausendjährigen Geschichte der Gemeinde Schwarzau scheinen sich die Ereignisse gerade in den vergangenen Jahrzehnten paradigmatisch zugespitzt zu haben. Die Orts- und Schloßgeschichte in der Pfarrchronik von Schwarzau liest sich wie eine Schlüsselchronik zur Geschichte unserer Zeit:

1880 ... und der Patronatsfrau, der Gräfin von Chambord, lag es sehr am Herzen, für die Kirche etwas Bedeutendes zu tun. Ihre Hoheit hat zu diesem Bau 20 000 Gulden gespendet und wollte sogar die Inneneinrichtung bezahlen, was aber der Pfarrherr nicht wollte, weil seine Pfarrkinder auch etwas tun sollten.

1889 Das Jahr ist sehr bedeutungsvoll. Das Schloß ist in Händen eines Judenkonsortiums, daher wurde auch die Fronleichnamsprozession nicht im Schloßpark gehalten.
Dann wurde das Schloß durch Se. K. Hoheit den Herrn Herzog von Parma angekauft. Es kam wieder Leben in das stille Schwarzau. Am 9. Oktober kam Se. K. Hoheit, um das Schloß zu besichtigen und sich beim Pfarrer als sein neues Pfarrkind vorzustellen.
Am 22. Oktober, einem Dienstag, hielt die herzogliche Familie Einzug in das Schloß. Nachmittags wurden vom Pfarrer die Räumlichkeiten des Schlosses geweiht und die Kapelle am 28. Oktober benediziert. Schon die ersten Tage der Anwesenheit der Königlichen Hoheit brachten viele Wohltaten für Arme und Kranke, die aus der königlichen Küche gespeist wurden, auch wurden Kleider verteilt. Als Diener wurden ortsansässige Leute dazugenommen.

1890 Ein historisches Ereignis für Schwarzau war der 26. April, der Besuch des höchsten Herren, Se. Majestät des Kaisers. Er war Taufpate für Prinzessin

Franziska. Vor der Abreise nach St. Egyden hatte der Pfarrer das unvergeßliche Glück und die Ehre, Se. Majestät in einer kurzen Ansprache begrüßen und die Huldigung der Gemeinde aussprechen zu dürfen.
Die Herrschaft kleidet jedes Jahr zwölf Buben und zwölf Mädchen zu Weihnachten ganz neu ein.

1911 Die Hochzeit von Schwarzau...

1914 Bei der Industriebevölkerung des Bezirkes Neunkirchen hat die Errichtung der Kriegsküchen durch die Frau Herzogin manche Not lindern geholfen; speziell für Schwarzau und Breitenau wurden viele Portionen umsonst ausgegeben.
Bald nach Anfang des Krieges stellt die Frau Herzogin einen ganzen Trakt des Schlosses als Spital zur Verfügung. Es waren in erster Linie die Eingerückten und Verwundeten aus Schwarzau und Umgebung, die hier liebevolle Pflege fanden.

1918 Wenn beim Umsturz einzelne Schwarzauer Pflegelinge des Schloßspitals als erste die kaiserliche Kokarde von den Kappen rissen, so kann diese Roheit der hohen Wohltäterin gegenüber nur aufs tiefste bedauert werden.

1934 Am 12. August Pfarrfest. Der Herr Kardinal legte zur Meßfeier das goldene Meßkleid an, das eigens für die Hochzeit von Kaiser Karl und Kaiserin Zita angefertigt worden war.

1935 Prinz Elias von Bourbon-Parma übergibt dem Pfarrer die ganze Villa und erlaubt uns den Saalbau! Aus vier Zimmern wird ein einziger Saal, 18 Meter lang und sieben Meter breit!

1938 Am 12. März besetzt die SA unser Vereinsheim. Hiermit ist das Ende der Vereinsarbeit gegeben.

1945 Es kommt die Karwoche, die für uns zur wirklichen Karwoche wird. Russische Flieger, täglich. Am Gründonnerstag, während der Ölbergandacht, klirren die Kirchenfenster. Im Schloßpark fallen Bomben. Am Karfreitag flutet die ganze deutsche Front von der ungarischen Grenze zurück. Das Allerheiligste ist im rechten Turmgeschoß verwahrt. Auferstehung in aller Stille in der Kirche.
Dem Pfarrer gelingt es, mit Hilfe eines deutschen Offiziers die Sprengung der Brücke zu verhindern.
Geschützdonner bis in die Nacht.
Dann folgt eine furchtbare Detonation. Das Pulvermagazin bei St. Egyden fliegt in die Luft. Die Kirche bleibt auf wunderbare Weise verschont. In der Kirche findet der Pfarrer zwei Fluggranaten, die das Kirchendach durchschlagen hatten; sie fielen auf das Steinpflaster, krepierten aber nicht.
Es kommen die schrecklichen Tage der Russenbesetzung. Die Ernährungslage wird immer schlechter. Im Orte Schwarzau sind 3000 russische Soldaten einquartiert. Die Leiden der Bevölkerung von Schwarzau sind nicht zu beschreiben...

1951 Prinz Elias von Bourbon-Parma nimmt ein Kaufangebot der österreichischen Justizverwaltung an.

1954 Das Schloß ist nach außen hin renoviert. Innen ist es völlig umgebaut. Schloß Schwarzau dient jetzt als Frauenstrafanstalt.

1911 hörte es sich in der Pfarrchronik noch versprechend an: »Das war ein Freudentag für die Völker der ganzen Monarchie, und die Schwarzauer waren stolz, daß dieses Ereignis in ihrer Gemeinde stattfand. Am 19. Oktober brachten sie dem jungen Paar einen Fackelzug dar.«

Aber die europäische Apokalypse kündigte sich gerade während der Wochen um die Hochzeit von Schwarzau im Jahre 1911 an, unbemerkt, nur von wenigen erkannt – wie die Vollendung der portugiesischen Tragödie im Jahre 1974 auch. Zu der Gruppe von Menschen, die über die Schlüsselstellung Portugals für das Schicksal Europas schon damals Bescheid wußten, gehörten die Bragança-Prinzessinnen, deren Familien und – vor allem – der portugiesische Thronprätendent Dom Miguel II.

Durch die Hochzeitsvorbereitungen auf Schwarzau rückte – sozusagen durch die Klatsch- und Gesellschaftsspalten – die todernste Situation im »fernen« Portugal auch in das Blickfeld des Normaleuropäers. Da eröffneten sich auch für den an ganz anderen Dingen interessierten Leser weltpolitische Perspektiven, mit Überseegebieten, mit Anarchisten, Terroristen und royalistischen Partisanen angereichert, mit Begriffen, die bis in das eigene Vorstellungsvermögen reichten.

Im Oktober des Jahres 1911 erregte es also großes Aufsehen, »die Prinzen von Bragança und auch Prinz Xavier von Bourbon-Parma, einen Bruder der Braut, bei den königstreuen Truppen« zu wissen:

»Der Vorstoß der portugiesischen Royalisten gegen die Republik ist offenbar viel ernster, als es die Regierung in Lissabon zugestehen will. Wie wir schon mitgeteilt haben, befinden sich die zwei ältesten Söhne des Herzogs von Bragança, der zu Seebenstein wohnt, die Prinzen Michael und Franz Joseph, unter den Kämpfern. Auch der Neffe des Herzogs, Prinz Xavier von Bourbon-Parma, hat sich den Kämpfern angeschlossen. Durch die bevorstehende Vermählung seiner Schwester, der Prinzessin Zita, wird Prinz Xavier von Parma, der im 23. Lebensjahre steht, ein Schwager des Erzherzogs Carl Franz Joseph.«

Im gleichen Atemzug meldet die Agence Havas aus Lissabon: »Gestern vormittag drang eine Kolonne von 700 Monarchisten unter dem Befehle Camachos in den portugiesischen Distrikt von Bragança ein«. Das war jene Kolonne, in der die Schwester der Herzogin Maria Antonia von Parma, Adelgunde, mit ihrer Mauleselkarawane und auch als Lastwagenchauffeur für den Munitionsnachschub der Königstreuen sorgte.

In Wien trafen zur gleichen Zeit schon die nächsten Verwandten des Bräutigams aus Sachsen ein, so König Friedrich August und Kronprinz Georg von Sachsen, der Bruder der Mutter Erzherzog Karls; jener Georg übrigens, der 1918 die

Nachricht von der Ausrufung der Republik mit dem Worte quittierte: »Dann macht euch euren Dreck alleene!«
Die Präsenz des Königs von Sachsen und seines Kronprinzen bei der Hochzeit von Schwarzau war selbstverständlich mehr als eine Geste unter Schwägern: Sie bedeutete eine europäisch-dynastische Demonstration der seit eh und je freundschaftlich-verwandtschaftlichen Verbundenheit der Wettiner und der Habsburger, die sich 1866 so grandios bewährt hatte. Wären doch damals alle deutschen Mittelstaaten, deren überwiegende Mehrheit auf der Seite Österreichs stand, auch so tapfer ins Feld gezogen wie die Sachsen mit den Österreichern!
Am Vorabend der Hochzeit traf auch der Herzog von Bragança, aus Paris kommend, in Wien ein, der Bruder der Mutter von Prinzessin Zita, der noch zwei Tage vorher die Aufstandsbewegung in Portugal geleitet hatte und den die portugiesischen Legitimisten als ihren rechtmäßigen König, Dom Miguel II., ansahen.
Inzwischen liefen die Hochzeitsvorbereitungen in Schwarzau auf Hochtouren. Der winzige Bahnhof von St. Egyden – nächste Bahnstation von Schloß Schwarzau – erhielt einen kleinen Zubau, und dort, wo der Hofwagen des Kaisers halten sollte, errichtete man ein »Kaiserzelt«, vor dem sich ein »Arrangement von weißlackierten Holzsäulen, das eine grüne, bunte Zier von Reisiggewinden, Guirlanden, Festons und Blumen trägt, befindet; die ganze Dekoration krönt der kaiserliche Doppeladler, die Farben aber sind in den Farben des Reiches und der Parmas, schwarz-gelb und blau-rot.« Seit vielen Jahren hat keine Eheschließung eines männlichen Mitgliedes des Kaiserhauses so viel Aufsehen erregt, und der Umstand, daß der Erzherzog nach seinem Oheim, Erzherzog-Thronfolger Franz Ferdinand, dem Thron am nächsten steht, verleiht dieser Feier besondere Bedeutung.

»Abends kamen dann die letzten Gäste. Den ganzen Nachmittag über waren sie schon angereist, in Automobilen und mit der Bahn. Gerade zur Ankunftszeit des Königs von Sachsen mit seiner Familie, eben als man die Einfahrt der zahlreichen Begleitung erwartete, die mit dem Sonderzug hierüber zum Schlosse kam, gab es eine aviatische Überraschung. Rasch verbreitete sich die Kunde, daß ein Lenkballon sich nähere, und zwar ein Luftschiff vom Typ Stagl-Mannsbarth, der aus Wiener Neustadt geradezu auf das Schloß zusteuerte. Große Aufregung im Schloß und im Park, die Herrschaften kamen aus dem Hause, die Beamten, das Publikum, das promenierte, stand still und blickte empor. Es war gegen fünf Uhr, als der Ballon, dessen Propellersausen man schon lange vernommen hatte, in schönem Fluge über das Schloß glitt; an 200 Metern hoch überquerte er das Schloßdach und warf Bouquets und schwarzgelbe Fähnchen aus.
Und in dem neu errichteten, glanzvoll ausgestatteten Speisesaal des Schlosses Parma vereinigte heute abend um sieben Uhr ein Festmahl das Brautpaar und seine Angehörigen sowie eine große Anzahl von Gästen. An der mittleren Tafel nahmen

Erzherzog Carl Franz Joseph und Prinzessin Zita die mittleren Plätze ein. Zur Linken des Brautpaares saß Erzherzogin Maria Josefa, die Mutter des Bräutigams, zur Rechten der päpstliche Majordomus, Monsignore Bisletti; gegenüber die Herzogin von Parma, zwischen dem König von Sachsen und dem Erzherzog-Thronfolger Franz Ferdinand.
Zu den Festgästen zählte die adelige Jugend Europas: die jungen Habsburger, die jungen Parmas, die jungen Vertreter der großen europäischen Familien von Bragança, von Liechtenstein, von Coburg, Sachsen, Württemberg, Luxemburg, Kalabrien, Toskana, Modena, Thurn und Taxis, Schwarzenberg, Löwenstein.
Das Menü war das folgende:

Consommé aux quenelles de volaille
Truites saumonées, sauce verte
Selle de veau bouquetière
Faisans rôtis
Salade composée
Quartier d'artichauts, sauce Colbert
Parfait à l'aurore
Tartellettes au fromage
Fruits
Dessert

In einem zum Musiksalon eingerichteten Annex des Prachtsaales konzertierte die Musik des Infanterieregimentes Nr. 67 unter Leitung des Kapellmeisters Dostal. Das Konzert hatte folgendes Programm: Ouvertüre zu ›Zigeunerbaron‹ von Johann Strauß, Walzer aus ›Graf von Luxemburg‹ von Franz Lehár, Fantasie aus ›Faust‹ von Gounod, Caprice Espagnol von H. Dostal, ›Du und Du‹-Walzer aus Fledermaus von Johann Strauß, Walzer aus ›Walzertraum‹ von Oscar Strauß, ›Quatre rondes‹ aus ›Dollarprinzessin‹ von Leo Fall, ›Elektrisch‹, Polka von Carl Michael Ziehrer...
Der Einzug der Gäste in den Dinersaal erfolgte nach sechs Uhr, und eine halbe Stunde darauf begann die Tafel, bei welcher lebhafte und animierte Konversation herrschte. Von allen Seiten wurde das Brautpaar mit erhobenem Sektglas still begrüßt, aber es wurde kein offizieller Toast gesprochen. Das Diner dauerte bis gegen halb acht Uhr, dann wurde die Tafel aufgehoben, und Brautpaar und Gäste begaben sich in die Konversations- und Rauchsalons, wo der Kaffee serviert wurde.
Der König von Sachsen und Erzherzog Franz Ferdinand hielten Cercle. Gegen halb neun Uhr erfolgte der Aufbruch der Gäste, die nicht im Schloß logierten, und in zahlreichen Automobilen fuhren die Herrschaften zur Bahn oder auch in die Schlösser der Nachbarschaft... so auf das Schloß des Herzogs von Bragança nach Seebenstein oder auf das Schloß des Herzogs von Madrid nach Frohsdorf.

Erzherzogin Blanka und deren Töchter kamen infolge eines Automobilevents verspätet zum Diner. Auf der Fahrstraße zwischen Wiener Neustadt und Egyden war durch Pneumatikdeffekt ein unfreiwilliger Aufenthalt bis zur Besorgung eines anderen Wagens verursacht worden.
Teilnehmer an der Tafel erzählen, daß der prächtige neue Saal mit dem vornehmen gesellschaftlichen Treiben, den vielfarbigen Uniformen, den Priestergewändern und Prunktoiletten der Damen ein bezauberndes Bild zeigte und daß die Unterhaltung die vergnügteste war.«

Für Aufregung zwischendurch sorgt plötzlich Prinz Xavier, der mitten in das Fest hineinplatzt, »direkt aus dem monarchistischen Lager der kämpfenden Truppen Portugals kommend. Der 22jährige Prinz, der der Prinzessin Zita sehr ähnlich sieht, wurde mit Jubel empfangen. Seine Brüder und Schwestern eilten ihm entgegen, und auch die Hochzeitsgäste, und begrüßten ihn in ungemein herzlicher Weise. Hochrufe wurden laut, als der Prinz seinem Automobil entstieg... Einen entzückenden Anblick boten die Toiletten, die bei der Brautsoiree getragen wurden. Die Pracht und der Glanz, das Flimmern und Funkeln der perl- und seidenbestickten, der spitzenumwobenen Toiletten aus dem duftigsten Material, auf den schwersten, edelsten Seidenstoffen, die ein edles Herabfallen der langen Courschleppen ermöglichen, daneben die anmutigen, zarten Gaze- und Tüllkleidchen der jugendlichen und die kindlich-graziösen Kleidchen der jüngsten Hochzeitsgäste und Kranzeldamen gaben einen Begriff davon, was sowohl der großen wie der kleinen Welt in der kommenden Saison harrt. Echte antike Spitzen und Perl-, Stahl- und Diamentstickerei sind in verschwenderischer Fülle über die Toiletten ausgestreut, zarte, weiche, schmiegsame Überwurfstoffe behaupten sich gleichberechtigt neben den schweren Materialien, die sich die Gunst der Frauenwelt auf der ganzen Linie erst erobern müssen. Die Schleppen waren, wie es bei einer so feierlichen Festlichkeit üblich ist, meist sehr lang, wurden aber nur von den verheirateten Damen getragen, während für die unverheirateten Damen das bodenlange, öfter aber noch das fußfreie Ballkleid dominierte.
Prinzessin Zita von Parma trug eine Toilette aus rosa Liberty mit einer Tunique aus rosa Mousseline de Soie, die mit breiten Silberplachés gestickt war. Duchessespitzen lugten unter der Stickereibordüre hervor, und ein hoher Volant bordierte den Rock. Die Corsage wurde von einer gestickten Silberborte umschlossen, die mit Silberfransen umrändert war. Reichlicher Duchesseaufputz zierte die Taille, die an der Decolletage mit einer Rosenbranche abschloß.
Herzogin Maria Antonia von Parma erschien in einer Toilette aus weiß-lila schattiertem, gemaltem Gaze de Soie, die mit Silberpailletten und Pierres de Straß reich bestickt war. Die Stickerei ruhte auf weißem Libertyfond und lila Mousseline, die Schleppe war mit herrlichen, antiken gelblich schimmernden Points d'Aiguilles bordiert. Die ebenfalls mit antiken Spitzen arrangierte Taille hatte an der Ceinture einen lila Rosenstrauß.

Erzherzogin Maria Theresia, die Schwester der Herzogin Maria Antonia, erschien in einer Toilette aus maisgelbem Satin Béatrice, die an der Corsage und auf der Jupe mit Silber- und Diamantstickerei bedeckt war. Die edle Courschleppe schmückte graziöse Diamantstickerei in dekorativ wirkenden Motiven.
Immer neue Hochzeitsgeschenke wurden inzwischen im Maria-Theresien-Saal des Schlosses aufgestellt, und das Brautpaar wurde nicht müde, den neuankommenden Gästen die Schätze zu zeigen. Schon nachmittags besichtigten Erzherzog Franz Ferdinand und Gemahlin und andere hohe Gäste den Saal.
Züchter Klemens Hostasch aus Prag sandte einen reizenden, prächtig singenden Kanarienvogel im Käfig. Auf der Terrasse spielten zwei prächtige Rassehühner munter in ihrem Käfig. Auch das Gemälde des neuen »Zitaplatzes« in Franzensbad war heute ausgestellt. Das Hernalser Offizierstöchterinstitut stellte sich mit einem prächtig gestickten Polster ein. Kapellmeister Dostal überbrachte den neukomponierten Zitawalzer.
Für den Kaiser und andere fürstliche Gäste sind besondere Telephonstationen im Schlosse eingerichtet.«
In Anbetracht dieses ungewöhnlichen Familienfestes, das so ansprechend begann und so »vielversprechende Folgen« versprach, denkt einer der anwesenden Journalisten, bei Betrachtung all dessen, was sich da vor seinen Augen tut, gar an ein Theaterstück aus der »seligen Kotzebue-Zeit«.

Europäische Geschichte im Bannfeld zwischen Wiener Neustadt, Frohsdorf, Seebenstein, Schwarzau und Villa Wartholz

In *Wiener Neustadt,* 45 km südlich von Wien, residierte Kaiser Friedrich III., der Schöpfer des AEIOU – Austria Erit In Orbe Ultima –, mit der portugiesischen Königstochter Eleonore, seiner Gemahlin. In Wiener Neustadt kommt am 22. März 1459 der spätere Kaiser Maximilian I. zur Welt, der von seiner Gemahlin Maria Burgund erbt und gemeinsam mit seinem Vater, Kaiser Friedrich III., die Grundlagen zur Weltgeltung des Hauses Österreich legt. Kaiser Maximilian ruht in der Georgskapelle der Wiener Neustädter Burg, seine Mutter Eleonore von Portugal im Neukloster.

Wien

45 km

Wiener Neustadt

9 km

Schloß Schwarzau

5 km

Schloß Frohsdorf

3 km

Reichenau Villa Wartholz

Schloß Seebenstein

In *Schwarzau* wohnt Herzog Robert von Parma mit 21 Kindern aus den Ehen mit Maria Pia und Maria Antonia. Sechs von 12 Kindern aus der zweiten Ehe sind hier geboren. Prinzessin Zita vermählte sich zu Schwarzau am 21. Oktober 1911 mit Erzherzog Karl in Gegenwart von Kaiser Franz Joseph I.

Die *Villa Wartholz* bei Reichenau gehört Erzherzog Karl Ludwig, in 3. Ehe mit Prinzessin Maria Theresia von Bragança verheiratet. Hier wachsen die Erzherzöge Franz Ferdinand und Otto heran, später dann auch Kaiser Karl, der Wartholz erbt und dort mit seiner jungen Gemahlin, Erzherzogin Zita, wohnt. Am 20. November 1912 kommt hier der Erstgeborene, Erzherzog Otto, zur Welt, hier erhalten Karl und Zita am 28. Juni 1914 die Nachricht von der Ermordung des Erzherzog-Thronfolgers Franz Ferdinand und seiner Gemahlin Sophie, wodurch sie zum Thronfolgerpaar werden. Auch als Kaiserpaar verbringen Karl und Zita viele Tage in Wartholz.

Wohnort des portugiesischen Thronprätendenten Dom Miguel II., der im Jahre 1927 zu *Seebenstein* stirbt. 1907 wird hier der Thronfolger Dom Duarte II. geboren. Dom Miguel hat seine Schwestern Maria Theresia in Wartholz, Maria Antonia in Schwarzau und Maria das Neves in Frohsdorf. Im Jahr 1921 startet Kaiser und König Karl von hier zum ersten Restaurationsversuch nach Ungarn.

Frohsdorf ist seit 1845 Wohnort der überlebenden Tochter von Königin Marie Antoinette, der Herzogin von Angoulême. Sie bringt den Erben des französischen Throns, Heinrich Graf von Chambord, nach Frohsdorf, das alsbald ein »Versailles im Exil« wird, die eigentliche Hauptstadt Frankreichs für die Legitimisten. Hier wird auch Heinrichs Schwester, Louise von Bourbon, die Großmutter der Kaiserin Zita, mit dem späteren Herzog Karl III. von Parma vermählt. Der Erbe Heinrichs ist der Vater von Kaiserin Zita, Robert von Parma, auf Schloß Schwarzau.

2. Teil

Erzherzogin Zita

Die Hochzeit (21. Oktober 1911)

»Heute mittag hat in der Kapelle des Schlosses Schwarzau die Vermählung des Erzherzogs Carl Franz Joseph mit der Prinzessin Zita von Parma stattgefunden. Ein Familienfest wurde gefeiert, ohne höfischen Prunk, ohne starren Zeremonienzwang. Nicht anders war es, als wenn die Tochter eines großen Grundbesitzers zum Traualtar schreitet und die Bewohner der nächstliegenden Ortschaften herzlichen Anteil nehmen an dem Feste. Rings um das Schloß Schwarzau haben heute die Ortschaften beflaggt, bekränzt. Überall grüßen schlichte, aber gut gemeinte Dekorationen, Papierguirlanden, Reisigzweige und dazwischen Bilder des Kaisers und des Brautpaares.

Schon von Wiener Neustadt an hat der heutige Hochzeitstag auf Schloß Schwarzau der ganzen Umgegend seinen Stempel aufgedrückt. Die Zufahrtsstraßen sind vorsorglich instand gesetzt, besonders natürlich die Straße, die das Automobil des Kaisers, der von St. Egyden kommt, passieren wird. Schulkinder ziehen unter Führung von Lehrern im schwarzen Sonntagsrocke, von Katecheten und Ordensschwestern auf, und je näher man dem Schlosse kommt, um so stärker brandet und pulsiert eine Aufregung, die sonst dieser stillen Gegend fremd und ungewohnt ist...

Der Erzherzog-Bräutigam scheint ein wenig ungeduldig zu sein: ›Wann kommt Seine Majestät? Wie lange wird es noch dauern?‹

›Noch zwei Minuten, Kaiserliche Hoheit!‹ ist die Antwort.

Mittlerweile fuhr der Kaiser bereits durch den Ort Schwarzau, wo ihm das Publikum lebhafte Ovationen bereitete. Es war gegen elf Uhr, als man schon die lauten Rufe vernahm, die das Auto des Monarchen auf seiner Fahrt zum Schlosse begleiteten.

Einige Minuten nach elf Uhr fährt der Kaiser vor, freundlich grüßt er nach allen Seiten. Die Apparate der Photographen knattern, kinematographische Aufnahmen werden gemacht, und der greise Monarch hält mit großer Liebenswürdigkeit inne, um die Arbeiten der Photographen nicht zu stören.

Noch vor dem Kaiser sind in langer Wagenreihe die übrigen Hochzeitsgäste, die Erzherzoge und Erzherzoginnen, welche nicht die heutige Nacht im Schlosse zugebracht haben, angekommen.

Im Schlosse selbst wurde der Kaiser durch die vom Kapellmeister Dostal komponierte Kaiserfanfare empfangen. Trompeten, Waldhörner und Fanfaren schmetterten ihre Klänge, als der Kaiser das große Parktor zum Palaste passierte. Im Portal wurde der Kaiser zunächst vom Obersthofmeister der Herzogin von Parma, dem Grafen Zileri dal Verme, sowie Mitgliedern des parmesanischen Hofstaates begrüßt. Am Eingang zur Haupteinfahrt erwartete den Kaiser Erzherzog Carl Franz Joseph mit dem Chef des Hauses Bourbon, dem Herzog von Madrid, Don Jaime. Er hieß den Kaiser auf das herzlichste willkommen. Der Kaiser dankte seinem Großneffen und dem Herzog von Madrid und stieg die Stufen zur ersten Etage empor. Auf dem letzten Treppenabsatz erwarteten den Kaiser die Hausfrau, Herzogin Maria Antonia von Parma, mit der Prinzessin-Braut Zita von Bourbon-Parma, die bereits den Hochzeitsstaat trug. Der Kaiser küßte der Herzogin galant die Hand und reichte der Braut die Hand, wehrte aber selbst den Handkuß ab und küßte die errötende Braut zweimal auf die Wangen. Dann reichte er der Herzogin von Parma den Arm und geleitete sie in die Reception.

Dort war schon die gesamte Hochzeitsgesellschaft versammelt. Während der Kaiser unter den anderen Gästen Cercle hielt, verfügte sich der größte Teil der Gesellschaft durch die Säle und Korridore in das Gotteshaus.

Schon kurze Zeit nach der Ankunft des Kaisers begann dann der Hauptteil der Feierlichkeiten mit dem Einzug in die Kapelle. Zwischen dem Kaiser und der Erzherzogin Maria Josefa ging der Bräutigam, Erzherzog Carl Franz Joseph, zwischen dem Herzog von Madrid und der Herzogin von Parma die Braut, Prinzessin Zita, nach dem König Friedrich August von Sachsen und dem Erzherzog-Thronfolger Franz Ferdinand kamen die übrigen Mitglieder des Kaiserhauses, Prinzen und Prinzessinnen.

Die kleine Kapelle ist auf das festlichste geschmückt, der Vorraum als Entrée hergerichtet, die Wände mit rotem Damast bekleidet, die Nischen enthalten Lorbeerbäume in reisiggarnierten Geschirren, die Madonnenstatue mit Blumen und Tannengrün umrahmt. Vor dem Altar steht das mit rotem, goldverbrämten Damast bekleidete Betpult für das Brautpaar, links davon, etwas erhöht, das Fauteuil für den Kaiser, aus gelbem Damast, davor ein kleines Kniepult, links vom Kaiser ist der rote Fauteuil mit Betpult für den König Friedrich August.

Während des Einzuges in die kleine Kirche stimmt Hofkapellmeister Eder seine Komposition für dieses Fest an: Paraphrasen über die Hymne des Herzogtums Parma und die österreichische Volkshymne nach der unsterblichen Haydn-Melodie,« meldet ein Korrespondent am 21. Oktober 1911 aus Schwarzau.

Jahrzehnte danach erinnert sich die Braut von damals einer Episode, die sie immer noch zum Schmunzeln brachte:

Niemand hörte es, außer jenem, den es betraf: Don Jaime, Prinz von Bourbon-Spanien, Herzog von Madrid, Herr auf Schloß Frohsdorf, ebenso eifriger wie auch erfolgloser Bewerber um meine Hand, an dessen Seite ich nun zum Altar schritt.

Prachtvoll war er wieder anzusehen an diesem Tage, er trug seine russische Obristenuniform, wirkte dekorativ-martialisch und strahlte von repräsentativer Würde. Übrigens hatte ihn mein Bruder Sixtus frühmorgens noch gefragt: »Pardon, sind Sie vielleicht vom Zirkus?«
Als der Orgelklang aufrauschte und eine Welle der Rührung und der Ergriffenheit allzu sehr über uns alle hereinzubrechen drohte, mein Begleiter, Don Jaime, noch einen Zentimeter emporwuchs vor lauter Stolz und gestrecktem Rückgrat, sagte ich ihm, wobei ich die Lippen kaum bewegte:
»Na, schau, jetzt hast du doch noch erreicht, was du dir immer gewünscht hast...«
Dann waren wir schon am Altar, und alles war wieder ganz offiziell...

In der Zeitung las sich das Ereignis des Jahres so:

»Aller Augen richteten sich auf Braut und Bräutigam: er in der Uniform seiner Lothringer-Dragoner, dekoriert mit dem Orden vom Goldenen Vlies, dem prachtvollen Militär-Jubiläumskreuz von 1908 und dem sächsischen Orden der Rautenkrone, die Braut aber in einem zauberhaften Kleid aus elfenbeinfarbenem Satin Duchesse, mit echtem Silber in zartem Dessin gestickt, die Schleppe en plein mit der bourbonischen Lilie bedeckt, von Myrtenguirlanden umrandet und in der Mitte von einem duftenden Myrtenstrauß erfüllt, der sich bis hoch hinauf erstreckte. Das Devant war mit echten Valenciennes in hohen Volants gedeckt und zu beiden Seiten von silbergestickten Myrtenbranchen flankiert. Die am Halse schließende Corsage war mit einer Berthe aus antiken Spitzen und mit einer Myrtenguirlande geziert, die sich dann auf der Jupe fortsetzte. Die Ceinture war hoch, und der Myrtenstrauß und frische Orangenblüten ruhten auf der Brust. Im Haar lag ein zarter Myrtenkranz, und über ihm wurde das Haar von dem langen Brautschleier gedeckt, der bis auf die Schleppe herabfiel und auf dem Kopf von einem herrlichen Brillantendiadem gehalten wurde.«

Über das laute und kräftige *Oui* der Braut sprach man noch lange. Der päpstliche Majordomus, Monsignore Bisletti, der persönliche Vertreter des Papstes Pius X., der den Bund der beiden glücklichen jungen Menschen, die einander das Sakrament der Ehe spenden, segnet, verliest auch die Worte des Papstes an seine »teuren Kinder« –, die, entgegen den alsbald auftauchenden Gerüchten, keine Spur einer Herabsetzung und Außerachtlassung des Erzherzog-Thronfolgers enthalten. Wer etwa in dem Satz: »So wünschen Wir Euch mit diesem Segen, daß Ihr immerdar das Kaiserreich in religiöser und bürgerlicher Blüte sehen möget« – dem einzigen Satz, der sich überhaupt mit der politischen Zukunft des jungen Paares beschäftigte – Grund für eine Verärgerung beim Thronfolger finden wollte, der mußte schon sehr spiralenförmig denken. (Monsignore Bisletti hatte freilich die Papstbotschaft »zensuriert«). Der Thronfolger tat es jedenfalls nicht: er schätzte und liebte seinen Neffen so, wie dieser ihn.

»Als nach vollzogener Trauung die Hochzeitsgäste in ihre Appartements zurückkehrten, eröffnete das neuvermählte Paar den Zug, dann folgte der Kaiser, der die Herzogin von Parma am Arm führte, der Herzog von Madrid als Chef des Hauses Bourbon mit der Erzherzogin Maria Josefa, der Mutter des Bräutigams, und König Friedrich August von Sachsen mit Erzherzog-Thronfolger Franz Ferdinand.
Für das Hochzeitsdéjeuner, das um 13 Uhr im Theresiensaale stattfand, waren wieder fünf Tische arrangiert. An der Mitte der Breitseite der mittleren Tafel saß Erzherzogin Zita, rechts von ihr der Kaiser, links Erzherzog Carl Franz Joseph, ihr gegenüber Monsignore Bisletti mit der Infantin von Bourbon und der Herzogin von Bragança (den Gemahlinnen von Don Jaime, Herzog von Madrid, und Dom Miguel, Herzog von Bragança).
Das Menü der Hochzeitstafel ist folgendes:

Crème de laitues
Moussettes de lièvre St.-Hubert
Selle d'agneau renaissance
Langouste à la parisienne
Dindonneau rôti
Salade de saison
Pointes d'asperges au beurre
Glace ananas et framboise
Fromages · Fruits · Dessert
Sherry Amontillado · Château Léoville 1900
Stein Kreuzwertheim 1892 · Champagne Pérrier · Jouet Porto

Beim Festmahl widmete Kaiser Franz Joseph dem Brautpaar eine in herzlichem Ton gehaltene Tischrede: ›Die uns alle beglückende Vermählung, die festlich zu feiern wir heute versammelt sind, gereicht Mir zur großen Freude und erfüllt Mich mit hoher Befriedigung. Erzherzog Karl hat sich Prinzessin Zita zur Lebensgefährtin erkoren. Ich beglückwünsche ihn zu dieser Wahl seines Herzens und begrüße Erzherzogin Zita mit inniger Freude als Mitglied Meines Hauses. Eure Königliche Hoheit – verehrte Frau Herzogin – haben als liebende, fürsorgliche Mutter diesem Herzensbunde Ihr gütiges Wohlwollen entgegengebracht, und Ich bitte Eure Königliche Hoheit, verehrte Frau Herzogin, dafür sowie für den so gastfreundlich gewährten Empfang Meinen verbindlichsten Dank entgegenzunehmen.
Und nun spreche Ich den Neuvermählten zu ihrem heutigen Ehrentage Meine aufrichtigsten Glückwünsche aus, in der zuversichtlichen Hoffnung, daß beide das Lebensglück finden werden, das sie zu erreichen berufen sind. Gott schirme und schütze Erzherzog Karl und Erzherzogin Zita: sie leben hoch!‹
Die Musik des Infanterieregimentes Nr. 67 spielte unter Kapellmeister Dostals

Leitung den »Hochzeitsmarsch« von Mendelssohn, den Walzer aus dem »Fürstenkind« von Lehár, Kompositionen von Leoncavallo, Ziehrer und selbstverständlich von Johann Strauß.
Um halb eins strömte das Volk in den Schloßpark und brachte dem Kaiser mit begeisterten Hochrufen eine Ovation. Ein kleines Mädchen namens Melitta Rottenstammer von der Bürgerschule in Neunkirchen sprach in niederösterreichischer Mundart ein Huldigungsgedicht, und das ganze lebhafte Treiben rund um den Kaiser wurde zu Gunsten des »Invalidendank« auch kinematographisch aufgenommen.
Die Wiener Neustädter Aviatiker durften bei den Huldigungen natürlich nicht fehlen. Schon um 10 Uhr 15 Minuten stieg Illner mit Rittmeister Schmidl auf, verfolgte den Hofzug des Kaisers bis St. Egyden, umkreiste das Schloß und flog nach dem Steinfelde zurück.
Um 10 Uhr 20 Minuten flog Rittmeister von Umlauff auf und folgte dem Hofzuge des Kaisers bis gegen Schwarzau.
Schließlich gab auch Lieutenant Banfield [der im Ersten Weltkrieg zu einem der berühmtesten Flieger der österreichischen Luftwaffe wurde und Dutzende von Feindmaschinen zur Strecke brachte] auf seinem Fluge von Fischamend über Kottingbrunn bis Wiener Neustadt dem Hofzug das Geleite, und um 10 Uhr 35 Minuten unternahm Pilot Hold auf einem Etrich-Apparat einen Flug nach Schwarzau ...«

Das Gefolge des Erzherzogs ist schon im Laufe des Vormittags in Villa Wartholz eingetroffen, doch besteht es (ein ganz kleines bißchen zur Enttäuschung der schaulustigen Reichenauer) bloß aus Küchenpersonal und Dienerschaft. Dem »Gefolge« ist nicht ein einziger Ehrenkavalier beigezogen worden, »da das neuvermählte Paar hier ganz ruhig und zurückgezogen zu leben gedenkt«.
Dort brauchen die beiden Glücklichen auch keinen, der sie »betreut«; beide verbrachten hier ihre Kindheit, er im Hause seiner Großmutter, für sie war es das Haus der Tante, Erzherzogin Marie-Thérèse. Sie radeln durch die Gegend, bis auf den Semmering hinauf, betreiben ein bißchen Automobilistik – Erzherzog Karl ist ein hervorragender Fahrer –, wandern, jagen. Die einzige größere Ausfahrt führt sie nach Mariazell, zum Heiligtum der Magna mater Austriae. Schon abends geht es wieder zurück in das gemütliche Payerbach-Reichenau, zurück in die Villa Wartholz.
Dabei hätte Prinzessin Zita von Bourbon, nunmehr Erzherzogin Zita von Österreich, in diesen Tagen eigentlich eine geistige Wende zu vollziehen gehabt.
Erinnerte sie sich wohl der Lehren, die einst König Ludwig XV. seiner Lieblingstochter Babette auf den Weg mit nach Parma gegeben hatte? »Werde eine gute Parmaerin ...« Klang das nicht ähnlich wie die Lehre der Kaiserin Maria Theresia, die ihrer Tochter Marie-Karoline schrieb: »Versuche, eine gute Napolitanerin zu werden ...« Im Grunde ging es immer um die gleiche Verhaltensregel: Bleibe, was

du bist, aber werde, was du werden sollst: eine gute, eine vorbildliche Angehörige deines neuen Volkes. Nun, so etwas mochte für eine Prinzessin, die nach Neapel heiratete, relativ einfach sein. Sie mußte sich bemühen, tatsächlich eine gute Napolitanerin zu werden.
Was aber mußte eine frischgebackene Erzherzogin von Österreich alles werden? Sie mußte Deutsche, Ungarin, Tschechin, Slowakin, Italienerin, Polin, Ruthenin, Kroatin, Slowenin, Serbin, Bosniakin, Rumänin, Jüdin, Armenierin werden; wollte sie den kleineren Nationalitäten auch noch gerecht werden, mußte sie auch noch Griechin, Albanierin, Türkin, Huzulin, ja weiß der Himmel was noch alles werden, und da gab es nur einen einzigen Ausweg, eine einzige Lösung, die allerdings ohnehin schon getroffen worden war: Sie mußte Erzherzogin von Österreich sein, also schlicht und einfach Europäerin. Erzherzog Karl beherrschte ein halbes Dutzend Sprachen sehr gut, er verständigte sich recht gut in siebzehn Sprachen. Er mußte alles verstehen.
Jetzt folgte ihm Erzherzogin Zita nach. Deutsch, Italienisch, Französisch, Spanisch und Englisch beherrschte sie vollkommen, nun mußten vor allem Ungarisch und Tschechisch gelernt werden, und aus all den kleineren Sprachen der Monarchie wenigstens das Wichtigste, also Grüßen, Danken, Bitten. Die eigentliche Verständigung mochte dann wohl im gegenseitigen guten Willen liegen.

Die Hochzeitsreise

Nun wollte Erzherzog Karl aber, daß ich meine neue Heimat recht gründlich kennenlernte, und zwar nicht nur zwischen Wiener Neustadt und Semmering, wo wir fleißig mit dem Fahrrad herumfuhren, sondern bis hinunter nach Cattaro und hinauf bis Galizien. Dabei muß ich sagen, daß mir Österreich ja sehr gut bekannt war. Ich hatte schon zahlreiche Kronländer besucht, hatte einmal einer prachtvollen Osterfeier im Dom von Salzburg beigewohnt. Österreich war mir lieb und vertraut, noch bevor ich Österreicherin wurde.
Jetzt aber sah ich alles mit anderen Augen, vor allem mit den Augen Erzherzog Karls, wenn ich so sagen darf. Er kannte und wußte unendlich viel, überall hatte er Freunde, oft wirkten jetzt in einer fernen Stadt seine Lehrer von einst, die ihren Schüler mit Freude wieder begrüßten. Bis in die Träume hinein blieb er mein Lenker und Wegbereiter, wußte tausend Geschichten, zeigte, erklärte. Stunden um Stunden verbrachten wir in den römischen Ausgrabungen von Aquileia, von Salona und Spalato, folgten den Spuren der Venezianer, bewunderten, was die Österreicher Neues und Schönes gebaut hatten.
In Görz besuchten wir das »österreichische St. Denis«, die Gruft meiner Ahnen im Kloster von Castagnavizza, wo König Karl X. von Frankreich ruht, der Graf von

Chambord mit seiner Gemahlin und dessen Schwester, Louise von Parma, meine Großmutter, die einst auf Frohsdorf geheiratet hatte... ganz nahe von Schwarzau.
In Südtirol besuchten wir meine Brüder Felix und René, die schon drei Jahre später im großen Krieg in der österreichisch-ungarischen Armee dienen sollten, wir kamen nach Riva, nach Arco und nach Triest, wo wir das Schiff des österreichischen Gouverneurs bestiegen und die herrliche Adriaküste entlangfuhren, an der in den Jahrzehnten zuvor eine unerhörte Pionierarbeit eingesetzt hatte; Straßen waren gebaut worden, Hafenanlagen, Bahnen...
Schließlich landeten wir an der äußersten, südlichen Ecke Österreich-Ungarns, in der Bocche di Cattaro, und fuhren auf einem Unterseeboot – das aber an der Oberfläche blieb – in die herrliche Bucht, bewunderten die Bergwelt des Lovčen... nicht ahnend, welche entsetzlichen Kämpfe schon in so kurzer Zeit dort oben toben würden, welche Opfer die Völker dort bringen würden für die Erhaltung des Reiches.

Dann ging's mit der Bahn hinüber nach Bosnien, wo sich die an sich inoffizielle Reise der beiden Hochzeiter zu einem Triumphzug sondergleichen gestaltete – auch in Sarajewo, wo die Reise sogar einen ihrer Höhepunkte erreichte. Kaum anderswo gab es so viele und herzliche Ovationen wie in Sarajewo, wo denn auch drei Jahre später keineswegs »das Volk« einen Doppelmord verübte, sondern eine winzige Verschwörergruppe – und das in serbischem Auftrag. Von Sarajewo führte die Reise noch einmal zurück an die dalmatinische Küste, nach Ragusa, zurück an eine österreichische Riviera, wie sie schöner und ursprünglicher nicht denkbar war: und nicht nur das Hinterland, auch das Meer gehörte zum Reich!
Tausende von Dalmatinern hatten beim Bau des Suezkanals als tüchtige Helfer mitgearbeitet, und ein österreichisches Schiff, die »Narenta«, ein moderner Schraubendampfer, durchquerte als erstes den Kanal, der nach dem Entwurf des Südtirolers Negrelli erbaut worden war. Gerade zu der Zeit, als sich Erzherzog Karl mit seiner jungen Frau auf Hochzeitsreise in Dalmatien befand, kam aus Triest die Kunde von einer abermaligen Pionierleistung der Schiffahrt. »Neue Rekordfahrt Triest-Alexandrien! Aus Triest wird gemeldet: Die Generaldirektion des Österreichischen Lloyd teilt mit, daß der Eildampfer ›Helouan‹ auf seiner zweiten Fahrt von Alexandrien nach Triest den Schnelligkeitsrekord neuerlich geschlagen hat, indem der Dampfer die Fahrt in 66½ Stunden zurücklegte.«
Eillinien versorgten die ganze Küste von Triest bis Cattaro seit dem Jahre 1905, ja sie riefen den Fremdenverkehr an der Adriaküste überhaupt erst ins Leben. Die Handelsflotte Triests umfaßte in diesen letzten Jahren der Monarchie 320 Dampfer mit mehr als 600 000 BRT.
Noch einmal führte die Reise des jungen Paares von Ragusa über das Gebirge hinüber nach Sarajewo, noch einmal empfingen sie einen tiefen Eindruck von diesen Südprovinzen des Reiches, wo in den wenigen Jahren, seit diese Landstriche unter österreichisch-ungarischer Verwaltung standen, Gewaltiges geschehen war.

Wie vor Jahrtausenden hatten bisher die Bauern dort Landwirtschaft mit Holzpflug und Sichel betrieben, doch innerhalb weniger Jahre entstanden jetzt Tabakkulturen (mit kostenlos zur Verfügung gestellten Setzlingen), die alsbald Weltruf genossen, entstand eine einheimische Teppichindustrie, eine moderne Forstwirtschaft, entstanden die Grundzüge eines Bahnnetzes.

Mit der bosnischen Bahn ging's dann auch, in einem Hofwagen der österreichischen Staatsbahnen, über Ungarn und Kroatien zurück nach Wien und, nach nur zwölfstündigem Aufenthalt im Augartenpalais bei Erzherzogin Maria Josefa, schon wieder weiter nach Böhmen, in den Garnisonsort Brandeis, wo Erzherzog Karls Regimentskameraden bereits warteten.

Die Reise Wien–Brandeis an der Elbe sollte sich noch ungezählte Male wiederholen. Zeitungen berichteten dann etwa: »Erzherzog Carl Franz Joseph und Erzherzogin Zita haben gestern abend vor ihrer Abreise, wie schon öfters vorher, das Diner in der Restauration des Wiener Nordwestbahnhofes genommen«, sorgten aber auch sonst stets für Abwechslung und Spannung: »Angebliche Weltreise des Erzherzogs Carl Franz Joseph und seiner Gemahlin. Die von den Blättern gemachten Berichte über die bevorstehende Weltreise des hohen Paares sind vollkommen aus der Luft gegriffen, wahr ist hingegen, daß der Erzherzog vorläufig weder eine Weltreise noch eine andere Reise zu unternehmen gedenkt und auch keinerlei Reisevorbereitungen getroffen werden« – und für die Reise nach Brandeis bedurfte es keinerlei Aufwands. Die Strecke Wien–Lemberg konnte ohne Paßkontrolle binnen neun Stunden in einem sauberen Eisenbahnabteil zurückgelegt werden.

Auch der Weg von Wien nach Brandeis an der Elbe bedurfte keiner besonderen Maßnahmen (keine fremde Währung, kein fremder Paß, keine fremden Sprachkenntnisse...), wie ja überhaupt ein Unterschied kaum zu fassen war: In Wien sprach ein gut Teil der Bevölkerung tschechisch, in Prag wieder ein guter Teil deutsch, und die Prager Deutschen sprachen selbstverständlich auch tschechisch und die Wiener Tschechen natürlich auch deutsch.

In Prag – der Weg nach Brandeis führte über Prag – lebte in jenen Tagen eine Elite deutschsprachiger Dichter; dort schufen Männer wie Kafka, Werfel, Urzidil, Rilke, aus dem böhmischen Raum stammten Ferdinand Porsche, Berta von Suttner, Max Brod, Hofmann und Loos, Richard von Schaukal, auch Gustav Mahler und Bruno Brehm, Srbik und Kralik, Ernst Mach und die Jeritza, Šlezák, Julius Patzak und Mitzi Günther, Ressel, Negrelli, Radetzky und... war nicht ganz Österreich in diesem Lager, so wie ein Smetana, ein Dvořák und Janáček, Kubelik und Přihoda auch?

Die Garnisonszeit

War das ein Ereignis in Alt-Bunzlau... nach Wochen der Abwesenheit kehrte Erzherzog Karl wieder zu seinem Regiment zurück, und nicht nur das – so herzlich ihn auch die Kameraden empfingen und mich dazu, so herzlich gestaltete sich auch der Empfang durch die Bevölkerung von Alt-Bunzlau, Stari Boleslav, wie es tschechisch heißt, und da war nicht der leiseste Unterschied spürbar in dieser Sympathie, die uns entgegenbrandete.
Nach den ersten Tagen des Willkommens, der Feiern und der Begrüßung kam dann allmählich alles wieder in den gewohnten Rhythmus, Erzherzog Karl ging seinem Dienst nach, weilte von morgens früh bis spät abends bei seiner Truppe und fand auch alsbald ein Spezialgebiet, das ihn sehr interessierte und dem er mit großer Geduld und Liebe nachging, nämlich die Instruktion der einfachen Soldaten, die ihm mit großer Anhänglichkeit zugetan waren. Wir wohnten damals auf Schloß Brandeis, mit dem meine Familie schon eine sehr alte, auch ganz interessante Beziehung hatte. Als König Karl X., jener König von Frankreich, den die Revolution aus seiner Heimat vertrieben hatte, in Österreich Zuflucht suchte, nahm er in Böhmen Wohnung und weilte lange in Prag. Metternich hat später Karl X. auch Schloß Brandeis zur Verfügung stellen lassen, der wieder – vielleicht um sie loszuwerden – meine Urgroßmutter, die überlebendige Herzogin von Berry, die schon so viele temperamentvolle Eskapaden hinter sich gebracht hatte, nach Brandeis schickte, wenn sie nach Böhmen kam, um ihre Kinder zu sehen. Sie sollte sogar einmal dort niederkommen, überlegte es sich aber dann im letzten Moment und eilte nach Graz, nicht ohne auch dort auf Doppelwachtposten und militärischer Ehrenbezeugung zu bestehen. Nun, bei uns war das alles ein bißchen einfacher.
Wie man sich vorstellen kann, änderte sich mit den neuen Umständen auch der Lebensstil im Offizierskorps der 7er-Dragoner ein wenig, vielleicht gestaltete sich alles etwas mehr nach der Norm, aber nicht weniger herzlich als früher. Gelegentlich berichteten sogar die Zeitungen in Wien über unser »gesellschaftliches Leben« in der Provinz...

»Aus Brandeis wird gemeldet: Gestern abend fand bei Erzherzog Carl Franz Joseph und seiner Gemahlin ein Thé dansant statt, zu dem Prinzessin Franziska von Bourbon-Parma, genannt Cicca, Kammervorsteher Zdenko Prinz Lobkovicz mit Gemahlin und den Prinzessinnen Zdenka, Christine und Berta, der Hofstaat sowie die Offiziere der Brandeiser Garnison mit Oberst Hilvety an der Spitze erschienen waren.«
Ein Erzherzog hatte sich aber in allen Sätteln zurechtzufinden, und so erfüllte er zwischendurch auch die Aufgabe, als Vertreter des Kaisers beim Ball der Stadt Wien zu erscheinen. Am Tag darauf gab es in Wien bereits eine gesellschaftliche

Sensation, die das Tagesgespräch der Stadt bildet: Audienz und Cercle bei Erzherzogin Zita!

»Am Nachmittag des 12. Februar empfing die junge Erzherzogin in der Hofburg die Mitglieder des diplomatischen Corps. Obersthofmeister-Stellvertreter Altgraf Salm-Reifferscheidt meldete die Botschafter und ihre Gemahlinnen einzeln zur Audienz an, worauf die Botschafter die Herren ihrer Mission vorstellten. Der Reihe nach traten der Herzog von Avarna, Italiens Missionschef, der französische Botschafter Crozier, der deutsche Botschafter von Tschirschky und all die anderen vor Erzherzogin Zita; dann empfing die Erzherzogin die in Wien akkreditierten Gesandten, die sich zunächst im Marmorsaal versammelten und dann in der Geheimen Ratsstube mit der Gastgeberin sprachen ...« und dabei insgeheim die Sprachkenntnisse der jungen Frau bewunderten, die ihren Verpflichtungen nachkam, als hätte sie diesen Beruf erlernt – und sie hatte ihn ja wirklich erlernt. Am Tag darauf wiederholte sich der Cercle, diesmal allerdings in Gegenwart von Erzherzog Karl. Vorgestellt wurden die obersten Hofchargen, die Gardekapitäne, die obersten Chargen der Hofdienste, die Generaladjutanten und der Obersthofmeister, die Kämmerer und Truchsessen, die Palastdamen, die Kammervorsteherinnen, die Hofdamen und die übrigen Damen. Insgesamt ein Kreis von Menschen, die zur Hofhaltung notwendig waren und den Staat dabei nichts kosteten, weil sie für die Spesen ihres Ehrendienstes selbst aufkommen mußten.
Hofchargen, Gardekapitäne... ein paar Tage lang »Hofluft« und dann schon wieder Landluft für die Frau des Dragoneroberleutnants: diesmal ging es von dem gemütlichen böhmischen Garnisonsort Brandeis, der im November die Neuvermählten mit brausenden »Slava« und »Hoch«-Rufen empfangen hatte, nach Galizien, in die östliche, sozusagen die »fernöstliche« Provinz des Reiches, einen Landstrich, in dem man vor seiner Erschließung durch Österreich noch Scheibenräder und Holzpflug benutzt hatte.
An sich bedeutete eine Versetzung nach Ostgalizien für einen Offizier eine Art von sachtem Verbannungsurteil, besonders wenn es einen Herren in schon etwas vorgerückten Jahren traf (dann allerdings trug meistens dessen hoffnungslose Verschuldung zu dieser Versetzung bei). Für ein so junges und glückliches Paar wie Erzherzog Karl und Erzherzogin Zita bedeutete die Versetzung in den östlichen Winkel der Monarchie nicht nur einfache Pflichterfüllung, sondern auch ein neues Erlebnis.
Erzherzog Karl war ein so vorzüglicher Reiter, daß ihm die eineinhalb Monate Reiterzug nicht Strapaze, sondern Sport und Bewegung bedeuteten, und seine Frau wollte ohnehin nur in seiner Nähe sein, und sei's in Galazien. Warum nicht? Ein Kronland, so wertvoll und gut wie jedes andere, alle unersetzlich und kostbar in dem gesamten Gefüge.
Die junge Erzherzogin fand sich in alles drein; in primitive Quartiere, in zugige, kalte Räume und rußige Bahnfahrten, staubige Straßen und holprige Wagen. Was

machte das schon. Was zählte denn schon außer Liebe und Pflicht, und diese Fahrt war beides.

Was ist da nicht alles geredet worden, schon damals und vorher und nachher über Erzherzog Karl und seine Frau, die »nicht genügend vorbereitet gewesen seien für ihr Amt«. Wer überhaupt wäre je besser für eine Amtsübernahme gerüstet gewesen als ein Paar, das die verborgensten Winkel des Reiches gesehen, besucht und erobert hatte. Erzherzog Karl hatte nicht nur eine umfassende theoretische, vor allem staatsrechtliche Ausbildung erfahren, die in allen Einzelheiten auf seine mögliche Stellung als künftiger Thronfolger abzielte, er kannte die gesamte Monarchie und all ihre Problematik – aber auch ihre Größe – aus eigener Erfahrung: da gab es kaum einen Bürgermeister, einen Dorfpfarrer (ob nun katholisch, orthodox, uniert oder evangelisch), kaum einen Rabbiner, mit dem er nicht über die Probleme und Sorgen seiner Gemeinde gesprochen hätte, von den ungezählten Männern und Frauen aus den einsamen Streusiedlungen, durch die so ein Troß kam, gar nicht zu reden.

Freilich gab es zwischendurch auf dem Wege des jungen Paares und der Eskadron auch jene »großen« Ereignisse, die das Unvergleichliche, Unwiederbringliche der Monarchie ausmachten: die Konzerte, zu denen alles zusammenströmte, was Rang und Namen hatte, die Opern- und Theateraufführungen auf den unzähligen Provinzbühnen des Reiches, ein Lehár-Abend in Leipnik oder Teschen, in Krakau oder Czernowitz... irgendwo zwischen Böhmen und dem Ende der Welt, nahe der russischen Grenze, in einst blühenden Inseln deutscher, schlesischer, polnischer, mährischer Kultur. Und überall erklang das gleiche »Gott erhalte«. Zu Tausenden und Abertausenden stimmten es die Polen, Juden, Ruthenen an, freie Menschen in einem freien Land.

Durch festlich beleuchtete und geschmückte Straßenzüge trabte die Eskadron ostwärts, auf endlosen Staubstrecken, dann, völlig unverhofft, mitten im April wieder durch sibirisch anmutende Schneestürme, bis nach eineinhalb Monaten dieser unvergleichliche Zug durch den Osten der Monarchie endlich in Kolomea ankam, wieder auf das festlichste empfangen von Geistlichkeit, Rabbinern, Fackelzug, Lokalpolitikern und den Bürgern der Stadt.

Erzherzogin Zita versuchte, das ziemlich dürftige Quartier so wohnlich wie möglich zu gestalten, vor allem auch die ganze kleine Menagerie, die sie im Laufe dieses siebenwöchigen Trecks nach Osten geschenkt bekommen hatte – sie reichte von jeder Art von Geflügel und Singvögeln über Katzen und Hunde bis zur zahmen Hirschkuh –, »artgerecht« unterzubringen.

Von Kolomea aus besuchte das junge Paar auch im Auftrag des Kaisers Lemberg, ein Besuch, der sich ungeachtet gewisser Spannungen zwischen den polnischen und ukrainischen Bevölkerungsteilen zu einem wahren Triumphzug für die beiden jugendfrischen Repräsentanten des Hauses Österreich gestaltete. Kurz darauf machte Erzherzog Karl in Krakau wieder als Meisterschütze beim Preisschießen von sich reden – eine Kunst übrigens, die er aus Taktgründen nicht immer so zeigte, wie er sie beherrschte. So übte er in Gesellschaft des auf seine Schießkunst sehr stolzen Onkels, des Erzherzog-Thronfolgers Franz Ferdinand, immer Zurückhaltung, wohingegen er sich in Krakau sehr bemühte, der Beste zu sein – schon wegen der abscheulichen Zahnschmerzen, die ihn gerade an diesem Tag plagten.

Im August des Jahres 1912 erreichte der Galizien-Aufenthalt des jungen Paares seinen Höhepunkt mit den groß angelegten Manövern bei Lemberg, die mit einer Kavallerietruppendivisionsattacke endeten, einem Schauspiel, das allen Augenzeugen unvergessen blieb, auch der jungen Soldatenfrau Erzherzogin Zita: Im strömenden Regen stürmten die Kavallerieregimenter über das Flachland vor, Welle auf Welle, eine Attacke von unwiderstehlicher Wucht, tödlich, gefährlich auch bei diesem Friedensmanöver. Zahlreiche Pferde kamen in den oft metertiefen Wasserlöchern zu Sturz, die anderen hasteten, ritten, jagten darüber hinweg. Auch das Pferd Erzherzog Karls stürzte, und ein zentimetertiefer Hufeindruck am Helm ließ über die Art der Verletzung des Bewußtlosen keine Zweifel: schwere Gehirnerschütterung.

Erzherzog Karl mußte sofort ins Lazarett nach Kolomea, dann zurück nach Wien. Mit der Bahn selbstverständlich; aber wie selbstverständlich war es eigentlich, daß es in dieser Gegend überhaupt eine Bahn gab, und nicht nur das, sondern sogar ein Bahnnetz.

Was waren das doch einst für Pioniertaten gewesen, etwa der Bau dieser Lemberg–Czernowitzer Eisenbahn, der Bau einer Verbindung von Westeuropa quer durch Österreich und Rumänien bis an das Schwarze Meer, der Ausbau der Bahn Lemberg–Czernowitz bis nach Suceara, die Verlängerung der Trasse bis Jassy; Trassen, die durch so abenteuerliche Gegenden und Siedlungen führten, daß es unverständlich ist, warum die Filmindustrie das Thema vom Bahnbau im »Wilden Osten« nicht längst aufgegriffen hat; die Thematik ist mindestens ebenso spannend wie jene vom Wilden Westen, nur läge sie unserem Verständnis näher.

Wie sehr Transporte – natürlich auch Truppenverschiebungen – damals bereits im Bereiche des Möglichen standen, bemerkte der verletzte Erzherzog Karl in diesen Tagen wohltuend. Er konnte auf raschestem Wege nach Wien in ärztliche Pflege überstellt werden. Dank seiner Zähigkeit und seiner Willenskraft erholte er sich so rasch, daß er, wenn auch unter Aufbietung aller physischen Reserven, gemeinsam mit dem Kaiser und dem Erzherzog-Thronfolger Franz Ferdinand am letzten großen Ereignis dieser ausklingenden Friedensepoche teilnehmen konnte, am Eucharistischen Kongreß in Wien.

Unmittelbar nach der Beendigung des Kongresses tauchte auch wieder der Schatten einer Drohung auf. Pater Andlau, ein Freund sowohl Erzherzog Karls als auch der Parma-Prinzen und der Erzherzogin Zita, erbat sich auf telefonischem Wege dringend einen Termin für eine Unterredung. Dann brachte er vertraulich die Nachricht von einem neuen Beschluß der Freimaurerlogen: eine Veranstaltung wie dieser Eucharistische Kongreß in Wien dürfe in Zukunft nicht mehr zustande

kommen. Eher sollte Österreich-Ungarn vernichtet werden. Mehrten sich die Zeichen, daß die letzte katholische Großmacht Europas zu Fall gebracht werden sollte?
Die schwer verdienten Erholungstage verbrachten Erzherzog Karl und seine Frau in der Villa Wartholz am Schneeberg, diesem eigentlichen Zuhause der Nachkommen des Erzherzogs Karl Ludwig, in dem schöpferischen Kraftfeld der Habsburger, Bourbons und der Braganças, das sich zwischen Frohsdorf, Seebenstein, Schwarzau und Wartholz entwickelt hatte, und dort trat denn auch, am 20. November des Jahres 1912, das sehnsüchtig erwartete Ereignis ein: die Geburt eines Nachfolgers.

Der Erstgeborene: Otto von Österreich (geboren am 20. November 1912)

»Erzherzogin Zita ist heute um ¾ 3 Uhr früh eines Prinzen genesen. Die Erzherzogin und der neugeborene Prinz befinden sich wohl.
Die Erzherzogin hatte die Entbindung im Schlosse Wartholz erwartet. Dort waren alle Vorbereitungen getroffen. Universitätsprofessor Dr. Heinrich Peham war dahin berufen worden, um bei der zu gewärtigenden Entbindung Assistenz zu leisten. Gestern nachmittag kamen Erzherzogin Maria Josefa, die Mutter des Erzherzogs Carl Franz Joseph, und Herzogin Maria Antonia von Parma, die Mutter der Erzherzogin Zita, ins Schloß und wachten bei der werdenden Mutter. Die Nachricht von der Geburt wurde zeitlich früh nach der Ofener Burg bekanntgegeben. Der ganze Hofstaat des Erzherzogs stand nachts über im Dienste. Das Schloß bot ein ungewohntes Bild, alle Räumlichkeiten und Objekte waren taghell erleuchtet, Automobile und Wagen zur Ausfahrt bereitgestellt.
Um ¾ 3 trat dann das erwartete Ereignis ein. Die Geburt ging vollkommen glatt vor sich, Mutter und Kind erfreuen sich besten Wohlseins. Der Erzherzog, der in einem Nebenzimmer sich aufhielt, strahlte vor Glück, als man ihm die Botschaft überbrachte. Sofort wurde die Geburt des Erzherzogs an die Kabinettskanzlei sowie die Familie der Herzogin von Parma telephonisch bekanntgegeben. Weiter wurden Prinz Elias von Parma und Erzherzogin Maria Theresia sofort von der Niederkunft in Kenntnis gesetzt. Heute vormittag wurde folgendes Bulletin ausgegeben: Ihre k.u.k. Hoheit die durchlauchtigste Frau Erzherzogin Zita wurde heute um ¾ 3 Uhr morgens eines gesunden, kräftigen Knaben entbunden. Allgemeinbefinden den Umständen entsprechend, Kräftezustand normal, Temperatur 37,3, der Puls 84. Gezeichnet: Professor Peham.«

Schon am nächsten Tag erfuhr die Öffentlichkeit, die an dem freudigen Ereignis

von Wartholz gebührend Anteil nahm, daß Professor Peham angesichts des »vortrefflichen Befindens« der jungen Mutter und ihres gesunden Buben von der Ausgabe weiterer Bulletins Abstand nehmen könne; fest stehe mittlerweile auch, daß Kaiser Franz Joseph, der die Stelle eines Taufpaten übernommen hatte, Erzherzog-Thronfolger Franz Ferdinand mit seiner Vertretung beauftragte. Da sich der Erzherzog-Thronfolger aber jede offizielle Begrüßung verbeten habe, entfalle auch jede von der Gemeinde Reichenau diesbezüglich geplante Festlichkeit in Zusammenhang mit dem Taufakt.
Denn so gern der Erzherzog-Thronfolger zu diesem freudigen Familienereignis nach Reichenau kommen mochte: wozu ein offizieller Empfang? Er war selbst in der Villa Wartholz aufgewachsen, hatte dort unter der Obhut seiner schwärmerisch geliebten Stiefmutter, Erzherzogin Maria Theresia, die schönsten Stunden seiner Jugendzeit verbracht. Da brauchte er keinen offiziellen Empfang, er war in Reichenau genauso zu Hause wie die Bürger von Reichenau selbst. Außerdem kam er gerade von einem (gleichfalls inoffiziellen) Besuch bei Kaiser Wilhelm II. aus Deutschland zurück, hatte soeben dem Kaiser Bericht erstattet und, so »verlautete« aus der Umgebung des Thronfolgers, er habe wiederholt seine volle Befriedigung über den Verlauf der Gespräche geäußert. Deutschland sei entschlossen, gerade in dieser Krise treu und fest zu Österreich–Ungarn zu stehen.
Einen Tag vor der Taufe des neugeborenen Erzherzogs Franz Joseph Otto »ist man in deutschen Regierungskreisen überzeugt, daß der Friede erhalten bleiben wird«. Und was die »russischen Truppenanhäufungen an der galizischen Grenze betrifft, so motiviert sie Rußland mit dem Hinweis auf eine angebliche nationalpolnische Bewegung mit antirussischen Zielen in Galazien, gegen deren Übergreifen über die Grenze es Vorkehrungen treffen müsse. In diplomatischen Kreisen wird diese Erklärung skeptisch aufgenommen. Anderseits zweifelt man nicht an der redlichen Absicht Österreich–Ungarns, den Frieden aufrechtzuerhalten. Man zweifelt anderseits nicht an der Entschlossenheit Österreich–Ungarns, nicht nachzugeben und auf seinen festen Forderungen gegenüber Serbien zu beharren.«
Am Tauftag des Erzherzogs Otto räsonierte ein Zeitungsfeuilletonist, der Neugeborene werde »ein Kaiser sein, der nach menschlichem Ermessen wohl erst im letzten Viertel des 20. Jahrhunderts berufen sein wird, die Schicksale Europas in hoffentlich ruhigere Tage zu lenken, als wir sie jetzt erleben«.
Wohl kaum hätte der Kommentator hingegen vermutet, wie zeitgemäß in diesem letzten Viertel des Jahrhunderts auch die große Fernmeldung vom 25. November 1912 klingt: »Kriegsstimmung in China gegen Rußland! Wie die Agenturen aus Peking melden, hat die chinesische Regierung beschlossen, militärische Maßnahmen für einen Krieg gegen Rußland sofort zu ergreifen. Sie faßte den einstimmigen Beschluß, eine Strafexpedition nach der Mongolei zu entsenden und eine Armee von 500 000 Mann auf Kriegsfuß zu setzen.«
Im übrigen meldeten die Blätter übereinstimmend, St. Petersburg wisse, »daß in ganz China begeisterte Kriegsstimmung gegen Rußland herrscht. Aus allen Teilen

des Chinesischen Reiches fordern die Militärbehörden den Krieg gegen Rußland.« Am gleichen Tag, dem 25. November 1912, versammeln sich um 13.45 Uhr die Festgäste im Vestibül der Villa Wartholz. Umständlich und stellungsbewußt trägt der Pfarrer von Reichenau sein prominentes Taufkind in die Taufmatrikel ein. Er hat nicht weniger als 17 Taufnamen einzutragen; Otto, Franz Joseph und noch vierzehn mehr.

»Was verlangst du von der Kirche Gottes?« hatte Kardinal Nagl sein Taufkind gefragt, für das der Pate, Erzherzog Franz Ferdinand, antwortete:
»Den Glauben.«
»Was gewährt dir die Kirche?«
»Das ewige Leben.«

Darauf folgten die Bezeichnung des Täuflings mit dem Kreuz, die Reichung der Salzkörner, der Exorzismus. Die Taufe selbst nimmt der Kardinal mit Jordanwasser vor. Nach dem Taufakt stimmt der Kardinal das Tedeum an, und während der Chor die Melodie übernimmt, spricht der Kirchenfürst, noch mit Infel und Stab, dem Paten, der hier für seinen Kaiser steht, die Glückwünsche aus. Dann beglückwünscht er Erzherzog Karl.

Nach dem Verlassen der Kapelle, als sich alles im Salon zusammenfindet, überreicht der Thronfolger der Erzherzogin ein herrliches Diamantenkollier, das Patengeschenk des Kaisers. Schließlich hält der Erzherzog-Thronfolger den obligaten Cercle – in diesem Rahmen ein Synonym für Familienplausch, Dr. Peham, der Kurarzt, der Bürgermeister von Reichenau und der Pfarrer eingeschlossen. Ein besonders interessantes Gespräch entwickelt sich alsbald zwischen Franz Ferdinand und Sixtus, den der Thronfolger wegen seiner aufgeschlossenen Art schätzt. Im großen Speisesaal der Villa Wartholz findet hierauf ein Diner zu einundzwanzig Gedecken statt, an dem die Mitglieder des Hofes teilnehmen.

Und die Herzogin von Hohenberg? In diesem Kreise liebte und schätzte sie jeder, schon deswegen, weil sie eine so vorzügliche Mutter ihrer Kinder war, die für eben jenen Täufling vom 25. November 1912 durch die Hölle der Konzentrationslager Hitlers gehen sollten, als Otto und die Seinen vorerst die einzigen waren, die für die Wiedererrichtung eines unabhängigen Österreich eintraten.

Als sich der Erzherzog-Thronfolger erhob, »auf den Kaiser toastierte, sodann auf das erzherzogliche Paar und vor allem auf den neugeborenen Prinzen«, erreichte das Familienfest seinen Höhepunkt. Um vier Uhr nachmittags verabschiedete sich der Thronfolger mit seiner Gemahlin von den Wartholzern, und dann fuhr das Thronfolgerpaar unter Böllerschüssen und dem Jubel der Bevölkerung hinunter zum Bahnhof Reichenau. Um 4 Uhr 15 Minuten fuhr der Hofsonderzug aus der Station.

In St. Egyden verließen die Mitglieder des Hauses Parma den Zug und begaben sich nach Schwarzau. Das Volksfest der Reichenauer sollte dann abends beginnen.

Der patriotisch-betuliche Stil des zeitgenössischen Berichtes klingt, so gut er gemeint war, wie Hohn auf die kommenden Ereignisse, hätte die vielbesungene Mutter nicht von Kindheit an gelernt, wie »fragil« alle Macht und alles, was sich für machtvoll hält, doch im Grunde genommen ist:

»Bei einbrechender Dunkelheit erstrahlte der herrlich dekorierte Kurort Reichenau in feenhaftem Lichterglanze. Von den Höhen der Rax schimmerten mächtige Freudenfeuer ins Tal hinaus. Beim Ottohaus hatte Herr Camillo Kronich 20 rote und weiße bengalische Fackeln angezündet, ebenso Herr Handl beim Karl-Ludwig-Haus und Herr Bruno Kronich beim Knappenhof. Die Bewohner von Reichenau wetteiferten beim Beleuchten ihrer Häuser. Vielfach sah man in Flammenschriften die Buchstaben C und Z (Carl Franz Joseph und Zita), die Kaiserkrone und den kaiserlichen Adler in Lichteffekten. Viele Häuserfronten waren von elektrischen Glühbirnen umsäumt. Das drei Meter hohe Kreuz der Pfarrkirche Reichenau war mit fünfzig elektrischen Glühkörpern sehr wirkungsvoll beleuchtet. Über dem Eingang der Apotheke prangte ein mächtiger Kaiseradler, die Front der Apotheke Bittner zierten die Initialen C und Z in einer Flammenschrift, von zahlreichen roten und weißen Lichtern beleuchtet. Ferner ragten durch ihre aparte Illumination hervor: das Postamt Reichenau, die Pension Oberstorfer, das Haus des Kurarztes Dr. Sehr, des Tierarztes Dr. Schick, das Haus des Fleischhauers Strauß, die Villa des Barons Sommaruga...
Um 7 Uhr ralliierten sich im Kurpark die Vereine von Reichenau und Umgebung zu einem Fackelzug. Voran schritt die Ternitzer Werkskapelle, sodann die Gemeindevertretung des Kurortes Reichenau... Der Fackelzug, in welchem die Feuerwehrmänner mit Magnesiumfackeln, die übrigen Teilnehmer mit vielfarbigen Lampions schritten, bewegte sich, gefolgt von einer großen Menschenmenge, durch die herrlich geschmückten und beleuchteten Straßen des Ortes in den Schloßpark, woselbst die Vereine Aufstellung nahmen. Auf der Terrasse erwarteten Erzherzog Carl Franz Joseph, Erzherzogin Maria Josefa, die Prinzen Felix und René von Parma sowie die Suite die Gratulanten.
Bürgermeister Höllersberger brachte in einer Ansprache die Gefühle der Bevölkerung zum Ausdruck und beglückwünschte Erzherzog Carl Franz Joseph neuerdings namens der Bevölkerung. Unter Leitung des Kapellmeisters Schnabl trug nun die Ternitzer Werkskapelle die Ouvertüre aus der Oper »Das Glöckchen des Eremiten« und sodann den von Kapellmeister Dostal anläßlich der Vermählung des Erzherzogs komponierten »Zitawalzer« vor. Hierauf sang der Gesangs- und Orchesterverein von Reichenau unter der Leitung des Schuldirektors Haas den stimmungsvollen Chor »Waldandacht« von Abt.
Der Erzherzog dankte den Veranstaltern in herzlichen Worten. Zum Schlusse brachte Bürgermeister Höllersberger auf das erzherzogliche Paar und den neugeborenen Prinzen ein dreifaches Hoch aus, in das die nach Tausenden zählenden Teilnehmer einstimmten. Die Musikkapellen spielten die Volkshymne, die von

allen Anwesenden mitgesungen wurde. Unter klingendem Spiel und brausenden Hochrufen marschierte der Zug aus dem Schloß und löste sich beim Kurpark wieder auf.

Eigentlich waren wir beide, Erzherzog Karl und ich, ein ganz klein wenig enttäuscht, weil wir uns ein Mäderl gewünscht hatten... Aber als es ein Bub war, freuten wir uns natürlich auch, zumal ja kein Grund bestand, daran zu zweifeln, daß wir auch noch ein Mäderl haben sollten... eine Freude, die sich später gleich dreifach einstellen sollte; die Freude über unsere Söhne gleich fünffach.
Aber das sind andere Geschichten, die kommen später...

1. Otto ∞ Regina von Sachsen-Meiningen
*20.11.1912 *6.1.1925

Andrea	Monika	Michaela	Gabriela	Walburga	Karl	Paul Georg
30.5.1953	13.9.1954	13.9.1954	14.10.1956	5.10.1958	11.1.1961	16.12.1964
∞ Eugen Erbgraf von Neipperg	∞ Herzog von San Angelo	∞ Eric Alba Teran d'Antin	∞ Christian Meister			
Philipp 1978	Balthasar 1980	Marc Juan Anthony 1984	Severin 1981			
Benedikt 1980	Gabriel 1983		Lioba 1983			
Dominik 1981	Raffael 1986		Alena 1986			
Hemma 1983						
Katharina 1986						

Autobiographische Skizze Otto von Habsburgs

Otto von Habsburg nimmt Stellung zur Frage seiner Arbeit für ein unabhängiges Österreich (1938–1945), zur »Verzichtserklärung« und zu seiner Lösung des Problems »Horthy«.

»I. Was meine Aktionen zur Bewahrung, zur Befreiung und zur Wiederherstellung Österreichs betrifft, möchte ich hier, nach dem vergeblichen Versuch, den Einmarsch Hitlers zu vereiteln, als wesentliche Etappen festhalten:

1. In Gesprächen mit Daladier und anderen Führern der französischen Politik erreichte ich gleich zu Beginn des Zweiten Weltkrieges, daß sich die Alliierten

auf die Initiative Frankreichs hin das Ziel setzten, Österreich als unabhängigen Staat wiederherzustellen. Daß dabei auch eine entscheidende Gebietsvergrößerung und ein Zugang zum Meer als möglich erschienen, kann hinzugefügt werden.

2. In den USA waren es meine Kontakte mit Roosevelt und die Überzeugung des Präsidenten, daß eine europäische Ordnung ohne ein selbständiges Österreich nicht möglich wäre, die Österreichs Wiedergeburt ermöglichten.
3. Die ständige Arbeit meines Bruders Robert in London bei Winston Churchill kann gar nicht in ihrer Bedeutung überschätzt werden. Robert hatte die schwierigste und zugleich undankbare Aufgabe, weil er es mit einem unserer erbittertsten Gegner zu tun hatte, mit Anthony Eden, der eine Wiederherstellung Österreichs keineswegs wünschte. Daß England schließlich nicht negativ zu einer Wiederherstellung Österreichs eingestellt war, ja, daß schließlich die Moskauer Deklaration zustande kam, ist der Arbeit meines Bruders Robert bei Winston Churchill zu verdanken.
4. Meine Brüder Felix, Carl Ludwig und Rudolf arbeiteten für das gleiche Ziel – auch für Ungarn selbstverständlich – in Amerika, in Portugal und schließlich im aktiven Widerstand in Österreich selbst.
5. In Amerika gelang mir, nach dem Kriegseintritt der USA, die Anerkennung der Österreicher als »befreundete Ausländer« und die Verhinderung ihres Status als »feindliche Ausländer«.
   Das ergab für die österreichischen Emigranten große Vorteile, auch für die Alt-Österreicher; es war darüber hinaus jedoch ein Schritt, der ein Präjudiz für Österreich als solches schuf.
6. Der »Austrian Day«, an dem sich, während der Festlichkeiten, eine Reihe von Staatsregierungen zu Österreich bekannten. Im Zusammenhang damit die erste Briefmarke Amerikas, die in der Reihe der zu befreienden Staaten Österreich herausstellte.
7. Die Verhinderung einer frühzeitigen Bombardierung Österreichs. Ständige Anstrengungen im Kontakt mit Roosevelt, die Stunde der zerstörenden Angriffe auf Österreich zu verhindern oder wenigstens hinauszuschieben.
8. Anläßlich der Organisierung der UNRRA, Anstrengungen, Österreich in das Hilfsprogramm einzuschließen.
9. Ich bewirkte die Erklärung Cordell Hulls, daß die Wiederherstellung eines unabhängigen Österreich ein Ziel der USA sei.
10. Der Versuch der Aufstellung eines »Österreichischen Bataillons«, der nicht von mir und meinen Brüdern, sondern von Roosevelt stammte, gelang nicht. Der Plan half uns aber indirekt, weil dann Roosevelt für den Fehlschlag seiner Idee – die er gegen unseren Widerstand durchgesetzt hatte – etwas gutzumachen hatte.
11. Teilnahme an der Vorbereitung der Moskauer Erklärung, dank der Hilfe des amerikanischen Botschafters Cavendish Welles Cannon. Leider wurde diese

Erklärung dann durch Stalin verfälscht, die Grundlage für die Wiedererrichtung Österreichs war aber damit geschaffen.

II. Was zur Frage meiner Verzichtserklärung vom 31. Mai 1961 zu sagen ist: Meine Mutter hat sich in diese Angelegenheit niemals, weder direkt noch indirekt, eingemischt. Ich möchte überhaupt betonen, daß meine Mutter in geradezu übermenschlicher, bewundernswerter Weise sich aus der Politik herausgehalten hat, seitdem ich dafür die Verantwortung übernommen habe. Ich kann nicht genug betonen, daß dies wohl einzigartig ist. Ich weiß genau, ich selbst wäre hiezu unfähig. Das ist übrigens der beste Beweis dafür, daß die Äußerung meiner Mutter, wonach die letzten Entscheidungen in der Monarchie stets durch meinen Vater gefällt wurden, durchaus glaubwürdig ist, wenn es auch noch so viele nicht wahrhaben wollen.
Sie wissen, warum ich die Verzichtserklärung geleistet habe: Ich habe klar erkannt, daß ich meinen eigenen Ideen und der Idee, die ich mir von der Aufgabe, die mir gestellt ist, gemacht habe, nicht treu gewesen wäre, wenn ich nicht den gewaltigen Hemmschuh des Exils aus dem Weg geräumt hätte. Man kann eben für das, woran man glaubt – ein Vereintes Europa –, nur vom eigenen Boden aus wirkungsvoll arbeiten. Ich glaube, damit alles gesagt zu haben, was zu diesem Punkt zu sagen wäre.

III. Was meine Zusammenkünfte mit Admiral Horthy betrifft, so habe ich darüber mit meiner Mutter verständlicherweise vorher nicht gesprochen – schon deshalb, weil es stets und ausnahmslos ihre Haltung war, mir für meine Entscheidungen selbst die Verantwortung zu überlassen. Darüber hinaus wollte ich auch deswegen mit ihr nicht darüber sprechen, weil das gewiß ein sehr schmerzlicher Augenblick für sie gewesen wäre. Ich kam aber mit Admiral Horthy in seinem portugiesischen Exil zusammen, weil mir eine Aussöhnung der verschiedenen Gruppen innerhalb der Emigration absolut notwendig zu sein schien.
Es war keineswegs ein leichter Entschluß, ich glaube aber, in der gegebenen Situation war es absolute Notwendigkeit.
Fehler der Vergangenheit können ein nützliches Lehrmittel darstellen, dürfen aber nie ein Hindernis zur Versöhnung sein, vor allem, wenn es um die Errichtung eines Vereinten Europa geht.«

Sowohl in seiner Eigenschaft als Präsident der Paneuropa-Union als auch in seiner Stellung als Abgeordneter zum Europäischen Parlament in Straßburg hat sich Otto von Habsburg besondere Verdienste um die Befreiung der Staaten Mitteleuropas vom kommunistischen Joch erworben. Daß die Republik Österreichs nicht imstande oder willens ist, das Ansehen, das Erzherzog Otto in aller Welt genießt, zu nützen, wird vor der Geschichte zu verantworten sein. Eine ausführliche, in allen Einzelheiten dokumentarische Biographie erschien im Amalthea-Verlag unter dem Titel »Otto von Habsburg – Protokoll eines politischen Lebens« (1989).

Das zweite Kind: Erzherzogin Adelheid (geboren 1914)

Am 3. Jänner des Jahres 1914 verlief alles nach Wunsch. War die Geburt des Thronerben auf Villa Wartholz vor etwas mehr als einem Jahr ein vollkommenes Familien- und Volksfest gewesen, mit all dem ländlichen Zauber Niederösterreichs, so gestaltete sich das Tauffest der kleinen Erzherzogin Adelheid (der Name galt der Erinnerung an die Großmutter Erzherzogin Zitas, Königin Adelheid von Portugal) zu einem Hoffest, an dem auch der Kaiser und König teilnahm, und daran erkannten auch die gewiegten Beobachter in etwa das Politikum – abseits des Familienfestes.
Warum war der Kaiser nicht zur Taufe Ottos nach Wartholz gekommen, sondern hatte Erzherzog-Thronfolger Franz Ferdinand mit der Vertretung betraut? Doch nicht zur psychologischen Untermauerung der Erbfolgeordnung? Diesmal gab es keinen Grund mehr, nicht zu kommen. Von Schönbrunn nach Schloß Hetzendorf sind es nur wenige Minuten Fahrt, und im Gefolge des Kaisers kam eine ganze Phalanx von glückwünschenden Erzherzögen nach Hetzendorf: Peter Ferdinand, Leopold Salvator, Max, Karl Albrecht, Karl Stephan; dazu eine noch größere Schar von Erzherzoginnen, die Mutter der glücklichen Mutter mit dem gesamten Familienanhang aus Schwarzau, Wartholz, Seebenstein und Frohsdorf; auch die streitbare Adelgunde, die Heldin des Widerstands gegen die portugiesischen Republikaner von 1911, und, last but not least: als Zeichen der sich immer mehr vertiefenden Freundschaft zwischen Erzherzog Karl und seinem Schwager Prinz Sixtus fungierte dieser als Taufpate der kleinen Prinzessin. Zum Zeichen einer ganz anders gearteten Freundschaft hatte das glückliche junge Elternpaar auch einige Regimentskameraden Karls aus Brandeis an der Elbe eingeladen, darunter Oberleutnant Grübner, ein Faktotum aus der herrlichen Dragonerzeit in Böhmen.

»Erzherzogin Zita hat nun zu ihrem 13 Monate alten Söhnchen Franz Joseph Otto noch ein Mädchen erhalten und derart jenes Glück gefunden, das in allen Familien, den höchsten und den niedrigsten, am heißesten ersehnt wird. Dem erstgeborenen Knaben, dessen Erscheinen die dereinstige direkte Vererbung der Krone sicherte, ist eine Prinzessin gefolgt, und man weiß, daß jede junge Mutter als zweites Kind ein Mädchen wünscht, das naturgemäß länger ihr Eigen bleibt, noch zärtlicher und inniger mit ihr verkettet wird als ein Knabe. Wenn nun Erzherzogin Zita nach den schweren Stunden, die keiner Mutter erspart bleiben, ihres Mutterglücks froh ist, so darf sie sowohl wie ihr Gemahl dessen sicher sein, daß sich mit ihnen die gesamte Bevölkerung Österreich-Ungarns und besonders die Wiener freuen, die ja seit jeher an den Schicksalen des Kaiserhauses in guten und schlimmen Tagen den innigsten Anteil nehmen.«

Die Öffentlichkeit war der guten Nachricht schon vorher sicher (Dr. Peham kurz nach der Entbindung: »Kräftezustand der Mutter normal, die neugeborene Erzherzogin ist gesund und kräftig«), denn die Vorarbeiten für den in den Wiener Konzerthaussälen stattfindenden Industriellenball unter dem Ehrenschutz von Erzherzogin Zita gingen ihrem Abschluß entgegen.
Ein rauschendes Ballfest, Wände, mit rotem Damast bespannt, schlanke, blaugraue Säulen, hohe Fenster im Jugendstil. Und dazu die Musik, die in diesen Sälen erklang, so zeitgenössisch und so originell wie das Haus; noch in den letzten Wochen des Ersten Weltkrieges veranstaltete dort die Musikhistorische Zentrale des k.u.k. Kriegsministeriums ein Konzert, das noch für Generationen seinesgleichen suchen wird. Unter der Leitung von Bernhard Paumgartner, seit 1917 Direktor des Mozarteums in Salzburg, der dort seine »Kaiser-Karl-Fanfare« zur Uraufführung brachte, spielten damals Béla Bartók und Zoltán Kodály im Orchester.
An der im selben neuen Hause untergebrachten Musikakademie wirkten in jenen Jahren Emil von Sauer, Franz Schreker, Arnold Schönberg und Bruno Walter.
Wilhelm Kienzl und Egon Wellesz (der sich ganz besonders für die Belange Österreich-Ungarns engagiert hatte) arbeiteten damals in Wien, Křenek, Hugo Wolf, Alban Berg, auch Carl Goldmark, der Brünner Erich Wolfgang Korngold (der dann im Krieg eine hinreißende »Kaiserin-Zita-Hymne« komponierte), der Preßburger Franz Schmidt, der aus Dalmatien stammende Felix von Weingartner, der aus Böhmen stammende Gustav Mahler und, um wieder mit der Umgebung von Schwarzau am Steinfeld zu schließen, der aus Wiener Neustadt stammende Volksschullehrer Josef Matthias Hauer, der im Jahre 1911 das Grundprinzip der Zwölftonmusik entdeckt hatte: »Die absolute, die kosmische Musik, gestattet den tiefsten Einblick in das Weltgeschehen... Die Amerikaner haben die Atombombe«, meinte er später einmal, »wir Österreicher haben die Zwölftonmusik.«
Es wäre müßig, auch noch die Namen von Dichtern, Philosophen, Psychologen, Technikern, Architekten anzuführen, die damals, in jener später als »Verfallzeit« bezeichneten Periode, im angeblich »untergangsreifen« Österreich-Ungarn wirkten.
Die Musiker und Komponisten jener Jahre finden nur deshalb besondere Erwähnung, weil sich Kaiserin Zita schon immer für Musik interessiert hatte – sonderbarerweise auch für Musiktheorie. Sie war eine hervorragende Partiturleserin und in diesem Sinne keine Ausnahme im Haus Österreich, das so beachtliche Komponisten und Musiker hervorgebracht hat wie Kaiser Ferdinand III., Kaiser Leopold I. oder Kaiser Josef I., die ausübenden Musiker Karl VI., Kaiser Franz und Erzherzog Rudolf, einen bedeutenden Beethoven-Schüler (dem Beethoven das Klavierkonzert Nr. 5 widmete). Ob das ein Erbe der Maria Amalia von Parma war, einer Tochter Maria Theresias? Kaiserin Maria Theresia war eine begabte Sängerin. (Kaiser Karl allerdings war unmusikalisch; er sang zwar sehr gern, aber ziemlich falsch, wie er selbst lachend eingestand.)

Zuerst vagabundierten wir durch die Garnisonen der Monarchie, dann, in Wien, hatte Erzherzog Karl jeden Abend daheim seinen Generalstabsunterricht, ich aber die Kinder. Ich erinnere mich an eine unbeschreiblich schöne Lohengrin-Aufführung in der Hofoper, an einen Caruso-Abend und eine Serie von Wohltätigkeitsveranstaltungen; schließlich gab es, wenn wir überhaupt zu einem Konzert kamen, aus verständlichen Gründen überhaupt nur die Wahl des Wohltätigkeitsabends, was allerdings nie gegen Qualität sprach – im Gegenteil. Ich erinnere mich gerne an die Schönheit dieser Abende, dieser Zeit...

Robert Musil meinte einmal über seine österreichische Heimat: »Ja, es war, trotz vielem, was dagegen spricht, Kakanien vielleicht doch ein Land für Genies; und wahrscheinlich ist es daran zugrunde gegangen.«

Kurzbiographie der Erzherzogin Adelheid
* 3. 1. 1914 † 2. 10. 1971

Erzherzogin Adelheid, das Taufkind von 1914, paßte durchaus in dieses österreichische Konzept: künstlerisch überaus begabt, musikalisch, literaturbeflissen und eine hervorragende Malerin, fand sie – zumindest in Österreich – zeitlebens kaum Anerkennung. Dafür im Ausland umso mehr. Sie absolvierte ihre Volksschule in ungarischer und deutscher Sprache und lernte schon früh Tschechisch und Kroatisch dazu. Das humanistische Gymnasium in Brüssel absolvierte sie mit Auszeichnung, und ihr Doktorat an der Universität Löwen, in den Staats- und Wirtschaftswissenschaften, legte sie »summa cum laude« ab. Nebenbei besuchte sie eine Hauswirtschaftsschule und erlernte die Buchbinderei; nach habsburgischer Tradition gehört ein Handwerk ja dazu. Als 1935 die Habsburgergesetze in Österreich fielen, begann sie, den Boden für Ottos damals von allen erwartete triumphale Heimkehr vorzubereiten. Sie reiste durch alle Bundesländer.
Im März 1938, während die deutschen Truppen gegen Wien vorrückten, gelang es ihr in letzter Minute, gemeinsam mit ihrem Bruder Felix, im Auto des Markgrafen Alexander Pallavicini nach Ungarn zu entkommen.
1940 kam dann die Flucht vor den in Belgien einrückenden Truppen und der diesen folgenden Gestapo nach Portugal und in die USA und schließlich nach Kanada. Sie wirkt bald darauf in New York als Fürsorgerin und übernimmt an der Fordham University von New York eine Professur für Soziologie.
Trotz eines glänzenden Angebotes der Universität für den Fall ihres Verbleibens geht Erzherzogin Adelheid 1945 mit ihren Brüdern zurück nach Europa und arbeitet jahrelang in Flüchtlingslagern, wo sie aufgrund ihrer slawischen Sprachkenntnisse bald unentbehrlich wird – so unentbehrlich, daß ihre Gesundheit völlig unterminiert wird, wie sich leider erst zu spät herausstellt. In den fünfziger Jahren arbeitet sie hauptsächlich als Journalistin, entwickelt sich zu einer international

anerkannten Afrika-Publizistin, kommt in Katanga durch UNO-Truppen fast ums Leben, entkommt nach Europa. Allmählich wechselt Erzherzogin Adelheid wieder ihren Beruf, findet zu ihrer eigentlichen Berufung zurück: sie wird zur unentbehrlichen Mitarbeiterin ihres Bruders Otto. Nach Abgabe der Verzichtserklärung reist sie immer wieder nach Österreich. Ihre Krankheit (primärchronische Polyarthritis) verschlimmert sich, die Lähmung nimmt von Tag zu Tag zu. Sie arbeitet unter Aufbietung all ihrer Willenskraft bis drei Tage vor ihrem Tod. Die Pflege obliegt ihrem Bruder Otto und dessen Familie, vor allem aber Kaiserin Zita und der unermüdlichen Gräfin Kerssenbrock. Erzherzogin Adelheid stirbt am 2. Oktober 1971.
Ihrem Wunsch gemäß findet sie ihre letzte Ruhestätte auf dem Friedhof der Tiroler Gemeinde Tulfes. Tulfes hatte ihr einst die Ehrenbürgerschaft und das Heimatrecht verliehen und ihr während all der schweren Jahre der Okkupation durch Hitler und auch in den nachfolgenden Jahren der Hetze gegen Habsburg diese Heimatberechtigung niemals aberkannt. Die Männer von Tulfes trugen ihre tote Ehrenbürgerin wie einen guten Kameraden mit Salut und soldatischer Ehrung zu Grabe.
Die Mutter, Kaiserin Zita, durfte an der Beisetzung nicht teilnehmen.

Sarajewo: 28. Juni 1914

Die Schönheit des Sommers 1914 ist legendär. Noch legendärer ist das »Wissen« um alles, was sich in diesem Sommer des Todes vollzog; es beginnt mit Gerüchten, mit Todesahnung, ja mit der Gewißheit vom nahenden Ende und verliert sich, wie stets, beim Idealismus, ja der Unschuld der Mörder. So sind seit Franz Ferdinands Tod politische Mörder tabu. Bestenfalls sind sie Opfer der »inneren Spannung«, ihrer Umgebung, ihres Milieus, ihrer Träume. Und wenn einer Schuld trägt, so trägt sie der Ermordete.
Dabei hatte der Erzherzog so gerne gelacht. Er lebte gerne, er liebte seine Frau, seine Kinder, liebte seinen Neffen Karl, liebte seine Stiefmutter, liebte seine Rosen in Konopischt und die Jagd im Schneeberg-Gebiet, empfand für den Kaiser Respekt (wie der Kaiser für ihn), mochte die Späße des Leibfriseurs Mellich, haßte die Ungarn nicht, wie manche behaupteten, und lebte und starb für eines: für die Bewahrung des herrlichen Reiches, dessen Erbe er war, wie Erzherzog Karl und dem Erzherzog Franz Joseph Otto.
Am legendärsten jedoch sind all die Geschichten, die sich um Franz Ferdinands Gemahlin ranken, der Klatsch von den zehntausend Sticheleien, dem Haß und der unausgesetzten Erniedrigung, der sie doch ausgesetzt gewesen sein soll, von der Allmacht der »spanischen« Etikette – eine »leyenda negra« in Schwarz-Gelb!

Selbstverständlich hatte der alte Herr in Schönbrunn keine Freude, als er erfuhr, sein Thronfolger habe sich in eine »böhmische Gräfin« verschaut, zumal ihm die Geschichte von einer höchst eifersüchtigen Erzherzogin unterbreitet worden war. Es handelte sich übrigens um die gleiche Erzherzogin (Isabella, in Preßburg), die, als die geplante Verbindung einer ihrer Töchter mit dem Erzherzog-Thronfolger nicht zustande kam, den Neffen Franz Ferdinands, Erzherzog Karl, ins Auge faßte – und, als auch das nicht gelang und als sich Erzherzog Karl mit Prinzessin Zita vermählte, dieselbe mit der gleichen Antipathie bedachte wie vorher die »böhmische Gräfin«. Unglückseligerweise handelte es sich bei Erzherzogin Isabella (einer Prinzessin von Croy) auch um die Gemahlin des Erzherzogs Friedrich, der immerhin Oberbefehlshaber der österreichisch-ungarischen Streitkräfte war. Zweifellos sind gewisse Spannungen, die später zwischen dem Armee-Oberkommando und Erzherzog, später Kaiser Karl auftraten, auf diesen lächerlichen Umstand zurückzuführen; aber solche und ähnliche Dinge sind wohl nie und nirgendwo völlig vermeidbar.
Die Problematik des Entschlusses von Erzherzog Franz Ferdinand, der trotz seiner Stellung als Thronfolger eine nach allen Begriffen der damaligen Zeit auch bei bestem Willen nicht ebenbürtige Frau heiraten wollte, war ihm selbst am allermeisten bewußt; gerade ihm, der aus der Kraft der Tradition das Reich verjüngen und erneuern wollte.
Auf der Suche nach einer für alle tragbaren Lösung – die schließlich auch gefunden werden konnte – schieden sich freilich manche Geister, und der Thronfolger lernte, diesen außergewöhnlichen Umständen entsprechend, manche Menschen in seiner Umgebung anders beurteilen als vorher.

Fest steht, daß seine über alles verehrte Stiefmutter, meine Tante Erzherzogin Maria Theresia – die Schwester meiner Mutter, Herzogin Maria Antonia –, gerade in den schwersten Tagen und Stunden unbeirrbar zu ihrem Stiefsohn stand und all ihren Einfluß bei Kaiser Franz Joseph darauf verwendete, den Monarchen zu einem Einverständnis zu bewegen.
Die Lösung erwies sich nicht nur als tragbar, sondern als großzügig: Als Erzherzog Franz Ferdinand seine geliebte Gräfin Sophie in der Kapelle des Schlosses zu Reichstadt (dem gleichen Schloß, nach dem Napoleons Sohn seinen Titel erhalten hatte) heiratete, erhielt er mit den Glückwünschen des Kaisers auch die Ernennung seiner Frau zur Fürstin von Hohenberg. Kaiser Franz Joseph hatte diesen Titel mit dem ihm eigenen Takt bewußt gewählt; niemand Geringerer als die erste Gemahlin Rudolfs von Habsburg war eine Gräfin von Hohenberg gewesen.
Am 4. Oktober des Jahres 1909 erhob der Kaiser die Fürstin zur Herzogin von Hohenberg.
Damit nicht genug: für den Augenblick der Thronbesteigung Franz Ferdinands war der Erlaß zur Ernennung der Herzogin zur »Kaiser-Gemahlin« vorbereitet. Mehr konnte damals nicht geschehen, wollte man nicht eine staatsrechtliche

Ordnung in Frage stellen – und das wollte Erzherzog Franz Ferdinand selbst am allerwenigsten; aus diesem Grunde hatte er eine gleichzeitige Proklamation Erzherzog Karls zum Thronfolger vorgesehen.
Das sind die Tatsachen. Alles andere ist Spekulation und Fama, die sich allerdings an Franz Ferdinands Spuren heftete wie an jede andere interessante Persönlichkeit in außergewöhnlichen Lebensumständen auch.
In dem turbulenten, von einem schier ungeheuerlichen Arbeitsprogramm erfüllten Leben des Erzherzog-Thronfolgers gab es zwei ruhende Pole: zunächst die Familie, die Aufenthalte auf seinem Schloß Konopischt bei Frau und Kindern, das Zusammensein mit dem weiteren Familienkreis, also seiner Stiefmutter, der Erzherzogin Maria Theresia, und mit uns – Erzherzog Karl und mir – in Wartholz.
Eine gewisse zusätzliche Erleichterung bei der Anbahnung eines herzlichen Einverständnisses zwischen Konopischt und Villa Wartholz brachte dabei die Tatsache, daß die Schwestern Bragança – also sowohl meine Mutter als auch deren Schwester, die Stiefmutter Franz Ferdinands – ein relativ nahes Verwandtschaftsverhältnis auch zur Familie des Grafen Chotek, des Vaters der Herzogin von Hohenberg, verband. Sophie entstammte der Ehe des Grafen Bohuslav Chotek (österreichischer Gesandter in Brüssel zur Zeit, als Kronprinz Rudolf dort Prinzessin Stefanie von Belgien freite) mit Gräfin Wilhelmine von Kinsky, einer Tante des Erbprinzen Aloys von Löwenstein. (Meine Großmutter, Königin Adelheid, war eine geborene Prinzessin Löwenstein.) So kompliziert diese verwandtschaftliche Verbindung auch klingen mag – sie verhielt sich so unkompliziert und herzlich wie nur denkbar, sie hält über die Generationen auch mit den Kindeskindern des Erzherzog-Thronfolgers an.

Was nun gewisse Schwierigkeiten betraf, die Erzherzog Franz Ferdinand tatsächlich bei Hof gelegentlich seiner Frau wegen zu überwinden hatte, so kamen diese vom Obersthofmeister, dem Fürsten Montenuovo, der das Zeremoniell gegenüber der Herzogin von Hohenberg so streng wie möglich zu wahren suchte. Dabei entstammte er selbst einer zwar romantischen, aber nicht ganz unproblematischen ehelichen Verbindung.
Seltsamerweise spielte diese Angelegenheit schon wieder nach Parma hinüber, allerdings in das habsburgische »Interregnum«, als Erzherzogin Marie-Louise, die Witwe Napoleons, als Herzogin von Parma regierte. Marie Louise, eine überaus temperamentvolle Frau, Tochter von Kaiser Franz, hatte schon wenige Monate nach dem Tode Napoleons ganz im geheimen mit dem Grafen Neipperg, dem Kommandanten ihrer parmaischen Truppen, im August 1821 die Ehe geschlossen; der Verbindung war allerdings schon vorher, 1817, das erste Kind entsprossen. Als 1821 ein Wilhelm zur Welt kam, erhielt er den Namen Montenuovo und den Grafenstand. Wilhelm wurde der Begründer des 1864 aufgrund seiner Verdienste gefürsteten Geschlechts der Montenuovo. Alles verstehen heißt alles verzeihen: Obersthofmeister Fürst Montenuovo verzieh seinen Ahnen offenbar nicht und

verstand daher auch nicht die Lage des Erzherzog-Thronfolgers und seiner Gemahlin.

Aber wie immer in diesen Dingen führte das überspitzte Protokoll auch prompt zu dessen Abschaffung. Kaiser Karl, kaum an die Macht gekommen, vereinfachte Hofhaltung und Etikette auf das absolut notwendige Minimum, wie es sein Onkel Franz Ferdinand auch getan hätte, der mit seiner Miniatur-Militärkanzlei, einer der effektivsten beamteten Einrichtungen, die es jemals gab, längst bewiesen hatte, welch ein Arbeitspensum mit wie wenig Beamten bewältigt werden kann. Hieß es doch damals in der alten Armee, wenn irgendwo in einer fernen Provinzgarnison ein Gewehr aus dem Kasten falle, wisse es Franz Ferdinands Militärkanzlei schon am nächsten Tag. Und dabei bestand diese Kanzlei aus einem Flügeladjutanten und zwei Zugeteilten. Ihren Höchststand erreichte die »Kleine Militärkanzlei« mit vierzehn Offizieren, die eine gewalige Reformarbeit in Angriff zu nehmen hatten. Was Franz Ferdinand plante, war in etwa eine »Weiße Evolution« – keine »Revolution«, wie ihm viele unterstellen wollen. Franz Ferdinand wollte bewahren, entwickeln, nicht zerstören – ein allmähliches aber doch rasches, vor allem organisches Anpassen des ehrwürdigen Staatswesens; aber nicht nur das, eine Staatserneuerung in den Menschen, in den Individuen, in der Verantwortung des einzelnen, nicht im Kollektiv. Dazu gehörte auch ein gewisser Privilegienabbau (zum Beispiel für die ziemlich große kaiserliche Familie) und eine einschneidende Beschränkung der Hofhaltung.

Es ist interessant zu beobachten, wie Kommentatoren jener Zeit meist ein Spannungsfeld Schönbrunn-Belvedere konstruieren oder zumindest postulieren. Daß sich in den letzten, den eigentlich entscheidenden Jahren auch Schloß Hetzendorf als Residenz Erzherzog Karls, zu ferneren Spekulationen anbietet, wird noch gelegentlich bemerkt; aber daß das eigentliche Kräftefeld der kommenden Monarchie in dem Gleichklang, in einer »Parallelaktion« ohne Beispiel, im Zusammenwirken der zukunftsträchtigen Kräfte von Konopischt (Franz Ferdinand) und Villa Wartholz (Karl) lag, in einer konstruktiven, über drei Generationen vorausblickenden »Planwirtschaft« im besten Sinne des Wortes, entgeht der Aufmerksamkeit vieler.

Das Geheimnis des Gleichklanges, der grundsätzlichen Übereinstimmung zwischen Erzherzog Franz Ferdinand und seinem Neffen Karl lag schon in der gemeinsamen Herkunft begründet, im Stil, den sich Erzherzog Karl Ludwig (Vater Franz Ferdinands, Großvater Karls) zu schaffen gewußt hatte – Karl Ludwig, der seine Zeitung am Bahnhofskiosk kaufte und sie seinem Bruder, dem Kaiser in Schönbrunn, schweigend auf das Stehpult legte; der Kaiser wußte dann schon, daß man ihm wieder einmal ein eigens nur für ihn gedrucktes Exemplar unterschoben hatte... auch das gab es. Erzherzog Karl Ludwig wußte sich durchaus neben dem

sehr autokratisch regierenden Kaiser zu behaupten, und Franz Joseph erkannte das auch an und vertraute ihm viele, sehr viele Aufgaben an.
Bis in die Einzelheiten hinein wiederholte sich dann der Fall mit Franz Ferdinand. Und wieder wäre Franz Ferdinand der letzte gewesen, der dem Kaiser seinen ureigensten Regierungsstil »übel« genommen hätte, wußte er doch genau, daß er es auf seine Art nicht anders machte: ohne Autorität geht's nicht...
Alle diese Dinge beobachtete der heranwachsende, künftige Thronerbe in jeder kleinsten Nuance, wuchs mit ihnen heran, wuchs selbstverständlich in sie hinein.

Als die Tragödie von Mayerling die Thronfolge über Nacht aktualisierte, gab es Stimmen, die Erzherzog Franz Ferdinand für »nicht genügend vorbereitet« erklärten. Als die Tragödie von Sarajewo die Frage der Thronfolge aufs neue aktualisierte, gab es wieder Stimmen, die den neuen Thronfolger als »nicht genügend vorbereitet« abwerteten.
Die Redensart erwies sich nachher als unausrottbar. Daß Erzherzog Karl, ganz abgesehen von zweifellos vorhandenen erbbedingten Begabungen, allein aufgrund der Tatsache, daß er seit seiner Kindheit im Milieu der Politik, des Regierens, der Verantwortung aufgewachsen war, jedem anderen, und sei er auch noch so tüchtig und begabt, der erst später in die Politik kam, geradezu zwangsläufig überlegen sein mußte, nahmen damals gewisse Interessengruppen und nimmt heute das Schablonendenken nicht zur Kenntnis. An der Tatsache selbst ändert das freilich nichts – und die neuesten Erkenntnisse auf dem Gebiete der Erb- und Verhaltensforschung sind eine brillante Bestätigung uralter Weisheit.

Gerade im Falle Kaiser Karls läßt sich die besondere Sorgfalt, mit der sich der Thronfolger Franz Ferdinand seinem Neffen Karl widmete, in allen Einzelheiten nachweisen; sie ist ja nicht nur im Familienkreis bekannt, sondern auch aktenkundig.
Bei den großen Manövern in Südböhmen, 1913, konnte Erzherzog Karl sich auch ein Bild von Conrad von Hötzendorf machen. Vielleicht durchschaute er aufgrund der besonderen Umstände wesentlich rascher, wofür sein Onkel Jahre brauchte. Es ist ja oft so, daß der Jüngere von dem mühsam erworbenen Erfahrungsgut des Älteren sehr schnell profitieren kann.

Im Frühling des Jahres 1914 verbrachten die Erzherzöge Karl und Franz Ferdinand einige erholsame Tage gemeinsam auf der Jagd. Fast schien es, als hätte der Erzherzog-Thronfolger seine trüben (und doch so sachlich vorgebrachten) Ahnungen, über die er im Winter mehrmals gesprochen hatte, vergessen.

In diesem letzten Friedenswinter 1913/14 hatte nach der Übersiedlung von Erzherzog Karl mit seiner Familie nach Schloß Hetzendorf bei Schönbrunn zwischen dem Belvedere und Hetzendorf ein sehr lebendiger, freundschaftlich-

verwandtschaftlicher Besuchsverkehr eingesetzt. Ich verstand mich mit der Herzogin von Hohenberg sehr gut. Sie war nicht nur eine durch viele, oft herbe Erfahrungen gewitzigte, sondern auch durch ihre Mutterschaft und die Verantwortung gereifte Frau, die mir wie eine ältere Freundin zur Seite stand. Unsere Beziehung glich in gewissen Grenzen jener von Erzherzog Karl zu seinem Onkel Franz Ferdinand, und sicherlich spielte in unser beider Verhalten und Sympathie auch meine nahe Verwandtschaft zu Erzherzogin Marie Thérèse mit, ohne die die Heirat zwischen Franz Ferdinand und Sophie vielleicht nie zustande gekommen wäre.

Die Gesprächsthemen, die bei den gegenseitigen Besuchen anklangen, berührten zumeist die künftige Entwicklung des Reiches, die Reform- und Erneuerungsbestrebungen und die Entwicklung in der Armee. Mitunter schien es sowohl mir selbst als auch Erzherzog Karl, als nehme Franz Ferdinand immer wiederkehrende Attentatsdrohungen sehr ernst; seine politische Argumentation geriet dann manches Mal geradezu in den Tonfall eines politischen Vermächtnisses. Noch fanden wir nicht den eigentlichen Grund dieser besonderen Art des Vortrages heraus, und das leicht Belehrende nahm Erzherzog Karl gerne und selbstverständlich hin, war doch der Erzherzog-Thronfolger nicht nur sein älterer Verwandter, sondern sogar sein Vormund gewesen. Dann wechselte die Stimmung wieder; wie bei den zahllosen Jagdausflügen in Oberösterreich oder in der Steiermark, dominierte wieder die heitere, großzügige Wesensart Franz Ferdinands, die freudige Gastfreundschaft, die sich besonders bei unseren wiederholten Besuchen auf Konopischt zeigte.

Ein erschreckend düsteres, tödlich ernstes Bild entstand eines Abends im Verlaufe einer Einladung ins Obere Belvedere. Schon während des Essens im kleinsten Kreis – außer uns beiden waren nur die Kinder Franz Ferdinands zugegen gewesen – fiel uns die seltsame Stimmung des Thronfolgers auf; sie schien auf etwas Bestimmtes konzentriert zu sein.

Als die Herzogin von Hohenberg die Kinder fortführte, um sie schlafen zu legen, sagte Erzherzog Franz Ferdinand nach kurzem Schweigen: »Ich muß euch von einer Sache Mitteilung machen ... Ich ... ich werde demnächst ermordet werden!«

Der Erzherzog-Thronfolger hatte leise, aber vollkommen klar gesprochen. Ein Mißverständnis war ausgeschlossen. Wir beide blickten Franz Ferdinand entsetzt, ja verstört an, endlich sagte Erzherzog Karl, so, als wolle er den Bann des eben Gehörten brechen, als wolle er durch eine absurde Widerlegung das Absurde des Gehörten aufheben: »Aber Onkel, das ist doch nicht möglich! Und überhaupt: Wer würde denn ein solches Verbrechen begehen!«

Obwohl nur Karl gesprochen hatte, richtete der Thronfolger die Antwort, seltsam autoritär, an uns beide: »Widersprecht mir nicht! Ich weiß es ganz sicher. In wenigen Monaten bereits werde ich ermordet werden!«

In die Sekunden des Schweigens hinein, die nun folgten, sagte der Thronfolger mit klarer, sachlicher Stimme: »Karl ... für dich liegen in einem verschlossenen Kasten

bestimmte Papiere. Sie gehören nur für dich, nimm sie nach meinem Tod an dich. Es sind Pläne, Gedanken, Vorstellungen ... vielleicht sind sie dir von Nutzen.
Wie ihr wißt, ist in Artstetten alles vorbereitet, die Gruft wartet. Demnächst werde ich dorthin gebracht werden.«
Gerade, als wir uns wieder von unserem Schrecken erholt hatten und versuchen wollten, ihm auszureden, was er offensichtlich für gesichertes Wissen hielt, hörte man von draußen, daß die Herzogin von Hohenberg wieder zurückkam. Da sagte Erzherzog Franz Ferdinand rasch: »Und jetzt sprechen wir nicht mehr davon. Ich will nicht, daß die Sophie traurig wird.« Damit war jedes weitere Gespräch über dieses Thema abgeschnitten.
Es war bereits das zweitemal gewesen, daß Franz Ferdinand von Artstetten und der dort vorbereiteten Familiengruft sprach; beim erstenmal hatte er in Gegenwart der Herzogin gemeint: »Ich bin glücklich, daß in Artstetten alles fertig ist ... auch die Gruft ... Wer weiß, wie bald wir sie schon brauchen werden ...«
»Aber Franz«, hatte ihn seine Frau unterbrochen, »schon wieder fängst du davon an!«
Aber Franz Ferdinand ließ sich damals nicht einmal durch die eben in das Zimmer kommenden Kinder von seinem Gedanken abbringen, als er mit bitter-heiterer Miene hinzufügte:
»Ja, ihr Buben kommt auch einmal dorthin, einer links, einer rechts von uns ... nur unser Mädi nicht, die werden sie in das Familiengrab ihres Mannes legen ...«
Wie ich mich noch an unseren Protest erinnere! Wie wir sagten, so etwas sei doch nicht denkbar!
Aber Onkel Franz Ferdinand hatte offenbar Gründe, das auch zu glauben, was er uns sagte. Von extrem nationalistischen und anarchistischen Gruppen waren sehr schwerwiegende Drohungen gekommen. Selbstverständlich wußte auch die Polizei von diesen Dingen, und auch dort nahm man die Drohungen ernst.
Allerdings waren die Drahtzieher so bekannt wie unerreichbar. Sie verloren sich im Halbdunkel, um nicht zu sagen in der politischen Halbwelt zwischen Turin, Paris und Schottland, hausten auch in Belgrad. Fest stand auch schon damals, daß, sollte ein Anschlag verübt werden, die Attentäter bloß unwissende Werkzeuge einer weit größeren Organisation wären, ausführende Organe in der Hand eines »großen Bruders«.
Wenige Monate später kamen dann die Tage von Sarajewo. Wir wissen auch, daß Sophie gar nicht die Absicht hatte, zu diesen Manövern mitzukommen, daß sie es schließlich nur tat, weil sie die Sorge um das Leben ihres Mannes dazu drängte.
Aber, wie gesagt, jener Abend lag schon eine Weile zurück, wir hatten damals instinktiv und überhaupt aus begreiflichen Gründen versucht, die Todesahnungen nicht so unbedingt ernst zu nehmen.
Mit einer Konsequenz, die nachdenklich stimmen mag, ereilte uns schließlich die Nachricht vom Tode des hohen Paares im Vaterhaus des unglücklichen Erzherzog-Thronfolgers, im Garten der Villa Wartholz. Wir verbrachten die letzten Tage

dieses so wunderschön gewesenen Monats Juni in Wartholz, unserem Zuhause, das auch stets ein Zuhause für Erzherzog-Thronfolger Franz Ferdinand gewesen war, im Hause seiner verehrten und geliebten Stiefmutter Maria Theresia, meiner Tante, die ja auch gleichzeitig wieder die Stiefgroßmutter meines Gemahls war...
Ich wiederhole diese Zusammenhänge deshalb, damit deutlicher wird, wo, unter welchen Umständen, in welcher Umgebung und in welcher Stimmung uns jene Nachricht traf, die das Antlitz der Erde alsbald in eine häßliche Fratze verändern sollte. Für uns, die wir an jenem Tag im Garten der Villa Wartholz saßen, machte das alles diese Nachricht nur noch grausamer, unwirklicher. Es war ja, als hätte Onkel Franz Ferdinand die Kugel noch ein zweitesmal getroffen, auch in seinem Hause, auch in der Person seines Neffen Karl. Ich war Zeuge der Überreichung dieser Todesnachricht.
Es war einer der bewegendsten Augenblicke in meinem Leben. Im Park der Villa Wartholz hatte einst Erzherzog Karl Ludwig, der Vater Franz Ferdinands (und Großvater meines Mannes) – wie fast alle Habsburger ein passionierter und gelernter Handwerker –, unterstützt von einem alten Tischler, ein handfestes Blockhaus gezimmert, mit gemütlicher Wohnstube und einer kleinen Veranda; er hatte später das Ganze mit einem Zaun umgeben und in einem dazugehörigen Kleingarten Gemüse und Blumen gepflanzt...

Vor diesem Blockhaus, »Pechturmhaus« hieß es seit Karl Ludwigs Zeiten aus unerfindlichen Gründen, dem Lieblingsplatz auch der Kinder und Kindeskinder Karl Ludwigs, in dem kleinen Vorgärtchen saßen an jenem denkwürdigen 28. Juni 1914 die jungen Eheleute Karl und Zita und warteten auf die Hauptspeise. Seit dem Servieren der Suppe war bereits eine ungebührlich lange Pause verstrichen. Was war geschehen? Da kam auch schon jemand auf das Pechturmhaus zu, aber kein Speisenträger, sondern ein Telegrammbote.
»Rumerskirch«, antwortete der Erzherzog, als Erzherzogin Zita, ganz ohne Ursache und eigentlich ohne Zusammenhang, fragte, wer das Telegramm unterschrieben habe. »Aber der ist doch bei Onkel Ferdinand!« fügte Erzherzog Karl hinzu, und dann erst erfaßte sein Blick den Telegramminhalt. Erzherzogin Zita sieht, wie Karl plötzlich das Blut aus den Wagen weicht.
Stille.
»... bedaure zutiefst, melden zu müssen, Erzherzog Franz Ferdinand und Gemahlin sind hier ermordet worden...«

Nein, nichts durfte zusammenbrechen, auch nicht in diesem Augenblick. Dabei war das Ganze so entsetzlich, so unheimlich in all seinen Folgerungen... Thronfolger von einem Augenblick zum anderen – eigentlich schon seit Stunden, seit jener Sekunde, als an einer Straßenecke, zwischen Franz-Joseph-Straße und Rudolfsstraße – wie anders hätte der Schauplatz auch heißen können? – ein unwissender, verführter junger Mensch die Katastrophe auslöste, deren Ausmaß kein menschli-

ches Gehirn auch nur annähernd ahnen konnte. Nein, hier durfte keine Welt zusammenbrechen.
Einer war gefallen. Schon mußte der neue Thronfolger an seine Stelle treten.

»Ich muß sofort mit dem Kaiser sprechen...« Anruf in Ischl. Wenige Stunden später erwartet der neue Erzherzog-Thronfolger, Carl Franz Joseph, seinen Souverän auf dem Bahnhof von Wien-Penzing. Gemeinsam fahren sie durch ein dichtes Spalier von Menschen – Menschen, die das kommende, über Jahrzehnte hinweg dauernde Unheil an diesem Tag vielleicht dumpf ahnen – nach Schönbrunn.
Worte fielen damals, die sich in das Bewußtsein von Millionen einprägten, oft mißverstanden, falsch zitiert, auch verhöhnt, aber Worte, die nichts anderes waren als die schlichte, sehr österreichisch ausgedrückte Wahrheit: »Mir bleibt doch nichts erspart.«
Und zu Oberst Bardolff, der seinem Kaiser berichtet, der Erzherzog-Thronfolger sei wie ein Soldat gestorben: »Das habe ich auch nicht anders erwartet.«
Das entscheidende Wort jedoch – »Auf dich kann ich mich auf jeden Fall verlassen« gilt seinem neuen Erzherzog-Thronfolger, Carl Franz Joseph. Der Rest – die Tage der Vorbereitungen dieses Begräbnisses, der Leichenzug, das Begräbnis selbst –, dieser unendlich traurige Rest, versank in einem Meer von Gerüchten, Redensarten, von Mißverständnissen, kleinen, schäbigen Triumphen und billigen Genugtuungen.
Was die Gerüchte um die »Herabsetzung der Herzogin von Hohenberg noch nach ihrem Tode« betrifft: In den Protokollen des Haus-, Hof- und Staatsarchivs ist in jeder Einzelheit nachzulesen, daß die Herzogin von Hohenberg über persönlichen Befehl des Kaisers nach der gleichen Etikette zu Grabe getragen wurde wie einst Kaiserin Elisabeth. Nicht um eine Spur anders.
»Was will man denn noch mehr?«, fragte der alte Kaiser seinen jungen Thronfolger, der sich unter dem Eindruck der allgemeinen Stimmung für die tote Herzogin beim Kaiser verwenden wollte. »Ich habe die gleiche Etikette befohlen wie für meine eigene Kaiserin... auch sie ist ermordet worden.«
Sechzehn Jahre waren inzwischen vergangen. Und wie herzlich hatte sich Kaiserin Elisabeth damals in der Krise, für Franz Ferdinand verwendet, alles versucht, um Gräfin Chotek und dem Erzherzog den Weg in eine glückliche Ehe zu ebnen. Die Bitten der Kaiserin damals mochten wohl auch mit ein Grund gewesen sein, daß der alte Kaiser die Herzogin beisetzen ließ wie eine Kaiserin; ganz abgesehen von der Hochachtung, die der Kaiser für diese tapfere Frau, die schließlich an der Seite ihres Mannes gefallen war, empfand.

Die Beisetzung des Erzherzog-Thronfolgers und der Herzogin von Hohenberg, vorher schon die Aufbahrung der beiden in der Hofkapelle in all diesem Trauerprunk, war ein aufwühlendes Erlebnis, vor allem dann in Artstetten, wo die Bevölkerung von weit und breit zusammengeströmt war, zutiefst Anteil nahm, wo

auch das Kaiserhaus mit Ausnahme des alten Kaisers zur Gänze anwesend war und wo so recht sichtbar und spürbar wurde, welcher Beliebtheit und welchen Respekts sich der Erzherzog und seine Gemahlin in ihrer Heimat erfreut hatten. Und in all diesem Schwarz, inmitten der Blumen, der Menschen, die Kinder der Toten ... der Schmerz der Waisen war herzzerreißend.
So absurd es klingen mag: der tragische Tod des Erzherzogs Franz Ferdinand gab vielen, allzu vielen, auch sehr tüchtigen Männern des gewaltigen Reiches den, wenn schon nicht willkommenen, so doch immerhin plausiblen Vorwand zum Resignieren. Vieles, vor allem die eigene Trägheit und Unzulänglichkeit, schien durch den Tod des Erzherzogs hinlänglich bemäntelt zu sein.
Plötzlich gab es für alles eine Ausrede. Ja, wenn der Erzherzog noch lebte, der hätte ... Aber so ...
Da gab es – es ist ein charakteristisches Beispiel – die vielgelesene und einflußreiche Armeezeitung, von einem Herrn Danzer herausgegeben, dem Reich und der Dynastie treu ergeben, auf Erzherzog Franz Ferdinand geradezu eingeschworen. So weit, so sehr gut: aber wie konnte ein so einflußreicher Mann wie Danzer mit einem Mal resignieren?
Denn wie kräftig und lebensfähig, ja erneuerungsfähig dieser vielgeschmähte Reichskörper war, bewies er in den kommenden Jahren ...

Danzer schrieb damals, ganz unter dem Eindruck des furchtbaren Doppelmordes, an seinen Bruder: »Trauer und Empörung streiten miteinander. Der Einzige ist todt, der dieser faulen, eigensüchtigen, pflichtvergessenen Gesellschaft, die uns heute regiert, Raison beigebracht hätte – und weil er todt ist, triumphieren unverschämt diese Bedientenseelen. Der alte Herr ist ganz in seinen senilen Egoismus eingesponnen, denkt nur mehr an sich, und das einzige Gefühl, das heute die gesamte Hofgesellschaft beherrscht, ist Schadenfreude.
Der einzige Lichtpunkt ist der junge Erzherzog, der denn auch beim Kaiser Vorstellung wagte, aber, wie hier erzählt wird, hinausgeworfen wurde.
Der junge Erzherzog hat sich hier viele Freunde geholt, im Brucker Lager war er intim mit den Herren der ganzen Division zusammen und zeigte viele schöne Züge, aber er ist alles in allem noch viel zu unbedeutend und, was ich am stärksten fürchte, viel zu leicht noch zu beeinflussen. Bisher war er ausschließlich unter dem Einfluß von Offizieren, und ein Mann wie Kerchnawe (mit dem der Erzherzog Fühlung hat) wird ihn rücksichtslos genug in *unserer* Auffassung bestärkt haben. Jetzt aber werden die Politiker kommen und ihn verderben ...
Ich war jetzt drei Tage in Wien, die Volksstimmung ist im allgemeinen schändlich lau, wäre aber sehr leicht aufzupulvern gewesen.
Ich war auch bei den Straßendemonstrationen im IV. Bezirk, sie waren keineswegs unwürdig, ich habe so begeisternd noch nie die Volkshymne singen hören, es wurden prachtvolle Gedichte, Aufrufe verlesen – es waren in der allgemeinen Depression erhebende Momente.

Einen wirklichen Nachfolger für den Erzherzog (militärisch, vorläufig) gibt es nicht, man will natürlich auch keinen... weder der Kaiser noch Krobatin oder Conrad sind ernstlich geneigt, ohne Not jetzt wieder eine auch nur annähernd so unbequeme Instanz neu zu schaffen – alles freut sich ja nur, daß das ›Belvedere‹ beseitigt ist...«

Was der Erzherzog-Thronfolger Franz Ferdinand wohl zu diesem Brief des Herausgebers seiner Armeezeitung gesagt hätte? Er hätte Herrn Danzer wahrscheinlich nicht angebrüllt (wie er es mitunter getan haben soll, wenn ihn die Empörung über eine grobe Unzulänglichkeit packte); er hätte Herrn Danzer wahrscheinlich zur Tür hinausgeworfen.

Denn das war ja das Krebsübel, das der Erzherzog ebenso gehaßt hatte, wie er Österreich-Ungarn geliebt hatte: das ewige »da kann man nichts machen«, »es ist eh schon zu spät« – das ewige Gejammer über angeblich verpaßte Chancen, über scheinbar Unwiederbringliches. Erzherzog Franz Ferdinand war ein Mann der Zukunft.

Und er hatte im Augenblick seines Todes das Feld geräumt für eine neue Zukunft, genauso hoffnungsvoll, genauso agil, aber selbstverständlich anders als die seine. Es wäre doch zu traurig gewesen, wenn der neue Erzherzog-Thronfolger nichts als ein Abklatsch des alten gewesen wäre! Das aber wollten viele Herren des Generalstabes nicht wahrhaben, und die aufgeschlossensten, einflußreichsten Österreicher – etwa vom Schlage eines Herrn Danzer – wandelten sich von einer Sekunde zur anderen von Reformern zu Reaktionären. Und wurden damit nicht nur mitschuldig am Untergang Europas, sondern auch am Untergang ihrer eigenen, höchst persönlichen kleinen Welt.

Wer es nicht glaubt, der lese den Brief des Herausgebers der Danzer'schen Armeezeitung noch einmal in Ruhe. Da ist alles drin, was einem psychologisch Interessierten Aufschlüsse geben kann. »Krankjammern« ist nicht der richtige Ausdruck für das, was hier geschah. Das war Völkermord. Denn an dieser Zaghaftigkeit, dieser Mutlosigkeit ging Europa zugrunde, nicht an der Jugend eines Thronfolgers!

Es mutet fast wie ein Wunder an, daß der neue Erzherzog-Thronfolger unter diesen Umständen dennoch die »öffentliche Meinung« auf das tiefste zu beeindrucken vermochte, so daß »Danzers Armeezeitung« schrieb:

»Erzherzog Carl Franz Joseph, unser neuer Thronfolger... verrät unvermutet Züge, die unwillkürlich an Franz Ferdinand gemahnen... Der junge Prinz zeigt ausgeprägten eigenen Willen und ist mit so rücksichtsloser Energie für das Andenken Franz Ferdinands und der Herzogin von Hohenberg eingetreten... bekundete gerades, offiziersmäßiges Handeln... da wußte jeder Soldat im Reiche, daß wir berechtigt sind, mit hoffnungsvollem Stolze auf ihn zu blicken...«

Was hatte er getan? Er hatte ein paar übereifrige und ziemlich überflüssige

Hofschranzen, die des Protokolls nicht genug bekommen konnten, energisch in die Schranken gewiesen. Dieser junge Soldat besaß Zivilcourage!

Dann vergingen bange Wochen. Für den Erzherzog-Thronfolger Carl Franz Joseph und Erzherzogin Zita begann das Warten auf die Entscheidungen in Schönbrunn, in Berlin, in St. Petersburg.

Franz Ferdinand war wie ein tapferer Soldat gestorben. Wie jeder tapfere Soldat liebte er den Frieden. Kurze Zeit vor seinem tragischen Tod hatte er an den Grafen Berchthold, der jetzt in den entscheidenden Tagen in Ischl beim Kaiser amtierte, geschrieben: »Ich möchte nochmals betonen, daß ich nach eifriger Überlegung mit mehreren sehr klar denkenden, mir nahestehenden Persönlichkeiten immer mehr in meiner Friedensliebe bestärkt werde. Ohne daß wir uns etwas vergeben, sollten wir alles tun, um für uns den Frieden zu erhalten! Wenn wir den großen Krieg mit Rußland entamieren, so ist dies ein Unglück. Führen wir einen Spezialkrieg gegen Serbien, so werden wir es in kürzester Zeit über den Haufen rennen, aber was dann? Und was haben wir davon? Erstens fällt ganz Europa über uns her und betrachtet uns als Friedensstörer, und Gott behüte uns, daß wir Serbien annektieren, ein total verschuldetes Land mit Königsmördern und Spitzbuben etc. Und wo wir nicht einmal mit Bosnien fertig werden und dieser Spaß schon ein Heidengeld kostet und eine Brutstätte staatsrechtlicher Fragen ist, was wird erst mit Serbien werden! Da können wir dann die Milliarden hineinwerfen und werden dort immer eine schauerliche Irredenta haben...«

Die letzten Tage des Friedens

Am 22. Juli 1914 waren alle Vorbereitungen abgeschlossen. Das große Unternehmen konnte beginnen. Seit dem Frühjahr hatten sie in ununterbrochener, rastloser und energischer Planung Marschrouten in Karten eingetragen, die Ausrüstung auf den letzten technischen Stand gebracht. Ganz kurze Unterbrechung der unmittelbaren Vorbereitungen: die Besichtigung der großen Flottenparade vor Spithead. Dann ein Stocken, etwas wie ein lähmender Schock: die Ermordung Franz Ferdinands. Ende Juni war das gewesen.

Das brachte die Gedanken wieder nach Schwarzau, nach Villa Wartholz, zum großen Déjeuner im Belvedere, der herrlichen Musik dort, den Gesprächen, der Einladung, die damals Franz Ferdinand ausgesprochen hatte, in Wien einen Orient-Vortrag zu halten.

Prinz Xavier, unzertrennlicher Weggefährte seines Bruders, des Prinzen Sixtus, führte in jener Zeit eine Art von Tagebuch. Jetzt war ihre Schwester Zita unvermittelt zur Gemahlin eines Thronfolgers geworden. Sechzig Jahre später erinnert er sich an die Ereignisse von damals:

14 Der vielleicht hübscheste und bezeichnendste Schnappschuß, den es vom Familienleben des jungen Kaiserpaares gibt: heimgekehrt von einer Dienstreise eilen Karl und Zita auf ihre freudig grüßenden Kinder Otto, Robert und Adelheid zu. Das Foto gelang dem Hoffotografen Artur Flocek im Juli 1918

15 Otto und Regina von Habsburg mit Familie: links außen der Erbe, Erzherzog Karl, rechts davon, mit Söhnchen Raffael, der Herzog von San Angelo neben seiner Frau Erzherzogin Monika; vor ihr Zwillingsschwester Michaela; dann Gabriela und Christian Meister, der Töchterchen Alena hält; Erzherzog Paul Georg und seine Schwester Andrea mit ihrem Mann Erbgraf Eugen von Neipperg und den Kindern Katharina, Hemma, Dominik, Benedikt und Philipp; rechts außen die nimmermüde Helferin ihres Vaters im Europaparlament und in der Paneuropa-Union Erzherzogin Walburga

16 Erzherzog Karl mit seiner Großmutter Kaiserin Zita an deren 95. Geburtstag am 9. Mai 1987 in Zizers

17 Karl von Habsburg, vor einem von den Mujaheddin in Afghanistan erbeuteten sowjetischen Schützenpanzer (Herbst 1990)

18 Der letzte, der 96. Geburtstag Kaiserin Zitas am 9. Mai 1988. Als Gratulanten an ihrer Seite Nachfolgerin Regina von Habsburg – Ottos Gemahlin – und deren jüngste Tochter Erzherzogin Walburga

19 Dr. Walburga von Habsburg, Assistentin im Europaparlament zu Straßburg, als umsichtige Organisatorin des großen Paneuropa-Kongresses in Prag, Dezember 1990

20 Erzherzogin Adelheid gemeinsam mit ihrer Mutter, Kaiserin Zita, bei einem Besuch in Lissabon: links die Ge-
mahlin des portugiesischen Außenministers Nogeira, rechts neben Ihrer Majestät die Gemahlin des portugiesischen
Staatspräsidenten Admiral Américo Thomás, Gertrude Thomás.
Erzherzogin Adelheid fühlte sich Portugal ganz besonders verbunden, war doch ihre Mutter Enkelin von König
Miguel von Portugal und ihr Vater Großenkel der Königin Maria da Gloria von Portugal. In der dramatischen Zeit
der Verfolgung durch Hitler hatte der portugiesische Staatspräsident Salazar der kaiserlichen Familie auf der Flucht

nach Amerika Unterstützung gewährt; in der Nachkriegszeit versuchten sowohl Otto von Habsburg als auch Erzherzogin Adelheid alles Menschenmögliche, um die portugiesischen Überseegebiete in Afrika in der portugiesischen Gemeinschaft zu halten und die Fehler der »Dekolonisierung«, wie sie anderswo gemacht worden waren, zu verhindern. Inzwischen sind aus den damals noch blühenden, unendlich reichen einstigen Überseegebieten Portugals wie Moçambique, Angola oder Guinea die bedauernswertesten Armenhäuser Afrikas geworden. (Die Aufnahme stammt aus dem Jahre 1972)

21 TU FELIX AUSTRIA NUBE... Cortège anläßlich der Hochzeit von Erzherzogin Viridis mit Lord Carl of Marnhull. Der großgewachsene junge Mann im Hintergrund ist Erzherzog Martin, Sohn von Erzherzog Robert und dessen Gemahlin Margarethe, die zwei Reihen davor gehen; dann kommen Yolande und Carl Ludwig von Österreich, und, in der ersten Reihe, Erzherzogin Elisabeth Prinzessin von Liechtenstein, geleitet von Erzherzog Rudolf (Sohn von Carl Ludwig und Yolande, eine Reihe dahinter)

22 Erzherzog Robert von Österreich-Este mit Winston Churchill, mit dem er gemeinsam die Grundlagen zur »Moskauer Deklaration« von 1943 legte

23 Erzherzog Lorenz von Österreich-Este mit seiner Gemahlin Astrid von Belgien und den Kindern Amadeo und Maria Laura

24 Amadeo und Maria Laura, die Kinder von Erzherzog Lorenz von Österreich-Este und Erzherzogin Astri
(Tochter des Prinzen Albert von Lüttich, Bruder des Königs der Belgier)

25 Kaiserin Zita mit ihrer Enkelin Marie Beatrix Gräfin von Arco (Tochter Erzherzog Roberts) und den Urenkelinnen Anna Theresia und Margherita – aufgenommen am 4. Jänner 1989, zwei Monate und zehn Tage vor ihrem Tode. Es ist dies die letzte Fotografie, die Pfarrer Alois Leu zu Lebzeiten Ihrer Majestät anfertigte

»Es war die große, die bewegende Erinnerung an unseren lieben und verehrten Onkel Franz Ferdinand, die uns letztlich bewog, die Expedition dann doch durchzuführen.
Franz Ferdinand hätte gesagt: ›Macht weiter. Und haltet uns dann in Wien wieder einen Orient-Vortrag, das können wir jetzt mehr brauchen als je zuvor. Ich habe auch die Welt gesehen, als ich so jung war, wie ihr es jetzt seid... Reisen ist die beste Schule!‹
Also gut, wir fahren. Auf große Transkaukasien-Expedition, quer durch Persien, nach Indien.
Am 19. August werden wir auf die Karawane treffen, die uns am Fuße des Kaukasusgebirges erwartet. Die britische Regierung hat ihre Militärposten längs der Himalayakette und in ganz Nordindien verständigt. Wir freuen uns ungemein auf diese Expedition... es wird das größe Unternehmen, das Sixtus je begann, für mich ist es etwas ganz Gewaltiges, ich kann es kaum mehr erwarten, loszufahren. Schade, daß Musil nicht mit von der Partie ist, aber er arbeitet noch die wissenschaftlichen Ergebnisse der letzten Reise mit Sixtus auf.
Gott sei Dank scheint sich der Konflikt zwischen Serbien und Österreich wieder zu beruhigen, vor allem scheint es kein Streitfall zu werden, in den auch Frankreich hineingeraten könnte. Wo immer wir vorsprachen, bei allen Regierungsstellen, in allen Salons hörten wir das gleiche. Wir sollten beruhigt sein, keine Gefahr.«
Drei Tage später sieht die Welt plötzlich ganz anders aus. Der Augenschein straft die gute Meinung in den Salons und Büros von London und Paris Lügen. Xavier von Parma erinnert sich: »Auf der Reise nach Wien, immer noch voll von Optimismus, belehrte uns das, was wir sahen, eines Besseren. Die Fahrt über die Vogesen glich einem Schritt in eine andere Welt. Deutschland stand in vollem Aufbruch, mitten in einer Mobilmachung. Endlose Züge, Truppen, Kanonen, Pferde. In München kommt unsere Fahrt überhaupt ins Stocken, alle Straßen verstopft, überall Militär. Es ist wie in einem Tollhaus. Die Leute erregt und begeistert, alles redet von 1870. Plötzlich verstehen wir den Ernst der Lage. In Paris schien alles noch so hoffnungsvoll zu sein.«

»28. Juli. Wir sind bei Tante Maria José in München abgestiegen. Sie ist sehr besorgt, vor allem wegen der Luxemburger und wegen Königin Elisabeth in Belgien. Sie meint, Belgien sei in Gefahr, und Luxemburg erst recht. Sie ist besorgt wegen unserer Mutter und wegen Zita. Sixtus ist unterwegs nach Wien.
Ich glaube, unser beider Platz ist in Wien. Wir werden voraussichtlich in die österreichische Armee eintreten, um gegen Serbien zu helfen.
Ich glaube, Frankreich schwebt in größter Gefahr.
3. August. Vom Botschafter erfahren wir, daß jetzt auch Frankreich mobilisiert. Alles schaut auf einmal anders aus. Der Krieg mit Serbien nimmt seinen Lauf, kein Mensch denkt hier daran, wie sich das alles ausweiten könnte.
In Rußland soll sich große Beunruhigung bemerkbar machen. Der Botschafter

sagt, er würde uns mitnehmen, wenn es soweit sei. Sind wir feindliche Brüder? Felix wird hier in Österreich bleiben, er will für Österreich kämpfen; er ist überzeugt, daß Österreich im Recht ist. Auch René will unbedingt hierbleiben, auch Elias, aber von ihm habe ich ohnehin nie gedacht, daß er etwas anderes tun würde; er ist in der österreichischen Armee aufgewachsen, sie ist seine eigentliche Heimat geworden.

5. August. Es wird schrecklich, jetzt ist auch England in den Konflikt eingetreten. Es ist höchste Zeit, daß wir nach Frankreich kommen. Das Land ist in Gefahr.

6. August. Aus den Zeitungen erfahren wir von der Beschießung Belgrads. Die Welt teilt sich... Poincaré spricht zu den beiden Kammern des französischen Parlaments. Es geht um Frankreich. Karl und Zita sind nach Budapest abgereist, wir hören von einem beispiellos triumphalen Empfang der beiden in der ungarischen Hauptstadt. Eine enthusiastische Menge umjubelte das junge Thronfolgerpaar.

Unser Weg ist weniger triumphal. Wir fahren mit dem Auto nach Frohsdorf hinunter, um dort unseren Cousin zu treffen, Don Jaime. Auch er erzählt uns von den Truppenbewegungen in Frankreich und in Deutschland. Er hat Paris mit dem letzten Orientexpreß in Richtung Wien verlassen. Er sieht alles so schrecklich schwarz. Er glaubt nicht, daß Österreich unter diesen Umständen noch eine Zukunft hat; Österreich werde nicht einmal mit Serbien fertig werden, und Rußland werde Österreich so zermalmen wie Deutschland Frankreich.

So wie wir es sind, ist auch er über seine Stellung in diesem unseligen Konflikt ganz verzweifelt. Immer hat er in Österreich gelebt, er ist Spanier und hat im Russisch-Japanischen Krieg für den Zaren gekämpft.

Immer wieder kommt er darauf zurück, daß dieser Krieg eine völlig neue Erfahrung für die Menschheit sein werde, die alles bisher Dagewesene in den Schatten stellen werde. Heute ist der russische Botschafter von seiner Regierung nach St. Petersburg zurückbeordert worden. Und die Italiener wollen sich nicht binden. Wozu sind die überhaupt im Dreierbündnis?

7. August. Serbien erklärt jetzt auch Deutschland den Krieg und Montenegro den Österreichern. Zwischen der Monarchie und Frankreich gibt es aber noch keinen Bruch.

8. August. Die Deutschen sind schon in Liège einmarschiert. Sixtus und ich können es nicht fassen, in diesem Drama zur Handlungsunfähigkeit verurteilt zu sein. Wir werden uns an den schweizerischen Gesandten wenden. Vielleicht können wir beim Roten Kreuz etwas tun.

9. August. Es ist entsetzlich. Der englische Kreuzer ›Amphyon‹, den wir noch vor wenigen Tagen vor Ryde bewundert haben, lief auf eine Mine und ist gesunken.

Wir fahren wieder nach Frohsdorf hinüber. Don Jaime ist noch verdrossener als unlängst. Wir gehen zu dritt im Park spazieren und überlegen, was wir tun könnten. Wir sollten in die Schweiz und nach Frankreich und dort versuchen, beim Roten Kreuz mitzuarbeiten.

Frohsdorf, Frohsdorf! Das Schloß scheint dazu verurteilt zu sein, daß hier immer Pläne geschmiedet werden. Das ist seit den Tagen Onkel Chambords so geblieben. War Onkel Chambord 1870 nicht in einer ganz ähnlichen Lage wie wir heute? Das alles sieht einander so fatal ähnlich. Vielleicht wird es diesmal noch viel schrecklicher. Don Jaime fürchtet für Frohsdorf. Er redet davon, daß man Feuer ans Schloß legen könnte, aber Sixtus wird grob und sagt ihm, kein Mensch werde hier Feuer legen. Warum denn auch?
Wir beschließen, am Dienstag mit Don Jaimes Auto abzureisen, aber wir brauchen noch die schweizerische Einreisegenehmigung.
10. August. Sixtus fährt nach Wien. Unterwegs sieht er die Truppenbewegungen, die Artillerie. Wir sind erstaunt, wie reibungslos das alles abzulaufen scheint.
Sixtus besucht Karl, der zur Armee abreisen muß.
Zita wird nicht in Hetzendorf bleiben. Der Kaiser will sie bei sich in Schönbrunn haben. Sixtus sagt, Zita halte sich sehr tapfer.
Der Schweizer macht Schwierigkeiten wegen unserer Visa.
11. August. In Frohsdorf geht es drunter und drüber. Sie haben Don Jaime verständigt, daß er aufgrund seiner Eigenschaft als russischer Oberst ab sofort Gefangener des Innenministeriums auf Schloß Frohsdorf sei. Er protestiert heftig und sagt immer wieder, er sei exterritorial.
12. August. Wir sind zur Abreise bereit. Die Straßen von Truppen verstopft. Wir nehmen riesige Haubitzen wahr, Schnellfeuerkanonen. Kräftige Bauernpferde ziehen die Wagen.
In Frohsdorf ist die Welt untergegangen. Ein Oberstleutnant und dreißig Soldaten haben Frohsdorf besetzt. Der Offizier hat Onkel Jaime das Ultimatum gestellt, sich entweder internieren oder an die schweizerische Grenze abschieben zu lassen, unter Begleitung einer Eskorte, versteht sich. Onkel Jaime wählte das letztere und hat Frohsdorf verlassen.
13. August. Neue Schwierigkeiten. Keine Ausreiseerlaubnis für uns.
14. August. Was sollen wir tun? Heute hat Frankreich Österreich den Krieg erklärt. England auch. Österreich–Frankreich … ein Wahnsinn!
16. August. Sixtus ist wirklich geladen von Energie. Er vervielfacht seine Bemühungen. Natürlich ist er zu Karl gegangen, was hätte er sonst auch tun können! Karl war beim Kaiser und hat von ihm die Zustimmung zu unserer Ausreise erlangt. Er hat gesagt: ›Ich verstehe, daß sie ihrer Pflicht nachkommen wollen.‹
Karl wird noch heute nach Galizien abreisen. Ziemlich bewegter Abschied. Es ist so schrecklich, das Ganze. Aber Zita ist sehr, sehr tapfer, sie hat versucht, sich überhaupt nichts anmerken zu lassen. Sie ist jetzt endgültig nach Schönbrunn übersiedelt.
Karl meinte, wie es seine Pflicht sei, zu seiner Armee abzureisen, so sei es unsere Pflicht, nach Frankreich zu gehen.
Wo sind jetzt die Tage von Schwarzau und Frohsdorf!

18. August. Demarchen wegen der Visa. Alle Straßen militärisch besetzt. Wir werden mit dem Auto in die Schweiz reisen.

20. August. Heute hat uns Zita aus Schönbrunn angerufen. Eine furchtbare Nachricht, aber ich muß sagen, sie paßt in diese Tage. Papst Pius X. ist gestorben. Er war das letzte Licht in dieser Dunkelheit. ›Ignis ardens‹, das ›brennende Feuer‹, ist nicht mehr.

Ich sehe ihn noch vor mir, wir alle rund um ihn versammelt, er spricht mit uns wie ein Vater zu seinen Kindern. Und wie damals alle aufgehorcht haben, als er von Zita sprach, als sei sie die nächste Kaiserin von Österreich, wie Mama ihm sagte, das sei wohl kaum möglich... jetzt ist Onkel Franz Ferdinand tot. Zita ist in Schönbrunn...

Japan erklärt den Krieg, die Türkei steht unter Waffen, über die Adria dröhnen die Kanonenschüsse. Alle kämpfen mit schrecklicher Erbitterung.

Am Nachmittag fahren wir nach Schwarzau hinaus.

Wir sitzen mit unserer Mutter auf der Terrasse. Es ist ein schöner, milder Abend. Mutter macht es wie Zita. Sie versucht, sich nichts anmerken zu lassen. Es muß ganz schrecklich für sie sein. Elias ist in der österreichischen Armee und Felix auch, René will dasselbe – und wir anderen beiden wollen versuchen, uns nach Frankreich durchzuschlagen.

Mutter wird ganz allein zurückbleiben mit den Kleinen. Sie sagt, sie will in Schwarzau ein Lazarett einrichten.

Sixtus ist während des ganzen Abends traurig. So kenne ich ihn gar nicht.

Mama spricht von den Luxemburgern und den Belgiern. Was Tante Elisabeth jetzt tun wird und Tante Maria Anna in Luxemburg. Sie weint auf einmal, als wir gehen. Es war noch nie so traurig in Schwarzau.

Und dennoch, ich darf es wohl sagen... so traurig der Abend auch war, dieser Abend auf der Terrasse von Schwarzau, noch niemals zuvor waren wir uns dessen so sehr bewußt geworden, wie fest wir zusammengehören, daß uns ein unzerreißbares Band verbindet.

Wie war das doch damals, als Zita sich mit Karl vermählte! Wie haben wir einander geschworen, jetzt noch mehr zusammenzustehen, einen Ring wollten wir bauen um sie, sie schützen in dieser furchtbaren Zeit, weil wir doch ahnten, was kommen würde. Jetzt ist es da. Sie wollen uns alle vernichten, den Glauben, die Kirche, den Staat, Europa, die Menschen.

Wir werden nicht aufgeben, nie.

Wir kennen die Leute, die uns vernichten wollen, das ist schon sehr viel. Pater Andlau hat von ihnen gesprochen, Papst Pius X. hat sie gekannt, unser Vater, der Großvater hat sie kennengelernt, der Urgroßvater... sie sind an ihnen gestorben, aber wir leben.

Es ist Zeit, wir brechen morgen auf.

Mutter bleibt hier, Felix bleibt hier, Renatus. Seltsam. Wir kämpfen an ganz verschiedenen Fronten, und doch stehen wir alle im gleichen Lager... Das Lager, das Europa verteidigt gegen die Nationalisten und gegen jene, die unseren Kontinent vernichten wollen...

22. bis 23. August. Wir durchqueren mit unserem Wagen Österreich längs der Alpen innerhalb von zwei Tagen. Es regnet ununterbrochen und in Strömen. Ankunft auf Schloß Wartegg am Bodensee... dem Geburtshaus von Sixtus. Großmutter Louise von Parma hat hier ihre Zuflucht gefunden, als sie aus Parma vertrieben worden war, von hier aus fuhr sie dann nach Venedig, in ihren Tod. Don Jaime ist auch hier. Er bringt uns sogar zum Lachen und erzählt, daß er den österreichischen Oberst, der ihn an die Grenze eskortierte, mit herübernahm in die Schweiz. Den Schweizer traf fast der Schlag... ein bewaffneter Österreicher in der Schweiz! ›Er hat einen Säbel!‹ wiederholte er stereotyp und wollte den armen Oberst, der gar nicht wußte, wie ihm geschah, internieren lassen...

25. August. Wir verlassen Schloß Wartegg mit der Bahn. St. Gallen, Zürich, Bern. Dann erreichen wir Genf. Wir sind fassungslos... eine fröhliche, unbekümmerte Menge promeniert, plaudert, als ob nichts geschehen wäre. Musik, ein übervolles Casino, verschwenderisch beleuchtet. Man tanzt und singt, während sich jenseits der Grenze, gleich hinter den Bergen, der Tod seine Opfer holt.

26. August. Das französische Generalkonsulat stellt uns die Pässe aus.

28. August. Um fünf Uhr 15 Minuten überqueren wir die Grenze. Endlich in Frankreich!

29. August. Landwehr überall. Lange Kolonnen von Militärfahrzeugen. Aufenthalt in Dijon. Dann Paris.

Kaum daß wir uns erfrischt haben, eilen wir zu unseren Freunden, den Herren Manteyer und Salomon. Beide sehen das Ende Österreich-Ungarns kommen.

Bosnien und die Herzegowina werden an Serbien fallen, Siebenbürgen an Rumänien, Südtirol und Istrien mit Triest an Italien, Galizien an Polen. Was die französische Front betrifft, so sind sie recht optimistisch. Aus den Gesprächen mit den Freunden ist herauszuhören, daß sich bei den meisten Franzosen das Bekenntnis zur Republik in der Gefahr verstärkt hat.

Alle unsere Freunde scheinen Republikaner geworden zu sein! Sie meinen, in einer Monarchie hätte es in Frankreich kaum so einen Zusammenhalt aller gegeben wie jetzt.

Welch ein Irrtum! Sie sehen nicht, was jenseits der Grenze geschieht. Wie Österreich-Ungarn mit seinen vielen, vielen Völkern einmütig hinter seinem Obersten Kriegsherrn steht, sie vergessen, so scheint uns, überhaupt die Geschichte, vor allem die Geschichte Frankreichs...

Sonntag, 30. August. Die Kirche ist überfüllt. Nur Greise und Frauen.

Dann ein Besuch bei Freund Chérisey, der uns bei der Beschaffung einer Aufenthaltsgenehmigung für Paris behilflich sein soll. Vorsprachen wegen unserer Aufnahme in die Armee seien vollkommen zwecklos. Nach dem Gesetz vom Jahre 1889 ist allen Prinzen aus dem Hause Frankreich, den Bourbons und den Orléans sowohl, wie den Nachkommen Napoléons, der Eintritt in die Armee versagt...«

Der Ausbruch des Ersten Weltkrieges

Wie oft erinnerten wir uns in jenen schweren, spannungsgeladenen Wochen des Wortes Grillparzers: »Der Weg der neueren Bildung führt von der Humanität über die Nationalität zur Bestialität...« Die Ermordnung des Erzherzog-Thronfolgers und seiner Gemahlin war ein solcher Akt der Bestialität gewesen, und daß die serbische Regierung hinter den Attentätern stand, war uns allen klar. Beschönigungsversuche änderten daran nichts. Böse Geschichten kursierten in diplomatischen Kreisen über die Reaktion Belgrads, besonders über das herausfordernde Benehmen des russischen Gesandten, über Dinge, die in so kritischen, ja für Millionen und Abermillionen Menschen in aller Welt entscheidenden Stunden einfach nicht passieren hätten dürfen.

Daß die österreichische Regierung mit ihrer Meinung recht hatte, hier habe es sich nicht um die Tat von irre gewordenen Einzelgängern, sondern ein von staatlicher serbischer Seite geduldetes, ja in gewisser Hinsicht sogar gefördertes Komplott gehandelt, bewiesen die nachträglich aufgefundenen Dokumente.

Bange Wochen vergingen. Wir befanden uns in einem seltsamen Zwiespalt. Einesteils mußte alles daran gelegen sein, den Frieden zu erhalten. Das war auch vollkommen im Sinne des ermordeten Thronfolgers. Andernteils – und das übersieht man nur allzu leicht aus der Entfernung der Jahre – konnte es sich eine Großmacht wie Österreich-Ungarn nicht leisten, sich den Thronfolger (und mit ihm die Verkörperung der künftigen Entwicklung!) wegmorden zu lassen, noch dazu unter solchen Umständen, die offensichtlich von der Regierung eines Nachbarlandes gesteuert und beeinflußt worden waren. Unter diesen Umständen hätte keine Regierung der Welt so tun können, als wäre weiter nichts geschehen!

Das waren die bangen Wochen nach der Tragödie von Sarajewo. Wir warteten auf den Ausgang der Verhandlungen, der komplizierten, vielfach verflochtenen Überlegungen. Erzherzog Karl wurde zu den Beratungen nicht ein einziges Mal zugezogen. Während all dieser schicksalsschwangeren Tage hatten wir in Wartholz nichts als zuzuwarten. Ich weiß, daß über diese Tatsache viel gerätselt wird. Warum zog der alte Kaiser seinen jungen Thronfolger den Beratungen nicht bei? Ging es nicht vor allem um seine Zukunft?

Ich glaube, wir dürfen heute, aus dem Abstand der Jahrzehnte, sagen, daß gerade diese Überlegung ausschlaggebend für den Entschluß des Kaisers war. Er wollte seinen Thronfolger und Erben aus jeglicher Verstrickung heraushalten; Karl sollte ein »unbeschriebenes Blatt« bleiben, eine Alternative. Es ist eine Tatsache, daß Kaiser Franz Joseph nichts mehr haßte, ja geradezu fürchtete, als den Krieg. Krieg war seiner ganzen Veranlagung, seiner Natur zuwider.

Es ist darüber hinaus eine oft vergessene, mitunter willentlich übersehene Tatsache, daß der Kaiser kein absoluter, sondern ein konstitutioneller Monarch war, als solcher keineswegs allein Verfügungen treffen konnte, seine Regierungen und alle

Experten für den Krieg mit Serbien eintraten (mit gewichtigen Argumenten und im Vollbesitz der eigentlichen Macht!) – von dem großen Verbündeten gar nicht erst zu reden.
Die Überlegungen des alten Kaisers, dem dann die letzte Verantwortung zugeschoben wurde, war die: Sollte der Krieg lokalisierbar sein, sollte er ein günstiges Ende nehmen, so war es für Erzherzog Karl nicht von Schaden, an der Kriegserklärung keinerlei Anteil gehabt zu haben. Ging es aber anders aus – was Kaiser Franz Joseph von Anfang an immer befürchtete –, so sollte der künftige, junge Kaiser mit dem Ausbruch dieses unglückseligen Kriegs in keiner wie immer gearteten Weise verquickt sein, was schließlich ja auch den Tatsachen entsprach. Nach den Überlegungen von Kaiser Franz Joseph konnte das seinem jungen Nachfolger schließlich alles nur von Nutzen sein, was später, im Jahre 1919, als es um das Überleben Österreichs ging, auch von entscheidender Bedeutung war. Kaiser Karl konnte wahrhaftig, mit Fug und Recht von sich sagen, daß er mit diesem Kriege, so tapfer er sich auch als Thronfolger an der Front geschlagen hatte, nicht das geringste zu tun hatte, auch schon deswegen, weil er als Freund und Schüler des Erzherzog-Thronfolgers Franz Ferdinand wie dieser selbst gegen den Krieg als solchen war.
Schließlich erreichte uns in Wartholz aus Wien die Nachricht von der teilweisen Mobilmachung. Es ist überflüssig zu sagen, daß wir von der Rechtmäßigkeit dieses Schrittes überzeugt waren und überzeugt sind, kämpften wir doch als Angegriffene ums Überleben, um den Fortbestand unserer Heimat. Österreich-Ungarn trug an diesem bevorstehenden Waffengang keine Schuld. Ich weiß, daß Kaiser Franz Joseph von Anfang an überzeugt war, daß seine Monarchie nur unter größten Opfern aus diesem Waffengang hervorgehen könne, aber, wie gesagt, es ging unter den damaligen Umständen um das Überleben unseres geliebten Vaterlandes, das, trotz aller Mängel, die ihm gewiß anhafteten, dennoch das Bild einer auf Gerechtigkeit und Toleranz gebauten Ordnungsmacht darstellte, das europäische Gesinnung und Gesittung verkörperte wie kein anderer Staat.
Dennoch, die Kriegserklärung traf uns schwer.
Die Bevölkerung jubelte. In Wiener Neustadt stand Erzherzog Karl im Mittelpunkt stürmischer Ovationen. In Wien kamen die Menschen immer wieder vor unseren Wohnsitz, das kleine Schloß Hetzendorf, um uns zu umjubeln, ihrer patriotischen Begeisterung und ihrer Zuversicht Ausdruck zu geben…

Am 30. Juli berichtet der »Pester Lloyd« aus Wien: »Der König ist mit dem Thronfolger Erzherzog Carl Franz Joseph mittags eingetroffen. Die Straßenzüge vom Penzinger Bahnhof bis zum Schönbrunner Schloß waren bis auf das letzte Plätzchen von einem in unheimlichem Gedränge ausharrenden Publikum aller Gesellschaftskreise Wiens gefüllt. Auch aus der Umgebung Wiens war die Bevölkerung massenhaft herbeigeströmt, um Zeuge des historischen Einzuges des Monarchen zu sein. Beim Eintreffen des Zuges erscholl aus Hunderttausenden von Kehlen wie ein einziger Aufschrei zum Himmel ein ›Hoch‹. Und als der König und der Thronfolger den Wagen bestiegen und durch das dichte Spalier der Menschen, die ganz nahe an den Wagen herandrängten, entlang zum Schlosse fuhren, spielten sich einzig dastehende Szenen der Begeisterung ab. Die Massen waren von der Rührung und Begeisterung übermannt, als sie des geliebten Monarchen ansichtig wurden, der ihnen so lange Jahrzehnte hindurch den Frieden bewahrt hat und nun, eines Sinnes mit seinen Völkern, zum Schwerte zu greifen gezwungen ist. Der König dankte sichtlich ergriffen für die Kundgebungen der Liebe und Treue und Anhänglichkeit des Volkes.«

Einen Tag später, am 1. August 1914, hieß es im »Pester Lloyd«: »Se. kais. und kön. Hoheit der Herr Erzherzog Carl Franz Joseph und seine durchlauchtigste Gemahlin Frau Erzherzogin Zita treffen um 2 h nachmittags im Budapester Ostbahnhofe ein und werden sich über die Rákóczystraße, Kossuth-Lajosgasse, Elisabethbrücke und Albrechtstraße in die kgl. Hofburg begeben.
Es ist das erste Mal, daß Se. kais. und kön. Hoheit als Anwärter auf den ungarischen Thron in unserer Mitte erscheint. Geben wir der darob empfundenen Freude in der Weise Ausdruck, daß wir die Häuser der Straßenzüge beflaggen und die hohen Gäste in den Straßen mit dementsprechender Begeisterung begrüßen!«

Andere Meldungen des Tages: »Der französische Sozialistenführer Jean Jaurès erschossen. Jaurès war ein ehrlicher Feind der nationalistischen Politik, vor allem der Politik eines Krieges, der Frankreich in diesem Augenblick auf die Seite Rußlands stellen sollte. Es ist klar, daß Jaurès aus dem Herzen der Massen sprach, mit dem Herzblut der Massen schrieb, als er in den letzten Tagen gegen die Unterstützung der serbischen Barbaren durch das Kulturvolk Frankreichs im Namen der französischen Arbeiter entschieden protestierte.«
Dann kommt der 2. August 1914, der den triumphalen Einzug von Karl und Zita, dem künftigen ungarischen König und seiner Gemahlin, in Budapest sieht, wie es der »Pester Lloyd« beschreibt: »2 Uhr 30 Minuten nachmittags. Soeben ist der Hofseparatzug mit dem Thronfolgerpaar in der Halle des Ostbahnhofs eingelaufen. Das Thronfolgerpaar wurde, dem Hofsalonwagen entsteigend, mit stürmischen Akklamationen begrüßt.
Der Empfang, der ursprünglich als nicht offiziell erklärt worden war, hat sich zu einer spontanen Festlichkeit entwickelt. Es hatten sich, mit dem Ministerpräsidenten, dem Grafen Stephan Tisza an der Spitze, alle Minister auf dem Perron eingefunden.
Tosender Jubel, brausende Eljenrufe ertönten, als um 2¾ Uhr die Menge des Thronfolgerpaares ansichtig wurde. Der Jubel schwoll immer mächtiger an, und die begeisterten Eljenrufe verschmolzen in einen einzigen, mächtigen, überwältigenden Willkommensgruß. Die Männer hatten das Haupt entblößt und schwenkten die Hüte, die Damen, so wie das in den Fenstern dicht zusammengedrängte Publikum, begrüßten das Thronfolgerpaar mit Tücherschwenken. Der jugend-

liche Erzherzog-Thronfolger, dem die Wärme der Ovationen sichtlich wohltat, dankte nach allen Seiten hin freundlich salutierend für die begeisterte Kundgebung, während seine Gemahlin mit huldvollem Lächeln dem Publikum Grüße zuwinkte. Aus tausenden Kehlen erschollen die Rufe ›Eljen a király! Eljen a trónörökös! Eljen Zita föherczegnö!!‹
Unterdessen dankte der Thronfolger, fortwährend salutierend, das Haupt bald nach rechts, bald nach links wendend, für die Ovationen, Erzherzogin Zita aber mit stetem Kopfnicken. Von Zeit zu Zeit winkte die hohe Frau dem Publikum mit der rechten Hand zu. Diese von einem freundlichen Lächeln begleitete Geste natürlicher Herzlichkeit löste in den Reihen der Menge große Begeisterung aus.
Ein Zwischenfall. Als der Wagen des Erzherzogs die Kreuzung Esküstraße-Vászergasse erreichte, wurde das Pferd eines dort postierten Konstablers scheu und warf den Reiter aus dem Sattel. Der Erzherzog, der den Unfall bemerkt hatte, erhob sich von seinem Sitze, klopfte dem auf dem Bocke sitzenden Leibjäger auf die Schulter und befahl, daß der Kutscher anhalten sollte. Der Wagen blieb augenblicklich stehen. Der Erzherzog wollte schon aus dem Wagen steigen, da rief der abgestürzte Konstabler einem anderen, zu Hilfe eilenden Konstabler zu: ›Nem történt semmi!‹ (Es ist nichts geschehen!) Offenbar hatte der Erzherzog den ungarisch gesprochenen Ausruf des Konstablers verstanden, denn er gab schon im nächsten Augenblick den Befehl zur Weiterfahrt.
Der Jubel wollte kein Ende finden, immer brausender erscholl das ›Eljen a király, Eljen tronörökös, Eljen Zita föherczegno!‹«

Die Menschen hatten gewiß einen guten Grund, freudig gestimmt zu sein, erlebten sie doch alle auf einmal gleichsam die Beseitigung aller Zweifel an der eigenen Kraft. Jahrelang waren wir immer nur Provokationen ausgesetzt gewesen, immer galt es nur auszuweichen, die Feinde zu beruhigen, zu beschwichtigen. Es war rührend zu sehen, welche Liebe und Begeisterung für die große Heimat da aufbrach, wie es erlösend wirkte, endlich die Provokationen der Serben so beantwortet zu sehen. Die jahrelangen Sticheleien und Hetzereien hatten schon so viel Unsicherheit verbreitet, daß es jetzt doppelt verständlich war, daß sich das Volk geeint und mit Begeisterung zur Abwehr der Angriffe zusammenfand. Mit einem Wort: Man war froh über eine klare Lösung.
Bei uns war es doch anders. Man sah doch weiter, dachte weiter, trug unvergleichlich andere Verantwortung. Erzherzog Karl besonders, ich hatte bei ihm ständig das Gefühl, er sehe die jubelnden Menschen so, wie sie schon in kurzer Zeit sein mußten, wie es infolge des Krieges unweigerlich kommen mußte: verhärmt, verarmt, verwundet, tot. Er trug sehr schwer unter dem Eindruck, wie viele von denen, die uns da Treue und Liebe schworen, ihr Leben lassen müßten, und worauf das Ganze schließlich und endlich hinauslaufen mußte.
Ich erinnere mich in diesem Zusammenhang ganz genau an ein Wort, das mir damals Erzherzog Karl sagte: »Ich bin doch wahrhaftig Offizier mit Leib und

Seele, aber ich verstehe nicht, daß die Leute, die doch ihre Verwandten in den Krieg ziehen sehen, so begeistert sein können ...«

Wahrlich, er war deswegen kein Pessimist, auch kein furchtsamer Mensch. Er hatte nur für diese Dinge, wie stets, das richtige Gefühl, in Wien würde man das »G'spür« nennen, vielleicht könnte man auch sagen »politischen Instinkt«. Und der verhieß für eine Auseinandersetzung dieser Art nichts Gutes, weil nach Meinung Erzherzog Karls, das Feuer so um sich greifen werde, daß es keiner mehr unter Kontrolle bekommen würde.

Kaiser Franz Joseph hegte die gleichen Gedanken und stellte ganz ähnliche Überlegungen an. Er war von Anbeginn überzeugt, daß es nicht zu einem, wenn man so sagen kann »einfachen Doppelkrieg« kommen werde, also Österreich und Deutschland gegen Serbien und Rußland, sondern daß noch viele andere Länder hineingezogen werden würden, und beide, sowohl der alte Kaiser als auch sein junger Erzherzog-Thronfolger, standen unter dem Eindruck, ich möchte fast sagen unter dem großen Gefühl, daß so ein gewaltiger Krieg das Ende unserer so geliebten großen Doppelmonarchie bedeuten würde.

Warum es unter all diesen Umständen dennoch zum Krieg kam, das ist eine Frage, die vielleicht in das Unerklärbare, in die Rätsel der Schöpfung hineinreicht. Nicht, daß ich hier einer Mystifizierung oder Geheimnistuerei das Wort reden wollte. Aber unbestreitbar ist, daß die Kräfte des Bösen in Europa – vor allem in dem Gedankengut eines schrankenlosen Nationalismus – ein solches Spannungsfeld aufgebaut hatten, daß die Schüsse von Sarajewo nur mehr das auslösende Moment darstellten, will sagen: die Entladung bewirkten, keinesfalls aber die Ursache an sich darstellten.

Dann kam die totale Mobilisierung.

Erzherzog Karl wurde in das Hauptquartier geschickt. Damals war das Hauptquartier in Galizien. Er ging also vorerst dorthin, weilte einige Zeit in Przemysl, bis die Russen so weit vordrangen, daß die Stadt geräumt werden mußte. Mit einem Auto gelang ihm der Durchbruch. Er mußte ja über weite Strecken durch ein Gebiet, das schon von Russen besetzt war, wo schon Kosaken den Landstrich kontrollierten, gelangte aber glücklich nach Ungarn und dann nach Wien. Er konnte seinem Kaiser aus erster Hand von den Geschehnissen an der Ostfront berichten, vor allem auch über die wunderbare Haltung unserer tapferen Soldaten, die besonders in Przemysl übermenschliche Opfer gebracht hatten.

Unser Hauptquartier befand sich zunächst an der schlesisch-böhmischen Grenze, später in Teschen. Auch dort war Erzherzog Karl zugeteilt, kam jedoch alle paar Tage nach Wien, um dem Kaiser Bericht zu erstatten über alle Vorkommnisse und die Geschehnisse an der Front.

Mit der Zeit ergab es sich, daß diese Tätigkeit zwischen dem Hauptquartier in Teschen und Schönbrunn den Vorstellungen Erzherzog Karls nicht mehr entsprach, weil sie ihn nicht in der bestmöglichen Art zur Entfaltung seiner Fähigkeiten und Möglichkeiten bringen konnte. Es ist zweifellos auch so, daß das Armeeoberkom-

mando in seiner Arbeitsweise und Haltung den Vorstellungen des Erzherzog-Thronfolgers nicht immer gerecht wurde, wohingegen ein Wort des alten Kaisers (wie es Conrad überlieferte), Erzherzog Karl sei dem Armeeoberkommando zugeteilt worden, »damit er etwas lerne«, zweifellos erfüllt worden war.
Alsbald eröffnete sich dem Erzherzog-Thronfolger ein völlig neuer Aufgabenkreis. Der neue Auftrag bestand darin, den Truppen an allen Fronten die Grüße des Kaisers zu überbringen und die tapfersten Kämpfer – im Auftrage des Kaisers – zu dekorieren. Dadurch war es Erzherzog Karl möglich, innerhalb sehr kurzer Zeit nicht nur viele Generäle, Offiziere und Unteroffiziere persönlich kennenzulernen, sondern auch die genauen Umstände, unter denen unsere Soldaten zu kämpfen hatten. Es gab alsbald kaum einen noch so entlegenen Winkel der Front, den der Erzherzog-Thronfolger nicht selbst gesehen, wo er sich nicht durch Augenschein von der Schwierigkeit der Verhältnisse überzeugt hatte.
Kaiser Franz Joseph liebte es, mit Tatsachen, nicht mit Beschönigungen konfrontiert zu werden. Ein wahrheitsgemäßer Bericht, und war er noch so unvorteilhaft, war das einzige, was ihn wirklich interessierte. Erzherzog Karl konnte von all den Schwierigkeiten, denen die Armee gegenüberstand, bedenkenlos berichten. Und Erzherzog Karl sah und erlebte aber in diesen zwei Jahren mehr, als manche Herren des Generalstabs sich träumen ließen. Wenn diese zwei »Lehrjahre« des Thronfolgers irgendwo einen Niederschlag fanden, so in der einen Million Menschen, die in den kommenden Kriegsjahren unter Kaiser Karl an den Fronten ihr Leben bewahren konnten, bewahren deshalb, weil es keinen Oberbefehlshaber gab, der seine Männer bedenkenlos ins Feuer schickte, sondern einen, der jeden Angriff auf seine zwingende Notwendigkeit hin überdachte. Daß wir an den Fronten in den ersten beiden Kriegsjahren allerdings ein überdurchschnittliches Maß an jungen, hervorragenden Offizieren verloren hatten, sollte sich später als nicht mehr wiedergutzumachender Schaden herausstellen.
Inzwischen hatten sich auch meine Lebensumstände entscheidend verändert. Kaiser Franz Joseph ließ uns von Hetzendorf nach Schönbrunn übersiedeln und wies uns ein Appartement an, das einst seine Eltern bewohnt hatten. Wenn Erzherzog Karl von der Front nach Hause kam, ließ er ihn sogleich zu sich kommen und sprach mit ihm über alle Einzelheiten. Dabei kam die Rede nicht nur auf die Ereignisse an der Front, von denen Erzherzog Karl als erstes zu berichten hatte, sondern auch auf des Thronfolgers allgemeine politische Vorstellungen und das Wohl des Volkes, das letztlich, über alle Regierungen und Parlamente hinaus, dem Herrscher anvertraut ist. Ich weiß, daß es heißt, Kaiser Franz Joseph habe niemanden an die Staatsgeschäfte herangelassen. Das stimmt insoferne, als er an Fachleute glaubte, an ihr Können und ihre Berufung, und daß er an viele Dinge daher auch nur Fachleute heranließ. Aber ich weiß positiv, daß er Erzherzog Karl ständig unterrichtet und zum Meinungsaustausch herangezogen hat. Das ging in der Form vor sich, daß er Erzherzog Karl sehr wesentliche Akten zur Durchsicht oder Erledigung mit auf die Reise gab oder ihm zuschicken ließ. Wenn der

Thronfolger zurückkam, sah er die Erledigungen durch und fragte, warum Erzherzog Karl diese oder jene Entscheidungen getroffen oder vorgeschlagen habe, wobei er gewöhnlich mit den Antworten seines Thronfolgers sehr zufrieden war. Gleichzeitig damit erzählte der alte Kaiser ständig von den Erfahrungen, die er selbst im Laufe seines so langen Regentenlebens gemacht hatte, und klärte Karl über die Hintergründe so mancher Entscheidung auf, die er einst hatte treffen müssen. Kaiser Franz Joseph arbeitete ganz bewußt darauf hin, seinen Nachfolger so vollständig und so umfassend wie nur möglich zu informieren. Ich selber verbrachte damals viel Zeit in den Spitälern, zunächst hauptsächlich in Wien, später auch unmittelbar hinter den Frontlinien. Wenn ich zurückkam, mußte auch ich dem Kaiser genau Bericht erstatten, ähnlich wie Erzherzog Karl.

Immer beobachtete ich, mit welcher Sorgfalt der Kaiser jede Einzelheit der Informationen, die ihm zukamen, entgegennahm, wie er sich bemühte, Schwierigkeiten aus dem Weg zu räumen, über den Amtsweg hinweg, dort Hilfe zu leisten, wo sie am notwendigsten war. Wenn ich zur Inspektion in ein Feldspital oder in ein Wiener Lazarett kam, mußte der Besuch unbedingt, wenn auch mitunter sehr kurzfristig, vorher angesagt werden. Es war also niemals der »Alltag«, den ich zu sehen bekam, aber allein schon die Vorbereitungen, das »Herrichten auf Glanz« brachten für die Verwundeten und Kranken manche Erleichterungen und Verbesserungen. Außerdem gewöhnte man sich sehr bald daran, das sozusagen »Normale« in einem Spital von dem zu unterscheiden, was nur für den Besuch arrangiert worden war, und ich lernte bald sehr wohl zu sehen, wo und woran es fehlte. Kaiser Franz Joseph bestand immer auf ungeschminkten Berichten, nicht anders als später Kaiser Karl.

In all den Sorgen und Nöten des Krieges war es für Kaiser Franz Joseph sichtlich eine Freude, uns um sich zu haben, weil er seinen Großneffen Erzherzog Karl sehr liebte. Mich hatte er schon als Braut so herzlich und gütig aufgenommen, und da gab es keine Spur von Fernsein, Distanz oder Zurückhaltung; es war, wie wenn der Vater die Tochter ins Haus nimmt, was ja auch ganz buchstäblich geschah, als wir nach Kriegsbeginn von Hetzendorf nach Schönbrunn übersiedelten.

Dazu kam, daß Kaiser Franz Joseph große Freude an meinen Kindern hatte. Er ließ meinen Sohn Otto öfter kommen und war unendlich gütig mit dem Kleinen, der damals drei Jahre alt war, als wir nach Schönbrunn übersiedelten. Gern ließ er sich von ihm allerhand erzählen, ja er brachte ihm einmal sogar eine Musikbüchse, die der Kaiser selbst als Kind gehabt hatte, und zog sie auf, damit sich der Kleine ebenfalls an diesen Liedern erfreute. Das war auch damals, als er sich wünschte, mit dem kleinen Otto fotografiert zu werden, und das Bildchen als Andenken zu behalten.

Für Kaiser Franz Joseph, der unendlich unter der Last des Krieges litt, den seine Völker auszukämpfen hatten, war das Familienleben mit uns und mit seinen eigenen Kindern der schönste und trostreichste Ausgleich in diesen trüben Tagen.

Waren schon vor Kriegsausbruch die Bedenken des alten Kaisers gegen einen

großen Waffengang für die »Kriegspartei« ein schier unüberwindliches Hindernis gewesen, verstärkten sich die Bedenken des Kaisers während des Krieges selbst immer mehr. Immer deutlicher zeigte es sich, daß die sonst von ihm so geschätzten Fachleute sich über das Ausmaß und die Konsequenzen eines modernen Krieges nicht im klaren gewesen waren. Beide – sowohl der Kaiser als auch Erzherzog Karl – hatten schon alles versucht, um den Ausbruch des Krieges zu verhindern, von dem sie sich keine Lösung der Probleme versprachen. Sie waren beide in diesen Bemühungen nicht allein gewesen. In Frankreich hatte der große Sozialist Jean Jaurès alles versucht, den Krieg zu verhindern – er wurde ermordet. In Deutschland gab es gleichfalls Kräfte, die den Frieden erhalten, später erringen wollten; ich denke dabei vor allem an Erzberger, den ich so gut kannte und mit dem uns so viel Gemeinsames verband. Auch er ist ermordet worden, weil er gegen den Krieg war.
Welch schwere Bedenken Kaiser Franz Joseph sowohl vor als auch nach Ausbruch des Krieges hegte, zeigte sich, als ich ihm nach unserem ersten, großen Sieg in Galizien meine Glückwünsche überbrachte. Der alte Kaiser lächelte gütig und sagte zu mir: »Ja, so beginnt es. Und dann wird es schlechter und schlechter, und diesmal wird der Krieg vollkommen übel ausgehen.«
»Aber Euer Majestät! Das ist doch nicht möglich!« antwortete ich. »Es ist doch so eine gerechte Sache, für die wir einstehen!«
Aber er lächelte nur und sagte in der ihm eigenen, gütigen Art: »Du bist noch sehr jung, daß du an den Sieg der gerechten Sache glaubst, doch diesmal ist es das Ende ...«

Das dritte Kind: Erzherzog Robert von Österreich-Este (geboren 1915)

Wien, 8. Februar 1915:

»Entbindung der Erzherzogin Zita. Erzherzogin Zita, die Gemahlin von Erzherzog-Thronfolger Carl Franz Joseph, ist heute um 3/4 10 Uhr nachts eines gesunden Knaben entbunden worden. Es ist das dritte Kind, das der am 21. Oktober 1911 in Schwarzau am Steinfeld geschlossenen Ehe des Thronfolgers entstammt.
Die ›Korrespondenz Wilhelm‹ veröffentlicht dazu folgendes Bulletin: »Der Allgemeinzustand Ihrer Kaiserlichen und Königlichen Hoheit ist den Umständen entsprechend, der Kräftezustand normal, Temp. 37,2, Puls 78. Der neugeborene Erzherzog ist gesund und kräftig und wiegt 4690 Gramm. Prof. Dr. Heinrich Peham.«
Erzherzogin Zita, die früher ein Appartement in einem oberen Stockwerk des

Schlosses Schönbrunn bewohnte, hat jetzt mit Familie Wohnung im ersten Stock inne. In einem Salon des Appartements wird die Taufe im Beisein des Kaisers vollzogen werden.«

10. Februar 1915:
»Die Taufe des jungen Erzherzogs. Heute um 2 Uhr nachmittag ist im Schloß Schönbrunn, im Beisein des Kaisers, die Taufe an dem zweitgeborenen Sohn des Erzherzogs Carl Franz Joseph und der Erzherzogin Zita im Maria-Theresien-Zimmer vollzogen worden. Als Taufpaten fungierten Erzherzog Max – der Bruder von Erzherzog Karl – und Erzherzogin Maria Theresia. Die Mitglieder des Hofes versammelten sich im Karussellzimmer, das Gefolge und die übrigen geladenen Gäste begaben sich in das Maria-Theresien-Zimmer, das zur Kapelle ausgestaltet worden war. Ein Altar war errichtet, und aus der Geistlichen Schatzkammer des Kaiserhauses war ein kostbarer Gobelin, darstellend die Taufe Christi im Jordan, zum Schmucke des Gemaches verwendet worden. Mehrere Reihen Fauteuils standen im Zimmer. Als für die Zeremonie alles bereit war, begab sich der Kaiser mit den Mitgliedern des Kaiserhauses in das Kapellengemach. Der Täufling wurde von der Obersthofmeisterin, Gräfin Gabriele Thun, zum Altar getragen. Dann vollzog der Hofburgpfarrer, Prälat Dr. Seydl, den Akt der Taufe. Der neugeborene Erzherzog erhielt die Namen Robert, Karl Ludwig, Max...«
Was die Berichterstatter nicht hören, ist, was der alte Kaiser voll Freude zu der glücklichen jungen Mutter sagt: »Ich bin so froh, daß jetzt das Ganze bereits auf zwei Paar Bubenaugen ruht...«

Fünfundzwanzig Jahre später, während des Zweiten Weltkrieges, sollte das Schicksal Österreichs tatsächlich und uneingeschränkt auf meinen Söhnen ruhen; ohne meinen Sohn Robert und seine Freundschaft mit Churchill wäre es nie zu der »Moskauer Deklaration« gekommen, deren Mitautor er war... Aber ich soll den Geschehnissen nicht vorgreifen, zumal es auch 1915 bereits sehr hart um den Bestand unseres Landes ging, auch wenn man es damals vielleicht noch nicht so allgemein erkannte...

Was sich sonst an diesem Tage in der Reichshaupt- und Residenzstadt tat? – »Kammersängerin Selma Kurz gab heute im Konzerthaussaale unter Mitwirkung von Professor Alfred Grünfeld einen Liederabend. Es war ein Triumph des Wohlklanges und der Vollkommenheit. Für die Schar der Kurz- und Grünfeld-Enthusiasten sind die großen Wiener Säle zu eng... Zum Schlusse: ›Frühlingsstimmenwalzer‹ von Johann Strauß. Muß man in Wien noch erzählen, wie das singt und klingt? Und das Publikum ruhte nicht, bis Frau Kurz die Pagenarie aus ›Maskenball‹ sang. Aber gerade nach den vorzüglichsten Koloraturen, Stakkati, Läufen und Trillern klingt der Wohllaut der ruhig und frei strömenden Stimme in uns nach: betörend und immer aufs neue überraschend – wie ein Wunder...« und

»Der amerikanische Botschafter in Wien, Penfield, erhielt heute aus New York 15 000 Kronen für die notleidende Bevölkerung Galiziens. Der größte Teil des Betrages wurde durch ein Konzert hereingebracht, das die berühmte Sängerin Marcella Sembrich, bekanntlich eine Polin, in New York gab.«

Penfield... er war einer unserer besten persönlichen Freunde. Wie oft haben wir ihn zum Tee eingeladen, ihn und seine Frau! Und er hat für uns alles getan, ich glaube fast sagen zu müssen: bis an die Grenzen des für ihn Erlaubten, vielleicht sogar darüber hinaus.
Oft hatten wir den Eindruck, Amerika suche schon nach einem Anlaß zum Kriegseintritt, zumindest dürften aus Washington gelegentlich Anfragen gekommen sein im Sinne von: Wie verhalten sich die Österreicher? Gibt es keinen Grund zum Protest? Können wir nichts gegen sie unternehmen?
Penfield liebte Österreich, und wir unternahmen selbstverständlich alles Mögliche, um ihn in dieser Sympathie zu bestärken; abgesehen davon, daß er persönlich ein liebenswürdiger, charmanter Mensch war, ging es darum, Österreich-Ungarn aus einem Konflikt mit den Vereinigten Staaten herauszuhalten – wir waren immer davon überzeugt, daß solch eine Wendung unser Schicksal endgültig besiegeln würde. Aber noch bestanden gewisse Chancen, noch bestand Hoffnung, wenigstens diesen Konflikt verhindern zu können. An uns sollte es nicht liegen.
Und was solche Kleinigkeiten wie wiederholte Einladungen zu uns bedeuteten oder, zwischendurch, so ein Konzert in New York, das der Öffentlichkeit in den USA zeigte, wie die Stimmung bei uns wirklich war, das versteht man gerade in Österreich sehr gut. Ich meine, aufgrund meiner Beobachtungen sagen zu dürfen, daß sich an diesem Stil der alten k.u.k. Diplomatie bis heute wenig oder nichts geändert hat...

Ein Jahr später traten die Vereinigten Staaten dennoch in den Krieg ein; 1918 kam der Zusammenbruch der Mittelmächte. Das Kaiserpaar wurde, nach einem Aufenthalt in der Schweiz und dem zweimaligem Versuch Kaisers und Königs Karl, in Ungarn wieder die Herrschaft auszuüben, 1921 nach Madeira verbannt.
Erzherzog Robert war sechs Jahre alt, als sein entzündeter Blinddarm die Weltöffentlichkeit bewegte und die Machthaber in den Nachfolgestaaten vom Schlage eines Beneš oder Horthy in Alarmstimmung versetzte. Kaiser und König Karl befand sich damals mit Kaiserin Zita schon seit einiger Zeit auf Madeira; der zweitälteste Sohn, Erzherzog Robert, war mit seiner Erzieherin, Gräfin Korff-Schmising-Kerssenbrock, noch in der Schweiz.
In Dokumenten des schweizerischen Polizeiarchivs ist nachzulesen:

»Ihre Majestät die Kaiserin und Königin Zita bittet den hohen Bundesrat um die Erlaubnis, für die Blinddarmoperation ihres zweiten Sohnes, des sechsjährigen Erzherzogs Robert, sowie für die auf die Operation folgenden Tage in die Schweiz kommen zu dürfen. Ihre Majestät verpflichtet sich für die Dauer ihres Aufenthaltes in der Schweiz, alle von dem hohen Bundesrate gewünschten Garantien zu geben und sich allen Bedingungen, Überwachungsmaßnahmen und sonstigen Wünschen des hohen Bundesrates zu fügen, wenn ihr heißer Wunsch, in diesen für eine besorgte Mutter schweren Stunden bei ihrem Kinde sein zu dürfen, erfüllt werden möge. Ein ärztliches Attest von Prof. Feer, Zürich, liegt bei. Genehmigen Sie, Herr Bundesrat, die Versicherung meiner vollkommenen Hochachtung.

Therese Schmising-Kerssenbrock,
Aja der kaiserlichen Kinder

Schloß Wartegg bei Staad, 3. XII. 1921«

Es gereicht den Schweizern zur Ehre, wie schnell sie auf dieses Gesuch reagierten (Auszug aus dem Protokoll der Sitzung des schweizerischen Bundesrates vom Montag, dem 5. Dezember 1921):

»Zita von Habsburg. Einreise in die Schweiz. Dringend. Mündlich.
Vor einiger Zeit sprach eine Gräfin Therese Schmising beim Vorsteher des politischen Departements vor und teilte mit, der zweite, nicht eben kräftige Sohn Karls von Habsburg müsse sich vor seiner Ausreise nach Madeira einer Blinddarmoperation unterziehen. Die Gräfin fragte an, ob der Mutter des Knaben gestattet würde, in die Schweiz zu kommen, um während der Zeit der Operation und der Genesung bei ihrem Kinde zu sein.
Als die Gräfin auf Befragen erklärte, die Operation werde kaum lebensgefährlich sein, lehnte der Chef des politischen Departements ab, wobei er bemerkte, die Eltern des Knaben hätten sich durch ihr Verhalten wahrlich keinen Anspruch auf eine besondere Rücksichtnahme der schweizerischen Regierung erworben.
Am 3. Dezember sprach nun, in Vertretung des Botschafters, der französische Legationsrat de Lacroix auf dem politischen Departement vor und erklärte, die Frau Zita von Habsburg habe sich an die Botschafterkonferenz mit der Bitte gewandt, ihr die Ausreise aus Madeira zu gestatten, um ihre Kinder aus der Schweiz abzuholen und dem zweiten Sohne in der Operationszeit beizustehen; die Botschafterkonferenz ist der Auffassung, diesem Vorhaben stehe nichts entgegen. Prof. Clermont in Zürich erachtete es für nötig, den Knaben vor der Abreise nach Madeira zu operieren, und meint, daß eine Anwesenheit der Mutter im Interesse des Kindes und auch deshalb wünschenswert sei, weil die Operation doch nicht als gänzlich gefahrlos bezeichnet werden könne.
In der Beratung wird betont, wenn es auch richtig sei, daß das Habsburger-Ehepaar keine Rücksicht verdiene, so müsse doch gesagt werden, daß die Einreise der Frau Zita gegenwärtig keinerlei Gefahr für das Land mehr biete und daß aus rein menschlichen Erwägungen, namentlich auch mit Rücksicht auf den an dem tadelnswerten Verhalten der Eltern ja gänzlich unschuldigen Knaben, geboten erscheine, der Mutter die Einreise zur Pflege ihres Kindes zu gestatten.

Während ihres Aufenthaltes in der Schweiz soll die Gesuchstellerin in geeigneter Weise überwacht werden.

Für getreuen Auszug
Der Protokollführer
(Unterschrift)

Aufzeichnung über den Empfang der Exkaiserin Zita in Basel am 12. Jänner 1922.
»Die Exkaiserin ist über folgende Punkte zum voraus verständigt worden:

1. Einreise erst unmittelbar vor festgesetzter Operation.
2. Ausreise, sobald jede Gefahr für das Kind vorüber ist.
3. Vorherige dokumentarische Zusicherung ungehinderter Ausreisemöglichkeit.
4. Der gewünschte Aufenthalt auf Schloß Wartegg kann nicht gestattet werden. Die Exkaiserin hat in der Anstalt »Paracelsus« Wohnung zu nehmen.

Die Direktion der Polizei des Kantons Zürich hat auf unser Ansuchen Polizeiwachtmeister Ernst Fischer als Begleit- und Überwachungsperson bezeichnet. Er hat im »Paracelsushaus« Wohnung zu nehmen. Vor ihrer Einreise ist uns eine spontane schriftliche Erklärung der Exkaiserin vorgelegt worden, wonach sie sich jeder Überwachungsnahme anstandslos unterziehe.
Die Botschafterkonferenz haben wir mit aller wünschbaren Deutlichkeit wissen lassen, daß wir dritten Staaten gegenüber absolut keine Gewähr für irgendwelche Vorkommnisse übernehmen werden.
Die Exkaiserin traf mit dem Pariser Zug am 12. dieses, morgens 6.05, in Basel ein und war in Begleitung von Fräulein de Sépibus und eines Grafen Saldanha, eines in Luxemburg sich aufhaltenden Portugiesen. Unmittelbar nach der Begrüßung äußerte sie den Wunsch, in die Messe zu gehen; ich bedeutete ihr, daß dazu zu meinem größten Bedauern die Zeit nicht reiche. Inzwischen wurden die Paß- und Zollformalitäten erledigt. Die Exkaiserin reist mit einem in Funchal (Madeira) ausgestellten portugiesischen Paß unter dem Namen Contessa de Lusace, heimatberechtigt in Lucca. Der Paß trägt bereits den portugiesischen Rückreise-Sichtvermerk für sie und die 6 Kinder.
Um 7 Uhr 12 setzten wir die Reise nach Zürich fort. Trotz der frühen Morgenstunde hatte sich auf dem Bahnsteig zahlreiches neugieriges Volk eingefunden.
Gleich nach der Abfahrt verließen Fräulein Sépibus und Herr Fischer von Ankern das Abteil, worauf die Exkaiserin sagte, sie hätte eine große Bitte auf dem Herzen, und zwar handle es sich um folgendes: Der Kapitän des Kreuzers ›Cardiff‹, der das Kaiserpaar nach Madeira brachte, habe auf der Höhe von Gibraltar die Radio-Order erhalten, dem Kaiser das Ehrenwort abzunehmen, daß er keinen Fluchtversuch mache, wenn der Dampfer in Gibraltar anlege. Bei der Mitteilung dieser Order an den den Kaiser begleitenden Grafen Hunyady habe der Kapitän bemerkt, das erscheine ihm freilich eine geringe Garantie, da man gehört habe, der Kaiser hätte der Schweiz gegenüber sein Ehrenwort gebrochen. Der Kaiser habe

darauf, auf das peinlichste überrascht, geantwortet, das sei ein absoluter Irrtum, und er glaube auch nicht, daß in der Schweiz dieser Vorwurf gegen ihn erhoben worden sei. Für alle Fälle, sagte die Exkaiserin, habe sie den formellen Auftrag, beim Bundesrat, wenn möglich, eine Richtigstellung zu veranlassen.

Ich mußte, wohl oder übel, der Exkaiserin auf dieses politische Gebiet folgen und erwähnte den Inhalt unseres ihr angeblich bis heute noch gänzlich unbekannten Communiqués vom 22. Oktober 1921. Die Exkaiserin war darüber sichtlich bestürzt und sagte, sie habe nun doppelten Grund, die ihr übertragene Mission zu erfüllen.

Dem Bundesrat läßt der Exkaiser folgendes mitteilen: Er stehe noch heute in guten Treuen auf dem Standpunkte, der Schweiz gegenüber sein Ehrenwort nicht gebrochen zu haben. Er berufe sich dabei auf die Unterredung mit Herrn Minister Dinichert vom 18. Mai 1921, wo er bei dem Passus der vorherigen Ankündigung einer beabsichtigten Ausreise, den Vortragenden unterbrechend, eingewendet habe, er verstehe darunter natürlich bloß ›die Ausreise in ein anderes Exil‹, wobei er als selbstverständlich angenommen habe, daß Ungarn für ihn eben kein Exil sei und daß er eine derartige Verpflichtung, in Ansehung seines geleisteten Eides, auch nie hätte eingehen können. Bei einer nochmaligen Wiederholung der von Herrn Minister Dinichert vorgetragenen Bedingungen habe der Kaiser noch einmal ausdrücklich das Wort ›Exil‹ betont und sei in der Meinung gewesen, diese von ihm geltend gemachte Interpretation des nicht ganz klaren Textes werde dem Bundesrate ›zur Prüfung unterbreitet‹. Nachdem eine Antwort aus Bern ausgeblieben sei, habe er annehmen müssen, man hätte seiner Interpretation beigepflichtet. Da man ihn aber nachträglich angeblich des Wortbruches beschuldige, sei er es seiner und seines Hauses Ehre schuldig, seine Auffassung durch den Mund der Kaiserin zur Kenntnis des Bundesrates zu bringen.

Ich habe nicht unterlassen, die Exkaiserin auf die Tatsache hinzuweisen, daß Baron Hye bei der Überbringung des Briefes an Herrn Bundespräsidenten Schulthess auf dessen Bemerkung: ›Dann hat also Ihr König das Wort gebrochen‹, keine andere Entschuldigung wußte als den Hinweis auf die Entbindung von diesem gegebenen Wort durch den seinem Lande Ungarn geleisteten Eid. Die Exkaiserin sagte, es sei ihr unverständlich, daß Baron Hye, der doch so oft in Hertenstein gewesen sei, nicht die Auffassung seines Kaisers verteidigte, die er doch gewußt habe.

Ich erinnerte die Exkaiserin ferner an meine eigene Unterredung mit Boroviczény vom 5. Oktober 1921, wo mir dieser wörtlich erklärte: ›Der Kaiser denkt nicht daran, das Land zu verlassen.‹ Sie fiel mir ins Wort und sagte, zu einer solchen Erklärung sei Boroviczény nie ermächtigt gewesen, einen solchen Auftrag hätte der Kaiser auch nie geben können.

Die Exkaiserin drückte den dringlichsten Wunsch aus, mich vor der Abreise noch einmal zu sehen, und bat, ihr zu Händen des Kaisers den Bescheid des Bundesrates zu überbringen, dieser Bescheid müsse sicherlich eine befriedigende Aufklärung des für sie hochwichtigen »Mißverständnisses« enthalten.

Die Exkaiserin legte dieser Angelegenheit eine derartige Wichtigkeit bei und verteidigte ihre Stellungnahme so lebhaft und wohlvorbereitet, daß die Vermutung wirklich naheliegt, diese Mission bilde vielleicht den Hauptzweck dieser Schweizerreise.
Sie berührte dann noch die Vorgänge in Hertenstein, beteuerte die Unschuld des Bischofs Dr. Seydl, von Ledóchowski und Schonta, gab aber ziemlich unumwunden zu, daß Werkmann in die Pläne des Kaisers eingeweiht war.
Nach dem Wiedereintritt der beiden Mitreisenden drehte sich das Gespräch nur mehr um die Ereignisse auf Madeira.
In Zürich ging die Ankunft fast unbemerkt vor sich. Am Bahnhof war die Erzherzogin Maria Theresia. Ich fuhr mit den beiden Damen in die Anstalt »Paracelsus«, wo ich die Exkaiserin dem Polizeiwachtmeister Fischer vorstellte und mich dann verabschiedete. Die Unterkunft im »Paracelsus« ist für eine ausgiebige Bewachung denkbar günstig. Es sind vier ineinandergehende Räume mit anschließender Hauskapelle im sonst unbewohnten ersten Stock belegt. Die Kinder kommen nur besuchsweise aus Wartegg.
Bern, 12. Januar 1922 Egger«

Die Überlegungen von Herrn Egger stimmten bis zu einem gewissen Grad. Selbstverständlich galt mein Besuch in der Schweiz von der Insel Madeira aus – wo der Kaiser allein zurückgeblieben war – in erster Linie dem Wohle der Kinder. Aber der Vorwurf des Wortbruchs, der den Kaiser gerade aus der Schweiz getroffen hatte, beunruhigte ihn zutiefst. Daß er nicht zutreffend war, erübrigt sich wohl zu sagen. Ich versuchte daher, im allerhöchsten Auftrag, dieses bedauerliche Mißverständnis aufzuklären.
Der Hauptzweck meiner Reise, die Operation meines Sohnes Robert, verlief zum Glück ohne jegliche Komplikation.

Wie nicht anders zu erwarten, setzten die Herren Beneš und Genossen alle Hebel in Bewegung, um die Weltöffentlichkeit wieder einmal mehr auf die Gefährdung des Friedens durch – nun ja, wodurch eigentlich? – hinzuweisen.
Am 17. Jänner 1922, abends um 20 Uhr 15 noch, schickte der schweizerische Legationschef in Rom ein Telegramm nach Bern:

»Die römischen Zeitungen melden, daß Königin Zita mit ihrem ältesten Sohn in Budapest erwartet wird.
Der tschechoslowakische Minister hat mich informiert, daß diese Nachricht vollkommen wohlbegründet ist. Prag betrachtet die Rückkehr der Königin als sicheren Casus belli mit Ungarn. Minister drückt Hoffnung aus, daß die Schweiz alle Maßnahmen ergreift, um Verschwinden der Königin zu verhindern, da Flucht schweren Konflikt nach sich ziehe. Brief folgt.
Schweizerische Legation«

Nun, die Schweizer ließen sich nicht vergeblich warnen. Während die Mutter, schwer bewacht, am Krankenbett ihres Sohnes in Zürich weilte, erließ das Polizeikommando des Kantons St. Gallen einen strengen Dienstbefehl zur Überwachung des Schlosses Wartegg, in dem es heißt: »Die Wache hat die Aufgabe, jeden Verkehr mit dem Schlosse zu beobachten. Außergewöhnliche Bewegungen, vermehrte Besuche, Abreisen, auffälliger Autoverkehr etc. sind sofort telephonisch anher zu melden ...« –
Dazu die »Neuen Züricher Nachrichten«:

»Die ersten Tage scheinen ohne besondere Ereignisse verlaufen zu sein. Angehörige des Hauses Habsburg besuchten die Kaiserin und den operierten kleinen Erzherzog. Auch den in Schloß Wartegg am Bodensee sich aufhaltenden Kindern der Kaiserin, die sie während mehr als zwei Monaten nicht mehr gesehen hatte, war es gestattet worden, ihre Mutter zu besuchen.
Sie trafen eines Tages, zu Anfang des Zürcher Aufenthaltes, vormittags im »Paracelsus« ein. Wir wußten zufällig um die Ankunft der Kinder und passierten das Trottoir und haben den unbeschreibbaren Jubel, mit dem die kleine Schar in das Haus und in die Arme der Mutter stürmte, mit eigenen Ohren gehört. Ob dieser Jubel wider die Wünsche der Vertreter der Kleinen Entente und der Pariser Botschafterkonferenz war, wissen wir nicht. Aber wir empfanden es mit vielen anderen als eine Härte, daß die Kinder gleichen Abends, um 5 Uhr, ihre Mutter wieder verlassen mußten. Wir haben keine Feststellung gemacht, von wo aus diese anscheinend strikte Vorschrift ergangen ist. Man wird wohl kaum sagen, daß Staatsnotwendigkeiten dies erforderten. Oder wollte irgendwer den harten Landvogt spielen?«

Herr Egger vom Außenamt in Bern überreichte am 19. Jänner nachmittags das Aide-Mémoire, das der französische Botschafter im Auftrage der Botschafterkonferenz Bundesrat Motta übergeben hatte. Die Kaiserin las das Dokument aufmerksam durch und bemerkte zum Schluß, sie begreife wirklich nicht, weshalb die Herren in Paris so ängstlich seien. »Lächelnd fügte sie bei, ob man wirklich glaube, sie vermöge die gegenwärtige politische Lage nicht selbst so weit richtig einzuschätzen, um zu erkennen, daß irgendein Plan zur Wiedererlangung des Thrones heute von vornherein zum Scheitern bestimmt sei. Sie bat mich dringlich, dem Bundesrat mitzuteilen, er möge durchaus beruhigt sein.«
Noch einmal sollte sich Herr Legationsrat Egger mit diesem Problemkreis beschäftigen müssen:

»Die Abreise der Exkaiserin Zita

Am Vorabend der auf den 21. Januar über Basel vorgesehenen Ausreise der Exkaiserin Zita wurden wir von Herrn Fischer-Ankern, der behufs Paßvisierung auf der französischen Botschaft vorsprach, davon verständigt, daß die Botschaft

sich weigere, die Pässe für die Ausreise über Basel zu visieren. Die Botschaft verlangte die Ausreise über Genf und eine ununterbrochene Fahrt durch Frankreich nach San Sebastian.
Unter Hinweis auf unsere bis in alle Einzelheiten getroffenen Maßnahmen schlugen wir vor, die Kaiserin nach Mühlhausen zu leiten, von wo sie nach Straßburg könnte und so, ohne Paris zu berühren, raschestens nach Lyon gelange. Der Botschafter nahm aber eine schroff ablehnende Haltung ein, so daß nichts anderes übrigblieb, als die neuen Bedingungen anzunehmen.

Herr Allizé diktierte folgenden Fahrplan:

Abreise von Genf	Samstag	19.25 Uhr
Ankunft Lyon	Samstag	23.17 Uhr
Abreise Lyon	Sonntag	6.45 Uhr
Ankunft Bordeaux	Sonntag	20.10 Uhr
Abreise Bordeaux	Montag	3.55 Uhr
Ankunft San Sebastian	Montag	8.45 Uhr

Meinen Hinweis, die Reise dürfte doch für eine Dame, die sich überdies noch in anderen Umständen befinde, etwas ermüdend sein, quittierte Herr Allizé mit der kurzen Bemerkung, die Instruktionen der Botschafterkonferenz seien darüber formell und ließen keine Änderung zu. Die Umstellung der Reise nahm die Exkaiserin mit der Bemerkung auf, die Franzosen seien eben so liebenswürdig, daß sie auf der Rückreise noch ein anderes Stück von Frankreich zeigen wollten. In Genf hatten die Abendblätter bereits die bevorstehende Ankunft gemeldet.
Auf Wunsch der Exkaiserin fuhr ich mit ihr ins ›Hôtel de l'Ecu‹. Sie bat mich, noch mit ihr zu speisen, und benützte diesen Anlaß, um mir zu Händen des Bundesrates zu sagen, wie sehr dankbar sie für all das große Entgegenkommen sei, das die Schweiz ihr entgegengebracht hätte.
Im Bahnhof, wo ein reserviertes Abteil bereitstand, verabschiedete sie sich von mir in der allerherzlichsten Weise. Fräulein de Sépibus blieb im letzten Augenblick zurück, nachdem der Bruder der Exkaiserin, Prinz Xavier von Bourbon-Parma, die Begleitung durch Frankreich übernehmen wollte.
Die Kinder, mit Ausnahme des Patienten, Erzherzog Robert, werden in den nächsten Tagen ebenfalls via Genf-Lyon-Bordeaux nach Lissabon reisen, begleitet von Gräfin Mensdorff und Herrn von Fischer-Ankern. Gräfin Mensdorff geht mit nach Madeira, Herr von Fischer-Ankern kehrt wieder zurück und wird ungesäumt nach Österreich ausreisen.
Erzherzog Robert soll nach der Erholung in Begleitung der Gräfin Kerssenbrock im Monat Februar nachfolgen. Zu diesem Zeitpunkt wird auch Erzherzogin Maria Theresia unser Land endgültig verlassen.

23. Jänner 1922 Egger«

Übrigens durfte ich erst nach Überschreiten der französischen Grenze mit meinem Bruder zusammentreffen ... Dafür brauchte ich ihn dann um so dringender für eine praktische Hilfeleistung. Die französische Regierung hatte nämlich freundlicherweise wohl einen Extrawaggon für mich an den Zug ankuppeln lassen, doch war dafür der Wagen sinnigerweise nicht geheizt – und das im Jänner. So flüchteten wir uns dann in ein Abteil eines anderen Waggons, und die Odyssee durch Frankreich konnte beginnen. Sogar mit einer Übernachtung in Bordeaux; mein Bruder hatte das durchgesetzt. An der Grenze von Spanien ließ mich dann König Alfons durch seinen Flügeladjutanten einholen, der mich bis Madrid geleitete, wo ich meine Kinder aus der Schweiz erwartete, die man sogar über Paris hatte reisen lassen.
Wir trafen uns dann wieder in Spanien, mitten in der Nacht, mitten auf einer Wegkreuzung ... ich kann das nicht recht erzählen, welche Freude ich empfand, die Kinder wieder bei mir zu haben.
Die Reise ging dann weiter nach Lissabon und alsbald nach Madeira, wo uns der Kaiser erwartete. Die Freude des Kaisers, wieder mit seinen Kindern vereint zu sein, war einfach unbeschreiblich.
Nur Robert fehlte noch, aber auch der würde bald nachkommen, er erholte sich gut, wie wir von unserer Korffi, der Gräfin Kerssenbrock, hörten, und er war bei ihr auch in besten Händen ...

Autobiographische Skizze
Erzherzog Roberts von Österreich-Este

»Robert Habsburg-Lothringen: geboren am 8. Februar 1915 in Wien. Volksschulunterricht in Spanien, Mittelschul-Privatunterricht nach ungarischem und österreichischem Lehrplan, dann am Collège St-Michel in Brüssel. Universität Löwen, Doktor der Staatswissenschaften und der Wirtschaftswissenschaften. Licencié der Sciences Diplomatiques. Nach Erledigung meiner Prüfungen an der Universität Löwen, im Juni 1939, ging ich nach London, wo ich, des Krieges wegen allerdings, nur wenige Monate in einer großen Exportfirma arbeitete. Im September 1939 sperrten wir zu.
Bis zum Beginn der deutschen Offensive am 10. Mai 1940, einen Tag, nachdem wir den Geburtstag unserer Mutter gefeiert hatten, pendelte ich noch mehrmals zwischen Steenockerzeel und London hin und her. Damals nahm ich auch im Auftrag meines Bruders Otto die ersten Kontakte mit der britischen Regierung auf, wobei es um die Aufstellung eines österreichischen Nationalkomitees unter der Führung des ehemaligen österreichischen Botschafters in London, Sir George Frankenstein, ging. Die britische Regierung war grundsätzlich damit einverstanden, forderte allerdings, daß in diesem Komitee alle österreichischen Parteirichtungen vertreten sein müßten. Da sich die Sozialisten unentwegt weigerten – sie waren an der Wiedererrichtung eines unabhängigen Österreich völlig desinteres-

siert, im Gegenteil, sie hielten den Anschluß als solchen für richtig –, brachen unsere Verhandlungen mit der Regierung zusammen.
Im Jahr 1940 lebten an die 30 000 österreichische Emigranten in Großbritannien. Jetzt versuchten wir, wenigstens irgendeine Art von österreichischer Vertretung aufzubauen, doch auch das wurde wegen der Obstruktion der Sozialisten ein Fehlschlag. Schließlich galten dann die Österreicher ebenso als ›enemy aliens‹, als Feinde, wie die Deutschen. Wie die Deutschen, wurden daher alsbald auch die Österreicher auf die Insel Man geschickt, von wo sie, sobald genügend Schiffsraum zur Verfügung stehen würde, nach Neuseeland, Australien oder Südafrika hätten deportiert werden sollen. Nach endlosen Bemühungen erhielt ich die Erlaubnis, eine Liste von mehr als tausend Personen aufzustellen, die nicht in die Lager kommen sollten. Baron Frankenstein und ich mußten bei jedem einzelnen Namen gegenzeichnen. In dieser Zeit erschien auch das erste österreichische Monatsheft in England, was unsere Arbeit ein wenig erleichterte.
Unsere hilfreichen Freunde waren damals Lord Halifax und selbstverständlich Sir Winston Churchill, auch Mr. Amery, ein begeisterter Bergsteiger, und Hoare Belisha. Unser Todfeind war Anthony Eden. Er stellte damals die höhnische Frage: ›Was ist das, Österreich? Fünf Erzherzöge und ein paar hundert Juden, nicht wahr?‹
Als Frankreich im Juni 1940 fiel, kamen Charles de Gaulle und Gaston Pallewski herüber, mit denen wir sofort den engsten Kontakt fanden. Als auch die belgische Regierung nach der Besetzung ihres Landes herüberkam, hatten wir in Paul Henri Spaak einen hervorragenden Verbündeten. Er versuchte, mit allen ihm zur Verfügung stehenden Mitteln, auf seine österreichischen Parteigenossen Druck auszuüben – leider vergebens. Immerhin gelang es uns, im britischen Unterhaus einen ›Club der Freunde Österreichs‹ aufzubauen. An der Spitze dieser Gruppe standen Victor Cazalet, Henry Chips Channon und Kenneth Pickthorn. Cazalet war auch ›liaisonofficer‹ zu den Polen; er kam dann mit Sikorski, bei dem bekannten Flugzeugunglück vor Gibraltar, ums Leben.
Der Höhepunkt unserer Bemühungen schien schließlich die Kontaktaufnahme mit Ján Masaryk zu sein. Ján Masaryk, der Sohn des Präsidenten, war sehr zugänglich. Ich erinnere mich an eine Begegnung im strömenden Regen, als er mich in seinen Wagen einlud, den er selbst chauffierte; als ich neben ihm saß, sagte er: ›Seh'n Sie, das ist Familientradition, mein Großvater war Kutscher bei Erzherzog Franz Ferdinand . . .‹
Sogar zu einem gemeinsamen Essen mit Beneš ist es, dank der Bemühungen Masaryks, gekommen. Das war dann freilich ein absoluter, vollkommener Fehlschlag: Beneš befand sich bereits völlig in den Händen der Kommunisten; ich glaube, sagen zu dürfen, er hatte sich und sein Land bereits mit Haut und Haaren verkauft. Und was uns betraf, galt noch immer sein berühmtes ›Lieber Hitler als Habsburg‹.
Obwohl er, wie einst in den Tagen des unseligen Lord Northcliffe, alle Hebel

gegen Österreich in Bewegung setzte, brachten wir es dennoch zustande, auch im House of Lords eine Gruppe der ›Freunde Österreichs‹ aufzustellen; die Führung hatte dort Lord Nathan of Churt inne. Sehr engen Kontakt pflegten wir mit den Polen.

Salezky war damals Präsident, General Sikorski (ein ehemaliger k.u.k. Offizier) Oberbefehlshaber. Die Polen halfen uns, wo sie nur konnten. So wagten wir denn auch einen neuen Versuch, den rechtlichen Status der Österreicher aus dem der ›enemy aliens‹ in jenen der ›aliens‹ umzuwandeln. Dank der Interventionen Churchills, Amerys und Salisburys gelang dieser Schritt auch, was für tausende Österreicher in der Emigration eine unendliche Erleichterung bedeutete.

Jetzt schien auch der Zeitpunkt gekommen zu sein, um endlich eine gemeinsame österreichische Vertretung aufzubauen, was für die Zukunft Österreichs – wäre der Plan gelungen – von nicht abzuschätzender Bedeutung gewesen wäre.

Abermals scheiterte unser Versuch an der gemeinsamen Aktion der österreichischen Sozialisten und der Todfeinde Österreichs in der mächtigen Gruppe um Beneš. Dennoch gelang mir damals etwas, das Österreichs Schicksal entscheidend beeinflußte.«

Wie es zur »Moskauer Deklaration« kam

»Über persönlichen Wunsch Churchills erarbeitete ich im Jahr 1943 mit ihm und seinem Stab den Text einer Österreich betreffenden Resolution, die er für Moskau vorbereitete. Der Grundgedanke, den ich damals in den Wortlaut der später als ›Moskauer Deklaration‹ bekanntgewordenen Erklärung hineintragen konnte, war, daß Österreich das erste von Hitler überfallene Land sei und daß es daher seine Freiheit und Unabhängigkeit zurückerhalten müsse. Unser Text ist schließlich, gegen eine gewaltige Opposition von seiten Stalins, aber dank der Unterstützung Roosevelts (den inzwischen mein Bruder Otto in den USA unter ganz ähnlich gelagerten Umständen und Widerständen bearbeitet hatte) angenommen worden; leider ist allerdings auch die Handschrift Stalins und seiner Komplizen zum Tragen gekommen.«

Die Vorgeschichte ist besonders dramatisch; ihr wichtigstes Kapitel spielte sich im Kriegshauptquartier Churchills – in dessen Schlaf- und Kommandozimmer der »Cabinet War Rooms« in London am St. James Park ab.

Knapp vor der Abreise des Premierministers zur Unterredung mit Roosevelt in Quebec ereilte Erzherzog Robert mitten in der Nacht ein Anruf, er möge augenblicklich zu Churchill kommen. Der Erzherzog folgte der Aufforderung sofort. Roberts Bericht über diese für Österreichs künftiges Schicksal entscheidende Begegnung mit Winston Churchill: »Bei jedem seiner Schritte hat er sich vorher *informiert.* Diesmal war ich der Informator.

Ich wußte aus verschiedenen Vorgesprächen, besonders mit Jock Colville, was auf mich zukommen würde und folgte bei diesem nächtlichen Besuch so wie immer und da erst recht meinem Grundsatz: Nie ohne Memorandum. Im Laufe des Gesprächs überreichte ich die von meinen Mitarbeitern und mir ausgearbeiteten Grundzüge hinsichtlich Österreichs Zukunft, die im wesentlichen auf zwei Dinge hinausliefen:

1. Österreich trifft *keine Kriegsschuld,* es ist vielmehr das *erste Opfer* der Nationalsozialisten gewesen; und
2. Österreich muß als unabhängiger Staat wiedererrichtet werden.

Ich erinnere mich, wie Churchill in dem sehr langen Gespräch meinte: ›Die Katastrophe nach dem Ersten Weltkrieg war die Zerschlagung der Donaumonarchie. Wir dürfen nach diesem Kriege nicht den gleichen Unsinn machen‹.
Der Schluß der Unterredung leitete zu meinem Bruder Otto über: Was denkt er über diese Problematik? Und dann: ›Ich muß mir das alles überlegen‹.
Churchill traf dann in Quebec nicht nur mit Präsident Roosevelt zusammen sondern auch mit meinem Bruder Otto.
Das Typische an Churchill war, daß er eine einmal begonnene Sache, wie jenes nächtliche Gespräch mit mir, nicht irgendwo versickern ließ und seine Kontakte vergaß.
Schon wenige Tage nach der Heimkehr des PM aus Kanada erhielt ich abermals eine Einladung, ihn zu besuchen, und er erzählte ausführlich von seiner Begegnung mit Roosevelt und meinem Bruder Otto: ›Was mich besonders verwundert hat, war, daß das Memorandum, das mir Ihr Bruder übergeben hat, fast gleichlautend mit dem Ihren war. Wie ist das zugegangen?‹
Er fragte aber nur rhetorisch. Churchill verstand vollkommen, daß wir einfach bei unseren Überlegungen zu den gleichen Ergebnissen kommen mußten und überhaupt eng zusammenarbeiteten.
In Moskau ist dann von dem ursprünglichen Entwurf, der für Österreich viel günstiger war, viel verwässert worden. Es kam von den zwei Gegenspielern Roosevelts.
Das war ja das Übel, daß es nicht nur einen Eden gab, der sich zu den Sowjets, vielleicht wegen seiner atheistischen Grundeinstellung, merkwürdig hingezogen fühlte, sondern dann auch die Entwicklung mit Präsident Roosevelt. Der fühlte sich, vielleicht auf Grund der Erfahrung mit seiner unerhörten Willenskraft, die ihn befähigt hatte, trotz seiner körperlichen schweren Behinderung mehrmals Präsident der Vereinigten Staaten zu werden, sogar dazu berufen, aus Stalin noch einen echten Demokraten zu machen.«

Dann erhielt ich einen Auftrag für die USA und für Kanada. Es war das einzige Mal während der ganzen Dauer des Krieges, daß ich während eines ›Blitzurlaubs‹ meine Mutter, allerdings nur vier Tage lang, besuchen konnte. Ich brauche nicht zu sagen, wie dankbar ich ihr für alle Lebensmittelpakete war, die sie mir und meinen Mitarbeitern während des Krieges in das belagerte England schickte...

Ich traf damals auch Roosevelt, wobei es auch um dessen Idee ging, ein österreichisches Bataillon aufzustellen. Sowohl diesen Besuch als auch die Vorsprachen im Außenamt machte ich gemeinsam mit meinem Bruder Otto. Als ich, versehen mit neuen Instruktionen, wieder in London weilte, ging es sofort an den Start einer Kampagne zugunsten der Selbstbestimmung für Südtirol, die sehr vielversprechend anlief und für deren Verwirklichung später auch mein Bruder Rudolf in Tirol als Partisan kämpfte; auch Karl Ludwig gesellte sich zu ihm, während sich mein Bruder Felix in den USA und in Südamerika ebenfalls auf diese Zielsetzung einstellte.
Die Vizepräsidentschaft des Südtirol-Komitees hatte Botschafter Frankenstein übernommen, Sekretär war Dr. Otto Hecht, außerdem sammelten wir Geld, um Rotkreuzwagen kaufen zu können. Churchill hatte dazu noch einen großartigen Einfall. Er gab uns den Rat, wir sollten ihm den Scheck für den Ankauf dieses Autos vor seiner Haustür in Downingstreet 10 überreichen. Wie erwartet, ging dieses Bild durch die Presse der freien Welt und brachte der Sache Österreichs viel Nutzen, zumal Churchill bei dieser Gelegenheit eine feurige Ansprache hielt, in der er sich für die Befreiung und Wiedererrichtung Österreichs einsetzte.
Unmittelbar nach der Invasion gingen wir nach Frankreich und gleich nach der Befreiung nach Paris, wobei uns wieder Charles de Gaulle auf entscheidende Weise half. Von Paris kamen wir im Mai 1945 nach Tirol, wo wir einige Monate lang blieben, bis wir von der Regierung Renner, die sich dabei auf ein Gesetz aus der Hitlerzeit stützte, aus Österreich ausgewiesen wurden.
Nach ausgedehnten Amerika- und Orientreisen trat ich in die Banque d'Indochine als Attaché de direction ein. Wieder ging es auf Reisen, diesmal im Auftrag meines Hauses nach China, Indien und Südostasien. Ich wurde Beauftragter der Bank zur Sondierung von Investitionsmöglichkeiten in Afrika. 1961 wurde ich stellvertretender Direktor bei Lubersac & Cie., Banquiers. 1967 erfolgte die Umwandlung von Lubersac & Cie. in die Compagnie Privée de Banque, wo ich Präsident bin.«

Seit 1988 genießt Erzherzog Robert von Österreich-Este seinen wohlverdienten Ruhestand in der Schweiz.

PS. zum »Bankpräsidenten« oder, besser noch, zur Fähigkeit, Gelder zu verwalten: »Budapest, 8. Oktober 1918. Eigenbericht. Aus Wien wird uns gemeldet: Das Erzherzogin-Adelheid-Kinderheim ist in einem baufälligen Haus in Meidling untergebracht, so daß das längere Verbleiben der Kinder dort in Frage gestellt ist. Davon erfuhren auch die Kinder des Königspaares. Als unlängst der König und die Königin sich im Zimmer des Kronprinzen Otto befanden, konnte dieser nicht einschlafen. Plötzlich rief er: ›Das ist schrecklich! Das Kinderheim stürzt ein!‹ Das Königspaar wußte anfangs nicht, was diese Worte bedeuteten. Am folgenden Morgen erfuhren sie den Grund der Unruhe des Prinzen. Die Königin ließ die Ehrenpräsidentin des Kinderheimes, Prinzessin Lobkowicz, zu sich rufen und gab der Prinzessin 10 000 Kronen, damit das Kinderheim an einem anderen Ort eingerichtet werden könne. Die Königskinder ließen es sich nicht nehmen, ebenfalls ihre Ersparnisse von k 5,50 diesem Zwecke zu widmen.

3. Robert
*8.2.1915
⚭ Margherita
Prinzessin von Savoyen
*7.4.1930

Maria Beatrix	Lorenz	Gerhard	Martin	Isabella
11.12.1954	16.12.1955	30.10.1957	21.12.1959	2.3.1963
⚭ Riprand Graf von Arco Zinneberg	⚭ Astrid von Belgien			
Anna Theresa 28.12.1981 Margherita Ginevra 18.6.1983 Olympia 4.1.1988 Maximiliana 1.11.1990	Amadeo 21.2.1986 Maria Laura 26.8.1988			

Das vierte Kind: Erzherzog Felix von Österreich (geboren 1916)

Das dritte Kriegsjahr machte uns allen bereits schwer zu schaffen. Die Versorgungslage der Bevölkerung gestaltete sich immer schwieriger, für die Wohlhabenden zeichnete sich Verarmung, für die Armen – und das wog unendlich schwerer – die Verelendung ab. Dabei verlangte die Lage an den Fronten unseren vollen Einsatz; jeder auch nur halbwegs abkömmliche und kriegstaugliche Mann stand im Kriegsdienst.

Als die Ankunft meines vierten Kindes näher kam, befand sich Erzherzog Karl an der Südfront, im Barackenlager von Vielgereuth-Folgaria, er sah seinen dritten Stammhalter erst, als er oben im Nordosten für den Kaiser eine Mission zu erfüllen hatte und auf der Durchreise wenige Stunden in Wien verbringen konnte – und die waren ausgefüllt mit Berichterstattung beim Obersten Kriegsherrn und mit Verhandlungen. Um ihn durch meine Niederkunft nicht zu beunruhigen, ließ ich ihn über den Zeitpunkt ziemlich im unklaren …

Am 31. Mai trat dann das glückliche Ereignis ein:

»Erzherzogin Zita, die Gemahlin des Erzherzogs Carl Franz Joseph, ist heute eines gesunden und kräftigen Sohnes entbunden worden. Es ist das vierte Kind aus der Ehe des Thronfolgers und der Erzherzogin Zita, das zweite, das während des Krieges zur Welt kommt. Der neugeborene Erzherzog ist ein überaus stark entwickeltes, über 5 Kilogramm schweres Kind...«

Der neugeborene Erzherzog benützte schon wenige Stunden nach seiner Ankunft die technischen Errungenschaften des 20. Jahrhunderts, um seinen Vater an der Front von seiner gesunden Lunge und seinen kräftigen Stimmbändern zu überzeugen: er schrie aus Leibeskräften ins Telefon. Daß er der erste Erdenbürger war, der auf diese Weise seine Geburt anzeigte, ist zu vermuten. Glückliche Stunden in einer traurigen Zeit, die aber immer noch auch ein glückliches Ende an den Fronten verhieß.

Prinz Felix von Parma, ein Jahr nach seiner Schwester Zita zur Welt gekommen, geboren 1893 in Schwarzau – »heimatberechtigt: Schwarzau, Bezirk Neunkirchen, Niederösterreich« – stand, wie sein Schwager Erzherzog Karl, an der österreichischen Südfront. Er war schon am 25. August 1914 freiwillig und »auf eigene Kosten«, wie es in seinem Dienstbeschreibungsbogen heißt, zum Dragonerregiment Nr. 15 eingerückt. 1915 erhielt der junge Parma die Silberne Tapferkeitsmedaille 1. Klasse für »tapferes Verhalten vor dem Feinde«.

In der Dienstbeschreibung des späteren Prinzgemahls von Luxemburg heißt es bereits vorher: »Mit Rücksicht auf seine kurze Dienstzeit recht verwendbar; ist sichtlich bestrebt, seine militärischen und kavalleristischen Kenntnisse zu erweitern. Tapfer vor dem Feinde, hat er im Gefecht große Schneid und Unternehmungslust dargetan.«

Drei Tage nach der Geburt des Prinzen kehrt die Mutter aus dem Sanatorium Löw wieder zurück nach Schönbrunn.

»Die Erzherzogin und der Erzherzog befinden sich wohl. Als Taufpate des neugeborenen Prinzen kommt König Friedrich August von Sachsen nach Wien.«

Begreiflich, daß es dabei nicht nur um eine Taufe, sondern auch um politische Gespräche ging. Der Anlaß war günstig, die Familienbande eng (der König war der Bruder von Erzherzog Karls Mutter), und mit Fortschreiten der Schrecken des Krieges zeigte sich immer notwendiger die Zweckmäßigkeit eines Bündnisses der deutschen Fürsten gegen die bedingungslosen Kriegsverfechter im Großen Deutschen Hauptquartier.

Gerade an diesem Tag erschien wieder einmal ein vom deutschen Generalstab inspirierter Artikel in den Wiener Blättern, der in einer geradezu unübertrefflichen Art Gesicht und Haltung dieser Männer charakterisiert:

»Der Kampf ums Blut
von Dr. Max Osborn
Zur Veröffentlichung zugelassen vom Deutschen Hauptquartier

Der Kampf auf den Schlachtfeldern vor Verdun ist nicht mehr ein Kampf um eine Festung oder um eine Stadt, sondern ein Kampf um Leben, um Kraft, Knochen und Blut zweier großer Nationen. In diesem unerhörten Ringen an der Maas spiegelt sich der ganze Sinn und Kern des europäischen Krieges in einem Bilde des Grauens. Die Heere, die sich hier untereinander messen, sind nicht mehr selbständige Verteidigungs- und Angriffsinstrumente der Länder, vom Volke gelöst. Sie sind die Völker selbst, ihre Auslese und ihr bester Extrakt. Wir sind zurückgerufen in die Vorstellungen ferner Urvergangenheit, als das Ziel der Kriege die Vernichtung eines feindlichen Stammes war, da man sich nicht mit der Verschiebung von Machtverhältnissen begnügte, sondern die Vernichtung ohne Rest anstrebte.
Aber der fürchterliche Kampf ums Blut, der uns zugedacht war, hat sein Antlitz umgekehrt. Jetzt geht es um den roten Saft Frankreichs. Über drei Monate rast nun schon der Tod durch die Reihen der französischen Verdun-Armee. Wenn das Volk drüben eine Ahnung vom Umfang dieser Verluste hätte! Wenn es überhaupt wüßte, welche Mittel die Lenker seiner Geschichte anwenden, um über die wahren Zahlen der Gefangenen hinwegzutäuschen! Es ist heute noch nicht an der Zeit, darüber zu reden, aber die verbrecherischen Lügen werden schon an das Tageslicht kommen!
Frankreichs männliche Blüte der Jugend schmilzt hin wie Märzenschnee. Verlust an Land, Berge von Leichen, Armeen von Krüppeln – das ist der Ertrag. Die deutschen Geschütze rasen gegen ihre Gräben, die deutschen Maschinengewehre knattern die dichten Kolonnen ihrer Angriffswellen, die schwarzen Banden ihrer afrikanischen Hilfskorps nieder. In Verzücktheit, Rausch, Heldensinn und Verblendung bleiben sie ein Haupthindernis für die Wiederkehr des Friedens.
Verdun wird Frankreichs Grab. Das Schicksal geht seinen Gang.
Wird Verdun fallen? fragen die neugierigen Leute in aller Welt.
Die Frage ist schief gestellt. Sie sollte lauten: Werden die Franzosen bei Verdun geschlagen?
Und die Antwort heißt: Seit sieben Wochen!«

Aber noch stand die gewachsene Ordnung, noch konnte, trotz aller Nöte und Ängste des Krieges, wenigstens der Schein eines »normalen« Lebens gewahrt werden, und alle dachten ja doch nicht wie Doktor Osborn und seine Auftraggeber.
Im Hofburgtheater der Kaiserstadt gab man an diesem Tag Shakespeares »Was ihr wollt« mit den Herrn Tessler und Zeska, den Damen Rosa Albach-Retty und Wohlgemuth. Im Theater an der Wien spielte man das »Dreimäderlhaus« mit Marischka in der Rolle des Schubert. Die bemerkenswerteste kulturelle (und noch

mehr politische) Theaternachricht des Tages kam aber aus den Vereinigten Staaten – für alle vernünftig Denkenden damals bereits ein potentieller Gegner der Mittelmächte: »Edmund Eyslers ›Tag im Paradies‹ kommt, wie uns berichtet wird, dieser Tage in New York zur 300. Aufführung. Es ist dies einer der größten Erfolge, den die Wiener Operette jenseits des Ozeans errungen hat. Für Direktor Arnberg an der Schubert Co., der, wie gemeldet, kürzlich wieder in Wien weilte, war dies der Anlaß, auch die beiden jüngsten Werke Edmund Eyslers, ›Die – oder keine‹ und ›Wenn zwei sich lieben‹, für Amerika zu erwerben.«

Die Hof- und Personalnachrichten brachten übrigens noch eine weitere Meldung zum Geburtstag des jüngsten Erzherzogs, von deren beziehungsvollem Hintergrund damals freilich noch niemand eine Ahnung haben konnte: »Aus Brüssel wird gemeldet, daß Kaiserin Charlotte von Mexiko, die Witwe nach dem unglücklichen Kaiser Maximilian von Mexiko, einem Bruder von Kaiser Franz Joseph, soeben bei voller körperlicher Gesundheit ihr 76. Lebensjahr vollendete. Die Kriegsereignisse, von denen sie sicherlich Kenntnis hat, haben ihren Zustand im allgemeinen nicht wesentlich verändert. Sie bewohnt nach wie vor das brabantische Königsschloß Bouchout, für dessen Sicherheit das deutsche Generalgouvernement für Belgien Maßnahmen ergriffen hat.«

Das Beziehungsvolle dieser Meldung zum Täufling des Tages liegt in der Erwähnung seines künftigen zweiten Heimatlandes: Mexiko. Aber daran konnte an diesem 8. Juni des Jahres 1916 noch niemand denken, wenn der Bericht aus Schönbrunn lautete: »Im Beisein des Kaisers und der in Wien anwesenden Mitglieder des Kaiserhauses sowie des als Taufpaten fungierenden Königs von Sachsen hat heute im Schlosse Schönbrunn die Taufe des vierten Kindes des Erzherzogs Carl Franz Joseph und der Erzherzogin Zita stattgefunden. Der Erzherzog, der an unserer Südwestfront steht, war nicht anwesend, auch hat der Krieg viele Mitglieder des Hofes von der Feier ferngehalten.

Der Taufe ihres Brüderchens wohnten auch die drei älteren Kinder des Thronfolgerpaares bei, Erzherzog Franz Joseph Otto, Erzherzogin Adelheid und der 1½jährige Erzherzog Robert. Die Kinder saßen während der Taufzeremonie hinter dem Kaiser und dem König von Sachsen bei Erzherzogin Maria Theresia, Erzherzogin Maria Josefa, der Schwester des Königs von Sachsen, und Herzogin Maria Antonia von Bourbon-Parma. Als der Taufakt beendet war, nahm der Kaiser, dessen glänzendes Aussehen allgemein auffiel und freudig bemerkt wurde, den kleinen Erzherzog Robert bei der Hand und verließ mit ihm das Gemach...«

»Buchs, den 5. März 1919
An den Detachementchef der Heerespolizei Det. N. O. S.
Schaffhausen

Am 4. III. A. 7.30 ist per Auto von Feldkirch eingereist Herr Oberst John Summerhayes mit 2 Rotkreuzschwestern namens *Schmiesing* Therese und *Lammich* Anna, welche letzteren beiden ein Kind im Alter von 3 Jahren mitbegleiten. Das Kind soll des Ex-Kaisers *Karl Franz* jüngster Sohn namens *Erzherzog Felix* sein.
Ich war dem englischen Oberst bei der Einreise behilflich. Derselbe fuhr mit den obengenannten Personen A. 7.36 nach Schloß Wartegg, in der Nähe von Rorschach. Der Diener des Obgenannten reiste heute mit dem Gepäcke ebenfalls ein und folgte nach Schloß Wartegg, seinen Herrschaften nach.

Heerespolizei Sektor-Chef-Buchs
J. Benz
A 2916«

Schloß Wartegg bei Rorschach am Bodensee (Kanton St. Gallen): Dort hatte schon 1860 die aus ihrem Herzogtum vertriebene Louise von Bourbon-Parma mit ihrem Sohn, Herzog Robert (Vater von Kaiserin Zita), Zuflucht gesucht. 1919 wartete dort Herzogin Maria Antonia von Parma, die Witwe Roberts, die Mutter der Kaiserin, abermals auf Flüchtlinge. Der kleine Erzherzog Felix war der erste. Seine Eltern sollten bald nachfolgen. Im März 1938 flüchtete Erzherzog Felix abermals – vor den Schergen Hitlers.

Autobiographische Skizze von Erzherzog Felix

»Ich bin am 31. Mai 1916 in Wien geboren. Meine Studien erfolgten am Collège St-Michel in Brüssel, später an der Juridischen Fakultät der Universität Löwen. Die Militärakademie von Wiener Neustadt besuchte ich vom September 1937 bis zum 11. März 1938.
Die Flucht gelang in einem Wagen der ungarischen Botschaft, gemeinsam mit meiner Schwester Adelheid. In Abwesenheit wurde ich von nationalsozialistischen Gerichten verurteilt.
Im September des Jahres 1939 kam ich dann über eine Einladung meines Onkels Felix – er war der Gemahl der Großherzogin von Luxemburg – in die USA. Mein Onkel Felix hatte während des Ersten Weltkriegs als österreichischer Soldat einmal meinem Vater, Kaiser Karl, das Leben gerettet. Nun wiederholte sich das beinahe; wir verdankten ihm wieder sehr viel.«

Werben für Österreich in beiden Teilen Amerikas

»Als der Krieg ausbrach, übersiedelten wir nach New York. Ich arbeitete zunächst in den USA allein, doch als meine Mutter und meine Geschwister vor der Gestapo fliehen mußten und nach einem langen Irrweg über Frankreich, Spanien und Portugal herüberkamen, war ich naturgemäß zunächst einmal der ›Quartiermacher‹.

Dann begann ein ganz neuer Lebensabschnitt. Entsprechend den Anweisungen meines Bruders Otto begann ich mit der intensiven Arbeit für Österreich.

Meine Aufgabe bestand vor allem darin, dem nord- und südamerikanischen Publikum Vorträge über den Problemkreis ›Österreich‹ zu halten, wobei die Zuhörer ›aus dem Volk‹ dazu zu motivieren waren, durch Brief- und Solidaritätsaktionen auf die Regierung einzuwirken, die anwesenden Senatoren und Regierungsmitglieder aber direkt anzuleiten, etwas für unser Österreich zu tun.

Um einen kleinen Beitrag zur Zeitgeschichte dieses Abschnitts zu leisten, will ich nur einige der hervorragendsten Helfer für die Sache Österreichs nennen, die entweder von meinem Bruder Otto oder meiner Mutter dazu gebracht worden waren, Österreich und bei meinen Vortragsreisen mir selbst, gewissermaßen stellvertretend für Österreich, zu helfen.

Es waren dies die Senatoren David I. Walsh (Massachusetts, großer Freund Präsident Roosevelts), Senator Taft (Ohio, auch einmal Präsidentschaftskandidat), Senator Styles Bridges (New England), Senator Fulbright (Arkansas), Senator John J. Sparkman (Alabama), Senator Kenneth Keating (New York), Senator William Langer (North Dakota), Senator Wayne Morse (Oregon), Senator Theodor F. Green (Rhode Island), Senator Harry Byrd (Virginia), Senator William F. Knowland (California, lange Vorsitzender der Republikaner), Senator Claude Pepper (Florida), etc. ...

Sie alle müßten einmal in ein ›Goldenes Buch der Wiedergeburt Österreichs‹ eingetragen werden!

Unter den vielen Abgeordneten, die wir kannten und die uns gleichfalls halfen, kann man einige wichtigere nennen: Sol Bloom (New York, eines der einflußreichsten Mitglieder der Kammer, Vorsitzender des Außenausschusses), Jo Baldwin (New York), James Roosevelt (California), Charles Halleck (Indiana), Edward Herbert (Louisiana), Philip J. Philbin (Massachusetts), John W. McCormack (Massachusetts, damals ›Speaker of the House of Representatives‹, politisch sehr wichtig), Walter Judd (Minnesota, auch vom Außenausschuß, China-Spezialist), Mrs. Katherine St. George (New York), Carl Albert (Oklahoma, später wurde er der ›Speaker‹), Mrs. Clare B. Luce (Frau von Time-Life Magazine-Präsident Henry Luce und später Botschafterin in Italien), Christian Herter (später Außenminister) etc. ...

Auch könnte ich zwei der einflußreichsten Mitglieder des Obersten Gerichtshofes (Supreme Court) nennen: Felix Frankfurter (intimer Freund Roosevelts, in Österreich geboren) und Frank Murphy.

Dann kommt die unendlich lange Liste der Funktionäre des State Department (Außenamt), der Diplomaten, der ›Verbindungsleute‹. Ganz besonders hervorheben muß ich noch Senator Walsh aus Massachusetts, einen persönlichen Freund

Roosevelts, und Senator Langer aus South Dakota, der aus Österreich stammte und unglaublich aktiv für die Belange Österreichs eintrat.
Neben den Senatoren und Abgeordneten war noch eine Gruppe von Menschen gesondert zu ›behandeln‹: die Journalisten. Sie trugen damals, in der Ära vor dem Fernsehen, noch wesentlich mehr zur Meinungsbildung bei als heute.
In New York hatte ich damals einen besonders aktiven Freund, einen jungen Journalisten namens Kennedy. Er sollte es später noch zum Präsidenten der USA bringen. Wir waren zu Beginn der vierziger Jahre beide noch notorische Junggesellen, und nach dem gemeinsamen Essen bei seinen Eltern gingen wir gewöhnlich noch tanzen. Genauer gesagt: aus dem Tanzen wurde meist nichts, weil wir aus dem Politisieren nie herauskamen und die Mädchen stets vergeblich auf eine Aufforderung warten mußten. Kennedy interessierte sich damals ganz brennend für europäische Probleme. Ich habe ihn dann in seiner Präsidentenzeit übrigens noch besucht und mit ihm über die ›alten Zeiten‹ geplaudert.
Bei Roosevelt war ich sehr oft. Er war ja *die* Schlüsselfigur zur Lösung des Problems Österreich. Er war ganz besonders von den Besuchen meiner Mutter bei ihm angetan, und vieles von dem, was er für Österreich empfand – und auch tat –, entsprang, glaube ich, dem Eindruck, den meine Mutter auf ihn gemacht hat. Roosevelt war ein grundanständiger Mann, der nur in der letzten Zeit seines Lebens allzu sehr unter seiner Krankheit zu leiden hatte.
Ich kann von mir sagen, der letzte ausländische Besucher gewesen zu sein, der ihn noch vor seinem Tode sah. Er fuhr von einer Unterredung mit mir direkt nach Hot Springs (Georgia), wo er dann starb. Unser Gesprächsthema war, wie konnte es anders sein, die Konferenz von Jalta.
Ich muß in diesem Zusammenhang wohl erwähnen, daß ich auch der letzte Europäer gewesen bin, der Roosevelt vor der Reise nach Jalta sah. Ich bemühte mich damals in einem langwierigen Gespräch – Roosevelt war durch seine Krankheit schon sehr, sehr behindert –, ihm noch einmal die europäischen Probleme, vor allem jene Mitteleuropas, auseinanderzusetzen.
›Uncle Frank... Sie dürfen Mitteleuropa nicht aufgeben...‹
Wir standen auf ›Onkel‹ und ›Felix‹-Fuß, und er behandelte mich stets wie einen engen Familienangehörigen. Und mein ›Onkel‹ versprach damals, alles in seiner Macht Stehende für Europa zu tun.
Dann kam die Katastrophe von Jalta. Schon aus den ersten Zeitungsberichten war zu ersehen, daß Europa nun verkauft und verraten war.
Ich setzte alles daran, um zum Präsidenten zu gelangen – vergeblich. Er sei krank, hieß es. Schließlich griff ich zu einem ›letzten‹ Mittel: ich wandte mich an meine liebe Freundin Grace Tully, die Sekretärin Roosevelts, die auch ganz besonderen Respekt vor meinem Bruder Otto empfand. Grace Tully ermöglichte mir innerhalb von Minuten ein Treffen mit dem Präsidenten.
Roosevelt empfing mich zum Mittagessen. Wir waren allein. Ein Diener schob die Wägelchen in Roosevelts Arbeitszimmer, einen ›Speisewagen‹ mit sinnvollen

Vorrichtungen zum Warmhalten und zur Selbstbedienung. Ich hatte allerdings nur Augen für Roosevelt. Sein Zustand war bemitleidenswert. Ein kranker, völlig gebrochener Mann war das ... Im Gespräch hatte er oftmals minutenlange Absenzen. Ich ging, wenn er wieder zu sich kam, immer wieder zum Ausgangspunkt zurück, um den Faden nicht zu verlieren.

Ich glaube, Jalta hat ihn einfach umgebracht. Er war doch in der Überzeugung nach Jalta gegangen, daß sein Charme und seine Menschlichkeit Stalin daran hindern würden, Mittel- und Osteuropa unter sein Joch zu nehmen. Der Sieg Stalins war dann ein Schock. Roosevelt war nach Jalta ein völlig veränderter Mann, der zum erstenmal in seinem Leben verstand, daß ihm alles, was er erträumt hatte, mißlungen war.

Damals stellte er mir plötzlich die Frage: ›Felix, hast du schon den Teufel gesehen?‹

Ich antwortete verblüfft: ›Ich verstehe nicht, was du meinst, Uncle Frank.‹

Roosevelt wiederholte: ›Felix, ich habe den Teufel gesehen!‹

›Wieso?‹ Ich verstand noch immer nicht.

Roosevelt: ›Er ist in Jalta gewesen und hat Stalin geheißen.‹

Ich werde diese Augenblicke niemals vergessen. Roosevelt mußte einen Schock erlitten haben. Ich war damals – seine unmittelbare Umgebung ausgenommen – der letzte, der ihn noch lebend sah. Wenige Tage später war er tot.

›Uncle Franklin‹ ist sein sehr großer Mann gewesen. Daß er am Ende nachgegeben hat, führe ich auf seine physische Schwäche zurück, die dann auch unmittelbar zu seinem Tod führte; klammern wir nun sein Wort vom Teufel, den er gesehen habe, aus diesen Überlegungen aus. Roosevelt war doch ein Mann gewesen, der in seiner Jugend sehr viel herumgekommen war, Europa kannte und liebte, es zum Teil sogar per Fahrrad bereist hatte. Er hatte ein geradezu unwahrscheinliches Namensgedächtnis; ich erinnere mich an ein Gespräch zwischen ihm und meinem Bruder Otto, in dem er sogar die kompliziertesten serbischen Namen geläufig aussprach und immer bei der Hand hatte. Er war ein Mann, der wußte, was Mitteleuropa ist. Er hat Mitteleuropa aus der Geschichte heraus verstanden und empfand enorme Sympathien für Ungarn. In vielen Treffen mit Cordell Hull und Sumner Wells hat er sich mit der Ungarnfrage befaßt. Über die Frage der Staatsform wurde dabei niemals gesprochen. Mein Bruder Otto sagte mir einmal: ›Wir sind da, um als Soldaten für die Freiheit zu kämpfen und für die Wiedervereinigung Mitteleuropas.‹ Die Frage nach Monarchie oder Republik wurde niemals angeschnitten, es ging nur um die Freiheit.

Übrigens möchte ich in diesem Zusammenhang betonen, daß meine Mutter beim Zustandekommen jener Briefmarke, auf der Österreich zum erstenmal als ein zu befreiendes Land genannt wurde, entscheidend mitgeholfen hat. Sie war es, die Roosevelt überredet hat. Man kann sich heute gar nicht mehr vorstellen, was diese Briefmarke damals bedeutete. Es war das erste Mal, daß die Vereinigten Staaten offiziell zugaben, Österreich müsse vom Hitler-Joch befreit und in seiner Unabhängigkeit wieder hergestellt werden.

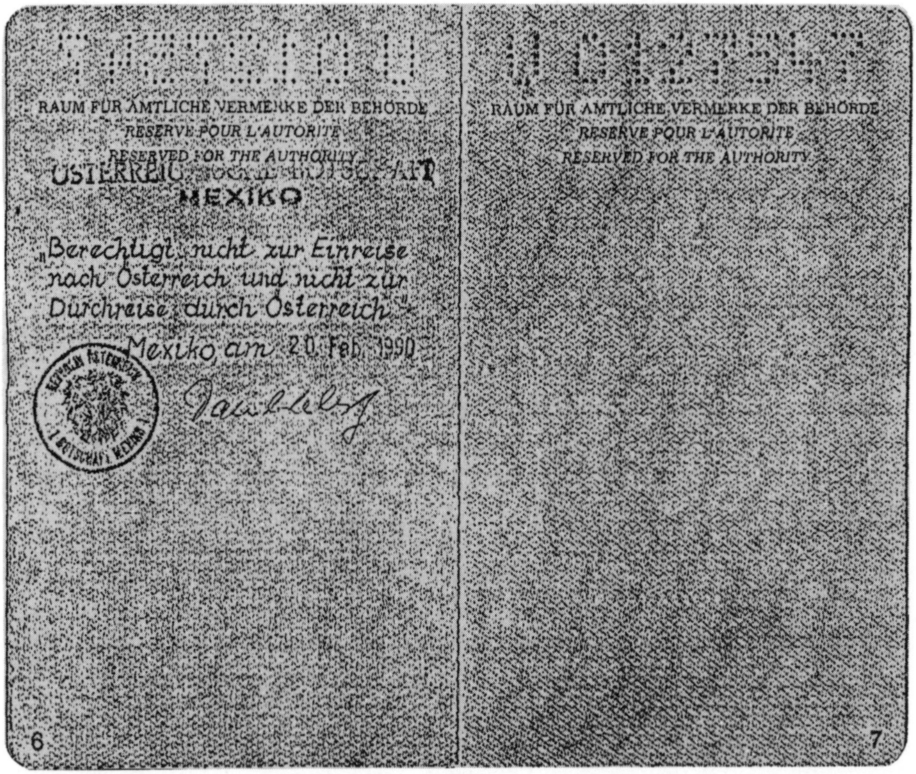

Im 73. Jahre nach Ausrufung der Republik läßt Österreichs Regierung in den Paß des im Jahre 1916 geborenen Kaisersohnes Erzherzog Felix, der während des 2. Weltkrieges für die Wiedererstehung Österreichs mehr geleistet hat als alle späteren Regierungsmitglieder zusammengenommen, die Eintragung »›Berechtigt nicht zur Einreise nach Österreich und nicht zur Durchreise durch Österreich‹ Mexiko am 20. Feb. 1990« vornehmen – gerade so, als handelte es sich um einen ausgestoßenen Kriminellen und nicht um ein Naziopfer und von den Nazis steckbrieflich gesuchten Widerstandskämpfer

Wie schwierig die Bedingungen waren, unter denen meine Brüder und ich damals arbeiteten, ist heute nicht mehr vorstellbar. Wir verfügten über keinerlei Finanzen. Im Gegensatz zu den anderen Emigrantengruppen, die alle über irgendwelche Fonds verfügten, weil von ihren Regierungen rechtzeitig vorgesorgt worden war, hatten wir nichts. Es gehörte also unter anderem auch zu meinen Aufgaben, Geld aufzutreiben.

Dann wurde ich Soldat im österreichischen Bataillon, wo ich als Freiwilliger diente. Nach fünf Monaten wurden diese Einheiten wieder aufgelöst, weil es sich zeigte, daß alle, die in diesen ›Bataillons‹ dienten, anderweitig viel besser verwendbar waren.

Vor 1940 noch bereiste ich zweimal Lateinamerika, war in Argentinien, Chile, Perú, Mexiko ... per Schiff und per Flugzeug, damals noch mit der DC3, die von

Washington nach Rio vier Tage brauchte, eine Zeit, die heute kaum mehr vorstellbar ist.
Ich verbrachte dann acht oder zehn Monate in Brasilien, weil gewisse Chancen bestanden, daß Österreich eine von Brasilien anerkannte Botschaft errichten könne. Unser alter Botschafter Rezek, der sein ganzes Leben in Brasilien verbracht hatte, kannte Brasilien wie kein anderer und hatte dort viele Freunde. Er war 1938 gezwungen worden zurückzutreten, hatte aber niemals aufgegeben. Washington war mit meinen Aktionen einverstanden und wäre bereit gewesen, eine offizielle österreichische Vertretung in Rio gleichfalls offiziell anzuerkennen. Doch der deutsch-nationale Einfluß in Südbrasilien war einfach zu stark. So war schließlich Brasilien nur bereit, uns gewisse diplomatische Rechte einzuräumen, so etwa taxfreien Einkauf und ähnliches, was aber uninteressant war. Es ist heute nicht mehr vorstellbar, wie stark der nationalsozialistische Einfluß unter den Deutschen Brasiliens gewesen ist. Blumenau zum Beispiel war damals ein richtiges Nazinest...
Als ich wieder in die USA zurückkam, setzte ich meine Vortragsreisen fort. Insgesamt hielt ich an die 300 großen Reden. 1939 war ich zu meiner Überraschung sogar zum besten Redner des Jahres gekürt worden. Ich glaube jedenfalls, von mir sagen zu dürfen, daß ich mein möglichstes für meine Heimat getan habe.
Nach dem Krieg arbeitete ich bis 1951 bei einer Investment-Gesellschaft in Mexiko. Seit 1952 bin ich Direktoriumsmitglied der ›Siporex de México‹, die unter schwedischer Lizenz Leichtmetallbauteile erzeugt. Seit 1958 bin ich außerdem Repräsentant der belgischen Stahlfirma ›Sybetra‹, ständiger Delegierter der größten Bank Belgiens, der ›Société Générale de Banque‹, in Mexiko, insgesamt in zehn Gesellschaften Präsident oder Direktor.

4. Felix
*31.5.1916
⚭ Anna-Eugénie
Prinzessin von Arenberg
*5.7.1925

Maria del Pilar 18.10.1953 ⚭ Vollrad Baron von Poschinger	Carl Philipp 18.10.1954	Kinga 13.10.1955 ⚭ Wolfgang Freiherr von Erffa	Raimund 28.1.1958	Myriam 21.11.1959 ⚭ Jaime Cercueras	István 22.9.1961	Viridis 23.9.1961 ⚭ Carl Dunning Gribble Lord Marnhull
Kinga 1981 Carl Ludwig 1982 Maria Benedicta 1983 Franziska 1985		Zita 1986		Carl Sebastian 1984 Johannes 1985 Felipe 1987 Andres 1988		

1952 vermählte ich mich mit Anna Eugenia, Prinzessin und Herzogin von Arenberg. Sie ist Tierärztin.
Ob ich alles in allem zufrieden bin? Ja.
Manches ist nicht gelungen... es sollte wohl nicht so werden, wie wir es ursprünglich dachten.
Ich hab' mein möglichstes jedenfalls getan; jetzt liegt es schon an unseren Kindern, die Fackel weiterzutragen!«

3. Teil

Kaiserin und Königin

Der Tod des alten Kaisers

Eine der größten Schwierigkeiten, denen sich Kaiser Franz Joseph gegenüber sah, war die Tatsache, daß er ja nicht gegen seine Regierung, gegen seine Völker und auch nicht gegen den Generalstab regieren konnte, was aber notwendig gewesen wäre, um diesen unglückseligen Krieg zu beenden.

Im Jahre 1916 reifte aber im Kaiser immer mehr der Entschluß heran, diesen als sinn- und ausweglos erkannten Krieg so oder so zu beenden. Es hatte sich ja längst gezeigt, daß mit einem »Siegfrieden« unter den gegebenen Umständen nicht zu rechnen sei. Freilich war so ein Frieden nur unter Opfern zu erreichen, und gerade das wollten die Menschen nicht erkennen.

Die Allgemeinheit hatte damals noch eine ganz andere Vorstellung von »Krieg« und »Sieg«, als wir sie bereits hatten; viele dachten vielfach noch in den romantischen Ideen der »Befreiungskriege«, die sie aus den Schulbüchern kannten, in vielen, besonders in Deutschland, spukten noch die Vorstellungen des Krieges von 1870/71; sie wollten einfach nicht wahrhaben, daß der Weltkrieg des Jahres 1916 etwas vollkommen Neues war. Sie erkannten damals noch nicht, daß es sich hier um den ersten totalen Krieg handelte, der nicht mehr als »Fortsetzung der Politik mit anderen Mitteln« angesehen werden durfte.

Es sollte kurze Zeit später ja auch die Tragödie Kaiser Karls sein, daß seine Friedensbemühungen als junger Monarch absolut nicht im Einklang mit dem »Zeitgeist« standen und es für ihn noch schwieriger, ja unmöglich war, das Volk, die Regierung, die Heerführer, den Bundesgenossen von der Notwendigkeit eines rechtzeitigen Friedensschlusses zu überzeugen.

Auch Kaiser Franz Joseph wollte Schluß machen mit dem Krieg, unter allen Umständen. Aber das Schicksal kam ihm zuvor.

Am Vormittag des 21. November 1916 empfing Kaiser Franz Joseph Erzherzog Karl und mich noch einmal. Er saß an seinem Schreibtisch in Uniform und arbeitete noch an einem Rekrutierungsakt. Er war brennend vor Fieber, und trotzdem ließ er nicht von der Arbeit.

Er sagte uns, wie sehr er sich darüber freue, daß in Rumänien große Fortschritte gemacht worden seien, daß die Offensive gut weitergehe. Ferner freute er sich sehr über einen Segen, den der Heilige Vater ihm geschickt hatte, und er erzählte uns, daß er am selben Morgen die heilige Kommunion empfangen habe.

Dann entließ er uns mit viel Herzlichkeit, und das war das letzte Mal, daß wir ihn lebend, daß wir ihn bei Bewußtsein gesehen haben. Am selben Abend dann erlosch langsam das Leben Kaiser Franz Josephs. Erzherzog Karl und ich waren zugegen, und es war ergreifend zu sehen, mit welcher Ruhe und mit welchem Frieden er hinüberging.

Im gleichen Augenblick war die ganze Last, die bis dahin Kaiser Franz Joseph getragen hatte, übergegangen auf die Schultern von Kaiser Karl. Wenn dieser ihm auch sehr geholfen hatte, so war die Verantwortung doch die des alten Kaisers gewesen.

Als wir aus dem Sterbezimmer herauskamen, trat Prinz Lobkowicz, der Kammervorsteher von Kaiser Franz Josephs gewesen war, mit Tränen in den Augen auf Kaiser Karl zu, machte ihm das Zeichen des Kreuzes auf die Stirn und sagte: »Gott segne Eure Majestät.« Es war das erste Mal, daß Kaiser Karl mit diesem Titel angesprochen wurde.

Unser Leben veränderte sich nun vollkommen. Eine ungeheure Last war auf den Kaiser übergegangen. Auch mein Leben veränderte sich sehr. Als Nachfolgerin von Kaiserin Elisabeth, die vom Volke so verehrt worden war, besonders vom ungarischen Volk, war die Situation für mich nicht so leicht. Ich hatte allerdings die große Liebe zum Volk und zu allen Leidenden in mein Herz gegraben, und mehr noch als bisher, da ich nun Landesmutter geworden war, lasteten die ganzen Schwierigkeiten und Nöte unserer Völker auf uns. Ich erinnere mich, daß mir das besonders während der Gebete und Orationen bei der Krönung in Budapest, die wenige Wochen darauf erfolgte, zu Bewußtsein kam.

Jedenfalls war mein Leben vollkommen verändert. Bis zu diesem Tage hatte ich mich hauptsächlich der allgemeinen Wohlfahrt und der Kultur angenommen, seit dem Ausbruch des Krieges vor allem der Fürsorge und der Versorgung von Kranken und Verwundeten. Nun ging das alles in ungleich stärkerem Maße weiter, da waren die Sorgen um die Hinterbliebenen, um die verwaisten Familien, um jene, die Väter und Brüder an der Front hatten. Ich war jetzt noch mehr in Wien festgehalten als früher, auch in Budapest, ging aber dennoch, wann immer möglich, hinaus an die Front, und ich habe das unendliche Elend gesehen in Siebenbürgen, in Tirol, im Karst ... das alles mußten wir bewältigen, wo es möglich war, mußten wir helfend eingreifen.

Vor allem aber galt es, so rasch wie möglich Frieden zu schließen. Das war das wichtigste Ziel für Kaiser Karl, seinen Völkern und dem Erbe des alten Kaisers zuliebe.

Königskrönung in Budapest

Ungarns Hauptstadt prangte im Festschmuck, um seinem Königspaar einen würdigen Empfang zu bereiten. Überall wehten die grünweißroten Fahnen, von den Balkonen und Fenstern der strahlend weißen oder hellgelben Häuserfassaden hingen kostbare Teppiche und Girlanden. Ein Meer von Blumen verwandelte Budapest trotz des strengen Wintertages in eine Insel des Frühlings, ein frisches, blühendes Paradies.

Auf dem Budapester Westbahnhof, wohl einem der imponierendsten Bauwerke der späten »Stahl-Glas-Architektur«, dessen hohen Giebel noch immer die Krone des hl. Stephans ziert, hatten sich die Mitglieder der ungarischen Regierung, eine halbe Hundertschaft als Abordnung der königlichen Hauptstadt und eine Ehrenkompanie des Budapester Hausregiments Nr. 32 eingefunden.

Es war der 27. Dezember des Jahres 1916 um 14 Uhr, als unter den Klängen der altehrwürdigen Volkshymne Haydns der Hofzug aus der Kaiserstadt in die Bahnhofshalle der Königsstadt einrollte.

Dem dritten Wagen entstiegen König Karl und Königin Zita, von begeisterten Éljen-Rufen begrüßt und willkommen geheißen. Der Bürgermeister der Stadt Budapest hielt auf dem Bahnsteig eine Begrüßungsansprache, worauf der König Bürgermeister Barcy antwortete: »Nicht nur dem Worte unserer Gesetze, sondern auch der Eingebung meines Herzens folgend, bin ich mit der Königin in den Kreis meiner geliebten ungarischen Nation gekommen, um schon nach einigen Tagen als Träger der heiligen ungarischen Krone als euer gekrönter König die in der heiligen Krone verborgene, volle Herrschermacht zu übernehmen. In diesem Augenblick erfüllt mich mit aufrichtiger Freude und mit stolzem Vertrauen die treue Anhänglichkeit und hingebungsvolle Liebe, mit der Sie mich hier empfangen ...«

Nachdem Königin Zita die anwesenden Damen begrüßt und mit ihnen gesprochen hatte, und der vierjährige Kronprinz Otto vom zweiten Waggon heruntergehoben worden war, erfolgte die Fahrt durch die Stadt zur Burg. Ein dichtes Spalier säumte die Straßen, um dem Königspaar und dem Kronprinzen den Willkommensgruß zu entbieten.

Kurz nach der Ankunft in der machtvollen Königsburg, der König Franz Joseph I. ihre endgültige Form gegeben hatte, versammelten sich im Zeremoniensaal die Mitglieder der königlich-ungarischen Regnikolardeputation, um dem Herrscher das Inauguraldiplom zu überreichen, das der König, in ungarischer Generalsuniform auf dem Thronsessel sitzend, in Empfang nahm. Während der Zeremonie hielt Kardinal-Fürstprimas Dr. Csernoch eine Ansprache, in der er ausführte:

»Der Reichstag hat das durch Eure Majestät zu erlassende Inauguraldiplom, die höchste Garantie der ungarischen Verfassung und das sichere Unterpfand der verfassungsmäßigen Regierung, bereitwilligst ausgestellt. Wir sind glücklich, im Wege dieser Landesdeputation dieses die Verfassung sichernde Diplom Euerer Majestät zu unterbreiten. Wir bitten, es anzunehmen und dem Reichstag zu unterbreiten, denn der Allerhöchste Erlaß dieses königlichen Diploms geht nach den Grundgesetzen unserer Verfassung der Krönung voran. Mit diesem die Verfassung sichernden Diplom erneuern wir feierlich und befestigen, wenn möglich, die unlöslichen Bande zwischen dem Allerhöchsten Herrscherhaus und der ungarischen Nation.«

Johannes Kardinal Csernoch bewies später, als der hochverräterische Admiral Horthy selber eine Dynastie gründen wollte und seinen König im Jahre 1921 mit Waffengewalt und falschen Behauptungen daran hinderte, wieder seine königliche Gewalt auszuüben, Charakter und Standfestigkeit.
Mit Mut und Entschlossenheit verhinderte der Kardinal die verwegenen Ansprüche des Horthy-Clans und wies den Usurpator in die Schranken; so wie später Kardinal Mindszenty bildete er einen auffallenden Gegenpol zu seinem Wiener Zeitgenossen, dem Kardinal Piffl und dessen Nachfolger Kardinal Innitzer, die sich beide augenblicklich dem »Zeitgeist« beugten, ohne auf Eide oder das Volkswohl Rücksicht zu nehmen.
Kardinal Csernoch fuhr in seiner Ansprache im Thronsaal fort: »Gleichzeitig bitten wir, Euer Majestät mögen geruhen, unseren heißen Wunsch allergnädigst zu erfüllen, daß Ihre Majestät, unsere allergnädigste Herrin und Königin, gleichzeitig mit der Krönung Eurer Majestät zur Königin von Ungarn gekrönt werde, damit Ihre Majestät, die bereit ist, als hingebende Gemahlin die Herrschersorgen Eurer Majestät zu teilen, jederzeit in der die angestammte Verehrung der ungarischen Nation genießenden Königinwürde an der Seite Eurer Majestät erscheine, teilnehmend an dem Ruhm der Herrschaft Eurer Majestät, an der Freude und Liebe der Völker Eurer Majestät.«

Die Königin hat diese beschwörenden Worte wohl bewahrt und keinen Augenblick gezögert, trotz ihrer Schwangerschaft dem König, ihrem über alles geliebten Gemahl, in das gefahrvolle Unternehmen des Zweiten Restaurationsversuches im Oktober 1921 zu folgen.
König Karl erwiderte damals im Zeremoniensaal der Burg: »Mit Befriedigung nehmen Wir die Ausfertigung des Krönungs-Inauguraldiploms entgegen. Wir werden bezüglich der Feststellung des Krönungstages unverzüglich verfügen und Wir erfüllen mit Freude die Bitte des Reichstages, daß gleichzeitig Unsere Allerhöchste Gemahlin zur Königin von Ungarn gekrönt werde.«
Als der Herrscher den Thronsaal verlassen hatte, begaben sich die Mitglieder der Abordnung in die Gemächer der Königin. Dort hielt Kardinal-Fürstprimas Johannes Csernoch folgende Ansprache: »Soeben hatten wir das Glück, Seiner kaiserlichen und königlichen Apostolischen Majestät die untertänigste Bitte zu

unterbreiten, daß gleichzeitig mit Seiner Krönung auch Eure kaiserliche und königliche Majestät nach altem Brauch und Herkommen gekrönt werden, damit auf diese Weise das Glück und die Freude der ungarischen Nation vollständig werde. Jetzt wiederholen wir diese Bitte vor Euer kaiserlichen und königlichen Majestät, unserer allergnädigsten Königin, und bitten untertänigst, sie möge geruhen, den heißen Wunsch der stets mit schwärmerischer Liebe ihrer Königin zugetanen ritterlichen ungarischen Nation zu erfüllen, daß sie Eure kaiserliche und königliche Majestät als Königin von Ungarn kröne, auf daß die Nation in ihrer Königin in dem strahlenden Kranz der Krone des heiligen Stephan ihren Schutzengel erblickt...«

Königin Zita erwiderte in ungarischer Sprache: »Mit Freude erfülle ich den durch Sie zum Ausdruck gebrachten Wunsch der ungarischen Nation, der meinem innigen Wunsche begegnet. Ich segne die göttliche Vorsehung, die mich diesen erhebenden Augenblick erleben ließ. Bringen Sie Ihren Entsendern meinen aufrichtigen Dank und meinen herzlichen Gruß.«
Der Wortlaut dieser kurzen Ansprache von Königin Zita war derselbe, den im Jahre 1867 Königin Elisabeth an die vor ihr erschienene Regnikolardeputation gerichtet hatte.

Tags darauf versammelten sich die Mitglieder der beiden Häuser des Reichstages im Thronsaal der Hofburg. Um elf Uhr erschien der König; Königin Zita, den vierjährigen Kronprinzen an der Hand, erwartete bereits ihren Gemahl. Nachdem der König auf dem Thronsessel Platz genommen hatte, gab er folgende Erklärung ab: »Das vom Reichstag Uns unterbreitete Krönungs-Inauguraldiplom nehmen Wir gnädig entgegen und überreichen es, mit Unserer Unterschrift versehen, hiemit Euren Getreuen zur Inartikulierung. Es gereicht Uns zu Unserer innigen Befriedigung, daß Wir mit der Ausstellung des die verfassungsmäßigen Rechte sowohl des Herrschers wie der Nation in gleicher Weise sichernden Inauguraldiploms Unser Inauguraldiplom ausfolgen und es durch Unsere gesetzliche, dem althergebrachten Brauch entsprechende, feierliche Krönung sichern können. Als Tag Unserer Krönung setzen Wir den dreißigsten dieses Monats fest.«

Nachmittags fand die Überführung der eisernen Truhe, in der die Krönungsinsignien verwahrt werden, in die inneren Gemächer der Königlichen Burg statt, wo Königin Zita den Mantel König Stephans für ihren Gemahl zurechtrichtete und die Krone für König Karl angepaßt wurde.
Am selben Tag überreichte eine Damenabordnung unter Führung von Erzherzogin Auguste aus der ungarischen Linie der Habsburger das von ungarischen Damen angefertigte Krönungskleid. Dieses Krönungskleid überlebte wie jenes des Kronprinzen auf dem Dachboden der Villa Wartholz alle Wirren der Zeit, bis es Ende der siebziger Jahre überraschend unversehrt »wiederentdeckt«, geputzt und

restauriert, dem steirischen Zisterzienserstift Rein zur Aufbewahrung übergeben worden ist. Seit einigen Jahren befindet es sich in den Ausstellungsräumen der Wiener Schatzkammer.
Am Samstag, dem 30. Dezember 1916, wurden Kaiser Karl I. von Österreich als Karl IV. zum König von Ungarn und Kaiserin Zita zur Königin gekrönt. Morgens, um 6 Uhr 30 dröhnten vom Blocksberg 21 Kanonenschüsse und verkündeten Budapest und seinen Festgästen den Anbruch des Krönungstages. Die beiden Häuser des Reichstages traten schon wenige Minuten nach den Salutschüssen zu einer gemeinsamen Sitzung zusammen.
Um 8 Uhr 45 verließ das Königspaar die Burg und fuhr im achtspännigen Galawagen, der aus der Wiener Wagenburg herbeigebracht worden war, zur Mathiaskirche, der ungarischen Krönungskirche. Am Portal empfing Kardinal Csernoch das Herrscherpaar und geleitete es zur Lorettokapelle, wo sich die Reichsinsignien befanden.
Als der Fürstprimas zum Hochaltar getreten war, setzte sich die Königin die Hauskrone der Königin, ein prachtvolles Geschmeide mit weißen Brillanten, aufs Haupt. Unter Pauken- und Trompetenschall zog das Königspaar mit Gefolge zum Hauptaltar. An der Spitze dieses farbenprächtigen Zuges, der nach übereinstimmender Meinung von Persönlichkeiten wie Zar Ferdinand der Bulgaren oder zahlreicher Botschafter die Pracht der Krönung eines englischen Königs oder russischen Zaren nicht nur erreichte, sondern an innerer Stimmung, Kraft der Symbolik und Hingabe des Volkes und seiner Würdenträger weit übertraf, schritten die Truchsessen, die Kämmerer, Magnaten, Minister und Geheimen Räte, die Ritter des Ordens vom Goldenen Vlies, des St. Stephansordens sowie des Ordens vom Goldenen Sporn und Mitglieder all der anderen altehrwürdigen Ordensgemeinschaften in ihren Ornaten, der Träger der Reichsfahne, hinter ihm die Träger der Fahnen der Kronländer Ungarns, die Kronhüter, der Obersthofkämmerer, der Oberstmundschenk mit dem Schwert, der Banus von Kroation mit dem Reichsapfel, der Hofrichter mit dem Zepter und schließlich der königlich-ungarische Ministerpräsident István Graf Tisza, der unbeugsame ungarische Patriot und treue Gefolgsmann des Königs, der sich der von Karl IV. angestrebten Wahlrechtsreform widersetzte und nach seiner Entlassung am 31. Oktober 1918 von Revolutionären ermordet wurde.
Hinter Graf Tisza kamen die Erzherzöge, zuletzt der König, dem die Königin folgte. Nachdem die Majestäten auf dem Thron Platz genommen hatten, wurden die Reichskleinodien auf den Hochaltar gelegt.
Der Erzbischof von Kalocsa richtete hierauf an den Kardinal-Fürstprimas Csernoch in lateinischer Sprache das Wort: »Hochwürdigster Vater! Die heilige katholische Mutterkirche verlangt, daß der anwesende tapfere Recke Karl zur Würde des Königs von Ungarn erhoben werde!«
Der Kardinal-Fürstprimas erwiderte: »Erachtet ihr ihn als würdig und nützlich für die Königswürde?«

Worauf der Erzbischof antwortete: »Wir wissen und glauben, daß er würdig und nützlich ist, gemäß der göttlichen Kirche und der Regierung des Landes.«
Hierauf kniete König Karl vor dem Altar nieder und leistete den Eid, »Gerechtigkeit und Frieden« erhalten zu wollen.
Der König legte hinter dem Altar den Pelz, den Kalpak und seinen Säbel ab, kniete wieder vor dem Altar hin und wurde vom Kardinal-Fürstprimas gesalbt. Diese Salbung bildet den sakralen Mittelpunkt der Krönungszeremonie; sie entspricht der Weihe zum Diakon und macht den König zur »geweihten, geheiligten Person«. Nach der Salbung legten zwei Reichsbarone dem König den »Mantel des heiligen Stephan« um, den der Reichsgründer zwar niemals getragen hat, von dem es aber heißt, daß ihn seine Witwe als Meßgewand angefertigt habe.
Zur Krönung erklangen die Melodien der von Franz Liszt komponierten Krönungsmesse für König Franz Joseph und Königin Elisabeth.
Nach dem Alleluja des Graduale umgürtete der Fürstprimas den König mit dem »Schwert des heiligen Stephan«. Daraufhin drehte sich der König nach den in der Kirche Versammelten um und führte mit dem blanken Schwert drei Hiebe in Kreuzform aus. Im selben Augenblick feuerte die vor der Krönungskirche aufgestellte Honved-Garde die erste Salve ab.
Hierauf folgte der eigentliche Krönungsakt. Dem knienden König wurde von Ministerpräsident Stephan Graf Tisza in seiner Eigenschaft als stellvertretendem Palatin und dem Fürstprimas die Krone aufs Haupt gesetzt. Hierauf überreichte der Kardinal dem König das Zepter in die Rechte und den Reichsapfel in die Linke. »Empfange die Krone des Reiches!« hatte der Fürstprimas gerufen, und während er dem jungen König den Segen erteilte, dröhnten draußen zum zweiten Male die Salven.
Als die Inthronisation erfolgt war, sprach der Kardinal-Fürstprimas: »Bleibe nun und behalte den Platz, den Du bisher auf Grund der Erbfolge innehattest, kraft des Erbrechtes, das Dir von Gott übertragen ist!«
Einen Augenblick später rief Stephan Graf Tisza mit donnernder Stimme »Éljen a király« – Es lebe der König – in die Krönungskirche, und an den hohen Wölbungen brach sich tausendfach das Echo des dreifachen »Éljen« und pflanzte sich in Windeseile fort zu der draußen wartenden Menge, die den Ruf unter feierlichem Glockenklang von allen Gotteshäusern Ungarns und dem Dröhnen der aufgefahrenen Batterien mit ihren Salutfeuern weitergaben.
König Karl IV. schritt nun, mit der Krone auf dem Haupt, zu dem vor dem Hochaltar sitzenden Primas und stellte diesem seine Königin vor, die hierauf gleichfalls gesalbt und gekrönt wurde: Die Königin hatte die habsburgische Krone abgelegt um, ähnlich wie der König, die Salbung zu empfangen.
Hierauf setzte der Bischof von Veszprem, Kardinal Baron Karl von Hornig, der Königin die Hauskrone wieder aufs Haupt, während ihr der Fürstprimas die Heilige Stephanskrone auf die rechte Schulter legte.
Königin Zita hat diese symbolträchtige Geste der Berührung der Krone auf der

Schulter stets besonders ernst genommen, trägt doch der König die Last seiner Würde und seiner Pflichten sinngemäß auf dem Scheitel, während Schulterlasten schwerer zu tragen sind.

»Die Gebete und die herrlichen Exortationen haben sich mir tief ins Herz gegraben...«, in einer Art und Weise, daß die Kaiserin und Königin, so wie ihr Gemahl, dem geleisteten Eide niemals untreu wurde, allen späteren Versuchungen und Anfechtungen zum Trotz.

Nach der Krönung der Königin – der junge Kronprinz war vom königlichen Oratorium aus ständig Zeuge der Vorgänge am Hochaltar – stellte der Fürstprimas die Krone dem Ministerpräsidenten zurück, der sie zum Thron trug und dem König wieder auf Haupt setzte. Hierauf überreichte Kardinal Csernoch der Königin das Zepter in die Rechte und den Reichsapfel in die Linke und geleitete die Königin, gefolgt vom Obersthofmeister und den beiden assistierenden Bischöfen, zum Thronsaal neben den König zurück. Im gleichen Augenblick erdröhnten draußen abermals die Salutschüsse, und der Fürstprimas stimmte das »Tedeum laudamus« am. Nachdem die Insignien wieder dem König überreicht worden waren, empfing das gesalbte hohe Paar die Kommunion in beiderlei Gestalt.

Vor der Danksagung reichten König und Königin je eine große goldene Münze als symbolische Gabe und als Opfer dar. Nach Beendigung der Krönungsmesse trat der König mit seiner Königin unter den Freudenrufen des Volkes vor das Portal der Kirche. Die Königin und der Kronprinz fuhren anschließend mit der Krönungskutsche zur Hofburg zurück, während der König in die Kirche zurückkehrte und dort besonders tapfere Soldaten in ihrer feldgrauen Uniform zu Rittern des Goldenen Sporns schlug.

Nach Beendigung der Zeremonien in der Kirche zogen alle Anwesenden aus dem Gotteshaus zur gegenüberliegenden Dreifaltigkeitssäule, wo der König, flankiert vom Fürstprimas und dem Erzbischof von Kolocsa, nach nochmaliger Vorlage des Inauguraldiploms die Schwurhand erhob und die Eidesformel auf die Verfassung sprach. Unter dem neuerlichen Donnern der Batterien, dem knatternden Salut der Gewehre, dem jubelnden »Éljen« der Menge ging mit Glockengeläut die Feststimmung in den erhebenden Augenblick über, in dem die Musikkapellen der aufgestellten militärischen Formationen gemeinsam den Hymnus intonierten.

Für eine kurze Weile kann sich der König nun wieder in die Lorettokapelle zurückziehen, bis die Menge auf dem Kirchplatz sich formiert hat und der Zug zum St. Georgsplatz, wo ein aus Erde von allen ungarischen Komitaten errichteter Hügel des Krönungsrittes des Königs harrt.

Immer wieder hält der König, der einen prachtvollen Eisenschimmel reitet, unterwegs an, um die Menge zu grüßen. Schließlich reitet er im Galopp, die Krone auf dem Haupte, den wehenden Mantel auf den Schultern, den Hügel hinan, zieht das Reichsschwert und führt gegen alle vier Himmelsrichtungen Schwertstreiche in Form eines Kreuzes, wobei er jeweils das Pferd entsprechend wendet: Er ist bereit zur Verteidigung des Königreiches.

In dem Augenblick, in dem König Karl auf den Krönungshügel ritt, um nach den vier Himmelsrichtungen die Schwertstreiche zu führen, konnte man plötzlich vom Balkon her eine helle Kinderstimme hören, die begeistert rief: »Papa, Papa!« Alle Anwesenden auf dem Platze wendeten sich nach dieser Seite und riefen begeistert »Eljen!« Diese kleine Episode hat die Menschen sehr gefreut, sahen sie doch, mit welcher Liebe und Begeisterung der kleine Kronprinz an seinem königlichen Vater hing.
Dann wurde in die Burg gefahren, wo das große Festessen bereitet war. Das war von allen Komitaten gestiftet, und jedes einzelne brachte seine Gabe dar, je nach den Besonderheiten und Qualitäten des Landes. Allerdings... diejenigen, denen serviert worden ist, der König und die Königin, hatten nicht viel davon, denn wir saßen an diesem Tisch, der König und ich, der Primas und der Ministerpräsident, und die Speisen wurden uns nur präsentiert, gezeigt, man nickte dankend, und es verschwand.
Dann nachher, nach dieser sehr schönen Zeremonie und nach dem berühmten Trunk des Weines, bei dem der Kardinal Fürstprimas das Wohl auf das Land und den König ausbrachte und der König mit Dank und dem Wunsche auf das Wohl von Land und Volk geantwortet hatte, brach großer Jubel im Saale aus.
Damit war auch diese Feier beendet, und wir konnten uns in die Gemächer zurückziehen. Alsbald aber waren all die Leute aufgestellt, die mit der Krönung zu tun gehabt hatten, die irgendwie eine Stellung im Lande innehatten, und bald ergab sich ein sehr schöner, sehr warmer Empfang mit all diesen Großen und Kleinen des Reiches.

Im Parlamentsgebäude schloß hierauf offiziell die imposante Krönungsfeier, bei der das überaus komplizierte Krönungsritual mit vollendeter Sicherheit ohne die geringste Panne abgelaufen war, mit Beglaubigung des Protokolls der gemeinsamen Sitzung beider Häuser des ungarischen Reichstages.

Nach der Krönung aber wurde sofort wieder nach Wien zurückgefahren. Die Krönung hatte deswegen so rasch und in einer an sich so ungünstigen Jahreszeit stattfinden müssen, weil gewisse Gesetze zu unterschreiben waren, die für eine effiziente Regierung während jener schweren Kriegszeiten notwendig waren, besonders für die Versorgung der Bevölkerung während des Krieges mit Lebensmitteln, Gesetze, die nur ein gekrönter König unterfertigen konnte. So wurden auch diese Unterzeichnungen getätigt, und wir fuhren noch am selben Abend zurück nach Wien.
Die Ungarn nahmen das ziemlich schlecht auf, daß König und Königin so schnell wieder verschwanden, weil es doch Sitte war, daß aus verschiedenen Brunnen Wein floß, Ochsen auf offener Straße gebraten wurden und jeder Mensch essen und trinken konnte, so viel er wollte. Aber Kaiser Karl hat gesagt: »Nein, in dem Augenblick, da so viele unserer Leute an der Front sterben, ist es nicht die Zeit, sich

an Wein und an Musik zu erfreuen.« So fuhren wir noch am selben Abend weg, und in Wien angekommen – respektive Reichenau – erwartete den Kaiser bereits eine ungeheure Masse von Arbeit...

Kaiser Karl und Conrad von Hötzendorf

Kaiser Karl war ein wirklicher Frontsoldat. Schon seit Kriegsbeginn, als er Kaiser Franz Joseph um die Erlaubnis gebeten hatte, in seinem Auftrag an die Front zu gehen und dort Soldaten und Offiziere zu begrüßen, ihnen Mut zu machen, ihnen die kaiserliche Anerkennung auszusprechen und ihnen Auszeichnungen zu überreichen, war er mehr als einmal unmittelbarer Zeuge des Kriegsgeschehens und seiner grausigen Härte gewesen.
Im Gespräch mit den Soldaten, mit allen Generälen und vielen anderen Offizieren offenbarte sich ihm ein ungeschminktes Bild der Lage, das er auch seinem Obersten Kriegsherrn in Schönbrunn übermitteln konnte.
Mit fortschreitender Ausweitung und Härte des Krieges bestärkte sich auch in Kaiser Franz Joseph immer mehr die Ansicht, daß es mit einem Sieg seine Schwierigkeiten haben werde und daß man zu einem günstigen Zeitpunkt Schluß machen müsse.
Nun, die Zeit in den Wochen nach dem Tode des Kaisers war natürlich nicht dazu geeignet, unmittelbare Friedensschritte einzuleiten, doch war es dringend erforderlich, wenigstens die Schrecken des Krieges zu mildern, so gut es ging. Und da ließ sich sehr schnell sehr viel tun, gerade weil Kaiser Karl ein wirklicher Frontsoldat war.

Die Statistiken sprechen mitunter eine sehr grausame Sprache: In den ersten beiden Kriegsjahren hatte die österreichisch-ungarische Armee mehr als eine Million Menschen auf den Schlachtfeldern verloren.
Die Statistik kann aber auch eine überraschende Sprache sprechen: In den beiden Jahren, in denen Kaiser und König Karl den Oberbefehl hatte, 1917 und 1918, starben kaum einhunderttausend! Bis zum Jahre 1916 beherrschte alle Armeen die Kanonenfutter-Mentalität. Schießen schien die Hauptsache zu sein, und das Abschießen von einigen »Feinden« mehr war Trumpf. Wenn die Deutschen vor Verdun behaupteten, sie seien die »Sieger« in dieser wohl sinnlosesten Schlacht aller Zeiten, so deshalb, weil sie »nur« 300 000 Mann verloren hatten, die Franzosen aber eine halbe Million! Auf einem einzigen Schlachtfeld!
Die Armeereform, die Kaiser und König Karl innerhalb der kürzesten Zeit durchführte, bestand vor allem darin, die Zahl der Frontsoldaten den tatsächlichen

Das europäische Erbe

Die Abstammung von Kaiser Karl I. und von Kaiserin Zita

Die Abstammungslegenden als Staatsmythos (14. u. 15. Jhdt.):

Jupiter (Zeus)
Cham
Osiris
Noah

Die Familie Colonna
Gens Julia
Julius Cäsar

Die altrömischen
Anicier,
Pierleoni,
»Grafen von Aventin«

Trojaner
Aenaeas
Cäsar

Merowinger
Karolinger

Die Abstammung

Guntram (um 950)
Lanzelot (gest. 991)
Rudolf IV. (als König Rudolf I.)

Die Habsburger

Die Kapetinger, Das Haus Bourbon

gemeinsame Ahnen von
Kaiser Karl I. und Kaiserin Zita

Familien aus dem mütterlichen Stamm der Eltern der Kaiserin

Familien aus der mütterlichen Abstammung von Kaiser Karl:

Habsburg,
Habsburg-Lothringen,
Bourbon,
Bourbon-Spanien,
Bourbon-Sizilien,
Bourbon-Parma,

Farnese,
Orsini,
Aldobrandini,
d'Este,
Toskana,
v.d. Pfalz,

Reuss-Köstritz,
Lippe-Biesterfeld,
Stolberg-Geldern,
Nassau-Saarbrück,
von der Marck,
Khevenhüller-Frankenburg,
Limburg-Styrum,
Leiningen-Dachsburg-Emichsburg,
Pfalz-Neuburg,
Arenberg,
Windischgrätz,
Hohenlohe-Langenburg,
Hohenlohe-Bartenstein,

Dänemark,

Brandenburg-Bayreuth,

Sachsen-Polen,

Wittelsbach,

Gotha-Bragança,
Sachsen-Coburg-Gotha,

Die Könige von Sachsen,

Ludwig XIII.
Karl V.
Maria Theresia
Franz I.

Erzherzog
Carl Ludwig
(Bruder v. Kaiser Franz Joseph)

gem. Abstammung von Habsburg u. Bragança aus Burgund

Bragança — Löwenstein-Wertheim-Rosenberg

Prinzessin Maria Josepha v. Sachsen ⚭ Erzherzog Otto v. Österreich

Herzog Robert von Bourbon-Parma ⚭ Maria Antonia von Bragança

Kaiser Karl I. ⚭ Zita

verh. 21.10.1911, Schwarzau

Otto ⚭ Regina v. Sachsen-Meiningen

verh. 10.5.51, Nancy

Andrea	Monika u. Michaela	Gabriela	Walpurga	Karl	Paul Georg
30.5.53	13.9.54	14.10.56	5.10.58	6.1.61	16.12.64

Gegebenheiten anzupassen. Er war wahrscheinlich der erste Oberkommandierende, der erfaßte, daß eine geringe Anzahl vorzüglich bewaffneter Männer, die wissen, was sie tun, mehr leistet als die größte und mächtigste Armee der Welt, wenn Ausrüstung und Geist (einander) nicht entsprechen.
Schlagartig vermindert sich so die Zahl der Frontsoldaten, vergrößerte sich das Heer jener, die in den Rüstungsbetrieben arbeiten konnten, und ab 1917 verfügte die österreichisch-ungarische Armee über die beste Ausrüstung aller damals kämpfenden Nationen; österreichische Artillerie beherrschte die Lage von den Wüstenfronten des Osmanischen Reiches über Balkan und Isonzo hinweg bis an die Westfront.

Das einzigartige, in seinen Konsequenzen überhaupt nicht abzusehende Verdienst Kaiser Karls aber ist und bleibt die Erhaltung des Lebens so vieler junger Menschen, die nicht mehr hingeopfert wurden, um den Feind »zu beunruhigen« oder ihn gar »ausbluten zu lassen«, sondern ihr Leben nur dann lassen mußten, wenn es um die Erhaltung der Heimat ging, wenn es sich nicht mehr vermeiden ließ. Und um auch dieses auszuschalten, ging Kaiser Karl daran, den Frieden zu suchen. Daß er dabei nicht immer die Unterstützung und das Verständnis der Volksführer und der Heerführer fand, ist freilich eine andere Sache.
Irrtümer und Mißverständnisse griffen schon damals um sich. Treue, hingebungsvolle Soldaten verstanden die Vorgangsweise des Kaisers einfach nicht; selbst die gradlinigsten und vernünftigsten wurden mitunter von Zweifeln gepackt, ob die Handlungsweise des Obersten Kriegsherrn denn auch richtig sei; dazu versuchten interessierte Kreise im In- und im Ausland, diese Zweifel zu nähren. Für die meisten kam die Bestätigung der Richtigkeit der Ideen und Maßnahmen Kaiser Karls zu spät – aber für jene, die sich für die Wahrheit einsetzen wollen, die aus der Vergangenheit Lehren für ihre Zukunft ziehen wollen, ist es nie zu spät. Und jenen, die ihn einst nicht verstanden, ihm nicht folgen konnten, ihn vielleicht sogar bekämpften, hat Kaiser Karl auf Madeira ausdrücklich verziehen.
Eine der ersten Maßnahmem Kaiser Karls bestand darin, das Armeeoberkommando in Teschen aufzulösen und nach Baden bei Wien zu verlegen. Schon der Erzherzog Karl, der so oft in Teschen gewesen war, um beim AOK »etwas zu lernen«, hatte dort mehr gelernt und gesehen, als dem Generalstab lieb sein konnte. Die Verlegung des AOK entsprach Kaiser Karls Absicht, selbst Leitung und Kontrolle des Geschehens zu übernehmen und so rasch wie möglich seine neue Kriegstechnik – nämlich die der Schonung von Menschenleben – durchzusetzen.

Daß die alte Heeresleitung diesen Schritt nicht unbedingt mitzuvollziehen gewillt war, ist eine andere Geschichte, aber die erzählt der Chef des Generalstabes und später Oberst aller Leibgarden, Conrad von Hötzendorf, besser selbst:
»Nach dem Ableben Seiner Majestät des Kaisers Franz Joseph wurde ich von Teschen nach Wien berufen und für spätabends zur Audienz nach Schönbrunn

befohlen. Ich erwartete dort den Kaiser, der erst spät mit Ihrer Majestät von einer Festlichkeit in Wien nach Schönbrunn kam.
Vor manch anderem eröffnete mir Seine Majestät sofort: ›Ich werde das Armeeoberkommando selbst übernehmen – aber nicht nur dem Namen nach, also formell, sondern ich werde es führen!‹
Ich war etwas frappiert. Der Kaiser mochte dies auch bemerkt haben. Aber ich dachte mir: ›Kommt Zeit, kommt Rat...‹ oder, wie es im Vulgären heißt: ›Es wird nicht so heiß gegessen, wie gekocht wird.‹
Ich nahm diese Eröffnung zur Kenntnis, warf aber sofort die Frage auf: ›Ja... und was geschieht mit Erzherzog Friedrich?‹
Seine Majestät antwortete, der Erzherzog bleibe sein Stellvertreter und werde fallweise mit verschiedenen Aufgaben betraut werden.
Dann eröffnete mir Seine Majestät, daß er dem Erzherzog und mir das Großkreuz des Theresienordens verleihen werde, nachdem er mich seines Vertrauens versichert und erklärt hatte, daß er auf meine weiteren Dienste zähle.
Endlich eröffnete mir der Kaiser, daß er das Armeeoberkommando von Teschen nach Wien oder in dessen nächste Umgebung verlegen werde. Dem setzte ich schwerwiegende Gründe entgegen, worüber S. M. augenfällig erregt war.
Ich aber erkannte, daß mein Zusammensein mit dem neuen Armeeoberkommandanten kaum von langer Dauer sein würde, ließ das Weitere jedoch zunächst an mich herantreten.
Noch einmal übte der Kaiser durch meine Ernennung zum Feldmarschall einen Akt des Vertrauens aus. Dann aber merkte ich bald, daß ich dieses verloren hatte, bis es zu meiner Enthebung von der Stelle des Chefs des Generalstabes kam.
Mir kam sie nicht überraschend.
Und je mehr sich die Tätigkeit Kaiser Karls auf innerpolitischem, außenpolitischem und militärischem Gebiet in der Folge entfaltete, desto begreiflicher wurde es mir, warum mich der Kaiser entfernte. Er wußte nur zu gut, daß er bei den meisten seiner Maßnahmen auf meinen Widerstand stoßen würde – so insbesondere bei dem Verhalten gegenüber Deutschland, den Anknüpfungen mit Frankreich und der lockeren, zersetzenden Zügelführung im Innern der Monarchie.
Bei meiner Entlassung hatte ich keine Ahnung von der Sixtus-Mission und von den in dieser Hinsicht schon angebahnten Schritten – sie hatten sich hinter meinem Rücken vollzogen und waren mir verheimlicht worden – ein Beweis des geschwundenen Vertrauens.
Als ich in der Folge diesen in unserer führenden Stelle eingetretenen uferlosen Defaitismus, weibisch und unmännlich, und dessen Rückwirkung auf Land, Heer und Volk erkannte, war es mir begreiflich geworden, daß man mich entfernte, weil man wußte, daß ich mich solchem Treiben auf das schärfste widersetzt hätte.
Diese in einem schweren Existenzkampf zum Verbrechen werdenden Gefühlsduseleien von christlicher Nächstenliebe, Mitleid, Menschengleichheit, Friedensglück und wie alle diese sentimentalen, auch das religiöse Moment hineinziehen-

den Lehren heißen mögen, hätten in mir einen scharfen Gegner gefunden, der die rücksichtsloseste Bekämpfung dieses Defaitismus gefordert hätte.
Besonders gefährlich waren diesbezüglich die Machenschaften, die Kaiserin Zita Hand in Hand mit ihrem Bruder Sixtus betrieb und in die sich der schwache Kaiser hineinreißen ließ, wobei es ihm nicht erspart blieb, in eine schiefe Stellung zu Deutschland zu geraten. Ein Schulbeispiel, wohin es führt, wenn Frauenhände, wenn auch von den besten Absichten geleitet, sich in ernste politische und militärische Angelegenheiten mengen.
Bei diesen Tendenzen in den höchsten Stellen war es begreiflich, daß ich dort zur Bête noire geworden war, die es sobald wie möglich zu entfernen galt.
Nicht minder gefährlich als nach außen hin wirkte dieses schwächliche Gebaren auch im Innern, es lockerte die Disziplin in der Armee, es förderte die destruktiven Machenschaften der auf den Reichszerfall hinarbeitenden nationalen Agitatoren, es arbeitete den staatsgefährdenden revolutionären Bestrebungen der Sozialistischen Partei geradezu in die Arme.
So wurde es nach außen und nach innen hin zum Verderben.
Wenn sich schon für Staaten, die das Glück nationaler Einheit hatten, eine so starke Bekämpfung des Defaitismus als notwendig erwies, wie erst für ein Reich, in dem es galt, zwölf verschiedene Nationalitäten zusammenzuhalten, und dessen Heer aus diesen Nationalitäten gebildet war.
Aber auch in Deutschland wurde ja das gleiche Verbrechen begangen. Schon bei Kriegsbeginn war es das Mea culpa des Reichskanzlers Bethmann-Hollweg bezüglich Belgiens, das diesen Ton überhaupt eröffnete. Dann erfolgte unter seiner Ägide der erbärmlichste Friedensvorstoß des höchst unberufenen, sich eine ihm nie gebührende Rolle anmaßenden Abgeordneten Erzberger und der Clique, die hinter ihm stand.
Die Energie, die von der Überzeugung ausgeht, daß der Kampf ums Dasein das einzig maßgebende Prinzip im Völkerleben ist, nahm ab. Eine lahme Politik trat an ihre Stelle.
Sie war so schwach, daß sie dem Vorstoß nach dem Allgemeinen Wahlrecht, für den die Sozialdemokratische Partei den Zeitpunkt wählte, zu dem das Heer den schwersten Kampf um den Bestand des Reiches führte, nicht zu begegnen wußte.
Ich war ein treuer Diener Kaiser Franz Josephs, den ich von Kindheit an als meinen Allerhöchsten Herrn zu verehren gewohnt war. Die gierige und würdelose Art, mit der Kaiser Karl nach Kaiser Franz Josephs Ableben das Herrscheramt ergriff, und die Eile, mit der man alle Erinnerungen an den alten Herrscher zu verwischen bemüht war, die Pietätlosigkeit, die dabei noch entfaltet wurde, hatten mich im Innersten schmerzlich verletzt. Ich habe meinem alten Herrn die Treue bewahrt und es anderen überlassen, mit Windeseile in das neue Lager zu stürmen.
Für das ›Le roi est mort, vive le roi‹ hatte ich nicht die Geschmeidigkeit, Traditionen abzuwerfen.
Daß ich dem neuen Monarchen nach besten Kräften dienen würde, war selbstver-

ständlich, aber im Herzen blieb ich bei meinem alten, kaiserlichen Herrn. Es entsprach so meiner Auffassung von Treue!
Gelegentlich meiner ersten Audienz bei Kaiser Karl im Schloß Schönbrunn, wohin ich von Teschen berufen worden war, hatte mich dieser Eindruck höchst peinlich berührt, als das junge Herrscherpaar, spätabends von einer festlichen Veranstaltung zurückgekehrt, mich in jenen Appartements empfing, die am entgegengesetzten Flügel der Wohn- und Diensträume Kaiser Franz Josephs lagen.
Es war alles so anders!
Wir alten Diener Kaiser Franz Josephs waren an das ruhige, gemessene, vornehme Wesen und an die strenge Pünktlichkeit Seiner Majestät gewöhnt.
Jetzt war alles so anders. Ich erkannte, daß ich, ein altes Möbelstück, in den modernen Salon nicht mehr paßte ...«

Inzwischen hat auch die moderne Geschichtsforschung ihr unerbittliches Urteil gesprochen.

Der politische Weitblick Kaiser Karls

Die Personen der Handlung sind: Ein Kaiser, der in seinem Eisenbahnwagen sitzt und nach einer längeren Besprechung einen Brief schreibt.
Der Gesprächspartner: General von Arz, der keineswegs geniale, aber tüchtige und verläßliche Chef des Generalstabes.
Der Adressat des Briefes (mit Tintenstift geschrieben, in ziemlich großer, zügiger Schrift, so, als wolle der Kaiser das Schütteln und Rütteln des fahrenden Zuges ausgleichen): Außenminister Ottokar Graf Czernin. Noch immer ein Mann, von dem Kaiser Karl glaubt, er könnte mit ihm gemeinsam einen gerechten Frieden zuwege bringen. (Kaiser Karl hat Czernin einzig und allein deswegen zum Außenminister bestellt, weil dieser sich als ein Mann des Friedens deklariert hatte.)
Der Mann, der in dem Brief des Kaisers erwähnt wird: Richard von Kühlmann, deutscher Diplomat. Er vertrat im Ersten Weltkrieg maßvolle Kriegsziele und glaubte nicht an die Möglichkeit eines deutschen Sieges über die gewaltige Übermacht der Entente. Im Juli 1918 zwang ihn die deutsche Kriegspartei zum Rücktritt, nachdem er 1917 Staatssekretär des Auswärtigen Amtes geworden war.
Was der Brief beweist: Die geradezu seherische Begabung Kaiser Karls und auch die Urheberschaft des berühmten »Memorandums«, dessen Autor einzig und allein Kaiser Karl ist, und nicht Czernin.
Der Brief Karls an Czernin kam mit einigen Papieren aus dem Nachlaß des Außenministers auf Umwegen wieder in die Obhut von Kaiserin Zita.
Zur Verdeutlichung der Situation und der Voraussicht des Kaisers sind dem Brief

einige Stimmungsberichte der k. u. k. Zensurbehörden vorangestellt – Querschnitte durch einen Zeitabschnitt also, von dem der Kaiser voraussagt, daß dann die Mittelmächte zu Boden gerungen sein würden:

Monatsbericht der k. u. k. Zensurkommission für Korrespondenz an Kriegsgefangene, Budapest — Monat April 1918

Stimmung der Bevölkerung

Der Stimmungsbericht lautet mangels Stoff unbestimmt, man weiß nicht, ist das dem in der ganzen Linie bemerkbaren Abflauen von Regungen, einer allgemeinen Ermüdung und Erschöpfung des Gemütes zuzuschreiben, man schweigt, weil man sich schon heiser geschrien hat und zum Handeln keine Kraft, keinen Mut und keine Macht hat, man duldet die Nöte, die Ungerechtigkeiten im stillen weiter – oder ist dies alles bloß Schein, und setzen schon die zerstörenden Kräfte in der Tiefe ihre Arbeit weiter fort, und segelt man einer Revolution entgegen?

Alles deutet darauf hin, daß die Gemüter die Gereiztheit bereits verloren haben und sich einer Abstumpfung hinneigen, man trachtet, aus dem großen Brand das eigene Leben in Sicherheit zu bringen; der Anblick des Untergangs der anderen ist gewöhnlich geworden. Die Beschreibung der Entbehrungen, die früher überall in den Vordergrund trat, nimmt heute keinen richtigen Platz mehr ein, man weiß, helfen kann ohnehin niemand, am allerwenigsten der arme Kriegsgefangene, an den man schreibt...

Die nutzlosen Lamentationen, leeren Drohungen, hohlen Phrasen und schwulstigen Redensarten mußten einmal aufhören, die Zeit hat die Menschen mürbe gemacht, der Dümmste hat einsehen müssen, daß es schade um das Papier ist; den Krieg, die Weltereignisse, kann ein einzelner nicht abwenden.

Merkwürdig ist ferner das Stillschweigen der Sozialisten, keine hochgehenden Redensarten mehr, überhaupt merkt man selten eine bemerkenswerte Äußerung, wie dies übrigens bei der Beschreibung der wirtschaftlichen Lage der Arbeiter bereits erwähnt wurde. Ebenso auffallend ist die Erscheinung, daß während des ganzen, von außen- und innenpolitischen Ereignissen so reichen Monates *keine einzige Korrespondenz* gefunden wurde, die sich die Erörterung oder Kritisierung eines dieser Ereignisse zum Thema gewählt hätte; was nicht unmittelbar die eigene Person oder die Familie des Briefschreibers betraf, ging spurlos vorüber.

*

K.u.k. Zensurstelle Budapest — Monatsbericht April 1918
Beilage 13

Friedensfrage

Die Auffassung der Intelligenz

Der Rücktritt des Grafen Czernin vereitelte viele Friedenshoffnungen[!]. Die Intelligenz legt jedoch große Hoffnungen auf die Kämpfe im Westen. So schreibt

ein Advokat aus Szatmár: »Wir hoffen, daß im Westen eine endgültige Entscheidung kommt, die Engländer und Franzosen werden zur Vernunft gelangen, und wir werden den von allen ersehnten Frieden erlangen!«
Ein Gutsbesitzer teilt mit: »Unsere Feinde handelten dumm, als sie auf unsere inneren Zerwürfnisse rechneten, denn in Ungarn ist alles in bester Ordnung, die Kriegsanleihe wird nicht auf den Markt geworfen, alles hält sie in den Schränken, die Ernte gibt gute Hoffnungen, und man wird und kann uns nicht zum Frieden zwingen.«

Abgeschlossen am 26. April 1918

*

Slowenen
Das ungemein trübe Bild der Vormonate erscheint nach keiner Richtung hin aufgehellt. Den Kriegsereignissen und Friedenserörterungen gegenüber besteht völlige Apathie und Interesselosigkeit. Das stellenweise mächtig angestiegene Elend, die jäh um sich greifende Hungersnot, verursacht teils durch die vorjährige Mißernte, teils durch unausgesetze Requisitionen, bildet fast ausschließlich den Gegenstand der Korrespondenzen. Lebensmittel sind kaum mehr käuflich, die Approvisationsorganisationen funktionieren stellenweise gar nicht, grenzenlose Preistreiberei bringt die Bevölkerung um die letzten Reste der in langjähriger Arbeit erworbenen Sparpfennige. Viele sprechen nicht mehr über den Frieden, die Erlösung durch den Tod scheint ihnen allein willkommen.
Idria, Zaklanec: Wiederholte Bemerkungen weisen darauf hin, daß es auch dort im Volke zu gären beginnt.
Ein großer Teil der Verbitterung scheint sich auch gegen die dort anwesenden Truppen zu richten: »Unser erlauchter Kaiser weiß nicht, was diese Teufel treiben, die nur im Kaffeehaus sitzen, statt in den Krieg zu gehen.«

*

K.u.k Zensurstelle Wien — Monatsbericht April 1918
Beilage 30

Österreich
Friedensfrage
Die Friedenssehnsucht beherrscht das gesamte Korrespondenzmaterial. Das Bild des Elends und der in der Monarchie herrschenden unhaltbaren Lebenszustände ist ein überaus düsteres und jeder Hoffnung entbehrendes, so daß in zahlreichen Korrespondenzen sich die Friedenssehnsucht in dem Maße steigert, daß der Entschluß geäußert wird, *Frieden um jeden Preis,* selbst mit territorialen oder wirtschaftlichen Nachteilen, zu schließen, nur um ehebaldigst – wie wörtlich gesagt wird – den Qualen des Krieges zu entgehen.

Die *Erfolge im Westen* lösen nur bei einem verhältnismäßig geringen Teil der Bevölkerung Freude und Begeisterung aus, während die Zahl derer weit größer ist, die infolge der Kriegsmüdigkeit diesen Erfolgen keine wesentliche Bedeutung zur Herbeiführung des Friedens beimessen und in ihnen sogar nur eine Verlängerung des Weltkrieges erblicken. Typisch zur Beurteilung der Volksstimmung in der Friedensfrage ist folgende Stelle eines Briefes aus Wien (Georg Hochenau), die in ähnlicher Fassung in zahlreichen Korrespondenzen Wiederholung findet: »Der Anfangserfolg der Deutschen ist zwar vorzüglich, aber weder dieser noch ein ähnlicher Erfolg können uns den Frieden herbeiführen!«
Nach wie vor ist die Zahl der Briefschreiber aus fast allen Kreisen groß, die die ganze *Schuld an der Kriegsverlängerung* den Deutschen unterschieben und sie eines hemmungslosen Imperialismus beschuldigen. In diesbezüglichen Korrespondenzen wird auch gesagt, daß die Friedensschlüsse im Osten keinen dauernden Erfolg haben dürfen, weil sie hauptsächlich von den Deutschen diktiert wurden und daher für die Zukunft nur den Keim zu neuen Kriegen in sich bergen.

Abgeschlossen am 30. April 1918

*

K.u.k. Zensurstelle Feldkirch — Monatsbericht für März 1918

Politische Nachrichten über Deutschland
Kriegsmüdigkeit
Aus allen Briefen geht große Kriegsmüdigkeit der Bevölkerung hervor, die in erster Linie den großen Mangel an Lebensmitteln zur Ursache hat. Man könne seit drei Monaten abends nur mehr Marmelade und Brot bekommen, einmal ein bißchen Fett in der Woche und ein Essen, daß es eine Schande sei. Man habe keine Lust zu nichts mehr. Das Volk verlange unbedingt Frieden, und man könne unmöglich zulassen, daß diese Verhältnisse noch lange andauern.

Abgeschlossen am 29. März 1918

*

Der unveröffentlichte Brief Kaiser Karls an seinen Außenminister

Lieber Graf Czernin!
Ich schreibe auf der Fahrt. Das Wetter ist wunderschön. Die Stimmung in der so lieben Tiroler Bevölkerung mir gegenüber rührend, jedoch überall in allen Teilen des Landes *große* Friedenssehnsucht und *Kriegsmüdigkeit.* Begreiflich, nach 3½ Jahren. Ich fürchte immer, daß die Völker über ihre Herrscher hinweg Frieden machen *werden,* was der Tod des *dynastischen Prinzips* wäre.
Anfangen werden die Slawen, und die Deutschen werden den Lockungen des heißersehnten Friedens nicht widerstehen.

Ich hoffe, Sie werden dem Kühlmann jetzt wieder *energisch* sagen, daß Sie den Frieden brauchen. Es geht ja mit dem Ersatz des Heeres auch nicht weiter. Sie können ja heute schon, wie wir es immer betont haben, die großen Verluste absolut nicht ersetzen und sinken daher immer mehr in den Ständen herunter, trotz aller Pyrrhussiege. Unseres militärische Lage möchte ich mit einem Spinngewebe vergleichen, überall, wo der Italiener oder der Russe ernstlich ansetzen will, kann er durchdringen, weil er jederzeit auf einer Stelle eine vier- bis fünffache Überlegenheit ohne große Schwächung seiner übrigen Front zusammenbringen kann. Wir müssen immer zu Gott beten, daß der gute Feind nicht angreifen möge.
Die italienische Offensive wird mit Gottes Hilfe eine Erleichterung der schon nach der 11. Isonzoschlacht sehr prekär gewordenen Lage bringen. Mehr darf man von ihr nicht erwarten. Der größte Fehler wäre, jetzt zu optimistisch zu sein. Unsere Lage ist nicht gerade zum Verzweifeln, aber auf allen Gebieten sehr gefahrdrohend.
Wir wollen ja das dynastische Prinzip hochhalten, und das können wir nur dadurch, daß es den Monarchen in Deutschland und in Österreich gelingt, früher als die anderen Frieden zu machen, denn der Ruf nach Frieden ist heute in ganz Europa das treibende Element, und wer heute den Frieden macht, ist der große Mann, wenn er auch dabei vielleicht etwas an seinem Territorium verliert.
Wenn sich Europa weiter zerfleischt, freut sich der Gelbe und der Amerikaner...
Ich begleite Ihre Verhandlungen mit Kühlmann mit größtem Interesse und wünsche Gottes reichsten Segen darauf.
Wir müssen uns klarsein – und den Deutschen auch klarmachen –, daß dies, nachdem wir ihnen schon früher eine Provinz [Galizien] angeboten haben, die *unwiderruflich letzten Konzessionen* sind und daß wir – lehnen sie ab – uns *freie Hand* sichern.
General Arz, mit dem ich diesen Brief besprochen habe, fügt noch hinzu, daß wir bis Ende November ganz normal Krieg führen können, in Frühjahr aber den zu erwartenden feindlichen Offensiven nicht mehr standhalten werden; daher im Winter Frieden – oder wir werden im Frühjahr zu Boden gerungen!

Mit besten Grüßen Ihr stets gewogener
Karl

Zur Verdeutlichung des Zeitpunktes, zu dem Kaiser Karl den vorliegenden Brief an den Außenminister Graf Czernin schrieb: Die 11. Isonzoschlacht fand im August des Jahres 1917 statt. Die ersten vier Isonzoschlachten ereigneten sich im Jahre 1915. Die Italiener, die stets die Angreifer waren (mit Ausnahme der 12. Isonzoschlacht), verfügten dabei zunächst über eine fünffache, später über eine dreifache Übermacht. Von der 5. bis zur 9. Isonzoschlacht, als die Front wegen der Brussilow-Offensive im Osten verstärkt werden mußte, verfügten die Italiener über eine siebenfache, am Monte San Gabriele sogar über eine vierzehnfache

Übermacht. In der 11. Isonzoschlacht waren sie immer noch doppelt so stark wie die Verteidiger.
Der stärkste Kampf wütete am Monte San Gabriele, den die Italiener trotz »Feuerbelagerung« mit 1400 Geschützen auf einer Breite von sieben Kilometern nicht nehmen konnten. Die Kämpfe im Karst übertrafen an Härte und Grausamkeit noch jene in den Trichterfeldern von Flandern; die an den Felswänden zersplitternden Granaten fügten den Kämpfern grauenhafte Verwundungen zu.

Ich erinnere mich an einen Frontbesuch im Karst, unmittelbar nach einer Schlacht. Tote und Ratten und Ratten und Tote überall – und ein entsetzlicher, unbeschreiblicher Gestank. Wo ich hinsah, verstümmelte Leichen gefallener Soldaten, dazwischen Ratten, Ratten, Ratten, häßlich und groß, mit schaurig kahlen Stellen an ihren Leibern, und sie waren überall, wohin nur das Auge blickte. Sie kamen an die Wagen heran, krochen an den Rädern hoch. Es war wie ein böser Traum.
Unsere Soldaten mußten die Gegend dort vergasen, um der Rattenplage auch nur einigermaßen Herr zu werden. Der Krieg hatte ein unbeschreibbar entsetzliches, unmenschliches Gesicht angenommen, und es bestand keine Aussicht, dieses Elends, des elenden Sterbens Herr zu werden. In der Nähe von Görz war das damals, und bei Doberdó war es nicht anders. Und die entsetzlichen Verwundungen der Soldaten!
Ich werde diese Bilder nicht los. Die Härte der Umstände, unter denen unsere Soldaten einer überwältigenden Übermacht standhielten, ist nicht wiederzugeben. Es war eine Hölle aus Trommelfeuer, aus Hunger und Ratten, häßlichen, entsetzlichen Ratten. Und die Übermacht, und das, was wir ihr entgegenzusetzen hatten. Wir waren doch am Rande der Erschöpfung!
In den Spitälern sah ich das Elend dann wieder.
Das schrecklichste, das ich in einem Spital erlebte: Da lag ein junger Bursch, er paßte gar nicht in die Welt der anderen Verwundeten, aber seine Verletzung stand den Wunden der anderen nicht nach. Ich fragte ihn, was ich für ihn tun könne, ob er irgendeinen Wunsch habe, den ich erfüllen könne. »Bitte um ein Spielzeug«, sagte der arme Kerl, »bitte um ein Spielzeug …«
Wir mußten einfach Frieden schließen. War das, ist das so schwer zu verstehen?

Die Bedeutung der Juli-Amnestie (1917)

Einmal knüpften wir sogar an Herrn Beneš Hoffnung. Es war uns eine Bemerkung zu Ohren gekommen, die der unermüdliche – nein, unterlassen wir jede Klassifizierung – Beneš in Amerika von sich gegeben hatte: »Wenn diese Amnestie gelingt, dann sind wir erledigt, und die Monarchie wird weiterbestehen.«

Diese Furcht bedeutete für den Kaiser einen neuen Ansporn in seinen Bemühungen. Er war sich völlig darüber im klaren, daß, um einen allgemeinen Friedensschluß herbeiführen zu können, zuerst in der Monarchie selbst der Friede, der ausgeglichene, innere Friede, herbeigeführt werden müsse.
Es bestand ja gar kein Zweifel daran, daß in der Monarchie viele Menschen der Freiheit beraubt waren, die geringfügige politische Vergehen hinter Gefängnismauern büßten, natürlich auch schwerwiegende, vaterlandsfeindliche Taten. Es war die Überzeugung des Kaisers, daß durch eine Amnestie eine große Entspannung in vielerlei Hinsicht erreicht werden könne.
Leider ist aber sehr viel dagegen gehetzt worden, und durch den Einfluß und das Eingreifen verschiedener Leute ist der Friedensschluß im Inneren vereitelt worden; in der Folge auch der Friede nach außen.

Wo und in welchem Lager standen nun die Gegner der kaiserlichen Amnestie? Vor allem in deutschnationalen Kreisen, bei den »Großdeutschen«, den »Schönerianern«. Hier war man völlig in den nationalistischen Haß- und Wahnvorstellungen befangen, die im weiteren auch auf das Lager der Arbeiterschaft übergreifen sollten, vor allem durch die unheilvolle Wirksamkeit Otto Bauers, die später im nationalen Sozialismus ihre entsetzlichen Früchte tragen sollte.
Aber noch war es nicht so weit. Noch konnte der Kaiser hoffen, wenigstens in der Arbeiterschaft das Echo zu finden, das die Amnestie überall hätte hervorrufen sollen. Am 3. Juli des Jahres 1917 veröffentlichte die »Arbeiter-Zeitung« eine Stellungnahme zur Amnestie, die eine Zukunft der vertrauensvollen Zusammenarbeit zwischen dem Haus Österreich und der Sozialdemokratie zu eröffnen schien:
»Die morgige ›Wiener Zeitung‹ wird das nachstehende allerhöchste Handschreiben veröffentlichen:

Lieber Ritter von Seidler!
Es ist mein unerschütterlicher Wille, die durch eine göttliche Vorsehung mir anvertrauten Rechte und Pflichten in der Weise auszuüben, daß ich die Grundlagen schaffe für eine gedeihliche und segensreiche Entwicklung aller meiner Völker. Die Politik des Hasses und der Vergeltung, die, durch unklare Verhältnisse genährt, den Weltkrieg auslöste, wird nach dessen Beendigung unter allen Umständen und überall ersetzt werden müssen durch eine Politik der Versöhnlichkeit. Dieser Geist muß auch im Inneren des Staates vorwalten.
Ich erlasse daher den Personen, die von einem Zivil- oder Militärgericht wegen einer der folgenden im Zivilverhältnis begangenen strafbaren Handlungen verurteilt worden sind, die verhängte Strafe: Hochverrat, Majestätsbeleidigung, Beleidigung der Mitglieder des kaiserlichen Hauses, Störung der öffentlichen Ruhe, Aufstand, Aufruhr, gewaltsames Handeln gegen eine von der Regierung zur Verhandlung öffentlicher Angelegenheiten berufene Versammlung...
Erfolgte die Verurteilung nicht nur wegen einer der bezeichneten strafbaren

Handlungen, so will ich die Strafe nachsehen, wenn die anderen strafbaren Handlungen entweder verhältnismäßig geringfügig sind oder einen vorwiegend politischen Charakter haben.
Ist das Strafverfahren noch nicht rechtskräftig beendet, so verfüge ich die Einstellung und die Abbrechung des Verfahrens.«

Die »Arbeiter-Zeitung« schloß dieser Veröffentlichung einen Kommentar an, der es verdient, der Vergessenheit entrissen zu werden:

»Der Kaiser hat eine Amnestie erlassen, die alle politischen Urteile der Militärgerichte beseitigt; allen, die wegen Majestätsbeleidigung, wegen Störung der öffentlichen Ruhe und wegen Hochverrates von den Militärgerichten verurteilt worden sind – und es werden Tausende sein –, wird die Strafe nachgelassen, und morgen sind alle, die da in die Nacht des Kerkers gesendet worden sind, frei und dem Leben wiedergegeben.
Der Amnestieerlaß ist ein Regierungsakt, und er ist vom Ministerpräsidenten gegengezeichnet. Aber wir wollen doch nicht zögern, unseren Eindruck wiederzugeben, daß es sich bei dieser Amnestie, die, soweit es menschlicher Kraft zugänglich ist, schweres Unrecht gutzumachen sucht, vor allem um einen persönlichen Entschluß des Kaisers selbst handelt. Wohl können wir annehmen, daß der junge Kaiser, dem man starkes menschliches Mitgefühl nachrühmt, von dem, was von dieser Militärjustiz bereits ans Tageslicht gekommen ist, tief erschüttert war und das Bedürfnis hatte, sich von einer schlimmen, unrechterfüllten Vergangenheit zu lösen, und aus dem edelsten Rechte, mit dem ihn die Verfassung ausgestattet hat, den Willen empfing, der Gerechtigkeit eine Genugtuung zu bieten.
Einen Augenblick muß das Gefühl bei dem Gedanken verweilen, was die Unglücklichen, an denen eine barbarische Justiz derart gefrevelt hat, empfinden werden, wenn ihnen plötzlich und unvermutet die Tore des Kerkers geöffnet werden und sie frei und aufrecht wieder leben können! In den unsterblichen Worten Shakespeares vernehmen wir den Sinn: ›Die Gnade träufelt, wie des Himmels milder Regen, zur Erde unter ihr, zwiefach gesegnet: sie segnet den, der gibt und den, der nimmt...‹
Die Amnestie, die soviel unverschuldetes Leid hemmen und enden will, wird, von allen politischen Erwägungen abgesehen, starkes Mitempfinden auslösen.«

Bei den Deutschnationalen rief der kaiserliche Amnestieerlaß (von den Leuten um Ludendorff heftigst geschürt) helle Empörung hervor; in der Armee erhoben sich vereinzelt Bedenken, weil man mitunter fürchtete, die Amnestie werde die Disziplin ungünstig beeinflussen. Aber im Grunde genommen schien der hochherzige kaiserliche Gnadenakt, bei allen Vorbehalten, eine günstige Aufnahme zu finden.
So schreibt ein Offizier aus dem gewiß sehr »militanten« Kreis um General Krauss

in seinem Tagebuch unter dem Datum des 3. Juli 1917: »Höchste Überraschung brachte der vom Kaiser herausgegebene Amnestieerlaß. Ob gerade jetzt der richtige Zeitpunkt der Begnadigung eines Kramař und Konsorten gekommen ist, scheint zweifelhaft; jedenfalls wird die Sache wieder einigen Staub aufwirbeln. Seine Majestät wird ja sehen, wie weit er mit Güte und Milde allein kommen wird. Durch den Hinweis auf den Namenstag des Kronprinzen, des unschuldigen Kindes, erhält auch dieser Erlaß eine besondere, persönliche, rein menschliche Note.«

Zwei Tage vorher, am 1. Juli 1917, trägt der kritische Anton Ritter von Pitreich in sein Tagebuch ein: »Über allerhöchsten Befehl findet allerorten ein feierlicher Bittgottesdienst statt – er soll der Erreichung eines baldigen, ehrenvollen Friedens dienen –; an demselben haben die Militärbehörden teilzunehmen. Auch ein Zeichen der Zeit...

Erfreulich scheint dagegen der heutige Pressebericht, wodurch die russischen Angriffe doch einiges von ihrer Schärfe verlieren.«

Und am 3. Juli, als Einleitung einer kritischen Stellungnahme zum »allerhöchsten Amnestieerlaß« (aber indirekt als Beweis für das planmäßige Vorgehen Kaiser Karls): »Das Kaiserpaar war nun in München und in Stuttgart. Wenn auch dieser Höflichkeitsakt gewiß ganz am Platze ist, so dürfte aber doch dabei auch eine kleine Spitze gegen den deutsche Kaiser zu finden sein. Inzwischen sind Hindenburg und Ludendorff in Wien; es scheinen wieder ernstere Verhandlungen im Zuge.«

Anders war die Lage bei uns... Kaiser Karl wollte den Frieden, und dazu gehörte nicht nur die Zustimmung im eigenen Land, sondern auch die unserer Verbündeten.

Eine gute Hilfe bei diesem Unternehmen bedeuteten naturgemäß die engen verwandtschaftlichen Beziehungen, die uns mit vielen europäischen Fürstenhöfen verbanden.

Gerade in den Tagen des Amnestieerlasses besuchten wir die Hauptstadt des Königreichs Bayern. Für mich war der herzliche Empfang in München eine ganz besondere Freude, kannte ich doch die Stadt noch aus meiner bayerischen Schulzeit in Zangberg bei Ampfing, wo ich als Schulkind so viele Jahre gelebt hatte, sehr gut. So viele Bayerinnen waren einst meine besten Jugendfreundinnen gewesen. Dazu kam die Schar der Verwandten, das ganze Königshaus, vor allem auch Tante Maria José, die mit Herzog Karl Theodor, dem Bruder der Kaiserin Elisabeth, verheiratet gewesen war; Maria José war die Schwester meiner Mutter und die Mutter von Kaiser Franz Josephs Lieblingsnichte Elisabeth, die jetzt freilich als Königin der Belgier im anderen Lager stand ... aber was für ein »anderes« Lager? Kämpften nicht die Belgier genauso um das Überleben wie die Bayern und die Österreicher?

Sosehr wir die Fahrt genossen, gemeinsam mit dem Königspaar, mit dem wir befreundet waren wie eh und je, sosehr wir das wunderschöne München bewunderten – unsere Reise galt im Grunde genommen nur dem einen wichtigen Ziel: Stimmung zu machen für eine Gesinnung des Friedens, des Ausgleichs, der Mäßigung.
Und dafür fanden wir in München ein ebenso offenes Ohr wie in Stuttgart und Dresden ...

Ritter von Pitreich wenige Tage später in seinem Tagebuch: »An der Ostfront ist nun wieder mehr Ruhe eingetreten. Mindestens eine keineswegs zu verachtende Gefechtspause. Raffen sich die Russen zu keinen weiteren Vorstößen mehr auf, dann können wir zufrieden sein; dann dürfte die Anarchie in Rußland immer mehr um sich greifen, womit der am meisten zu fürchtende Feind völlig gelähmt wäre. Vielleicht ergibt sich auf diese Art endlich eine allgemeine Änderung der Kriegslage.
Besuch des deutschen Kaiserpaares in Laxenburg bei Wien. Der Verkehr der beiden Herrscherpaare miteinander läßt an Förmlichkeit nichts zu wünschen übrig; es erscheint bedauerlich, daß derselbe nicht vertrauter sich gestaltet; mindestens zeigt unser Monarch, daß er die Deutschen nicht über seinen Kopf hinweg regieren lassen will.«

Aber das ist eine andere Geschichte. Eine sehr böse dazu. Allzu wenige erkannten, wie wichtig es war, daß die »Deutschen« – gemeint waren Ludendorff und sein Kreis – nicht über den Kopf Kaiser Karls hinweg regierten. Es ging auch bereits um die »Anarchisten« in Rußland, um die Gefahr einer Bolschewisierung der Welt. Kaiser Karl sah diese Gefahr ganz deutlich.
Die Bedeutung des kaiserlichen Amnestieerlasses erkannten zuallererst Männer wie Beneš und Masaryk, die auch nichts unversucht ließen, um die positive Wirkung des Schrittes von Kaiser und König Karl sofort zu neutralisieren oder gar in ihr Gegenteil umzuwandeln, was ihnen wieder nur durch die blindwütigen Fanatiker unter den Deutschnationalen gelingen konnte, derer sie sich geschickt und ausgiebig bedienten.
Es wurde uns damals eine Äußerung Beneš' hinterbracht, die soviel sagte wie: wenn diese Amnestie gelingt, sind alle unsere Bemühungen vergeblich gewesen, und die Monarchie wird weiterbestehen.
Leider ist es diesen Leuten wirklich gelungen, die Wirkung der Amnestie nicht so zum Tragen kommen zu lassen, wie es nach allen Regeln der menschlichen Vernunft hätte der Fall sein müssen.

Dabei kam ein unglückseliger Zufall den Feinden der Monarchie zu Hilfe. Gerade am 2. Juli 1917, am Tag der Amnestie, griffen die Russen in einem gezielten Angriff die »Nahtstelle« zwischen der k.u.k. 32. Budapester und der k.u.k. 19. böhmi-

26 Das junge Thronfolgerpaar an der siebenbürgischen Front (31. 10. 1916)

31 Erzherzog Felix mit seiner Gemahlin Anne Eugenie. Erzherzog Felix hat als junger Mann während des 2. Weltkrieges nicht nur alle Vorbereitungen getroffen, um seine Mutter Kaiserin Zita und die kaiserliche Familie in den USA unterzubringen, sondern er hat während des gesamten Krieges in zahllosen Gesprächen mit Präsident Roosevelt – dem er in persönlicher Freundschaft eng verbunden war – und in hunderten Vorträgen in Nord- und Südamerika für die Wiedererrichtung Österreichs gewirkt. Der Dank von dem auch durch seine Mithilfe wiedererstandenen Österreich: selbst im Jahre 1990 stempelte ihm die Republik in seinen Paß ein »Gültig für alle Staaten der Welt ausgenommen Österreich«

27 Links oben: Prinz Elias von Bourbon-Parma (Silb. Tapferkeitsmed. I. Kl., Milit.-Verd.-Kreuz) – 28 rechts oben: Prinz Felix von Bourbon-Parma (Silb. Tapferkeitsmedaille I. Kl.), Retter Kaiser Karls aus den Fluten des Torrente Torre, später Prinzgemahl von Luxemburg – 29 links unten: Prinz Renatus von Bourbon-Parma, Signum Laudis, Eisernes Kreuz II. Kl., Retter der Kinder des Kaiserpaares aus den Wirren der ung. Revolution – 30 rechts unten: Dom Miguel II. von Bragança, Feldmarschall-Leutnant, hochdekorierter Kommandant der 6. Kav.-Div. (hier mit seinen Söhnen in der Uniform des Kalksburger Jesuitenkonvikts)

32 Karl-Ludwig, Vollrad von Poschinger, Benedikta, Erzherzogin Maria del Pilar, Franziska und Kinga

33 Aus der Familie von Erzherzog Felix: seine Söhne Ramón und Karl-Phillip sowie Schwiegersohn Vollrad von Poschinger

34 Erzherzogin Anna Eugenia mit ihren Enkeln (aus der Ehe ihrer Tochter Maria del Pilar mit Baron Vollrad von Poschinger) Kinga, Karl Ludwig, Benedikta und Franziska

35 Erzherzogin Myriam von Österreich mit ihrem Gemahl Jaime Cercueras und den Kindern Felipe, Andres

Johannes und Sebastian

36 Freifrau Kinga von Erffa, Erzherzogin von Österreich, mit ihrer Tochter Zita

37 Erzherzog Istvan von Österreich

38 Erzherzogin Viridis mit ihrem Gemahl Carl Dunning Grimmble Lord Marnhull

schen Infanterie-Division, in der das böhmische Infanterieregiment Nr. 35 lag, an, und die »Böhmen« versagten: vielleicht auch deswegen, weil sie von den Russen gemeinsam mit Soldaten der tschechoslowakischen »Legion« angegriffen worden waren.
Die Russen machten damals 14 000 Gefangene; und so tapfer sich auch die Tschechen in der k.u.k. Armee geschlagen haben mochten, es blieb das unglückselige Odium auf dem Amnestieerlaß von Kaiser und König Karl, er sei an der »Zersetzung« der Armee wegen seiner allzu großen Güte mitschuldig.
Schade, daß die Gegner von außen schneller erkannten, welche Chance die Monarchie mit dieser Amnestie hatte, als manche ihrer eigenen Söhne.

Gegen den »uneingeschränkten Tauchbootkrieg«

Der »Tauchbootkrieg«, wie man den Unterseebootkrieg in der Zeit um den Ersten Weltkrieg auch nannte, stand von Anfang an bei allen Völkern und allen Marineeinheiten der Welt in einem ebenso ungünstigen wie unheimlichen Licht, weil ihm stets der Charakter des Heimtückischen anhaftete. Wie heimtückisch diese schreckliche Kriegstechnik sein konnte, sollte sich alsbald erweisen. Erst für Ludendorff, später für Hitler.
Dabei hatte in den Wochen unmittelbar vor der Eröffnung des »uneingeschränkten Tauchbootkrieges« eine ganze Kette von besonderen Ereignissen dem Kriegsverlauf entscheidende, neue Aspekte verliehen: Am 21. November 1916 hatte der greise Kaiser Franz Joseph für immer die Augen geschlossen. Am 12. Dezember 1916 ließ eine amtliche Verlautbarung die Weltöffentlichkeit aufhorchen: Die Mittelmächte, also Deutschland, Österreich-Ungarn, Bulgarien und die Türkei, hatten der Entente ein Friedensangebot unterbreitet!
Kaiser Karl gab seinen Entschluß durch einen Armee- und Flottenbefehl kund: »... In dem Bestreben, den in schwerer Zeit mannhaft ausharrenden Völkern die Segnungen des Friedens wieder zu erringen, haben ich und meine erlauchten Bundesgenossen einen Versuch zur Herbeiführung eines ehrenvollen Friedens unternommen. Ich bete zum Allmächtigen, er möge diesen Schritt mit seinem Segen begleiten ...«

Schon einen Tag später kam eine indirekt ablehnende Antwort aus Paris; Rom, London und St. Petersburg schlossen sich diesem Nein an. Der einzige zustimmende Gruß kam vom Heiligen Vater – aber das war eine Zustimmung von moralischer, nicht von politischer Bedeutung.
Im Jänner des Jahres 1917, als Graf Czernin österreichisch-ungarischer Außenmi-

nister wurde, stand Kaiser Karl nach dessen Worten »... unter dem Eindrucke unseres ersten, von der Entente so schroff abgelehnten Friedensangebotes. Auch im deutschen Hauptquartier in Pless, wo ich einige Tage später eintraf, war die Stimmung durch die Antwort der Entente stark beeinflußt. Hindenburg und Ludendorff, welche anscheinend gegen den Friedensschritt meines Vorgängers, des österreichischen Außenministers Burián, gewesen waren, erklärten mir, nur der definitive Sieg böte die Möglichkeit, den Krieg zu beenden, und Kaiser Wilhelm erklärte mir: ›Ich habe die Hand zum Frieden geboten, daraufhin hat mir die Entente in das Gesicht geschlagen – und jetzt gibt es nur den Krieg bis zum Äußersten.‹
Vor diesem Zeitpunkt an begann die Frage des ›verschärften U-Boot-Krieges‹ in den deutschen Köpfen zu spuken. Vorerst war es nur die deutsche Marine, vor allem von Tirpitz, die unaufhörlich für diesen Gedanken Reklame machte...«

Selbstverständlich gab es auch in Deutschland genug vernünftige Männer, die sich gegen diesen Wahnvorschlag wandten – vor allem Bethmann und Zimmermann –, aber schon am 12. Jänner 1917 meldete der österreichische Botschafter in Berlin, der vom Ludendorff-Clan gezielt beeinflußte Prinz Hohenlohe: »Die Frage bezüglich der Erweiterung des U-Boot-Krieges wird... immer akuter... Es drängen die maßgebenden Militär- und Marinestellen auf die baldigste Anwendung dieses Mittels. Den früher erwähnten Einwendungen über den möglichen Eindruck dieses Vorgehens auf Amerika halten die militärischen Stellen entgegen, daß Amerika sich hüten werde, in den Krieg einzutreten, *ja daß es dazu nicht einmal imstande sei.* Das klägliche Versagen des militärischen Mechanismus der Vereinigten Staaten in dem Konflikte mit Mexiko sei doch wohl ein klarer Beweis, was man von den Leistungen Amerikas auf diesem Gebiete zu erwarten habe; selbst ein eventueller Abbruch der Beziehungen zu den Vereinigten Staaten brauche daher noch lange nicht den Krieg zu bedeuten...«

Während der deutsche Staatssekretär Zimmermann noch überlegte, wie er Präsident Wilson, unter Hinweis auf die ablehnende Haltung der Entente gegenüber dem Friedensangebot der Mittelmächte einen Vorschlag unterbreiten könne, die Schiffe der USA aus dem U-Boot-Krieg herauszuhalten, kreuzte in Wien bereits der Abgesandte des Machtblocks Hindenburg-Ludendorff auf, nämlich Admiral Holtzendorff. Zimmermann kam mit ihm. Wie nicht anders zu erwarten, brachte Holtzendorff in einer Konferenz – im Beisein von Kaiser Karl, Außenminister Czernin, dem ungarischen Ministerpräsidenten Graf Tisza, Großadmiral Haus und dem österreichischen Marine-Attaché in Berlin, Graf Colloredo-Mansfeld – seine ihm zwingend erscheinenden Argumente vor: Der deutschen Marine stünden bereits 120 U-Boote des modernsten Typs zur Verfügung. England werde in spätestens *vier Monaten* »zur Raison gebracht sein. Für den Erfolg garantiere ich persönlich«. Die Österreicher und auch die Ungarn waren gegen die Vorschläge,

Admiral von Haus ausdrücklich ausgenommen. Am 10. Januar war Admiral von Holtzendorff Gast des Kaiserpaares.

Werkmann hat die unerquickliche Szene, die sich mit dem Admiral abspielte, erzählt; meiner Erinnerung nach stimmt sie im großen und ganzen mit dem überein, was sich damals zutrug.
Ich sehe Holtzendorff noch vor mir... an einer reich gedeckten Tafel, inmitten der Pracht und der Fülle, in die er geladen war.
Holtzendorff (ich erfreute mich, so wie Kaiser Karl, bereits eines bestimmten Rufes bei Herren dieses Schlages) sagte: »Ich weiß schon, Sie sind Gegnerin des Unterseebootkrieges; Sie sind überhaupt gegen den Krieg!«
Ich bemühte mich, der peinlichen Situation eine weniger peinliche Wendung zu geben: »Ich bin gegen den Krieg, so wie jede andere Frau, die Menschen lieber glücklich als in so einem Unglück sieht, wie dieser Krieg eines ist, der Krieg, in dem so viele leiden...«
»Was leiden?« polterte Holtzendorff drauflos. »Ich für meine Person arbeite am leichtesten, wenn ich einen leeren Magen habe; und wenn ich größere Entschlüsse zu fassen habe, ist es für mich am besten, wenn ich zuvor nichts esse und den Gürtel ein wenig enger schnalle!«
Daraufhin machte ich dem unguten Wortwechsel ein Ende, indem ich erklärte: »Ich habe es nicht gerne, wenn jemand an einer gedeckten Tafel von Hunger und enger geschnalltem Gürtel spricht.«
Daß die – an und für sich richtige – Theorie von den besseren Ideen, die bei enger geschnalltem Gürtel kommen, auch für Engländer und Amerikaner galten, schien man in seinen Kreisen nicht zu bedenken.
Im übrigen war die Mission Holtzendorffs in Wien reinste Augenauswischerei... sie hatten den »uneingeschränkten U-Boot-Krieg« längst beschlossen, Zustimmung Österreichs hin oder her.
Als der Hauptschlag der Deutschen Kriegsmarine gegen die alliierten Geleitzüge erfolgte, war der Feind bereits relativ gut vorbereitet. Das Moment der Überraschung war in den Monaten vorher längst verzettelt worden, Neubau von Schiffen und verbesserte Abwehrtechnik ließen das ganze Unternehmen schließlich wertlos werden.

Nicht für England und Frankreich, denn die USA erklärten schon am 6. April 1917 Deutschland den Krieg. Ursache und Alibi: Am 31. Jänner hatte Deutschland den uneingeschränkten U-Boot-Krieg erklärt. Die Schreckensbilanz dieses Unternehmens von 1917 bis 1918: Noch im Jänner 1917 Vernichtung von 632 000 BRT Schiffsraum. »Gesamtbilanz« für 1917: mehr als neuneinhalb Millionen Bruttoregistertonnen.
Ein Jahr später verfügte die Deutsche Kriegsmarine über eine doppelt so große Anzahl von U-Booten. »März-Ergebnis« 1918: 689 000 BRT; »Gesamtergebnis«

dieses Krieges; ungefähr 16 Millionen Bruttoregistertonnen. Aber der Neubau von Schiffseinheiten auf den Werften Englands und der Vereinigten Staaten übertraf die versenkte Tonnage bei weitem.

Daß dieses Unternehmen ein Fehlschlag war, ebenso wie die Einschleusung Lenins nach Rußland – daß Kaiser Karl absolut recht hatte, als er sich gegen diese Methoden einer »totalen« Kriegführung wandte, leuchtete gegen Ende des Krieges und nachher sogar den Herren um Ludendorff und Hindenburg ein; im Falle Lenins gab das Ludendorff dann sogar expressis verbis zu. Aber da war es zu spät...

»Die schlimmste Verschärfung der Getreidenot ist jedoch für England der geradezu katastrophale *Kartoffelmangel*. Captain Bathurst hat erklärt, daß in etwa vier Wochen die Kartoffelvorräte Englands aufgebraucht sein werden... Die Zeit arbeitet jetzt für uns. Gewiß, die Probe, auf die uns jetzt die Weltgeschichte stellt, ist ungeheuer. Das deutsche Volk hat in diesen entscheidungsschweren Wochen zu zeigen, daß es wert ist, zu bestehen!«
Joseph Goebbels bei einer »Durchhalte-Rede« von 1944? Nein, Staatssekretär Helfferich über den U-Boot-Krieg vor den Abgeordneten zum Deutschen Reichstag im April 1917!

Wann immer Kaiser Karl – war es nun in Wien, in Pleß oder irgendwo im Felde – mit Kaiser Wilhelm und den ihn umgebenden, maßgeblichen Herren zusammentraf, versuchte er davon zu überzeugen, daß die USA durch den uneingeschränkten U-Boot-Krieg unweigerlich in den Krieg hineingezogen werden müßten und daß dies unser Ende bedeute. Doch die Meinung des deutschen Kaisers – sie kam in Wirklichkeit aus seinem Großen Hauptquartier – war, daß England aufgeben müsse, noch bevor die Amerikaner überhaupt zum Zuge kämen. Es war einfach hoffnungslos. Als sie Holtzendorff nach Wien schickten, handelte es sich dabei um nicht viel mehr als um eine Alibihandlung; der U-Boot-Krieg war, wie gesagt, eine beschlossene Sache, ohne daß man uns vorher konsultiert hätte.
Der Kriegseintritt Amerikas nahm uns die letzte – nein, noch nicht die letzte Hoffnung; Österreich-Ungarn konnte sich noch heraushalten, nicht zuletzt dank der unermüdlichen Bemühungen des amerikanischen Botschafters in Wien, Penfield, der alles tat, was möglich war, den Kriegsausbruch auch zwischen den USA und Österreich-Ungarn zu verhindern.
Noch waren wir nicht vollständig verloren, noch gab es einen Hoffnungsschimmer. Sollte es trotz allem möglich sein, die Deutschen zu überzeugen? Der Kaiser suchte nach einem Weg, er glaubte schließlich, ihn gefunden zu haben.
Auch diese Geschichte begann dann recht hoffnungsvoll, es schien alles so plausibel, so vernünftig, was wir vorzubringen hatten.

Die Propaganda gegen Österreich–Ungarn

5. August 1916:
»Als ich hörte, daß eine italienische Offensive im Anrollen sei; als ich darüber hinaus eine Einladung Seiner Majestät des Königs von Italien und seines Generalstabschefs Cadorna erhielt, eilte ich von den Schlachtfeldern an der Somme hinunter in das Hauptquartier der italienischen Truppen nach Udine und kam gerade zur Einnahme von Görz zurecht, dieser wichtigen Schlüsselstellung am Isonzo... und ich muß sagen, es ist eine erregende, neue Erfahrung für mich, ganz schön tief im Feindesland geschmaust zu haben. Nachmittags hatte ich Zeit und Gelegenheit, mich an einem ausgezeichneten, original österreichischen Menü im ›Grand Café‹ am Hauptplatz der Stadt zu delektieren, und noch am vergangenen Dienstag hätte ich meinen Bericht mit ›Görz, Österreich‹ einleiten müssen.
Heute ist Görz fest in italienischer Hand, obwohl überall am Himmel die weißlich-rosaroten Wölkchen von den Explosionen der österreichischen Schrapnelle zu sehen sind.
Die Österreicher eroberten Görz am 8. April 1917 zurück. Die Front verlief aber auch vorher unmittelbar am Stadtrand von Görz.
An den Bretterzäunen überall noch deutschsprachige Ankündigungen, vor den Läden Regale mit den österreichischen Zeitungen. Aber auf dem Franz-Josephs-Korso flattern italienische Fahnen!
Links von mir erhebt sich der Monte Sabodino, der Schlüssel zum Brückenkopf Görz. Als ihn die Italiener am vergangenen Sonntag eroberten, war es Zeit für die Österreicher, Görz zu räumen. Dazu kam die tagelange Beschießung von Görz, die den Ort schaurig zurichtete, ihm eigentlich all seinen Charme nahm.
Es macht unsagbar glücklich, eine siegreiche Armee auf ihrem Vormarsch begleiten zu dürfen; es erweckt ein fremdartiges Lustgefühl, in des Feindes ureigenster Stadt zu weilen, einer Stadt, die er uneinnehmbar wähnte.
Natürlich hat auch in diesem Teil Österreichs die ›Kultur‹ der Hunnen ihre charakteristischen Züge im Baustil von Görz hinterlassen. Ein Stil, der sich auch in der Reklame zeigt, in den ›Odol‹-Plakaten, in den Doppeladlern und dem Schwarz-Gelb und in der Aufschrift ›Tabaktrafik‹.
Alles wird einem sofort sehr vertraut, wie das Bier des Feindes, und – kaum zu glauben – der Soldaten-Kellner im ›Grand Café‹ erzählt doch allen Ernstes, der plötzliche Rückzug der Österreicher sei überhaupt nur dadurch zu erklären, daß ihnen jetzt, mitten in der größten Hitze, das Bier ausgegangen sei... Sie seien dann so schnell davon, daß die Italiener noch ein paar Maulesel abfingen, die mit frischen Semmeln für die Hochwohlgeborenen im österreichischen Hauptquartier beladen gewesen seien...
Man sollte sich keiner Täuschung hingeben über die Stärke der österreichischen

Verteidigungsanlagen. Überall entlang des Karsts haben die Österreicher den Kalkfelsen unterminiert, angebohrt, ausgebohrt, Tunnels gegraben ... mit Maschinen, nicht unähnlich jenen, die den Bau des Gotthard- und des Simplontunnels ermöglichten.

Die Anlage dieses Tunnelsystems muß Tag- und Nachtarbeit von ganzen Horden von Kroaten, Magyaren, Slowaken, Schwaben, Rumänen und anderen Menschenrassen der österreichisch-ungarischen Monarchie verlangt haben. Ihre Offiziere sind ganz gute Nachahmungen der kurzgeschorenen, quadratschädeligen, hackenzusammenschlagenden Preußen in ihren langen grauen Mänteln.

Munition und Verpflegung haben die Österreicher im Überfluß. Auf dem Karst versorgen dieselbetriebene Pumpen die Mannschaften mit Trinkwasser. Übrigens unterscheiden sich die Verhältnisse klimatisch kaum von jenen der Wüsten am Suez...

Die Verpflegung der Österreicher ist reichlich, sie bekommen vier Hauptmahlzeiten täglich. Wohl schauen sie armselig aus, wenn sie in Gefangenschaft geraten – aber armselig schauen alle Gefangenen aus. Sie tragen jedoch durchwegs vorzügliches Schuhwerk, das sowohl für diese Hunnen als auch für jene Hilfsvölker, die ihnen auf den Leim gegangen sind, geradezu charakteristisch ist.

Die Erbitterung des Feindes ermißt man am besten an seinem Verhalten. Bei Doberdó fanden die Italiener russische Kriegsgefangene, die von den Österreichern aufgeknüpft worden waren, nachdem sie zuerst im Straßenbau ihren Frondienst zu leisten hatten. Wahrscheinlich sind die Morde ein Vergeltungsakt wegen der geglückten Flucht anderer russischer Kriegsgefangener über den Isonzo.

Italienische Verwundete wurden aufgefunden: verstümmelt.

Ich habe diese schrecklich mit Eisendornen gespickten Keulen gesehen, mit denen die Österreicher den Verwundeten gewöhnlich die Schädel einschlagen. [Wörtlich: ›I have seen the terribly spiked maces habitually used by the Austrians to break the skulls of the wounded.‹] Genauso barbarisch sind die mit Bleikugeln besetzten Peitschenriemen, mit denen die Österreicher jene drangsalieren, die nicht schnell genug arbeiten. Ein Muster dieser Peitschenriemen, das am Freitag gefunden worden ist, wies mir ein hoher italienischer Offizier vor.

Die Österreicher sind von wildem Haß auf die Italiener beseelt. Ihr brutales Vorgehen mag sehr wohl auch die Wut der Italiener aufstacheln, die von den Greueltaten der Österreicher hören.

Sobald übrigens die Italiener bemerkten, daß kriegsgefangene Österreicher von den überwältigenden Siegen der Franzosen an der Somme und dem rasanten Vorgehen der Russen im Osten keine Ahnung hatten, ja daß die Österreicher überhaupt recht selten Zeitungen zu Gesicht bekommen, ließ General Cadorna in seiner typischen, scharfsinnigen Behendigkeit sofort Millionen von Flugblättern von Aeroplanen aus jenseits der Front abwerfen. Diese Flugzettel gibt es in allen Sprachen der Habsburgermonarchie. Anderseits läßt Cadorna Siegesmeldungen der Alliierten sofort telefonisch an alle Posten durchgeben. Darüber hinaus sieht er darauf, daß die Front ständig mit den neuesten italienischen Blättern versorgt ist... ein System übrigens, das er den Deutschen abgeguckt hat, die ihre Fronttruppen gleichfalls immer mit Zeitungen versorgen...«

Wer der brillante Demagoge ist, der diesen hetzerischen Stil schreibt? Es ist ein Mann, von dem Herzog Xavier von Parma 59 Jahre später sagt: »Er und die schottische Freimaurerei, das waren damals unsere Todfeinde; sie arbeiteten mit allen Mitteln gegen die ›Ambitionen‹, die wir – nach ihrer Meinung – eigentlich hätten haben müssen ...« Wer war dieser Mann also? Einer der größten Journalisten, Propagandisten und skrupellosesten Einpeitscher der öffentlichen Meinung aller Zeiten: Alfred Charles William Harmsworth, Viscount Northcliffe, in der Geschichte der Propaganda und des Zeitungswesens als »Lord Northcliffe« ein Begriff.
Der Mann, der die »Times« – und damit die öffentliche Meinung Englands – beherrschte, hatte in seiner publizistischen Laufbahn alles erreicht, was er wollte: von der Berufung Lloyd Georges zum »Munitionsminister« bis zur Formierung eines eigenen Kriegskabinetts; schließlich gelang ihm die Umfunktionierung der unglückseligen Torpedierung der »Lusitania« durch ein deutsches U-Boot in den Casus belli für die USA.
Unter der Führung des Journalisten Northcliffe konstituierte sich im Jahre 1917 im »Crewe-House« in London ein Komitee, das die Propagandakampagne gegen die Mittelmächte koordinieren sollte, ein Team von erstklassigen Fachleuten, dessen Tätigkeit die deutsche Propaganda ihrerseits wieder alsbald sehr geschickt in eine angeblich ausschließlich gegen Deutschland gerichtete Kampagne »umfunktionierte«, gleichsam damit andeutend, nur Deutschland sei der Mühe eines Lord Northcliffe wert.
Das Gegenteil ist leider wahr. Schon kurz nach dem Ende des Ersten Weltkriegs gab einer der Hauptbeteiligten an dieser üblen Propagandaaktion gegen die Mittelmächte, Campbell Stuart, eine Art von Rechenschaftsbericht über die Tätigkeit seiner Gruppe heraus; »Die Geheimnisse von Crewe House« nannte er seinen Bericht, in dem er offen bekennt: »Es bedurfte wirklich nicht allzu langer Überlegungen, um herauszufinden, daß von all den Feindstaaten in Österreich-Ungarn am leichtesten mit einem Propagandafeldzug Erfolg erzielt werden konnte. Mit der Unterstützung von so befugten Männern wie Wickham Steed und Dr. Seton-Watson war Lord Northcliffe bald in der Lage, am Foreign Office eine bestimmte Richtung einer wohlüberlegten antiösterreichischen Politik vorzuschlagen. Wir konnten es kaum fassen, daß die Alliierten diese so offenkundig auf der Hand liegende Taktik, die Sprengung Österreich-Ungarns durch die Nationalitäten, nicht schon längst eingeschlagen hatten ... Doch offensichtlich waren sie unfähig gewesen, aus der antideutschen und antihabsburgischen Stimmung der unterdrückten Untertanen der Doppelmonarchie politisches Kapital zu schlagen.

Man mußte doch annehmen, daß drei Fünftel der habsburgischen Völker alle Voraussetzungen boten, unserer Propaganda gegenüber anfällig zu sein; und genau diesen drei Fünftel hatte auch – so entschied Lord Northcliffe – unsere Propaganda zu gelten, die mit zwei Zielsetzungen geführt werden mußte, sozusagen einer konstruktiven und einer destruktiven.
Zunächst das Aufbauende: Die nationalistischen Wunschvorstellungen dieser Völker hatten mit allen Mitteln geweckt zu werden. Ziel dieser Aktion war die Bildung einer Kette von starken, nichtdeutschen Staaten in Mitteleuropa und an der Donau.
Und das Zerstörende: Die nichtdeutschen Völker sind zu ermutigen, nicht mehr auf seiten der Mittelmächte zu kämpfen. Das muß die österreichisch-ungarischen Armeen schwer behindern und auch die deutsche Heeresleitung ernsthaft beunruhigen.«

Campbell Stuart, ein Mitarbeiter der Gruppe um Northcliffe, Seton-Watson und Wickham Steed, der die »Geheimnisse von Crewe House« enthüllte, setzt dann triumphierend fort:
»Wir werden noch sehen, welcher Erfolg jeder dieser Aktionen beschieden worden sein wird. Die am meisten angesprochenen Nationalitäten waren die Tschechen und die Südslawen. Aber es gab ja auch noch die Italiener, die Polen und die Rumänen, die unter eigene nationale Regierungen gestellt werden sollten. Wir gingen mit unseren Operationen ziemlich direkt ans Ziel... ausgenommen die südslawische Frage ...«

In dieser sahen sich die Herren, die da nationalistische Selbstbestimmungsformeln in den »Völkerkerker« werfen wollten, plötzlich unvermuteten Hindernissen gegenüber: im Geheimvertrag von London, in dem schon 1915 den Italienern für den Fall einer Teilnahme am Krieg auf seiten der Entente umfangreiche Gebietsgewinne zugesichert worden waren, stand auch geschrieben, daß die wichtigsten dalmatinischen Hafenstädte künftig zu Italien gehören sollten.
Wie sagte man das aber den »geknechteten« südslawischen Völkern? Man warf, wie bei Cadorna gelernt, Millionen und Abermillionen von Flugblättern jenseits der Fronten ab, in allen Sprachen des Habsburgerreiches, und versprach allen alles. Da wimmelte es dann von Phrasen wie »Selbstbestimmung«, »Demokratie« und »Selbständigkeit« und – am meisten strapaziert – von »Freiheit« und »Unterdrükkung«.
Dabei setzte die englische Regierung zu gleicher Zeit und mit gleicher Betonung auf zwei Pferde: Programm A lief darauf hinaus, daß die Monarchie erhalten, ja unter Umständen sogar wesentlich vergrößert werden sollte. Vor allem bestanden Pläne, Österreich-Ungarn noch um gewaltige Gebiete auf dem Balkan zu erweitern.
Plan B lief – parallel mit den Erhaltungsplänen – auf die völlige Zerstörung der

Monarchie für den Fall hinaus, daß es nicht gelingen sollte, Österreich–Ungarn aus dem tödlichen Bündnis mit Deutschland herauszulösen.
Die unerhörte Vehemenz und Schlagkraft, mit der das Duo Seton-Watson und Wickham Steed besonders die südslawische Frage aufgriff, hatte eine beängstigend verdrehte Ursache: beide kannten Österreich–Ungarn aus der Vorkriegszeit bestens, beide hatten es im Grunde genommen bejaht, und beide, ganz besonders aber der junge Seton-Watson, verehrten anfangs den Erzherzog-Thronfolger Franz Ferdinand in einer geradezu abgöttischen Weise.
Christopher Seton-Watson, der Sohn des Northcliffe-Assistenten, erinnert sich, daß sein Vater nach dem Attentat von Sarajewo wochenlang nicht ansprechbar war. Seton-Watson, der Slawophile, der immer gehofft hatte, Franz Ferdinand werde dereinst die Slawen Österreich–Ungarns vom »magyarischen Joche« befreien, sah plötzlich alle seine Erwartungen zerstört. (Daß seine geliebten Serben den heißverehrten Thronfolger auf dem Gewissen hatten, übersah er offenbar.) Nach Überwindung des Schocks schlug seine Zuneigung in abgrundtiefen Haß um: jetzt sah er nur noch den Ausweg in der Zerstörung Österreichs, der Zertrümmerung des »Völkerkerkers«.
Die Krönung König Karls im Jahre 1916 zum König von Ungarn scheint ihn – so die Meinung des Sohnes – in seiner Ansicht eher bestärkt zu haben. Selbstverständlich fand er in London auch alsbald seine nationalistischen Einbläser, vor allem natürlich Masaryk, der den Kreis um Seton-Watson und Wickham Steed in Crewe House nicht genug im antiösterreichischen Pathos bestärken konnte.
Im April 1918 schien es plötzlich, als müsse der ganze Propagandafeldzug aus Crewe House zum Stillstand kommen. Es waren die Tage, in denen die Auseinandersetzung zwischen dem österreichischen Außenminister Graf Czernin und dem französischen Ministerpräsidenten Clemenceau die Weltöffentlichkeit in Bann hielt, die Tage, in denen ein staunendes Publikum erfuhr, unter welchem persönlichen Einsatz der junge Kaiser – und mit ihm wohl auch die Kaiserin – versucht hatte, seinen Völkern den Frieden zu bringen.
Seton-Watson wurde (so das Zeugnis des Sohnes) schwankend. Sollte er vielleicht im Begriffe sein, ein Gebäude zu sprengen, das alles andere als ein »Kerker« war? Es waren die Tage, in denen ihm zu Bewußtsein kam, daß er sich viel zu wenig gefragt hatte, was oder wer eigentlich dem Erzherzog-Thronfolger Franz Ferdinand nachgefolgt war. Kaiser und König Karl, die Friedensversuche, die Amnestie... und alles erschien plötzlich in einem anderen Licht.
Doch die Einbläser fanden sich sofort ein, Masaryk – allen voran, Beneš und Trumbić dazu. Wie nicht anders zu erwarten – sie befanden sich schließlich an Ort und Stelle –, behielten sie die Oberhand (wie später im Zweiten Weltkrieg auch). Am 24. Februar 1918 überreichte Lord Northcliffe dem Staatssekretariat für Auswärtige Angelegenheiten ein Memorandum, das in seiner doppelbödigen Gefährlichkeit – vor allem für die Alliierten selbst – wohl seinesgleichen sucht, hatte es doch nicht nur die Zerschlagung der Monarchie in Nationalstaaten zum

Inhalt (um die Mittelmächte, vor allem aber Deutschland, wie man annehmen sollte, zu schwächen), sondern – man faßt die selbstmörderische Kurzsichtigkeit des Planes kaum – unter Punkt 6 auch den folgenden Vorschlag: »Den Deutschen Österreichs sollte es erlaubt sein, dem Bundesstaat Deutschland beizutreten. Sie müssen ja – auf jeden Fall – in dem Augenblick von einem österreichischen Staat genug haben, in dem sie nicht mehr in der Lage sind, über nichtdeutsche Völker zu herrschen.«

Womit man Deutschland geradezu zwangsläufig zum stärksten Gegner der Zukunft machte. Aber das begriffen die Herren um Northcliffe offenbar nicht. Lord Balfour gab denn auch eine eher zurückhaltende Antwort: Erstens sei der Krieg noch nicht beendet, und zweitens liege es durchaus im Bereiche der Möglichkeit, daß es dem Kaiser von Österreich noch gelingen könnte, aus dem unglücklichen Bündnis mit Deutschland auszusteigen. Dann aber beglückwünschte er Northcliffe dennoch zu seinem Plan. Er möge auf jeden Fall darangehen »... alles zu fördern, was unter die Nationalitäten Zwietracht bringen könne... gleichgültig, ob unser endgültiges Ziel schließlich die völlige Zerstörung des österreichischen Kaiserreiches sein wird oder nur die Entgermanisierung unter habsburgischer Herrschaft.«

Und so begab sich denn eine Propagandakommission nach Italien, schlug unter Leitung des Herren Steed in Reggio Emilia ihr Hauptquartier auf und machte sich daran, nationalistische Sprengsätze in »polyglot printing« über die Fronten zu werfen. Darüber hinaus arbeitete diese Gruppe intensiv mit Mr. S.A. Guest zusammen, dessen Aufgabe wieder darin bestand, mit Hilfe seiner speziellen Organisation über verschiedene Kanäle das neutrale Ausland, aber auch das österreichisch-ungarische Hinterland zu »bearbeiten«.

Und dann, im Frühling 1918, gelang ihnen das Ungeheuerliche: Österreich sollte vernichtet, aufgeteilt werden; die winzigen Grüppchen nationalistischer Desperados, die sich in den westlichen Hauptstädten zusammengeschwätzt hatten, fanden endlich ihre Anerkennung. Eine Konferenz der unheilvollen Gespenster scheint es denn auch zu sein, was da im April des Jahres 1918 zusammentritt, um den »lebenden Kadaver« zu verteilen: Verkünder des Nationalismus treten auf, einer Pest, an der sie selbst alle noch zugrunde gehen werden, ausnahmslos.

Beneš ist da, schon jetzt ein ahnungsloser Vorkämpfer Hitlers und Stalins. Bald sollte es unter seinen Fittichen eine »National-Sozialistische Partei« geben; in seiner Tschechoslowakei zuerst. Von Beneš stammt das Wort »Lieber Hitler als Habsburg«. Das konnte er haben. 1938 wird sein Staatengebilde, Prototyp eines Unterdrückerstaates, eines der ersten Opfer des Bevorzugten werden. 1945 rächt er sich dann an drei Millionen unschuldiger Sudetendeutscher, die seit Menschengedenken Böhmen bewohnten und das Land als ihre Heimat liebten. Eine Viertelmillion kommt dabei ums Leben.

Dann humpelt da einer durch die Aprilkonferenz vom 1918 – nein, kein Kriegsinvalide, er läßt sich nur als ein solcher feiern. Er tut sozialistisch und ist ein Nationalist. Auch er wird, wie die anderen, Hitler auf den Leim gehen und 1945, Füße nach oben, vor dem Pöbel von Mailand zur Schau hängen: Benito Mussolini.
In den großen Hauptquartieren von London, Paris und Rom schalteten die Drahtzieher der Propagandawelle auf »internationale Zeitungskampagne«. In Padua wieder, wo sich ein spezielles Flugblatt-Komitee bildete, kam man nach dem Sommer des Jahres 1918 bereits auf eine Tagesproduktion von mehr als einer Million solcher Hetz-Exemplare. Das schließliche Ergebnis – der Untergang der österreichisch-ungarischen Monarchie – »war der größte Erfolg, der jemals in der Geschichte der Propaganda erzielt worden ist, ein Erfolg, der, hätte man ihn logisch zu Ende geführt, einen gerechten und dauerhaften Frieden hätte bringen können, indem er Millionen von Menschen aus einem tyrannischen Joche befreite und sie den Segnungen einer politischen Freiheit zuführte, die das unveräußerliche Recht der zivilisierten Menschheit ist.«
Dazu ist allerdings zu bemerken, daß die Northcliffe-Propagandisten schon wieder logen. Sie schmückten sich hier eindeutig mit fremden Federn. Mit wessen Federn, wird noch zu klären sein. Was nun die »Segnungen« betrifft, von denen der Lord spricht, so lernten (und lernen) sie die Völker der Nachfolgestaaten Österreich–Ungarns noch zur Genüge kennen.
Und auch die Völker des Britischen Weltreichs machten mit diesen, von der Northcliffe-Gruppe so eifrig propagierten nationalistischen »Werten« alsbald Bekanntschaft. Der Bazillus des Nationalismus und des Separatismus erfaßte schon in der Zeit unmittelbar nach dem Ersten Weltkrieg auch das stolze Empire, und innerhalb weniger Jahre ging es an der eigenen Propaganda zugrunde.
Wenn das nicht der »größte Erfolg« war, »der jemals in der Geschichte der Propaganda erzielt worden ist« – was dann? Sah man jemals zuvor einen perfekteren Selbstmord?
Heute ist das Empire für die meisten Engländer nur noch Erinnerung. Zur Diffamierungskampagne der Northcliffe-Gruppe gegenüber Österreich–Ungarn ist aber noch etwas Entscheidendes zu bemerken: Sie gab sich niemals zu persönlichen Verunglimpfungen des österreichischen Herrscherpaares her. Northcliffe selbst beschreibt ausführlich Beobachtungen, die er einst im italienischen Hinterland gemacht hatte; er berichtet über Karikaturen, die Kaiser Franz Joseph als alten Tyrannen darstellten, über Pappfiguren des alten Kaisers, die man in italienischen Städten an Laternenpfähle knüpfte. Er selbst aber stieg nie zu dieser Art von Propaganda herab; auch seine Leute nicht. Die Diffamierung des Kaisers und der Kaiserin war kein Thema der Entente-Propaganda. Dafür hatten sich andere Interessenten gefunden, die ihre Sache besser besorgten, als die Alliierten sie jemals hätten betreiben können.

Die Friedensversuche

Die Friedensversuche Kaiser Karls galten stets als eine höchst geheime Unternehmung, die außer den unmittelbaren Beteiligten – also dem österreichischen Kaiserpaar, den Brüdern der Kaiserin, den Prinzen Sixtus und Xavier, der Mutter der Kaiserin, Herzogin Maria Antonia von Parma, sowie einer Schwester der Kaiserin, Prinzessin Maria Antonia, niemandem im Bereiche der belagerten Festung Mitteleuropa bekannt waren. Aber auch Kaiser Wilhelm II. war anläßlich eines Besuches beim österreichischen Kaiser genauestens in alle diesbezüglichen Pläne eingeweiht worden!

Prinz Wilhelm von Thurn und Taxis erinnert sich: »Ich hatte im Zweiten Weltkrieg das Schicksal vieler anderer Aristokraten geteilt und war nach Veröffentlichung des berüchtigten hitlerischen ›Prinzenparagraphen‹ aus der Deutschen Wehrmacht ausgeschieden. Ich teilte dabei das Los vieler, unter anderem auch der Söhne des Herzogs Ernst August von Braunschweig und Lüneburg, des einzigen Schwiegersohnes von Kaiser Wilhelm II. Ich war mit seinen Söhnen von unserer gemeinsamen Kavallerie-Schulzeit sowie von unserer Studienzeit an der Wiener Universität eng befreundet.

So kam es dazu, daß ich während des Sommers 1943 einen Urlaub auf dem Schloß dieser Familie in Bad Blankenburg im Harz verbrachte. Der Herzog war auf Grund der sehr österreichischen Vergangenheit seiner Familie ständig bemüht, mir gegenüber – der ich doch Österreicher bin – in unseren Gesprächen Themen zu berühren, die Österreich betrafen. So kam er auch mehrmals auf die als ›Sixtus-Affäre‹ bekannt gewordenen Friedensbemühungen Kaiser Karls zu sprechen.

Herzog Ernst August erklärte mir, daß er selbst – also persönlich – Zeuge einer Unterredung zwischen Kaiser Wilhelm und Kaiser Karl gewesen sei, bei der Kaiser Karl dem deutschen Kaiser Mitteilung davon machte, daß er beabsichtigte, durch seine Schwäger Bourbon-Parma mit Frankreich Friedensgespräche einzuleiten.

Kaiser Karl sagte damals unter anderem: ›Da ich mit Frankreich keine gemeinsamen Grenzen habe, aber schließlich ein Habsburg-Lothringen bin, habe ich eigentlich keine andere Möglichkeit, als ihnen ›dein Lothringen‹ mit deiner Einwilligung zu versprechen!‹

Im weiteren Verlauf des Gespräches sagte mir Herzog Ernst August von Braunschweig (ich wiederhole, der Schwiegersohn Kaiser Wilhelms), daß sich der Deutsche Kaiser, dessen persönliche Friedensliebe außer Zweifel steht, in Erkenntnis der Zusammenhänge und wegen der Kompensationsbereitschaft des österreichischen Kaisers (schließlich sollte Österreich-Ungarn im Osten Opfer bringen) ›durchaus positiv eingestellt gezeigt hat‹.

Herzog Ernst August stellte ausdrücklich fest, daß man, in Kenntnis dieser Tatsache, Kaiser Karl wohl in keiner Weise eines ›Verrates am Bundesgenossen‹ bezichtigen könne – war er doch selbst Zeuge der Ankündigung dieses Schrittes,

Herzog Ernst August wörtlich: ›Schließlich haben die beiden ja, ›unter Kaisers‹ ganz offen miteinander gesprochen, und es war damals durchaus nicht sicher, daß man solche Absichten, also Unterhandlungen auf rein dynastischer Ebene, den Regierungsmitgliedern oder der Generalität überhaupt aufdecken müsse. Schließlich ging es doch um das Wohl der den beiden Monarchen anvertrauten Völker.‹ Herzog Ernst August stellte im Gespräch mit mir fest, daß leider später, als der große Skandal kam, der als ›Sixtus-Affäre‹ zunächst so eindeutig gegen Kaiser Karl zu sprechen schien, es die beiden Kaiser nicht über sich brachten, in aller Öffentlichkeit über ihr ursprüngliches Einvernehmen zu sprechen, wenn auch aus unterschiedlichen Motiven; Kaiser Wilhelm getraute sich nicht, den allmächtigen Ludendorff und Hindenburg Mitteilung zu machen, und Kaiser Karl mußte schweigen, weil er sich durch sein Wort gebunden fühlte.
[Wie wir heute wissen, hat Kaiser Karl ja auch niemals ein Wort über die wirklichen Beweggründe zu seinem zweiten Restaurationsversuch verlauten lassen.]
Bei dem von mir wiedergegebenen Gespräch mit dem Herzog von Braunschweig-Lüneburg, der sich ausdrücklich als Augen- und Ohrenzeuge der Unterredung zwischen seinem Schwiegervater und Kaiser Karl bezeichnete, waren außer mir noch anwesend: die drei jüngeren Söhne des Herzogs, also Prinz Georg Wilhelm (jetzt Schwager des Herzogs von Edinburgh), Prinz Christian und Prinz Welf, weiters deren Mutter, Herzogin Viktoria Luise (die Tochter des Deutschen Kaisers) sowie eine ihrer Hofdamen.«

Den Friedensverhandlungen Kaiser Karls, die mit Hilfe seiner Schwäger jenseits der feindlichen Linien zum Ziel führen sollten, waren nach dem Scheitern mehrerer »öffentlicher« Friedensversuche von seiten der Mittelmächte auch schon solche auf dynastischer Ebene vorausgegangen. Kaiser Wilhelm hatte versucht, mit Hilfe seiner englischen Verwandten einen Verständigungsfrieden zu erreichen. Nichts lag näher, als daß auch Österreich eine sich bietende Gelegenheit, zu einem rechtzeitigen Friedensschluß zu kommen, aufgreifen würde; im übrigen konzentrierten sich die Friedensbemühungen bei weitem nicht auf familiäre Verbindungen. Die Friedensgespräche, die über Vermittlung der Brüder Sixtus und Xavier zustande kamen, gingen auf Anregungen von seiten der französischen Regierung und des Grafen Czernin zurück, und bildeten nur einen Bruchteil der vielfachen österreichischen Bemühungen, einen rechtzeitigen Friedensschluß zu erlangen; so gab es sehr erfolgversprechende Kontakte in der Schweiz, zur französischen Heeresleitung, zur britischen Regierung, die Besprechungen von Graf Mensdorff-Pouilly und Graf Nikolaus Revertera, Kontakte zu Papst Benedikt XV. und andere Versuche von geringerer Bedeutung.
Es steht allerdings außer Frage, daß die Friedensbemühungen Kaiser Karls mit Hilfe der Prinzen Sixtus und Xavier diejenigen sind, die größte internationale Aufmerksamkeit erregten, wahrscheinlich sind sie auch jene, die mit dem größten

persönlichen Einsatz, der jemals in einer solchen Angelegenheit ins Spiel kam, durchgeführt wurden.
Herzog Xavier von Bourbon-Parma erinnert sich: »Österreich–Ungarn retten, dieses letzte, lebendige Stück des Heiligen Römischen Reiches, das hieß Europa in seinem teuersten, kostbarsten Erbstück bewahren, seine Zukunft sichern. Aber es war keine Zeit für sentimentale, ›denkmalpflegerische‹ Gesinnung; zumal unsere Aktion und unsere Absicht weit über das hinaus ging, was man gemeinhin unter ›Bewahren‹ versteht; ›Bewahren‹ heißt doch etwas Schwaches, Hinfälliges schützen. Nun, der ›lebende Kadaver‹ – ich werde diesen Ausspruch eines deutschen Diplomaten nie vergessen – erwies sich als erstaunlich lebendig, kampfestüchtig und zäh.
Ich möchte so weit gehen, zu sagen, daß wir mit wirklichem Stolz erlebten, wie großartig sich der Vielvölkerstaat hielt und schlug.
Aber die Übermacht war zu groß. Hilfe tat not.
Wir hatten das Signal gegeben und aus Wien war prompt die Antwort gekommen: Wir sind bereit!
König Albert der Belgier ließ uns mit den notwendigen Papieren ausstatten, und am 24. Januar 1917 trafen wir in Paris ein, wo wir sofort mit unseren einflußreichen Freunden zusammentrafen. ›Ich habe einen Brief meiner Mutter erhalten‹, begann Sixtus die Unterredung. ›Wir müssen so schnell wie möglich über William Martin die Verbindung mit Poincaré herstellen!‹
›Ich habe einen Brief meiner Mutter erhalten...‹ Wie kam unsere Mutter dazu?
Sehr einfach: Sie hatte eine relativ große Bewegungsfreiheit, weil sie in Österreich ›exterritorial‹ war; sie kannte alle Verbindungen von Gewicht innerhalb und außerhalb Österreichs, und sie war von der Notwendigkeit einer raschen Beendigung des Krieges überzeugt; was immer sie dazu beitragen konnte, wollte sie tun.
Unsere Mutter, Herzogin Antonia von Parma, hatte schon zu Beginn des Krieges auf Schloß Schwarzau – aus eigenen Mitteln – ein Lazarett eingerichtet. Unsere Mutter kannte daher die Leiden und die Schrecken des Krieges aus unmittelbarer Anschauung. Sie kannte die jungen Menschen, die verstümmelt und gezeichnet eingeliefert wurden – sie kannte diese Menschen wie ihre Schwester, Erzherzogin Maria Theresia, und alle ihre anderen Schwestern auch, die sich ausnahmslos in den Dienst der Kranken- und Verwundetenpflege gestellt hatten. Überflüssig zu sagen, daß sie alle bei einem günstigen Ausgang des Krieges, oder auch nur bei einer objektiven Berichterstattung über diese Ereignisse, wohl zu den mit Recht gefeierten Heldinnen der Heimatfront gehört hätten.
Aber das nur nebenbei und nur, weil manche nach der ›Legitimation‹ unserer Mutter fragten. Sie war der Überzeugung, helfend eingreifen zu können, und darum tat sie es. Daraus ›Ehrgeiz‹ ableiten zu wollen, ist nachgerade dumm; ich wüßte wirklich nicht, welche ›bessere‹ Position die Schwiegermutter eines Kaisers von Österreich *noch* hätte erreichen können und wollen.
Und wenn ein Gelingen der Friedensversuche eine Fortsetzung dieses für Europa

selbstmörderischen Krieges verhindert, Österreich–Ungarn bewahrt, Millionen Menschen einen sinnlosen Tod auf den Schlachtfeldern erspart und außerdem das Ansehen der alten Dynastien gesteigert hätte – was wäre daran schlecht gewesen? Ich glaube, der Menschheit wäre auf jeden Fall unendlich viel erspart geblieben, wäre unser Unternehmen gelungen...

Bereits zwei Tage später trafen wir jedenfalls in Neuenburg in der Schweiz ein; im Hause eines Freundes, des Herrn Boy de la Tour, in der Rue Pommier sahen wir unsere Mutter wieder und auch unsere Schwester, Prinzessin Maria Antonia von Parma.

Ich bitte um Entschuldigung, wenn ich noch einmal auf den ›Ehrgeiz‹ der Frauen aus dem Hause Parma zu sprechen komme:

Was konnte sich etwa meine Schwester Maria Antonia von der Teilnahme an der Mission meiner Mutter erwarten?

Einen Orden? Einen Prinzen? Einen Präsidentensohn?

Maria Antonia ging bald darauf, im Alter von neunzehn Jahren, ins Kloster zu den Benediktinerinnen von Solesmes. Sie hat damals, in Neuenburg, versucht, mit ihren bescheidenen Kräften etwas zum Frieden der Welt beizutragen. Später tat sie genau das gleiche – im Gebet.

Was meine Mutter und meine Schwester in Neuenburg überbrachten, war der Wunsch des Kaisers und Königs, seine beiden Schwäger Sixtus und Xavier sobald wie möglich in Wien zu sehen.«

Kaiserin Zita schloß sich der Bitte ihres Gemahls in einem kurzen Brief an ihre beiden Brüder an; ein direkter, persönlicher Kontakt würde in ungleich rascherer Zeit Fortschritte bringen als langes Korrespondieren, und Eile war dringend geboten. Kaum nach Paris zurückgekehrt, verfaßte Prinz Sixtus eine Note, die für den Präsidenten der Republik bestimmt war; die Sache kam ins Rollen. Schon Mitte Februar fand ein Zusammentreffen der Brüder mit Graf Erdödy, einem Jugendfreund des Kaisers, in Neuenburg statt, der am 15. Februar in Schönbrunn den folgenden Brief überreichte:

»Lieber Freund,

wir hatten hier den Besuch des guten Louis, eines hervorragenden Burschen voll der guten Absichten. Aber Sie wissen ja besser als ich, da Sie sich mit diesen Dingen schon seit langem befassen, daß es immer besser ist, für doppelte Sicherheit zu sorgen.

Was die Schlägerungen in den Wäldern betrifft, die hier auf größtes Interesse stießen, so habe ich Louis beauftragt, eine Sicherstellung über eine Bank zu veranlassen.

Er hat auch sehr wohl verstanden, daß das nicht Mißtrauen, sondern ein Akt kaufmännischer Vorsicht ist. Vorsicht ist um so mehr am Platze, als die Jahreszeit schon ziemlich weit vorgerückt ist, um überhaupt noch Schlägerungen vornehmen zu können, und da sie, wenn sie nicht fachgerecht durchgeführt werden, den Wald vollständig verderben könnten ...«

Schon am 21. Februar war der Unterhändler, Graf Erdödy, abermals in Neuenburg. Die Gespräche gingen bereits flüssiger vonstatten, auch Graf Czernin war über den Stand der Verhandlungen auf dem laufenden. Am 5. März empfing Präsident Poincaré Prinz Sixtus von Parma, der sowohl den Standpunkt des Außenministers Czernin als auch jenen des Kaisers übermittelte, und das rettete zunächst einmal den Fortgang der Verhandlungen.

Worum war es in den vorbereitenden Gesprächen zunächst gegangen? Um die Rückgabe von Elsaß-Lothringen an Frankreich, die Wiederherstellung Belgiens, die Wiederherstellung Serbiens und die Übergabe Konstantinopels an Rußland. Noch während der Pendelfahrten des Grafen Erdödy zwischen Wien und Neuenburg erledigte sich der letzte Punkt von selbst. Schon am 26. Februar informierte der amerikanische Botschafter in Wien, Frederic C. Penfield, den Grafen Czernin, daß aus St. Petersburg über Washington die verzweifelte Bitte um einen Friedensschluß eingetroffen sei.

»Am 15. März bereits dankte Zar Nikolaus II. ab. Der letzte Verhandlungspunkt fiel also noch während der vorbereitenden Gespräche weg. Man mußte sich beeilen, sollte nicht das ganze Gesprächsthema unter den Tisch fallen; denn daß der Zusammenbruch Rußlands für die Mittelmächte nicht mehr war als eine Atempause, schien uns klar.

Kaiser Karl rettete aber die Situation, indem er durch seine handschriftlichen Zusätze zu erkennen gab, daß er mit seinem störrischen, unflexiblen Außenminister nicht übereinstimmte.

Und auf die Fortführung des Gespräches kam es an wie auf Leben und Tod.

Am 19. März befanden wir uns bereits auf der Fahrt nach Wien. Es ist von entscheidender Bedeutung, sich vor Augen zu halten, mit wem wir bisher verhandelt hatten: mit Briand und Poincaré. Briand war zwar äußerlich ein geradezu abschreckend häßlicher Mensch, aber blitzgescheit, irgendwie sympathisch, gewinnend und vor allem – das war das einzige, was zählte – davon überzeugt, daß Österreich–Ungarn gerettet werden müsse. Auch Poincaré war der Überzeugung, daß die Existenz Österreichs gesichert werden sollte, doch war er nie zum Handeln bereit. Immerhin, auf die beiden Männer konnten wir zählen. Im Hintergrund wartete allerdings bereits das Duo Clemenceau-Ribot auf die Machtübernahme; und Clemenceau hielten viele für die Niedertracht in Person. Er war gefürchtet als ein Mann, der die Erschießung zahlreicher Menschen veranlaßt hatte. Viele behaupteten, er sei ein »gefährlicher Bursche«. Mit Recht. Wir schlossen uns dieser Meinung nie ganz an. Clemenceau stammte aus der Vendée, der allzeit königstreuen Provinz Frankreichs, und seine Eltern waren erzkonservative, kreuzbrave Leute gewesen. So hart und rücksichtslos er auch später, in dem berühmten »Duell« mit Czernin, zugeschlagen haben mochte, so verbissen er gegen die österreichisch-ungarische Monarchie kämpfte – er war doch auch ein Mann, der die Rettungsversuche Kaiser Karls für Österreich in den Jahren 1918 bis 1919 verstand und ihnen auch zum Durchbruch verhalf.

Aber noch war es nicht soweit. Als wir zwei uns auf den Weg nach Wien machten, war noch Briand am Ruder. Und das war gut so.

Auf dem Wege nach Wien im März 1917 – das klingt heute einfacher, als es damals war.

Die »Reise« verlief einigermaßen abenteuerlich, aber an Abenteuer hatten wir uns schon seinerzeit im Orient hinlänglich gewöhnt, und die Kriegsmonate an der belgischen Front hatten uns auch nicht gerade ängstlich gemacht.

Europa befand sich im dritten Kriegsjahr. Frontgebiete, Hinterland und erst recht neutraler Boden waren übersät von Agenten, Spionen, Zuträgern, Emissären.

Wie man sich vorstellen kann, mußten wir uns jeder erdenklichen List bedienen, um durch dieses schier unentwirrbare Netz von Spionage unerkannt nach Wien zu gelangen, und ich muß sagen, trotz allen Ernstes der Lage entbehrte unsere Fahrt keineswegs einer gewissen Karl-May-Romantik.

Jenseits der französischen Grenze wurde es besonders brenzlig. Aber überall kamen uns unsere Sprachkenntnisse zugute. Wir kauften Fahrkarten für Züge, die wir dann nicht benützten, kauften in verschiedenen Sprachen und Dialekten ein, bestiegen einen Zug, nahmen Platz, verschwanden im letzten Augenblick und fuhren mit einem anderen Zug weiter. Auch der beste Detektiv der Welt hätte es mit uns schwer gehabt, und der Erfolg gab uns schließlich recht.

Das Rheintal und Liechtenstein durchquerten wir bei Nacht in unserem Wagen, und wieder kam uns das perfekte Schwyzerdütsch meines Bruders Sixtus zustatten. Es schneite, bittere Kälte herrschte, und unser Wagen streikte schließlich. So legten wir eine gute Strecke zu Fuß zurück und landeten in einem winzigen Gasthof an der Grenze, wo uns wieder Sixtus mit seinem Dialekt vor Schwierigkeiten bewahrte.

Jenseits der schwarz-gelben Grenzmarkierungen brachte uns das Wiener Hofdeutsch besser voran; dazu kam, daß wir in Graf Erdödy einen guten Führer hatten, der uns gefahrlos quer durch unsere alte Wahlheimat nach Wien brachte.

Am 23. März – es ist zwischen sechs und sieben Uhr abends, scheint aber stockfinstere Nacht zu sein – kommen wir vor das schneeverwehte Schloß Laxenburg.

Unser Wagen hält im äußeren Hof, ein Gardeoffizier, der das Vertrauen seines Kaisers genießt, führt uns quer durch den Park, vorbei an zahlreichen Wachen, zur Hauptfassade des Schlosses; noch einmal das Losungswort, und wir vier treten durch eine kleine Pforte ein. Über eine schmale Treppe geht es direkt zu den Privatgemächern des Herrscherpaares. Leutnant Weber wacht an der Treppe, Graf Erdödy im Vorzimmer.

Dann stehen wir im Salon der Kaiserin – wir stehen unserer Schwester und unserem Schwager gegenüber.

Wie lange haben wir uns nicht gesehen... eine Ewigkeit?
Ein Weltzeitalter?
Es schien so. Dabei waren es kaum achtzehn Monate gewesen, seitdem wir uns von Erzherzog Karl verabschiedet hatten, dank dessen Intervention es uns gelungen war, nach Belgien zu kommen.
Eineinhalb Jahre erbitterten Kriegs trennten uns jetzt voneinander.
Ich werde oft gefragt, was wir damals redeten, was wir zu Zita und Karl sagten, was wir empfanden.
Es lag eine unglaubliche, ganz und gar nicht wiederzugebende Stimmung über dieser nächtlichen Zusammenkunft; so viel persönliche Freude über das Wiedersehen zwischen Geschwistern und Freunden, und dabei auch ein ganz starkes Bewußtsein von der Bedeutung unserer Mission. In diesen Stunden der Verhandlungen konnte sich, bei gutem Gelingen, das Schicksal von Millionen zum Besseren wenden.
Wie zwei Abenteurer befanden wir uns mitten in der Herzkammer des »Feindes«, den wir mehr liebten als irgend jemanden! Nach Schwarzau, nach Frohsdorf war es nicht mehr als ein Katzensprung. Ich erinnere mich, daß wir schon nach ganz kurzer Zeit, nach einigen Worten über uns selbst, über die Mutter, über die Familie, ganz abrupt in die Verhandlungen übergingen.
»Gingen« ist wörtlich zu verstehen. Ich glaube mich zu erinnern, daß sich Karl, der geborene Peripatetiker, während der ganzen Nacht kaum ein einziges Mal niedersetzte; er unterhandelte fast immer im Gehen.
Ich sehe ihn noch vor mir, das Gesicht im Halbdunkel des Raumes jünger, frischer und gesünder wirkend, als es in Wirklichkeit war; das leicht ergraute Haar war das erste, was mir beim Kommen aufgefallen war.
»Ich will unbedingt den Frieden herbeiführen«, sagte er. »Ich will den Frieden. Der Augenblick ist günstig. Wir alle haben Siege errungen, wir alle hatten Niederlagen einzustecken. Es herrscht beinahe vollständiges Gleichgewicht in allem. Dabei besteht durchaus die Möglichkeit, daß die eine Partei, die schließlich Oberhand gewinnt, die andere völlig auslöscht. Aber welcher Preis ist dann – von allen – zu zahlen!
Es erschreckt mich, daran zu denken.
Und dabei sind es gar nicht die großen, allumfassenden Siege, die einen guten Frieden bringen.
Wir haben so ein klassisches Beispiel in den beiden Friedensschlüssen Bismarcks: Da ist der Friede mit Österreich, 1866. Die deutschen Militärs schrien damals ›Hochverrat‹, weil der ›Eiserne Kanzler‹ mit Österreich so milde verfuhr. Und das Resultat: Wir sind eine Großmacht geblieben, und noch dazu eine, die mit Deutschland verbündet ist.
Dann der Friede von 1871, vom gleichen Bismarck gemacht. Was hat er den Deutschen eingewirtschaftet? Todfeindschaft mit Frankreich.
Ich glaube an die Vorteile eines stabilen Gleichgewichts in Europa, an eine

Übereinkunft, die das Zusammenleben aller ermöglicht, und ich bin für meinen Teil bereit, alles Menschenmögliche dazu beizutragen.
Das ist der Grund, warum ich so sehr darauf bestanden habe, daß ihr kommt. In einem Brief kann man nicht alles sagen, was man zu sagen hat. Im Gespräch kann man besser abschätzen, wie die Lage wirklich ist, was man tun und was man unterlassen sollte. So kommen wir der endgültigen Lösung rascher näher.«
Sixtus unterbricht den Kaiser: wie sich das mit den Deutschen verhalte? Gerade jetzt, da sie im Begriffe seien, sich auf die Hindenburglinie zurückzuziehen und die Offensive Nivelles abzuwarten, gebärdeten sie sich wie die Wilden.
Natürlich mußte der Kaiser zugeben, daß ein Verständigungsgedanke bei der Deutschen Obersten Heeresleitung einfach nicht vorhanden sei, wo einzig und allein der Glaube an den totalen, uneingeschränkten Sieg herrschte. Nichtsdestoweniger sei er seinem Bundesgenossen gegenüber verpflichtet, auch das offenbar Unmögliche zu versuchen und Berlin zu einem Verständigungsfrieden zu veranlassen. Bisher seien aber alle diesbezüglichen Bestrebungen gescheitert.
Auf der anderen Seite könne er unmöglich die Monarchie auf dem Altar einer »Vertragstreue« opfern, die einem der beiden Teile, nämlich Österreich–Ungarn, unweigerlich das Leben kosten müsse.
Sollte sich Berlin tatsächlich allen Vorstellungen gegenüber als unzugänglich erweisen, müsse er eben einen Separatfrieden anstreben. Ich erinnere mich an ein abschließendes Wort des Kaisers: »Wir sehen uns außerstande, unsere Köpfe für den König von Preußen hinzuhalten ...«
Ich habe mich bemüht, die Atmosphäre dieser Nacht und der daraus folgenden Gespräche wiederzugeben, weniger den Wortlaut; darauf kommt es gar nicht an, wie ja überhaupt die Wiedergabe solcher Gespräche, finde ich, von den Lesern – seien es nun Historiker oder Laien – immer viel zu wörtlich genommen wird; wirklich verläßlich sind nicht einmal stenographische Protokolle.
Was Sixtus und ich wollten, ist hoffentlich verständlich: den Krieg so rasch wie möglich beenden und dabei für Frankreich das Bestmögliche herausholen.
Was der Kaiser und König wollte, ist nicht weniger klar: den Krieg so rasch wie möglich beenden und sein Reich so unversehrt wie nur möglich bewahren.
Wie unwesentlich, ja geradezu läppisch Streitigkeiten um Gebietsabtretung in den damals besprochenen Größenordnungen (Galizien, Elsaß-Lothringen) waren – immer im Vergleich zu dem Elend, das die Folgen des Ersten Weltkrieges bis 1945, ja bis heute zeitigten –, dürfte wohl schon jeder begriffen haben.
Kaiser Karl war bereit, Opfer zu bringen. Österreich war auch zur Zeit Napoleons »zusammengestutzt« worden, hatte vorübergehend sogar den Zugang zum Meer verloren. Aber das Reich war erhalten geblieben und in kürzester Zeit gesünder und stärker denn je. Um das Überleben ging es.
Aber wer sollte das den Leuten um Kaiser Wilhelm II. erklären? Immerhin, der Erfolg war zum Greifen nahe. Kaiser Karl gab uns einen Brief mit, mit dem wir weiter operieren konnten.

Ich gehe so weit zu sagen, daß wir dem Erfolg auf 24 Stunden nahe gekommen waren.
Da stürzte Briand, und über Nacht kam Clemenceau ans Ruder. Mit ihm auch eine neue Mannschaft.
Ribot war Président du Conseil geworden, er begann sofort eine zwielichtige Rolle zu spielen. Erst nach langem Hin und Her erklärte er sich endlich bereit, nach England zu gehen und Lloyd George zu informieren.
Es gibt über diese Begegnung zwischen dem alten Ribot und Lloyd George eine bezeichnende Anekdote: »Ich bringe einen Brief Kaiser Karls!« rief Ribot dem ihn erwartenden Lloyd George zu, der darauf antwortete: »Aber das ist der Friede!« Das war am 11. April 1917; am 19. März, noch während wir in Wien weilten, war die Regierung Briand gestürzt worden, woraufhin sich unsere Bemühungen allmählich festfuhren.
Ich gehe aus einem ganz bestimmten Grund auf diese Umstände näher ein, weil sie in der Folge von nicht zu unterschätzender Bedeutung für die Erhaltung Österreichs nach dem Ende des Ersten Weltkrieges werden sollten. Alle diese Männer – Clemenceau, Ribot, die beiden Cambon, von Lloyd George gar nicht zu reden – erkannten schließlich sehr wohl, was sie angerichtet hatten, als sie Österreich-Ungarn zerbrochen hatten. Übrigens kann man dem berühmten Ausspruch Clemenceaus, »L'Autriche – c'est ce qui reste«, auch eine andere als die landläufige Deutung geben. Denn die nach dem Krieg in Österreich herrschenden Kreise wollten das Land ja um jeden Preis aufgeben, und selbst als Kaiser Karl es durchsetzte, daß Österreich bestehen blieb, erfand Dr. Renner für seine Heimat noch rasch einen neuen Namen – ich glaube, er wollte Österreich »Alpendeutschland« nennen, wenn ich mich richtig erinnere...
Der einzige, der mutterseelenallein für das verstümmelte Österreich weiterkämpfte, war damals Kaiser Karl, der von seinem schweizerischen Exil aus alle Hebel in Bewegung setzte, um den Anschluß und die Selbstaufgabe Österreichs zu verhindern.
Und damals – es waren die Tage vor St-Germain – entsannen sich die Sieger wohl auch der Friedensversuche des Kaisers, und ihr einstiges, nicht gerade vorausblickendes Verhalten verpflichtete sie nach dem Ersten Weltkrieg, im Jahre 1919, indirekt, dem Drängen des Kaisers und den Alarmrufen aus seinem Exil nachzugeben. Ich erwähne das hier ausdrücklich, weil dieser Aspekt der Friedensbemühungen Kaiser Karls bisher noch kaum oder gar nicht berücksichtigt wurde. Bis zu einem gewissen Grad hängt aber die heutige Existenz Österreichs ursächlich mit den Friedensbemühungen von 1917 zusammen, die Kaiser Karl am Ende doch ein nicht zu leugnendes Prestige, auf jeden Fall aber Respekt einbrachten.
Doch zurück zu den Friedensbemühungen vom April 1917. Als der alte Ribot aus Dover zurückkam, brachte er eine höchst überflüssige Bedingung mit (die er wahrscheinlich selbst suggeriert hatte): Italien, und damit Sonnino, müßten in die Verhandlungen eingeschaltet werden.

In St-Jean-de-Maurienne trafen sie dann alle zusammen, und Sonnino, der schlaue Fuchs, blieb Sieger. Es war der 19. April.
Italien wollte keinen Fußbreit von seiner versprochenen Beute, seiner »terra irredenta«, lassen, was soviel hieß, als daß es keinem Frieden zustimmen wolle, der Österreich nicht alles gekostet hätte, was Italien von den Ententemächten 1915 im Geheimvertrag von London versprochen worden war – also auch Südtirol bis zum Brenner. Dazu Triest, die Adriainseln, die halbe Adriaküste.
Am 22. April jedenfalls teilte Jules Cambon meinem Bruder mit, ohne ein bedingungsloses Eingehen Österreichs auf die Forderungen Italiens sei an einen Friedensschluß nicht zu denken.
Sollte man nun aufgeben?
Wir versuchten es noch einmal. Vielleicht bestand doch noch eine Möglichkeit, England und Frankreich umzustimmen.
Mein Bruder Sixtus begab sich ein zweitesmal – nunmehr allein – nach Wien. Wieder, wie damals im März, über unseren Stützpunkt in der Wiener Erdödy-Wohnung hinaus nach Laxenburg; und wie immer, wenn man mit Kaiser Karl zu tun hatte, mußte man bekennen: er hatte mit nachtwandlerischer Sicherheit die politische und militärische Entwicklung vorausgesehen.
Damals, als wir im Winter bei ihm waren, fürchteten die Engländer den U-Boot-Krieg noch wie die Pest, ein Eingreifen Amerikas war wohl zu vermuten gewesen, aber durchaus nicht sicher. Sie waren also an einem Frieden interessiert gewesen.
Jetzt hatte mein Bruder bereits die traurige Pflicht, den Kaiser auf die inzwischen in Erfüllung gegangenen Prophezeiungen hinzuweisen (das war ein Auftrag Lloyd Georges): man sei in England über den anfänglichen Schrecken schon hinaus, man werde mit den U-Booten schwer, aber am Ende doch, fertig werden.
Und die USA stünden bereits auf seiten der Alliierten.
Dem Kaiser blieb nur eines übrig: einen weiteren Schritt zurückzuweichen, ein noch größeres Opfer zu bringen.
Und dies rasch, denn jeder neue Tag verschlechterte die Lage der Mittelmächte und damit die immer noch tragfähige Verhandlungsposition Österreichs.
Das Ergebnis der Besprechungen, das Resumé sozusagen der Lage Österreich–Ungarns in jenem Augenblick, ist der in die Geschichte eingegangene ›Zweite Sixtusbrief‹.
Zufall oder nicht: er ist vom 9. Mai datiert.«

Kaiser Karl und die Sozialdemokraten

29. Jänner 1917, 10.30 Uhr
Baden bei Wien, Allerhöchstes Hoflager:
»Ich öffne rasch die zweite Tür der Doppeltür und stehe dem Kaiser unmittelbar

gegenüber, welcher bis an die Tür gekommen war. Ich schließe die Tür, schlage die Hacken zusammen und sage: ›Guten Tag, Majestät‹, indem ich die mir entgegengestreckte Hand des Kaisers ergreife. Wir schütteln einander gut bürgerlich die Hand, worauf er, zu seinem Schreibtische gehend, mich aufforderte, daselbst Platz zu nehmen. Während dieser Zeit hatte ich Gelegenheit, zu sehen, daß er ein schlanker, mittelgroßer Mensch ist. Wir konnten uns beim Gruß gerade in die Augen sehen. Kopfhaar etwas dunkler als der kleine, blonde Schnurrbart.
Nachdem wir Platz genommen hatten, sagte mir der Kaiser zunächst fast wörtlich folgendes: ›Herr Professor, wir sind ganz allein, und ich wünsche, daß Sie ganz ungescheut nicht nur das sagen, was Sie mir zu sagen haben, sondern es auch so sagen, wie Sie es denken.‹ Hierauf forderte er mich auf, ihm unsere Vorstellungen über die militärärztlichen Akademien auseinanderzusetzen. Währenddem ich das tue, bemerke ich, daß er selbst über die Sache ziemlich genau orientiert ist und mir folgt...
Man dürfe von einem Menschen, der fünfzehn Jahre in einer kleinen Garnison lebt, weder Tüchtigkeit noch Begeisterung für die Wissenschaft fordern. Er: ›Ich kenne diese Verhältnisse aus meiner eigenen Dienstzeit. Man sagt halt ›der Bader‹ und weiß, daß es sich doch eigentlich nur um Schnupfen- und Tripper-Doktoren handelt. Daß die Herren vielfach kein Interesse an ihrem Fach haben, weiß ich. Mir ist folgendes passiert, allerdings war ich damals noch nicht Kaiser: Ein Militärarzt, von dem ich merkte, daß er sich sehr wenig um Patienten kümmerte, antwortete mir auf die Frage, ob ihn denn die Medizin interessiere: ›Das einzige, was mich interessiert, ist Tennis spielen.‹ Der Mann ist noch heute aktiver Militärarzt...‹
Ich erkläre daraufhin dem Kaiser den Unterschied zwischen den Spitalärzten und den Troupiers. Erstere sind eine mehr oder minder geschlossene Clique, welche sich vielfach in einer sehr merkwürdigen Weise ergänzt, worauf der Kaiser sagt: ›Sie meinen, das sind die Protektionskinder; es verhält sich so wie beim Generalstab... das ist diese entsetzliche Protektion bei uns in Österreich, welche uns alle ruiniert.‹
Hierauf erwähne ich das Projekt der Geldbeschaffung durch öffentliche Sammlungen und sage unter anderem: ›Die Reichen.‹ Er: ›Sie meinen: die Kriegslieferanten sollen bezahlen!‹
Es folgt nun meinerseits eine kurze Darstellung der Folgen der Geschlechtskrankheiten, und schließlich kommen wir auf die Kinderfürsorge zu sprechen. Ich bemerke, daß die Fürsorge vor allem eine ärztliche Angelegenheit ist, während Priester und Lehrer sich um den Geist zu kümmern haben; das Wohltätigkeitssystem, wie es bei uns herrsche, sei direkt schädlich. Er tritt für die Wohltätigkeit ein, worauf ich bemerke, daß sie nur unter Kontrolle des Staates geduldet werden kann.
Gelegentlich der Diskussion über diese Frage sagt der Kaiser plötzlich: ›Ich werde

Sie bitten, das alles meiner Frau zu sagen, die sich für diese Angelegenheiten sehr interessiert.‹
Ich: ›Majestät, ich stehe zur Verfügung!‹
Er: ›Sie wird Sie sicher holen lassen!‹
Er fragt mich, in welcher Art und Weise ich mir vorstelle, daß man imstande sein könnte, die Kriegsschäden gutzumachen. Da ich bemerkte, daß der Kaiser nicht nur der ganzen Unterredung mit Aufmerksamkeit gefolgt und äußerst lebhaft mitgearbeitet hat, sondern gerade auf die Beantwortung dieser Frage besonderes Gewicht legte, sagte ich fast wörtlich: ›Majestät mögen verzeihen, wenn ich mich zunächst an Eure Majestät mit einer Bitte wende. Wenn ein neuer Herrscher kommt, so drängen sich die verschiedensten Elemente vor und versuchen, sich bemerkbar zu machen. Die Konjunktur ist günstig, und es will ein jeder für sich persönlich etwas erreichen. Ich möchte Majestät bitten, mich nicht in diese Kategorie Menschen zu zählen. Ich bin ein Universitätsprofessor und habe alles erreicht, was man in der akademischen Karriere erreichen kann. Ich möchte hier nur im Interesse des Volkes gehört werden, dem ich angehöre, mit dem ich lebe.‹
Er: ›Ich weiß sehr gut, wer sie sind, ich kenne diese Leute, Sie aber sind kein Ordensjäger.‹
Hierauf ich: ›Ich danke, Majestät, weil ich so viel freier sprechen kann... Die ganze Frage kann nicht im Vorübergehen gelöst werden, sie kann nicht in einem Vorzimmer des Ministeriums des Inneren gelöst werden, notwendig ist die Gründung eines Sanitätsministeriums.‹
Er, notierend: ›Sie haben vollkommen recht, ich werde mit dem Ministerpräsidenten sprechen, das muß geschehen. Wer soll Sanitätsminister sein?‹
Ich: ›Majestät, das kann ich im Augenblick nicht sagen.‹
Er: ›Schreiben Sie die ganze Sache, wie Sie sie sich vorstellen, und bringen Sie mir das, damit ich mit dem Minister reden kann.‹
Das Gespräch begann nunmehr eine politische Wendung zu nehmen, insofern, als wir von Verwaltung und Verantwortung sprachen. Bei dieser Gelegenheit sagte ich dem Kaiser: ›Majestät, ich fühle mich verpflichtet, folgendes zu sagen: ich bin ein Mann von streng demokratischer Gesinnung und stehe in dieser Gesinnung am sozialistischen Flügel, dementsprechend erwarte ich alles von *der* Organisation, deren Wichtigkeit dieser Krieg gezeigt hat.‹
Er: ›Ich bin der Meinung, daß der zukünftige Staat sich viel mehr der sozialistischen Form wird nähern müssen.‹
Bei dieser Gelegenheit kommen wir auch auf das Parlament zu sprechen, wobei ich erkläre, daß ich die baldige Einberufung des Parlaments als unbedingt notwendig erachte, und sage fast wörtlich: ›Ich halte dies nicht nur aus Gründen für notwendig, die ich von seiten des Volkes hier anführen müßte, sondern vor allem aus dynastischen Gründen. Ich kann mir keinen Mann vorstellen, welcher imstande wäre, die Verantwortung für all das, was in Österreich geschehen soll, auf seine eigenen Schultern zu nehmen. Im Interesse dieser Verantwortlichkeit

wäre es, das Parlament einzuberufen und den Parlamentariern klarzumachen, daß nicht nur die Krone allein die Verantwortung trägt, sondern daß jeder einzelne, der im Parlament sitzt, mitverantwortlich ist; dann werden die Herren im Bewußtsein ihrer Verantwortung auch anders reden und anders handeln, dann werden aber auch die Wähler verstehen, daß sie selbst verantwortlich sind am Schicksal des Staates, und das wäre eine Erziehung der Parlamentarier, aber auch eine Erziehung unseres Volkes.‹

Er hierauf: ›Sie haben vollkommen recht, das ist ein dynastisches Interesse, so aufgefaßt, ist der Parlamentarismus natürlich etwas anderes; dann werden sich die Herren nicht darum raufen, ob in Leitomischl ein deutscher oder ein böhmischer Nachtwächter sitzt.‹

Es ist in der Zwischenzeit, wie ich auf der Armbanduhr des Kaisers sehe, nahezu ¾ 1 geworden, die Unterredung hatte ihren Höhepunkt überschritten; der Kaiser tat mir leid, ich wußte ja, daß er um ½ 2 wegfahren sollte und noch nicht gemittagmahlt hatte.

Nachdem wir noch einiges über Parlament und Verwaltung gesprochen hatten, stand der Kaiser auf. Wir standen einander Auge in Auge gegenüber, er sah aus wie ein Mensch, der zuwenig ißt und schläft. Er reichte mir die Hand, worauf ich sagte: ›Majestät sind also mit dem militärischen Projekt einverstanden, und ich darf dies meinen Kollegen berichten?‹

Er: ›Ich ermächtige Sie.‹ Und er reichte mir nochmals die Hand, indem er sagte: ›Sie schreiben mir die Sache von dem Sanitätsministerium ausführlich zusammen und bringen sie mir.‹

Ich: ›Jawohl, Majestät. Ich möchte zum Schluß nur sagen, daß ich in der ganzen Unterredung nur meine Überzeugung wahrheitsgetreu wiedergegeben habe. An meiner Überzeugung kann manches falsch sein, ich kann mich irren – wer hätte nie geirrt –, aber für das, was ich gesagt habe, trage ich die volle Verantwortung und bin mir dessen wohl bewußt.‹

Er, mit beiden Händen meine rechte Hand fassend: ›Herr Professor, ich weiß das sehr genau, weiß Ihre Überzeugung zu schätzen und danke Ihnen; wenn Sie mir etwas wieder zu sagen haben, kommen Sie ganz ungescheut, ich werde Sie jederzeit hören.‹

Ich: ›Ich danke, Majestät.‹ Ich werfe die Hacken zusammen und sage: ›Guten Tag.‹

Er: ›Guten Tag.‹

Ich drehe mich um und gehe zur Tür, er zur anderen. An der Tür dreht er sich noch einmal um und nickt mit dem Kopf.«

Die hier geschilderte Audienz blieb nicht die einzige. Professor Julius Tandler, Initiator der Idee eines Gesundheitsministeriums, sah seinen Kaiser in dieser Angelegenheit noch des öfteren, wie »Die Zukunft«, das theoretische Organ der österreichischen Sozialisten im Jahre 1972 anläßlich der Wiedererrichtung eines Gesundheitsministeriums zu dieser Wiedergabe aus Professor Tandlers Tagebü-

chern bemerkt, 65 Jahre nach der bahnbrechenden Neuerung. Erster Gesundheitsminister der Welt wurde damals, am 24. November des Jahres 1917, der Ruthene Dr. Ivan Horbačevšky.
Zum Schaden Österreichs und zum Schaden Europas gab es aber innerhalb der sozialistisch orientierten Gruppen auch Scharfmacher, die eine Entwicklung, die nicht nur für die Dynastie, sondern noch viel mehr für Österreich-Ungarn und Europa sehr vielversprechend begann, störten und schließlich in ihr Gegenteil verkehrten.
Zunächst war sich die Sozialdemokratie völlig darüber im klaren, daß sie ihre Ziele nur schrittweise und nur im Bündnis mit der Krone erreichen konnte. Männer wie Otto Bauer trauten dabei – durchaus im positiven Sinne – einer Persönlichkeit wie dem Thronfolger Erzherzog Franz Ferdinand zu, daß er das gleiche und allgemeine Wahlrecht in Ungarn gegen die damals herrschende Gentry notfalls auch mit Gewalt durchzusetzen gewillt sei.
In Österreich war das allgemeine und freie Wahlrecht nur mit Hilfe und persönlicher Unterstützung des Kaisers Gesetz geworden. (Er befahl alle volljährigen Erzherzöge nach Wien und überstimmte mit ihnen die das Gesetz blockierende Opposition in »Herrenhaus«.) Zu dieser Zeit entstand das Spottwort vom »Genossen Franz Joseph«.
Nach dem Thronwechsel vom Jahre 1916 mußte die Sozialdemokratie erst recht bemerken, welcher Wind nun wehte. An niemanden sonst erging der geschichtliche Ruf der Stunde so stark wie an die Arbeiterschaft und die Sozialdemokratie, den Kaiser in seinem Ringen um Frieden zu unterstützen. Wer sollte mehr Interesse am Frieden haben als die Dynastie, um deren Existenz es ging, und die Arbeiterschaft, deren Programm der Friede gewesen war?
Kaiser Karl, der aus seinen Friedensabsichten nie einen Hehl gemacht hatte, zog sich auch alsbald den tödlichen Haß aller Kriegstreiber, Kriegsgewinnler, Siegfriedler und Großpreußen zu. Der Grund hierfür lag einzig und allein darin, daß der Kaiser einen vernünftigen Frieden zustande bringen wollte.
So begreiflich der Haß dieser Unverbesserlichen und Unbelehrbaren auch sein mochte – sie begriffen 1919 und auch 1945 nichts –, so unverständlich muß, neben der Haltung der Christlichsozialen, jene der Sozialdemokraten bleiben, die sowohl die sozialen als auch die demokratischen und friedliebenden Bemühungen des Kaisers kannten und bis 1918 sehr zu schätzen wußten. Allerdings erahnte und spürte der junge Kaiser die Gefahr, die aus dem Osten kam. Er war willens, ein Bollwerk des Friedens vor der kommunistischen Diktatur aufzubauen.
Auch Otto Bauer wußte, was aus dem Osten zu erwarten war. Zum Verhängnis der österreichischen Sozialdemokratie – und in der Folge zum Verhängnis ganz Mitteleuropas – übernahm Otto Bauer, der schon 1914 in russische Kriegsgefangenschaft geraten war, nach seiner Heimkehr die Führung des linken Flügels der österreichischen Sozialdemokraten. In Rußland hatte er die Revolution kennengelernt.

Bis 1917, ja bis weit in das Jahr 1918 hinein, bestand innerhalb der Sozialdemokratie durchaus die Meinung, es sei selbstverständlich und vernünftig, die Zukunft Österreichs in einem Bundesstaat der Nationalitäten zu sehen. Nach der Rückkehr Otto Bauers aus dem zusammengebrochenen Rußland setzte aber die Entwicklung zur Katastrophe ein: in der österreichischen Sozialdemokratie erwachten die deutschnationalen Ideen.

Otto Bauer, der Sohn eines jüdischen Großkaufmannes aus Reichenberg in Böhmen, in seiner Heimat aufgrund seiner jüdischen Abstammung im traditionell antisemitisch eingestellten deutschnationalen Lager nie ganz akzeptiert, gebärdete sich in der Folge immer deutschnationaler: er konnte für den unseligsten Gedanken eintreten, der in Österreich jemals Furore gemacht hatte, für den Gedanken an »Anschluß«. Es gehörte zu den tragischsten Entwicklungen in der Geschichte der Menschheit, daß dieser Gedanke – in der Folge – den Massenmord an den Juden überhaupt erst möglich gemacht hat.

1917, in dem für die Zukunft Europas entscheidenden Jahr, als ein phantasievoller, unkonventioneller und junger Monarch sein Friedensprogramm und seine Verfassungsreform durchsetzen wollte, versagten ihm alle die Unterstützung, auch jene, für die das Programm letztlich am segensreichsten gewirkt hätte: die Sozialdemokraten (das heißt: ihre Führer). Hätte die österreichische Sozialdemokratie ihre Aufgabe so gut begriffen wie der junge Kaiser seine soziale und demokratische Aufgabe erfaßt hatte, so wäre wohl ein Bündnis von weittragender Bedeutung zustande gekommen: die sozial Fortschrittlichen und die Friedenswilligen hätten auf dem Boden eines gewaltigen, übernationalen Staatsgebildes ein Beispiel, ein »Modell«, für die europäische Zukunft setzen können. Aber der nationalistische Kleingeist setzte auf deutschnational, tschechischnational, serbischnational – und erlitt einen Schiffbruch, der seinesgleichen in der Geschichte der Menschheit sucht. Hätten die österreichischen Sozialdemokraten, hätte ein Otto Bauer damals die Größe der Stunde erkannt, Mitteleuropa hätten einen Aufstieg, eine wirtschaftliche und soziale Entwicklung genommen, von der heute nicht einmal zu träumen ist.

Dr. Karl Renner hat es wohl immer besser gewußt als sein Genosse Otto Bauer. Aber Karl Renner nahm seine Chance im Jahre 1918 nicht wahr, als ihm der Kaiser die Ministerpräsidentschaft anbot. Damals wäre noch alles zu retten gewesen. Schon ein Jahr später versprach Dr. Karl Renner den zu seiner Abreise auf den Wiener Westbahnhof herbeigeeilten Journalisten (er machte sich auf den Weg zu den Friedensverhandlungen von St-Germain), er werde »den Anschluß bringen« und wenn er ihn »von den Sternen holen« müsse... Wo war da das große Österreich hingekommen, das die Sozialdemokraten gemeinsam mit ihrem Kaiser hätten bauen können, der Bund freier Völker, den Dr. Karl Renner geplant hatte, oder doch immerhin jenes Österreich, von dem er 1948, nach der Katastrophe des Zweiten Weltkrieges, im österreichischen Parlament meinte, es sei »eine Großmacht der Kleinen gewesen; jetzt gibt es die Ohnmacht der Kleinen dort, wo früher das große Österreich war«. 1948 setzte Dr. Karl Renner aus der Fülle seiner Altersweisheit hinzu: »Keines der Völker, die einst im alten Österreich gelebt haben, kann heute sagen, daß es ihm besser gehe als damals. Im Gegenteil, die meisten sehnen sich zurück nach den Zeiten der angeblichen Unterdrückung und in den angeblichen Völkerkerker Österreich.«

Aber für Überlebende kommen Einsichten nie zu spät, und Irrtümer sind verzeihlich. Aus der tragischen Geschichte der Beziehung zwischen den Sozialdemokraten und dem Kaiser, der nicht nur das Richtige wollte, sondern auch genau wußte, warum er es wollte, läßt sich vieles lernen.

Der 25. Geburtstag der Kaiserin

9. Mai 1917

K.u.k. Zensurstelle Agram
Die Friedenssehnsucht verallgemeinert und vertieft sich zusehends; frühere Stimmen der Kriegsfreudigkeit der Kroaten verstummen.
Man trägt die Entbehrungen mit gelassener Resignation, durch den patriotischen und moralischen Halt der Bevölkerung gelangt trotz der Kriegsmüdigkeit keine Staatsfeindlichkeit zum Ausdruck.

Der Gruppenleiter für Kroatien

*

Wirkungen des Unterseebootkrieges auf England
Offenes Bekenntnis der Schutzlosigkeit gegen Verluste
Das Wolffsche Büro meldet: Neue U-Boot-Erfolge im Atlantischen Ozean: 27 500 BRT versenkt, darunter die bewaffneten englischen Dampfer »Orio Lages« mit 6000 t Zucker nach England und »Troilus« (7562 t), mit Stückgut für England, ferner den englischen Dampfer »Hesperides« (33 937 t) mit Fleisch für England, ferner zwei unbekannte englische Dampfer auf Kurs nach England

Der Chef des Generalstabes Marine

*

Heute, Mittwoch, den 9. Mai 1917, pünktlich um halb 8 Uhr, findet im Großen Konzerthaussaale das gemeinschaftliche Konzert Lotte Lehmann/Leo Slezak statt. Begleitung: das Wiener Konzertorchester unter der Leitung von Oskar Nedbal. Das Reinerträgnis fließt der Kriegshilfsfürsorge zu.
Kammersänger Leo Slezak wird anläßlich des Geburtstages der Kaiserin die Zita-

Hymne (Musik von Erich Wolfgang Korngold, Worte von Baronin Hedda von Škoda) zum Vortrag bringen. Erich Wolfgang Korngold begleitet die Hymne am Flügel.

*

Der Kaiserin-Zita-Kindertag
Die Huldigung der Kriegspatenschaft im Schlosse Schönbrunn
Heute wurden die Mitglieder der Kriegspatenschaft von Kaiserin Zita im Schlosse Schönbrunn empfangen. Über hundert Personen hatten sich im großen Galeriesaal, der den Blick in den großen Schloßhof und anderseits bis zur Höhe der Gloriette ermöglicht, eingefunden. Es waren anwesend: die Mitglieder des Kuratoriums, die Ärzte, die freiwilligen Pflegerinnen, die freiwilligen Hilfskräfte, die Mitglieder des Hilfskomitees, die Abgesandten der Kriegspatenschaft.
Wiener Schulkinder, mit schwarz-gelben Schärpen versehen, hatten sich auf der Estrade versammelt und harrten der Ankunft der Kaiserin. 30 Mädchen im Alter von sechs Jahren, weiß gekleidet und mit Blumen und Girlanden geschmückt, nahmen vor dem Thronsessel Aufstellung.
Um 11 Uhr erschien die Kaiserin in Begleitung ihres Obersthofmeisters, des Grafen Alexander Esterházy, und der Hofdame Gräfin Agnes Schönborn. Sodann wurde die Kaiserin-Zita-Hymne von Erich Wolfgang Korngold gesungen. Die Schülerin Helene Hoffmann trug ein stimmungsvolles Geburtstagsgedicht vor und überreichte der Kaiserin Blumen.

Die Kaiserin hielt folgende kurze Rede: »Ich freue mich, Sie heute hier versammelt zu sehen, und danke Ihnen herzlichst für Ihre guten Wünsche. Gerne ergreife ich diese Gelegenheit, um Ihnen für Ihre aufopferungsvolle Tätigkeit im Dienste der Kriegspatenschaft meinen Dank und meine volle Anerkennung auszusprechen. Gott segne Ihr weiteres Wirken zugunsten dieses meinem Herzen so nahestehenden wohltätigen Werkes!«
Während des folgenden Cercles sprach die Kaiserin alle Mitglieder der Kriegspatenschaft an und fand für jeden einzelnen Worte des Dankes und der Anerkennung.

*

Wien, Mittwoch, den 9. Mai

Österreich-Ungarn und Frankreich
Bemerkungen des »Temps« über die Politik der Monarchie
Es scheint, daß in Paris auch schon die Logik nur in einer bestimmten Anzahl von Gramm rationiert ist. Wir hätten es nicht für möglich gehalten, daß ein Blatt wie der »Temps« jetzt wieder auf die alte Geschichte zurückkommt, daß jedes Aufwerfen der Friedensfrage ein Zeichen von Schwäche sei. Das erinnert an den alten Bankier, der seufzend gesagt hat, es gebe kein schwierigeres Unternehmen als

das Verleihen von Geld: wenn einer Geld braucht, ist es gefährlich, ihm zu borgen; wenn er es nicht braucht, kann man ihm nicht borgen.
Wenn jede Anregung der Friedensfrage immer ein Zeichen von Schwäche wäre, dann könnte überhaupt niemand von Frieden reden! Der »Temps« muß doch wissen, daß gerade Napoleon nach wichtigen Erfolgen es liebte, zu fragen, ob es nicht Zeit sei, an Frieden zu denken.
In der Note vom 12. Dezember 1916 wurde die Friedensfrage angeregt. Die Entente hat sofort erklärt, das sei ein Zeichen von Schwäche. Aber eine Schwäche, die vom Dezember bis in den Mai 1917 hinein dauert, eine »völlige Erschöpfung«, von der der »Temps« spricht, die schon ein Alter von sechs Monaten besitzt, muß Eigentümlichkeiten haben, über die der »Temps« doch zu ein wenig Einsicht und Klarsicht kommen sollte.
Die Friedensfreunde in Rußland handeln auch nicht aus Schwäche. Eine Volksabstimmung in Frankreich würde auch manche Überraschung bringen. Es wäre daher gut, wenn in Frankreich neben Nahrungskarten auch Logikkarten eingeführt würden. Mindestens sollte der »Temps« die alte Walze von der Schwäche nicht mehr drehen...

*

Sechzig Jahre später:
Während des ganzen Tages über hatten Kaiser Karl und mein Bruder Sixtus draußen in Laxenburg ihre Gespräche fortgeführt. Ich erinnere mich, daß sie auch während der vergangenen Tage fast immer im Park miteinander gesprochen haben, ich glaube auch, daß die schönen Tage damals auch stimmungsmäßig mithalfen, optimistischer zu sein und an ein gutes Gelingen des Friedens zu glauben.
Mein Bruder Sixtus notierte darüber: »Nach unserer Unterhaltung gesellte sich auch meine Schwester zu uns. Sowohl der Kaiser als auch die Kaiserin drückten mir die Gewißheit aus, daß der Friede bald geschlossen sei und daß ein neues Leben dann für die Monarchie beginnen werde.
Selbstverständlich bestand der Kaiser auf absoluter Diskretion, die man wahren müsse; ich gab ihm formell mein Ehrenwort darüber; ich versicherte dem Kaiser, daß in Frankreich der Präsident der Republik und Herr Ribot und in England Lloyd George den ganzen Ernst seiner Eröffnungen verstanden hätten und das Geheimnis gewiß nicht lüften würden.«
Wie anders sollte die Lage elf Monate später sein!

Hier der Versuch vom 9. Mai 1917, der immer noch alle berechtigte Hoffnung auf Frieden und auf ein Ende der Greuel dieses mörderischen Krieges in sich barg:

Mon cher Sixte,
mit Befriedigung stelle ich fest, daß Frankreich und England im wesentlichen

meine Ansichten über einen europäischen Frieden teilen. Gleichzeitig lehnen sie einen Friedensschluß ab, an dem Italien nicht teilnimmt; aber genau dieses Italien hat nun der Monarchie ein Friedensangebot gemacht und dabei auf alle unannehmbaren Forderungen verzichtet, die es bis jetzt bezüglich der slawischen Länder an der Adria stellte. Es schränkt nunmehr seine Forderungen auf den italienischsprachigen Teil Tirols ein. Ich habe die Überprüfung dieser Forderung auf den Zeitpunkt verschoben, bis ich durch Dich die Antwort Frankreichs und Englands auf mein Friedensangebot erhalten haben werde.
Graf Erdödy wird Dir meine und meines Ministers Ansichten über die verschiedenen Punkte bekanntgeben.
Das gute Einvernehmen, das die Monarchie mit Frankreich und England in so vielen, wesentlichen Punkten bereits erreicht hat, wird nach unserer Überzeugung auch die letzten Schwierigkeiten überwinden, die sich dem Abschluß eines ehrenvollen Friedens noch entgegenstellen.
Ich danke Dir für Deine Mitarbeit an diesem Friedenswerk, das ich im gemeinsamen Interesse unserer Länder in Angriff genommen habe. Wie Du mir beim Abschied gesagt hast, legte Dir dieser Krieg die Pflicht auf, Deinem Namen und der großen Vergangenheit Deines Hauses treu zu bleiben. Das geschah zunächst durch Deine Fürsorge für die Verwundeten, dann im Kampfe für Frankreich.
Ich habe Dein Verhalten verstanden, und wenn uns auch die Ereignisse, für die ich keine wie immer geartete persönliche Verantwortung trage, trennten, so ist Dir doch meine Zuneigung treu geblieben.
Ich lege Wert darauf, mir die Möglichkeit zu wahren – sofern Du damit einverstanden bist –, durch einen anderen Vermittler als Dich, Frankreich und England meine persönliche und unmittelbare Meinung wissen zu lassen. Je te prie encore, de croire à ma vive et fraternelle affection.

Vienne, 9. Mai 1917 Charles

Die Friedensversuche – letzte Bemühungen

Am 23. Mai 1917 überquert Prinz Sixtus den Ärmelkanal, immer noch voll des brennendsten Arbeitseifers, voll unbeugsamer Hoffnung. In London spricht er sowohl mit Lloyd George als auch mit dem König.
Er kommt in die Downing Street, wo er Lloyd George trifft, schon »angezogen«, mit Zylinder. Glückwünsche, herzliches, kräftiges Händeschütteln und ohne eine Sekunde Zeitverlust Autofahrt zum Buckinghampalast. Während der Fahrt – Lloyd George ist bei bester Laune – äußert sich der englische Premier über die französischen Minister:
Ribot: alt.

Briand: nicht genug Energie.
Da somit taxativ vorgegangen wird, seien auch gleich die Kurzformeln des Prinzen Sixtus genannt:
Czernin: lang, kalt, mager, im Gehrock.
Poincaré: von vibrierender Vaterlandsliebe, kein Wille zum Handeln.
Und die Charakterisierungen durch den Prinzen Xavier:
Clemenceau: ein kaltblütiger Bösewicht; haßt vor allem den Papst und Österreich, handelt aber nie blind, lenkt notfalls ein.
Poincaré: fürchtet sich vor Clemenceau.
Ribot: ein Gauner.
Alle diese Männer entschieden über das Schicksal Österreich-Ungarns, nahmen Schlüsselstellungen bei der Gestaltung seiner politischen Zukunft ein.
Prinz Sixtus hinterließ eine Aufzeichnung über seinen Besuch bei König Georg V. Sie ist ein Stück lebendiger Geschichtsschreibung; die mit der Wachsamkeit und Aufmerksamkeit eines scharfen Beobachters registrierten Fakten sind hier zu einem präzisen Bericht verarbeitet:
»Ankunft im Buckinghampalast. Sie führen uns über kleinere Treppen und überaus englisch anmutende Vorhallen in einen Salon, wo uns der Lordsiegelbewahrer und ein Adjutant – ein Marineoffizier – erwarten. Keine Vorstellung, weil es sehr wohl so verstanden wird, daß niemand zu wissen braucht, wer ich bin. Unvermeidbar: Klatschereien wären die Folge.
Es vergehen keine zwei Minuten, und ein Diener öffnet eine Tür. Wir steigen eine Treppe hinauf. Ein großer Korridor, uns gegenüber das Arbeitszimmer des Königs.
Der Lord ›fait son grand salut‹, der König kommt auf uns zu. Er trägt Marschallsuniform, Khaki, Stiefel mit Sporen. Shake-hands, Worte des Willkommens. Ich erzähle, daß ich mit dem 13. belgischen Artillerieregiment an der englischen Front stationiert gewesen sei. Er sagt, daß er Karl und Zita kenne.
Schließlich kommen wir zur Sache. Lloyd George bittet mich, dem König die Briefe Karls zu zeigen.
Während er liest, schaue ich mich in dem Zimmer um, das mir sehr gut gefällt. Viele Bilder von Familienangehörigen, Fotos seines Vaters, seiner Frau; ein Napoleon, der die Alpen überquert, unzählige Andenken an Königin Viktoria. Der König ist mittelgroß, die Haare schon ein wenig schütter; angenehme Gestalt, nervöse Hände, die ständig in Bewegung sind, kräftige Stimme; redet wie einer, der Zeit hat.
Die Haltung von Lloyd George ist respektvoll, aber bestimmt. Er hat nicht das Aussehen eines allgewaltigen Volkstribunen, sondern das eines alten Engländers, wie er sein soll; der seinem erlauchten Herrn viel Respekt und Ergebung bekundet.
Nachdem der König die beiden Briefe gelesen hat, sagt er: ›Es kann sich keinesfalls um die Frage eines Friedens mit Deutschland handeln. Das ist – wohlverstanden – ein Separatfrieden allein mit Österreich?‹

Ich antworte, daß das der wesentliche Punkt der ganzen Verhandlung sei.
Lloyd George: ›Das ist es. Wir wollen um keinen Preis einen Frieden mit Deutschland.‹
Der König: ›Folglich: Österreich würde gegen den Willen Deutschlands Frieden schließen, und nicht von Deutschland dazu gedrängt?‹
Ich: ›Aber ja, Österreich will aus eigenem Entschluß Frieden schließen, und dieser Entschluß entspricht dem Willen des Kaisers. Er will einen Frieden zu günstigen Bedingungen, und er wird ihn notfalls sogar ohne Deutschland schließen. Darüber hinaus muß ich sagen, daß ich mich zu den Verhandlungen unter der Bedingung bereit erklärt habe, daß es sich nicht um einen Friedensschluß mit Deutschland handle.‹
Der König spricht dann über den Zweck der Niederringung Deutschlands. Er steigert sich in sein Thema ziemlich hinein; man sieht, daß er den preußischen Militarismus verabscheut.
Lloyd George lächelt, als er die Erregung des Königs bemerkt, und erklärt ruhig, daß ein Friedensschluß vor der Niederwerfung Deutschlands außer Frage stehe.
Der König bemerkt in der Folge, daß es in England gegenüber Österreich keinerlei Haßgefühle gebe, daß Österreich die englischen Zivilinternierten bestens behandle und daß ein Separatfrieden mit Österreich für Deutschland ein harter, ein tödlichen Schlag sein müsse.
Aber was werde dann Deutschland unternehmen?
Lloyd George: ›Ich meine, Bethmann-Hollweg würde Österreich sogar zu einem Friedensschluß drängen, weil er, der den Frieden will und der von den Junkers [sic] stets an dessen Durchsetzung gehindert wird, dem deutschen Volk ein Beispiel damit geben möchte, wie Österreich seinen Frieden schließt. Daraufhin müßte sich wohl das Volk gegen die ›Junkers‹ erheben und gleichfalls Frieden schließen!‹
Der König: ›Was wirft man dem Kaiser wegen seines ersten Briefes von unserer Seite eigentlich vor?‹
Ich: ›Sowohl die englische als auch die französische Regierung haben mich beauftragt, dem Kaiser zu antworten, daß man ohne eine Konsultierung Italiens nichts beschließen könne.‹
Der König: ›Natürlich ...‹
Lloyd George setzt dem König daraufhin seinen Plan auseinander, die drei Staatschefs und ihre Premierminister in Compiègne zu versammeln. Der König ist einverstanden.
Ich setze noch hinzu, daß Italien in dem Augenblick, da es mit Österreich Frieden geschlossen habe, Truppen und Munition nach Frankreich verlagern könne, um von dort aus den Krieg gegen Deutschland fortzusetzen.
Lloyd George aber ist der Meinung, daß Italien der Entente in diesem Falle nur diplomatisch, nicht aber militärisch helfen könne.
Nachdem sich das Gespräch dann noch Rußland zugewendet hat, auf das Vertrauen, das die Entente Kerensky entgegenbringe, und auf den Austausch des

britischen Botschafters in St. Petersburg, Buchanan, durch Henderson, der ein Gegenstück zu Albert Thomas bilde, werden wir wieder entlassen.«

Während eines letzten Besuches bei Lloyd George sprach Prinz Sixtus die Bitte aus, ihm auch dann eine Antwort übermitteln zu wollen, wenn Italien seine Zustimmung zu den Vorschlägen verweigere, damit Sixtus, im Einverständnis mit der französischen Regierung, dem Kaiser sowohl die Stellungnahme Englands als auch jene Frankreichs übermitteln könne. Aber diese Antwort sollte nie kommen, weder aus London, noch aus Paris. Die Zusammenkunft in Compiègne fand nie statt, die Einladung an den italienischen König war ergebnislos geblieben. Den Unterhändler, Prinz Sixtus von Bourbon, umgab absolutes Schweigen.
Vergeblich wartete Kaiser Karl auf irgendein Ergebnis seines zweiten, brieflichen Angebotes. Sonnino, der Todfeind Österreichs, entzog sich allen Versuchen, Vernunft obwalten zu lassen. Sonnino hatte den alten Ribot erpreßt: Italien werde aus dem Kriege gänzlich ausscheiden, wenn man versuche, es mit zu geringer Kriegsbeute »abzuspeisen«. Insgeheim mochte Ribot auch fürchten, ein »gesättigtes« Italien werde sich erst recht aus dem Kriege zurückziehen ... und das wäre für die Entente ein Verlust gewesen, das Ausscheiden Österreichs aus dem Kriege ein Gewinn.
Eine seltsame Rechnung, die Frankreich fast auf den Tag genau dreiundzwanzig Jahre später vom einstigen Bundesgenossen Italien präsentiert bekam: Die Truppen Viktor Emanuels marschierten am 10. Juni 1940 über die französische Grenze, um dem in den letzten Zügen liegenden Frankreich ein Stück Beute zu entreißen.
Lloyd George schreibt zur Friedensmission des Prinzen Sixtus: »Die britische Regierung war in dieser Sache hilflos. Wir waren da vollkommen in der Hand Frankreichs. Das Friedensangebot war Frankreich gemacht worden, der vertrauliche Vermittler, Prinx Sixtus, war Franzose, und obwohl er Kaiserin Zita ergeben war, diente er hauptsächlich den französischen Interessen. Und Paul Cambons Versicherung, daß er Frankreich keinen Dienst erweise, wenn er die Friedensverhandlungen zu einem guten Ende bringe, muß für ihn wie eine kalte Dusche gewirkt haben ...«

Aber das war unwesentlich, wesentlich war der Widerstand Italiens: »Baron Sonnino konnte sich mit dem Gedanken an einen Separatfrieden mit Österreich nicht anfreunden ... er ging auch nicht auf meinen Vorschlag ein, Italien könne sich, sei Österreich erst einmal aus dem Krieg ausgeschieden, mit der Verwirklichung seiner »desiderata« an der Türkei schadlos halten. Sonnino war der Hauptverantwortliche dafür, daß Italien in den Krieg eingetreten war. Daher mußten wir seinem Standpunkt auch immer so große Bedeutung beimessen.« Und aus der Haltung Ribots schloß Lloyd George schlicht auf einen »krankhaften Geisteszustand«.
»Counsels of deceit«, schreibt Lloyd George, »Beratungen, die auf Täuschung

angelegt sind – das ist wirklich nicht das Wort, das den Bemühungen des jungen Kaisers um einen Frieden in fairer Weise gerecht wird. Er bemühte sich redlich um den Frieden, und das gleiche tat seine französische Gemahlin. Seine Briefe an seinen französischen Schwager entbehren nicht der Eindringlichkeit.
Von der Umgebung, die er bei seiner Thronbesteigung vorfand, war er geradezu entsetzt. Er schauderte bei den Zukunftsaussichten für sich und seine Familie. Wenig mehr als zwölf Monate später wurde er aus seinem Lande gewiesen.
Ein paar Jahre später besuchte ich auf Madeira das kleine, bescheidene Landhaus, das ihm ein freundlicher Inselbewohner kostenlos zur Verfügung gestellt hatte. Dort war er in völliger Mittellosigkeit gestorben. Er war zu arm, einen Arzt zu bezahlen, und die Begräbniskosten bestritt der gleiche Kaufmann, der ihm auch Obdach gewährt hatte.
Bei Durchsicht meiner Papiere sah ich, wie die Schatten dieser Tragödie die schicksalhaften Bemühungen Kaiser Karls verdunkelten, dem drohenden Verhängnis zu entkommen.«

Wir kennen den Fortgang der Tragödie, die sich zwischen Paris und Rom vollendete: Ribot legte Sonnino die Gesamtkorrespondenz über die Friedensbemühungen vor. Das war das Ende dieses so hoffnungsvollen Versuches, den Krieg rechtzeitig – rechtzeitig für ganz Europa – zu beenden.
Am 25. Juni verließ Prinx Sixtus Paris und begab sich wieder zu seinem belgischen Regiment. Am gleichen Tag erklärte Ribot vor der Pariser Kammer: »Sie sollen nur kommen und um Frieden bitten, aber nicht heimlich, wie heute, mit verdächtigen Mitteln und auf Umwegen, sondern offen; und wir werden diesen Frieden schließen, zu Bedingungen, die Frankreichs würdig sind.«
Am 13. Oktober sagte Ribot dann in einer öffentlichen Rede: »Und worauf, meine Herren, verfiel man in Deutschland? Einmal zur Einsicht gelangt, man könne uns mit Waffen nicht besiegen, hat Deutschland nur eine Hoffnung, und diese ist, seine alliierten Gegner zu spalten, sie durch verschiedene Manöver zu täuschen und sich auf diese Weise die Hand frei zu machen. Wenn wir dann diesen Täuschungen erlegen sind, wird sich Italien gegen uns wenden, weil wir es vergessen und verraten haben...«
Man denke an den 10. Juni 1940!
Am gleichen Tage trug Prinz Sixtus in sein Tagebuch die Worte ein: »Diese Rede war wohl die furchtbarste Lüge, die verbrecherischste Heuchelei dieses alten Übeltäters!« Einen Tag später steht Sixtus wieder an der belgischen Front: »Vor den Stellungen der Verbündeten haben die Deutschen eine gigantische Artilleriemacht konzentriert. Die zähe, kleine belgische Armee unter der Führung König Alberts straft Ludendorffs Wort ›Die deutsche Infanterie wird in die belgischen Linien einbrechen wie ein Elefant in den Porzellanladen‹ Lügen – sosehr auch der Vergleich (hinsichtlich des europäischen Porzellans, das damals zerschlagen wurde) stimmen mag.

Kaum haben wir ein paar Schritte vorwärts getan, kracht es – ein Sausen und Zischen dazwischen – wir werfen uns zu Boden. Ein fetter Brocken, der da einschlägt. Wieder zischt es über die Straße, wir laufen vorwärts, die Einschläge kommen näher und näher. Das schaut bös' aus.
Zehn Minuten vor sechs beginnt das englische Trommelfeuer.
Wir klettern auf das Dach eines Hauses, um uns zu orientieren. Ringsum ein Feuerkreis von brennenden Häusern und Dörfern. Die wahre Hölle... Schließlich klart es auf, und durch das Scherenfernrohr erkennen wir Gravenstafel, rechts zeichnet sich die Silhouette von Paschendaele ab...«

Kämpft da drüben, in diesen Tagen, in dieser Gegend, nicht ein Mann, der kaum zwanzig Jahre später den ganzen Wahnsinn wiederholen wird, ohne auch nur das Geringste dazugelernt zu haben? Einer, der den ganzen Ersten Weltkrieg aus der Perspektive und mit den Erfahrungswerten eines Gefreiten miterlebte?

Das »Memorandum« Kaiser Karls

Zensurberichte:
Frau Marie Doubravsky aus Mistock in Böhmen schreibt am 15. März 1917 an ihren in Rußland in Kriegsgefangenschaft weilenden Mann: »Ich habe schon mancherlei erlebt, aber so ein Elend und einen Hunger noch nie. Ich habe schon oft gedacht, daß ich die Kinder nehme und mit ihnen ins Wasser gehe, aber es ist mir leid, daß Du dereinst in die traurige Wohnung zurückkehren würdest. Die Kinder weinen oft vor Hunger, und ich kann ihnen nichts zu essen geben, jedes Kind ist vom Elend ganz unterernährt...«

Rosi Berthold aus Strebersdorf 89 bei Wien schreibt an ihren Mann in der Gefangenschaft: »Wir wollten das Feld bebauen und haben keinen einzigen Erdapfel zu essen, geschweige denn zum Anbauen, und kann ums viele Geld keinen bekommen...«

Franziska Gergolet, Bruck/Leitha, am 30. März 1917: »In der Früh haben wir einen halben Liter schwarzen Kaffee, zu Mittag und Abend klare Suppe und Kraut. Wir stehen vor Schwäche kaum noch gerade...«

Jan Koniecny aus Orlau an seinen Bruder in Gefangenschaft am 5. April 1917: »Wir können noch immer nicht auf dem Felde arbeiten, und dazu haben wir auch nichts, denn wir haben kein Saatgut, weder Getreide noch Erdäpfel...«

Die ukrainische Zensurstelle schreibt in ihrem Monatsbericht über die Stimmung der Bevölkerung in Galizien am 20. April 1917: »Allgemeines über die politische Stimmung: In den Vordergrund tritt die Sehnsucht nach Frieden und die Hoffnung, daß der junge Kaiser einen raschen Friedensschluß herbeiführen werde. Hinsichtlich der politischen Stimmung im Lande kann man feststellen, daß die nach der Verkürzung der Sonderrechte Galiziens deprimierte Stimmung jetzt infolge der gnädigen Erfüllung der Forderungen des ukrainischen Volkes durch den Kaiser immer mehr nachzulassen scheint.«

Der Zensur-Gruppenleiter für Kroatien meldet am 5. April 1917:
»Die allgemeine Stimmung der Bevölkerung kroatischer Nationalität hat sich in der Darstellung der Korrespondenzen infolge Lebensmittelmangels während der letzten Wochen in Dalmatien und Istrien merklich verschlechtert, in Ungarn findet, so wie in Kroatien, die Friedenssehnsucht beredten Ausdruck, jedoch ohne Depression.
Die Stellung zur Dynastie, zum Staate und zu den Regierungen ist unverändert loyal.«

Wie ein empfindlicher Seismograph verzeichnet die mit Präzision und Loyalität arbeitende Kriegs-Zensurbehörde alles, was das Volk denkt, wo die Bauern der Schuh drückt, die Arbeiter, die »Intelligenz«, welchen Einflüssen die Gefangenen in den Lagern diesseits und jenseits der Grenzen ausgesetzt sind, kurzum, was die Bevölkerung Österreich-Ungarns bewegt.
Im April 1917 – »die Stellung zur Dynastie, zum Staate und zu den Regierungen ist unverändert loyal« – stehen die Zeichen bereits auf Sturm; noch ist das Ganze zu retten, doch nur, wenn rasch gehandelt wird.

In dieser Lage kam Kaiser Karl ein Gedanke, der vielleicht in der Geschichte der zwischenstaatlichen Beziehungen in dieser Form einzigartig ist.
Ich möchte dazu vorausschicken, daß das persönliche Verhältnis des Kaisers und Königs zu Kaiser Wilhelm II. ungetrübt, ja geradezu herzlich war; daß Kaiser Karl mit Sicherheit wußte, im deutschen Kaiser einen durchaus verständnisvollen Partner für die Wünsche und Sehnsüchte des Volkes nach Frieden zu finden; die Friedenssehnsucht des Deutschen Kaisers ist nicht anzuzweifeln. Der Unterschied zwischen Wien und Berlin nach dem Scheitern des gemeinsamen Friedensversuches vom Dezember 1916 lag aber darin, daß sich Berlin verhärtete, während Wien nach einem neuen Ausweg suchte … suchen mußte!
Kaiser Karl beschloß, den Verantwortlichen in Deutschland ein umfassendes Memorandum zu unterbreiten, das in einfacher, unwiderlegbarer Form unsere Lage schildern sollte.
Aus taktischen Gründen – Außenminister Czernin erfreute sich in Berlin eines guten Rufes, den es bei dieser Gelegenheit zu nützen galt – sollte eben dieser

Graf Czernin als Verfasser des Memorandums aufscheinen, nicht Kaiser Karl. Ich möchte aber ausdrücklich festhalten, daß, entgegen allen anderslautenden Versionen, Kaiser Karl selbst der Verfasser dieser Denkschrift ist.

Die Anrede »Euer Majestät«, die Czernin an seinen Kaiser richtet, kann absolut als an den Deutschen Kaiser gerichtet gelten, denn Kaiser Karl war ja nicht von der Notwendigkeit des Friedens zu überzeugen; er war von dem – wie wir heute, Jahrzehnte danach, sehen – wirklich prophetischen Inhalt des von ihm selbst verfaßten Memorandums vollkommen überzeugt.
Es ist ratsam, sich den Inhalt dieser Schrift wieder ins Gedächtnis zu rufen, denn man denkt meist nur an den Skandal, der einige Monate danach wegen dieses Dokuments ausbrach (worin natürlich Methode lag), nicht aber an die Worte, die es enthielt:

»Wollen Euer Majestät mir gestatten, mit [...] Offenheit [...] meine verantwortliche Meinung über die Situation entwickeln zu dürfen.
Es ist vollständig klar, daß unsere militärische Kraft ihrem Ende entgegengeht. Diesbezüglich erst lange Details zu entwickeln, hieße die Zeit Eurer Majestät mißbrauchen. Ich verweise bloß auf das zur Neige gehende Rohmaterial zur Munitionserzeugung, auf das vollständig erschöpfte Menschenmaterial und vor allem auf die dumpfe Verzweiflung, welche sich wegen der Unterernährung aller Volksschichten bemächtigt hat und welche ein weiteres Tragen der Kriegslasten unmöglich macht.
Wenn ich auch hoffe, daß es uns gelingen wird, noch die allernächsten Monate durchzuhalten und eine erfolgreiche Defensive durchzuführen, so bin ich mir doch vollständig klar darüber, daß eine weitere Winterkampagne vollständig ausgeschlossen ist, mit anderen Worten, daß im Spätsommer oder Herbst um jeden Preis Schluß gemacht werden muß.
Die größte Wichtigkeit liegt zweifellos dabei auf dem Moment, die Friedensverhandlungen in einem Augenblick zu beginnen, in welchem unsere ersterbende Kraft den Feinden noch nicht zu vollem Bewußtsein gekommen ist. Treten wir an die Entente heran in einem Augenblick, in welchem Vorgänge im Inneren des Reiches den bevorstehenden Zusammenbruch ersichtlich machen, so wird jede Démarche vergeblich sein, und die Entente wird auf keine Bedingungen, außer auf die, welche die vollständige Vernichtung der Zentralmächte bedeuten, eingehen. Rechtzeitig also zu beginnen, ist von kardinaler Wichtigkeit.
Ich kann hier das Thema nicht beiseite lassen, auf welchem der Nachdruck meiner ganzen Argumentation liegt.
Es ist dies die *revolutionäre Gefahr* [im Original gesperrt], welche am Horizont ganz Europas aufsteigt und welche, von England gestützt, seine neueste Kampfart darstellt. Fünf Monarchen sind in diesem Krieg entthront worden, und die verblüffende Leichtigkeit, mit welcher jetzt die stärkste Monarchie der Welt

gestürzt worden ist, möge dazu beitragen, nachdenklich zu stimmen und sich des Satzes zu erinnern: Exempla trahunt.

Man antworte mir nicht, in Deutschland oder Österreich–Ungarn seien die Verhältnisse anders, man erwidere nicht, daß die festen Wurzeln des monarchischen Gedankens in Berlin oder Wien ein solches Vorgehen ausschlössen.

Dieser Krieg hat eine neue Ära der Weltgeschichte eröffnet: er hat keine Vorbilder und keine Vorakten. Die Welt ist nicht mehr dieselbe, die sie vor drei Jahren war, und vergeblich wird man nach Analogien für alle die Vorgänge, die heute zur Alltäglichkeit geworden sind, in der Weltgeschichte suchen.

Der Staatsmann, der nicht blind oder taub ist, muß wahrnehmen, wie die dumpfe Verzweiflung der Bevölkerung täglich zunimmt: er muß das dumpfe Grollen hören, das in den breiten Massen vernehmbar ist, und er muß, wenn er sich seiner Verantwortung bewußt ist, mit diesem Faktor rechnen.

Euer Majestät sind die geheimen Berichte der Statthalter bekannt. Zwei Sachen sind klar. Auf unsere Slawen wirkt die Revolution stärker als auf die Reichsdeutschen, und die Verantwortung für die Fortsetzung des Krieges ist weitaus größer für den Monarchen, dessen Land nur durch das Band der Dynastie geeinigt wird, als für den, bei dem das Volk selbst für seine nationale Selbständigkeit kämpft.

Euer Majestät wissen, daß der Druck, der auf der Bevölkerung lastet, einen Grad angenommen hat, der einfach unerträglich wird;

Euer Majestät wissen, daß der Bogen dermaßen gespannt ist, daß ein Zerreißen täglich erwartet werden kann.

Treten aber erst einmal ernstere Unruhen bei uns oder in Deutschland zutage, so ist es unmöglich, ein solches Faktum vor dem Auslande zu verheimlichen, und in diesem Augenblicke sind auch alle weiteren Bemühungen, den Frieden zu erreichen, erfolglos geworden.

Ich glaube nicht, daß die Situation in Deutschland wesentlich anders steht als hier, nur fürchte ich, daß man sich in Berlin in den militärischen Kreisen gewissen Täuschungen hingibt.

Ich habe die feste Überzeugung, daß auch Deutschland, genauso wie wir, an dem Rande seiner Kraft angelangt ist, wie dies ja die verantwortlichen politischen Faktoren Berlins auch gar nicht leugnen. Ich bin felsenfest davon durchdrungen, daß, wenn Deutschland versuchen sollte, eine weitere Winterkampagne zu führen, sich im Inneren des Reiches ebenfalls Umwälzungen ergeben werden, welche mir viel ärger erscheinen als ein von Monarchen geschlossener Friede.

Wenn die Monarchen der Zentralmächte nicht imstande sind, in den nächsten Monaten Frieden zu schließen, dann werden es die Völker über ihre Köpfe hinweg tun, und dann werden die Wogen der revolutionären Vorgänge alles das wegschwemmen, wofür unsere Brüder und Söhne heute noch kämpfen und sterben.

Die amerikanische Kriegserklärung hat zweifellos die Situation wesentlich verschärft. Es mag ja sein, daß Monate vergehen werden, bevor Amerika nennenswerte Kräfte auf den Kriegsschauplatz werfen kann, aber das moralische Moment,

das Moment, daß die Entente neue kräftige Hilfe erhofft, verschiebt die Situation zu unseren Ungunsten, weil unsere Feinde bedeutend mehr Zeit vor sich haben als wir und länger warten können, als wir dies leider imstande sind.
Ich erwarte, daß eine französisch-englische, wahrscheinlich auch eine italienische Offensive unmittelbar bevorstehen, doch glaube und hoffe ich, daß es uns gelingen wird, diese beiden Angriffe abzuschlagen.
Ist dies gelungen – und ich hoffe, daß dies in zwei bis drei Monaten geschehen kann –, dann müssen wir, bevor Amerika das militärische Bild neuerdings zu unseren Ungunsten verschiebt, einen weitergehenden detaillierten Friedensvorschlag machen und uns nicht davor zurückscheuen, *eventuell große, schwere Opfer zu bringen.*
Man setzt in Deutschland große Hoffnungen auf den Unterseebootkrieg. Ich halte diese Hoffnungen für trügerisch.
Euer Majestät werden sich erinnern, daß uns Admiral Holtzendorff in Wien positiv vorausgesagt hat, der verschärfte U-Boot-Krieg werde binnen sechs Monaten England matt setzen. Euer Majestät werden sich weiter erinnern, wie wir alle diese Voraussagen bekämpft haben und erklärt haben, daß der Unterseebootkrieg England zwar schädigen werde, daß aber der erwartete Erfolg durch den voraussichtlichen Eintritt Amerikas in den Krieg paralysiert werden dürfte.
Es sind heute zweieinhalb Monate (also fast die Hälfte der Zeit) seit dem Beginn des Unterseebootkrieges vergangen, und alle Nachrichten, die wir aus England haben, stimmen darin überein, daß an einen Niederbruch dieses gewaltigsten und gefährlichsten unserer Gegner auch nicht einmal zu denken ist.
Nichts ist gefährlicher in der Politik, als jene Dinge zu glauben, die man wünscht, nichts ist verhängnisvoller, als das Prinzip, die Wahrheit nicht sehen zu wollen und sich utopischen Illusionen hinzugeben, aus denen früher oder später ein furchtbares Erwachen erfolgen muß.
Auch in einigen Monaten wird England, der treibende Faktor dieses Krieges, nicht gezwungen sei, die Waffen niederzulegen, aber vielleicht – und hierin gebe ich einen limitierten Faktor des U-Boot-Krieges zu –, vielleicht wird England in einigen Monaten die Rechnung stellen, ob es klug und vernünftig sei, diesen Krieg à outrance weiterzuführen, oder ob es nicht staatsmännischer sei, goldene Brücken zu betreten, wenn ihm dieselben von den Zentralmächten gebaut werden, und dann wäre der Augenblick gekommen für weitergehende, schmerzliche Opfer seitens der Zentralmächte.
Euer Majestät haben den Beweis erbracht, daß Sie nicht egoistisch denken und dem deutschen Bundesgenossen kein Opfer zumuten, welches Euer Majestät nicht selbst zu tragen bereit wäre. Mehr kann niemand verlangen...«

Am 11. Mai traf die Antwort auf das Memorandum Kaiser Karls in Wien ein. Aus dem umfangreichen Schriftstück seien bloß einige Sätze zitiert: »Ich sehe daher dem Endergebnis des U-Boot-Krieges mit voller Zuversicht entgegen...

Ruhe, Entschlossenheit und eine auch nach außen hin dokumentierte Zuversicht scheinen mir deshalb mehr denn je geboten...
Unsere ernste Aufgabe ist es, den Entwicklungs- und Zersetzungsprozeß in Rußland aufmerksam zu verfolgen und zu begünstigen...«

Die eigentliche Antwort jedoch auf das Memorandum Kaiser Karls erfolgte erst viel später, als der Abgeordnete Erzberger, der durch ein Mißverständnis in den Besitz des streng geheimen Dokuments gelangt war, des Hochverrates und der Zersetzung der »inneren Front« bezichtigt wurde.
Das war zur Gänze überflüssig. Der Inhalt des Memorandums war auf ganz anderen Wegen schon unmittelbar nach der Überreichung an Kaiser Wilhelm zur Kenntnis Außenstehender gelangt.

Kaiser Karl hatte einen seiner verläßlichsten Männer, den Grafen Ledóchowski, mit der Überbringung des Memorandums nach Bad Homburg betraut. Selbstverständlich hatte Graf Ledóchowski keine blasse Ahnung von der Substanz der Botschaft, die er übermittelte. Wie erstaunt waren wir daher in Wien, nach seiner Rückkehr von ihm alles Wesentliche über den Inhalt des Dokumentes zu hören.
Denn noch am Abend des gleichen Tages hatten die Herren an der Kaiserlichen Hoftafel – in Gegenwart nicht nur der Ordonnanzen, sondern auch in Gegenwart der von Kaiser Karl so gefürchteten »goldbebrillten Kellner«, die er allesamt für Agenten hielt – den Inhalt des schicksalsschweren Dokumentes freimütig und abfällig diskutiert!
Später, als sich die Warnungen und Vorhaltungen in diesem Memorandum geradezu Silbe für Silbe bewahrheiteten und der Reihe nach in Erfüllung gingen, mußte natürlich ein Sündenbock gefunden werden; man fand ihn in Erzberger, und damit indirekt in Wien.

*

17. Mai 1917

Der Gruppenleiter der Zensurkommission für Kroatien
Die Friedenssehnsucht verallgemeinert und vertieft sich zusehends; frühere Stimmen der Kriegsfreudigkeit der Kroaten verstummen. Man trägt die Entbehrungen mit gelassener Resignation, durch den patriotischen und moralischen Halt der Bevölkerung gelangt, trotz der Kriegsmüdigkeit, keine Staatsfeindlichkeit zum Ausdruck.

*

Zensurkommission Budapest — Juni 1917
Die Zunahme der Wünsche der Bevölkerung nach baldigem Frieden ist durchwegs merklich, es gibt kaum einen Brief oder eine Karte, in welcher nicht sehnlich der Friede herbeigewünscht wird.

Die Besprechung der Hindernisse des Friedens bildet auch ein Hauptthema der Korrespondenzen, auf den sozialistischen Einschlag dieser Beschreibungen wird noch hingewiesen.
Äußerungen, daß das Ende nicht mehr durch militärische Operationen herbeigeführt werden könne, daß nur allgemeine Hungersnot, Revolution etc. den Krieg endlich beenden könnten, sind, wie die angeführten Zitate beweisen, nicht selten.

*

Referat XXI, Dr. Oskar Thalberg Juli 1917
Zensurkommission Prag
Besonders bemerkenswert scheint es, daß sich gegenüber Deutschland eine auffallende Verschlechterung der Stimmung bemerkbar macht. Alles Elend, ja den ganzen Krieg habe man der Aufgeblasenheit und dem Größenwahn einer gewissen Kaste jenseits der Grenze zu danken. Während einzelne finden, daß dort ein Umsturz auch nicht schaden könne, finden andere, daß das Bündnis ohnehin unnatürlich sei, und betrachten es als eine ausgemachte Sache, daß Österreich, welches sich zu seinen Ungunsten nicht aus »Preußens Krallen« lösen könne, einem Kriege mit Deutschland sichtlich entgegensteuere. Kriegsvorbereitungen der Deutschen seien schon bemerkbar, Aeroplane und Flugzeuge umkreisten Prag und andere Städte, photographische Aufnahmen würden aus strategischen Gründen gemacht. So werde man demnächst flüchten müssen, wie einst die Polen vor den Russen.
»Die Pollaken sind zu uns geflohen, aber wohin sollen wir fliehen?« heißt es. Aus dem Schmerze der heutigen Zeit werde sich, wenn auch erst nach grausamen Kämpfen, durch die demokratische Welle aus dem Osten und die verbürgte freie Entwicklung der Nationen, endlich die tschechische Nation am Ziel ihrer Wünsche sehen.

*

Österreichische Zensurstelle Feldkirch, Vorarlberg Juni 1917
Nachrichten über Deutschland
Es treten in letzter Zeit auch Gegensätze auf anderem Gebiet besonders stark zutage; so hat der alte Antagonismus zwischen Süd- und Westdeutschland gegenüber Preußen wieder an Stärke zugenommen und das verstärkte Wiederaufleben des Schlagwortes der »Mainlinie« wieder wachgerufen. Man findet vielfach die Auffassung, daß man nunmehr bloß für Preußen und das Haus Hohenzollern kämpfe, in Verfolgung dieses Gedankens kommt der Haß gegen Preußen verstärkt zum Ausdruck. So schrieb eine Frau aus Bayern, daß ihr Mann lediglich durch das feindselige Verhalten der Preußen gegen ihn, als Bayern, zur Desertion getrieben worden sei. Ähnliche scharfe Willensäußerungen wurden auch in zahlreichen Soldatenbriefen vorgefunden.
Interessant ist eine Mitteilung eines Teilnehmers an den Besprechungen in Stock-

holm, Dr. Ludo Hartmann, Wien, an Dr. Feilbogen, Zürich, die vor allzu großem Vertrauen zu den Berliner sozialdemokratischen Abgeordneten warnt, da dieselben zu sehr geneigt seien, das große Ziel aus den Augen zu lassen und in die Suppe zu spucken.
An die Wichtigkeit der Initiative in Stockholm denken bewußt nur wenige organisierte Sozialdemokraten.
Im Gegensatz zu den in Vorstehendem ausgeführten, teilweise refraktionierten und exzentrischen Erscheinungen darf nicht unerwähnt bleiben, daß in letzter Zeit besonders in der Korrespondenz der den niedrigen Volksschichten angehörenden Kreise der Meinung beredt und dankerfüllt Ausdruck verliehen wird, daß sich unser Monarch als Volkskaiser im wahrsten Sinne des Wortes eingeführt habe und daß das junge Kaiserpaar in seiner innigen, instinktiven Herzensgüte bereits jetzt dazu beigetragen habe, Not und Unrecht zu lindern.

Das fünfte Kind: Erzherzog Karl Ludwig (geboren 1918)

»Ihre Majestät die Kaiserin und Königin sind heute, Sonntag, den 10. März 1918, um 10 Uhr 45 Minuten vormittags von einem Erzherzog glücklich entbunden worden.
Ihre Majestät befinden Allerhöchst sich den Umständen entsprechend vollständig wohl. Der neugeborene Erzherzog ist gesund und überaus kräftig.

Hofrat Professor Peham m. p.
Hofrat Eisenmenger m. p.
Dr. Delug m. p.

Die Nachricht von dem eingetretenen freudigen Ereignis wurde sehr schnell in der ganzen Stadt bekannt. Gegen ½ 2 Uhr Nachmittag wurden die Salutschüsse abgefeuert, die in verschiedener Stärke, je nach der Entfernung, fast in der ganzen Stadt gehört wurden. Die Batterie war auf der Wasserwiese im Prater aufgefahren und gab einhundertein Kanonenschüsse ab. Auch in allen übrigen Garnisonsstädten der Monarchie, in denen Artillerie lag, wurde die Botschaft auf diese Weise der Bevölkerung übermittelt. Der neugeborene Erzherzog ist das erste Kind des Kaiserpaares, das nach der Thronbesteigung zur Welt gekommen ist.
Als die Nachricht von der Entbindung der Kaiserin in Baden bei Wien bekannt wurde, wo das Kaiserpaar wohnt und wo sich das Armeeoberkommando befindet,

begab sich eine zahlreiche Menschenmenge vor das ›Kaiserhaus‹ auf dem Karlsplatz und veranstaltete eine herzliche Ovation.«

Das erste, das ich damals hörte, als sich in meinem Zimmer alles wieder ein bißchen normalisiert hatte, war, daß unten vor dem Hause, mitten auf dem Stadtplatz, ein frommer Moslem sofort nach der Verbreitung der Kunde von meiner glücklichen Entbindung einen Gebetsteppich ausgebreitet hatte und dort öffentlich sein Dankgebet verrichtete...

»Um sechs Uhr nachmittags fand in der Badener Pfarrkirche ein Tedeum statt, dem der Kaiser, die Mitglieder des Hofstaates, die dienstfreien Offiziere des Armeeoberkommandos und zahlreiches Publikum beiwohnten. Im Tempel der Israelitischen Kultusgemeinde von Baden fand ein Festgottesdienst statt, bei dem Rabbiner Dr. Reich die Ansprache an die Andächtigen hielt. In der darauf folgenden Festsitzung des Vorstandes der Israelitischen Kultusgemeinde hielt Präsident Karl Leithner die Festrede.«

Soweit der Bericht vom 11. März 1918; auf den Tag genau dreißig Jahre später setzt ein Ultimatum Görings die Bildung einer Regierung unter Seyss-Inquart durch, und gleichzeitig beginnt die militärische Besetzung Österreichs durch die Truppen Hitlers.

Wien, 11. März

Amnestie anläßlich der Geburt des neuen Erzherzogs

Die morgige »Wiener Zeitung« wird das nachstehende kaiserliche Handschreiben verlautbaren:
Lieber Dr. Ritter von Schauer!
Es ist mir ein Herzensbedürfnis, anläßlich des für mich und mein Haus hocherfreulichen Ereignisses der glücklichen Entbindung meiner Frau Gemahlin, der Kaiserin und Königin, für solche Personen, die sich gegen das Strafgesetz vergangen haben und rücksichtswürdig erscheinen, Gnade und Milde zu üben.
Ich sehe daher der baldigen Vorlage Ihres diesfälligen Antrages entgegen.

Baden, 10. März 1918 — Karl m.p.

Wien, 12. März 1918

Die Geburt eines Sohnes des Kaiserpaares

Anläßlich des freudigen Ereignisses im Kaiserhaus fand heute vormittag um 11 Uhr in der Stephanskirche ein Tedeum statt, das Kardinal-Fürsterzbischof

Dr. Piffl abhielt. Unter den in der Kirche anwesenden Persönlichkeiten befanden sich gemeinsamer Finanzminister Baron Burián, Ministerpräsident Dr. Ritter von Seidler und sämtliche Mitglieder seines Kabinetts sowie zahlreiche hohe Beamte.

Zu Mittag wird aus Baden berichtet: »Das Befinden der Kaiserin und des neugeborenen Erzherzogs ist andauernd ein vollkommen zufriedenstellendes.«

Eine Sympathiekundgebung Wilsons an den Sowjetkongreß
Reuter berichtet aus London: Der Präsident der Vereinigten Staaten, Woodrow Wilson, drückte anläßlich des Zusammentrittes des Obersten Sowjets in Moskau seine aufrichtige Sympathie im Namen des Volkes der Vereinigten Staaten aus:
»Ich möchte dem russischen Volk die Gewißheit geben, daß die Regierung der Vereinigten Staaten jede Gelegenheit benützen wird, um Rußland noch einmal die vollkommene Souveränität und Unabhängigkeit in seinen Angelegenheiten zu sichern und um ihm wieder zu seiner großen Rolle im Leben Europas und der modernen Welt im vollen Umfange zu verhelfen.
Das Volk der Vereinigten Staaten nimmt mit ganzem Herzen an den Versuchen des russischen Volkes teil, sich von jeder alten, autokratischen Regierungsform zu befreien und Herr seines eigenen Lebens zu werden.«

Moskau, 10. März 1918
Änderung des Namens der Bolschewiki-Partei
Der »Times« wird aus Petersburg und Moskau telegraphiert, der Kongreß der Bolschewiki-Partei habe beschlossen, den Namen der Partei zu ändern. Der neue Name ist »Russische Kommunistische Partei«.

Die Partei hat auch ihr Programm geändert, und zwar auf der Grundlage, daß sie internationalen Charakter bekommen soll. Das neue Bestreben ist, überall Republiken zu gründen, die durch Sowjets geleitet werden, die Diktatur des Proletariats einzuführen und die Bourgeoisie zu vernichten.

Prag, 10. März 1918
Heute ist zum ersten Male wieder ein Organ der Tschechischen Nationalsozialistischen Partei erschienen. Es führt den Namen »Montagsblatt der Zeitschrift Czechischer Sozialist«. Als Herausgeber zeichnet der Abgeordnete Klofač. Der Leitartikel wird gleichfalls vom Abgeordneten Klofač geschrieben.
Was den nationalen und staatsrechtlichen Kampf betrifft, so lassen sich in dieser Hinsicht die kleineren Leute durch nichts übertreffen.

Am Nachmittag des 11. März wird aus Baden gemeldet: »Das Befinden der Kaiserin und des neugeborenen Erzherzogs ist ein so gutes, daß ein Bulletin erst am Abend ausgegeben wird.«

Mitteilung in der Hofoper durch den Kriegsminister
»Gestern nachmittag fand im Hofoperntheater eine Veranstaltung zugunsten des Kriegsfürsorgefonds der k.u.k. Luftstreitkräfte statt, über deren künstlerischen Verlauf im Feuilleton des vorliegenden Blattes berichtet wird. Der Kaiser hatte zu dieser Veranstaltung sein Erscheinen zugesagt, das aber infolge des Eintrittes des freudigen Ereignisses unterblieb. Nachdem Fräulein Melitta Heim den Vortrag des Straußschen Frühlingsstimmenwalzers zu Ende geführt hatte, trat in der großen Kammerherrenloge Kriegsminister von Stöger-Steiner an die Logenbrüstung und richtete eine Ansprache an das Publikum, in der er die Geburt des Erzherzogs mitteilte. Die Ansprache schloß mit einem Hoch auf das Kaiserhaus, in welches das Publikum einstimmte.
Das Hofopernorchester unter Leitung von Kapellmeister Schalk intonierte hierauf die Volkshymne.«

Glückwunsch der Stadt Wien
»Den Stürmen unserer Zeit entstammt er, der Lenzgeborene; möge seinem Leben die Sonne beschieden sein, die nach langer Zeit mit dem Lenze wieder Einzug hält, und möge er dem Vaterlande ein Bote des Friedens werden, den die Völker ersehnen! Die Reichshaupt- und Residenzstadt Wien legt Ihren Majestäten zur Geburt des kaiserlichen Prinzen die innigsten und tiefergebendsten Glückwünsche zu Füßen.«

Im Rathaus beschäftigte man sich ferner mit einer Angelegenheit, die auf die Wohnungsfrage und auf die Hebung der Bautätigkeit Bezug hat. Es soll in Zukunft der Gemeinde Wien die Ermächtigung erteilt werden, die Besitzer von Gründen zu verhalten, gegen angemessene Entschädigung Parzellen zur Verfügung zu stellen, die für Häuser unter erleichterten Baubedingungen in Aussicht genommen sind. Die Gemeinde denkt daran, zunächst tausend solcher Wohnhäuser aus Betonhohlsteinen zu errichten.

Die Taufe des Sohnes des Kaiserpaares
»Heute um 3 Uhr Nachmittag fand im Kaiserhaus zu Baden bei Wien die Taufe des neugeborenen Erzherzogs auf die Namen Karl Ludwig Maria Franz Josef Michael Gabriel Antonius Robert Stefan Pius Gregor Ignatius Marcus d'Aviano statt.
Den Taufakt nahm der Fürsterzbischof von Wien, Kardinal Doktor Piffl, vor. Als Taufpaten fungierten der König und die Königin von Bayern. Die Taufgäste versammelten sich im Schreibzimmer des Kaisers, während sich weitere Gäste im Speisezimmer eingefunden hatten ...«

Es war ja so beengt im »Kaiserhaus« von Baden, daß wir nicht wußten, wohin mit den Gästen. Aber dafür erhielt sich eine kleine Anekdote, die sich, wären wir nicht so dichtgedrängt gesessen, nicht ergeben hätte.

Als der Kardinal in das winzige Kapellengemach trat, machte er in seinem prachtvollen Ornat natürlich noch mehr Eindruck als in einer mächtigen Kirche. Mein Töchterchen Adelheid jedenfalls, das in der zweiten Reihe saß und in ihrem Religionsunterricht wahrscheinlich gerade von Samuel und seiner Geschichte erfahren hatte (sie war damals fünf Jahre alt), sagte andächtig in die Stille des kardinalfürsterzbischöflichen Einzuges hinein: »Schau, Otto! Der Hohepriester Heli!«
Darauf der Kronprinz, aus der Erfahrungsfülle seiner sechs Lebensjahre heraus: »Aber ich bitt' dich, das ist doch der Piffl!«

Autobiographische Skizze Erzherzog Karl Ludwigs

»Erzherzog Karl von Österreich, geboren am 10. März 1918 in Baden. Wie der Weg meiner Brüder und Schwestern, führte auch meiner über Madeira, Lequeitio und Steenockerzeel.
Meine Studien: Jesuitenkolleg St. Michael in Brüssel von 1929 bis 1938. – Katholische Universität in Löwen; Doktor der Rechte, Doktor der Staatswissenschaften, der Wirtschafts- und Sozialwissenschaften, erworben in den Jahren 1938 bis 1940. – Studien an der Universität Laval (Quebec) von 1940 bis 1942.
Militärdienst: in der amerikanischen Armee, von 1942 bis 1945.
Im September 1943 führte Königin Zita – in Vertretung meines erkrankten Bruders Otto – mit Präsident Roosevelt ein ausführliches Gespräch über die Zukunft des Königreichs Ungarn, aus dem vor allem hervorging, daß Roosevelt den Vertrag von Trianon für ungerecht und eine Revision der Grenzen Ungarns für notwendig hielt. Andernteils offenbarte der Präsident damals bereits eine erschreckende Schwäche gegenüber den Wünschen der Russen.
In dieser Situation beauftragte mich mein Bruder Otto, als sein Verbindungsmann nach Lissabon zu gehen und von dort aus den Kontakt mit der ungarischen Regierung herzustellen. Zweck des Unternehmens war, Ungarn so rasch wie möglich aus dem tödlichen Bündnis mit Deutschland zu lösen. Schon im Oktober 1943 begannen die Kontakte mit Budapest zu funktionieren.
Gegen Ende November war es soweit, daß mein Bruder Otto, im Falle eines Rücktritts des Reichsverwesers Horthy, ungarisches Staatsoberhaupt werden sollte. Aber infolge der ständigen Verzögerungstaktik sowohl Horthys als auch Bethlens – der direkte Draht, den uns Roosevelt mittlerweile über das Weiße Haus eingerichtet hatte, nützte da nur wenig – kam es im März 1944 zur Katastrophe, als die Deutschen Ungarn besetzten und das Land endgültig ins Unheil rissen.
Damit war meine Mission in Lissabon beendet.
Ich hatte dort im Umgang mit der Geheimpolizei, vor allem durch Erlebnisse mit den Emissären der Gestapo, viel gelernt und war später entschlossen, meinem Bruder Rudolf, der seit Mai 1944 in Tirol mit österreichischen Widerstandsgrup-

pen gegen die deutschen Besatzungstruppen kämpfte, beizustehen. Im Jänner 1945 stieß ich, nach einigen Schwierigkeiten, in Tirol zu ihm, und wir konnten während der letzten entscheidenden Phase in das Schicksal Tirols einige Male nützlich eingreifen und durch die Verhinderung von Staudammsprengungen sowohl zahlreichen Menschen das Leben retten als auch einige Täler vor der völligen Verwüstung bewahren. Nach der Wiedereinführung der »Habsburgergesetze« durch die Regierung Renner im Jahre 1945 verließ ich Österreich und wandte mich dem Wirtschaftsleben zu, zunächst durch meine Tätigkeit bei einem Konzern in New York. Ich wurde im Laufe der Jahre Geschäftsführender Direktor und Verwaltungschef verschiedener von der ›Société Générale de Belgique‹ kontrollierter Gesellschaften.

Am 17. Jänner 1950 fand meine Vermählung mit Prinzessin Yolande de Ligne auf Schloß Beloeil, dem Familiensitz der Fürsten de Ligne, statt.

Der Vater Erzherzogin Yolandes, Fürst Eugène de Ligne, Karrierediplomat, war zuerst Geschäftsträger in Washington gewesen, dann Botschaftsrat in Paris, schließlich Botschafter in Madrid und Neu Delhi, wo wir uns auch wiederholt aufhielten. Diese besondere Konstellation brachte nicht nur eine Wiederbelebung einer alten, persönlichen Freundschaft zu Pandit Nehru, die übrigens auch meine Brüder einschloß, sondern schließlich auch den entscheidenden Impuls zum Abschluß der damals so aussichtslos erscheinenden Staatsvertragsverhandlungen. Es gelang mir, in zahlreichen persönlichen Gesprächen Pandit Nehru zu jenem außenpolitischen Vorstoß Indiens zu bewegen, der schließlich den festgefahrenen Vertragskarren wieder ins Rollen und endlich, schon kurze Zeit darauf, 1955 ins Ziel brachte.

Studiengang der Erzherzogin Yolande: Gymnasien in Washington, Madrid, New Delhi, sowie Institut d'Assomption in Paris. Nach der Mittelschule: Diplom als Krankenschwester, Arbeit als Directrice im ›Home d'Enfants‹ von 1940 bis 1950.

Der 26. Geburtstag der Kaiserin

Zensurstelle Wien, Mai 1918: »Die Gemüter beherrscht eine allgemeine Apathie und die Besorgnis um das tägliche Brot nimmt Sinnen und Denken der Menschen in Anspruch.«

Referat Thalberg, Prag, Mai 1918: »Das Gesamtbild trägt auch diesmal Züge ernster Depression und Verdüsterung, welche sich unter der Last der schweren wirtschaftlichen Sorgen stellenweise nicht unwesentlich verschärft haben.«

5. Carl Ludwig
*10.3.1918
∞ Prinzessin
Yolande de Ligne
*6.5.1923

Rudolf	Alexandra	Carl Christian	Constanza
*17.11.1950 ∞ Helene Reichsbaronin de Villenfagne de Vogelsanck *24.3.1954	10.7.1952 ∞ Hector Riesle	26.8.1954 ∞ Prinzessin Marie Astrid von Luxemburg *17.2.1954	19.10.1957
Carl Christian 1977 Priszilla 1979 Johannes 1981 Thomas 1983 Maria Schnee 1986 Franz Ludwig 1988 Michael 1990	Felipe 1986	Marie Christine 1983 Imre 1985 Christoph 1988 Alexander 1990	

Kleine Chronik

Das Kaiserpaar

»Wien, 9. Mai 1918. Der Kaiser und die Kaiserin haben heute um ¼ 10 Uhr vormittags anläßlich des Geburtstages der Kaiserin einer stillen Messe im Kaiserhause zu Baden bei Wien beigewohnt. Vormittags empfing der Kaiser den Minister des Äußeren, Baron Burián, mittags wurden die neuernannten ungarischen Minister beeidigt und zugleich die scheidenden Minister Graf Apponyi und Graf Esterházy in besonderen Audienzen empfangen.
Eine Jause vereinigte um halb 6 das Kaiserpaar mit allen nicht im Felde weilenden Mitgliedern des Kaiserhauses, die der Kaiserin ihre Glückwünsche darbrachten.«

Geistliches Konzert

»Diesen Mittwoch am Nachmittag hat sich eine staatliche Abteilung der vornehmen Wiener Gesellschaft bei den Karmelitern in Döbling eingefunden. In der Kirche, die von Menschen dicht gefüllt ist... findet ein geistliches Konzert statt zu Gunsten der Kriegsküchenaktion der Kaiserin. Nun erfüllt Leo Slezaks mächtiger Tenor siegreich den Kirchenraum... Dann macht mit Chor und Orgel die Volkshymne den Schluß.

Während einer kurzen Stunde hat man hier bessere, ernstere und wertvollere Musik gehört als in manchen langwierigen Konzerten...«

Fußball-Länderkampf Schweiz – Österreich
Österreich siegt 5:1

»Dem ersten Auftreten der Schweizer Nationalmannschaft in Österreich war ein voller Erfolg beschieden, auch ein sportlicher, denn ihre Elf zeigte ein sehr schönes, schnelles und sicheres Spiel, den Heimischen völlig ebenbürtig, die hart um den Sieg kämpfen mußten, bis sie ihn innerhalb von vier Minuten der letzten Viertelstunde zu sichern vermochten.
In herrlichem Grün, bestrahlt von gewitterheißer Sonne, nahm sich der Sportplatz des WAC, umrahmt von 15 000 Zuschauern, prächtig aus. Beifall begrüßte beide Mannschaften auf dem Rasen. Österreich mußte Kuthan durch Studnicka ersetzen. Die Mannschaft erfüllte wenig die gehegten Erwartungen, oft mangelte das Zusammenspiel, oft wurde es übertrieben. Dann setzt plötzlich strömender Regen ein... der Ball klebrig, der Boden rutschig.
Halbzeit 1:0 für Österreich, Ecken 8:2 für Österreich.
Sofort nach Wiederbeginn bricht Bauer durch und erhöht den Vorsprung auf 2:0. Aber die Schweiz läßt nicht locker.
Nun geht Studnicka an den rechten Flügel. In der 28. Minute schießt Kozeluth scharf ein, in der 30. Minute überspielt Bauer allein erfolgreich alle Gegner, und in der 32. Minute placiert Studnicka den Ball unhaltbar in die linke Ecke, das Spiel ist entschieden. Wohl bemühen sich die Schweizer redlich, aber ein Erfolg bleibt ihnen versagt.
Ecken nach Halbzeit 7:1 für Österreich.
Die Zuschauer stürmen das Feld und danken beiden Mannschaften für das schöne und faire Spiel.«

Der Geburtstag der Kaiserin

»Wien, 9. Mai. Aus Anlaß des Geburtstages der Kaiserin war die Stadt heute vielfach beflaggt. Um 5 Uhr früh gab im Prater eine Ersatzbatterie des Feldartillerieregimentes Nr. 104 vierundzwanzig Schüsse ab. Zur gleichen Zeit durchzogen, wie bei der gestrigen Retraite, die Regimentsmusiken mit sämtlichen Tambours des Ersatzbataillons des Infanterieregimentes Nr. 4 Hoch- und Deutschmeister, des Infanterieregimentes Nr. 99 und des Schützenregiments Nr. 1 die Straßen der Stadt und spielten auf dem Wege zur Tagwache patriotische Märsche. Trotz der frühen Morgenstunde hatte sich viel Publikum in den Straßen angesammelt.
Am Vormittag fand in allen Kirchen und Gotteshäusern der Stadt festlicher Gottesdienst statt.«

Die Eröffnung des ersten Soldatenheims in Wien

»Am heutigen Geburtstag der Kaiserin wurde das erste Soldatenheim in Wien

eröffnet. Diese Neuschöpfung ist, wie vieles Ersprießliche, zum Wohle der Kriegsinvaliden im Machtbereich des Oberstabsarztes Professor Dr. Spitzy entstanden.
Das Zentralkomitee zur Errichtung von Soldatenheimen unter dem Protektorate des Kaiserpaares und unter dem Präsidium des Fürsterzbischofs Kardinal Piffl hat Hunderte von Soldatenheimen errichtet. Der große Erfolg brachte das Komitee auf den Gedanken, Soldatenheime auch im Hinterland zu errichten.
Sie sollen den Soldaten einen Ersatz für die Kantine, für den Aufenthalt auf der Straße bieten. Die Soldaten sollen in ihnen eine erzieherische und unterhaltende Bibliothek finden, sie sollen bei Spiel, Musik, Kino- und Theatervorstellungen, bei belehrenden Vorträgen ihre freie Zeit verbringen. Das ist in kurzen Worten der Zweck der Heime hinter der Front, deren erstes heute eröffnet wurde.
Was draußen an den Fronten nach den Tagen schwerer Kämpfe sich bewährt hat, soll nach der Entschließung des Kaiserpaares auch ein Stück Heimat werden, eine Einrichtung für den Frieden. Schon erhebt sich im 3. Wiener Gemeindebezirk ein geräumiger, schmucker Neubau, welcher in der nächsten Zeit für die Erholung der Soldaten angepaßt sein wird.

Einsiedezucker für Privathaushalte

»Wien, 9. Mai. Für die Privathaushalte der Großstädte steht nach Mitteilung von berufener Seite eine erfreuliche Besserung in der Belieferung mit Zucker bevor. Im Monat Juli wird per Kopf die doppelte Zuckerration verabreicht, um es den Hausfrauen zu ermöglichen, das so reichlich in Aussicht stehende Frühobst für den Winter zu konservieren. Es wird also jeder Person auf Grund ihrer Zuckerkarte ¾ Kilogramm mehr verabreicht. Die zur Verfügung gestellte Menge ist allerdings ziemlich gering, da zum Beispiel ein Haushalt mit sechs Personen nur 4 ⅓ Kilogramm Zucker zum Obstsieden erhält, was ungefähr der Verwertung von 10 Kilogramm Obst entspricht. Immerhin ist es aber möglich, einen kleinen Vorrat von Brotaufstrich für den Winter anzulegen.«

Reichsorganisation der Hausfrauen Österreichs

»Zeit und Nummern werden genau eingehalten.
2. Bezirk: Eier und Suppenmasse von Nr. 4500 bis 5020.
Nur für den 5. Bezirk: Abgabe von Eiern und Kümmelersatz von Nr. 401 bis 900 von 9 bis 12 Uhr.
18. Bezirk: Kümmelersatz, Paprika, Suppenmasse und Gulaschtabletten von 9 bis 12 Uhr.«

Tschechische Blätterstimmen über die Ernennung von Kreishauptleuten

»Prag, 9. Mai. Narodni Politika meldet: Die Deutschen bestürmen die Regierung, sie möge sich mit der Veröffentlichung der Verordnung über die Kreishauptleute beeilen. Das Blatt hofft, daß Graf Silva-Tarouca nicht das Programm seiner Partei vergessen werde, deren Vertreter insbesondere in der Frage des deutsch-tschechischen Ausgleiches auf das entschiedenste die Einheit und Unteilbarkeit des Königreiches Böhmen verteidigt haben.«

*

K.u.k. Zensurstelle Wien
Beteilt:
Evidenzbüro des Generalstabes

Beilage 26
zum Monatsbericht
Mai 1918

Österreich / Friedensfrage

Je größer der Hunger, desto größer die Friedenssehnsucht. Allgemein findet man in den Korrespondenzen die Ansicht vertreten, daß mit dem Eintritt des Friedens automatisch die Hungersnot aufhören werde. Die Friedenssehnsucht hat daher in *allen Kreisen* der Bevölkerung ihren Höhepunkt erreicht. Ein Verständigungsfriede erscheint der Mehrzahl als der am schnellsten erreichbare, weswegen große Abneigung gegen jede Art eines Gewaltfriedens besteht.

Czernins Popularität bei den Massen besteht darin, daß man ihn, wie aus fast allen Korrespondenzen hervorgeht, als den typischen Vorkämpfer für einen Verständigungsfrieden ansieht, als denjenigen, der sich mit seinen Vorschlägen dem Standpunkte der Entente bzw. Wilsons am meisten genährt hat.

Anders freilich lauten über Czernin die Urteile seiner Amtsgenossen. Für sie ist Czernin nur der Mann, der Junkermanieren in das Auswärtige Amt einführt und mit seiner »fabelhaften Ungeschicklichkeit« bei Behandlung diplomatischer Fragen sehr viel verdorben hat.

An einen *baldigen* Friedensschluß glaubt, nach dem Ausbruch der Westoffensive und nach dem Rücktritte Czernins, *niemand* mehr. In vielen Briefen beschuldigt man die *maßgebenden Faktoren*, in erster Linie Deutschland, daß sie den Krieg unnütz fortsetzen, und sieht beim derzeitigen Regime keine Möglichkeit eines baldigen Kriegsendes. »Man hungert, man schmachtet nach Ruhe und Frieden, und doch bleibt der Staatskurs Direktion Preußen«, heißt es in einem Briefe aus Wien.

Die früher so zahlreichen *abfälligen Äußerungen* über unsere *Feinde* haben ganz *aufgehört*. In der gesamten Korrespondenz des Berichtsmonats findet sich nicht eine einzige derartige Äußerung vor. Bezeichnend für den Umschwung der Gesinnung in dieser Beziehung ist ein Brief, in dem es heißt: »Jetzt hört man nicht mehr *Gott strafe England*, sondern: *Du sollst auch deine Feinde lieben.«*

Abgeschlossen am 31. Mai 1918

*

Genau sechzig Jahre später wird Otto von Habsburg, dem Erstgeborenen von Kaiser Karl und Kaiserin Zita, am 9. Juni 1978, ein Jahr vor den ersten gesamteuropäischen Wahlen, die deutsche Staatsbürgerschaft verliehen:

»Wenn er Glück hat und noch einige Male in die Schlagzeilen kommt, wird Otto ohnehin bald eine Art lebendiger Friedrich Barbarossa werden, ein Volksheld im Herzen des Volkes.
›Ein greiser Mann aus dem Osten‹, so hat der bayerische Prophet Mühlhiasl vor langer Zeit geweissagt, werde einmal mit starker Hand das Abendland retten, was in Verbindung mit einer anderen Weissagung der Jungfrau Maria an französische Kinder, wonach dieser Retter ein Bourbonenspróß sei, einen besonderen Sinn ergibt... jedenfalls hat es dieser Tage eine heftige Diskussion gegeben, in deren Verlauf mehrmals sehr nachdrücklich darauf hingewiesen wurde, daß die Kaiserin Zita einen bourbonischen Herzog zum Vater hatte...«

Aus dem Tagebuch eines österreichischen Ministers

Tagebuchnotizen eines österreichischen Ministers. Notizen eines gelegentlichen Augenzeugen, eines ungelegentlichen Berichterstatters. Spiegel, Zerrspiegel – in jedem Sinne des Wortes. Glaubend an selbstzerstörenden Defaitismus, an Nörgelei, destruktiven Zweifel, an die Angst vor sich selbst und die Angst vor der Größe – auch der Größe Österreichs. Kleinmütig, verworren. Plötzlich ganz lebensnah und klarsichtig. Dann wieder von einer Woche zur anderen, von einem Tag zum anderen, das Opfer fremder Meinung, Opfer des Geredes, der Stimmung. In einem nur beständig: in der Suche nach der »Schuld an dem Ganzen« – bei anderen, versteht sich: Josef Baernreither, gründlicher Kenner deutscher und englischer Sozialgesetzgebung, unter den böhmischen Feudalen Vertreter des verfassungstreuen Großgrundbesitzes, fleißiger Tagebuchschreiber:
»*10. Jänner 1917.* Ich war gestern bei der Kaiserin in Audienz. Ihre ›Spende für das Kind‹ war Anlaß, daß ich ein Mémoire über die Regelung der Jugendfürsorge verfaßte, das Clam der Kaiserin befürwortend vorlegte. Davon war in der Audienz die Rede. Sie hatte das Mémoire nicht nur genau gelesen, sondern sprach mehr als eine halbe Stunde mit mir ganz eingehend darüber. Sie sagte, es sei ihr eine große Freude (dieses Wort wiederholte sie mehrmals), daß die Konzentration der Jugendfürsorge endlich zustande komme. Es sei das ihr hauptsächlichster Wunsch, weil sie von der Notwendigkeit der Zusammenfassung aller Kinderpflege- und Jugendfürsorgeeinrichtungen überzeugt sei. Ich erklärte ihr ausführlich die Einzelheiten des Planes. Sie folgte nicht nur aufmerksam meinen Ausführungen, sondern machte Zwischenbemerkungen, die ihr volles Verständnis zeigten. Eine neue Luft weht in der Hofburg.
16. Jänner 1917. Heute abermals zur Kaiserin berufen, die sich über den ›Fort-

schritt‹ erkundigt und wissen will, was mit der Spende geschehen ist, die aus Anzügen, Schuhen und Eßwaren besteht und die sie gewidmet hat für arme Kinder. Sie wünscht rasche Verteilung, ›denn sonst ist der Winter vorbei, ehe die Kinder was bekommen‹.
Es kommt Leben in unseren Betrieb. Gott sei Dank!
24. Jänner 1917. Musil. Moderner Marco d'Aviano. Seine wissenschaftliche Bedeutung. Seine Reise mit einem Parma. Seine Verbindung und Intimität mit der Kaiserin. Sein Métier: Beduine sein.
Hat aber keine nationale Ader oder verbirgt sie. Seine Leidenschaft ist der Orient, insbesondere die ihm aufgetragene Arbeit gilt der Verbindung Österreichs mit ihm. Er ist die Seele der wissenschaftlichen und kulturellen Arbeiten der Orientgesellschaft.
Hat den Kaiser dafür gewonnen und hält ihn ununterbrochen warm. Seine gute, ja große Seite ist, daß er den Sachen auf den Grund geht. Hat natürlich, wie alle leidenschaftlichen Menschen, seine Sympathien und Antipathien, und das ist seine weniger günstige Seite, wie er auch beim Kaiser und bei der Kaiserin Stimmung macht, und das ist gefährlich.
6. Februar 1917. Heute in Baden. Eine Stunde beim Kaiser. Biedermeiermilieu des kleinen Hauses, das der Kaiser bewohnt. Seine Frische und Freundlichkeit und völlige Natürlichkeit und Ursprünglichkeit der Konversation. Sehr eingehend die sozialen Verhältnisse nach dem Kriege besprochen. Der Kaiser hat Anregungen von Professor Tandler empfangen und über die sanitären Verhältnisse gesprochen. Hat ein Sanitätsministerium im Kopf. Die Männer im Schützengraben seien durch den Krieg gereift – ein Bursch von zwanzig Jahren kommt als Mann zurück –, aber seine Arbeitskraft fürs Leben sei doch vielleicht geschwächt. Tandler hatte diese Einbuße auf ein Viertel der Arbeitskraft veranschlagt. Daraus folgerte der Kaiser, daß, wenn die Arbeitskraft für 45 Jahre ausgereicht hätte ohne Krieg, sie jetzt nur noch für 35 Jahre reichen werde. Damit müsse man rechnen. Ich setzte ihm die Invalidenfürsorge auseinander, die er gleich sehr lebhaft als eine der wichtigsten anerkannte.
Der Kaiser ist sehr empfänglich für Anregungen. Es ist dies ein Vorteil, aber auch eine Gefahr. Lassen sich seine wohlwollenden, aber oft unklaren Gedanken von den Mißverständnissen, von den oft unnötigen Ausweitungen und von gewissen, die Sache trübenden Nebengedanken befreien, gelingt es, sie in feste Formen zu bringen, dann entspringt der Inspiration des Kaisers viel Gutes. Wenn aber der Minister nicht die Kraft und die Geduld hat, die Gedanken des Kaisers einem Läuterungsprozeß zu unterwerfen, dann gehen die Dinge eben schief.
Die Verhältnisse nach dem Krieg, insbesondere die sozialen und die wirtschaftlichen, beschäftigen ihn augenblicklich sehr. Noch während des Krieges müsse man vorsorgen, worin ich ihn sehr bestätige. Er begreift vollkommen, daß neben den staatsrechtlichen Sachen große soziale Grundlagen für die Zukunft zu legen sein werden. Das neue Ministerium müßte ein Sanitäts- und Hygiene-Ministerium

sein. Auch Jugendfürsorge, Altersfürsorge, Bevölkerungsprobleme, Ernährungsprobleme, Wohnungsfürsorge müßte es zum Inhalt haben.

Das war der Gedanke, der dem Gespräch den Grundton gab. Er ist erfüllt davon und steigerte sich ein paarmal lebhaft in den Gedanken der sozialen Fürsorge in großem Stil hinein. So setzte sich im Geiste des Kaisers während dieses Gespräches das Bild eines Ministeriums der Volkshygiene und der sozialen Fürsorge zusammen.

22. April 1917. Am 21. April war ich in Audienz beim Kaiser. Er war frisch, liebenswürdig und gesprächig wie immer. Ich schilderte ihm die ganze Situation. Die Herzogin von Parma (Schwiegermutter des Kaisers), die zu Schwarzau lebt, also in der Nähe großer Munitionsfabriken, schreibt dem Kaiser einen Brief, daraufhin ein Befehl an alle Militärkommandanten, daß jeder Arbeiter sich beim Kaiser (in der Militärkanzlei) beschweren kann.

Anschlag dieser Anordnung in den Fabriken. Wohin führen solche Dinge, die über den Kopf der verantwortlichen Zivilbehörden angeordnet werden? All das aus bloßer Furcht vor der sozialen Bewegung, die allerdings im Gang ist und uns vor eine unberechenbare Zukunft stellt.

11. Mai 1917. Ich bin gestern abend in Laxenburg gewesen. Anlaß war die Errichtung des neuen Ministeriums für Volkshygiene und soziale Fürsorge. Der Kaiser hat die Audienz peripatetisch abgemacht. Wir gingen ungefähr 3/4 Stunden im Laxenburger Park spazieren. Begegneten auch, vom Schloß entfernt, der Kaiserin mit den drei Kindern, die schon laufen können. Ganz allein mit ihr, ohne Kinderfrau, ohne Hofdame. Als ich mein Kompliment gemacht hatte, gab mir der Kronprinz gleich die Hand, noch bevor ich der Kaiserin die Hand reichen konnte. Dann gab sie schon den beiden anderen ein Zeichen, daß sie mir die Hand reichen sollten. Alles spielte sich in reizender Natürlichkeit ab.

Der Kaiser hat für die Soldaten und die notleidende Bevölkerung ein Herz, echt und lebhaft. Öfter in der Konversation bleibt er stehen. Dann schaut er einem klar und fest in die Augen.

17. Juni 1917. Gestern hatte Dobernig eine Audienz beim Kaiser. Er war höchst besorgt ... Der Kaiser habe gesagt: ›Wir müssen in den nächsten Monaten Frieden schließen. Wir halten es nicht länger aus. Ich stehe ja gut mit dem Deutschen Kaiser, aber man darf nicht in Abhängigkeit geraten.‹ Dobernig findet den Kaiser abgearbeitet, nervös. Er ist in höchster Sorge, ob ein Zerwürfnis mit Deutschland bestehe und ob wir etwa ohne Deutschland Frieden schließen werden.

14. Juli 1917. Mit Nostitz langes Gespräch über die Situation. Der Kaiser stehe unter unberechenbaren Einflüssen. Parma, Maria Theresia, die Kaiserin, ihre Mutter, die ihn oft besuchen kommt. Dort wird vielleicht auch mit der Idee eines Sonderfriedens gespielt. Wäre der Untergang der Monarchie. Czernin würde nicht die Hand dazu bieten. Gestern sprach sich Colloredo, der Kabinettschef Czernins, ganz in diesem Sinne aus. Der Sonderfriede ist die Auflösung der Monarchie, vielleicht nicht gleich, aber in der Folge.

2. Jänner 1918. War bei Czernin, er erzählte, die Friedensverhandlungen sind auf der Schneid. In den nächsten Tagen wird sich entscheiden, so oder so, ob das deutsche Hauptquartier durch seinen Einfluß den Frieden verhindert und die Diplomaten beiseite schiebt oder ob diese Oberwasser behalten und die Anforderungen in jener Form durchsetzen, die überhaupt durchsetzbar sind.

12. April 1918. Aufsehen, das der Brief von Kaiser Karl gemacht hat, ungeheuer. Sein Dementi wird bezweifelt, ist auch nicht glücklich abgefaßt. Heute früh bei Czernin. Er erklärt, noch nie habe er den Kaiser in hellem Zorn gesehen. Diesmal war er heftig und außer sich, sprach von ›Schweinerei‹ und gab Czernin sein kaiserliches Wort, daß er den Brief nicht geschrieben habe.

Weiter erklärte mir Czernin, warum er in seiner Rede die Sache mit Clemenceau vorgebracht habe. Es sei dies absichtlich geschehen, um alle diese giftigen Verbindungen abzuschneiden und für die Zukunft unmöglich zu machen. Ob das eine Erklärung ex post ist, weiß ich nicht. Er meinte, er wüßte, wie viele Urheber diese Verbindungen schaffen, nannte Lammasch, Förster, und tutti quanti als die gefährlichen Zwischenträger. Als ich meinte, die seien wohl weniger gefährlich als die Parma, meinte er, dies seien die Verwandten ›seines Kaisers‹, und wich aus, indem er abermals auf die genannten Herren hinwies... Ganz stimmt die Geschichte nicht, denn die Verhandlungen Armand-Revertera hat doch er in Gang gebracht, und ich wiederholte ihm meine Ansicht, daß er sich durch den Angriff auf Clemenceau selbst die Wege solcher Verhandlungen verschüttet habe. Darauf er: auf diese Weise ist mehr Gift verbreitet worden als Nutzen. Der Kaiser müsse intakt herauskommen, sagte er, als ich abermals auf die Parma-Verbindungen hinwies. Dann erkundigte er sich, was man über seine Stellung spreche, worauf ich: man sei überzeugt, daß er von diesen Machenschaften nichts gewußt habe. Sehr stark und wiederholt betonte er, daß das Bündnis durch diesen Zwischenfall gefestigt worden sei, was das heute nachmittag erscheinende Telegramm des Kaisers Wilhelm beweisen werde. Darin gab ich ihm recht. Es wird die Wirkung eines reinigenden Gewitters haben.

13. April 1918. Die verschiedensten Gerüchte und Erzählungen durchschwirren die Luft. Fürstenberg ... war bei der Erzherzogin Maria Theresia vor einiger Zeit, bevor er nach dem deutschen Hauptquartier abging. Sie schlug ihm vor, er möge beim Deutschen Kaiser vertreten, daß Max Fürst von Hohenberg Herzog von Lothringen wird. Nostitz meinte, daß in aristokratischen Kreisen, wo man gegen ›Preußen‹ sei, das Ganze gegen Czernin ausgebeutet werde.

Vielfach wird erzählt, die Parmas, befangen in alten Emigrantenillusionen, halten es für möglich, daß in Frankreich die Monarchie wiederentstehen wird und daß ein Bourbon-Parma den Thron Frankreichs kassieren könnte, wenn er Elsaß-Lothringen als Morgengabe mitbrächte. ›Ehe werde ich Kaiser von China‹, sagte mir unlängst Prinz Liechtenstein, als wir von diesen gerüchteweisen Kombinationen sprachen.

15. April 1918. ›Katastrophe‹ ist der mindeste Ausdruck, der heute in aller Munde ist. Katastrophe für den Kaiser und die Dynastie, für unser Bündnis und für unsere inneren Verhältnisse.

18. April 1918. Heute Aussprache mit den Deputationsmitgliedern des Herrenhauses. Revolutionäre Streiflichter. Larisch, der immer ein Scharfmacher ist, begann. Es ist die Umgebung des Kaisers ... Auersperg ist mit mir einverstanden, daß der Kaiser geschont werden müsse, aber in diesem engen Kreis müsse man sich offen über ihn aussprechen. Glaubt nicht an eine Fälschung.

Kaiser durch seine eigene Frau derart mit Entente-Frieden in Verbindung, die bei jedem anderen Hochverrat wäre. Wenn der Brief zu widerlegen wäre, hätte es geschehen müssen. Czernin hat nichts gewußt. An der italienischen Front unsere Flieger daher nicht nach Italien. Der Kaiser spricht sich gegen den U-Boot-Krieg aus. Die französischen Brüder der Kaiserin. Als sie zu Beginn des Krieges ersuchten, nach Belgien gehen zu dürfen, sagte der alte Kaiser: ›Diese Kerle kommen mir nicht mehr nach Österreich!‹ Auersperg will in der Debatte eine Anfrage an den Kriegsminister richten, ob er wisse und was er dazu sage, daß feindliche Offiziere (Parma!) herumrennen dürfen. Beck: einverstanden mit Anfrage Auersperg.

19. April 1918. Majestätsbeleidigungen in Fülle, auch eine Flut von Gerüchten. Aber gewisse Parmapläne werden immer deutlicher. Diese Familie arbeitet mit allen Mitteln für sich. Sixtus und Elias in Frankreich, Spekulationen auf den Thron, den sie durch die Übergabe von Elsaß-Lothringen zu ergattern hoffen. Ebenso wie mit Frankreich korrespondiert die Familie mit dem Papst, Italien, England. Italien soll belohnt werden, beim Frieden gut abgefunden, damit es dem Papst Konzessionen machen kann. Der hiesige Nuntius, Musil, und andere spielen mit. Solange der Krieg dauert, noch Halten des Bündnisses. Dann im Frieden abrücken, Allianz mit Frankreich ...

22. April 1918. Clam ist wieder in Wien. Jetzt sitzen sie wieder beisammen, der Max, der Heinrich, Erwein und sprechen über den Kaiser und den Conrad. Das ist die wahre parteiische Affinität, noch enger als jede Parteiangehörigkeit. Die Aufregung der Herren über das, was bei Hof vorgeht, ist groß. Etwas anders gefärbt als die Aufregung in der Bevölkerung. Die Dummheiten, die der Hof macht, kann die Friedenshoffnungen das Leben kosten.

Aus Furcht vor der Revolution sind sie fast genötigt, sie selbst zu machen.

25. April 1918. Vox populi. Gestern abend war Ernst Kinsky aus Matzen bei mir. Begegnet neulich bei Matzen einem Bauern im Wald, der ihm zuruft: ›Nau, Herr Grof, jetzt ham's das welsche Luder aussig'schmissn!‹ Kinsky weiß nicht, was er meint, kommt nach Hause und liest in der Zeitung, die – allerdings falsche – Nachricht, daß die Herzogin von Parma in die Schweiz reist.

27. April 1918. Es wird immer ein Problem bleiben, das verschiedene Antworten herausfordert, ob der Dynastie unerschütterlich treu ergebene Pesonen, wenn sie sehen und überzeugt sind, daß der Monarch einen falschen Schritt tut, und die Gefahr besteht, daß er auf dem falschen Weg fortschreitet und dem Staat, sich und

der Dynastie Unheil bereitet, das Richtige tun, wenn sie ihre Stimme öffentlich warnend erheben. Ist es Fronde oder Pflicht?
Wir bilden uns die letztere nicht ein, wenn uns der Geist der ersteren antreibt.
Gestern abend bei Kuhlmann. Brief des Kaisers. Tatsache an sich nicht so tragisch. Brief wirkt aber als Verlängerung des Krieges. Das Schlimme liege an den parmaischen Einflüssen. Die Parmas schauen immer nach einem Thron aus. Früher nach dem portugiesischen, jetzt nach dem französischen. Aber die Kaiser von Österreich können keine bourbonische Politik machen. Kaiser ist viel sachlicher und unterrichteter als Czernin und politisch viel gebildeter. Kann mir denken, daß sie beide gut miteinander gearbeitet haben, sich ergänzen.
28. April 1918. Gerüchte, Geschichten, Tratsch wuchern. Kaiser und Kaiserin Mittelpunkt. Ovationen für Kaiser und Kaiserin gemacht. Einige hundert Detektive und gemietete Menschen winken mit weißen Sacktüchern. Selbst Hohenlohe äußert sich, es sei unverantwortlich, die Majestäten so zu täuschen.
5. Mai 1918. Die Parmas sollen ein eigenes Pressebüro haben, und von diesem sei es ausgegangen. M. erzählte mir, die Sache stamme von den Parmas...
8. Mai 1918. Was sich hinter den Kulissen abspielt, wird mir von Tag zu Tag durch neue Ereignisse erhellt. Der hiesige Nuntius, ein offener Entente-Freund, natürlicher Sohn des Königs Viktor Emanuel, dient der großen internationalen katholischen Sache, die sich Österreichs bedienen will gegen Deutschland, gegen das Hohenzollern-Kaisertum, das diesen Mächten seit jeher ein Dorn im Auge ist, gegen den Protestantismus. Die Parmas sind für diese Mächte mehr Werkzeug, als daß ihre Wünsche und Bestrebungen die eigentlichen Zwecke der Klerikalen ausmachen würden.
Die Parmas mögen nach legitimistischen Thronen auslugen, Sixtus möge sich der Illusion hingeben, den französischen Thron mit der Mitgift Elsaß-Lothringen in der Hand zu besteigen, es mag um italienische Gebiete gearbeitet werden, um indirekt dem Papst zu dienen – die Hauptsache bleibt das große Geschütz im Kampf: katholisches Habsburg gegen protestantisches Hohenzollern.
Unser alter Kaiser war für solche Sachen nicht zu haben, die Zeit ist es auch nicht. Die Drahtzieher wissen genau, daß Sixtus nicht auf den französischen Thron kommen wird, aber solche Illusionen ketten die Parmas an ihre Pläne, schmeicheln der Kaiserin. In diesen Luftschlössern wohnt aber der Verrat an unserer ganzen bisherigen Politik. Daß Czernin unerschütterlich auf ihr beharrt, ist sein Verbrechen. Daher der Feldzug gegen ihn... Das Ziel ist es, so lange mit den Deutschen halten, als man muß, aber alle Beziehungen doch soviel wie möglich lockern, damit, wenn der Moment gekommen ist, man ausbrechen kann.
Berlin, 20. September 1918. Gestern war ich mit G. und L., die ich zufällig im Hotel Adlon traf, bei Abg. Stresemann. Sehr eingehende Aussprache. Unsere Öffentlichkeit bedürfe etwas, einer Hoffnung, um angesichts der deutschen Marne-Niederlage nicht zusammenzubrechen. Über diese Niederlage wollte er nicht mit der Sprache heraus.

Stresemann erzählte, er habe von einem ›Österreicher‹ eine Denkschrift erhalten, es werde in Böhmen die Revolution ausbrechen, die Tschechen bewaffnen sich und werden einen eigenen Staat proklamieren.
Eine private Information, die er mir mitteilte: der Kaiser werde einen Sonderfrieden schließen, und die Kaiserin sei ganz auf der Seite der Entente. Es wird hier in Berlin genauso getratscht und übertrieben wie in Wien.
1. November 1918. Von der Kaiserin die Rede. Die Kaiserin das Schicksal der Marie Antoinette, hoffentlich nicht bis zum Ende. Aber Unvorsichtigkeiten, die sie begeht, sind der Grund für ihre Unpopularität. Fing mit Abteilung an, wo Italiener lagen, und sprach lange mit den verwundeten Italienern, und dann war keine Zeit mehr, mit den anderen in den anderen Abteilungen zu reden. Fazit: Die Kaiserin spricht nur mit italienischen Verwundeten. Das Ganze natürlich furchtbar ungeschickt, gedankenlos arrangiert.«

Der Staatsbesuch in Konstantinopel (1918)

Den Frieden bringen, den Frieden wenigstens vorbereiten helfen, Stimmung für Versöhnung und Verhandlungsbereitschaft verbreiten – das war der Hauptgrund unserer Reise nach Konstantinopel.
Es hatte damals in der Kaiserstadt am Bosporus schon sehr traurige Zeiten gegeben. Die Versorgungslage war schlecht, man sprach von Hungersnot. Und so wäre die Bevölkerung anläßlich unseres Besuches an und für sich wohl stiller gewesen.
Aber die Menschen wußten, daß wir gekommen waren, um für den Frieden zu arbeiten, daß wir wenigstens versuchen wollten, einen Schritt auf dem Wege zu einem gerechten Frieden vorwärts zu kommen. Von diesem Bewußtsein waren die Leute in Konstantinopel erfüllt. Und so haben sie für uns alles getan, was nur überhaupt möglich war; sie haben sich selbst überboten, um diesen Besuch möglichst festlich zu gestalten.
Inmitten der traurigen Zeiten wurde unser Aufenthalt in Konstantinopel denn auch ein triumphales Bekenntnis zum Frieden und eine Bestätigung unserer Allianz, die sich, nach Jahrhunderten der erbitterten Feindschaft über Jahrzehnte der Verbundenheit, ja der Schicksalsgemeinschaft, zu einer herzlichen Freundschaft gewandelt hatte.

Beide Reiche – das der Osmanen und das der Habsburger – stellten in einer Welt voll der immer bornierter werdenden nationalistischen Engstirnigkeiten übernationale Gemeinschaften dar.
Und der gleiche Jammer, der nach der Zerschlagung der Donaumonarchie über

Mitteleuropa hereinbrach, stürzte auch den Mittleren Osten nach der Zertrümmerung des Osmanischen Großreiches in die Dauerkrisen der Nachkriegszeit. Es hatte mit den ständigen Unruhen auf dem Balkan begonnen, pflanzte sich nach Tripolis fort und mündete schließlich in all die ungelösten Probleme um Jerusalem, Palästina, um Zypern... um den Weltfrieden.

Der Staatsbesuch des österreichischen Kaiserpaares darf wohl als einer der glanzvollsten Besuche aller Zeiten bezeichnet werden, und er war auch auf das gewissenhafteste, osmanischerseits auf das raffinierteste vorbereitet worden.

Der Aladin mit der Wunderlampe während dieses Staatsbesuches war allerdings Professor Alois Musil, einer der größten Orientalisten aller Zeiten, ein Kenner des Orients, der seinesgleichen suchte; der gelegentlich gebrauchte Vergleich, der Musil als den »österreichischen Lawrence of Arabia« bezeichnet, entbehrt jeder Grundlage: Musil war ein großer Gelehrter, ein Mann des Friedens und der Zusammenarbeit, einer, der den Orient bewahren und nicht, wie Lawrence, um eines momentanen strategischen (wenn auch patriotischen) Vorteils willen aufsplittern, letztlich also zerstören wollte.

Schon kurz nach dem Ausbruch des Ersten Weltkrieges traf Prälat Musil in Konstantinopel ein. Er, der Türkisch und Arabisch wie Deutsch oder Tschechisch sprach und ungezählte Emire und Scheichs zu seinen persönlichen Freunden zählen durfte (auch aus der Zeit der Orientreise mit Prinz Sixtus), hatte von der österreichisch-ungarischen Regierung den Auftrag erhalten, die beiden Emire Ibn Saud und Ibn Raschid miteinander zu versöhnen und sowohl zum Anschluß an die Türkei als auch zum Kampf gegen die Engländer zu bewegen.

Daß Musil katholischer Priester war, störte die Scheichs nicht im geringsten. Mit orientalisch-islamischer Toleranz duldeten sie Musil nicht nur, sondern schätzten ihn auch sehr. Monatelang versuchte Musil in unermüdlicher Kleinarbeit, zu retten, was noch zu retten war; sein Einsatz wog jenen von mehreren Divisionen auf.

Musil reiste wieder in die Türkei, als die politische Lage einen allmählichen Anstieg des österreichisch-ungarischen Einflusses auf die politischen und vor allem religiösen Verhältnisse in Syrien und Palästina zu erlauben schien.

Unter den zahlreichen Titeln des Kaisers von Österreich und Königs von Ungarn findet sich auch jener eines »Königs von Jerusalem«, ein Titel, der über das Erbe des Gottfried von Bouillon an das Haus Österreich gekommen war; ein Titel, der auch den Königen von Frankreich zustand, und gerade Frankreich hatte es immer verstanden, über die orientalischen Kirchen – wenigstens mit Worten – eine schützende Hand zu halten.

Manches sprach dafür, daß sich das Blatt nach einem glimpflichen Ausgang des Krieges wenden, vor allem daß Österreich-Ungarn im Nahen Osten verstärkt präsent sein könnte, bei gleichzeitiger Abnahme sowohl des französischen als auch des deutschen Einflusses. Schon die Reisen des Prinzen Sixtus hatten letztlich dieser Zielsetzung gegolten. Franz Ferdinand hatte den orientalischen Faden

weitergesponnen, und unmittelbar nach der Thronbesteigung Kaiser und König Karls war zunächst Erzherzog Max – dem Bruder Kaiser Karls – die Aufgabe zugefallen, in Konstantinopel die Thronbesteigung zu notifizieren.
Erzherzog Max, ein besonders gut aussehender junger Mann, der in Konstantinopel den besten Eindruck hinterließ, kannte den mächtigen Mann der Türkei, Enver Pascha, schon aus Wien: Enver Pascha hatte ihn einst in seinem Palais am Augarten besucht. Enver Pascha war damals aus Deutschland gekommen, wo ihn das gar zu kraftvolle Auftreten des deutschen Verbündeten sehr irritiert zu haben schien; jedenfalls zeigte er sich sowohl von seinem Besuch bei Kaiser Karl in Baden bei Wien als auch – vielleicht vor allem – von seinem Gespräch mit der Kaiserin zutiefst beeindruckt; wochenlang rühmte er ihren Charme, ihren Liebreiz und ihre Intelligenz.
Natürlich konnte die Sympathie zwischen dem osmanischen und dem österreichischen Kaiserreich dem übermächtigen deutschen Verbündeten nicht verborgen bleiben. Eine neuerliche, ziemliches Aufsehen erregende Reise des jungen, aber sehr fähigen Erzherzogs Hubert Salvator (in Begleitung von Musil, der als Vertrauter des Kaiserpaares galt, und das mit Recht) nach Konstantinopel, Syrien und Jerusalem galt vor allem der Erkundung von Möglichkeiten für Österreich-Ungarn, nach dem Krieg auf die Geschehnisse im Orient Einfluß zu nehmen.
Gewiß redete man dann von »Träumen, das alte religiöse Protektorat der Habsburger im Orient wieder aufzunehmen«, und wie selbstverständlich breitete sich dazu das Gerücht aus, diese Pläne seien von den »Parmas« inspiriert. Wahr war beides. Selbstverständlich erachtete es der Kaiser von Österreich als seine Pflicht, die orientalischen Christen nach Möglichkeit zu fördern und zu schützen, und selbstverständlich waren auch »die Parmas« mit ihm in dieser Frage eines Sinnes.
Dann kam der große Staatsbesuch des Deutschen Kaisers in Konstantinopel, der, weil ohne die Spur von einem Eingehen auf die Mentalität der Orientalen abgewickelt, ein eklatanter Mißerfolg wurde. Kaiser Wilhelm II. war in Feldgrau erschienen – ein ebenso praktischer wie für diesen Anlaß falscher Aufzug.
Österreich–Ungarn war in dieser Hinsicht schon seit langem ganz anders vorgegangen. In allen großen Städten des Osmanischen Reiches gab es sogenannte Nachrichtensäle, in denen Zeitschriften, Bildmaterial und Bücher auflagen. Aber das hatten die Deutschen auch. Was die Sympathien für Österreich–Ungarn wesentlich mehr förderte, waren die monatelangen Gastspiele einer vorzüglichen Operettentruppe aus Wien und die Konzertreisen der Musikkapelle der Hoch- und Deutschmeister, die sich in der Türkei einer ungeheuren Beliebtheit erfreuten. Für die Damen der Gesellschaft gab es Wiener Modeschauen, und die Damenwelt von Konstantinopel war alsbald überzeugt, daß man in Wien ebenso gut einkaufen könne wie in Paris.
Unmittelbar nach Beendigung des Besuches Kaiser Wilhelms II. im Oktober 1917 sagte sich Kaiser Karl in Konstantinopel an. Der Besuch war für den Dezember geplant, wurde aber dann auf den Jänner, schließlich auf den April verschoben. Es

gelang Kaiser Karl einfach nicht, dem Wust der laufenden Staatsgeschäfte und jener Woge der Erregung über das »Auffliegen« der Friedensversuche zu entkommen.

Erzherzogin Maria Theresia reiste mit Gräfin Bardi (beides Tanten der Kaiserin, Schwestern ihrer Mutter) inzwischen nach Konstantinopel voraus und inspizierte die Lazarette und Spitäler in der Türkei. Anfang Mai 1918 erfolgte dann die Durchgabe des endgültigen Besuchstermins: 19. bis 21. Mai 1918.

Das Kaiserpaar kam mit großem Gefolge. In der Suite befanden sich die beiden Generaladjutanten, Fürst Lobkowicz und Baron Zeidler, als Ehrendamen die Fürstinnen Schwarzenberg und Batthyány, ferner die Fürsten Thun und Esterházy, Graf Hunyady und Außenminister Baron Burián.

Dann fuhr der Zug in den Bahnhof von Konstantinopel ein. Baumlange Gardisten in Rot und Weiß umstanden die türkischen Honoratioren, kostbare Teppiche, ein Gewirr von Farben, Düften, Blumen und Kommandorufen. Begrüßungen. Am prächtigsten und herrlichsten, wie beabsichtigt, der Kaiser von Österreich und König von Ungarn, in seiner ungarischen Marschallsuniform, mit umgehängter weißer Pelzattila und einer weithin funkelnden Brillantagraffe am Kalpak.

Sein Erscheinen rief bei den für theatralische Effekte und großartiges Auftreten so empfänglichen Orientalen stürmische Bewunderung hervor, die in enthusiastische Begeisterung überschlug, als der Kaiser nach türkischem Brauche »Sabachynys hair olsun, askerler!« rief – »Guten Morgen, Soldaten!« –, was die Türken mit freudigem »Tschok jaschaa!« beantworteten – »Viele Jahre!« So etwas war noch nie passiert, dieser Staatsbesuch sprengte alle Regeln, setzte einen neuen Standard!

Die ganze Stadt war für uns in Rosen gehüllt, der Aufenthalt in Konstantinopel war einfach unbeschreiblich schön. Bei strahlendem Wetter und im hellen Glanz der südlichen Sonne fuhren wir nach der Begrüßung auf dem Bahnhof, wo sich auch die gesamte österreichisch-ungarische Kolonie eingefunden hatte, durch die Straßen der Hauptstadt. Im ersten Wagen saßen der Kaiser und der Sultan, ihnen gegenüber Enver Pascha; im zweiten Wagen fuhr ich mit dem Thronfolger – und dann gestaltete sich die Fahrt durch die festlich dekorierten und von Hunderttausenden von Menschen umsäumten Straßen Konstantinopels zu einem wahren Triumphzug. Die Begeisterung der angesammelten Menschenmassen kannte keine Grenzen, und die heftigen, lauten Akklamationen überraschten um so mehr, als das türkische Volk – wenigstens damals – traditionsgemäß nicht zu lautstarken Freudenausbrüchen neigte…

Wir besichtigten viel, hörten die Musik der malerisch kostümierten Janitscharen, bewunderten den Takt der Türken, die uns mit diesem Schauspiel, sozusagen Jahrhunderte danach, noch zu bestätigen schienen, daß wir sie einst vor Wien besiegt hatten. In der Schatzkammer mußte ich aus einer kostbaren Wasserpfeife einen Zug tun, und am Abend fand dann im Dolma Bagtsche-Palais ein Empfang für tausend geladene Gäste statt.

Der riesige Saal des Palastes am Meeresufer, die in hellstem Glanze erstrahlenden Luster, die Gedecke in Silber und Gold, der Glanz der Toiletten und jener der Uniformen, die malerischen, historischen Kostüme – das alles verschmolz zu einem einzigen Märchen aus Tausendundeiner Nacht. Die Kaiserin trug ein Diadem aus Diamanten von ungewöhnlicher Größe, von dem ganz Konstantinopel noch lange sprach. Die jugendlich-männliche Gestalt des Kaisers und die Grazie seiner Kaiserin, der Zauber des Festes... diese Nacht blieb allen, die sie miterlebten, für immer unvergeßlich: »Ein natürliches Lächeln zeigt sich in ihrem Antlitz, die großen Perlen ihres Kolliers können nur mit dem blendenden Weiß ihrer unter dem Lächeln sichtbaren Zähne verglichen werden. Ihre Toilette ist edel, einfach wie immer; nur auf dem von der Natur gewellten Haar funkelt ein Diadem aus sternenähnlichen Brillanten...
Die majestätische Herrscherin reicht mit nobler Geste die Hand dar, sie läßt die osmanischen Würdenträger die zarten Finger küssen, ihre Stimme ist harmonisch leise...«

Soweit ein türkischer Journalist.
Alois Musil, der Orientalist, machte naturgemäß andere Beobachtungen: »Die Anwesenheit der jungen Kaiserin wirkte impulsiv auf die muslimische Frauenwelt, die es durchsetzte, daß sie schon auf dem Bahnhof in einem besonderen Raum den Begrüßungsfeierlichkeiten beiwohnen konnte.
Kurz nach der Ankunft in Jüldiz begab sich Ihre Majestät die Kaiserin in den Tschit-Kiosk in den Jüldizgärten, um da die kaiserlichen Prinzessinnen und die Gemahlinnen der Minister zu empfangen. Die meisten von diesen Frauen mochten zwar manches von den europäischen Herrscherinnen gelesen haben, jetzt aber sahen sie eine Kaiserin aus der nächsten Nähe, konnten mit ihr wie mit ihresgleichen plaudern.
Auch für sie, für die so oft verkannten muslimischen Frauen, war es ein historischer Tag...«

Es war der Tag, an dem zum ersten Male in der Geschichte des Osmanischen Reiches die Straßenzüge von Konstantinopel nicht mehr von dem Bild der verschleierten Frauen geprägt waren!
Kaiserin Zita erinnert sich in diesem Zusammenhang an ein Gespräch mit einem der türkischen Honoratioren, das sich während der Fahrt vom Bahnhof zum Palast zutrug:
»Ist es wahr, daß die islamischen Frauen der Stadt wegen unseres Besuches heute zum ersten Male die Erlaubnis erhielten, unverschleiert auf den Straßen zu erscheinen?«
Darauf der zugeteilte Herr mit entwaffnender Offenheit: »Ja, aber das macht nichts, die jungen und die schönen Frauen haben wir Ehemänner ohnedies nicht aus dem Haus gelassen...«

Der Besuch der Kaiserin im Harem gestaltete sich für beide Teile – für Besucherin und Besuchte – zu einem Erlebnis besonderer Art. Einige Stunden lang plauderten die interessierten Haremsdamen über Kindererziehung, Frauenprobleme und – natürlich – auch über die Männerwelt; zwischendurch gab es unentwegt Kaffee, dann auch, unvermeidlich, die Wasserpfeife und zum Abschied ein Geschenk: einen von den Damen des kaiserlichen Harems selbst gestickten, seidenen Frisiermantel. Die Kaiserin, fast sechzig Jahre später: *»Sozusagen das einzige Stück, das mich aus dieser Zeit immer begleitet hat; ich benütze ihn noch immer, und er ist so schön und so unversehrt wie am ersten Tag. Was für ein Material, was für eine herrliche, gute Arbeit!«*

Am Vormittag des 21. Mai fand die Parade der österreichisch-ungarischen Truppen vor dem Kaiser statt. Eine unübersehbare Menge von Zuschauern hatte sich eingefunden, dazu das gesamte diplomatische Corps und die türkische Regierung. Die Parade gestaltete sich zu einer Demonstration der Anhänglichkeit und Treue; der Kaiser sprach alle Offiziere persönlich an, und, getreu seiner Gewohnheit, auch möglichst viele Unteroffiziere und Soldaten.
Am Abend des gleichen Tages fand in der k.u.k. Botschaft von Konstantinopel das Abschiedsdiner für das Kaiserpaar statt, unmittelbar darauf erfolgte die Abreise. Die ganze Stadt, der Bosporus und das Goldene Horn erstrahlten in hellem Lichterglanz, und durch ein Spalier begeisterter Menschen begab sich das Kaiserpaar zum Bahnhof.
Dann fuhr der Hofzug, von Tausenden und Abertausenden Blumen überschüttet, langsam aus der festlich geschmückten Halle. Ein Märchen ging zu Ende, und niemand ahnte, daß der Besuch des österreichischen Kaiserpaares der letzte Staatsbesuch in der Hauptstadt des Osmanischen Kaiserreiches, im altehrwürdigen Konstantinopel, sein sollte. *»Der Besuch, der ganze ungewöhnliche Aufwand, all die Gespräche, hatten nur einem einzigen Zwecke gegolten: die verantwortlichen Männer des Osmanischen Reiches günstig zu stimmen, um ihre Mitwirkung zu werben bei dem großen Plane, den Frieden so bald wie möglich herbeizuführen.«*
Die Türken verstanden sehr wohl, worum es ging. Zum Tragen kam die neubekräftigte Freundschaft zwischen Österreich-Ungarn und der Türkei aber nicht mehr. Der Zusammenbruch Bulgariens trennte alsbald die beiden Staaten geographisch voneinander, der Zusammenbruch der Mittelmächte zerstörte sowohl das Osmanische Reich als auch Österreich-Ungarn. Sie sind die Hauptleidtragenden des Unglücks von 1918 geworden – und mit ihnen die Völker der untergegangenen Reiche.

Königstage in Preßburg

Unmittelbar vor dem Ende der Monarchie erlebte das junge Königspaar noch einen triumphalen Empfang in Preßburg (Poszony, Bratislava), der alten ungarischen Krönungsstadt.
Darüber berichtete der »Pester Lloyd«:

»Am Nachmittag fand in der nahen Au an der Donau ein Wohltätigkeitsfest zu Gunsten der Kriegsinvaliden statt, das alsbald die Dimensionen eines Riesen-Volksfestes annahm.
Nur ein winziger Teil der Menge, die über die Donau wollte, konnte von den Propellern hinübergeschafft werden. Die anderen zogen in endlosem Zug über die Brücke, für die das bestimmt die stärkste Belastungsprobe war, der sie je unterzogen wurde. Drüben, unter den Bäumen, war ein bunter Jahrmarkt entstanden. Neben vielerlei Volksbelustigungen gab es hübsche Zelte zu bewundern, unter denen Damen der Gesellschaft Erfrischungen und Erzeugnisse der Hausindustrie feilboten.
Das Königspaar hatte nach dem Déjeuner die Krönungskirche und sodann das Invalidenheim besichtigt. Von dort begaben sich die hohen Gäste auf den Festplatz.
Als das Königspaar, jetzt nicht nur mit dem Kronprinzen, sondern auch mit der vierjährigen Prinzessin Adelheid, hier eintraf, war es alsbald dauernd umringt und umjubelt. Hier empfing es auch die Bauerndeputationen verschiedener Komitate und freute sich sichtlich der naiven und herzlich vorgebrachten Ansprachen und der überreichen Erntekränze. Die originellste Programmnummer erschien nun: die Huldigung der Weinbauern des Komitates Pozsony, ein Festzug mit hohen Wagen, wie man sie von Fastnachtsumzügen kennt, mit hohen Bottichen von Wein und vielen hübsch kostümierten Mädchen darauf.
Bei den Empfangsfeierlichkeiten in Poszsony gestaltete sich namentlich der Empfang der über sechshundert Köpfe zählenden Deputationen der Komitate Poszony, Arva, Moszonyi, Trenzsen, Turoz, Vác und Zála sehr eindrucksvoll. Als der König seine Antwortansprache auf die Rede des Obergespáns verlesen hatte, legte er plötzlich das Blatt weg und rief mit lauter Stimme: ›Es lebe meine heißgeliebte ungarische Nation!‹ Diese spontane Huldigung des Königs weckte unbeschreiblichen Jubel.
Als die Begrüßungsansprachen im Königszelt zu Ende waren, stimmte die Militärmusik den Hymnus an. Das Publikum fiel spontan ein, und wie die Umstehenden bemerken konnten, sang der König mit lauter Stimme und mit sichtlich vollkommener Beherrschung des Textes den Hymnus mit.
Auch der Kronprinz Otto sang mit. Der König und die Königin und auch die Kinder der Majestäten verweilten hierauf lange bei den hübschen, bäuerlichen

39 Königin Zita im Krönungsornat, als höchste Schutzfrau des hochadeligen Sternkreuzordens und mit dem Großkreuz des Elisabethordens, Budapest, 31. Dezember 1916

40 Triumph in Tirol: Dem jungen Herrscherpaar fliegen alle Herzen zu

41 Väter des österreichischen Staatsvertrages: Premierminister Pandit Nehru und Erzherzog Carl Ludwig

42 Königstage in Preßburg (1918) – das junge Königspaar Karl und Zita wird von einem Rabbiner gesegnet

43 Kaiserin Zita empfängt Wiener Kinder, die von einem Erholungsaufenthalt in Ungarn auf einem Donaudampfer heimkehren

44 Erzherzogin Astrid (Prinzessin von Luxemburg), ihr Gemahl Erzherzog Karl Christian, dessen Schweste

Alexandra, der Papst und Otto von Habsburg

45 Erzherzogin Marie-Hélène, in ihren Armen Ehg. Michael, dann Carl Christian, Johannes und Priscilla, Maria Schnee, Thomas, dann der Vater Erzherzog Rudolf, auf seinem Arm Franz-Ludwig

46 Erzherzogin Alexandra mit Gemahl Hector Riesle und den Kindern Constanza, Maria Sofia und Felipe (Santiago de Chile)

47 Erzherzog Carl Christian hält seinen Sohn Christoph, links Marie-Christine, dann Imre; Erzherzogin Marie-Astrid, Prinzessin von Luxemburg, sie trägt den Jüngsten, Erzherzog Alexander

48 Kaiserin Zita mit Kaiserin Auguste Viktoria, der Gemahlin von Kaiser Wilhelm II., im Schloßpark von Laxenburg bei Wien (7. Juli 1917)

·9 Staatsbesuch in Bulgarien, 17. Mai 1918. Kaiserin Zita mit Prinz Cyrill (Bruder des späteren Königs Boris), hrem Neffen

50 Das österreichische Kaiserpaar in Konstantinopel, 19. Mai 1918

51 Kaiserin Zita mit ihrer Tochter Erzherzogin Charlotte bei der Wallfahrt nach Maria Puchheim, wo ihre Mutter Herzogin Maria Antonia († 1959) in der Familiengruft beigesetzt ist

Gruppen und gaben ihrer Freude bewegt Ausdruck. Dann begann ein Rundgang nach den verschiedenen Verkaufsständen. Überall wurden die Damen vorgestellt, und bei dem Pavillon, in dem geschmackvolle Kinderspielzeuge zum Kaufe lagen, die von den Kriegsbeschädigten hergestellt worden waren, machte die Königin einige Einkäufe. Trotz der großen Anforderungen, die der überaus drückend schwüle Tag an das Herrscherpaar stellte, waren der König und die Königin von erstaunlicher Frische und freuten sich über alles ihnen Gezeigte. Gegen fünf Uhr nahte dann schon die Abfahrt.
Die hohen Herrschaften bestiegen nun den am nahen Ufer liegenden Dampfer. Die Menschen strömten ihnen nach, und als das Schiff sich in Bewegung setzte, übertönte der Chor der Menge, die den Hymnus anstimmte, die Militärmusik vollständig.
Von der Festung erdröhnten aufs neue die Kanonen, und langsam fuhr das Schiff stromaufwärts.
Der König und die Königin und der Kronprinz winkten noch lange und freundlich den dichtbesetzten Ufern zu, auf denen ein unübersehbares Meer von Hüten und Tüchern emporflatterte.
Der ganze Festakt war in vollkommenster Ordnung verlaufen.
Bald nach Abfahrt des Dampfers nach Orth näherte sich dieser dem Engpaß zwischen Leithagebirge und den Kleinen Karpaten, der sogenannten Porta Hungarica. Hier ragt der Fels auf, der die Burgruine Theben trägt und dessen vorspringender Teil von der Árpád-Gedenksäule gekrönt wird. Am Fuß des dreißig Meter hohen Felsens liegen die Häuser des schmucken Marktes Devény. Von allen Fenstern des Dorfes grüßten trikolore Fähnchen. Auf der Plattform des Felsens war ein hoher Fahnenmast errichtet worden, und an der Landungsstelle hatten die Schulkinder des Ortes Aufstellung genommen. Als das Königsschiff hier langsam vorbeifuhr, intonierte ein Bläserchor die ungarische Hymne, und die Stimmen der Kinder fielen hell schmetternd ein. Das Herrscherpaar dankte vom Strome aus tief ergriffen für diese Huldigung auf ungarischem Boden.«

Es ist eine der schönsten Erinnerungen, einer der ergreifendsten Momente in meiner Erinnerung an die untergehende Monarchie. Der Empfang übertraf alle Vorstellungen; die Gefühle, die uns bewegten – den König, die Kinder und mich –, sind einfach nicht wiederzugeben.
Wir sahen doch längst, wie verzweifelt die ganze Lage war und dennoch, wir kamen aus Ungarn zurück, sogar irgendwie beruhigt, nein, nicht beruhigt, aber doch glücklich zu wissen, daß die Menschen mit uns dachten und daß es so treue Städte gab.

Die Hetzkampagne gegen das Kaiserpaar

Am 2. Juli des Jahres 1918 erschien in der »Reichspost« ein groß aufgemachter Bericht:

Eine vaterländische Massenkundgebung in Wien
Gegen die feindlichen Ausstreuungen und Giftmischereien!

Die weiten Räume der Wiener Volkshalle und des Arkadenhofes waren heute abend der Schauplatz einer gewaltigen, machtvollen Kundgebung des christlichen Wien, die ein begeistertes Treuebekenntnis aller Schichten der Bevölkerung zu unserem Herrscherhause darstellte. Der Versammlung wohnte auch Fürsterzbischof Kardinal Piffl bei.
Univ.-Prof. Dr. Seipel eröffnete die Versammlung und erteilte sodann dem ersten Redner das Wort.

Chefredakteur Dr. Funder: »In diesem Weltkriege war Österreich–Ungarn militärisch und politisch vor die schwierigste Aufgabe unter allen Staaten gestellt. Während alle anderen Staaten als national geschlossene Einheiten für ein nationales Ideal in den Krieg zogen, schien es Österreichs Aufgabe zu sein, gegen das nationale Ideal aussichtslos zu kämpfen und dabei unterliegen zu müssen.
Doch die Berechnung der Feinde ist mißlungen. Denn Österreich ist keineswegs ein Erzeugnis von tausend glücklichen Zufälligkeiten, sondern eine Schöpfung der Hand Gottes, welche die Weisheit seiner Regenten durch die Jahrhunderte wunderbar unterstützt hat.
Das gemeinsame Vertrauen zur Dynastie ist es, das die Völker der Habsburgermonarchie einigt. Wer die Krone schützt, der schützt Österreich, wer die Krone anrührt, der rührt Österreich an, wer Liebe und Vertrauen zur Dynastie in Österreich zerstören könnte, der würde Österreich zerstören! (Stürmische Zustimmung.)
Wir wissen, daß Lord Northcliffe mit der sogenannten ›inneren Propaganda‹ in den feindlichen Ländern betraut worden ist und ihm dafür die Millionen des englischen Riesenschatzes zur Verfügung stehen.
Die Offensive gegen unsere innere Front ist bereits im Gange! (›Sehr richtig! So ist es!‹) Tag und Nacht, groß angelegt, aus unzähligen Angriffsmitteln gespeist, gegen das Zentrum unserer inneren Stellung gerichtet, gegen das Herz, wo wir tödlich verwundbar sind, gegen unsere Dynastie und die festen Zusammenhänge, die unsere Völker mit dem Herrscherhause verbinden.
Als das junge Herrscherpaar kam, da jubelte ihm alles zu. Wir kannten den jungen Kaiser als siegreichen Führer im Felde, als einen Vater mit einem vorbildlichen, christlichen Familienleben.

Und wir kannten auch seine Gemahlin als die Mutter der Armen, die ihre Weihnachtsfeste im Hetzendorfer Schloß damit beging, daß sie aus Meidling die Kinder von Lampenanzündern, Wagenverschiebern und armen Hilfsarbeitern zu sich an den Weihnachtstisch laden ließ. Sie stellte sich an die Spitze der Hilfsaktion für unsere Jugend, der Gründung der Soldatenheime, und als Wien im kalten Winter 1917 zuwenig Fuhrwerke für die Kohle hatte, ließ sie die Rappen aus dem kaiserlichen Marstalle Kohlen nach Ottakring und Hernals hinausführen, damit die Armen sich wärmen können. (Beifall.)
Soll ich diese Versammlung beschmutzen, indem ich nun all die verächtlichen Gerüchte aufzähle, denen nichts erhaben, nichts heilig, nichts rein genug ist, um es in den Staub zu ziehen?
[Hier beginnt der Zensurstrich.] Die bald den Blödsinn – verzeihen Sie, aber man muß einmal deutsch reden! (›Bravo! Bravo!‹) – ausstreuen, es gebe irgend jemanden, der die Verwendung von Gasbomben und Flammenwerfern gegen die italienischen Schützengräben (Heiterkeit) verboten oder den Befehl gegeben habe, die italienischen Kriegsgefangenen mit Vorzug zu behandeln, während unsere Gefangenen in Italien schlecht behandelt werden, oder: eine Dame habe interniert werden müssen, weil man bei ihr militärische Pläne bei einer Reise in die Schweiz gefunden habe, oder daß schon ein Attentat geplant und daß deswegen sieben Verhaftungen vorgenommen worden seien!
[Ende des Zensurstrichs.]
Diese aus dem Blauen erfundenen Ausstreuungen tauchen auf, unfaßbar wie ein Schatten, und wenn man heute eine dieser Lügen ergreift und totschlägt, morgen sind schon wiederum zwei neue da (Zwischenruf: ›Zehne!‹ Heiterkeit. ›Es ist zu dumm!‹), ebenso verwegen wie ihre Vorgängerin.
›Wenn der Freund zum Freund kommt, stirbt des Verleumders Macht‹, sagt Rückert in der ›Weisheit des Brahminen‹. Und wir dürfen ergänzen: wo das österreichische Volk zu seinem Kaiserhause kommt, da muß alle Lüge und giftige Gerüchtemacherei ersterben, weil der Verstand uns zeigt, daß der Feind *bei uns eine Lügenfabrik* aufgebaut hat, um mit der Lüge unsere innere Front niederzuwerfen, und weil unsere Liebe und Treue uns gebieten, wie eine Mauer um den Thron zu stehen! (Stürmischer, langanhaltender Beifall.)
Es ist und bleibt für uns christliche Wiener die alte Lueger-Parole: ›Gut christlich, gut deutsch, gut österreichisch und kaisertreu allerwegen!‹« (Stürmischer, minutenlanger Beifall.)
Landtagsabgeordneter Leopold Kunschak, der nun das Wort nahm, führte aus: »Die Stunde, in der wir uns heute versammelt haben, ist furchtbar ernst. Unser Ernährungssystem ist zusammengebrochen und hat zu jenem Ende geführt, daß unser Kaiser sich nach einer heute veröffentlichten Mitteilung an seinen Bundesgenossen um Hilfe wenden mußte. Wir können beim Anblick der heutigen Bilder voll Not und Elend nur eine Bitte aussprechen: Verschaffet uns doch eine Erleichterung, daß die Verbrecher, die das alles verschuldet haben, bestraft

werden! (Stürmische Zustimmung.) So hätte es nicht kommen müssen, trotz des schurkischen Aushungerungskrieges durch die Engländer.
[Hier setzt wieder der Zensurstrich ein – in der ›Reichspost‹ gibt es neuerlich eine weiße Fläche.] Zu dieser Belastungsprobe der Geduld unseres Volkes kommt noch eine andere. Es gibt Bestien in Menschengestalt, denen es Freude bereitet, in den Wunden des Volkes zu wühlen. Sie tragen in all das Leid noch die Hetze gegen das Kaiserhaus, gegen die geliebte Landesmutter, indem sie Gerüchte ausstreuen, die ich nicht wiederholen will, weil ich fürchte, schon durch das Aussprechen derselben besudelt zu werden. Wir fragen uns: *Wozu diese Hetze?* Soll sie nur dazu dienen, die gespannte Atmosphäre, die überall gelagert ist, zur Explosion zu bringen, das letzte Band, das uns in Ruhe und Ordnung hält, das Band der Liebe von Volk zu Kaiser und von Kaiser zu Volk, auseinanderzureißen? Das Volk soll irre werden an seinem Kaiser, an seiner Kaiserin, das Volk soll nicht einen Pol mehr finden, auf dem sein Auge mit Ruhe verharren kann; das ist der letzte Zweck der Übung.
Hetze gegen Kaiser und Kaiserin nennt man es, und Hetze zur Revolution ist es! (Lebhafter Beifall.)
Man macht das Kaiserpaar verantwortlich für Mängel in der Ernährung, man macht es verantwortlich für die Ereignisse auf den Schlachtfeldern und in der Diplomatie, und doch weiß jedes Kind, wie sehr Kaiser und Kaiserin und das Wohl des Volkes bemüht sind. [Ende der zensierten Stelle. Hier setzt der Text in der ›Reichspost‹ wieder ein:] Was haben diese zwei Menschen in diesem Kriege nicht alles geleistet, um die Not des Volkes zu lindern! Gibt es ein Werk der Fürsorge, dem nicht unsere Kaiserin ihre Mithilfe hätte angedeihen lassen? Gibt es ein Notstandsgebiet in der Monarchie, das der Kaiser nicht selbst bereist hätte, um den Jammer mit eigenen Augen zu sehen? Man erzählte mir, daß der Kaiser von seiner letzten Reise in das böhmische Notstandsgebiet halbtot vor Kummer zurückgekommen sei wegen des Elends, das er geschaut hat.
Die Hetze, die jetzt gegen das Kaiserhaus getrieben wird, ist nicht nur ungerechtfertigt, sie ist auch auf das schlimmste angelegt. Soweit diese Hetze von Leuten betrieben wird, von denen man nicht annehmen kann, daß sie im Solde des Feindes stehen, muß man sie als Ausfluß eines bodenlosen Leichtsinns bezeichnen.
Wir wissen, daß England seinem Bundesgenossen, dem Zaren, die Revolution ins Haus gebracht hat. Nun möchte es sich auch an uns machen, um uns die Revolution ins Haus zu bringen und uns den roten Hahn auf das Dach zu setzen. Und zu diesem Zwecke rollen gewiß Millionen und Millionen im Lande.
Es sind aber noch andere da, die diesen Kampf in den Reihen unseres Volkes schüren. Zwei Gegensätze steigen auf in der Welt, die sich am furchtbarsten damals geoffenbart haben, als Pontius Pilatus zu Jerusalem über den Heiland sein ›Schuldig‹ gesprochen hatte. [Hier setzt die Zensur aufs neue ein und streicht:] Und dieser Gegensatz heißt: hie Christ, hie Antichrist! Hie Arier, hie Jude! Und täuschen wir uns nicht: es drängen die Verhältnisse in diesem Gegensatz mit

elementarer Wucht zur Entscheidung. In einer deutschen Zeitung ist es angegeben, warum dieser Kampf dem Kaiserhaus gilt. Das Kaiserhaus ist diesen Leuten zu ›bigott‹, zu religiös. [Ende der Zensurstreichung; die ›Reichspost‹ setzt fort:] Und weil es hierin dem Volke mit gutem Beispiel vorangeht, darum muß es dem Volke verekelt werden, darum muß es mit dem Kot der Straße beschmutzt werden. (Stürmische Zustimmung: ›So ist es!‹)
Freimaurer sind es, die diesen Kampf im Volke schüren. Freimaurer im Kampfe gegen das katholische Österreich, das sie aus der Weltgeschichte vertilgt haben möchten, jenes Österreich, das ihnen den Weg zum Triumphe über die Welt versperrt.
Und doch will ich sagen, was unser Leitspruch in dieser trostlosen Zeit sein soll: *Kopf hoch und ruhig Blut!* Unsere Liebe zum Kaiser und zur Landesmutter darf nicht ins Wanken kommen!«

Ein brausender Beifallssturm folgte den Ausführungen des Landtagsabgeordneten Kunschak. Der Vorsitzende bat hierauf den Kardinal-Fürsterzbischof Dr. Piffl, folgende Entschließung als einmütige Kundgebung an die Stufen des Thrones gelangen zu lassen: »Das unter Führung des Volksbundes versammelte christliche Volk von Wien bittet Ihre Majestäten, die Gefühle unwandelbarer Treue und Ergebenheit in einer Stunde zu Füßen legen zu dürfen, in der feindliche Mächte sichtbar am Werke sind, das angestammte dynastische Gefühl der österreichischen Völker in beharrlicher Hetze zu untergraben.«
Die Resolution wurde unter begeistertem Beifall einstimmig angenommen und hierauf die Versammlung mit den Klängen der Volkshymne, die in tausendfältigem Chore mächtig zur Höhe rauschten, und in einem spontanen dreimaligen Hoch auf Österreich geschlossen...
Am 3. Juli 1918 erschienen die Abgeordneten Dr. Waldner, Dr. Schöpffer Freiherr von Pantz und Dr. Mataja beim Ministerpräsidenten Dr. Ritter von Seidler, um auf die »seit einigen Tagen« in Umlauf befindlichen Gerüchte aufmerksam zu machen. Die genannten Herren stellten an den Kabinettschef die etwas naive Frage, was seitens der Regierung vorgekehrt worden sei, um »... diesen empörenden Machenschaften wirksam zu begegnen.
Ministerpräsident Dr. Ritter von Seidler erklärte, daß ihm die in Frage stehenden Gerüchte wohl bekannt seien. Er mache sich zum Dolmetsch der Gefühle aller Bevölkerungskreise, indem er seine tiefe Entrüstung über diese niederträchtigen und sinnlosen Auswüchse ausspreche. Bezüglich der Quellen dieser ungeheuren und systematischen Verhetzung könne ein Zweifel nicht bestehen. Sie komme aus dem Arsenal unserer Gegner, die kein Mittel scheuten, das patriotische Gefühl der Monarchie zu zerstören, und sogar vor dem Versuche nicht zurückschreckten, jene festen Bande inniger Liebe und Verehrung, welche das Allerhöchste Herrscherhaus mit der getreuen Bevölkerung verknüpfe, zu lockern. Er brauche nicht zu sagen, daß ein Erfolg diesem schamlosen Beginnen nicht beschieden sein könne.

Kein vernünftiger Mensch werde einen derartigen Unsinn glauben. Jedenfalls verbürge er, der Ministerpräsident, sich persönlich dafür, daß alle jene abscheulichen Gerüchte, die in letzter Zeit über Ihre Majestät verbreitet worden seien, nicht einen Schatten von Wahrheit enthalten.
Die Verbreitung derartiger Märchen sei demnach ein höchst verwerfliches Vorgehen, dem mit aller Strenge des Gesetzes werde entgegengetreten werden, da durch sie den Manövern des Feindes geradezu Vorschub geleistet und das Vaterland schwer geschädigt werde. Sowohl gegen die Verbreiter als auch insbesondere gegen die Urheber werde ohne Ansehen der Person rücksichtslos vorgegangen werden. Es sei Pflicht jedes Staatsbürgers, die öffentliche Verwaltung bei der Unterdrückung dieser Umtriebe zu unterstützen, wie dies in sehr erfreulicher Weise auch bereits geschehe. Er verweise insbesondere auf die imposante Kundgebung, die der katholische Volksbund kürzlich veranstaltet habe. An die Herren Abgeordneten wende sich die Regierung mit der dringenden Bitte, in dem gleichen, patriotischen Sinne zu wirken.«

Was für ein – heute kaum mehr vorstellbares – Maß die Gerüchtemacherei und die damit allgemeine Verwirrung im Sommer 1918 bereits angenommen hatte, geht auch aus der dringlichen Anfrage des Abgeordneten Huszár im ungarischen Parlament hervor.

Donnerstag, 4. Juli 1918, Abgeordneter Karl Huszár: »Unsere Feinde suchen ihre Ziele, die sie mit dem Schwert nicht erreichen können, nun durch hinterlistige Wühlarbeit zu erreichen und die Keime der Zersetzung in unser Volk zu verpflanzen.
Nun möchten sie das Band, das die Völker der Monarchie an das Herrscherhaus bindet, lockern. Mit großen Geldmitteln unterhalten sie eine Organisation von Helfershelfern, die durch die Aussprengung niedriger Verleumdungen Unruhe zu stiften bestrebt ist. Neuerdings hat diese Organisation, die es in Österreich übrigens noch intensiver treibt als in Ungarn, unsere erhabene Königin Zita aufs Korn genommen.
Die Königin Ungarns steht zu hoch, die Liebe des ungarischen Volkes zu ihr ist zu tief verankert, als daß dagegen solches Treiben Ernstliches auszurichten vermöchte. Kein Mensch in Ungarn glaubt auch nur das Geringste von diesen Verleumdungen der besten aller Frauen und Mütter, die ihre Kinder in so gut ungarischem Geiste erzieht, die ihrem heimgesuchten Siebenbürger Volk in so traurigen Stunden der Not mit ihrer Liebe die Leiden zu lindern wußte. Trotzdem würde eine Regierungserklärung über Maßnahmen zur Bekämpfung dieser niederen Machenschaften allgemein beruhigend wirken.« Der Redner bringt dann die Interpellation ein, deren Wortlaut wir bereits mitgeteilt haben.

Der Ministerpräsident, Dr. Alexander Weckerle: »Obwohl bekanntermaßen Seine Majestät der König in bezug auf hingebungsvolle Arbeit als Musterbild in ganz Ungarn anerkannt ist, und trotz des beispielgebend schönen und moralischen Familienlebens des jungen Königspaares, hat die Verleumdung vor den Stufen des Thrones nicht haltgemacht. Mit großer Entrüstung haben wir alle von den neuesten Gerüchten Kenntnis erhalten, die nicht nur die Person des Königs, sondern auch die Person unserer heißgeliebten Königin anzutasten wagen und in einem schändlichen Lichte darstellen wollen. Die Person der Königin, die in ihrer patriotischen Auffassung mit dieser Nation eins ist, die für die Interessen der Nation eine so warme und innige Hingebung bekundet hat, wie vor ihr noch kaum jemand.

Wir müssen auch in dieser Erscheinung nur ein Zeichen des Kampfes und jener Wühlarbeit sehen, die von unseren Feinden eingeleitet worden ist und die den Zweck verfolgt, im Kreise unserer Bevölkerung Unruhe und Unsicherheit zu erwecken, um unsere Hochschätzung und unsere Liebe für das Herrscherhaus zu lockern. Es ist wohl überflüssig, besonders zu erwähnen, daß im allgemeinen diese geradezu sinnlosen Ausstreuungen im ungarischen Volk als Lügen erkannt wurden. Überflüssig zu sagen, daß sie bei uns die große Liebe und Anhänglichkeit in keinem einzigen Menschen zu erschüttern vermocht haben.

Dennoch hat die Regierung es für notwendig erachtet, Verfügungen nach der Richtung zu treffen, daß die Verbreiter dieser Gerüchte ausgeforscht und der strengsten Bestrafung zugeführt werden.

Wir haben alles aufgeboten, um diese unwahren Gerüchte zurückzuweisen. Der Ministerpräsident fordert auch alle wohlgesinnten Kreise auf, an der Beruhigung der öffentlichen Meinung mitzuwirken, wie das auch die Presse getan hat, die sich aus eigener Einsicht zu jener Höhe erhoben hat, deren es bedarf, um diese Gerüchte auf das entschiedenste zurückzuweisen, und die dadurch auch ihrerseits die Hochachtung und Anhänglichkeit gefördert hat, die ganz Ungarn dem hohen Königspaar entgegenbringt.« (Stürmischer Beifall und Applaus im ganzen Hause.)

Das ganze Haus nahm die Antwort und Erklärung des Ministerpräsidenten einstimmig zur Kenntnis. Die Sitzung schloß um 11 Uhr. Die Propagandakampagne jedoch ging ungestört weiter. Sie steigerte sich sogar noch nach Kriegsende. Woher kam diese Welle übler Nachrede? Wer waren die Drahtzieher dieses ebenso primitiven wie genialen Tricks, die Kaiserin in Österreich als »Italienerin« und in Deutschland gleichzeitig als »Französin« zu diffamieren? Northcliffe, Seton-Watson, Steed und Campbell Stuart oder gar der feurige Gabriele d'Annunzio? »Die Freimaurer« im allgemeinen oder »die Juden« im besonderen, wie Leopold Kunschak es vermutete?

Gewiß zählten weder die Leute um Northcliffe noch die damaligen Freimaurer und schon gar nicht ein Gabriele d'Annunzio zu den Freunden der Dynastie. Aber selbst wenn sie eine solche Diffamierungskampagne im Schilde geführt hätten – sie

standen alle jenseits der Grenzen, jenseits einer gewachsenen, bislang unerschütterlichen Front. Es gab wohl verschiedene Möglichkeiten, diese Front zu durchdringen, sei es nun durch Abwurf von Flugzetteln, sei es durch das Einschleusen von Agenten. Aber beide Mittel hätten – schon weil sie vom offiziellen Feind kamen – kaum einen nennenswerten Effekt erzielt.
Der Lösung des Rätsels kommt schon näher, wer die Kriegsziele der kriegführenden Parteien genauer studiert. Das Motiv führt zum Täter.
Was wollte England?
Deutschland besiegen, dessen Militärmacht brechen, das deutsche »Kaisertum« auflösen, vielleicht auch das »Reich«; die Engländer spekulierten auf die Errichtung eines starken Königtums Hannover. Die deutschen Kolonien wollten sie natürlich gleichfalls kassieren.
Hinsichtlich Österreichs brachten erst die tschechischen Pressuregroups der Beneš und Masaryk gewisse Ideen zum Durchbruch. Schließlich verlegten sich Englands Propagandakonzeptoren, soweit es um Österreich ging, auf ein typisches Doppelprogramm. Dessen einer Teil war darauf ausgerichtet, Österreich zu erhalten, ja sogar zu vergrößern. Dies für den Fall, daß es der Doppelmonarchie gelänge, aus dem Bündnis mit Deutschland auszubrechen. Im anderen Falle würde man sehen...
Was wollte Rußland? Die Einverleibung Böhmens und dessen Unterstellung unter den Zaren, Zerstückelung Ungarns und Beherrschung des Balkans, Reduzierung Österreichs auf ein »Herzogtum«. Der Kriegsaustritt Rußlands und die Revolution machten dieses Programm jedoch zunächst illusorisch.
Immerhin erfuhren die Mittelmächte nach der Niederwerfung Rußlands den Inhalt des »Londoner Vertrages« von 1915, in welchem dem Königreich Italien der Lohn für seinen Kriegseintritt versprochen worden war: Südtirol, Triest, die dalmatinischen Hafenstädte. Frankreichs Kriegsziele deckten sich weitgehend mit jenen Englands; was Österreich betraf, so wissen wir inzwischen längst, daß die französische Regierung die späteren Restaurationsversuche König Karls – sehr wohl auch im Hinblick auf eine Wiederherstellung der Gesamtmonarchie – nicht nur duldete, sondern auch förderte. Bleiben die Kriegsziele der Mittelmächte.
Der Zar von Bulgarien träumte davon, in Konstantinopel zum Kaiser gekrönt zu werden. Da aber auch das Osmanische Reich zu den Mittelmächten zählte, wußte er, daß er nur träumte.
Das Osmanische Reich, ein echtes »Reich« und ein Vielvölkerstaat wie Österreich-Ungarn, wollte das gleiche wie die Donaumonarchie: das Reichsgebiet unversehrt erhalten.
Bleibt das Kriegsziel Deutschlands: Es umfaßte die Annexion der Niederlande und Belgiens, einschließlich deren Kolonien; die Eingliederung Elsaß-Lothringens sowie Gebietserweiterungen um Verdun und an der »Erzbasis«; im Osten eine Annexion des Baltikums, eine gewaltige Zurückdrängung der russischen Grenzen und – man faßt es kaum – eine Massenaussiedlung der slawischen Bewohner und

der Juden! Ein Programm, das später von Hitler mehr als getreulich erfüllt wurde. Einschließlich des Vokabulars, das von »Rasse«, »Germanentum«, »Nation«, »Vorsehung« und »totalem Krieg« sprach.
Österreich–Ungarn scheint in diesen Plänen bereits als völlig deutsch-integrierter Faktor auf: also »angeschlossen«.
Sowohl aufgrund der Motivierung und politischen Zielsetzung als auch aufgrund der zugänglichen Dokumente kann heute zweifelsfrei festgestellt werden: die Diffamierungskampagne gegen das österreichische Kaiserpaar ging vom wilhelminischen Deutschland aus.
Daß sowohl das Trauma von 1866 als auch die maßlose Bewunderung der deutschen Waffentaten im Ersten Weltkrieg, und darüber hinaus der immer mehr um sich greifende, alles zerstörende Nationalismus in Österreich einen Nährboden für die Lockungen und Versuchungen aus dem Lager des »Großen Bruders« geschaffen hatten, sei der Vollständigkeit halber erwähnt. Daß er ohne die »Nachhilfe« aus dem Großen Hauptquartier niemals zum Durchbruch gekommen wäre, beweisen nicht zuletzt die Berichte des Generals von Cramon, des Verbindungsoffiziers Kaiser Wilhelms bei Kaiser Karl.
Der Kampf und die Schnüffelei des deutschen Bundesgenossen gegen Kaiser Karl und seine Familie spielten sich auf zwei Ebenen ab: auf der politischen und der militärischen. Kaiser Wilhelm hatte den preußischen General von Cramon als seinen ständigen Vertreter zum österreichisch-ungarischen Armeeoberkommando delegiert. Es dauerte allerdings nicht lange, und die österreichische Abwehr hatte Cramon entlarvt, wie ja überhaupt in Kreisen der Eingeweihten alsbald Klarheit über den Ursprung der Hetze gegen das Kaiserpaar bestand.
Oberst Ronge, der Chef der österreichischen Abwehr, schreibt darüber: »Das Schlimmste aber war, daß dieses Treiben nicht von der feindlichen Propaganda ausging, sondern vom verbündeten Deutschland.«
Der Kaiser versuchte, auf die ihm eigene, taktvolle Art, des Herrn von Cramon ledig zu werden: er las ihm die dechiffrierten Meldungen vor, drückte seine Freude darüber aus, die »Meinung eines Verbündeten« kennengelernt zu haben, verpaßte Cramon einen Orden und – wartete vergeblich darauf –, Cramon werde jetzt Wien verlassen. Aber der blieb; bis zum bitteren Ende. Freilich hielt ihn der Kaiser fortan von allem fern, was interessant oder wichtig war.
Der Propagandafeldzug gegen das junge Kaiserpaar entbehrte jedweder Originalität. Wahrscheinlich erzielte er gerade deshalb die erprobte Wirkung. Der Erfolg war sozusagen garantiert, weil man sich peinlich genau an überkommene Vorbilder hielt. Den Drahtziehern der Verleumdungskampagne dienten drei Modellfälle als Arbeitsgrundlage, in denen über die Königin – über die Frau – ein Monarch zu Fall gebracht worden war.
Erstes Modell: die Kampagne gegen Marie Antoinette, die unglückliche Königin Frankreichs. Das Opfer: zunächst der König, schließlich die ungezählten Toten der Französischen Revolution. Ausgangspunkt: Paris.

Zweites Modell: die Kampagne gegen Königin-Mutter Carlota Joaquina von Portugal. Das Opfer: zunächst ihr Sohn, König Dom Miguel, schließlich das portugiesische Kolonialreich (einschließlich der halben Million Menschen, die 1975 in Moçambique und Angola dem Wahn der »Weltverbesserer« zum Opfer fielen). Ausgangspunkt: London.
Drittes Modell: die Kampagne gegen die Kaiserin von Rußland, Alexandra Feodorowna. Opfer: das Kaiserpaar und alle seine Kinder; in der Folge alle jene, die in die Unterdrückungsmaschinerie des Sowjetsystems gerieten. Ausgangspunkt: London.
Nur das propagandistische Trommelfeuer gegen Kaiser Karl und Kaiserin Zita kam originellerweise weder aus Paris noch aus London; es kam vom eigenen Verbündeten, es kam aus Berlin.
Die Technik der Verleumdung war in allen Einzelheiten kopiert; Vorbild war vor allem der Feldzug gegen die Zarin. Die Gründlichkeit der Exekution entsprach der Herkunft der Kopisten. Die Unzulänglichkeit der Abwehr dieses infernalischen Feldzuges entsprach der Mentalität der Österreicher, auch jener der an und für sich vorbildlichen österreichischen Abwehr: in ihrer sonst geradezu wundertätigen Mischung aus genialer Schlamperei und angeborener Nachgiebigkeit rechnete sie diesmal nicht mit der Kompromißlosigkeit des Gegners, der noch dazu im Gewand des sieghaften großen Bruders auftrat.
Wie wenig originell die deutsche Propaganda gegen das österreichische Kaiserpaar vorging (nochmals: an der tödlichen Wirksamkeit änderte das nichts), zeigt ein Blick auf die geradezu »archetypisch« zu nennenden Ingredienzen, aus denen sich das Propagandarezept zusammensetzte, als da sind: Fremdenhaß, Neidkomplex in jedweder Form, Verteufelung der Mutter der Kaiserin als »bigotte Intrigantin« und schließlich die »Dolchstoßlegende«, die schon wieder den Zweiten Weltkrieg vorbereiten half.
Kaiserin und Königin Zita traf – man müßte beinah sagen: ganz im Sinne und in der Tradition des Dualismus – ein doppelter Vorwurf; ihre Abstammung aus dem Hause Bourbon-Parma bot dazu den diesmal sogar originellen Vorwand.
In Deutschland war Kaiserin Zita nur als »Bourbonin« bekannt, als »Französin«. In Österreich nannte die deutsche Flüsterpropaganda die Kaiserin ausschließlich »die Parma« – das klang italienisch, sollte auch italienisch klingen, und wirkte damals auf jeden Patrioten wie ein rotes Tuch: »Italien« galt in Österreich geradezu als Synonym für »Verrat«.
Daß sich diese chauvinistische Abneigung bis ins Pathologische steigern konnte, bewies noch im Jahre 1925 der Bürgermeister der niederösterreichischen Gemeinde Langenzersdorf und deutschnationale Landtagsabgeordnete Dr. Leopold Barsch, der öffentlich erklärte: »Die italienische Bestie am Kaiserhof hat überall herumgeredet und alles zu unseren Ungunsten gewendet.«
Den Hintergrund dieser Haßorgien bildete der unglückliche Ausgang der Offensive am Piave im Juni 1918. Damals hatte ein bereits völlig erschöpftes österrei-

chisch-ungarisches Heer in einer heroischen Anstrengung eine Offensive vorangetragen, die den verhaßten italienischen »Erzfeind« anfangs zurückwarf; der plötzlich Hochwasser führende Piave machte aber über Nacht alle Anstrengungen zunichte.
Den »Schuldigen« – die Schuldige – fand die Ludendorff-Propaganda alsbald in der Person der Kaiserin. Oberst Ronge, der Chef der österreichischen Abwehr, registriert sachlich: »Nach der Schlacht kam der tatsächlich von Überläufern geübte Verrat auf das Konto der Kaiserin. Ihrem angeblichen Verbot, Gas zu benützen, wurde die geringe Wirkung der Artillerievorbereitung zugeschrieben, nicht aber den Fortschritten der Italiener in Gasschutzmitteln und der zeitgerechten Räumung der beschossenen Linien durch den größten Teil der Besatzung.«

Mit »Logik« hatte die Propagandawalze gegen die »Italienerin« wahrhaftig nichts zu tun. Die Frage, warum eine Frau, deren Eltern durch den italienischen Nationalismus Herrschaft und Heimat verloren hatten, gerade den italienischen Nationalstaat, der soeben daranging, Österreich-Ungarn und damit die Zukunft ihrer eigenen Kinder zu zerstören, begünstigen sollte – diese Frage stellten sich die Verhetzten offenbar nicht. Inwieweit Kaiser Wilhelm selbst in die Machenschaften seiner Militärs gegen das junge Herrscherpaar verwickelt war, deuten seine typischen Randbemerkungen zu einer der üblichen Denunziationen, wie sie aus der deutschen Botschaft in Wien kamen, an:

Kaiserlich Deutsche Botschaft Wien — 7. Mai 1918
Nr. 142, 1 Durchschlag
Mit Königl. Feldjäger — Vertraulich
Inhalt: Kaiser Karl und die Bourbonen

[Handschriftl. Erg.: Großes Hauptquartier, 15./V. 5 h nachm. Dieser Bericht hätte am 8. oder 9. in meiner Hand sein sollen. Warum ist er so verspätet?

Wilhelm

Die Frage, in welcher Weise den Einflüssen der Parma-Bragança-Familie auf Kaiser Karl begegnet werden kann, ist in der hiesigen Öffentlichkeit vielfach ventiliert worden und dürfte auch noch eine Rolle im Abgeordnetenhause spielen. Man steht der Frage ziemlich ratlos gegenüber. Kaiser Karl ist mit einer bourbonischen Prinzessin vermählt, die unter dem Einfluß ihrer zahlreichen Familie steht. Die verwandtschaftlichen Beziehungen sind Imponderabilien, mit denen gerechnet werden muß. Dem Gedanken einer Rückkehr der Prinzen Sixtus und Xavier nach Österreich steht die hiesige öffentliche Meinung ablehnend gegenüber. Man will die in feindlichen Diensten stehenden Brüder hier nicht sehen, und es würde

Sturm geben, wenn sie die österreichische Grenze noch einmal während des Krieges überschritten...

Es würde aber wohl einen viel stärkeren Eindruck machen, wenn unser Allergnädigster Herr mit Kaiser Karl in ernster, aber zugleich wohlwollend väterlicher Weise offen diese Fragen bespräche. [Daneben handschriftliche Bemerkungen Kaiser Wilhelms: *Habe ich auch getan! Kaiser ablehnend!*] Es wirkt anders, wenn Monarch zu Monarchen spricht [Kaiser Wilhelm: *Gar nicht!*], als wenn die eigenen Untertanen mit Ermahnungen kommen. Kaiser Karl aber bedarf ernster Ermahnungen. Er ist nicht nur unüberlegt, er ist auch leichtsinnig. [Kaiser Wilhelm: *Und lügt! Ja!*] Nicht aus Frivolität, er hat aber den Leichtsinn, dem man bei Kindern und Damen angesichts der Gefahr begegnet, der nicht auf Mut beruht, sondern auf einem Verkennen der Gefahr.

Kaiser Karl wird wahrscheinlich bestreiten, daß bourbonische Hausinteressen mitgesprochen haben. [Kaiser Wilhelm: *Absolut und in jeder Hinsicht!*] Darauf kann aber nur erwidert werden, man müsse auch den Schein vermeiden. Dazu aber komme, daß seine Verbündeten das Vertrauen zu ihm verlieren müßten [Kaiser Wilhelm: *Haben sie schon!*], wenn sie aus seinen Handlungen auf solche Ziele schließen könnten, auch dann, wenn er sie selbst nicht einmal im Auge gehabt habe.

Eine ernste Sprache ist am Platze. Der Kaiser ist gutherzig, Übelnehmerei liegt ihm fern. Er hat von ihm nahestehenden Untertanen ernste Worte gehört und angenommen und nach anfänglichem Sträuben ihnen rechtgegeben. Mit Baron Burián müßte natürlich in ähnlichem Sinne gesprochen werden und die Verletzung der Bundespflichten mit aller Deutlichkeit betont werden.

Auf diese Weise kann wohl den welschen Einflüssen vorgebeugt werden; die Hauptsache wird immer bleiben, daß eine tatsächliche Wendung in der Politik solche Einflüsse, auch wenn sie versucht werden, unmöglich macht. Eine solche Wendung muß verlangt werden. Versprechungen und Versicherungen allein haben keinen reellen Wert.

Wedel

[Kaiser Wilhelm: *Sehr gute Ratschläge! Nur schade, daß sie mir erst drei Tage n a c h des Kaisers Besuch zu Händen kommen!!! Wie ist das möglich?! Da muß doch irgendwo gründlich gebummelt worden sein!*]

Marie Antoinette hatte kaum französischen Boden betreten, als auch schon die ersten Gerüchte auftauchten, die Prinzessin habe es mit diesem oder jenem Höfling »getrieben«; gelegentlich schienen sogar Damen in der Liste der Begünstigten auf.

Im Zuge des Prozesses gegen die Königin verstieg sich dann die Anklage dazu, der Monarchin ein blutschänderisches Verhältnis mit ihrem kaum zehnjährigen Sohn anzudichten; eine Anklage, die sofort zurückgezogen wurde, als sich herausstellte,

daß nicht einmal die leichtgläubigsten Schichten der Bevölkerung an dieser Art von Anschuldigungen Gefallen finden konnten.
Was die Hetze gegen das österreichische Kaiserpaar betrifft, so schienen die Drahtzieher aus dieser Erfahrung bereits die Konsequenzen gezogen zu haben. Zu offensichtlich war allerdings auch das vorbildliche Familienleben der jungen Kaiserin; hier war »nichts zu holen«. Anders wieder bei Kaiser Karl selbst: ihm dichtete die Fama eine Fülle von Amouren an.
Doch in der Propaganda gegen das Kaiserpaar blieb diese Spielart der Ehrabschneidung von eher untergeordneter Bedeutung, zumal der später unternommene Versuch, Kaiser Karl als »Pantoffelhelden« darzustellen und ihm ein Hörigkeitsverhältnis zur Kaiserin anzudichten, das ursprüngliche Konzept wieder neutralisierte. Anders verhielt es sich mit der Fama vom »Alkoholiker«: das traf in Anbetracht des Komplexes »Futterneid« mitten ins Schwarze. Graf Polzer-Hodiz, einer der ersten Biographen des Kaisers, unternahm noch den rührenden Versuch, den Ursprung dieser »Legende« zu erklären:

»Das Gerücht der Trunksucht hat seine Geschichte. Es ging von Baden aus. Im sogenannten ›Kaiserhaus‹ amtierte zur Zeit, als sich Kaiser Karl dort aufhielt, ein Offizier, übrigens ein Mann lauterster Gesinnung, ein treuer Diener seines Herrn, doch kein grundsätzlicher Verächter des Alkohols. Besonders des Abends, während der Arbeit, und wenn diese beendet war auch in der Gesellschaft des einen oder anderen Kameraden, pflegte er seine Sorgen durch tiefe Blicke ins Glas zu verscheuchen ...
Im Kreise der Dienerschaft wurde er kurzweg bei seinem Vornamen, Karl, genannt. Und die Diener beziehungsweise Dienerinnen, die ihm die Getränke aus dem an das Kaiserhaus anstoßenden Hotel ›Zur Stadt Wien‹ und aus dem gegenüberliegenden Kaffeehaus holten, ahnten wohl nicht, was sie anrichteten, wenn sie sagten, es gehöre für den ›Karl‹, oder ›Karl‹ habe wieder seinen ›Fetzen‹. Die Nichteingeweihten glaubten, es handle sich um den Kaiser.«
Polzer berichtet in diesem Zusammenhang, eine gewisse Frau Ketrisch, damals Wäscheverwahrerin im Kaiserhaus, habe ihn aufgeklärt »über den wahren Hergang. Ich war tief erschüttert, als ich die Fäden aufgedeckt sah, aus denen eine böse Parze [aber Polzer meint damit nicht die gute Frau Ketrisch, die hatte ihn bloß aufgeklärt] das häßliche Lügengewebe von der Trunksucht Kaiser Karls gesponnen hatte. Sic erat in fatis!«

Das für den Kaiser und damit für Österreich so verhängnisvolle Gerücht von der Trunksucht des Monarchen kam weder vom Fatum noch, wenn auch schon eher, vom »Herrn Karl« – es kam direkt aus dem Kreis um Cramon und fand in den militanten Nationalen seine besten Verbreiter, selbst Jahr und Tag noch nach dem Zusammenbruch.
Besonders geschickte Agitatoren verabsäumten auch nicht, in einschlägigen Publi-

kationen Inventarlisten der offiziellen Hofkeller-Vorräte in Wien oder Budapest zu veröffentlichen:

Portwein 1834, Acker	6 Flaschen
Portwein 1900	6 Flaschen
Champagner Moët Chandon, Alme Rosé	683 Flaschen
Champagner Pommery, große	3 Flaschen
Champagner Pommery, kleine	5 Flaschen
Tokajer Faßwein 1908, Tafelwein	78 Flaschen
Tokajer Ausbruch 1917, 0,55 l	900 Flaschen
Sliwowitz, groß	25 Flaschen
Tiroler Wein, rot	6 Flaschen
Herrschaftswein	202 Liter
Tokajer Ausbruch	84 000 Liter

Wenn das kein Argument war! Zumal Kaiser Karl zum Essen tatsächlich gelegentlich gerne ein halbes Glas Schilcher trank.
Ein hervorragendes Mittel zur Weckung des Neidkomplexes spielten selbstverständlich auch die spätestens seit dem Jahre 1918 immer aufs neue aufgewärmten Geschichten um die in die Schweiz »entführten Kronjuwelen«. Mit dem Vermögen der Habsburger wurden noch in den siebziger Jahren des 20. Jahrhunderts, nach mehr als fünfzig Jahren Republik, in Österreich Wahlschlachten emotionell aufgeheizt.

»Hinter dem ganzen Übel stecken die Frauen«

Als König Konstantin von Griechenland und die hellenische Monarchie im Jahre 1974 einem »Plebiszit« zum Opfer fielen, stimmte ein gut Teil der Wählerschaft nicht gegen den jungen König und Olympiasieger, sondern gegen die Königin-Mutter; Königin Friederike war schon seit Jahren die Zielscheibe einer konzentrischen Propagandaaktion der Massenmedien, die kritiklos voneinander abschrieben. Vom Giftmord bis zur »Bigotterie«, vom »maßlosen Ehrgeiz« bis zu ihrer deutschen Abstammung reichte die Skala der Diffamierung und hatte Erfolg.
Als sich das portugiesische Reich, das ein Territorium von der Größe ganz Europas bis zum Ural umfaßt hatte, um die Mitte der siebziger Jahre über Nacht auflöste, und als dem Akte der Selbstverstümmelung jener der Selbstzerfleischung folgte (so wie 1918 in Österreich), zeitigten mit einer strukturell bedingten Verzögerung all die Diffamierungen der Königin-Mutter Carlota von Portugal ihre Früchte, die König Miguel I. zum Verlassen seiner Heimat gezwungen hatten und in der Folge die Monarchie zerstörten.
Der junge, überaus beliebte König Dom Miguel konnte von den Königsfeinden überhaupt nur auf dem Umweg über seine Mutter bezwungen werden. Das

Propagandabüro befand sich in London, Lord Palmerston, der oberste Schutzherr aller Revolutionen seiner Epoche, wies einmal stolz darauf hin, wie gut die Gegner Dom Miguels von Portugal »die Waffe der Verleumdung mit dem ihnen eigenen Geschick zu führen« imstande seien:

Zeigte sich der junge König mit seiner Mutter in der Öffentlichkeit, hieß es sofort, man sehe ja, wie »die bigotte Heuchlerin ihn vollständig beherrscht«. Ließ es sich nicht länger verbergen, daß der König ja gar nicht mehr bei seiner Mutter wohnte, hieß es, es sei »zwischen ihm und Dona Carlota Joaquina zu wüsten Auftritten gekommen«.

Verfügte der große portugiesische Antimonarchist Palmela in seinem Adlatus und Pressechef José Balbinos über einen kongenialen Mitarbeiter, so fand der kaiserlich-deutsche Botschafter in Wien in seinen beiden Helfern von Cramon (dem Verbindungsoffizier Kaiser Wilhelms II. bei Kaiser Karl) und von dem Bussche, der »grauen Eminenz« in der Deutschen Botschaft, willige Werkzeuge.

Von dem Bussche war – was allzu leicht übersehen wird – ein guter alter Bekannter des Grafen Czernin aus deren gemeinsamer Dienstzeit in Bukarest. So war denn auch der überaus tüchtige und patriotische von dem Bussche-Haddenhausen der eigentliche Drahtzieher des »Unternehmens Czernin«: den ebenso eitlen wie ehrgeizigen Czernin konnte er ohne besondere Schwierigkeiten alsbald in das Lager der Ludendorff-Clique hinüberziehen. Die Folgen waren katastrophal.

Am 13. April, auf dem Höhepunkt der Krise, die durch das verrückte Duell Clemenceau-Czernin heraufbeschworen worden war, preßte Czernin dem Kaiser eine Unterschrift ab mit der ausdrücklichen Drohung: »Dann werde ich eben die Deutschen einmarschieren lassen, wenn Sie nicht unterschreiben!« – und dieser Drohung mußte sich der Kaiser beugen, wußte er doch schon von den konkreten Plänen der Ludendorff-Leute, Österreich militärisch zu besetzen.

Ein winziger, aber einflußreicher Klüngel von Männern in wichtigen Positionen hatte damit die Monarchie von innen her für Ludendorff und seinen Kreis sturmreif zu machen versucht: Czernin und Demblin auf der diplomatischen Ebene, General Krauss und seine Vertrauensleute, unter ihnen auch Männer wie Schager, von der militärischen Seite her.

Als Dirigent der voll orchestrierten Verleumdungskampagne gegen das österreichische Kaiserpaar diente Graf Wedel; sein Korrepetitor war Herr von dem Bussche. Die Leitung des Gesamtunternehmens lag in den Händen des Generalquartiermeisters Ludendorff und seines Einbläsers Max Bauer. Vom Großen Hauptquartier liefen die Fäden wieder zurück ins Außenamt und zur Presse.

Das damals in Deutschland schon allmächtige Militär verfügte über nahezu unbegrenzte Möglichkeiten, Österreich–Ungarn mit Gerüchten und halben Wahrheiten zu überschwemmen. Das reichte von der Bearbeitung einzelner Reichstagsabgeordneter und einflußreicher Offiziere bis zur Gerüchteverbreitung mit Hilfe der normalen Briefpost zwischen Deutschland und Österreich–Ungarn. Oberst Ronge, der Chef der österreichischen Abwehr, meinte dazu später: »Wir hätten uns schließlich gezwungen gesehen, den gesamten Briefeinlauf aus Deutschland zu zensurieren, doch dazu reichten unsere Kräfte nicht aus ...« Die einfältigen deutschen Briefschreiber bezogen ihre »Nachrichten« zum größten Teil aus ihrer Zeitung.

Als eifrigste antihabsburgische Zeitung entwickelten sich dabei die »Leipziger Neuesten Nachrichten«, aber auch die Provinzblätter von Magdeburg bis Lübeck standen nicht nach. Das einzige, was die österreichischen Behörden gelegentlich unternehmen konnten, bestand in der zeitweiligen Einfuhrsperre dieser Blätter; gegen die Gerüchteflut aus der Briefpost waren sie machtlos.

So schnappte die überaus tüchtige Zensurstelle in Feldkirch einen Brief aus Budapest, der an den Grafen Bethlen in St. Moritz gerichtet war. Darin hieß es:

»Seit Wochen ist unter dem Publikum die Nachricht verbreitet – und das habe ich von höheren Offizieren gehört –, daß die Zita in Gödöllö interniert ist und ihre liebe Mama in Alcsuth und daß dem Karlchen ein deutscher General von hohem Rang zugeteilt ist, der Tag und Nacht seine Schritte überwacht, daß ihm nicht wieder eine dem ›lieben Sixtus‹ ähnliche Idee zustößt.

Von Offizieren, welche von der italienischen Front zurückgekehrt sind, habe ich gehört, daß dort ungarische Husaren sich äußerten, daß unser Durchbruch darin mißlungen sei, daß unsere ›italienische Königin‹ nicht erlaubte, daß man mit Gasbomben schießt und mit Flammenwerfern arbeitete.

Von dem Mitgeteilten könnt Ihr ersehen, in was für einer Atmosphäre wir leben. Wieviel von diesem auf Wahrheit beruht, das kann ich nicht beurteilen.

Ich hoffe bald auf eine Nachricht von Euch, küsse Euch vom Herzen, Euer ...

[Handschriftliche Bemerkung der Zensurstelle Feldkirch: ›Der Brief wurde wahrscheinlich irrtümlich auf der Post aufgegeben ...‹]«

Die geradezu absurde Lüge von der »italienischen Zita« wurde offenbar sogar von ihren Verbreitern geglaubt. Zwei charakteristische Meldungen des deutschen Botschafters in Wien kennzeichnen diese Situation. Wie der Berufsdiplomat Graf Wedel, der zu der persönlichen Feststellung kam, »die Kaiserin entstammt einem italienischen Fürstenhause«, wird wohl für alle Zeiten ebenso ungeklärt bleiben wie die Tatsache, daß Wedel auch von Berlin aus nicht darüber aufgeklärt wurde, daß diese Kaiserin »welscher Abkunft« mehr deutsche Ahnen aufzuweisen hatte als mancher biedere »Deutsche«.

Kaiserlich Deutsche Botschaft in Wien — Wien, den 25. April 1917
Nr. 125
Durch Königl. Feldjäger — Vertraulich

Die großartigen Leistungen unseres Heeres an der Westfront haben hier tiefen Eindruck gemacht und die Bewunderung für deutsche Kraft noch gesteigert.

Gleichzeitig mit der Bewunderung wächst erfahrungsmäßig die Eifersucht, wächst die Furcht, allzu sehr in Deutschlands Abhängigkeit zu geraten.
Seit dem Thronwechsel ist diese Furcht namentlich in der einflußreichen weiblichen Verwandtschaft des Monarchen heimisch.
Die Kaiserin entstammt einem italienischen Fürstenhause. Sie sieht in Italien ihre zweite Heimat.
Sie macht kein Hehl daraus, daß sie mit Vorliebe in dem schönen Lande geweilt hat und daß sie den italienischen Sonnenschein seit Jahren entbehrt. Die Mutter der Kaiserin ist eine Bragança. Desgleichen ihre Tante, die Erzherzogin Maria Theresia. Den hohen Frauen welscher Abkunft ist welsches Wesen sympathisch und behaglich, deutsches Wesen ist ihnen fremd und schwer verständlich. Es flößt ihnen zwar Bewunderung, zugleich aber auch Furcht ein. Die welsche Verwandtschaft des Kaisers wird auch in deutsch-österreichischen Kreisen mit Unbehagen genannt.
Trotz ihrer persönlichen Grazie und Liebenswürdigkeit nimmt die Popularität der Kaiserin ab.
Man hat zu der Italienerin und ihre Sippe kein volles Vertrauen ... Ein Kompromißfriede, bei dem das Deutsche Reich sehr lebensfähig und ohne allzu starke innere Erschütterung, aber auch ohne zu großes Übergewicht den großen Kampf beschließen könnte, wäre das Ideal dieser Kreise.
Es muß unseren Bundesbrüdern immer wieder vorgehalten werden, daß wir uns nicht in eine falsche Bahn drängen lassen und daß Österreich-Ungarns Bestand von dem Zerschellen des feindlichen Ansturms an Deutschlands Kraft abhängt.

Wedel

Es kann hier nicht stark genug betont werden, daß von seiten des österreichischen Kaiserpaares selbstverständlich nicht die leisesten Ressentiments gegen das deutsche Volk bestanden, dem es ja durch Abstammung und geschichtliche Verbundenheit so nahestand wie allen anderen Völkern Europas.
Über Jahrhunderte hatten Habsburger die deutschen Könige gestellt, und Kaiser Franz Joseph I. hatte sich mit Stolz als »deutscher Fürst« bekannt. Kaiser Karl wieder wußte nur zu gut, welche ungeheuren Sympathien sowohl ihm als auch den Königen von Sachsen, von Bayern, den Monarchen von Baden und Württemberg, auch dem deutschstämmigen König der Bulgaren zuflogen, weil sie den Frieden wollten.

Es ist eine meiner schönsten Erinnerungen ... der wunderschöne Empfang, den uns die Bevölkerung von München bereitete. Ich kannte die Stadt doch so gut, aus meiner Schulzeit, die ich in Zangberg bei Ampfing verbracht hatte. Bayerinnen zählten zu den besten Freundinnen, die ich je hatte. Wie genossen wir die Fahrt durch diese herrliche Stadt mit dem bayerischen Königspaar, mit dem wir auch in Kriegszeiten so befreundet waren wie eh und je, ja mehr als je zuvor, weil uns jetzt auch die Sehnsucht nach Frieden verband.

Am 27. Juni 1917 wurde Mertz von Quirnheim mit einer speziellen militärisch-politischen Mission beim bayerischen König betraut. Betrauer: General von Ludendorff.
Mertz sollte den König im Namen der Obersten Heeresleitung bitten, bei dem bevorstehenden Besuch des österreichischen Kaiserpaares in München (am 30. Juni 1917) seinen ganzen Einfluß aufzubieten, »... um diesem schlappen Charakter den Rücken zu steifen«. Daß die Militär-Kamarilla damals nervös war, mochte seinen Grund auch in der Person des päpstlichen Nuntius in München, Eugenio Pacelli (des späteren Papstes Pius XII.), gehabt haben, der als ganz besonderer Freund des deutschen Volkes – und Kaiser Karls – alle Friedensbestrebungen förderte.
Beim Staatsbesuch in Dresden umjubelten sächsische Arbeiter den österreichischen Monarchen als »Arbeiterkaiser« und »Friedenskaiser«.
Der deutsche Kronprinz förderte die österreichischen Friedensbestrebungen, so gut er nur konnte: »Die deutsche Kaiserin, die ich mehrmals traf, war von größter Friedensliebe und Zuneigung zu ihrem Volk erfüllt. In der Sorge für die Verwundeten und die Opfer des Krieges war sie kaum zu übertreffen. Leider reichte auch ihr Einfluß nicht sehr weit ...«

Kaiserlich Deutsche Botschaft Wien, den 4. März 1917
Nr. 76

Friedensneigungen
Kaiser Karl hat ein sehnsüchtiges Verlangen, seinen Völkern sobald wie irgend möglich den Frieden wiederzugeben. Das ist an sich selbstverständlich, aber der Kaiser beschäftigt sich an sich mehr mit Friedensgedanken als mit Siegesgedanken und würde auch geneigt sein, unter Preisgabe erreichbarer, wichtiger Vorteile und Sicherungen zuzugreifen, um das Ziel rascher zu erreichen. Jede Verschärfung des Krieges ist ihm im Grunde des Herzens unsympathisch. Das gilt auch für den hemmungslosen Tauchbootkrieg. Er entschloß sich dazu, weil sein klarer Verstand den Sieg davontrug über die Regungen des Herzens.
Seine Majestät wird in diesen pazifistischen Neigungen von den hohen Frauen seiner Umgebung bestärkt. Vielleicht haben sie dort überhaupt ihren Ursprung.
Der Monarch gönnt bekanntlich seiner Gemahlin großen Einfluß. Kaiserin Zita ihrerseits steht unter dem Einfluß ihrer Mutter, der Herzogin von Parma, und noch mehr ihrer Tante, der Erzherzogin Maria Theresia, die mit Recht als die Stifterin der kaiserlichen Ehe angesehen wird. Bei den hohen Frauen gehen die geistlichen Herren, darunter die Jesuiten, täglich ein und aus. In diesem kleinen

Kreise wird nach dem Wege gesucht, der zum Frieden führt, wobei auch die Ausnutzung internationaler Beziehungen eine Rolle spielt. Eingeweihte wollen wissen, daß die hohen Frauen sogar von einer Versöhnung mit Italien träumen und daß die geistlichen Berater zu diesem Zwecke ihre Fäden nach Rom spinnen. Auch das Verbot eines Bombardements von Venedig und ähnlich sanfte Befehle sollen auf diese Einflüsse zurückzuführen sein. Dabei sind nicht nur feministische Weichherzigkeit und priesterliche Versöhnungsprinzipien mit im Spiele, es steckt auch ein gut Teil politischer Berechnung dahinter. Deutschland gewinnt den Krieg, aber Österreich findet den Weg zum Frieden, damit auch ein Lorbeerkranz vor Habsburgs Thron niederzulegen ist. Sobald ein Friedensschimmer am Horizont erscheint, wird in Wien das Steuer darauf eingestellt.

gez. Wedel

Sr. Excellenz dem Reichskanzler Herrn von Bethmann-Hollweg

Zweifellos verfügte auch Österreich–Ungarn selbst über ein gewisses Potential an Gerüchteverbreitern und Miesmachern. Diese wieder schieden sich in die eher harmlosen Wortjongleure, die schon kurz nach dem Regierungsantritt Kaiser Karls, nicht ohne Humor, »K.u.K.« in »Kittel und Kutten« umfunktionierten, sich über die Verleihung eines Regiments an Kaiserin Zita mokierten (»Der alte Uexkuell würde sich im Grabe umdrehen, wüßte er, daß seine Soldaten jetzt Zita-Husaren heißen ...«) und es überhaupt nicht fassen konnten, daß es an der Seite des Kaisers wieder eine Kaiserin gab, die sich nicht, wie einst Kaiserin Elisabeth, fast ständig im Ausland befand. Man war des alten Kaisers Witwerleben schon sehr gewohnt gewesen.

Aber es gab auch die ungemein gefährliche, ja bedrohliche Art der Gerüchteverbreiter und Gerüchteherde, die sich bezeichnenderweise hauptsächlich im Bannkreis jener beiden Heerführer gebildet hatten, die von Kaiser Karl bald nach seinem Regierungsantritt ihrer Macht enthoben worden waren: Conrad von Hötzendorf und Erzherzog Friedrich.

Die Gründe für die Enthebung der beiden bedeutenden Heerführer lagen in einer nach Kaiser Karls Meinung nicht modern und verantwortungsvoll genug geführten Lenkung des Kriegsgeschehens. Die neuere Forschung hat dem jungen Monarchen diesbezüglich längst recht gegeben. Die beiden Enthobenen wußten es insgeheim schon damals.

Aber 1916/1917 fanden sich vor allem zwei Frauen mit den neuen Zuständen schwer ab: die Gemahlinnen der beiden Heerführer. Litt die eine unter den nicht ganz geordneten Eheverhältnissen, so die andere – Erzherzogin Isabella – unter den gescheiterten Eheplänen für ihre Töchter, die weder bei Erzherzog Franz Ferdinand noch bei Erzherzog Karl reüssiert hatten.

Über ihre seltsamen Aktivitäten gibt ein Bericht des Herrn von Cramon hinlänglich Auskunft; ergänzend sei noch erwähnt, daß Erzherzogin Isabella sogar noch

nach dem Ende der Doppelmonarchie in der immer wieder hochgespielten »Königsfrage« Ungarns mitzumischen versuchte und so auch noch dem Erben Kaiser Karls schadete.
Selbstverständlich wußte das Kaiserpaar um die Aktivitäten der Erzherzogin Isabella. Daß man – aus den verschiedensten Rücksichten, wohl auch, um dem Erzhaus selbst nicht zu schaden – nicht eingriff und daß daher die Dame in Preßburg ungestraft weiter Schaden anrichten konnte (nicht anders als die Gemahlin Conrads in Bozen), gehört zweifellos zu den entscheidenden Fehlern der österreichisch-ungarischen Abwehr. Selbst ein Cramon fand ja, die Umsturzpläne Isabellas führten zu weit.

Kaiserlich Deutsche Botschaft Wien, 30. 3. 1918
III., Metternichgasse 3

Lieber Bussche!
Anliegend übersende ich Ihnen eine Aufzeichnung zum Immediatbericht Generals von Cramon über seine Unterredung mit Erzherzogin Isabella.

Mit bestem Gruß Ihr
Wedel

Geheim
Das Urteil der Erzherzogin Isabella über die schwache und schwankende Politik Kaiser Karls ist leider ein zutreffendes [...] Dennoch kann ich der Erzherzogin Isabella darin nicht zustimmen, daß die Dynastie am Rande des Abgrunds wandelt. Die Liebe der Österreicher zum Hause Habsburg ist trotz allen Räsonierens tief gewurzelt. An einen Dynastiewechsel denkt kein Mensch und ebensowenig an eine Republik; auch die slawischen Nationalitäten nicht. Republikanisch sind sie ganz und gar nicht.
Die Tschechen haben kein warmes Herz für Österreich, spielen verräterisch die Entente für ihre Zwecke aus, träumen aber doch letzten Endes nur von einer Krönung Kaiser Karls zum König von Böhmen [...] Das erleben wir vielleicht noch!
Auch traue ich den Österreichern nicht die Kraft zu, den Entschluß zu einem Umsturz zu fassen. Sie wursteln weiter.
Die Ungarn wären wohl einer solchen Entschlußkraft fähig, aber von dort droht keine Gefahr. Die Ungarn machen die Politik, die sie für nötig halten, und dabei ist ihnen die Dynastie nicht im Wege. Die Monarchie kann sich bei kurzsichtiger Regierung wohl allmählich in einen »Zweckverband« auflösen, aber eine Gefahr für die Dynastie sehe ich nicht.
Ich kann verstehen, daß eine kluge und ihrer Natur nach energische Frau wie Erzherzogin Isabella es kaum erträgt, dem gegenwärtigen Regiment untätig zuzusehen. Aber ich kann ihre Anregung nicht für opportun halten ...

Darüber besteht kein Zweifel, daß die konträre Einwirkung von der Kaiserin und dem hinter ihr stehenden Einfluß der Familie Parma und dem dort verkehrenden Klerus ausgeht, unter dem sich sogar Jesuiten italienischer Herkunft befinden sollen. Auch der Nuntius hat dort heute Einfluß.
Die Kaiserin ist Exponent einer anderen Richtung, einer internationalen Richtung mit welscher Vorliebe. Germanentum ist ihr nicht verständlich. Deutsches Streben und deutsche Macht erschreckt sie.
Im Bündnis sieht sie eine unentbehrliche Notwendigkeit, aber sie fürchtet das deutsche Übergewicht, einen zu großen Einfluß auf Österreich–Ungarn und das Habsburgerhaus.
Sie sucht dem entgegenzuarbeiten, indem sie vor allem von Versöhnung mit den Feinden, von innerem und äußerem Frieden für die Monarchie träumt und davon, daß Österreich gestärkt und uns gegenüber selbständiger dastehen soll.
Sie ist hier recht unpopulär geworden. Man nennt sie »die Welsche« oder »die Italienerin«.
Die von Erzherzogin Isabella gedachte Aktion Seiner Majestät würde sich direkt gegen den Einfluß der Kaiserin richten, der doch nicht auszuschalten ist. Der Kampf gegen die Einflüsse der Gattin wird immer zu einer verlorenen Schlacht.
Auf die Geistlichkeit könnte man vielleicht hie und da günstig einwirken, aber auch das muß vorsichtig betrieben werden, ganz zuverlässig sind diese Herren nicht, und man ist nie ganz sicher, wie sie es oben vorbringen und wie sie es ausnützen, wenn sie von deutscher Seite bearbeitet werden!

Auffallend oft verbreitete der Verbündete den Vorwurf der »Bigotterie«, der »Abhängigkeit vom Klerus« und ähnliche »Erkenntnisse« hinsichtlich des religiösen Lebens des Kaiserpaares. Es handelt sich dabei um eines der zahlreichen Mißverständnisse, denen die Zwischenträger (und damit leider auch das Kaiserpaar) zum Opfer fielen.
Weder der Kaiser noch die Kaiserin waren »bigott« – allerdings zutiefst religiös. Die Denunzianten fielen hier offensichtlich einem ähnlichen Irrtum anheim wie hinsichtlich der »italienischen« Abstammung der Kaiserin. Die Herkunft aus dem Hause Bourbon-Parma hat mit Italien so wenig zu tun wie Frömmigkeit mit Bigotterie. Da in Rom seit Jahren ein Seligsprechungsprozeß für den »Diener Gottes Karl aus dem Hause Österreich« läuft, ist es auch nicht notwendig, darauf näher einzugehen.
Der Vorwurf der »Klerushörigkeit« hat aber zu viele interessante Aspekte, als daß man darauf verzichten könnte, ihn näher zu untersuchen.

Ludendorff sagt in seinen einst vielgelesenen »Kriegserinnerungen«: »Kaiserin Zita, die einen großen Einfluß auf ihren Gemahl ausübte, hatte starke politische Neigungen. Leider war sie ganz gegen uns gerichtet und in den Händen von Klerikern, die nicht unsere Freunde waren.«

Dazu muß zunächst mit aller Deutlichkeit gesagt werden, daß sich kirchliche Würdenträger in weit größerer Zahl unter den Zerstörern der Monarchie befanden als Berufsrevolutionäre aus dem »roten« Lager. Das war übrigens keineswegs eine »typisch österreichische« Erscheinung. Schon die Französische Revolution von 1789 fand ihre gehässigsten Vertreter in den Reihen des Klerus: das reicht von Napoleons Onkel, dem späteren »Kardinal« Fesch, über den Bischof von Autun und Gobel bis zu den berüchtigten Kapuzinern Roux und Chabot und zu Oratorianern wie Lebon und Fouché ... Es ging in der Kirche Frankreichs damals nicht viel anders zu als unmittelbar nach der »innerkirchlichen Revolution« unserer Tage.

Ähnlich verhielt es sich auch in der kritischen Zeit um 1918. In Prag war es ein Geistlicher, Dr. Isidor Zahradnik, der sich als sprachgewandter Demagoge vom Denkmal des heiligen Wenzel herab der Hetze gegen die »unmoralischen Habsburger« nicht genug tun konnte – und damit die Unterdrückung seiner Kirche in Böhmen einleitete. In der Slowakei arbeitete der Priester Andreas Hlinka gegen sein Königshaus, und der gleichfalls römisch-katholische Priester A. Korošek, Obmann des Slowenenklubs im österreichischen Reichsrat, kämpfte 1918 für den Anschluß der früher zu Österreich gehörenden Völker Südslawiens an Serbien. Daß es ihm dann ähnlich wie anderen Verrätern erging – es traf ihn nicht nur die Verachtung, sondern schließlich auch der Bannstrahl der neuen Herren – tut schon nichts mehr zur Sache.

Übrigens erging es sogar dem irredentistischen Bischof von Triest unter seinen neuen, so heißersehnten italienischen Herren nicht besser: auch diese straften ihn nach 1918 mit Verachtung. Wie sich einflußreiche, politisch engagierte Kleriker in Österreich verhielten, ist hinlänglich bekannt; es genüge hier der Name des Prälaten Hauser und des Kardinals Piffl.

In Ungarn wieder darf Kardinal Czernoch als würdiger Vorläufer des Bekenners Mindszenty bezeichnet werden: Czernoch war zwar einer der ersten, der in den Revolutionstagen die Nerven verlor (die Königin erinnert sich an seine »grenzenlose Panik«) und den König bestürmte abzudanken – freilich ohne Erfolg – doch in der Horthy-Ära stand er unbeugsam zu Habsburg.

Also, um mit den Worten Ludendorffs zu reden: wer waren nun die »Kleriker«, in deren Händen sich der Kaiser – und speziell die Kaiserin – befanden?

Ein so kluger Kenner der österreichischen Szenerie wie Professor Reinhold Lorenz bemerkte einmal, daß, »als die Sonne des Reiches unterging, noch in letzter geschichtlicher Stunde die platonische Idee des Staates insoweit verwirklicht« worden sei, als der Kaiser nacheinander Gelehrte ans Steuerruder rief: den Kirchenrechtslehrer und Juristen Max Freiherrn von Hussarek; Heinrich Lammasch, den berühmten Völkerrechtler; Ernst Ritter von Seidler, der sein soziologisches Hauptwerk nicht mehr vollenden konnte; den Staatsrechtslehrer Josef Redlich. Das neue Sozialministerium bekam, der eben in die Politik eingetretene Theologieprofessor Ignaz Seipel, womit wir bei jenen Klerikern angelangt wären,

von denen Ludendorff – nicht zu Unrecht – sagt, daß sie nicht seine »Freunde« waren. Ihre Namen sind bekannt. Auch ihre Bedeutung.
Professor Lorenz hat mit seiner Meinung übrigens einen originellen Vorläufer: den deutschen Botschafter, Graf Wedel, der am 30. Juli 1917 über die Friedenssuche *ganz geheim* aus Wien berichtet: »Zu diesem Zwecke beruft der Kaiser fast täglich Pazifisten zum Meinungsaustausch ... Seine Hauptratgeber sind drei Professoren, Professor Lammasch (Herrenhaus), Prof. Redlich (Abgeordnetenhaus) und der Münchener Professor Förster ...«
Es fällt schwer, die »Kleriker« in der unmittelbaren Umgebung des Kaiserpaares zu reihen, weil damit auch eine Wertung verbunden zu sein scheint; daher eine »neutrale« Nennung nach dem Alphabet: Da wäre zunächst P. Maurus Carnot, der Benediktinermönch aus dem Kloster Disentis, der im letzten Lebensabschnitt des Kaisers in Erscheinung tritt und ganz wesentlich an der Vollendung des religiösen Ingeniums des Monarchen Anteil hat.
Pater Maurus stammte aus Samnaun im Engadin, wurde 1888 zum Priester geweiht und ist in seiner umfassenden Wirksamkeit schwer zu beschreiben; er wird sowohl als Schriftsteller und Dichter, wie auch als einer der Retter der noch um die Jahrhundertwende zum Untergang verurteilten romanischen Sprache einen Namen behalten. Er ist als Erzähler einer der besten Vertreter der rätoromanischen Literatur; ihm selbst war wohl seine seelsorgliche Tätigkeit das wichtigste. Er studierte in Innsbruck, liebte Tirol wie seine eigene rätoromanische Heimat und setzte sich – selbst einer winzig kleinen, vom Untergang bedrohten »Minderheit« angehörend – vehement für die österreichisch-ungarische Monarchie ein, als ihr nach dem Kriegseintritt Italiens im Jahr 1915 überraschend größte Gefahr drohte. Als Kaiser Karl im Jahre 1919 in die Schweiz kam, stellte sich alsbald die Verbindung mit Disentis her, und P. Maurus ergriff sofort auch publizistisch für Kaiser Karl Partei. Seine Korrespondenz mit dem »Reimmichl«, dem Tiroler Priester und Volksdichter, erschien in dem Büchlein »Grün in Tirol«, das einen nicht zu unterschätzenden Einfluß ausübte und zahlreiche, auch für die Forschung wertvolle Hinweise enthält.

P. Maurus gibt dort ein Gespräch mit Kaiser Karl wieder: Es war im September des Jahres 1920. Ich begleitete Kaiser Karl von Disentis nach Prangins bei Genf. Wie wir im Eisenbahnwagen vom Fenster auf die Stadt Zürich hinschauten, begann Kaiser Karl plötzlich: »Pater Maurus, Sie kennen mich wohl durch und durch, sagen Sie mir: wie kann man mich denn so, so verleumden?«
»Verleumden ist das Allerleichteste. Hasse ich einen und hab' ich kein Gewissen, so verleumde ich ...«
»Aber wie kann man dann solche Verleumdungen glauben sogar in Tirol?«
»Ach, das geht auch leicht ...«
Nun fing Kaiser Karl an, von Dingen zu reden, so schmerzvoll, so entrüstet und doch wieder so ruhig, wie nur ein gutes Gewissen es kann, von Dingen, die aber

wie ein Schmerzensschrei in meine Seele drangen: »Ich sei ein Trinker – und Sie wissen, daß ich fast nichts trinke. Ich sei ein ungetreuer Gatte – und Sie kennen mein Familienleben. Ich sei ein« – nein, ich schreibe diese Verleumdung nicht nieder –, »nun, darüber können Sie urteilen ...«
Ja, ich konnte urteilen! Ich erinnerte mich an eine Szene, die mir mein Freund Pater Innerkofler, der Tiroler Schriftsteller und Missionär, erzählte. Als er zu mir nach Disentis fuhr, war da im Wagen ein Kondukteur, der vor den Mitreisenden im Brustton der Überzeugung behauptete, er habe Kaiser Karl betrunken in der Gesellschaft einer schlechten Weibsperson gesehen.
P. Innerkofler zieht seine Visitenkarte heraus: »Hier ist meine Karte! Verklagen Sie mich, ich sage Ihnen ins Gesicht, daß Sie ein Lügner und ein Verleumder sind!«
In die Enge getrieben, bekennt der Lügner, er habe Kaiser Karl und seine Gemahlin einmal bei einem Glase Wein gesehen!

P. Maurus Carnot erwies sich in den schwersten Stunden des Königs, als Karl IV. zu den Restaurationsversuchen von der Schweiz aus nach Ungarn aufbrach, als absolut verläßlicher Freund. Er verwahrte den letzten Besitz des Kaisers und Königs und stand der Kaiserin-Witwe und ihren Kindern bis zu seinem Lebensende mit Rat und Tat bei.
Die Rätoromanen verdanken ihm und seinesgleichen die Bewahrung ihrer altehrwürdigen Muttersprache – die Welt verdankt ihm und seinesgleichen die Weckung und Vollendung der religiösen Genialität eines neuen christlichen Vorbildes für Politiker und Staatsmänner: das Kaiser Karls.
Welche Formen die Beichtstuhl-Schnüffelei des Bundesgenossen annahm, ist aus einer endlosen Reihe von »diplomatischen« Berichten ersichtlich, die aus allen Ecken Europas in Berlin eintrafen; primitiver Klatsch, der, einmal »aktenkundig«, größtes Unheil anrichtete, weil er ein zutiefst gläubiges Herrscherpaar schließlich der öffentlichen Meinung in pervertierter Schreckgestalt erscheinen ließ: die Kaiserin als bigotte Intrigantin, den Kaiser als einen ihr ausgelieferten Schwächling. Auch hier wird wieder das russische Vorbild spürbar. Was in St. Petersburg mit Rasputin geglückt war, sollte in Wien mit »Jesuiten« oder »tschechischen und französischen Beichtvätern« gelingen.

Kaiserlich Deutsche Gesandtschaft 23. Juli 1917
Bern
Ganz geheim!

Graf Kessler berichtet mir über eine Unterredung mit Frau Zuckerkandl aus Wien, der Schwester der Madame Clemenceau, bei der unter anderem sie folgende Angaben gemacht habe: pp. Den größten Einfluß auf die Kaiserin Zita übe der Abbé Chaumont, ein Franzose, aus, ein Beichtvater ihrer Mutter, der Herzogin von Parma. Da die Kaiserin wieder einen großen Einfluß auf den Kaiser habe, so ergebe sich daraus ein sehr starker Einfluß des Abbé Chaumont auf die österreichische Politik.

gez. Romberg

Sr. Exzellenz dem Herrn Reichskanzler

Oder:

Aufzeichnung 21. September 1917

General von Seeckt suchte mich heute im Auftrage von Exzellenz von Ludendorff auf, um über seine Erfahrungen in Österreich–Ungarn Vortrag zu halten.
Kaiser Karl, den er als seinen Generalstabschef genau kennenlernte, sehnt sich seit langer Zeit nach Frieden. Er steht sehr unter dem Einfluß seiner klügeren Gemahlin, die ihrerseits unter französischem Einfluß steht und tschechischem Einfluß durch ihren Beichtvater zugänglich ist.

gez.: Freiherr von dem Bussche

Woher kam nun wieder dieser »tschechische Einfluß«, wer war dieser »Beichtvater«, dessen Tätigkeit man im Norden offenbar aufgrund von Zwangsvorstellungen mit »Konspiration« und »Hofkamarilla« zusammenbrachte?
Wieder einmal einer, den umfassende Weltkenntnis, persönlicher Mut und selbstverständliche Friedensliebe auszeichneten: Professor Alois Musil. Er genoß tatsächlich das unbedingte Vertrauen des jungen Kaiserpaares. Alois Musil, der Inhaber des Lehrstuhles für alttestamentarisches Bibelstudium an der Universität Wien, war ein Bauernsohn aus der Hanna, jenem fruchtbaren Teil der Marchebene südlich von Olmütz. Schon 1906 wurde er Mitglied der Akademie der Wissenschaften. Alois Musil – der übrigens mit dem Dichter Robert Musil einen gemeinsamen Urgroßvater hat (Franz Musil, geboren 1782 in Rychtárov, wo auch Alois Musil zur Welt kam) – war bei den Beduinen des nördlichen Hedschas als »Scheich Musa« ebenso bekannt und beliebt wie in den Wiener Salons oder schließlich bei Hof; er war nicht nur ein Sprachengenie, das Türkisch, Arabisch und eine Unzahl orientalischer Dialekte so beherrschte wie die zu seinem Fache gehörenden altorientalischen Sprachen; auch als Mensch meisterte er Verwandlungsfähigkeit und Vielfalt. Während des Ersten Weltkrieges, als er, monatelang auf sich allein gestellt, in einer geheimen Mission die Emire Ibn Saud und Ibn Raschid miteinander zu versöhnen und zum Kampf gegen England zu bewegen suchte, lebte er wie selbstverständlich als ein Beduine. In den Salons der Hauptstädte, am Goldenen Horn und an der blauen Donau hingegen, gab er sich als eleganter Weltmann (einer der höchstdekorierten außerdem); im Grunde aber war er ein Gelehrter im Priesterrock. Die Orientmission Österreich–Ungarns war für die Zeit nach dem Kriege in allen Einzelheiten geplant. Von Musil. Nach dem unglücklichen Ausgang des Krieges sah sich Musil in Wien so dümmlichen Angriffen (besonders von seiten der »Arbeiter-Zeitung«) ausgesetzt, daß er nach

Prag ging, wo ihn die Herren Beneš und Masaryk mit offenen Armen aufnahmen, weil sie sehr wohl verstanden, welch ein Mann da ein Arbeitsfeld suchte ... ein bemerkenswertes Verständnis, das übrigens auch die neuen Herren der Tschechoslowakei auszeichnet: 1968 gestalteten sie den 100. Geburtstag des Gelehrten (und Vertrauten des Königspaares) zu einem Fest, das internationale Beachtung fand. Damals ergab sich auch – ganz am Rande der Feiern – eine Korrespondenz:

Euer Exzellenz, sehr geehrte gnädige Frau,
meine liebste Tauf-Patin!
Mit eine große Bitte komme ich zu Ihnen – gnädige Frau – und daß verzeihen meine Kühnheit, daß ich Ihnen diese Zeilen schreibe.
Ich bin die Nichte von Prälat Prof. Dr. Alois Musil, Ihr Freund und guten bekannten. Vor 38 Jahren gibte mir mein Onkel ein Vermächtnis für Seine Erinnerung, nach hundert Jahren. Ich halte es für eine heilige Pflicht, Ihnen – gnädige Frau – jetzt melden, daß es heuer, am 30. Juni hundert Jahre sein wird, von dem geboren meiner Herr Onkel. Unser Staat wird eine Feier darüber tun wo soll auch das Herrschaft aus Deutschland, Austria, America, Arabia, England, Französen vertreten sein. Ich fürchte mich wirklich diese Wörter zu schreiben, aber ich muß, Sie – Ihre Excelenz und meine liebste Patin – zu dieser Feier einladen. Es ist eine große Ehre für mich und ich bin mich bewußt daß ich mich soetwas nicht bediene.
Meine Name ist Zita Musil.
Ich bin am 7. Mai geboren 1917 – und mein Herr Onkel erzählte mir immer, daß es damals Ihr Wünsch war, daß es mein Tauf am 9. Mai tun sollte, daß ist Ihrer – der geehrte Geburtstag, mit Ihren lieben Namen Zita. Ihr wurdet demnach – Ihre Excelenz – meine Patin.
Ich bitte Sie darum heute sehr, erlauben Sie mir, daß ich im Name meiner Herr Onkel und auch mit meiner Name danken kann, für die große Liebe zu mir. Mein Herr Onkel ist im Jahre 1944 auf die Folge der Krankheit aus der Wüste gestorben.
Ich möchte noch ein große Bitte zu Ihrer Excelenz haben, ob könnten Sie mir eine liebenswürdige Antwort geben, daß Sie diesen Brief bekommen haben.
Ich küsse Ihre Hände für große Liebe danke ich vielmals und mit einer großen Sehnsucht wünsche mir, nur einmal in meinem Leben, Sie, gnädige Frau, zu sehen.
Mit viel herzliche Grüße

Ihr dankbares Patenkind
Zita Musilová-Stelclová

*

Liebe Frau Musilová-Stelclová, 7. Juni 1968
mein liebes Patenkind!

Eben habe ich Ihren liebenswürdigen Brief erhalten, in welchem Sie mir mitteilen, daß am 30. Juni Ihres – von mir so verehrten – Onkels an seinem 100. Geburtstag feierlich gedacht wird. Wie freue ich mich, daß die Tschechoslowakei dieses ihres hervorragenden Sohnes, des großen Gelehrten und Forschers, gedenkt, wie er es auch wirklich verdient hat. Er hat wissenschaftlich Großes geleistet und blieb als Mensch einer der bescheidensten und liebenswürdigsten Herren. Alle meine Verwandten haben ihn ungemein geschätzt und waren immer glücklich, wenn sie ihn wiedersahen.

Wie oft haben wir in den vergangenen Jahren von ihm gesprochen und uns gefragt – als er noch am Leben sein konnte –, wo er sei und wie es ihm gehe! Und so viel haben wir für ihn gebetet! Nun erhalte ich durch Ihren Brief Antwort auf diese Fragen ... und gleichzeitig höre ich auch von meinem lieben Patenkind, was mich ganz besonders freut.

Wenn Sie mir nochmals schreiben, wäre ich sehr froh, etwas über Ihr Befinden und Ihre Berufstätigkeit zu erfahren. Gott gebe, daß Sie sich bester Gesundheit erfreuen. Sehr gerührt war ich über Ihre Einladung, zur Feier Ihres Onkels zu kommen – und wie gerne würde ich sie annehmen.

Doch glaube ich, daß ich aus Rücksicht auf Ihre Regierung, um ihr jetzt [im »Prager Frühling«] keine Ungelegenheiten zu bereiten, mit der Erfüllung meines heißen Wunsches, wieder einmal in das liebe Land zu kommen, noch etwas warten soll. Doch wird es hoffentlich in absehbarer Zeit möglich sein, daß ich dort einen kleinen Besuch machen kann, um die schönen Orte zu sehen, an denen mein Herz hängt. In diesem Falle werde ich mein liebes Patenkind mit großer Freude wiedersehen. Im Geiste und im Gebet werde ich jedenfalls am 30. Juni am Grabe Ihres Onkels, Professor Musil, sein.

Mit meinen herzlichsten Grüßen Ihre Patin
Zita

Es sollte eigentlich schwerfallen, nach Musil einen gleichgewichtigen »Kleriker« zu finden, »in dessen Händen« sich das junge Kaiserpaar »befand«. Es fällt tatsächlich insofern schwer, als es kaum möglich sein wird, zu entscheiden, ob Alois Musil oder P. Wilhelm Schmidt SVD wissenschaftlich von größerer Bedeutung waren.

Im Mittelpunkt des gewaltigen Lebenswerkes von P. Schmidt steht sein Werk »Ursprung der Gottesidee«, um das sich eine Serie bedeutender Arbeiten gruppiert: »Die Mon-Khmervölker« (1906), »Die Stellung der Pygmäenvölker in der Entwicklungsgeschichte des Menschen« (1910), »Die Sprachfamilien und Sprachenkreise der Erde« (1926) und das »Handbuch der vergleichenden Religionsgeschichte«. Schmidt war der Gründer der internationalen Zeitschrift »Anthropos«

und – unter dem Pseudonym »Austriacus Observator« – der Verfasser von Schriften, die, eigentlich ganz im Sinne Musils, auf die eminente Zukunftsaufgabe Österreich-Ungarns auf dem Balkan und im Nahen Osten hinwiesen (P. Schmidt war übrigens von Geburt Deutscher). Angesichts der gewaltigen wissenschaftlichen Bedeutung P. Schmidts gerät eine andere Großtat dieses Priesters zu leicht in Vergessenheit: P. Schmidt war, gemeinsam mit dem jungen Kaiserpaar, der Schöpfer der »Soldatenheime«, die in kürzester Zeit, dank der rückhaltlosen Hilfe durch Kaiser Karl, zu Tausenden hinter den Fronten entstanden. In diesen Heimen geschah für Österreich-Ungarn und seine Nachfolgestaaten vielleicht Entscheidendes, wurde doch gerade durch diese Heime verhindert, daß der Radikalismus aus dem Osten in die Herzen und Hirne der Soldaten dringen konnte. Übrigens fand Kaiser Karl – damals noch Erzherzog Karl – den in seiner wissenschaftlichen und politischen Bedeutung überhaupt nicht zu überschätzenden P. Schmidt durch seine Schwiegermutter, die Herzogin Maria Antonia von Parma, womit denn die »Damenkamarilla«, zu der auch Erzherzogin Maria Theresia gehörte, einmal mehr gebrandmarkt wäre.
P. Schmidt war auch lange Zeit der Beichtvater Kaiser Karls, womit also auch er zu jenen zu zählen ist, von denen Ludendorff meinte, daß sie »ganz gegen uns gerichtet« waren. Wie sollte es auch anders sein?
Aber es war dennoch anders. Ganz anders.
Ein nicht geringer Teil des deutschsprachigen Klerus in Österreich und auch in den Nachfolgestaaten hat sowohl beim Umsturz von 1918 als auch nach dem endlich erreichten »Anschluß« von 1938 bemerkenswert wenig Charakter gezeigt. Der Haltung Kardinal Piffls im Jahre 1918 schloß sich jene Kardinal Innitzers im Jahre 1938 folgerichtig an.
Doch wieder ist es einer jener »Kleriker«, von denen Ludendorff spricht, der sowohl 1918 als auch erst recht 1938 die Ehre der österreichischen Hierarchie rettete: Bischof Waitz, Fürsterzbischof von Salzburg, ein wahrer Primas Germaniae, einst Religionslehrer und geistiger Mentor des jungen Erzherzogs Karl, ein Bischof, dessen Bindungen an seinen Herrscher nach dessen Entthronung nur noch enger wurden und dessen Bedeutung für die Erhaltung eines unabhängigen Österreich nach 1918 noch nicht genügend erforscht ist; war doch sein Einfluß auf die verschiedenen christlich orientierten Organisationen von größter Bedeutung. Wenn er im Jahre 1938, am 21. März, in sein Tagebuch einträgt: »Heldentat haben wir Bischöfe keine vollzogen«, so trifft dieses Wort auf ihn selbst gewiß nicht zu: er hat sich in dem Sinne als Held benommen, als er tat, was er konnte, indem er der Mehrheit widersprach.
Während des Ersten Weltkriegs gab es in Wien den päpstlichen Nuntius Graf Valfrè di Bonzo, Erzbischof von Trapezunt, einen Mann, den Kaiser Karl wie so manchen anderen »geerbt« hatte und den er, trotz mehrfacher Bitten an den Heiligen Vater, nicht loswerden konnte (Kaiser Karl hätte in Wien gerne Nuntius Pacelli, den späteren Papst Pius XII., gesehen, mit dem er sich ausgezeichnet

verstand.) Über Nuntius di Bonzo berichtet der kaiserlich-deutsche Botschafter Graf Wedel nach Berlin: »Er machte kein Hehl daraus, daß er den Sixtus-Brief nicht für ein diplomatisches Meisterstück hält, und sagt jedem ... das komme davon, wenn man die Braganças regieren lasse – gemeint sind die Herzogin von Parma und ihre Schwester, Erzherzogin Maria Theresia –, hinter denen ... zu viele Geistliche stünden.« Soweit Nuntius di Bonzo, natürlicher Sohn des Königs Viktor Emanuel II. von Italien.

Doch zurück zu Bischof Waitz. Dieser war, neben Kaiserin Zita und P. Maurus Carnot, Disentis, der einzige Mensch, dem Kaiser Karl ein seltsames Erlebnis anvertraut hatte: In Prangins am Genfer See war es, daß »ein Vertreter der Freimaurerei« zu Kaiser Karl kam, der ein dreifaches Angebot machte: Für den Fall, daß der Kaiser der religionslosen Schule, der Zivilehe und der Anerkennung der Freimaurerei zustimme, stünde seiner Rückkehr auf den Thron seiner Väter nichts im Wege.
Allerdings: Rückkehr auf welchen Thron? Den österreichischen, ungarischen, böhmischen? Es handelte sich ja bereits um völlig souveräne Staaten, von sehr verschiedenartiger Struktur zudem. Und warum verlangte man von Kaiser Karl etwas, was man längst schon hatte? Wer sprach da in wessen Auftrag?

Der Kaiser lehnte ab. Einige Zeit später kam der gleiche Herr wieder: diesmal enthielt das Angebot sogar eine zusätzliche finanzielle Sicherstellung des Kaisers. Der Kaiser lehnte abermals ab, bemerkte jedoch dazu nur: »Du wirst sehen, jetzt setzt die Hetze wieder ein ...«

Sie setzte ein. Wenn sich auch inzwischen manches geändert hat, Freimaurer und Katholiken vielfach zueinander fanden und heute kaum mehr ein Grund besteht, einander zu bekämpfen, da doch der gemeinsame Feind schon vor der gemeinsamen Haustür wartet, ist es von historischem Interesse, die Spuren dieses Kampfes (der nicht nur von der Freimaurerei ausging und von dieser auch wieder nur teilweise) zu verfolgen. Besonders in der Zwischenkriegszeit.
Und abermals ist festzustellen, daß die eigentliche Kampagne gegen das Herrscherpaar (sie hielt auch posthum gegen den 1922 verstorbenen Kaiser unvermindert an) vom ehemaligen Verbündeten ausging.
Sie bildete einen wesentlichen Bestandteil der alsbald in Deutschland entstehenden »Dolchstoßlegende«, half dergestalt den Zweiten Weltkrieg vorbereiten, und verunsicherte die Österreicher; sie raubte ihnen die Widerstandskraft und den Selbstbehauptungswillen und ermöglichte so den triumphalen Einzug des Exösterreichers Hitler im März 1938.
Denn die einzige Widerstandskraft, die es damals wirklich gegeben hätte, die legitimistische Bewegung Österreichs – die einzige Kraft in Österreich, die nicht durch Anschlußbestrebungen vorbelastet war –, hatte sich dank der hemmungs-

losen Anti-Habsburg-Kampagne nie zu einer Bewegung entfalten können, die auch die Massen der ehemaligen Kriegsteilnehmer erfassen hätte können – wie denn auch anders, galt doch die Kaiserin und Königin im Volke längst als »Verräterin«, wobei niemand die Frage erhob, warum sie sich eigentlich selbst verraten haben sollte.
Daß es auch in Österreich genug Kräfte gab, die aus kurzsichtigen, parteistrategischen Gründen die deutsche Propaganda nach Kräften unterstützten (teils, weil sie damit ihre Schuldkomplexe abreagierten, teils, weil sie damit den Anschluß zu fördern hofften), sei der Vollständigkeit halber erwähnt. Aber sie waren weder originell noch initiativ; sie folgten stets bloß der großen Linie und beteten nach, was vom »Großen Bruder« kam.

In einem Schreiben Ludendorffs an das k.u.k. AOK vom 15. Dezember 1917 heißt es unter anderem: »Eure Exzellenz bitte ich, dahin zu wirken, daß Österreich–Ungarn dem Deutschen Reich in dem bevorstehenden Entscheidungskampf im Westen nach Kräften seine Hilfe leiht. Ich denke dabei zunächst an die Freimachung sämtlicher deutschen Kräfte der Heeresgruppe Böhm-Ermolli und des Abschnittes Lipa durch österreichisch-ungarische Truppen und auch an die Übernahme eines Teiles der Westfront durch österreichisch-ungarische Truppen. Euer Exzellenz wissen, welch ungeheure Anstrengung Frankreich, England und Amerika machen, nun den Sieg im letzten Augenblick an sich zu reißen. Demgegenüber heißt es nicht nachzulassen, sondern alle Kräfte anzuspannen, in der Heimat wie an der Front. Der Ausgang dieser Kämpfe entscheidet über die Zukunft Österreich–Ungarns und Deutschlands. Der Sieg wird unser sein, wenn beide fest zusammenstehen.«

Im Jänner 1918 sollten die Verhandlungen über eine österreichisch-ungarische Waffenhilfe mündlich weitergeführt werden. Zunächst schien volle Übereinstimmung zu herrschen und alles für die große Offensive gut eingeleitet zu sein. Aber die weiteren Verhandlungen kamen nicht vorwärts. Es ergab sich aus den Besprechungen, daß Österreich–Ungarn anscheinend hoffte, daß eine k.u.k. Division geschlossen, etwa in den Vogesen, eingesetzt werde.
Die deutsche Oberste Heeresleitung lehnte ab. Es gelang nicht, bis zum Beginn unserer Märzoffensive zu einer Verständigung über die Beteiligung von k.u.k. Truppen zu kommen. Ein Bericht des deutschen bevollmächtigten Generals beim k.u.k. AOK, des Generals von Cramon, an Ludendorff vom 10. März 1918 läßt die Ursachen hierfür erkennen. Als einen wesentlichen Grund führte General von Cramon folgendes an: »Ich höre vertraulich aus einwandfreier Quelle, daß beim Allerhöchsten Herren nicht sosehr der Wunsch, Menschen zu schonen, herrscht, als der Wille der Kaiserin Zita, keinen Österreicher in Frankreich kämpfen zu lassen. Zwar rollen österreichische Batterien nach Frankreich, aber die stehen weitab und treten nicht so in die Erscheinung, während ein Kampf Mann gegen

Mann vermieden werden soll. In Italien ist dies etwas anderes, da dort die Franzosen die Initiative ergriffen haben.
Angesichts dieser bedenklichen Eingriffe der hohen Frau in nichtpolitische Angelegenheiten und in Berücksichtigung der von General von Waldstätten geschilderten Stimmung im Offizierskorps gestatte ich mir, der Erwägung Eurer Exzellenz ganz gehorsamst anheimzugeben, ob es sich jetzt nicht gerade empfehlen würde, an der österreichischerseits gemachten Zusicherung der Bereitstellung von Truppen festzuhalten und hier offiziell anzufragen, ob man auf drei gute, zuverlässige und kampfkräftige Divisionen rechnen dürfe. Ich halte dies aus politischen Gründen, auch im Ausblick auf die Zukunft für unbedingt ratsam. Daß die Truppen zu spät kommen, ist zweifellos, das schadet aber nichts, sondern entspricht im allgemeinen ja auch den Wünschen Eurer Exzellenz.«
General von Arz eröffnete aber nunmehr vertraulich dem General von Cramon, daß die Entsendung österreichischer Infanterie nach dem Westen an allerhöchster Stelle nicht genehm wäre. Aus den aktenmäßigen Darstellungen wie aus den Veröffentlichungen Cramons geht hervor, daß die Beteiligung österreichischer Truppen an der deutschen Offensive in Frankreich hauptsächlich an dem Widerstande der Kaiserin Zita gescheitert sei.
Auf dem westlichen Kriegsschauplatz hatten die Angriffe im März an der Somme, im April in Flandern und im Mai und Juni an der Aisne zu taktischen Erfolgen, aber nicht zum erhofften Durchbruch geführt. Bereits am 16. Juni erging folgende Aufforderung Ludendorffs an Cramon: »Eine Wiederholung der österreichischen Offensive in Italien kann ich nicht befürworten. Die amerikanischen Truppen werden nunmehr einheitlich gegen uns eingesetzt werden. Ich muß befürchten, daß Italien jetzt noch mehr Truppen an die Westfront schickt. Ich bitte daher, mit General von Arz die Entsendung von 5 bis 6 Divisionen und Artillerie an unsere Westfront zu besprechen. Auch die Abgabe von Arbeitskräften, Benzin und Pferden ist dringend geboten.«

Am 23. Juni berichtet Cramon nach Deutschland: »Kaiser Karl ist gestern noch einem endgültigen Entschluß ausgewichen. Von Arz ist der Meinung, daß der Allerhöchste Herr dieses, wie alles, mit der Kaiserin vorher besprechen und sich vorderhand daher noch nicht binden will.«
Die ersten beiden Divisionen gingen schließlich im Juli ab. Wegen der bedrohlichen Lage in Bulgarien mußte aber die Oberste Heeresleitung zugunsten der Balkanfront auf die Entsendung weiterer österreichischer Truppen nach dem Westen verzichten.
Im Jahre 1932 – die Anti-Habsburg-Hetze erreichte wieder einmal einen ihrer Höhepunkte – veröffentlichte Cramon ein Buch, »Deutschlands Schicksalsbund mit Österreich–Ungarn«, indem er sich wie seine Vorgänger der Technik des »Erwähnens« bediente: »... und daß die hohe Frau, die sich nach der Thronbesteigung fast stets an der Seite ihres Gemahls befand, trostspendend die Lazarette

besuchte, ja sich auch oft an der Front sehen ließ, als die geistige Stärkere nicht ohne Einwirkung auf die Entschlüsse des Kaisers blieb, kann kaum bezweifelt werden. Ich persönlich habe sie wiederholt, wenn ich, als der Person des Kaisers attachiert, um eine Audienz bat, im Vorzimmer angetroffen, das sie, soweit meine Vorträge in Frage kamen, immer diskret verließ. Es ging aber das Gerücht, daß sie den Vorträgen anderer Persönlichkeiten nicht selten beigewohnt und dann mit ihrer Ansicht und Meinung nicht zurückgehalten habe. Da die Majestäten in großer Liebe miteinander verbunden waren, lag dies gar nicht außer dem Bereich der Möglichkeit. Erzählt wurde es mir seitens der österreichischen Kameraden öfters, und auch ein hoher Würdenträger hat mir einst, als ich auf dem italienischen Kriegsschauplatz im Auftrage des Generalfeldmarschalls von Hindenburg um eine schnelle Entscheidung des Kaisers in einer wichtigen Frage bat, wörtlich gesagt: ›Sie wissen doch, daß solche Entscheidungen immer nur im Badener Schlafzimmer fallen.‹

Es ist mir seitens treuer Anhänger der Habsburger-Dynastie sehr verdacht worden, daß ich in meinen früheren Erinnerungen [›Unser österreichisch-ungarischer Bundesgenosse im Weltkrieg‹, Berlin 1920] es ausgesprochen habe, die Kaiserin Zita habe mit Rücksicht auf Italien bei ihrem Gemahl im Interesse dieses unseres Gegners zu intervenieren versucht. Ich persönlich bin nicht der Erfinder dieser Gerüchte, sondern sie sind mir von österreichisch-ungarischen Kameraden zugetragen worden. Ich habe auch diese Gerüchte nur erwähnt, weil sie damals in aller Munde waren ...«

General von Stein verfährt in seinen Aufzeichnungen recht ähnlich: In seinem Buch »Erlebnisse und Betrachtungen« schreibt er vielsagend: »Böse Zungen behaupten sogar, daß Kaiser Karl fremdem Gelde nicht abgeneigt gewesen sei.« Als auf diese Ungeheuerlichkeit hin eine Gruppe von österreichisch-ungarischen Offizieren, darunter Baron Lehár, Feldmarschall von Krobatin und Kriegsminister von Georgi, »Aufklärung beziehungsweise Genugtuung« forderten, gab von Stein folgende Erklärung ab: »Ich habe in meinem Buche an der fraglichen Stelle durch den Ausdruck »böse Zungen« sagen wollen, daß die Behauptung, Kaiser Karls sei fremdem Gelde nicht abgeneigt gewesen, von mir als falsch abgelehnt wird ... Ich erkläre hiemit, daß ich die fragliche Behauptung für eine Verleumdung halte, und werde dies, falls es zu einer Neuauflage meines Buches kommen sollte, zum Ausdruck bringen.«

Feldmarschall Baron von Kövess, der letzte Oberkommandierende der österreichisch-ungarischen Armee, erhielt im Dezember des Jahres 1921 von dem königlich-preußischen Generalleutnant von Dufais einen Brief, in dem es hieß: »Nun hoffe ich, daß man endlich mit dem Lumpenpaar Karl-Zita Schluß macht. So geht es in der Welt: die kleinen Diebe hängt man, die großen läßt man laufen. Was hat dieses Paar ... für ein Unglück über Deutschland gebracht, geschweige denn über Österreich–Ungarn! Wenn man die Bände von deutschen Weißbüchern, Untersuchungsausschußverhandlungen etc. studiert, so überfällt einen das Entsetzen, von welchen Eseln wir jahrelang regiert und geführt wurden. Gewissenlose Brüder ... und was für Persönlichkeiten durch den geisteskranken Kaiser in verantwortlichen Stellen ...!«

Als Feldmarschall Baron Kövess auf diesen Brief nicht antwortete und damit eine neunzehnjährige Korrespondenz ihr Ende fand, rätselte von Dufais herum, was wohl mit seinem alten Bekannten in Wien los sei.

General der Infanterie Edmund Glaise von Horstenau macht in seinen letzten Aufzeichnungen, die er 1945/46 in einer Nürnberger Gefängniszelle zu Papier brachte, gleichfalls Bemerkungen zu diesem Thema. Auf der Fahrt zur Front hatte er auch einen Kurzbesuch bei Conrad von Hötzendorf gemacht, der in Bozen saß und, »von Abneigung gegen den jungen Herrscher erfüllt, gemeinsam mit seiner Frau an dem jungen Herrscherpaar kein gutes Wort ließ«. Bei einer Fahrt im Hofzug beobachtet Glaise den Kaiser aus nächster Nähe und nimmt in seinen Aufzeichnungen entrüstet gegen die bösen, wie er sagt »bewußt verbreiteten Gerüchte« Stellung, die vom »ständigen Alkoholgenuß des Kaisers« sprechen.

Als die Aufregung um das junge Kaiserpaar im April 1918 ihren Höhepunkt erreicht und alle Welt von der »Sixtus-Affäre« faselt, kommt Glaise abermals mit Conrad zusammen. Wichtigstes Gesprächsthema Conrads: »der Verrat«.

Und Glaise fährt fort: »Gina [Baronin Conrad von Hötzendorf] spie Haß und Feuer ...«

Leider drängt sich die ebenso unerquickliche wie klare Feststellung auf, daß die beiden Hauptschuldigen der Anti-Karl-Zita-Propaganda zugleich Heerführer der verbündeten Armeen waren: Ludendorff und Conrad; der Deutsche als forscher Initiator, der Österreicher als wehleidiger Nachbeter. Dabei waren sowohl Ludendorff als auch Conrad zwei unglückliche, ihren Frauen absolut hörige Pantoffelhelden; beide traten in ihrer Abneigung, ja in ihrem pathologischen Haß gegen das junge Kaiserpaar eine psychologisch durchschaubare »Flucht nach vorne« an.

Von Conrad wurde inzwischen bekannt, daß er am Tag der Schlacht von Przemysl, als Tausende von jungen Menschen auf dem Schlachtfeld den Tod fanden, einen sechzigseitigen Liebesbrief an seine Gina schrieb. Ludendorff verfiel nach dem Krieg seiner Mathilde von Kemnitz; und wenn er schon nicht den Krieg gewann, so doch diese Frau und »zudem die Überzeugung, daß jedes Rasseerbgut sein arteigenes Gotterkennen habe«. Ihre Stirnwarze hielt er denn auch folgerichtig für das »Stirnauge« einer Boddhisatva, einer »Vollendeten«! Das also war der Autor von »Der totale Krieg«, in dessen Verlagsankündigung es heißt: »Ludendorff zeigt in dem Abschnitt ›Durchführung des totalen Krieges‹ in packender Schilderung Werden und Verlauf eines solchen Krieges. Hier sind keine ›Rezepte‹ und ›Theorien‹ gegeben, keine bestimmten Lagen konstruiert, sondern es ist der Umfang, es ist das Wesen, der Inhalt der Kriegshandlung selbst geschildert, ohne Rücksicht darauf, wo er geführt wird. Das Werk gibt unerbittliche Tatsächlichkeit. Der Abschnitt ›Der Feldherr‹ schließt das Werk und gibt unantastbare Grundsätze über das Führertum im Kriege.«

Was Ludendorff (aber auch Conrad und die von ihm beeinflußten Offiziere in der österreichisch-ungarischen Armee) hinsichtlich der Stimmung des Heeres auf dem Gewissen hatten – von Cramon war dabei ein unbedeutender Zwischenträger –, spielte sich auf diplomatischer Ebene unter der Ägide des kaiserlich-deutschen Botschafters in Wien, Botho Graf von Wedel, ab. Er war der geistige eigentliche Mentor der Hetze gegen das Kaiserpaar. Seine Berichte gingen an das Außenamt in Berlin und von dort über die Schaltstellen der psychologischen Kriegführung, vor allem also zurück nach Wien, zu den großdeutsch gesinnten Parteien und nach Budapest in jene Kreise, die später Ungarn auf dem Gewissen haben sollten: die Kreise, die sich alsbald um Gömbös, Bethlen und Horthy scharten. Einer der Drahtzieher dieser eigenartigen Propagandaschlacht, die sich auch nach dem Kriege nicht legte – im Gegenteil, es ist, als ob diese Leute schon damals gespürt hätten, daß die Bedeutung und die Wirksamkeit Kaiser Karls nach seinem Thronverlust eher noch steigen sollten –, war Oberst Max Bauer, eine der zwielichtigsten Gestalten im Kreise der deutschen Generalstabsoffiziere, Einpeitscher von hohen Graden und in den Umsturztagen von 1918 genauso spurlos verschwunden wie Ludendorff, sein Meister. Dann, als die unmittelbare Gefahr der Revolutionstage vorbei war, erschien er plötzlich wieder auf der Bildfläche.

Er widmete nach dem Kriege der »Sixtus-Affäre« eine eigene Studie und war schließlich im Kreise jener Abenteurer zu finden, die in der präfaschistischen Ära der Kapp, Gömbös und Konsorten ihr Unwesen trieben und von Horthy finanziert wurden.

Die Frage nach einer Gegenpropaganda

Es bleibt die bittere Frage, warum Österreich-Ungarn der Propaganda aus dem deutschen Lager nichts entgegensetzte. Sowohl das Kaiserpaar als auch der Chef der österreichisch-ungarischen Abwehr wußten selbstverständlich genau, woher sie kam. Nun, zweifellos spielte bei der Untätigkeit der zuständigen österreichischen Stellen die Überzeugung mit, daß Deutschland bei entsprechender Gegenwehr kurzerhand zuschlagen würde. Hatte doch Czernin seinerzeit in Baden, bei der Auseinandersetzung mit dem Kaiser allen Ernstes gedroht, er lasse »die deutschen Truppen einmarschieren«, und der Kaiser wußte, daß es solche bis ins Detail ausgearbeitete Einmarschpläne tatsächlich gab. Es waren ihm daher weitgehend die Hände gebunden.

Was blieb, war die Hoffnung auf die dynastiefreundlichen Gefühle der Bevölkerung (die ja auch ein Cramon bestätigen mußte), auf die Treue des »kleinen Mannes« und des Heeres.

Ich erinnere mich an eine Veranstaltung im Wiener Konzerthaus zugunsten der Kriegsopfer, irgendwann nach dem Sommer 1918. Ich wollte selbstverständlich zu diesem Fest kommen, als mir sehr geheim die Nachricht zugetragen wurde, ich möge lieber fernbleiben, es werde einen Skandal geben: ich würde ausgepfiffen und ausgeschrien werden ... die Stimmung sei zu erregt.
Nun hatte ich mir von allem Anfang an vorgenommen, schon in den Tagen meiner Heirat mit Erzherzog Karl, auf Anregungen und Kritik zwar bereitwillig einzugehen – schließlich hatte ich ja noch sehr viel zu lernen –, im übrigen aber meinen eigenen Weg zu gehen. Zu genau wußte ich Bescheid über das, was mit Kaiserin Elisabeth geschehen war. Wie war diese Monarchin doch willens gewesen, ihrem Gemahl in allem und jedem zur Seite zu stehen! Und wie vollständig hatte man sie innerhalb weniger Jahre verunsichert, durch ständige Kritik und schlechte Nachrede schließlich zu einem menschenscheuen, sich fortwährend auf der Flucht befindlichen Wesen gemacht. Ich wußte über diese Dinge deswegen so genau Bescheid, weil doch meine Tante, Erzherzogin Maria Theresia, als Gemahlin des ältesten Bruders des Kaisers mitten im Geschehen stand. Sie, die später lange Zeit die First Lady Österreichs war, gab auch ein Gutteil ihrer eigenen Erfahrung an mich weiter.
Ich war daher von Anfang an wohl gewillt, zu lernen und Fehler zu vermeiden, ich war aber keineswegs gewillt, mich wie Kaiserin Elisabeth »fertigmachen« zu lassen. Daher mein Entschluß, ungeachtet aller Drohungen die Veranstaltung im Konzerthaus zu besuchen. Kaiser Karl, der von diesen Vorgängen hörte, erklärte, er werde mitkommen. Es war wohl ein spannungsgeladener Abend für uns, als wir dorthin gingen und den Saal betraten.
Wie soll ich es schildern ... Kaum, daß wir unter dem Portal erschienen, brach ein ungeheurer Jubel los, ein so befreiender Jubel – ich kann das gar nicht wiedergeben, so ein Gefühl, wie es uns damals erfaßte! Nach dem Schluß der Vorträge und Darbietungen kamen wir mit den Soldaten ins Gespräch, vor allem mit den vielen Kriegsblinden, die gekommen waren. Minutenlang hielten sie unsere Hände fest – ich spüre noch heute die tastenden Finger auf meinem Gesicht ... Ja, wir konnten diese Menschen, die ihr Kostbarstes für ihre Heimat gegeben hatten, ein wenig trösten, konnten ihnen Mut zusprechen und ihnen das Gefühl geben, daß ihr Opfer nicht umsonst gewesen sei. Und als wir endlich – es war schon gegen Mitternacht – diese Veranstaltung verließen, hatten wir einmal mehr die Überzeugung gewonnen, daß diese ganze wahnwitzige Gerüchtewelle, mit der unsere Monarchie überschwemmt worden war, vielleicht in die Ohren, aber bestimmt nicht in die Herzen unserer so treuen Bevölkerung gedrungen war.

Gegen Ende des Krieges war es dann allerdings soweit. In den wenigen Stunden, innerhalb deren sich Sein oder Nichtsein der Monarchie entscheiden sollten, verhielt sich die Führung des Heeres allzu passiv, blieb die – immer noch dynastiefreundliche – Mehrheit der Bevölkerung zu Hause. Sie überließ ihr

Schicksal einer Handvoll seltsamer Kleriker und ein paar tausend »Revolutionären«, die nichts taten, als unter Führung einiger geschickter Agitatoren (zum Teil in Rußland ausgebildet) die Wiener Ringstraße zu besetzen.
Hier trifft sowohl den Hof als auch die verantwortlichen Stellen der schwerwiegende Vorwurf, nicht imstande gewesen zu sein, die Friedenssehnsucht der Massen und die Kriegsmüdigkeit so zu nützen, daß die Friedensbestrebungen des Kaisers rechtzeitig im rechten Lichte dargestellt worden wären.
Die gesamte »Sixtus-Affäre« mit allen sich daraus ergebenden Konsequenzen hätte – bei auch nur einigermaßen geschickter österreichisch-ungarischer Propaganda – Kaiser Karl als das erscheinen lassen müssen, was er war: als den Friedenskaiser, den sozialen Volkskaiser.
Die haarsträubende Unfähigkeit der Behörden, die österreichisch-ungarische Propaganda in den Griff zu bekommen, geht aus einer der groß aufgemachten »Enthüllungen« der unmittelbaren Nachkriegszeit hervor: aus der Geschichte vom Stübchen am »Fräuleingang«. Es ist dies die Geschichte der pro-habsburgischen Propaganda, ihres Umfangs und ihrer Herkunft.
Diese Geschichte entbehrt nicht einer gewissen tragikomischen Note, erschöpft sie sich doch in der Aufzählung eines einzigen Namens: Baron Karl Werkmann, »letzter Sekretär des Kaisers und Königs Karl«, nach dem Kriege Autor der Bücher »Der Tote auf Madeira« und »Deutschland als Verbündeter«, Verfasser zahlloser Artikel, die in der Zwischenkriegszeit immer wieder Stellung für den Kaiser und seine Familie bezogen, unendlich viel zur Wahrheitsfindung beitrugen und dennoch nicht viel mehr als der berühmte Tropfen auf dem heißen Stein waren.
Es mutet aus der Rückschau der Jahre geradezu grotesk an, angesichts der gewaltigen, in jeder Hinsicht bereits für Joseph Goebbels vorbildlichen deutschen Propagandamaschinerie, auf österreichischer Seite in der Wiener Hofburg einen einzigen Journalisten zu sehen, der wohl mit viel Geschick und mit Eifer, aber eben mit vollkommen unzureichenden Mitteln den Kampf gegen die Propagandawalze des Verbündeten (und der »offiziellen Feinde«) ausfechten mußte. Aber Kaiser Karl hatte – und das war wohl ein entscheidender Fehler des jungen Monarchen – keinen Sinn für »Öffentlichkeitsarbeit« im neueren Sinne des Wortes; er lebte in der gefährlichen Illusion, seine Arbeit, seine Absichten, seine Regierungshandlungen müßten und würden wohl für sich selber sprechen.
Unvorstellbar, wie anders die Folgen der »Sixtus-Affäre« ausgesehen hätten, wäre es einer gut geführten österreichischen Propaganda gelungen, den kriegsmüden Völkern der österreichisch-ungarischen Monarchie die Handlungsweise des Kaisers und Königs verständlich zu machen!
Wie armselig, ja geradezu provozierend bescheiden dieses Pressebüro Werkmanns arbeitete, geht aus einer der sensationell aufgemachten üblichen »Enthüllungen« hervor, die im Jänner 1919 (der Kaiser befand sich damals noch in Österreich) im »Wiener Mittag«, einer deutschnationalen Tageszeitung, unter dem Titel »Der Pressedienst für die Allerhöchsten Herrschaften« erschien: »Ein Kapitel zur

Enthüllung der Byzantiner. Unsere Leser sollen erfahren, daß es unter der unseligen Habsburgerwirtschaft auch so etwas gegeben hat. In der Wiener Hofburg, im Fräuleingang auf Nr. 37, hatte dieses seltsame Hauptquartier des ekelhaftesten Byzantinismus sein Lager aufgeschlagen. Hauptmann Werkmann war sein nimmermüder Leiter. Täglich wurden gewisse Wiener Redaktionen mit großen weißen Briefumschlägen überfallen. Wie im Kalender der Sonn- und Feiertage, so prangte auch der Druck auf diesen Umschlägen in feierlichem Rot. Die Umschläge enthüllten auch noch im vierten Kriegsjahr herrliches, fast kartondickes, kostbares Briefpapier. Was nun diese Briefpapiere an Text enthielten, das sei an einigen Beispielen gezeigt:

30. April 1918

Sehr geehrter Herr!
Sie würden mir einen großen Gefallen erweisen, wenn Sie die heute erscheinenden, gewiß nicht zu langen Berichte über die Truppenbesichtigungen durch Seine Majestät und den Besuch Ihrer Majestät in der Ottakringer Kriegsküche tunlichst ungekürzt bringen wollten. Ich möchte besonderen Wert auf die Schilderung der dem Kaiser und der Kaiserin dargebrachten Huldigungen legen. Ich selbst war Zeuge dieser wirklich überwältigenden Begrüßung und habe in dem Berichte gewiß nicht zuviel gesagt. Nehmen Sie im voraus meinen verbindlichsten Dank entgegen.

Ihr ganz ergebener
Werkmann, Hauptmann«

Soweit der »Wiener Mittag«. Und wie sah so ein Bericht in seiner fast schon rührenden Bescheidenheit nun wirklich aus?

Mittwoch, 1. Mai 1918
Die Königin in einer Kriegsküche
Die Königin hat heute vormittag die »Kaiserin-Zita-Kriegsküche« in Ottakring besucht, wo mehr als 7000 Personen ausgespeist werden. Die Königin verweilte hier länger als eine Stunde. In den Straßen sammelten sich das Publikum an und bereitete der Königin rauschende Kundgebungen.

Gelegentlich zeitigte Werkmanns Propagandastübchen auf dem Fräuleingang auch größere publizistische Erfolge:

7. Juli 1918

Das Königspaar in einer Kriegsküche
Der König und die Königin haben heute die Kriegsküche im Hause Billrothstraße 67 besucht. Über Wunsch des Königspaares durfte die Ausspeisung keinerlei Unterbrechung oder Verzögerung erfahren. Das Königspaar sprach eine große Anzahl von Männern und Frauen an und nahm deren Bitten entgegen. Das

Herrscherpaar ließ ununterbrochen die ihm unterbreiteten Bitten vormerken und traf in manchen Fällen auch sofort die Entscheidung, was zu geschehen habe, um die große Not der Bittsteller zu erleichtern.
Um die Königin hatte sich eine Schar von Kindern versammelt, die die Königin liebkoste, nach ihren Eltern, Geschwistern, nach ihren Schulerfolgen und ihren Sorgen und Nöten fragte. Die Eltern, überglücklich, die Kinder unter dem Schutze der Landesmutter zu wissen, kamen auch herbei, griffen nach der Hand der Monarchin, um sie mit Küssen zu bedecken und sie zur Genesung zu beglückwünschen.
Von stürmischen Hochrufen begrüßt, verließ das Herrscherpaar die Kriegsküche.

Sechs Wochen vor dem Ende der Monarchie erschien sogar ein geradezu sensationell ausführlicher Bericht über die sozialen Aktivitäten des Kaiserpaars, das solchen Verpflichtungen ja ununterbrochen und seit zwei Jahren nachkam:

26. September
Wie die Blätter melden, haben die Majestäten gestern Wiener Kinder, die von einem Landaufenthalt in Ungarn zurückgekommen waren, bei der Ankunft an der Station der Donaudampfschiffahrtsgesellschaft am Wiener Praterkai nächst der Reichsbrücke persönlich begrüßt.
Die Kinder, etwa 450 an der Zahl, trafen um 11 Uhr 50 vormittags in der Station ein. Dort hatten sich das Herrscherpaar sowie der Vorsitzende des gemeinsamen Ernährungsausschusses General GM Landwehr, und viele andere zur Begrüßung eingefunden.
Das Publikum, das sich ungemein zahlreich versammelt hatte, bereitete den Majestäten herzliche Ovationen.
Das Königspaar begab sich sodann, gefolgt von mehreren Festgästen, auf das Schiff, vom lauten Jubel der Kleinen begrüßt. Das Königspaar trat dann einen Rundgang über die Verdecke an und sprach fast jedes der Kinder an.
Das Königspaar verließ dann das Schiff und nahm auf dem Landungsplatz nächst dem Ausgang Aufstellung und ließ die Kinder an sich vorbeidefilieren, denen es freundlich und liebevoll zuwinkte.
Sehr erfreut war das Königspaar von einer Kindertruppe, die die ungarische Hymne anstimmte. Der König fragte die Aufsichtspersonen, ob die Kinder etwas Ungarisch gelernt hätten, was bejaht wurde.
Der König sprach sodann die Hoffnung aus, daß durch das Wohlfahrtswesen ein neues Band zwischen der Bevölkerung Österreichs und Ungarns geknüpft werde.
Unter Hochrufen der angesammelten Menge verließ das Königspaar den Festplatz.

Die Bevölkerung jubelte also dem Herrscherpaar noch immer begeistert zu. Auch in Ungarn, als es bereits, von Entente-Soldaten bewacht, das Land verließ. Denn die Liebe des Volkes und die stille Arbeit der Drahtzieher sind zweierlei. Letzteren nichts an Propaganda (»Öffentlichkeitsarbeit« würde man heute sagen) entgegengesetzt zu haben, ist sicherlich die schwerwiegendste Unterlassungssünde, die Kaiser Karl unterlief.

Das »Völkermanifest« Kaiser Karls vom 16. Oktober 1918

An Auswärtiges Amt — Streng vertraulich

Bemerkungen über Österreich

Der Krieg ist zum Teil durch den slawischen Haß gegen das kulturell überlegene Germanentum, von dem materiell, handelspolitisch und industriell das erstere Slawentum abhängig war und bleiben wird, entbrannt. Der Verlauf des Krieges hat in allen Ländern einen Haß gegen das Germanentum – in sehr vielfältiger Form – enthüllt, der eine teilweise Rückkehr zum Vaterland und angrenzenden germanischen Teilen zur Folge haben wird. Naturgemäß wird obige Erkenntnis die gesamten Teile der germanischen Welt, auch andere Nationen, mehr zu uns, der Zentrale, hinweisen und hinziehen. So daß das Ergebnis eine instinktive *Konzentration der Germanen* um und an Deutschland werden wird.

Wie wird dieses auf Österreich wirken?

Mit dem Jahre 66 wurde der Schnitt zwischen Österreich und dem alten Reichsblock vollzogen. Das heißt, die alte Ostmark blieb allein dem großen Konglomerat der *nichtgermanischen* – meist slawischen – Staaten mit ihren paar germanischen Kronländern gegenüber. Also Österreich war, was den germanischen Teil betrifft, in der Minderheit. Um nun ein Gegengewicht für den Ausfall des Deutschen Reiches gegen die Slawen und Tschechen zu haben, hätte Habsburg – trotz 66 – sofort wieder die Anlehnung an Deutschland – seit 1870 Deutsches Reich – suchen müssen, unter fester Konzentrierung des rein germanischen Teils der Kronländer und Stützung der Germanen in der Diaspora (Böhmen, Ungarn pp.) gegen Tschechen und Slawen. Das geschah nicht. Um einer befürchteten deutschen Irredenta Paroli zu bieten, ließ man im Gegenteil auf Kosten der Deutschen die Tschechen hochkommen, was den Slawen den Kamm noch schwellen ließ. Nun entstand die unselige Politik auf Kosten und unter steter Zurücksetzung der Deutschen, die schließlich zu den jetzigen Zuständen geführt [hat].

Nunmehr will der Herrscher in zwölfter Stunde sein Land in *autonome* Staaten teilen und selbst sich als *»König* der *Deutsch-Österreicher«*, als Oberherren der von Prinzen des Erzhauses zu besetzenden *freien* Kronländer *nichtdeutscher*

Rasse, mit dem *Titel* Kaiser etablieren. Das führt naturgemäß sofort zum Kampf, da die *Nichtgermanen,* die nun »selbständige Bundesstaaten« geworden, sich keinesfalls unter die Vorherrschaft der »Germanischen Österreicher« mehr beugen wollen.

Die »Deutsch-Österreicher« wollen den ihnen drohenden Kampf um die Vorherrschaft, um die »Bundesmacht« gegen Jugoslawen und Tschechen sowie Polen und Ungarn, nicht aufnehmen, sondern sich lieber aus der erdrückenden Umarmung der Tschecho-Slawen befreien durch *Anschluß an die deutsche Zentrale.*

Damit würde das alte Österreich aufhören zu existieren und das »Kaisertum« ebenfalls.

Daß der *jetzige Träger der Krone* diesen schwerwiegenden Schritt tut, ist höchst unwahrscheinlich, zumal unter dem franco-italienischen Gifthauch des Hauses Parma.

Aber sind die »Deutsch-Österreicher« fest dazu entschlossen, muß er schließlich doch, oder abtreten.

Als ich diese Zeilen gerade vollendet hatte, erhielt ich die Meldung aus Wien, betreffend die Mitteilung Dr. Sylvesters von der Absicht der *Deutsch*-Österreicher, sich auf das Programm Dr. Viktor Adlers zu *einigen,* ein *autonomes* »Deutsch-Österreich« zu verlangen und dieses freie »*Deutsch*-Österreich« in den »bundesstaatlichen Anschluß« an das *Deutsche* Reich zu bringen, unter irgendeiner Form und unter Vorsicht. Also genau die Bestätigung meines obigen Schlusses ...

gez.: Wilhelm II.

Der Autor dieser bemerkenswerten »Bemerkungen über Österreich« ist ja niemand geringerer als Kaiser Wilhelm II. Der Brief stammt vom 14. Oktober 1918, nimmt direkten Bezug auf das erst zwei Tage später veröffentlichte »Völkermanifest« Kaiser Karls. Kaiser Wilhelm II. hatte keine Ahnung, daß das »Völkermanifest« von langer Hand vorbereitet war und in der Folge wenn schon nicht den Bestand der Doppelmonarchie so doch das friedliche, unblutige Auseinandergehen ermöglichte, so wie auch ein allfälliges neues Zusammenfinden der Völker Mitteleuropas. Eine bessere Basis wird sich gewiß nicht finden.

Die letzten Tage von Schönbrunn

In Schönbrunn verließen uns inzwischen die Wachen. Noch kurz vorher hatten sie Treue geschworen und hatten versprochen, zu bleiben und bei uns auszuharren. Aber weniger als eine Stunde später sandten sie eine Deputation und ließen sagen, sie wüßten, der Kaiser sei nicht mehr in Schönbrunn, und so würden sie nach Hause gehen.

Der Kaiser zeigte sich ihnen daraufhin, was großen Enthusiasmus auslöste, aber es dauerte nicht lange, und sie verschwanden dennoch alle. Sogar ein großer Teil unserer Garden.

Die kaiserliche Leibgarde, diese so prachtvoll anzuschauenden Männer mit den goldstrotzenden Uniformen und den vielen Vorteilen, die sie stets genossen hatten, entfernte sich also. Ich erinnere mich, daß ich durch eine Halle ging und eine Hellebarde sah, die einsam in einer Ecke lehnte, weil der Mann, der sie getragen hatte, einfach weggegangen war.

Da erschienen ganz unerwartet die Kadetten aus Wiener Neustadt, von der Militärkadettenschule. Ganz überraschend, und unter Führung von Walter von Schuschnigg, dem Vetter des späteren Bundeskanzlers. Sie waren in der rührendsten Weise bereit, das Leben für ihren Kaiser einzusetzen.

Natürlich hätte der Kaiser niemals erlaubt, daß sie kämpften. Sie waren ja schließlich noch halbe Kinder. (Das wurde ihnen freilich nicht gesagt.) Aber das Gefühl, diese jungen Leute, die der Devise von Wiener Neustadt, der »Allzeit Getreuen«, gefolgt waren, in unserer Nähe zu wissen, war ein großer Trost und eine große Freude.

Leider folgten wenige ihrem Beispiel. Wohl waren verschiedene Regimenter angesagt, die hätten kommen sollen, aber sie verliefen sich alle unterwegs, auf dem Wege nach Wien – und das war ja auch begreiflich, denn die Unordnung und das Chaos in Österreich waren nach der Auflösung der Fronten furchtbar geworden.

Jeder Soldat bangte in erster Linie um seine eigene Familie, und es war den Leuten gar nicht übelzunehmen, daß sie bei der nächstbesten Station ausstiegen oder daß sie die erste Gelegenheit wahrnahmen, um nach Hause zu kommen. Aber die Unordnung, das Plündern, das Sterben auf diesen Zügen ... es war fürchterlich. Menschen lagen auf den Dächern, klammerten sich außen an den Wagen fest ...

Es waren Tage, die man sich nur schwer vorstellen kann.

Es ist vielleicht gut, in diesem Zusammenhange eine hartnäckige Legende zu zerstören (sofern so etwas überhaupt möglich ist), nämlich die Legende, so und so viele Getreue hätten sich dem Kaiser »ohnehin« angeboten, der Kaiser aber habe jegliche Hilfe »abgelehnt«.

Es mag wohl stimmen, und ich bin überzeugt, daß es stimmt, daß viele ihre Hilfe angeboten haben.

Aber diese Angebote erreichten nicht den Kaiser. Daher konnte er auch keine Hilfe »abgelehnt« haben. Der Kaiser wäre dankbar gewesen für jeden Mann ... und daß er die Militärakademiker nicht für sich kämpfen ließ (»ich kann doch nicht zulassen, daß diese halben Kinder vor unserer Haustür sterben«) entsprach der Gesinnung des Kaisers. Daß ihn Hilfsangebote nicht erreichten, entsprach der Gesinnung einer bestimmten Menschengruppe.

Daß die Garden in Wien versagten, ist wohl das »Verdienst« Dankls, der aber

gewiß nicht aus Charakterschwäche oder Feigheit versagt hat, sondern infolge eines Nichterkennens der Notwendigkeiten. Unbeschreibbares Elend hätte verhindert werden können, wenn der Kaiser und König die Möglichkeit gehabt hätte, ordnend in das Chaos dieses Unterganges einzugreifen.
So blieb das einzige, was er tun konnte: auf seinem Posten zu bleiben, wenn auch allein. Auf keinen Fall wollte der Kaiser und König seinen Posten verlassen.
Für uns galt es, so gut und so lang wie möglich auszuharren. Solange der Kaiser in Schönbrunn war, meinte er mit seiner Anwesenheit ein Zeichen der Ordnung und der Orientierung setzen zu können, und so harrten wir aus, immer einsamer, immer verlassener.
Aus dem Polizeipräsidium kamen immer dringendere Bitten, Schönbrunn zu verlassen, niemand wollte mehr die Verantwortung für uns übernehmen. Immer noch lehnte der Kaiser ab, er sagte: »Nein, solange es geht, solange ich kann ...«, und dann entstand rund um Schönbrunn eine völlige Leere.
Keiner der angesagten Truppenkörper war eingetroffen.
Ein Herr aus Böhmen erschien damals, der, unter seiner Lederjoppe versteckt, ein Gewehr trug. Er kam nach Schönbrunn, um seinen Kaiser und König zu verteidigen, während so viele, die Lage nicht richtig erkennend, zu Hause geblieben waren.
Auch Graf Walderdorff – es war jener Herr aus Böhmen mit dem Gewehr unter der Joppe – hätte guten Grund gehabt, daheim zu bleiben. Nicht nur seiner eigenen Leiden wegen – er war schwer verwundet – sondern auch wegen seiner Frau und seiner beiden Kinder, die er daheim zurückgelassen hatte, in Altbunzlau.
Altbunzlau – was waren das für Zeiten gewesen! Die Siebener-Dragoner, das Garnisonsleben dort, die lustigen Kameraden, der »thé dansant« bei Grammophonmusik und die Freundschaft Karls mit den Offizieren des Regiments ...
Nun war Graf Walderdorff da, um uns zu beschützen. Wie wenige nur hätten tun müssen, was er tat, vielleicht nur eine Handvoll, und die Geschichte Europas hätte einen anderen Lauf genommen. Aber sie blieben zu Hause. Nicht, weil sie feige gewesen wären oder untreu, das glaube ich nicht. Sondern nur, weil sie die eigentliche Gefahr nicht erkannten.
Da wußte die alte Fürstin, die dann plötzlich erschien, schon mehr: sie erkannte trotz ihrer 90 Jahre die Stunde der Revolution. Unangesagt war sie erschienen, plötzlich stand sie vor mir, neun Jahrzehnte jung, agil, furchtlos und treu. Eine echte Metternich: sie war des Staatskanzlers jüngste Tochter. »Nicht verzagen«, meinte sie, »Revolutionen sind wie Hochwasser, sie kommen und sie vergehn. Das Wasser rinnt wieder ab, Majestät!« In ihrem unerschütterlichen Optimismus vergaß sie wohl die Verwüstungen, die Hochwasser anrichten, den Schmutz, den sie aufwühlen und zurücklassen. Aber es tat wohl, diese steinalte Dame bei sich zu sehen, tapfere Zuneigung zu spüren in diesen Tagen.

Noch einen gab es, der sich durch seinen Besuch unauslöschlich in das Gedächtnis einprägen sollte: einen tatendurstigen, fähigen Marineoffizier – er hatte soeben die k.u.k. Kriegsflotte im Auftrag seines Königs unbesiegt und heil den Südslawen übergeben, um die Schiffe dem Zugriff der Siegermächte zu entziehen.

Ich erinnere mich an seine Rührung, an die Tränen in seinen Augen, an seine einprägsamen Worte, mit denen er versprach, die Herrschaft seines Kaisers und Königs in Budapest wie in Wien wiederherstellen zu helfen ...

Dieser Mann war Nikolaus von Horthy. Es tut gut, in diesem Zusammenhang ein paar Jahre weiter zu denken. An das Jahr 1944, als der Sohn des Nikolaus von Horthy, in einen Teppich gerollt, heimlich und recht unwürdig von den Deutschen außer Landes gebracht wurde. Er konnte die Bahnstationen entlang der Strecke Budapest–Steinamanger nicht sehen. Nur ihre Namen hören. Die gleichen Namen, von denen er so oft so einprägsam gehört hatte, als man ihm erzählte, wie der König gen Budapest gezogen war, Török, Balint, Bia-Torbágy erreichte...
1944 ging aber auch Admiral Horthys Schicksalsweg auf der gleichen Strecke, allerdings auf der Flucht nach Westen, in das gleiche Exilland, das gleiche Sterbeland: Portugal.

Ein Befehl des Königs, Budapest mit kroatischen Regimentern zu besetzen, wurde nicht befolgt. Infolgedessen fraternisierten Teile der Truppen mit den Roten.
Die so treuen Truppen aus Bosnien und der Herzegowina, die sonst immer so fest gewesen waren, gerieten durch die anderen gleichfalls in Unruhe, verließen die Kasernen und trachteten, nach Hause zu kommen.
Nun war Budapest völlig der Revolution preisgegeben, und es wurde ein furchtbares Unheil angerichtet. Einige der Besten, die sich ihr Leben lang dem Vaterland hingegeben hatten, wurden in der grausamsten Weise umgebracht.
Auch in Wien regierte die Angst, wenn auch vieles infolge der unmittelbaren Gegenwart des Kaisers anders verlief.
Truppen standen nicht zur Verfügung. Und wenn auch noch so viele danach sagten, sie wären gekommen, ja, sich sogar zu der unsinnigen Behauptung verstiegen, der Kaiser habe die Fahrt nach Wien untersagt – in der Stunde der Gefahr war der Kaiser allein.
Dann kam die Meldung, daß die Christlichsozialen, trotz ihres gegenteiligen Versprechens, »umgefallen« waren und für die Republik gestimmt hatten.
Jetzt war keines Bleibens mehr in Schönbrunn, und wir gingen nach Eckartsau, einem Jagdschloß in den Auen nördlich der Donau, das reiner Privatbesitz war.
Unmittelbar vor unserer Abreise aus Schönbrunn wollte man den Kaiser nötigen, abzudanken. Aber obwohl der Druck auf den Kaiser enorm war, weigerte er sich, weil er die Abdankung als einen Verrat an der Sache Österreichs empfunden hätte. Er konnte diesen Schritt mit seinem Gewissen nicht vereinbaren, wußte er doch, daß er der einzige war, der bei den kommenden Friedensverhandlungen Rettung aus der Gefahr des Unterganges bieten konnte. Die kommenden Ereignisse

bewiesen die Richtigkeit seiner Überlegungen bis ins letzte – bis in die Rettung der Existenz Österreichs überhaupt.
Doch das ist eine andere Geschichte ...
Es ist jener Augenblick der Geschichte, an dem die Geschichte Österreichs fast zu Ende gewesen wäre. Hätte nicht Kaiser Karl den Bestand Österreichs bewahrt.

Das Versagen der Garden

Der Untergang einer Welt, wie ihn der Rittmeister eines Garderegiments aus der Unmittelbarkeit der Zeit heraus erzählt, komisch und absurd in seiner selbst vom skurrilsten Dichter nicht mehr zu erfindenden Einmaligkeit ... ein Weltende, in dem ein Garderittmeister seine Kaserne zu einem Spaziergang verläßt, nachdem ihm der Portier versichert hat, es sei auf der Straße alles ruhig. Immerhin wird an diesem Tag die Republik ausgerufen.
Ein Weltuntergang, in dem ein Revolutionär dem Kommandanten der Hofburg Waffengewalt androht, jener zurückdroht, worauf ersterer sagt: dann lassen wir's lieber, in einer Viertelstunde kriegen's sowieso den Befehl zum Räumen. Oder so ähnlich.
Die Eigenart dieses Weltendes – in dem nur der Kaiser, die Kaiserin und eine Handvoll blutjunger Kadetten wirklich auf ihrem Posten bleiben – wird in seiner wirklichen Bedeutung erst dann verständlich, wenn man es mit den Parallelereignissen in München oder Berlin des Jahres 1918 vergleicht. Vom durchaus erlaubten Vergleich mit den Ereignissen im Berlin des April 1945 gar nicht erst zu reden.
Das Geheimnis von Wien: der Kaiser war auf seinem Posten geblieben. Die Machtübernahme durch die neuen Herren spielte sich geradezu im – buchstäblich – höflichen Rahmen eines k.u.k. Zeremoniells ab; selbst bei den Chargen und unteren Rängen. Und so absurd manches in den Einzelheiten auch klingen mag, so bewahrte diese Höflichkeit ungezählten Menschen das Leben.

Ruediger Seutter von Loetzen, seit dem 9. Oktober 1918 Garderittmeister der 1. Arcièren-Leibgarde, berichtet: »Im Momente des Zusammenbruchs und bei der dann darauffolgenden Liquidation spielten wohl ohne Ausnahme alle Garden die traurigste, kläglichste Rolle. Alle versagten. Jeder einzelne trachtete nur noch, persönlichen Vorteil aus der Sachlage zu ziehen. Die Mannschaftsgarden hatten in den letzten Wochen ihren Dienst nur mehr mit passiver Resistenz versehen, nun trachteten sie, sich tunlichst noch zu bereichern. Die Mobilien der Kasernen, Kanzleien, Unteroffiziersmessen, ja, selbst der Inhalt der Magazine, wurden unter den zugehörigen Mannschaftspersonen verteilt. Die Offiziere waren machtlos und gänzlich ausgeschaltet, zogen es allerdings vor, wie die der Reitereskadron (zumeist Böhmen), nach dem Manifeste in ihre engere Heimat abzugehen. Nur Major Graf Erbach als Kommandant blieb zurück und leitete die Liquidation, bei der er ähnlich Trauriges erleben mußte wie ich selbst. Ähnlich war es bei der Leibgarde-Infanteriekompanie, deren Kommandant im Allerhöchsten Hoflager in Schönbrunn Oberst Wolff war, der dann in den ersten Tagen auch in Eckartsau war. In Schönbrunn blieb Hauptmann Pekarek, gleichfalls ein Böhme, nicht Herr der Situation.

Bei der Garde am Rennweg wurde die gesamte Offiziersmesse, Silber, Gläser, Möbel, Leinwand, sowie der reich gefüllte Weinkeller unter die Mitglieder verteilt.

Ein tieftrauriger Abschluß nach jahrhundertelangem Bestehen der 1. Arcièren-Leibgarde ...

Am 12. November wurde die Republik ausgerufen.

Als ich nachmittags, im Begriffe, Exzellenz Conrad von Hötzendorf aufzusuchen – er war seit dem Juli 1918 Oberst aller Leibgarden – aus dem Gardepalais trat, nachdem mir vorher der Portier versichert hatte, daß im Bezirke alles ruhig sei, und große Menschenmengen nur in den ersten Vormittagsstunden in die Stadt geflutet seien, setzte ein ungeheures Maschinengewehrfeuer ein, das aus der Richtung der Inneren Stadt zu kommen schien, als ich erst wenige Schritte gegangen war.

Worauf ich wieder in das Gardepalais zurückkehrte und die Garde konsigniert im Hofe traf.

Am nächsten Morgen hatte in der Hofburg das 69. Infanterieregiment den Wachtdienst bezogen. Nach der Menage desertierten alle Wachen ... Die Restlichen verlangten Abfertigungen bis zu 7000 Kronen und verhandelten in der unverschämtesten Weise diesbezüglich mit unserer Kanzlei und dem Stellvertreter meines Chefs, Generaloberst Frh. von Dankl.

Am Montag, den 11. November, wurden laute Kundgebungen bemerkbar, die ungestüm Einlaß in die verschlossene Hofburg verlangten. Die Tore wurden neuerdings verrammelt. Wir hatten inzwischen mit den wenigen treu gebliebenen Garden 18 Maschinengewehre in Aufstellung gebracht, Gewehre und Munition gesammelt und verteilt. Exzellenz Dankl setzte sich telefonisch mit dem Staatsamte für Heerwesen in Verbindung und beauftragte mich, den Staatsrat für Heerwesen, Maier, am Tore zu erwarten. Trotz wiederholten telefonischen Anrufes und trotzdem die telefonischen Berichte der Polizeidirektion immer ungünstiger lauteten, erschien er indes nicht, noch sandte er einen Abgesandten. So verging der Vormittag wie die vorhergehenden Tage. Ich hatte ununterbrochen sei 14 Tagen in der Hofburg Dienst gemacht, dort gespeist und geschlafen, ohne sie zu verlassen, bis um 2 Uhr nachmittags ungeheurer Lärm auf der Straße den Anmarsch großer Volksmassen verkündete. Ungestüm rüttelten an den schweren Eisengittern des Michaeler-Traktes Soldaten, Offiziere und Volk, Einlaß begehrend. Auch Exzellenz Dankl und Major Baron Thierry waren während der letzten

Tage in Permanenz gewesen, letzterer aber gerade an diesem Tage wegen der Operation seiner Frau im Sanatorium, so daß die ganze weitere Verantwortung nächst dem stellvertretenden Chef, Generaloberst Dankl, mich selbst betraf.
Rote Garden hatten wiederholt die Militärakademiker von Wiener-Neustadt zum Verlassen ihrer Posten aufgefordert, welchem Ansinnen die noch kaisertreue Jugend aber glänzend widerstand.
Schließlich konnte um die dritte Nachmittagsstunde dem Drängen der Massen nicht mehr widerstanden werden, wollte man Blutvergießen vermeiden. Exzellenz Dankl entschloß sich hierzu und beauftragte mich, eine Deputation des Staatsrates für Heerwesen, bestehend aus drei Offizieren, vor ihn zu führen. Es waren dies zwei Stabsoffiziere, unter ihnen Oberstleutnant Mattausch, der spätere Hofburgkommandant, und dessen Adjutant Hauptmann Dworžaček. Die Herren forderten namens der neuen Staatsregierung und auf der Straße harrenden Massen die sofortige Übergabe der Hofburg. Exzellenz Dankl verwies auf seinen Soldateneid und erklärte, gar nicht daran zu denken, solange von Sr. Majestät kein diesbezüglicher Befehl herabgelange. Oberstleutnant Mattausch setzte sich telefonisch mit dem Staatsamt für Heerwesen – bisheriges Kriegsministerium – in Verbindung, über dessen Auftrag nach kurzer Zeit der Major im bisherigen Generalstab, Friedländer, erschien. Inzwischen wurde ich zum Chef der Militärkanzlei, General Freiherr von Zeidler, entsandt, mit der Anfrage, ob Seine Majestät irgendwelche Order wegen der Übergabe der Hofburg gegeben habe, und um Exzellenz Zeidler von der kritischen Situation Meldung zu erstatten. Es wurde mir bedeutet, daß ein derartiger Befehl nicht gegeben, daß aber mit Schönbrunn, wo Seine Majestät noch anwesend sei, sofort Verbindung genommen werde. Als ich zurückkehrte, kam ich gerade zurecht, um Major Friedländer bei Exzellenz Dankl anzumelden.
Es wiederholte sich der gleiche Vorgang. Der Major forderte energisch die sofortige Übergabe, wies auf den Nachdruck, den er von der Gasse aus zu geben vermöge, während aber Exzellenz Dankl auf seinem Standpunkt beharrte und selbst bei Drohung Mjr. Friedländers, mit Waffengewalt vorzugehen, den Standpunkt, mit Waffengewalt zu antworten, weiter vertrat, trotzdem ich ihm unauffällig melden mußte, daß weitere Garden von ihrem Posten abgefallen waren.
Schließlich verließ Mjr. Friedländer die Kanzlei mit dem Bemerken: Ich darf wohl annehmen, daß Herr Generaloberst den Befehl zur Übergabe der Burg in allerkürzester Zeit erhalten werden. Tatsächlich lief ein solcher Befehl im Wege der Militärkanzlei im Laufe der nächsten Viertelstunde ein, und die drei erstgenannten Herren ergriffen Besitz von der Hofburg und mit ihr der Kanzlei des Obersten aller Garden.
Um 8 Uhr verließen Seine Majestät und die kaiserliche Familie Schönbrunn, um sich zunächst nach Eckartsau zu begeben. Wir traten in die Liquidation der Kanzlei, und es folgte eine noch monatelang währende traurige, ja kaisertreu fühlende Offiziere oft entehrende Beschäftigung.

Nach weiteren 14 Tagen erschienen als Abgesandte des Staatsamtes für Heerwesen Hauptmann Lejeune und Hauptmann Gutschowsky, die die neuerliche Abgabe sämtlicher Waffen von den wenigen noch treu gebliebenen Garden forderten. Auch hier wurde wieder mit Waffengewalt gedroht, und nur dem taktvollen Eingreifen von Oberstleutnant Mattausch ist es zu danken, daß ein zweites Mal Blutvergießen hintangehalten wurde.
Ich amtierte weiter bis Anfang 1919, dann wurde ich vor die Wahl gestellt, mich dem neuen Staatsamte für Heerwesen zur Verfügung zu stellen oder mein Pensionsgesuch einzubringen.
Ich entschied mich natürlich für letzteres und zog nunmehr wohl für immer den kaiserlichen Garderock aus. Blutenden Herzens, denn freudiger Stolz hatte mich bei meiner Ernennung erfüllt. Ich glaubte, einem ruhigen, angenehmen Lebensabend entgegen zu gehen, die neue Stellung zum Wohle meiner Kinder, meiner Frau und meiner selbst gestalten zu können. Es sollte anders kommen und mein jahrzehntelanger Lebenstraum sollte keine bleibende Verwirklichung finden ...
So enden meine Kriegserlebnisse tief traurig. Ernster als für jene, denen eine gut sitzende, ehrliche Kugel die Möglichkeit genommen hat, über all das Schaurige, das sie miterlebt, durch Jahre mitangesehen hatten, Betrachtungen anzustellen; und dennoch, für Kinder und Kindeskinder brachte ich gern dies zu Papier ...«
(10. Mai 1919)

Die Ausreise in die Schweiz

Bericht an den Schweizerischen Bundesrat:

Am Montag den 24. März 9 Uhr morgens fuhr ich mit Oberst Bridler und meinem Adjutanten, Oberstleutnant Schätti, nach St. Gallen, wo sich der Stabschef der VI. Division, Oberstleutnant Häberlin, uns anschloß. Über Rorschach und St. Margarethen gelangten wir um 1 Uhr nach Buchs und setzten uns umgehend mit Feldkirch und Bern in Verbindung, da es laut Bericht unserer Gesandtschaft in Wien nicht ausgeschlossen schien, daß der kaiserlichen Familie österreichischerseits im letzten Augenblicke Schwierigkeiten gemacht würden; die englische Begleitmannschaft hatte Weisung erhalten, sich mit Waffengewalt einem Versuche von Personen- oder Gepäckskontrolle entgegenzustellen.
Aus Feldkirch wurde uns um 2 Uhr mitgeteilt, daß der Zug zwischen Innsbruck und Bludenz im Anrollen sei. Kurz nach 3 Uhr erhielten wir weiteren Bericht, daß er Feldkirch anstandslos passiert habe und fahrplanmäßig um 3 Uhr 48 in Buchs ankommen werde.
Oberst Bridler ließ den Bahnhof nun militärisch absperren. Abgesehen von einigen

Offizieren und zwei Brüdern der Kaiserin, den Prinzen Felix und René von Bourbon-Parma, welche aus Wartegg eingetroffen waren, und die ich einlud, mit dem kaiserlichen Zuge zurückzufahren, war bei dessen Ankunft niemand zugegen.
Oberstleutnant Strutt vom britischen Generalstab, der als englischer Ehrenkavalier des Kaisers für dessen sichere Ankunft in der Schweiz verantwortlich war, verließ als erster den Zug. Ihm folgte Graf Ledóchowski, wir stellten uns gegenseitig vor. Ledóchowski meldete darauf Oberst Bridler beim Kaiser, und nachdem sich dieser verabschiedet, wurde ich vom Kaiser und der Kaiserin empfangen.
Ich begrüßte sie im Namen des Bundespräsidenten, nachdem mir Oberst Bridler beim Verlassen des Salons mitgeteilt hatte, daß er dies bereits im Namen des Bundesrates getan habe. Der Kaiser und die Kaiserin waren sichtlich bewegt und zeigten sich tief erkenntlich für das Entgegenkommen der Schweiz in dieser für sie so schwierigen Zeit. Nachdem noch private Erinnerungen berührt worden waren, begab ich mich zum Oberst Strutt ... Während der noch zurückzulegenden Fahrt bis Staad hörte ich insbesonders von Obert Strutt, aber auch von anderen Mitgliedern des Gefolges, daß die Verhältnisse in Österreich–Ungarn und dem Balkan ganz trostlos seien. Strutt legte besonders Gewicht auf die unheimliche Verbreitung bolschewistischer Ideen und gab der Hoffnung Ausdruck, daß er einen Urlaub nach Paris und London erhalte, um dortselbst etwas aufklärende Arbeit verrichten zu können.
Er sagte wörtlich, daß die Augen sehr weit offen zu halten seien, ansonst morgen die Schweiz und übermorgen die Entente-Länder hoffnungslos angesteckt sein würden. Insbesonders betonte er die schwächliche Haltung der neuen Regierungen und die Furcht der neuen Männer für ihre persönliche Sicherheit, die sie daran hindere, eine zielbewußte, für den Wiederaufbau und die Rettung ihrer Staaten notwendige Politik einzuschlagen.
In Staad war die Herzogin von Parma am Bahnhof; der Kaiser verließ den Zug in Zivil, während er in Buchs noch die alte Uniform eines Infanteriegenerals mit goldenem Vlies und goldener Tapferkeitsmedaille getragen hatte. Ich hatte Weisungen gegeben, daß unsere Automobile für die kurze Fahrt nach Wartegg zur Verfügung stehen sollen, und der Kaiser und die Kaiserin bestiegen, nachdem sie sich von Oberst Bridler und mir verabschiedet hatten, mit der Herzogin von Parma meinen Armeestabswagen, die Kinder das Automobil von Oberst Bridler und das Gefolge zwei weitere Wagen des Grenzschutzkommandos. Mit Ausnahme des Obersten Strutt und des Grafen Ledóchowski, welche sich im »Anker« in Rorschach einquartierten, nahm alles in Wartegg Wohnung; der Zug mit dem Fahrpersonal, dem begleitenden Hofarzt und den sechs englischen Soldaten kehrte selbigen Abends nach Österreich zurück.

Bern, 26. März 1919 (Unterschrift e.h.)

Die vorübergehende Niederlassung des Kaiserpaares auf dem Parmaschloß Wartegg am Bodensee veranlaßte die Eidgenössische Zentralstelle für Fremdenpolizei, eine Liste des kleinen kaiserlichen Haushaltes aufzustellen.

Kammerfrau	Dworcak Amalie	Tschechoslowakin
Oberchauffeur	Golović Marcus (hat keinen Paß)	Jugoslawe
Aja der Kinder Ihrer Majestät	Gräfin Kerssenbrock Therese	Tschechoslowakin
Kinderpflegerin	Lamisch Anneliese	Polin
Kammerjungfer	Linhardt Therese	Tschechoslowakin
Suitendiener	Paterak Valentin	Pole

und so weiter und so fort ...

Zur großen Erleichterung der Beamten des Polizei- und Militärdepartements des Kantons St. Gallen erfuhren sie alsbald aus Bern, »... daß unser Departement dem Kaiser Karl, der Kaiserin Zita, der Erzherzogin Adelheid sowie den Erzherzögen Otto, Robert und Karl Ludwig blaue Ausweiskarten verabfolgen wird, wie sie hochgestellte fremde Persönlichkeiten in der Regel von uns erhalten.«
Wie hätten auch die Kanzlisten gemäß den neuen Umständen die Staatsbürgerschaften oder Nationalitäten der kaiserlichen Familie in ein normales Ausweispapier eintragen können? Sie hätten wohl eine Allonge für die Liste der anzuführenden Völker anheften müssen.
Die Groteske der Atomisierung einer in Jahrhunderten gewachsenen Einheit, des Donauraumes, schien vorläufig eine vollendete Tatsache zu sein. Daß sich aber auch der Kern dieser Einheit, Österreich selbst, in der unausweichlich scheinenden Kettenreaktion des Wahnsinns nicht auch noch auflöste, daß der Amoklauf der »österreichischen« Politiker nach Berlin gestoppt, daß der Anschluß Österreichs an Deutschland verhindert und die Existenz Österreichs als unabhängiger Staat gerettet wurde, ist das ausschließliche und alleinige Verdienst Kaiser Karls.
Wohlmeinende Stimmen bemerkten oft, Kaiser Karl habe sich in der Schweiz »als vorbildlicher Familienvater endlich die Zeit genommen, sich seinen Kindern, der Familie, der Gemahlin zu widmen«. Doch stört das Wissen um die beiden spektakulären Restaurationsversuche dieses Idyll. Daß der König damals unmittelbar nach der Geburt von Erzherzogin Charlotte nach Ungarn aufbrach; daß er den zweiten Restaurationsversuch mit seiner Gemahlin per Flugzeug und auf einer Lokomotive unternahm ... nein, das paßt nicht in eine Idylle.
Des Kaisers Einsatz für Ungarn ist weithin bekannt. Die Geschichte der Errettung und Bewahrung Österreichs durch Kaiser Karl ist viel weniger bekannt.

Kaiser Friedrich III. – Kaiser Karl I.
Eleonore von Portugal – Zita von Österreich

Jeder, der sich mit der Geschichte des Hauses Österreich beschäftigt, unterliegt der Versuchung, habsburgische Herrscher miteinander zu vergleichen, Gemeinsamkeiten in Lebensweg, politischem Wirken oder charakterlichen Eigenschaften zu entdecken und zu deuten.

Selbst der Verhaltensforschung und der Erblehre scheint sich hier neuerdings ein hochinteressantes Arbeitsgebiet zu eröffnen, finden sich doch in der Geschichte dieser Familie über Jahrhunderte hinweg Materialien und Fakten in überreicher Fülle gespeichert ... Feldforschung von nie gekannter Größe und Weite.

Beobachter meinten, zwischen Kaiser Friedrich III. und Franz I. Parallelen finden zu können wie zwischen Joseph I. und Joseph II. Prof. Wandruszka meint, es »mag sogar der Versuch naheliegen, aus der langen Reihe der habsburgischen Herrschergestalten zwei oder drei ›Idealtypen‹ abzuleiten und diese von den Ursprüngen des Geschlechtes bis in unser Jahrhundert herauf zu verfolgen; so etwa den kühn planenden und ausgreifenden, mit den hochfliegenden und weitgespannten Plänen aber immer wieder an der Realität scheiternden Typ (Rudolf IV., der Stifter, Joseph II.), dagegen den anderen, zaudernden und zäh bewahrenden, in der Unbeweglichkeit Sicherheit suchenden und oft auch findenden (Friedrich III., Rudolf II.).«

Es mag aber noch eine andere Art Parallelität geben: die der Gemeinsamkeit im Schicksal und in der Bedeutung dieses Schicksals für Österreich. Solche Gemeinsamkeit trifft in geradezu bestürzendem Maße bei Kaiser Friedrich III. und Kaiser Karl I. zu.

Adam Wandruszka meint, daß kaum ein anderer Habsburger von der Geschichtsschreibung so schlecht behandelt worden sei wie Friedrich III: »Wenn rückblickend vom alten Kaiser Franz Joseph gesagt wurde, er habe Kriege nicht geliebt, denn er wußte, daß man sie verliert, so entspricht dies etwa derselben Haltung, die in einer Bemerkung Friedrichs III. zum Ausdruck kommt (›Das Panier von Österreich ist nicht siegreich, und meine Vorfahren haben darunter drei Niederlagen erlitten‹) und die, trotz aller großen Siege, die unter Habsburgs Fahnen in allen Jahrhunderten erfochten wurden, doch ein Grundelement der politischen Traditionen des habsburgischen Denkens war: eine tiefe Skepsis gegenüber dem ›Glück der Waffen‹, eine traditionelle Friedensliebe, die sich wohl der Unvermeidbarkeit von Kampf und Krieg bewußt war, die aber doch immer nur widerstrebend das Schicksal des Hauses der Entscheidung auf dem Schlachtfeld anvertraute, eine Skepsis, über der das Rilke-Wort stehen könnte ›Wer spricht von Siegen? Überstehen ist alles.‹«

Ist hier von Friedrich III. die Rede oder von Karl I.?

Die Burg von Wiener Neustadt diente Kaiser Friedrich III. als sichere Wohnstatt, von der aus er als Römischer Kaiser über halb Europa regierte, weil das aufsässige Wien zu unruhig war.
Die Militärkadetten von Wiener Neustadt bildeten den letzten verläßlichen Ring um Kaiser Karl I., als ein paar Verhetzte die Wiener Hofburg zu plündern drohten.
In der Sakristei von Siena zeigt eines der berühmten Bilder von Pinturicchio die Verlobung Friedrichs III. mit Prinzessin Eleonore von Portugal.
Ein Stück weiter nördlich, in der Nähe von Lucca, verlobte sich Erzherzog Carl Franz Joseph mit Zita von Bourbon-Parma, der Enkelin eines Königs von Portugal. Im Bannkreis von Wiener Neustadt, fast in Sichtweite der Burg, schlossen die beiden den Bund fürs Leben.
Eleonore von Portugal, eine Kaiserin, so viel geschmäht, so heiß verehrt wie Kaiserin Zita, ruht im Neukloster von Wiener Neustadt. Ihr Sohn, Maximilian I., »der letzte Ritter«, zog von Wiener Neustadt aus nach Burgund, um dort eine burgundische Prinzessin zu heiraten.
Auch der Erstgeborene Kaiserin Zitas, Otto, schloß seine Ehe auf burgundischem Boden, in Nancy, der Hauptstadt des Herzogtums Lothringen.
Beider erstgeborener Sohn heißt Karl: auch der Enkel der Kaiserin Eleonore von Portugal war ein Karl – Karl V.
Friedrich III. und Karl I. war eine tiefe, fast mystisch zu nennende Liebe zu Österreich gemeinsam. Friedrich III. begründete, mit einer anfangs vollkommen verfehlt, verfahren und verloren scheinenden Politik, die Weltgeltung des Hauses Österreich. Sein geheimnisvoller Wahlspruch, das von ihm erdachte *AEIOU – Austria erit in orbe ultima – Österreich wird bestehn bis ans Ende der Welt* – scheint im Schicksal des äußerlich so erfolglosen, glücklosen Kaisers Karl I. widerlegt worden zu sein. Und dennoch: es war Kaiser Karl I., der den Bestand Österreichs rettete.

Kaiser Karl rettet den Bestand Österreichs

Das Überschreiten der Grenze nach der Schweiz, an jenem tragischen 24. März 1919, bedeutete für uns eine außerordentlich schwerwiegende Zäsur. Man verließ die Heimat, und man wußte nicht, wann man je wiederkehren würde.
Kaiser Karl, der bis dahin die österreichische Uniform getragen hatte, wechselte in einen Zivilanzug. Es war für uns alle, für den Kaiser, für die Kinder und für mich, auch für die Herren und Damen unserer Begleitung, ein Losgerissenwerden, das uns schwer ans Herz griff. Trotz der großen Freundlichkeit, mit der wir aufgenommen wurden, trotz der Gastfreundschaft der schweizerischen Behörden und der Bevölkerung, konnten wir uns nicht darüber trösten, daß wir wirklich Abschied

von der Heimat hatten nehmen müssen. Immer wieder waren wir verschiedenen Zügen begegnet, die von der Schweiz her in Richtung Österreich fuhren, immer wieder erkannten die Menschen den Kaiser und riefen ihm vielfach zu: »Auf Wiedersehen!«, was ein Trost war, aber auch zu unserem Schmerz beitrug. Aber letztlich hofften wir doch, daß es nicht zu lange dauern werde, daß wir bald in unsere liebe Heimat zurückkehren könnten.

Unmittelbar nachdem wir uns niedergelassen hatten, zunächst bei meiner Mutter auf Schloß Wartegg am Bodensee, dann in der Villa Prangins am Genfer See, ging Kaiser Karl daran, seine Arbeit in vollem Umfange wiederaufzunehmen.

Entscheidende Monate für Österreich lagen hinter uns. Verbissen hatte die neue österreichische Regierung seit dem Tage der Ausrufung der Republik daran gearbeitet, unsere Heimat an Deutschland anzuschließen.

Ununterbrochen und unentwegt hatte Kaiser Karl daran gearbeitet, diese Pläne zu durchkreuzen.

Zahllose Kuriere, Getreue des Kaisers, hatten den Weg nach Eckartsau, in die Donauauen vor Wien, gefunden und die Verbindung mit Paris und London aufrechterhalten. Unter der Oberfläche eines erzwungenen »Landaufenthaltes« entfaltete der Kaiser eine Aktivität, die der Arbeit während seiner Regierungszeit bis zum 12. November 1918 in nichts nachstand. Die Berichte über unser Leben im Schloß Eckartsau – es gibt da recht ausführliche Schilderungen – erschöpften sich in der Wiedergabe des äußeren Ablaufes der Ereignisse. Sie geben fast ausschließlich Oberflächliches, Unwesentliches wieder und treffen nie den Kern der Sache.

Übrigens verhält sich das auch so hinsichtlich der Persönlichkeiten, die den Kaiser damals in diesen entscheidenden Tagen unterstützten und an der Rettung Österreichs als Helfer Kaiser Karls mitwirkten. Alexander «Sascha« Graf Kolowrat zum Beispiel ... er ist bekannt als »Filmgraf« und als Mann von filmhistorischer Bedeutung. Sicher aber sind seine Verdienste um die Erhaltung Österreichs von viel größerem historischen Wert. Er diente dem Kaiser als einer seiner verläßlichsten Kuriere in halb Europa.

Ähnlich mag es sich mit Otto Forst de Battaglia verhalten, dessen Verdienste nicht hoch genug einzuschätzen sind, mit Baron Eichhoff, mit den treugebliebenen österreichischen Diplomaten in aller Welt, von den Herren unserer unmittelbaren Begleitung gar nicht erst zu reden.

Dabei waren die Umstände, unter denen sie zu arbeiten hatten, denkbar schwierig. Sie setzten alle ihr eigenes Vermögen ein, das oft klein genug war. Sie scheuten keine Entbehrung.

In diesem Sinne treffen aber doch die Schilderungen zu, die es recht zahlreich hinsichtlich unserer Notlage in Eckartsau gibt. Wir litten wirklich unter akutem Mangel an Lebensmitteln. Und mit den Sicherheitsverhältnissen war es auch nicht zum besten bestellt. Schließlich waren wir ja für vogelfrei erklärt worden.

Bitter wurde es, als die Kinder an Unterernährung zu leiden begannen. Aber all diese Leiden hatten ja auch die Bevölkerung zu tragen, und der Kaiser war der

letzte, der über diese Dinge geklagt hätte, zumal seine Sorge nicht nur uns, sondern auch allen seinen Völkern galt.
Und in dieser Hinsicht konnte er in Eckartsau, besser wahrscheinlich als von Wien aus, unendlich viel tun. Obwohl Schloß Eckartsau fast einer belagerten Festung glich, funktionierte der Kurierdienst des Kaisers ganz ausgezeichnet. Natürlich blieb das der Regierung in Wien auf die Dauer nicht verborgen.
Daher auch der ständige Druck auf den Kaiser, das Land zu verlassen.

Fregattenkapitän von Schonta, einer der Getreuesten des Kaisers, erzählte darüber: »Staatskanzler Dr. Renner war in den ersten Jännertagen des Jahres 1919 nach Eckartsau gekommen. Der Kaiser empfing ihn nicht. Der Grund der Anwesenheit Renners war ein sanftes Drängen zur Abreise. Schon hielt man die Proviantzufuhr aus der Stadt auf, und ein Oberleutnant Levy war der erste, der mit einem Dienstzettel dem kaiserlichen Haushalt von der Sequestration einiger Artikel Kenntnis gab. Vor Gewalt hatten wir keine Angst. Aber die Übergriffe des Pöbels begannen, an der Würde zu rühren ...«
Trotzdem versicherte von Schonta dem sich sehr besorgt gebenden Dr. Renner: »Was die Sicherheit anbelangt, fühlen wir uns in dem festen Haus mit 30 Feuergewehren und guten Schützen dahinter wohl imstande, einen ziemlichen Haufen ›unüberlegter Elemente‹ in Schach zu halten. Im übrigen trägt die Regierung die volle Verantwortung für Ruhe und Sicherheit der kaiserlichen Residenz ...«
Die wahre Besorgnis der Regierung lag freilich auf ganz anderem Gebiet. Man wußte selbstverständlich genau, daß der Kaiser, solange er in Österreich weilte, das lebendigste Symbol österreichischen Staatsbewußtseins und Selbstbewußtseins war; mit anderen Worten: der Kaiser stand dem Anschluß an Deutschland im Wege. Darüber hinaus verhinderte die Anwesenheit des Kaisers jene Entfaltung der Revolution, die man sich mancherorts sehr wünschte. Die Deutschen schienen auch auf diesem Gebiete den Österreichern wieder einmal weit voraus zu sein: sie waren nicht nur längst ihren Kaiser los, sie verfügten auch bereits jede Woche über eine neue Räterepublik; von Lübeck bis München ... Das Allerhöchste Hoflager in den Donauauen schien aber auf derlei Schreckensmeldungen überhaupt nicht zu reagieren. Der Kaiser blieb unbeirrbar. Nicht so der getreue englische Oberst Strutt: er hielt den Nervenkrieg nicht durch und veranlaßte schließlich die Abreise des Kaisers.
Ein knappes Jahr, nachdem der Kaiser Österreich verlassen hatte, erhielt Fregattenkapitän von Schonta – der in Eckartsau ein guter persönlicher Freund des Obersten geworden war – ein mit dem 13. März 1920 datiertes Schreiben, in dem zu lesen stand: »Ich kann Ihnen im Briefe gar nicht sagen, was ich fühle, aber ich mache mir so große Vorwürfe. Wir hätten bleiben sollen! Es war meine Ängstlichkeit, die das verschuldete – aber Sie wissen, daß alle meine Sorge nur der kaiserlichen Familie galt. Ich hoffe, die Majestäten werden mir verzeihen können!«

Übrigens kamen uns damals aus absolut verläßlichen Quellen Nachrichten zu, wir hätten wirklich gerade noch den letzten Augenblick erwischt, um lebendig weg zu kommen.

Trotz dieser äußersten Notlage des Kaisers war damals die Öffentlichkeit über alle Aktivitäten des äußerlich jeder Macht entkleideten Kaisers recht gut informiert, und zwar sowohl während des Aufenthalts des Kaisers in Eckartsau bei Wien als auch erst recht in der Zeit seines Exils in der Schweiz. Die Schweiz – dort spielte sich ja der Großteil der diplomatischen Aktivitäten aller möglichen Interessengruppen ab – war nach dem Ersten Weltkrieg von Agenten jeder Art geradezu übersät, und Informationen waren zu kaufen. Die anschlußfreudige Presse in Wien ließ sich denn auch ihre Nachrichten viel Geld kosten. Daher war sie in der Lage, über Kaiser Karls Schritte relativ genau zu berichten; besonders der Draht Prangins–Paris gab mitunter (freilich auch gewollt) Geheimnisse preis.
Eine der zahllosen Meldungen über die Arbeit der Männer des Kaisers stammt bezeichnenderweise gerade aus den Tagen des Renner-Besuches in Eckartsau. Am Samstag, den 4. Jänner 1919, schrieb der »Wiener Mittag«:

DEUTSCHÖSTERREICH IN GEFAHR!

Die Habsburger im Einvernehmen mit Frankreich

Bern, 4. Jänner. (Eigener Drahtbericht)
Von einem hochgestellten Diplomaten erfahre ich unmittelbar zuverlässig folgendes, was mit Rücksicht auf die letzten Äußerungen Pichons über die Verhinderung des Anschlusses Deutschösterreichs an das Deutsche Reich von großer Bedeutung sein dürfte: Kaiser Karl sucht durch seine in Bern weilenden Mittelsmänner aus der hohen Aristokratie bei der Entente zu erreichen, daß sie ihren Einfluß auf die Bildung eines Staatenbundes aufwende, dem möglichst alle Nationalstaaten, die sich auf dem Boden der österreichisch-ungarischen Monarchie gebildet haben, angehören. Frankreich, der Vierzigmillionenstaat, der das Heranwachsen eines Achtzigmillionennachbars, wie er aus dem Anschluß Deutschösterreichs an das Deutsche Reich entstehen würde, mit allen Mitteln zu verhindern strebt, unterstützt diese Ansprüche Kaiser Karls, die auch Deutschösterreich binden würden, sehr lebhaft. Ministerpräsident Clemenceau hat persönlich zu Ende November durch seinen Unterhändler den habsburgischen Mittelsmännern mitteilen lassen, daß die Bestrebungen Kaiser Karls seine vollen Sympathien haben.

Zu dieser sensationell aufgemachten Meldung steuerte der »Mittag« dann noch den Leitartikel bei: »Daß zwischen den Absichten der Habsburger zur Rettung ihrer Thronansprüche und den Machenschaften deutschösterreichischer Parteien und

Gruppen ein innerer Zusammenhang besteht, ist wohl nicht gut zu leugnen. Wenn die Entente Deutschösterreich vom Deutschen Reich getrennt haben will, so beabsichtigt sie selbstverständlich nicht, dem österreichischen Volk Wohltaten zu erweisen, denn Frankreich ist der deutsche Erbfeind ... Mit diesen feindlichen Bestrebungen verbinden sich also Kaiser Karl, die Schwerindustrie-Anhängerschaft des Generaldirektors Günther, der klerikale Klüngel, der immer den Habsburgern treu gewesen ist. Wir Deutschösterreicher sollen also aufgeopfert werden, denn in der künftigen Donauföderation sind wir fraglos der slawischen Vorherrschaft und damit der vollkommenen Vergewaltigung unserer Lebensangelegenheiten unterworfen. Den deutschfeindlichen Treibereien der Habsburger im Ausland kann unsere deutschösterreichische Regierung auf diplomatischem Wege, wenn sie nur geschickt ist, sehr stark entgegenwirken. Wir wissen auch, daß Staatssekretär Dr. Bauer eifrig bemüht ist, im Auslande für die Angliederung Deutschösterreichs an das Deutsche Reich Stimmung zu machen ...«

Womit die Herren vom deutschnationalen »Wiener Mittag« vollinhaltlich recht hatten. Wie war es in Österreich in den Jahren nach dem Ersten Weltkrieg zu der in der Geschichte der Staaten doch sehr selten vorkommenden Selbstvernichtungspsychose der herrschenden Kreise gekommen? Zumal auch die Deutschnationalen in Österreich–Ungarn, seit 1902 mit der Monarchie ausgesöhnt, und, nicht zu vergessen, auch die Sozialdemokraten mit der Monarchie einverstanden waren, seitdem sie mit Zuversicht auf eine weitere Demokratisierung nach dem Regierungsantritt Kaiser Karls rechnen konnten. Noch im Oktober 1917 hatten sie sich geschlossen zum Programm des übernationalen Staates und der personalrechtlich verstandenen Autonomie bekannt. Von der Arbeiterschaft – schon immer einem der konservativsten Elemente im politischen Leben Österreichs – kam die Gefahr des engstirnigen, nationalistischen Denkens gewiß nicht.
Otto Bauer meinte dazu verärgert: »Die deutschösterreichischen Arbeiter sahen damals noch in dem Befreiungskampf der slawischen Nationen bloßen Nationalismus, wenn nicht gar Hochverrat, und sie hatten keinerlei Sympathie für den Anschluß an das ihnen verhaßte, imperialistische Deutschland.«
Selbstverständlich waren auch die Christlichsozialen ganz auf Österreich und die Monarchie ausgerichtet. Wie war es dann möglich, daß sozusagen über Nacht, jedenfalls aber innerhalb einiger weniger Tage, jenes Umdenken auf »Republik«, und – damit völlig parallel – auf »Anschluß« stattfinden konnte, das sich für Österreich und damit für Europa so entsetzlich auswirkte, weil es direkt in den Anschluß von 1938 und damit in den Zweiten Weltkrieg führte? Um die Schwenkung der österreichischen Arbeiterschaft herbeizuführen, bedurfte es einer zielstrebigen, kompromißlosen innerparteilichen Agitation bei den Sozialdemokraten. Ihr Initiator war Otto Bauer. Er ging dabei so kompromißlos vor, daß er sich im Mai 1918 von Dr. Karl Renner sagen lassen mußte, zwischen ihm – Otto Bauer – und dem italienischen Nationalisten Mazzini bestünden Parallelen. Renner ging

damals so weit, in den nationalistischen Ideen des Otto Bauer einen Rückfall in alldeutsches Gedankengut zu erblicken, das die Sozialdemokratie schon vor zwei Jahrzehnten im Kamp gegen die Schönererianer überwunden haben sollte.
Diese Auseinandersetzungen, die dem Monarchen natürlich nicht unbekannt geblieben waren, veranlaßten ja Kaiser Karl auch, unmittelbar vor der Herausgabe seines Völkermanifestes im Oktober 1918 Dr. Renner nach Reichenau zu rufen. »24 Stunden später war Karl Renner beim Kaiser, und dieser trug ihm die Ministerpräsidentschaft an«, berichtet Glaise-Horstenau in seinen letzten Aufzeichnungen aus dem Jahre 1945. »Renner bat sich die Erlaubnis aus, die Zustimmung seiner Partei einzuholen. Er selbst scheint nicht abgeneigt gewesen zu sein. Die Ereignisse waren inzwischen über dieses Entwicklungsstadium hinweggegangen. Die Partei gab ihre Einwilligung nicht ...«
Zur gleichen Zeit – vier Tage vor Veröffentlichung des Völkermanifests – hatte die »Arbeiter-Zeitung« schon erklärt: »Das alte Deutschland, das heute tot ist, haben wir bekämpft; nach dem neuen Deutschland, das heute wird, zieht uns die Sehnsucht. Denn auch wir sind Deutsche.«
In Deutschland selbst wartete man längst auf diese Entwicklung. Am 14. Oktober 1918 (damals scheint auch der Generalquartiermeister schon bemerkt zu haben, daß der Krieg nicht ganz nach Wunsch ausgehen werde) schrieb Ludendorff, der »Anschluß« stelle, komme er nun früher oder später, »wenigstens eine gewisse Entschädigung« für Deutschland dar. Sein Oberster Kriegsherr jedoch gab sich viel weiterreichenden Plänen hin, in denen der neue, großdeutsche Kurs der österreichischen Sozialdemokratie schon seinen Stellenwert hatte. Kaiser Wilhelm schrieb am gleichen Tag, dem 14. Oktober 1918, streng vertraulich an sein Auswärtiges Amt: »Die vorgestern gebrachte Kunde aus dem Reichsrat, daß die alpenländische Bevölkerung deutschen Stammes Österreichs die Absicht habe, sich unter Aufgabe des bisherigen Staatsverbandes an Deutschland anzuschließen, illustriert deutlich die These, daß der Krieg alle Deutschen zusammenführt aus dem Gefühl der Notwehr für ihre Rassengemeinschaft. Daraus mußte man den Schluß ziehen, daß es für Deutsch-Österreich die Lösung geben werde: da der Kampf gegen die autonomen Slawenstaaten um die Vorherrschaft und für das Bundeskaisertum aussichtslos ist, so tut Deutsch-Österreich am klügsten daran, sich an das Deutsche Reich in irgendeiner Form anzuschließen, um so seiner Rasse Leben und Zukunft zu erhalten.
Als ich diese Zeilen gerade vollendet hatte, erhielt ich die Meldung aus Wien über die Mitteilung Dr. Sylvesters von der Absicht der ›Deutsch-Österreicher‹, sich auf das Programm Dr. Viktor Adlers zu einigen, ein autonomes ›Deutsch-Österreich‹ in den ›bundesstaatlichen Anschluß‹ an das Deutsche Reich zu bringen, unter irgendeiner Form und unter Vorsicht!«

Was konnte sowohl die Deutschnationalen als auch die Christlichsozialen dazu veranlaßt haben, in den kritischen Tagen des Oktobers und Novembers 1918 sich

so völlig kritik- und hilflos an die Führung der Sozialdemokraten anzuhängen, ja diese nachgerade als Steuermänner der bürgerlichen Parteien zu betrachten?
Es war die eisern festgefügte ideologische Position der Sozialdemokraten, die klare, zielstrebige Vorbereitung auf die Tage des Untergangs der österreichisch-ungarischen Monarchie. Ein Otto Bauer wußte, was er wollte.
Die Führer der bürgerlichen Parteien trieben hilflos in seinem Kielwasser. Sie wagten sich weder aus ihren Häusern noch aus ihren Ängsten heraus, und nur so konnte es geschehen, daß durch einige tausend Demonstranten in den entscheidenden Stunden der Eindruck einer geschlossenen Volksmeinung entstand. (Es war im März 1938 nicht anders.)
Als am 12. November 1918 die Provisorische Nationalversammlung zusammentrat, faßte sie – ohne das Volk zu befragen – den Beschluß, »Deutsch-Österreich« als Republik und diesen eigenartigen Staat, der sich immer mehr als unerwünschte Verlassenschaft zu verstehen schien, gleich taxfrei zu einem Teilstück der »Deutschen Republik« zu erklären.
Schon im Artikel 2 dieser Harakiri-Verfassung heißt es daher: »Deutsch-Österreich ist ein Bestandteil der Deutschen Republik.« Als Dr. Renner nach der Verlesung dieses Todesurteils noch in den Saal ruft: »Wir sind ein Stamm und eine Schicksalsgemeinschaft!« bricht ein Applaus-Orkan aus, der Renner für Minuten am Weitersprechen hindert. Als es alsbald wegen der Verwirklichung des Anschlusses Hindernisse gibt, tritt vor allem der Sozialdemokrat Ludo Hartmann, »deutsch-österreichischer« Gesandter in Berlin, verbissen für den schlagartigen Vollzug des Anschlußgesetzes ein. In Wien-Ottakring ist ein großer Platz nach ihm benannt. Er hat sich das Andenken wohl verdient. Weder Bauer noch Ludo Hartmann oder die Erben Adlers hätten es sich leisten können, im März 1938, als der Anschluß dann endlich verwirklicht war, den Festlichkeiten beizuwohnen: »*Rasse*, Leben und Zukunft« paßten da nicht ganz zusammen.
So blieb es Dr. Renner vorbehalten, an seine Leistung von 1918 zu erinnern, als er am 3. April 1938 im »Neuen Wiener Tagblatt« erklärte:
»Ich stimme mit Ja!
Ich habe als erster Kanzler Deutsch-Österreichs am 12. November 1918 in der Nationalversammlung den Antrag gestellt und zur nahezu einstimmigen Annahme gebracht: Deutsch-Österreich ist ein Bestandteil der Deutschen Republik.
Ich habe als Präsident der Friedensdelegation zu St. Germain durch viele Monate um den Anschluß gerungen – die Not im Lande und die feindliche Besetzung der Grenzen haben die Nationalversammlung und so auch mich genötigt, der Demütigung des Friedensvertrages und dem bedingten Anschlußverbot uns zu unterwerfen.
Trotzdem habe ich seit 1919 in zahllosen Schriften und ungezählten Versammlungen im Lande und im Reiche den Kampf um den Anschluß weitergeführt.
Obschon nicht mit jenen Methoden errungen, zu denen ich mich bekenne, ist der Anschluß nunmehr doch vollzogen, ist geschichtliche Tatsache, und diese

betrachte ich als wahrhafte Genugtuung für die Demütigungen von 1918 und 1919, für St. Germain und Versailles. Ich müßte meine ganze Vergangenheit als theoretischer Vorkämpfer des Selbstbestimmungsrechtes der Nationen, als deutschösterreichischer Staatsmann verleugnen, wenn ich die große geschichtliche Tat des Wiederzusammenschlusses der deutschen Nation nicht freudigen Herzens begrüßte.«

Dr. Renner vergißt auch nicht, in diesem Interview folgerichtig der »lächerlichen legitimistischen Treibereien« zu gedenken. Auch den 1918 »befreiten Donauvölkern« widmet er noch ein Wort, bevor er beispielhaft schließt: »Als Sozialdemokrat werde ich mit Ja stimmen.«

Die »lächerlichen legitimistischen Treibereien« waren es dann auch, die 1943 die »Moskauer Deklaration« ermöglichten und die in den Jahren der Okkupation, von 1938 bis 1945, Österreichs Wiedergeburt vorbereiteten, während Dr. Renner in seinem Brief an Josef Stalin im April 1945 von sich sagte: »Die Rote Armee hat mich und meine Familie bei ihrem Einmarsch in Gloggnitz (bei Wiener Neustadt) angetroffen, wo ich mit den Parteigenossen vertrauensvoll die Besetzung abwartete.« – Wieso eigentlich? Und mit Genossen *welcher* Partei?

Aber noch wehte nicht der politische Wind vom April 1945, noch schrieb man den März 1919, und die Männer am Steuer des »deutschösterreichischen« Staatsschiffes hatten Kurs auf »revolutionäres Deutschland« genommen. Ziel: der Anschluß. Allerdings machten sie die Rechnung ohne den (in ihren Augen) völlig entmachteten Kaiser; sein Einfluß auf die verständnisvollen Männer im Lager der Entente und schließlich auf die entscheidenden Persönlichkeiten in London und Paris war stärker als jener der »deutschösterreichischen« Anschlußfanatiker.

Um die Weihnachtszeit des Jahres 1918 erreichten verschiedene beunruhigende Nachrichten über die »unzureichenden Sicherheitsverhältnisse um Eckartsau« die Verantwortlichen der Entente. Männer wie Oberst Cunninghame fanden alsbald heraus, daß es mit diesen »Gefahren« – obwohl zweifellos vorhanden – nicht allzu weit her war. Sowohl der Kaiser selbst, als auch seine Getreuen vermochten sehr gut, sich zu verteidigen, und der Polizeipräsident Schober tat gleichfalls sein möglichstes, um seinen kaiserlichen Herrn zu schützen. Aber die beunruhigenden Meldungen aus Eckartsau bewirkten sehr rasch, daß die maßgeblichen Kreise in London und Paris sehr nachhaltig auf das Problem Österreich und die Bemühungen des Kaisers aufmerksam wurden.

Cunninghame kam folgerichtig alsbald zu der Überzeugung, daß die Gerüchte vor allem dazu dienten, die Alliierten auf die wirklichen Gefahren, die Gefahr einer kommunistischen Machtübernahme und die Gefahr eines Anschlusses an Deutschland, aufmerksam zu machen: und es handelte sich um den Anschluß an ein völlig radikalisiertes, »revanchistisches« Deutschland.

Tatsächlich waren es zwei hohe Offiziere, der britische und der französische Oberbefehlshaber auf dem Balkan, die diese Gefahr zuerst und am klarsten

erkannten und sich gegenüber den Bemühungen des Kaisers am verständigsten zeigten.
Freilich hatte besonders der französische Oberbefehlshaber in dieser Hinsicht einen gewissen »Nachhilfeunterricht« erhalten: der Kaiser verfügte immer noch über seinen Schwager Sixtus, und dessen Freund Marschall Lyautey über einen direkten Draht zu Franchet d'Esperay, dem französischen Armeeführer auf dem Balkan.
Dazu kam die frische Erinnerung an die blitzartige Besetzung Tirols und des Brennerpasses durch deutsche Truppen zu Beginn des Novembers 1918, die den Alliierten, vor allem den Generalstäblern, die Gefahr der deutschen Expansionspolitik klar vor Augen geführt hatte.
General Bridges, der britische Befehlshaber der Balkanarmee, stand durch die Herren Raba und Asseo, zwei wendige Verbindungsleute aus Saloniki, in direktem Kontakt mit den schweizerischen Vertrauensleuten des Kaisers in Bern und Luzern, die ihrerseits über einen Draht nach London verfügten.
General Bridges setzte sich demgemäß auch schon am Jahresbeginn 1919 für die Entsendung eines britischen Adjutanten oder Ordonnanzoffiziers in Eckartsau ein und erwähnte dabei folgerichtig (das Telegramm ist im War Office mit dem Datum 30. Jänner 1919, FO 371, vol. 3540, archiviert), daß »die gegenwärtige Politik des Kaisers, das katholische Österreich von Deutschland zu trennen, den Alliierten zuträglich« sei. Schließlich bedurfte er für sein Engagement eines handgreiflichen, unwiderlegbaren Arguments. Übrigens zeigte sich in diesen entscheidenden Tagen, als der Kaiser zum alleinigen Promotor der Sache Österreichs geworden war, wie vorausschauend und klug Kaiser Franz Joseph im Juli 1914 gehandelt hatte, als er in der turbulenten Zeit unmittelbar vor der Kriegeserklärung an Serbien den damaligen Erzherzog Karl – seinen Nachfolger – aus dem Strudel der Ereignisse sanft aber energisch heraushielt. Denn gerade im März 1919 versuchten gewisse Kreise, Kaiser Karl eine »Kriegsschuld« aufzulasten und ihn womöglich sogar in eine Art von Kriegsverbrecherprozeß zu verwickeln.
Lloyd George, damals bereits mit dem Gedanken der Erhaltung Österreichs vertraut und zur Wahrung der Unabhängigkeit Österreichs entschlossen, berief sofort den »Obersten Kriegsrat« ein und stellte am 12. März 1919 dezidiert fest, daß »Kaiser Karl in keiner wie immer gearteten Weise für den Krieg verantwortlich gemacht werden kann«.
Aber die Zeichen standen immer mehr auf Ausreise.
Nicht, daß sich die Gefahren oder die Widrigkeiten so gesteigert hätten, daß Kaiser Karl nicht mehr bleiben konnte, wohl aber, daß Oberst Strutt – durchaus wohlmeinend und für die kaiserliche Familie nur das Beste im Sinne – unbedacht heftig zur Ausreise drängte.
Seine Reue darüber folgte auf dem Fuße – aber da war es zu spät. Es hat den Anschein, als ob sich Oberst Strutt, der alsbald dem Kaiser und der Kaiserin bis an die Grenzen des für einen britischen Offiziers Möglichen (und wohl auch darüber

hinaus) ergeben war, in seinem fast schon ans Pathologische grenzenden Haß gegen Doktor Karl Renner in manchem übers Ziel schoß.
Am 24. März jedenfalls verließ der Kaiser mit den Seinen die österreichische Heimat.

Es ist richtig, daß Oberst Strutt auch mit mir die Frage unserer Ausreise besprach. Den Kaiser diesbezüglich zu beeinflussen oder gar zu bestimmen, war allerdings weder möglich noch notwendig. Er ließ sich einzig von der Antwort auf die Frage leiten, wie er Österreich am besten dienen könne. Und die Antwort lautete: eine Abdankung könne niemals erfolgen. Die Aktivitäten zur Rettung Österreichs jedoch, die in ein ganz entscheidendes Stadium getreten waren, ließen sich von der Schweiz aus besser fortführen. Deshalb stimmte der Kaiser der Ausreise zu, allerdings unter der strikten Bedingung, daß das Gepäck nicht durchsucht werde. Denn dieses enthielt den Schlüssel zu Österreichs Fortbestand.

In allen Berichten über diese dramatischen Stunden liegt das Gewicht auf dem Gefühlsmäßigen. Das letzte gemeinsame »Gott erhalte« auf österreichischem Boden, der zu Herzen gehende Abschied von den Getreuen, die Liebesbeweise der Bevölkerung für den scheidenden Kaiser, auch wohl der verbissene Kampf des getreuen britischen Obersten Strutt um die Gepäckstücke der kaiserlichen Familie, um die Verhinderung einer Kontrolle, auf der die Regierung in Wien bestehen wollte. Es ging dabei keineswegs um verborgene Juwelen oder Aktienpakete. Es ging um etwas ganz anderes: um Österreich. Es ging ausschließlich um Dokumente. Vor allem um jene, die die Erhaltung Österreichs als unabhängigen Staat betrafen.

Schätze gab es keine – die Republik hatte sie längst sequestriert ... Die wichtigsten Stücke aus dem Familienbesitz, vor allem auch solche, die von besonderem künstlerischen oder persönlichen Werte waren, hatte der Kaiser schon lange vorher in die Schweiz bringen lassen, und zwar keineswegs um eine »Flucht« vorzubereiten oder zur Sicherung seines Lebensabends im Exil. Es waren vielmehr schon in den letzten Kriegsmonaten dort und da bolschewistische Unruhen zu befürchten, und davor sollte das Wichtigste in Sicherheit gebracht werden.

Oberst Strutt berichtet in seinen Tagebüchern sehr direkt über die Intentionen Dr. Renners, den er – recht offen – als einen »haarigen, schlau blickenden Gauner mit intelligenten Augen« beschreibt und der, als der Kaiser sich endlich zur Abreise bereit erklärt hatte, die Absicht kundgab, das kaiserliche Gepäck einer genauen Kontrolle zu unterziehen, ja sogar Leibesvisitationen vorzunehmen.
Strutt lehnte schroff ab. Er drohte, einen etwaigen »Hochkommissar der Republik«, der es wagen sollte, sich dem Zuge zu nähern, eigenhändig zu erschießen.
Warum dieses Verlangen nach Gepäckkontrolle und Leibesvisitation? Renner

wußte genau – besser als jeder andere –, daß der Kaiser nicht das geringste mit sich führte, was auch nur im weitesten Sinne des Wortes »dem Staat« gehörte. Er wußte auch genau, daß der Kaiser vieles bewußt zurückgelassen hatte, was eindeutig ihm gehörte: so auch die Rudolfinische Hauskrone, unanfechtbarer privater Besitz. Der Kaiser ließ die Krone, dieses Symbol Österreichs, dennoch an seinem Platz in der Wiener Schatzkammer.
Renner wußte aber auch, daß im kaiserlichen Gepäck Dokumente enthalten waren, für deren Besitz er viel gegeben hätte. Und darum staunte der schweizerische Oberst Bridler auch gar so sehr, daß die britischen Begleitsoldaten Schießbefehl für den Fall erhalten hatten, daß der Kaiser in irgendeiner Form belästigt werden sollte. Die Fracht war eben kostbarer als Schmuck und Geld; sie enthielt die wichtigsten Dokumente und Aufzeichnungen des Kaisers, vor allem auch die Papiere, die unmittelbar die Verhinderung des Anschlusses »Deutsch-Österreichs« an das revolutionäre Deutschland der Nachkriegszeit betrafen.

Kaiser Karl war auch der Meinung, daß die geplante Leibesvisitation eine Aktion gewesen sei, um später behaupten zu können, man habe im Zuge dieser Durchsuchung dieses oder jenes Dokument gefunden, das man später – im nachhinein – fälschen und dem Kaiser unterschieben konnte. Als seltsames Vorbild hatte sich in dieser Hinsicht die neue tschechische Regierung etabliert, die in kurzer Folge immer neue »Dokumente« produzierte, die sich angeblich »in einer Kiste« gefunden hatten. Wir nannten derlei Papiere, die ja immer wieder auftauchten, später nur noch Dokumente »aus der tschechischen Kiste«. Genau so eine Kiste hätte auch die damalige »deutsch-österreichische« Regierung produziert, wobei man dann behauptet hätte, die »Dokumente« stammten von der Leibesvisitation. Aber damals ist das Wichtigste aus den Archiven mit in die Schweiz gefahren. Einige Kisten mit sehr persönlichen Akten, Aufzeichnungen aus der Regierungszeit des Kaisers und natürlich alle jene Akten und Notizen, welche die damals auf Hochtouren laufenden Verhandlungen mit den Führern der Entente betrafen.
Es galt zunächst, die Heimkehr von Hunderttausenden österreichisch-ungarischen Kriegsgefangenen zu erwirken und so gut wie möglich zu beschleunigen; die Bedenken der Siegermächte zu zerstreuen, die sie wegen der Heimkehr so vieler kampferprobter Männer hegten, und ihnen zu erklären, warum die Regierung in Wien so gar kein Interesse an einer raschen Heimkehr der Kriegsgefangenen zeigte.
Es galt, die Heimat mit Lebensmitteln zu versorgen und die dazu notwendige Gewährung von Krediten durchzusetzen.
Und es galt – vor allem – den Bestand Österreichs als selbständigen, unabhängigen Staat zu retten.
Das war auch ohne Zweifel die größte historische Leistung Kaiser Karls: nämlich die Erhaltung Österreichs. Es ist das Verdienst Kaiser Karls, in den furchtbaren Jahren nach dem Ende des Krieges, als die Regierenden in der Heimat jedes Selbstvertrauen, ja sogar die Achtung vor dem Vaterland verloren hatten und

bedingungslos nach dem Anschluß an Deutschland strebten, die staatliche Existenz und Unabhängigkeit Österreichs gerettet zu haben.
Mit Hilfe seiner hervorragenden Verbindungen nach Paris, aber auch nach London und Washington, gelang es dem Kaiser, diese Selbstaufgabe Österreichs zu verhindern und das Land zu bewahren.
Daß die Friedensverhandlungen zu St-Germain unter der Führung des Kaisers ein besseres Ergebnis gezeigt hätten als unter der Leitung von Herren, die Österreich überhaupt aufgeben wollten, bedarf kaum der Erwähnung.
Dabei hatte man der österreichischen Regierung vorher noch ein Papier zugespielt, aus dem eindeutig hervorgeht, daß Österreich mit weitgehenden Konzessionen zu rechnen gehabt hätte, wenn es den unglückseligen Anschlußgedanken aufgegeben hätte.
Ich muß dem vorausschicken, daß die Entente zunächst dem Anschlußgedanken der österreichischen Politiker wenn schon nicht freundlich, so doch jedenfalls völlig gleichgültig gegenüberstand, wie ja überhaupt die Ignoranz der Siegermächte keine Grenzen zu kennen schien.
Unser Aufenthalt in der Schweiz ermöglichte aber dem Kaiser eine viel größere Aktivität, als er sie in der De-facto-Gefangenschaft von Eckartsau hätte entfalten können.
Kaum in der Schweiz angelangt, konnte der Kaiser längst angeknüpfte Verbindungen rasch aktivieren.
Und der Kaiser versuchte alles Menschenmögliche, um Österreich die Wahl zu erleichtern.
Um jedes Mißverständnis auszuschalten, ist die Feststellung notwendig, daß Kaiser Karl keineswegs, auf keine wie immer geartete Weise, gegen das deutsche Volk Abneigung hegte. Bei all seinen Bemühungen um die Verhinderung des Anschlusses ging es nie gegen das deutsche Volk.
Aber Kaiser Karl war durch Geburt, Erziehung und persönlichste, innerste Überzeugung ein Verfechter der Reichsidee. Die Reichsidee habsburgischer Prägung aber, die Kaiser Karl vertrat, stand auf dem Boden des Christentums und der europäischen Einigung. Sie schloß jede Art von nationalistischem oder materialistischem Denken aus.
Ein Reich mit nur einer Nation, oder ein Reich mit einer bevorzugten Nation, ist ein Widerspruch in sich selbst. Ebenso ein Reich, das nicht einen religiösen, geistigen Unterbau hat. Daher der unbeugsame Widerstand des Kaisers gegen den »Anschluß« nach den Vorstellungen der Männer von 1919.
Gegen einen Zusammenschluß europäischer Nationen hätte Kaiser Karl wahrscheinlich nichts einzuwenden gehabt, das bewies wohl sein Völkermanifest zur Genüge. Das hat Österreich über die Jahrhunderte hinweg bewiesen. Aber ein nationalistisches, nur auf sein »Deutschtum« bedachtes Österreich – das war und ist eine Unmöglichkeit, weil Österreich etwas ganz anderes ist und mit einer bestimmten Sprache oder einer bestimmten Abstammung gar nichts zu tun hat. Ein

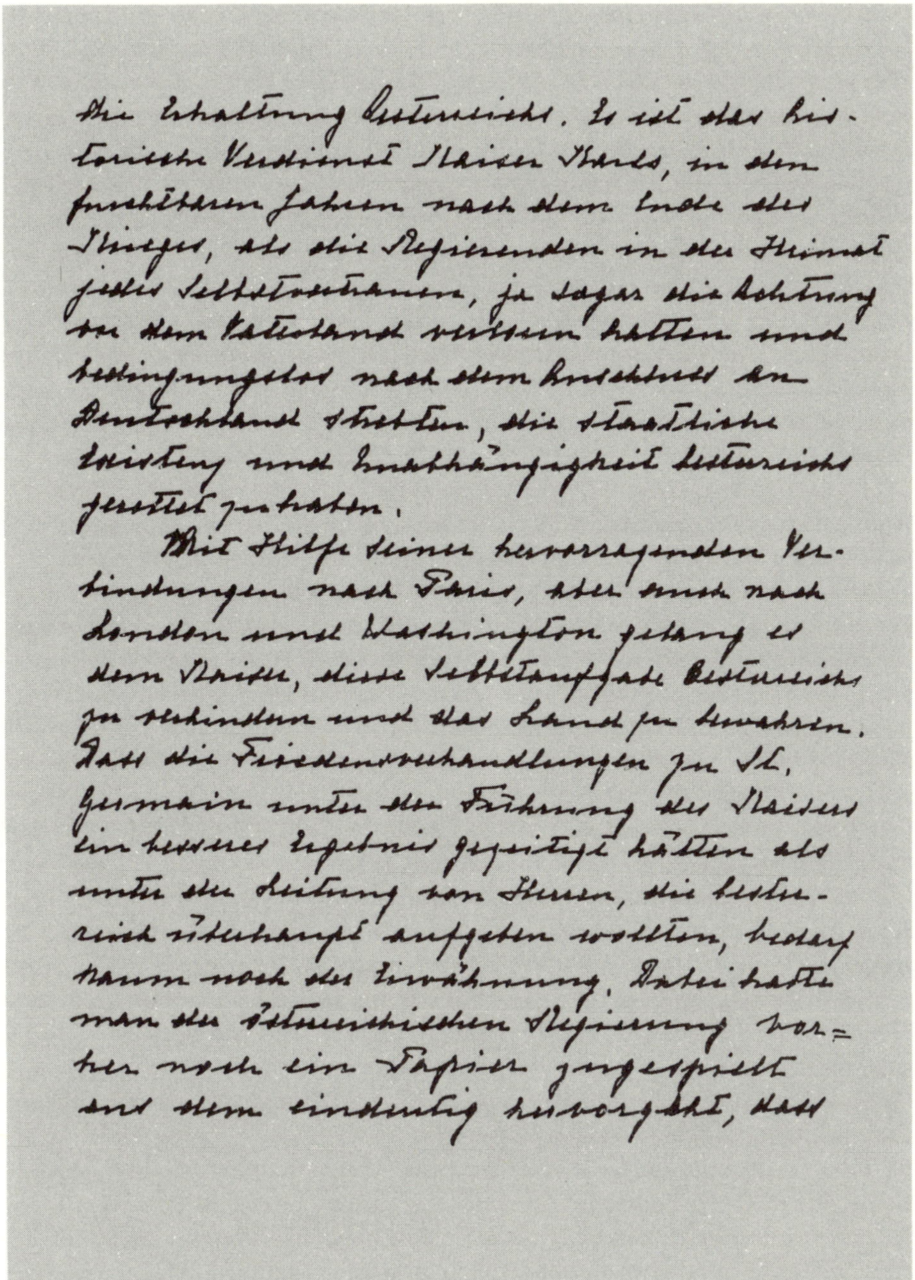
die Erhaltung Österreichs. Es ist das historische Verdienst Kaiser Karls, in den furchtbaren Jahren nach dem Ende des Krieges, als die Regierenden in der Heimat jedes Selbstvertrauen, ja sogar die Achtung vor dem Vaterland verloren hatten und bedingungslos nach dem Anschluss an Deutschland strebten, die staatliche Existenz und Unabhängigkeit Österreichs gerettet zu haben.

Mit Hilfe seiner hervorragenden Verbindungen nach Paris, aber auch nach London und Washington gelang es dem Kaiser, diese Selbstaufgabe Österreichs zu verhindern und das Land zu bewahren. Dass die Friedensverhandlungen zu St. Germain unter der Führung des Kaisers ein besseres Ergebnis gezeitigt hätten als unter der Leitung von Herren, die Österreich überhaupt aufgeben wollten, bedarf kaum noch der Erwähnung. Dabei hatte man der österreichischen Regierung vorher noch ein Papier zugespielt aus dem eindeutig hervorgeht, dass

Aus einer handschriftlichen Aufzeichnung von Kaiserin Zita: Es war ausschließlich den Aktivitäten Kaiser Karls zu verdanken, daß Österreich nach dem Ersten Weltkrieg seine staatliche Existenz bewahrte.

Österreicher kann auch Slowenisch, Tschechisch oder Kroatisch zur Muttersprache haben, ja er kann jedem europäischen Sprach- oder Kulturkreis angehören.
Wie oft hatten doch deutsche Fürsten, während der gegenseitigen offiziellen Besuche, Kaiser Karl darüber ihre ganz ähnlich gelagerten Ideen mitgeteilt! Immer wieder hatte auch Eugenio Pacelli, der damalige päpstliche Nuntius in München, im gleichen Sinne seinen Einfluß geltend gemacht: es ging um die Bewahrung eines christlichen Europa. Was sollte da ein »nationales« Reich?! Gerade in den Augen vieler Deutscher bedeutet »Österreich«, als Erbe der alten Reichsidee, mehr, als mancher »Österreicher« daheim begreifen wollte.
Im Jahre 1919 kam aber zu dem ganzen nationalen Fanatismus auch noch der pseudoreligiöse, marxistische Fanatismus dazu. Gegen diese beiden kämpfte Kaiser Karl, nicht aber gegen Deutschland, dessen Menschen einen ähnlichen Kampf durchzustehen hatten, und noch haben, wie wir. Die Spannungen um diese Probleme allerdings erreichten 1918 und 1919 einen dramatischen Höhepunkt.

Anfang April 1919, unmittelbar nach der Ankunft des Kaisers in der Schweiz, traf in Wien eine Meldung ein, die an Deutlichkeit nichts zu wünschen übrig ließ: die Österreicher (oder alle, die sich dafür hielten) mögen ihre Anschlußpläne aufgeben; es liege im klaren Interesse der Entente, ein lebensfähiges, selbständiges Österreich zu erhalten und – man ließe sich diesen Wunsch auch etwas kosten. Südmähren kam ins Gespräch, Brünn, Znaim, auch Südkärnten und die Südsteiermark, Marburg. Sie gehörten doch eigentlich zu Österreich, und es stehe alles Mögliche offen, man könne über vieles reden, aber immer unter der Voraussetzung, mit diesen bedeutenden territorialen Zugeständnissen ein selbständiges Österreich zu stärken, und nicht Deutschland. Die Vorschläge aus dem Westen entbehrten weder der Deutlichkeit noch der Logik.
Die Meldungen kamen über die Agence-Centrale, eine Presseagentur, die in ihren Grundlagen und ihrer Wirksamkeit den Intentionen Kaiser Karls entsprach. Der Kaiser hatte inzwischen aus der antihabsburgischen Propaganda gelernt und wußte, daß er über ein verläßliches publizistisches Instrument verfügen müsse.
Die Leitung der Agence-Centrale mit Sitz in Luzern war Otto Forst de Battaglia anvertraut, der seine schwierige Aufgabe bravourös meisterte. Über die Agence-Centrale kamen bald Meldungen nach Wien, die selbst den anschlußwütigsten Österreicher nachdenklich stimmen mußten.
So tobte denn auch der »Wiener Mittag«: »Das nunmehr in Diensten der anschlußfeindlichen Ententekreise stehende ›Wiener Journal‹ konnte im Auftrag seiner neuen Brotgeber melden, daß die Entente für den Fall des Verzichtes auf den Anschluß an Deutschland und der Anerkennung international garantierter Neutralität bereit sei, das Böhmerwaldgebiet, den Znaimer Kreis, Deutsch Westungarn und Deutsch Südtirol mit Deutschösterreich zu vereinigen.
Die von uns gekennzeichneten Agenten der Habsburger-Parma in der Schweiz haben ... mit der französischen Regierung diesen Köder vereinbart.

52 Erzherzog Rudolf (geb. 1919), der von Juni 1944 bis Kriegsschluß in Tirol und Vorarlberg im Partisaneneinsatz stand, als Offizier der US-Army (1942/43)

53 Erzherzog Rudolf mit seiner Tochter Anna Fürstin Galitzin

54 Erzherzogin Anna Gabriela mit dem Chefarzt eines Spitals in Siebenbürgen, das von der Maltesergruppe der Erzherzogin unterstützt wird

55/56 Erzherzog Rudolfs Söhne Simeon und Peter

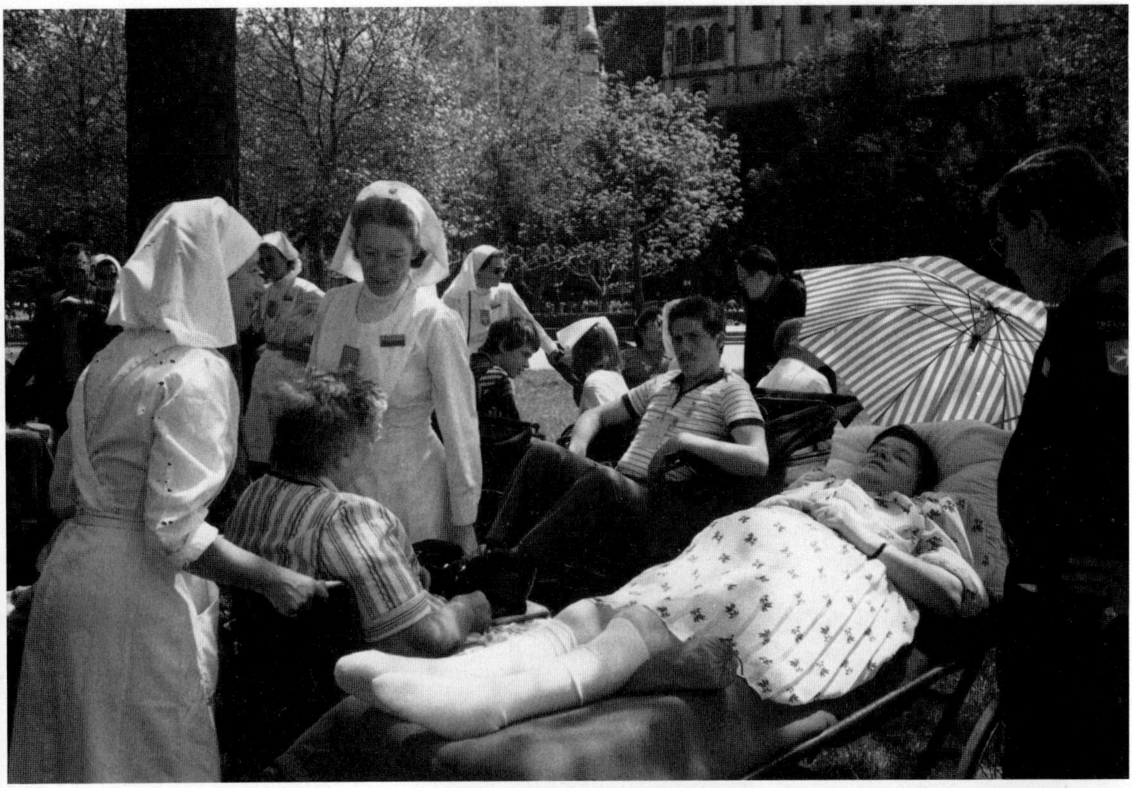

57 Erzherzogin Anna Gabriele (Gemahlin Rudolfs) als Einsatzleiterin einer Malteser-Pilgerfahrt für Schwerbehinderte in Lourdes. Anna Gabriela ist auch Leiterin eines Hilfsprogramms für das schwer geprüfte Siebenbürgen

58 Erzherzogin Katharina

59 Die Kinder von Erzherzogin Maria Anna (Tochter von Erzherzog Rudolf) und Peter Fürst Galitzin: Alexandra Xenia, Tatiana und – im Steckkissen – Dimitri; rechts außen Maria

60 Der Kaiser und König mit seiner Familie in Prangins, Schweiz: Kronprinz Otto, Carl Ludwig, Felix, Adelheid, der Kaiser mit Erzherzog Rudolf, dem ersten Habsburger, der seit sechshundert Jahren wieder in der Schweiz zur Welt gekommen war, Robert. Wenige Tage später (es war unmittelbar nach der Geburt von Erzherzogin Charlotte) brach König Karl zu seinem ersten Restaurationsversuch nach Ungarn auf

61 Die Kaiserin verläßt mit ihren Kindern die Insel Madeira (19. Mai 1922). Sr. Rocha-Machado, die Kaiserin-Witwe, Gräfin Kerssenbrock (die Erzherzog Rudolf trägt), daneben Adelheid, Felix und Carl Ludwig. Erzherzogin Elisabeth wird kurze Zeit später in Madrid als nachgeborenes Kind zur Welt kommen

62 (links) Erzherzogin Elisabeth und ihr Gemahl Prinz Heinrich von und zu Liechtenstein

63 The Hon. Pieter van der Byl – früherer Außen- und Verteidigungsminister von Rhodesien – mit seiner Gemahlin Charlotte (Prinzessin von und zu Liechtenstein) und ihren Kindern Pieter Vincenz, Valerian und Kasimir

64 Prinz Michael von und zu Liechtenstein mit seiner Gemahlin Prinzessin Hildegard und den Kindern Therese-Maria und Gisela

65 Prinz Karl von und zu Liechtenstein

66 Kaiserin Zita in Waldstein mit ihren Enkelinnen Adelheid und Hedwig, den Kindern ihres erstgeborenen Enkelsohnes Vincenz von Liechtenstein und der Gemahlin Hélène

Wahrscheinlich haben die Tschechen, die ein Beharren Wilsons auf dem Selbstbestimmungsrecht auch für Deutschösterreich fürchten, um ihren unrechtmäßigen Raub zu retten, das Böhmerwaldgebiet und Znaim im Notfalle zu opfern sich entschlossen, um alles andere zugesprochen zu erhalten.
Es ist eine ungeheure Gefahr, daß die Anschlußfeinde und die mit ihnen verbündete Habsburg-Parma-Clique die Ausführungen des Wiener Sensationsblattes nach bewährtem Muster als öffentliche Meinung Deutschösterreichs der Pariser Konferenz auf dem Umwege über die französische Presse auftischt.«
Daß Dr. Funder mit seiner ›Reichspost‹ in diesem Zusammenhang nicht gut (oder sehr gut, je nach Standpunkt) wegkam ist klar: »Am schmählichsten aber an diesem ganzen Treiben ist die Haltung der ›Reichspost‹, die auch heute noch mehr die Interessen der Habsburg-Parma-Clique als die wahren Anschauungen der Christlichsozialen Partei außerhalb Wiens vertritt.«
Nun war Dr. Funder freilich kein Prälat Hauser, und die Kundgebung im Wiener Rathaus für das junge Kaiserpaar verzieh man weder ihm noch der »Reichspost«: »Sie findet es für möglich, für dieses Linsengericht (gemeint sind Znaim, der Böhmerwald, Südmähren, Untersteier, Südkärnten und Südtirol!) den Verzicht auf den Anschluß zu empfehlen.
Deutsche in Böhmen und im Sudetenland, Deutsche in Kärnten und in der Steiermark, hört es: die ›Reichspost‹ handelt schon mit eurer und eurer Kinder Zukunft!«

Wie recht sie damit doch hatten, die Herren, die den Anschluß vertraten! Bis in die Konsequenzen des Zweiten Weltkrieges hinein, in die Austreibung von Millionen und die Massakrierung von vielen tausend Altösterreichern im Jahre 1945.

Kaiser Karl hatte bei seinen Aktivitäten nicht nur die Absichten und Anschlußpläne der Regierung in Wien zu berücksichtigen, sondern auch das Schicksal Deutschlands, das sich in Versailles entscheiden sollte.
Rasches, sehr rasches Handeln war notwendig.
Zum Glück standen dem Kaiser einige hervorragende Männer zur Verfügung, die sich ganz in den Dienst der Sache stellten.
Da war vor allem Bischof Waitz, der die Verbindung mit den patriotischen Kreisen innerhalb der Christlichsozialen Partei aufrecht erhielt und bei diesen seinen Einfluß geltend machte.
Wichtiger allerdings als die Kontakte zur Heimat waren in dieser Stunde der äußersten Gefahr die Verbindungen nach London, Washington und vor allem nach Paris. Dort war auch am ehesten auf Verständnis zu hoffen.
Aus ganz verständlichen Gründen bot sich abermals mein Bruder, Prinz Sixtus, als der wichtigste Kontaktmann an.
Er kannte nicht nur alle einflußreichen Männer in Paris, hatte nicht nur aufgrund seiner Stellung als französischer Prinz und zugleich als Wahlösterreicher auch das

volle politische Verständnis für die Notwendigkeit der Erhaltung Österreichs als unabhängiges Land.
Er hatte auch, wenn ich das so sagen darf, in Paris eine Art von »Guthaben«. Seine intensiven Bemühungen um einen Friedensschluß während des Krieges waren nicht vergessen.
Schon machte sich dort und da Reue über die versäumte Gelegenheit von 1917 breit ...
Über die Prinzen Sixtus und Xavier wieder stellte sich in Paris die Verbindung zu dem sehr einflußreichen Marschall Lyautey her, der, auch infolge seiner Erfahrungen als Kriegsminister der Jahre 1916/17, genau wußte, wo, bei wem und mit welchen Argumenten der Hebel anzusetzen war.
Und in Frankreich sprachen viele militärische Argumente für die Erhaltung Österreichs, Ungarns, ja des gesamten alten Österreich–Ungarn. So dürfen auch die Bemühungen König Karls um die Rettung Ungarns nicht gänzlich von seinen Bemühungen um die Erhaltung Österreichs getrennt beurteilt werden.
Gerade von französischer Seite kam man ja immer wieder darauf zurück, daß Österreich–Ungarn, wenn auch in anderer Form, wiederhergestellt werden sollte, »Donaukonföderation« hieß das damals, oder so ähnlich ...
Über meinen Bruder Sixtus und Marschall Lyautey wieder kam der Kaiser mit dem vielleicht wichtigsten Mann in Verbindung, wichtig hinsichtlich der Erhaltung Österreichs.
Es war dies Generalsekretär Paul Eugen Dutasta, einer der entscheidenden Männer in der Umgebung Clemenceaus. Dutasta war sehr anständig, wohlgesinnt und einflußreich dazu. Dank dem direkten Draht zwischen ihm und dem Kaiser gelang schließlich auch der Schachzug, in den Friedensvertrag von Versailles jenen Riegel einzubauen, der von der Seite Deutschlands her den Anschluß Österreichs verbot.
Jeder verfügbare Mann diente dem Kaiser und König damals als Kurier zwischen Prangins und Paris. Gesandter Bornemisza erwies sich als besonders tüchtig, gelegentlich auch Prinz Windischgraetz, obwohl er, bei aller Treue und Loyalität, mit einer gewissen Vorsicht zu behandeln war; die Phantasie ging manchmal allzu leicht mit ihm durch. An seiner Treue zum König war aber wahrlich nie zu zweifeln.
Veitschberger war damals von größtem Nutzen, auch Vázsonyi, aber vor allem Sigray, ein Mann, der in jeglicher Hinsicht perfekt war und seinem Herrscher ohne Grenzen ergeben.
Übrigens erinnere ich mich da, obwohl der Zusammenhang nicht so direkt gegeben ist, an Halmos ... Zweimal war ihm in Paris mit aller Klarheit und Deutlichkeit gesagt worden: »Faites revenir Charles, on pourra alors s'arranger«.
Da er aber von einer schwer überwindbaren antiroyalistischen Überzeugung erfüllt war, kam er seinem Auftrag nicht rechtzeitig nach, weder in Prangins noch in Budapest. Das hatte wieder für den Vertrag von Trianon, während dessen

Vorbereitungen der König ja ähnliche Aktivitäten entfaltete wie hinsichtlich Österreichs vor dem Vertrag von St-Germain, sehr böse Folgen.
Halmos hat später seine Tat, besser gesagt: seine Nicht-Tat, sehr bereut und dies auch offen eingestanden.
Es mag auffallen, daß Österreicher und Ungarn ihr Bestes in brüderlicher Gemeinsamkeit leisteten.
Der Kaiser und König, dem die Verträge von Trianon und von St-Germain natürlich in gleicher Weise Sorge bereiteten, hielt die österreichischen und die ungarischen Probleme und die für deren Bewältigung zur Verfügung stehenden Herren zwar fein säuberlich auseinander, aber nicht voneinander fern.
Wo sich alle diese Kontakte, Gespräche, Konferenzen abspielten?
Nun, es gab vor allem keine, oder fast keine »Sitzungen«. Ich erinnere mich, daß der Großteil der Gespräche im Park der Villa Prangins stattfand. Im Gehen. Kaiser Karl, der sich oft lachend als »sächsischen Renner« bezeichnete, liebte diese Form des Gespräches, sie diente auch sehr der besseren Geheimhaltung.
Erwähnen möchte ich noch, daß uns diese Verhandlungen finanziell ganz furchtbar belasteten. Die Kurierdienste, vor allem aber die in den entscheidenden Wochen so häufigen, fast täglichen Besuche aus Paris, aber auch aus London, überstiegen bei weitem die finanziellen Möglichkeiten unseres Haushaltes.
So rationell und sparsam die kleine Kanzlei des Kaisers auch arbeiten mochte – der Kaiser hatte es doch mit einem kompletten Staatsapparat als Gegner zu tun, der von Wien aus für den Anschluß warb und dessen Einfluß es zu neutralisieren galt.
Aber irgendwie mußte das Ganze doch finanziert werden. Der Kaiser mußte damals den Großteil unseres Eigentums belehnen lassen – zu sehr hohen Zinsen – oder verkaufen – zu sehr schlechten Preisen –, und es bestand für ihn kaum eine Möglichkeit, sich persönlich um diese Dinge zu kümmern, weil er auf diesem Gebiet weder Fachmann war noch überhaupt Zeit dafür aufwenden konnte. Es ging damals buchstäblich um jede Minute Arbeitszeit. Und das begonnene Werk mußte vollendet werden, koste es, was es wolle, ging es doch um den Bestand unserer Heimat.
Und es war nicht nur Frankreich allein, das zu bearbeiten war. Frankreich war wichtig, aber es war nicht die ganze Entente.
In England zum Beispiel, Österreich im allgemeinen traditionell wohlgesinnt, waren es die Kreise um Lord Northcliffe, die sich offen für den Anschluß Österreichs an Deutschland aussprachen.
Schon im Februar 1919 waren meine Brüder Sixtus und Xavier während unseres Aufenthalts in Eckartsau nach London gereist und hatten dort auch mit dem englischen König persönlich Kontakt aufgenommen. Lloyd George war sowohl dem Kaiser als auch meinen Brüdern sehr wohlgesinnt.

Und die beiden Parma-Brüder hatten im Umgang mit ihrem Todfeind, Lord Northcliffe, bereits einige Erfahrung. Vor allem wußten sie, daß Northcliffe auch

in England zahlreiche Feinde hatte – mehr, als er selber ahnte. Er hatte sich durch seine hochfahrende, arrogante Art vielfach sehr verhaßt gemacht.
Unmittelbar nach dem Besuch der Brüder der Kaiserin nahm Lloyd George zum erstenmal scharf und öffentlich gegen den Anschluß Österreichs an Deutschland Stellung. So war also von dieser Seite keine Gefahr mehr zu erwarten.
Auch in England war die Saat von 1917 aufgegangen, hatte der Friedenswille des Kaisers späte Früchte für Österreich getragen. Manchmal scheint es, als hätte die Erinnerung an die versäumte Gelegenheit die hartgesottenen Entente-Politiker geradezu wehmütig gestimmt. Das geht aus einer Bemerkung in den Aufzeichnungen des Lord Riddell hervor, eines der engsten Mitarbeiter von Lloyd George. In seinem »Intimate Diary of the Peace Conference and after« schreibt er: »Ich reiste von Paris mit Lloyd George nach London zurück. Als wir uns Dover näherten, deutete er zu den Wellenbrechern hinüber und sagte: ›Dort war es ... dort stand ich und erwartete den alten Ribot, als er kam, um über die Friedensvorschläge Kaiser Karls zu beratschlagen.‹«

Blieben die USA und ihr Präsident Wilson, mit dessen abstrakten »14 Punkten« in der Praxis schon so viel Unheil angerichtet worden war. Abgesehen von der traditionellen Unwissenheit der amerikanischen Regierung hinsichtlich europäischer Probleme, war Washington der Gefangene seiner »Selbstbestimmungs«-Ideologie: Wie Österreich den Anschluß verbieten, wenn Österreich ihn wollte? Schon im September 1918 hatte Außenminister Lansing davon gesprochen, das »Erzherzogtum Österreich« könnte doch dem Deutschen Reich einverleibt werden.
Nach Kriegsende wieder dachten die Amerikaner daran, zumindest Tirol mit Bayern zu vereinigen oder überhaupt die deutschsprachigen Überbleibsel des einstigen Österreichs mit einem Rest Deutschlands zusammenzuschließen. Auch hier gelang dem Kaiser ein diplomatischer Durchbruch, im März 1919, gegen die verbissene Anschluß-Aktivität der Wiener Regierung.
Über Paris konnte Kaiser Karl Verbindung mit den Amerikanern herstellen, und wieder war es, als wolle Lansing mit seinem schließlichen Einschwenken auf eine pro-österreichische Haltung die Friedensversuche Kaiser Karls vom Jahre 1917 honorieren. Lansing hatte übrigens schon 1918 die harte, dem Kaiser so schädliche Haltung getadelt, mit der Clemenceau, der »Tiger«, die Czernin-Affäre »bereinigt« hatte; auf Kosten Kaiser Karls, auf Kosten von Österreichs Möglichkeit, doch noch zu einem für die Völker erträglichen Frieden zu kommen.
Wie überall, war es also auch bei den Amerikanern darauf angekommen, einer unentschlossenen, wankelmütigen und ambivalenten Politik den richtigen Impuls und der Überzeugung Raum zu geben: Österreich ist eine europäische Notwendigkeit!
Nicht, daß Lansing im März 1919 sentimental geworden wäre. Aber die Erinnerung an die Friedensversuche von 1917 bedeutete immerhin so etwas wie eine

offene Rechnung – zugunsten des Kaisers. Und Lansing quittierte. Außerdem hatte der Kaiser in den USA einen Verbündeten, der aus eigener Erfahrung wußte, wie sehr sich Kaiser Karl um Frieden, um die Verhinderung des »uneingeschränkten Tauchbootkrieges« bemüht hatte: F. C. Penfield, den ehemaligen US-Botschafter in Wien.
Während Penfield Wilson in Washington bearbeitete, stimmte Clemenceau den in Paris weilenden amerikanischen Hauptdelegierten, den Obersten House, um. Auch die USA waren damit zu Anschlußgegnern geworden.
Blieb Deutschland selbst. Was sagte Deutschland zu dem fanatischen Anschlußwillen der österreichischen Regierung? Auch dort waren bereits Bedenken aufgetaucht. Wie hatte doch Otto Bauer im November 1918 den Verfassungsartikel »Deutschösterreich ist ein Bestandteil der Deutschen Republik« kommentiert: »Es ist jetzt das rote, das proletarische, das sozialistische Deutschland, mit dem wir uns vereinigen wollen und werden. Deutschösterreich ist ein armes Gebirgsland mit dürftiger Landschaft, rückständiger Industrie, konservativer Bauernmasse; auf sich allein gestellt, wäre es für eine sozialistische Gesellschaftsordnung nicht reif. Anschluß an Deutschland ist *Anschluß an den Sozialismus*. Darum ist unter allen Errungenschaften des heutigen Tages die Verkündigung des Anschlusses an Deutschland die wichtigste und folgenschwerste.«
Nun glich Deutschland seit den Umsturztagen vom November 1918 einem ständig in blutige Unruhen verwickelten Krisenherd; allein im März 1919, als sich Kaiser Karl noch immer in Österreich befand, und damit eine ähnliche Entwicklung verhinderte, fielen in Berlin innerhalb weniger Tage 1200 Menschen den revolutionären Umtrieben der Marxisten zum Opfer.
Im Februar hatte ein »Arbeiter-, Bauern- und Soldatenrat« in München die Herrschaft an sich gerissen; Geiselerschießungen und Massenhinrichtungen waren an der Tagesordnung. Da sollte sich Deutschland noch mehr Revolution aufhalsen? Und die – eingestandenermaßen – überragenden revolutionären Ideologen aus Österreich dazu?
Darauf verzichteten viele – auch durchaus linksorientierte – Deutsche gerne. Von Männern wie dem Grafen Wedel, bis vor kurzem noch Kaiserlich Deutscher Botschafter in Wien, gar nicht zu reden. Graf Wedel, gewiß kein Freund Kaiser Karls, stellte nun plötzlich fest: in Wien seien es »die schwarz-gelben Kreise, die zielbewußt arbeiten«.
Noch am 7. November 1918 hatte er Viktor Adler versichert, Deutschösterreich werde »herzlich und mit offenen Armen aufgenommen werden«. Schon drei Monate später ließ man die Anschlußfanatiker in Wien wie Stücke glühender Kohle fallen; aus den Worten des Grafen Wedel spricht auf einmal kalte Verachtung für die Großdeutschen und ihre in seinen Augen wahrscheinlich schon immer hochverräterischen Umtriebe, wenn er abschätzig meint: »Und was bekommen wir sonst? Die Alpenlande mit ihrer reizenden Natur haben nicht viel mehr als die Wasserkräfte zu bieten. Wien, mit zwei Millionen Einwohnern, von denen

höchstens 500 etwas taugen. Dafür können wir keinen deutschen Boden aufgeben.«
Und sachlich abwägend stellt er zur Debatte, ob man den »Verzicht« Deutschlands auf den Anschluß der Österreicher nicht sogar als Tauschobjekt für eine Eingliederung Nordböhmens anbieten könne. Die Wiener Mohren hatten ihre Schuldigkeit getan ... jetzt konnten sie gehen. Wenn sie wollten, vielleicht, eines Tages einmal, auch zu den Deutschen: »Die natürliche Entwicklung führt ohnedies unbedingt dahin.«
Aber wenn das Anschlußverbot zunächst einmal etwas einbrachte, für Deutschland, warum dann kein Anschlußverbot? Dem Grafen Wedel ist kein Vorwurf zu machen. Er handelte stets als deutscher Patriot. Das war nicht nur sein gutes Recht, sondern auch seine Pflicht, und er hat seine Pflicht nach bestem Wissen und Gewissen erfüllt.
Es darf also zusammenfassend wohl gesagt werden, daß Deutschland dem ihm schließlich in Versailles aufgezwungenen Verbot, sich Österreich einzuverleiben, kaum Widerstand leistete, ja insgeheim sogar froh war, den aufdringlichen Bettler und lästigen Bewunderer jenseits der Grenzen zunächst einmal los zu sein.
Und noch etwas sehr Wesentliches: auch in Deutschland gab es genug Männer, die an der Existenz eines freien und unabhängigen Österreich interessiert, von seiner Notwendigkeit überzeugt waren. Und wie so oft in der Geschichte, schlug auch hier der Fanatismus der Anschlußfreunde in Österreich, die den Namen »Bismarck« nur mit zitternder Ehrfurcht aussprachen, die tollsten Kapriolen. Denn in Deutschland vergaß man Bismarcks Überzeugung, Österreich müßte »erfunden werden«, wenn es nicht schon bestünde, keineswegs so völlig wie in Österreich.
Schon im Oktober 1918, einen Tag nachdem Kaiser Karl sein Völkermanifest veröffentlicht hatte und Wedel in Wien auftragsgemäß noch sehr intensiv für den bevorstehenden großen Tag des Anschlusses arbeitete, schrieb ihm Staatssekretär Wilhelm Solf aus Berlin: »Sie werden verstehen, daß ich nur schweren Herzens an die Behandlung eines Problems herantrete, das letzten Endes die Vivisektion unseres Bundesgenossen bedeutet. Mir wäre es sehr viel lieber, wenn es sich ermöglichen ließe, auf Bismarckscher Bahn weiter zu verhandeln ...«
Ende April 1919 war dann der »Anschluß« so gut wie erledigt. Kein Geringerer als Otto Bauer selbst stellte Kaiser Karl das Zeugnis aus, Österreich gerettet zu haben: »Der Staatssekretär teilte ... der ›Arbeiter-Zeitung‹ mit, daß das ›Neue Wiener Journal‹ seit geraumer Zeit mit Vorliebe die Meldungen der Agence-Centrale des Herrn Forst-Battaglia in Luzern, die nachweisbar im Dienste von Staaten steht, die Deutschösterreich unfreundlich gesinnt sind, in möglichst sensationeller Aufmachung verbreitet.
Herr Henry Schmitt wieder unterhält unmittelbare, dauernde Beziehungen zum Prinzen Windischgraetz, über dessen politische Haltung und intensive Tätigkeit das Notwendige bekannt sein dürfte ...«
Ja es war bekannt, in wessen Auftrag Fürst Windischgraetz handelte, bekannt

auch, wer der Auftraggeber von Forst de Battaglia war. Am 6. Mai 1919, nachdem das »Anschlußverbot« endlich ausgesprochen und der Bestand Österreichs dadurch gerettet war, zog der Leitartikel des »Wiener Mittag« daraus einen gar nicht unrichtigen, aber nichtsdestoweniger tragischen Schluß: »Die Erinnerung an die hemmenden Klauseln des Pariser Vertrages von 1856, welche die Westmächte damals Rußland auferlegt haben und die Rußland schon 1870 abgeschüttelt hat, sollte doch den Blick der französischen Staatsmänner geschärft haben ...«
Nun, was Rußland in vierzehn Jahren fertigbrachte, das sollte den »Deutschösterreichern« erst in neunzehn Jahren gelingen: im März 1938 durften sie endlich »freudig mit *Ja*« stimmen!
Aber im Mai 1919 tobten sie noch: »Es besteht kein Zweifel, daß die Habsburg-Parma-Clique und die im Entente-Sold stehende Wiener Presse den Herren Clemenceau, Lloyd George und Wilson suggeriert haben, es bedürfe nur des Verbotes des Anschlusses von seiten der Entente, und die gesamte Bevölkerung Deutschösterreichs werde mit Jubel diese Entscheidung begrüßen.
Die Entente, und vor allem Frankreich, wird noch diese aus unlauteren Motiven niedrigster Art erfolgte Täuschung durch ihre Vertrauensmänner bereuen, wenn die politische Lage eine andere sein wird als heute ...«
Eine düstere Prophezeiung, die, wenn auch nicht in diesem Sinne, so immerhin in Erfüllung ging: Frankreich und die Entente hatten sich nach 1919 zu wenig um Österreich und seine wahren Probleme bemüht. Es ist wichtig festzuhalten, wie eigenartig Menschen nach einer Katastrophe wie jener von 1866 reagieren können, wie sie in einer Perversion verletzter Gefühle den Huf zu lecken beginnen, der sie traf: »Das Verbot des Anschlusses kann den mächtigen Drang nach nationaler Vereinigung, der seit 1866 immer mehr oder weniger stark vorhanden war, nicht auslöschen. Er wird eines Tages die Dämme brechen.
Wenn aber die Habsburger denken, daß sie dank dieser Intrigen nach Deutschösterreich zurückkehren werden, dann leben sie in einem gewaltigen Irrtum. Das deutsche Volk in Österreich hat die falsche, hinterlistige Art der Habsburger zu lange am eigenen Leibe gespürt, um noch je ein Verlangen nach einem Landesvater aus diesem entarteten Geschlechte zu tragen. Jetzt weiß es, daß es *dank habsburgischer Umtriebe* um die Erfüllung seines Sehnsuchtstraumes aus den Tagen der Paulskirche betrogen wurde. Es wird dieser herostratischen Tat ewig gedenken.«
Das tat Hitler folgerichtig, als er mit dem »Unternehmen Otto« Österreich auslöschte, als endlich »die Dämme brachen« und das Justizministerium in Wien einen Steckbrief gegen den Erstgeborenen Kaiser Karls erließ. Was diesen allerdings nicht daran hinderte, von Frankreich und von Amerika aus für Österreichs Wiedergeburt zu arbeiten.
Der deutschnationale Abgeordnete Dr. Sepp Streffner sah im Juni 1919, unmittelbar nach Verkündigung des Anschlußverbotes die Ursache des Zusammenbruchs der Mittelmächte übrigens ausnahmsweise nicht in der »Sixtus-Affäre«, sondern in der Haltung Berlins: »Der Friedensmehrheitsbeschluß des Deutschen Reichstages

im Juli 1917 ist der Eckstein für den Zusammenbruch und die Grundlage des heutigen Vernichtungsfriedens.«
Nach diesem immerhin bemerkenswerten Extempore fand er aber gleich den Garten, in dem der Same vom Juli 1917 herrlich keimte und immer reichere Früchte zeitigte, weil gerade der Wiener Boden dafür besonders aufnahmefähig war und die frischen Keime des Hasses (gemeint ist noch immer der Friedensbeschluß des Deutschen Reichstages von 1917) in der Hofluft prächtig emporschossen, zumal eine nicht ungeschickte *italienische Hand* sich die Pflege dieser jungen Pflänzchen recht angelegen sein ließ.
Am gleichen Tage kam auch der Bericht über die Unterzeichnung des Diktates von St. Germain nach Wien: »Besonders hervorgehoben wird das Schuldbekenntnis Dr. Renners von dem 1914 begangenen schrecklichen Verbrechen. (Sarajewo?)
Man hat den Österreichern keine Demütigung erspart. Sie mußten durch eine niedrige Tür eintreten, die ihnen von einem einfachen Soldaten geöffnet wurde, und eine Wendeltreppe hinaufklettern.
Ganz zur richtigen Zeit kommt dazu die Veröffentlichung eines Briefes des Exkaisers Karl an einen seiner italienischen Verwandten.
In diesem Brief heißt es, daß die Kaiserin Zita vom ersten Tag der Thronbesteigung Kaiser Karls an daran gearbeitet habe, einen Sonderfrieden mit der Entente zu schließen. Leider sei damals die Angst vor der *Brutalität Wilhelms II.* so groß gewesen, daß ihre Bemühungen vergeblich blieben.«

Die offizielle Nachricht vom »Anschlußverbot« traf in Wien – seltsame Ironie des Schicksals – übrigens am 9. Mai 1919, dem siebenundzwanzigsten Geburtstag Kaiserin Zitas ein. Schon vorher hatte Kaiser Karl noch einen entscheidenden, zusätzlichen Erfolg für seine Heimat verbuchen können: die Amerikaner erklärten sich bereit, gemeinsam mit Frankreich und Großbritannien Österreich einen Kredit zu gewähren, dem notleidenden Lande also wirtschaftlich unter die Arme zu greifen.
Aber die Regierung in Wien lief Amok. Sie ging so weit, für die zu erwartende Friedenskonferenz Dr. Klein als Sprecher der Delegation Österreichs (»Deutschösterreichs« hieß es amtlich noch immer) zu bestellen, einen Mann, der als Anschlußfanatiker bekannt war. Das trug denn auch den Herren am Ballhausplatz die Blamage ein, sich durch den französischen Gesandten, Allizé, sagen lassen zu müssen: »Die Entsendung Dr. Kleins, dieses Protagonisten des Anschlusses, als Führer und Sprecher der Delegation wird in Paris als eine verletzende Demonstration empfunden; eine solche Haltung muß deren Position in den Friedensverhandlungen erheblich verschlechtern. Wenn es überhaupt noch eine Möglichkeit gibt, Deutschsüdtirol für Österreich zu retten, so wird sie durch die Entsendung dieses Unterhändlers annulliert.«
Die Ähnlichkeit der Lage mit jener von 1945 liegt auf der Hand.
Als die Österreicher – »Deutschösterreicher« – daraufhin Doktor Renner zum

Delegationschef ernannten, konnte sich dieser nicht enthalten, noch unmittelbar vor der Abreise nach St-Germain den Journalisten zu versprechen, er werde den Anschluß bringen, und wenn er ihn »von den Sternen holen« müsse. Er muß das allerdings bereits wider sein besseres Wissen gesagt haben. Denn die österreichischen Diplomaten im Ausland arbeiteten vorzüglich und hatten schon längst berichtet, was los war. Aus Bern, Den Haag, Stockholm: jedes Wort über den »Anschluß« hieß jetzt bereits, die Entente nur noch mehr provozieren, die Friedensbedingungen im voraus mutwillig verschlechtern.

Man hat sich in Österreich während jener Tage viel über die verächtliche, ja entwürdigende Behandlung der österreichischen Friedensdelegation in St-Germain alteriert. Hatte sie etwas anderes verdient? In den Augen der Entente-Politiker, so wenig Sympathien sie auch Österreich oder seinen Problemen entgegenbringen mochten, so wenig sie den Ratschlägen Kaiser Karls aus Zuneigung oder gar monarchistischer Tendenz gefolgt sein mochten – es war reine Zweckpolitik, die sie betrieben –, erschien die Haltung dieser Delegation, der man die Bezeichnung »österreichisch« erst mit Gewalt aufzwingen mußte, ganz einfach verächtlich.

Otto Bauer trat nach dem Scheitern seiner Anschlußpolitik zurück. Der Kaiser hatte gesiegt.

Bauer hat dem »Imperator« Karl damals vielleicht das schönste Denkmal gesetzt, indem er sagte: »Der Imperialismus hat uns den verhaßten Namen ›Österreich‹ aufgezwungen.«

Österreich blieb bestehen.

Knapp zwei Jahrzehnte später, am 2. Juni 1938, fünf Wochen, nachdem das Justizministerium gegen Dr. Otto Habsburg einen Steckbrief erlassen hatte, meinte Otto Bauer in seinem Pariser Exil: »Als die reichsdeutschen Truppen Österreich dem Dritten Reich unterworfen hatten, waren die proletarischen Parteien in Österreich vor die Frage gestellt: Soll der österreichische Sozialismus den Kampf um die Unabhängigkeit Österreichs weiterführen? Kann und soll sein politisches Kampfziel die Losreißung Österreichs vom Deutschen Reich, die Wiederherstellung der Unabhängigkeit Österreichs sein?

Die Kommunisten ... haben nach der Annexion die Parole Schuschniggs: ›Rotweißrot bis in den Tod‹, aufgenommen und nicht gezögert, gemeinsam mit Legitimisten, Vaterländischen, Klerikalen die Losreißung Österreichs vom Reiche, die Wiederherstellung eines unabhängigen Österreich als Kampfziel zu proklamieren.

Die Sozialisten hingegen haben in einer Konferenz, die Anfang April 1938 in Brüssel stattfand, festgestellt, daß das österreichische Volk *nicht durch Losreißung vom Reiche*, sondern nur durch die gesamtdeutsche Revolution gegen den deutschen Faschismus befreit werden könne. Sie haben der irredentistisch-separatistischen Lösung ... die gesamtdeutsch-revolutionäre Lösung entgegengestellt ...«

Genau fünf Jahre später, »im Frühsommer 1943«, wie sich Dr. Adolf Schärf, der

spätere österreichische Bundespräsident, erinnert, »kam es über mich wie eine Erleuchtung ... der Anschluß ist tot, die Liebe zum Deutschen Reich ist den Österreichern ausgetrieben worden«.
Und ergänzend dazu stellt er fest: »Bis dahin hatten die deutschsprachigen Radiosendungen der Alliierten nichts von der Wiederherstellung eines freien und unabhängigen Österreich gesagt; die Moskauer Deklaration über Österreich wurde erst am 1. November 1943 veröffentlicht. Der Gedanke, daß der Anschluß Österreichs an Deutschland rückgängig gemacht werden könnte, war damals neu und ungewöhnlich.«

Der spätere österreichische Bundespräsident ist entschuldigt. Er wußte eben nichts von den Aktivitäten der Söhne Kaiser Karls in Washington und London, er ahnte nicht, daß sie es waren, die hinter Churchill und Roosevelt standen, als die »Moskauer« Deklaration in London und Washington entstand, und Österreich, allen Widerständen der sozialistischen Emigration zum Trotz im Jahre 1945 als freies und unabhängiges Land wieder ins Leben trat.
Entscheidend ist nur, daß Österreich nicht nur im Jahre 1919 erhalten blieb, sondern auch 1945 wiederauferstand – und lebt und geliebt wird und anerkannt ist – auch von den Erben Otto Bauers. Im Jahre 1922, auf der Atlantikinsel Madeira, im Elend der Verbannung und in den Schmerzen seiner Todeskrankheit, hat der sterbende Kaiser Karl allen seinen Feinden und Widersachern ausdrücklich verziehen.

Das sechste Kind: Erzherzog Rudolf (geboren 1919)

Abgeordneter Leuther (Sozialdemokrat): »Wut, Empörung und tiefste Demütigung bestürmen unser Herz. Wir liegen, gefesselt an Händen und Füßen, vor dem Sieger. Noch im letzten Augenblick hat uns der hohe Friedensbringer eine neue, demütigende, niederdrückende Bedingung auferlegt, das Verbot des Anschlusses an Deutschland, heuchlerisch verborgen in dem Befehl, unsere Unabhängigkeit zu bewahren ...«

Zwei Tage vor diesem Gefühlsausbruch eines »österreichischen« Parlamentariers war jener Mann, der nach unendlichen Mühen die Unabhängigkeit Österreichs gerettet hatte, zum sechsten Male Vater geworden.
Quasi als Geburtstagsgeschenk hatte am 5. September der tschechische Verfassungsausschuß beschlossen, daß künftig Mitglieder des Hauses Habsburg das

Staatsbürgerrecht der »Tschechoslowakischen Republik« nicht erwerben könnten.
Vielleicht war es Beneš und den Seinen zu nahe gegangen, daß es Kaiser Karl um ein Haar gelungen wäre, wenigstens das rein deutsch besiedelte Südmähren für Österreich zu retten, was die Alliierten aber angesichts der verbissenen, amokartigen Anschlußwünsche der Regierung in Wien dann doch nicht bewilligten.

Am 10. September erschien in der Rubrik »Kleine Chronik« schließlich eine beiläufige Meldung: »Wie aus Genf gemeldet wird, hat der ehemalige Kaiser Karl dem Präsidenten des Schweizerischen Bundesrates die Mitteilung zukommen lassen, daß seine Gemahlin einem Sohn das Leben geschenkt hat. Der ehemalige Kaiser spricht in seiner Mitteilung davon, daß sein jüngstes Kind in der Schweiz das Licht der Welt erblickt habe, in dem Stammland des Ahnherren seines Hauses. Aus der am 21. Oktober 1911 in Schwarzau geschlossenen Ehe des ehemaligen Kaisers mit Zita von Bourbon-Parma, die gegenwärtig 27 Jahre alt ist, sind bisher 5 Kinder entsprossen: Franz Josef Otto, geb. 1912; Adelheid, geb. 1914; Robert, geb. 1915, Felix, geb. 1916; und Karl Ludwig, geb. 1918.«

Autobiographische Skizze Erzherzog Rudolfs

»Geboren am 5. September 1919 in Prangins in der Schweiz. Von dort nach Madeira, 1920 bis 1929 in Lequeitio, Spanien, wo ich mit meinen Geschwistern den Grundschulunterricht nach dem österreichischen Lehrplan erhielt; wir hatten diplomierte Lehrerinnen aus Tirol bei uns.
Von 1929 bis 1940 lebten wir in Steenockerzeel bei Brüssel. Wir setzten dort unsere Studien fort, und ich kam in das Jesuitenkolleg St-Michel, wo ich bis 1935 in den humanistischen Fächern unterrichtet wurde. Von 1936 bis 1938 mußte ich mich auf die Matura nach dem österreichischen Lehrplan vorbereiten, und 1939 maturierte ich dann im Großherzogtum Luxemburg.
Von 1939 bis 1940 studierte ich an der Universität Löwen Jus. Die Unterbrechung der Studien begann dann allerdings am 10. Mai 1940, einen Tag, nachdem wir den achtundvierzigsten Geburtstag unserer Mutter gefeiert hatten, durch den Einmarsch der Truppen Hitlers. Wir konnten gerade noch ein altes Dienerehepaar nach Brüssel bringen, dann war es höchste Zeit zu verschwinden ... Die Deutschen waren wenige Minuten nach unserer Flucht bereits in Steenockerzeel.
Als wir nach vielen Wochen endlich wohlbehalten in Kanada eintrafen, konnte ich meine Universitätsstudien fortsetzen und abschließen. Ich promovierte zum Doktor der Sozial- und Wirtschaftswissenschaften, spezialisiert auf Finanzwesen. 1942 und 1943 erfolgte meine Einschulung für die Übernahme einer Kommandostelle in der amerikanischen Armee, mit dem Ziel einer aktiven Teilnahme an der Befreiung Österreichs im Rahmen eines österreichischen Truppenteils, was uns

geradezu automatisch auf die Seite der Siegermächte gebracht hätte. Sozialistische Emigranten, die damals verbissen für ein sozialistisches Großdeutschland kämpften und von einem unabhängigen Österreich überhaupt nichts wissen wollten, vereitelten jedoch unsere Bemühungen.
1943 ging es dann nach Portugal. Gemeinsam mit meinem älteren Bruder Karl Ludwig bemühte ich mich dort um die Aufrechterhaltung der Kontakte zwischen der königlich-ungarischen Regierung und meinem Bruder Otto, mit dem Zwecke, Ungarn aus dem Bündnis mit Deutschland zu lösen und eine Machtübernahme durch die Russen und rußlandhörige Kommunisten zu vereiteln. Lissabon war damals für derlei Aktivitäten der günstigste Platz.
Im Jahre 1944 schließlich, als der Plan für die Aufstellung eines ›Österreichischen Bataillons‹ aus den bekannten Gründen endgültig gescheitert war, entschloß ich mich, im Einverständnis mit meinem Bruder Otto, in Österreich selbst aktiv am Widerstand gegen die Truppen Hitlers, die aus Österreich eine uneinnehmbare ›Alpenfestung‹ machen wollten, teilzunehmen. Die Lage war damals nicht sehr rosig für jene, die an eine Wiedergeburt Österreichs glaubten. Frankreich war noch fest in der Hand der Deutschen, die Russen eroberten am 9. Mai – dem Geburtstag meiner Mutter – Sewastopol zurück ... Ich machte mich nun, quer durch das besetzte Frankreich, auf den Weg in meine gleichfalls besetzte österreichische Heimat.
Französische Widerstandskämpfer hatten mich mit falschen Papieren ausgestattet, die auf den Namen Johann Weber lauteten. Bei Feldkirch kam ich glücklich über die Grenze, machte mich allerdings sofort und überall verdächtig – ich war dreiundzwanzig Jahre alt, und welcher gesunde, gerade gewachsene Dreiundzwanzigjährige war damals nicht Soldat? Bei einer Perlustrierung nahe der liechtensteinischen Grenze schöpften die Deutschen Verdacht und brachten mich auf ihre Kommandostelle, aus der ich mich in letzter Sekunde durch einen Sprung durch das geschlossene Fenster (aus dem zweiten Stock) retten konnte.
Ich fand zunächst bei den Kapuzinern in Feldkirch Unterschlupf. Als man aufgegeben hatte, mich zu suchen, stellten sich auch schon die ersten Kontakte mit den getrennt und nur sehr lose kooperierenden Widerstandsgruppen her. Leicht war das Ganze nicht. Als ich mich aus Feldkirch hinausgewagt hatte, begann ich mir ein Leben in der Nacht anzugewöhnen. Fast alle Wege, es waren nicht wenige, legte ich zu Fuß zurück.
Eine ganz unschätzbare Hilfe bei meinem Unternehmen war dabei General Kirsch, der mich in Innsbruck verbarg und der später, nach dem Einmarsch der Franzosen, gemeinsam mit meinem Bruder Otto der eigentliche ›inoffizielle‹ Engel Tirols wurde. Mein Bruder und General Kirsch setzten damals unendlich viel für die Tiroler Bevölkerung durch, vor allem deshalb, weil mein Bruder Otto mit General Béthouart befreundet war, der auch Kirsch hochschätzte. General Kirsch war stets an meinen Aktionen beteiligt, er koordinierte vor allem meine Tätigkeit mit jener der anderen Widerstandsgruppen.

In Tirol kam mir auch meine Sprechweise ein wenig zu Hilfe, hatten wir doch seinerzeit Tiroler Lehrerinnen gehabt, was auf meinen österreichischen Tonfall natürlich abgefärbt hatte. In Vorarlberg hingegen hatte ich oft und mit Neid an Onkel Xavier und Onkel Sixtus denken müssen; die beiden beherrschten so gut wie jeden Dialekt.
Im Juni 1944 landeten die Alliierten in der Normandie. Invasion ... Das prägte auch unsere Aktivitäten, galt es doch nun vor allem, Verkehrsverbindungen zu stören. Wir sprengten unzählige Bahngeleise, legten Sicherheitsanlagen lahm, blockierten Tunnels. Eine besondere Erschwernis bildete unser fester Wille, die Soldaten – unter denen sich viele Österreicher befanden – zu schonen und nur Verbindungswege und Kriegsmaterial zu zerstören.
Die Gruppen, mit denen ich damals zusammenarbeitete, bewiesen unerhörten Mut. Sie kamen ausschließlich aus dem Lager der österreichischen Legitimisten und leisteten, ganz auf sich allein gestellt, Widerstand gegen die Besatzer. Es ist festzustellen, daß heute gerade von diesen Gruppen nicht mehr gesprochen wird, obwohl sie die ersten und an vielen Orten die einzigen waren, die aktiv für das Wiedererstehen Österreichs eintraten.
Die Beschaffung von Sprengmaterial und Munition fiel uns sehr schwer. Wir versorgten uns ausschließlich aus deutschen Beständen, wobei uns gelegentlich Deserteure zu Hilfe kamen. Wir arbeiteten überall in Nordtirol und schließlich, nach vorangegangener Absprache mit meinem Bruder Robert in London, vor allem in Südtirol. Der Grund dafür war, daß damals eine reale Chance bestand, Südtirol, aber auch Triest, wieder an Österreich zu bringen, wenn wir nur imstande waren, die diplomatischen und die kämpferischen Aktionen überzeugend und eindrucksvoll zu gestalten.
Unsere Arbeit in Südtirol fand damals – und ich will das ausdrücklich betonen – auch bei den sogenannten ›Welschtirolern‹ großes Echo; auch die italienisch und ladinisch Sprechenden hätten in jenen Tagen eine Rückkehr nach Österreich begrüßt. Die Südtiroler erwiesen sich als prachtvolle Kerle, die Nachrichten aus London waren vielversprechend. Wir waren alle davon überzeugt, daß es uns gelingen werde, ganz Tirol wiederzuvereinen.
Die Verbindung zu den Alliierten war schlecht, aber irgendwie klappte es doch immer wieder, hauptsächlich durch Grenzgänger.
Im Jänner des Jahres 1945 schließlich stieß auch mein Bruder Karl Ludwig, der bis dahin in Lissabon für Ungarn gearbeitet hatte, zu uns, und wir konnten unsere Aktivitäten innerhalb Tirols steigern.
Zu diesem Zeitpunkt ging es bereits darum, Hitlers Wahnsinnsplan einer ›Alpenfestung‹ zu durchkreuzen, was uns allerdings das Äußerste abverlangte. Unsere Gegner waren die wohlausgerüsteten Truppen des Marschalls Kesselring – und für uns war es ungeheuer schwierig, mit unseren unzulänglichen Mitteln entscheidende Schläge gegen die Okkupanten zu führen. Aber wir versuchten es immer wieder.

Es wäre vielleicht eine dankbare Aufgabe für die zeitgeschichtliche Forschung, den Aktivitäten unserer Gruppen nachzugehen.
Dabei möchte ich ausdrücklich feststellen, daß ich diese Fakten gewissermaßen unter Nötigung, vom Autor dieses Buches gedrängt, erzähle und nicht deshalb, weil ich meine Verdienste oder die meines Bruders ins Licht rücken will; wir haben bis heute nicht einmal unseren eigenen Kindern viel davon erzählt; am meisten vielleicht noch unserer Mutter, weil sie damals verständlicherweise besonderen Anteil an unserem Unternehmen für die österreichische Heimat nahm.
Unsere Mutter war auch von Anfang an in unseren sicherlich schwierigen Plan eingeweiht, sie versuchte aber nicht, uns zurückzuhalten. Sie erkannte vielmehr, daß es unsere selbstverständliche Pflicht war, für die Heimat zu kämpfen.
Ich wundere mich allerdings immer aufs neue, wie wenig die Österreicher über jene Männer wissen, die *wirklich* Widerstand geleistet haben, mit der Waffe in der Hand, die Welschtiroler mit eingeschlossen, Männer, die schon während des Krieges für Österreich kämpften, nicht erst zwei Minuten vor Torschluß, oder gar erst nachher ... weil sie eben nicht von einem roten Nachkriegs-Großdeutschland, sondern von einem künftigen unabhängigen Österreich träumten.
Wir haben damals, im April und im Mai des Jahres 1945, unter Einsatz unserer ganzen Person, im letzten Augenblick noch die Zerstörung von Staudämmen, Brücken und Wohnstätten verhindern und dadurch ungezählten Menschen Leben und Besitz erhalten können. Einige Männer von damals leben noch unter uns, und es wäre Österreichs Pflicht, ihre Taten der Vergessenheit zu entreißen ...
Nach dem Einmarsch der französischen Truppen unter dem Kommando des Generals de Lattre de Tassigny ließ dieser mich prompt in sein Hauptquartier rufen, wo ich mit ihm eine überaus harte Auseinandersetzung hatte. Er leugnete kurzerhand die Existenz eines österreichischen Widerstands, dann wieder klassifizierte er unsere Résistence als ›très secondaire‹; die Zukunft Österreichs erklärte er schlicht als die eines besetzten Landes. Wie nicht anders zu erwarten, wollte er mich schließlich verhaften lassen. Zum Glück rettete mich der Einspruch des Botschafters William Bullitt, eines meiner besten Freunde, der die Aktivitäten meines Bruders Otto und auch unsere Arbeit für Österreich besser kannte als de Lattre de Tassigny.
Der Krach mit dem General hatte natürlich auch sein Gutes. Er kannte mich in der Folge sehr wohl, und so gelang es eher, durch einige lautstarke Interventionen wenigstens den Fortbestand der Montafoner Rinderrasse zu retten. De Lattres Soldaten knallten die Rinder so wahl- und hemmungslos ab, daß deren Ausrottung drohte. Erst als ich den Herren mit einiger Vehemenz auseinandersetzte, um was für eine besondere und wertvolle Rasse es sich beim Montafoner Rind handle, bequemten sie sich dazu, ihre Soldaten zu disziplinieren und die Rinder zu schonen.
Aus dieser bewegten Zeit sind mir besonders der 9. und der 10. Mai 1945 in Erinnerung: der Geburtstag unserer Mutter und der Jahrestag unserer Flucht aus

Belgien vor den anrückenden Invasionstruppen, der jetzt auch zum Anbruch eines neuen Friedens wurde.
Unsere Mutter weilte damals ganz allein im fernen Tuxedo bei New York und freute sich, daß endlich wieder Frieden war; wohl auch darüber, daß sie unseretwegen nicht mehr Ängste durchzustehen hatte – Ängste, die sie allerdings nie gezeigt hatte. Freilich, bald erkannten wir, welch ein trügerischer Friede sich da angebahnt hatte. Für viele begann überhaupt erst jetzt die Tragödie. Während in Österreich die Reste der königlich-ungarischen Armee entwaffnet wurden, wüteten die Partisanen blindlings in den Reihen der Kroaten, schickten sich die Engländer an, die ›weißen‹ Kosaken auszuliefern, geschahen in Prag unvorstellbare Grausamkeiten. Die Ausweisung und Vertreibung von drei Millionen Sudetendeutschen, jener barbarische Akt, den mein Bruder Otto in Amerika so zäh zu verhindern versucht hatte, nahm seinen Lauf.
Ich erlebte manches davon aus unmittelbarer Nähe mit, kam ich doch nach Kriegsende durch ganz Österreich, auch in die sowjetische Besatzungszone und nach Wien, diesmal mit geborgten Papieren; der Russe, der mich an der Enns kontrollierte, bemerkte glücklicherweise nichts. In Wien konnte ich dann einiges unternehmen, um besonders hart bedrängten Landsleuten, Österreichern, Ungarn, Böhmen, beizustehen.
Ich verhehle nicht, daß ich mit Befremden beobachtete, was sich damals in Wien abspielte.
Da gab es gewisse Leute, die schon 1918 lautstark und unbedingt den Anschluß an Deutschland angestrebt und damit Österreich bei den Friedensverhandlungen von St-Germain unendlichen Schaden zugefügt hatten. Sie waren die Verantwortlichen für den Verlust Südtirols, Südmährens, der Südsteiermark gewesen.
Es waren die gleichen Männer, die 1938 den ›endlich‹ vollzogenen Anschluß wieder lautstark begrüßten. Während des Krieges waren sie – möglicherweise – gegen Hitler. Für ein unabhängiges Österreich waren sie – ganz bestimmt – nicht. Dann begrüßten sie die einrückenden Sowjetrussen und Stalin mit der gleichen Eloquenz, mit der sie schon den Einmarsch der Deutschen gutgeheißen hatten, und standen in Kürze wieder an der Spitze des Staates, den sie niemals gewollt hatten.
Ihre größte und unmittelbare Sorge schien es zu sein, die ›Habsburgergesetze‹ wieder einzuführen. Gesetze, die sehr an die Sippenhaftung unter Hitler erinnern und die ich nicht nur für undemokratisch und im rechtlichen Sinne für unvertretbar, sondern letztlich auch für unmoralisch halte. Wahrscheinlich führte man die Gesetze wieder ein, um die wirklichen Kämpfer für Österreichs Wiedergeburt so rasch wie nur irgend möglich wieder loszuwerden.
Aber über diese Dinge urteilen zum Glück weder die Zeitgenossen noch der von ihnen gezüchtete Zeitgeist, sondern die Geschichte.
Unsere Mission schien zunächst erfüllt zu sein, und ich verließ mit meinem Bruder Karl Ludwig, meinem tapferen Mitstreiter, der die letzten Monate des Partisanen-

kampfes gegen die deutschen Besatzer mit mir in Tirol erlebt hatte, unsere Heimat. Unsere Abreise in die Vereinigten Staaten erfolgte 1946.
Ich trat in das Finanzhaus Calvin Bullock, New York, Wall Street, ein. Drei Jahre später war ich Assistent des Direktors.
Der 23. Juni 1953 war der Tag meiner Eheschließung mit Gräfin Xenia Tschernitschew-Bjesobrasow. Ein Jahr später, nach der Geburt unseres ersten Töchterchens, Maria Anna, reisten wir nach der Insel Idjwi in der Provinz Kiwu im belgischen Kongo.
Dort hatte ich die Leitung eines wichtigen landwirtschaftlichen Großprojekts zu übernehmen. Zwei unserer Söhne kamen im Kongo zur Welt: Karl Peter im November 1955 und Simeon im Juni 1958. Einige Monate nach der Unabhängigkeitserklärung des Kongo verließen wir das Land für immer und gingen nach Belgien.«
Erzherzog Peter, der Erstgeborene in der Familie Erzherzog Rudolfs, erzählt: »Ich sah meine Großmutter, Kaiserin Zita, zuerst in Colmar Berg in Luxemburg, wo sie meine Urgroßmutter pflegte, die für mich seither der Inbegriff von etwas ›Hundertjährigem‹ ist; tatsächlich war sie über neunzig, als ich sie kennenlernte. Ich erinnere mich, daß sie uns Kindern Eau de Cologne auf die Hände gab, das ich mir in die Augen rieb; so habe ich eine etwas schmerzliche Erinnerung an die Urgroßmutter, aber auch das Bewußtsein, spürbaren Kontakt mit dem Geburtsjahrgang 1862 gehabt zu haben.
Bei meiner Großmutter, Jahrgang 1892, ist das schon etwas anderes. Meine Eltern lebten ja, als ich noch klein war, im Kongo, und ich erinnere mich, wie wir uns immer auf Europa und damit auf unsere Großmutter freuten. Als wir später nach Belgien übersiedelten, lebte Großmutter längere Zeit bei uns und begleitete uns regelmäßig zur Schule, wobei wir immer einen zünftigen Umweg machten, der über die Rue des Africains führte, weil wir uns einredeten, dort sei es ein bißchen wärmer; wir gewöhnten uns nur schwer an das feuchte, kalte Klima in Brüssel. Großmutter war stets zu diesem Umweg bereit, weil sie wußte, daß er uns Kindern Freude machte. Später bezogen wir ein hübsches Haus am Stadtrand. Es beeindruckte mich sehr, daß Großmutter täglich frühmorgens – im Winter war es da immer noch stockfinster – zur Messe ging. Und die Kirche war sehr weit entfernt. Weder Eis noch Schnee konnten sie hindern. Bevor wir zur Schule aufbrachen, begrüßte sie uns dann schon beim Frühstück, wenn sie vom Kirchgang zurückgekommen war. Wenn sie einkaufen ging, vergaß sie uns nie. Sie kannte den Geschmack eines jeden einzelnen von uns genau. Der bekam ein Stück Schokolade, der einen Cramique (ein belgisches Rosinenbrot) oder eine kleine Tarte au sucre. Außerdem war sie immer beschäftigt. Endlos Briefeschreiben auf ihrer alten Maschine, von der sie sich nicht trennen will, Zeitung lesen, Bücher, Nachrichten, Dokumentarfilme, Ski, Radrennen – Ski besonders, wenn die Österreicher gewinnen, oder Schwimmen und Fußball, wenn die Ungarn gewinnen, was sie immer riesig freut. Beim Essen erzählte sie gerne Erlebnisse aus ihrem

ereignisreichen Leben, und wir hörten und hören ihr riesig gerne zu, weil sie hervorragend gut erzählt.
Als meine Mutter nach einem Unfall ums Leben kam, war Großmutter sofort zur Stelle und brachte wieder Freude und Hoffnung in unser trauriges Dasein. Sie hat uns wieder Mut gemacht, und ich werde nie vergessen, wie sie unsere Familie damals langsam wieder in Ordnung brachte.
Wenn wir in den Ferien bei ihr im Johannesstift sind, ist es ähnlich. Sie interessiert sich für unser Skilaufen, für unsere Klettertouren, sie hat für uns nach dem Abendessen immer noch etwas hergerichtet, etwas Süßes, und sie erzählt aus ihrem Leben. Wir nützen das mit Freuden aus, sie erzählt von der Zeit vor dem Ersten Weltkrieg, von der Suche nach Frieden, von Kaiser Karl, wie er von der Schweiz aus noch den Bestand Österreichs rettete, von Madeira, von Amerika ...
Die Abende werden immer zur kurz. Ich habe nie in meinem Leben jemanden kennengelernt, der so viel gewußt und so viel erlebt hat wie Großmutter.
Einmal lebte sie ein volles halbes Jahr lang bei uns. Ihr Zimmer in unserem Haus war immer ein Ort des Friedens und der Ruhe. Oft geht es bei uns sehr lebhaft zu. Wenn ich eine Schwierigkeit, etwas zu besprechen oder einfach etwas zu erzählen hatte, ging ich zu ihr. Nachdem sie schon abgereist war, vergaß ich ganz, daß wir ja wieder allein waren und betrat mehrmals ihr Zimmer, wobei mich immer die Enttäuschung packte, weil sie schon fort war.
Es tut mir aufrichtig leid, daß unsere Heimat Österreich eine Frau wie meine Großmutter entbehren muß.
Andernteils weiß ich, daß sie auch so für alle da ist.
Wie sehr sie für ihre Familie da ist, zeigt folgende tragische Episode: Es war Sonntag, der 29. Juni 1975. Meine Großmutter weilte im Kloster der Benediktinerinnen in Solesmes, wo zwei ihrer Schwestern seit Jahrzehnten als Nonnen leben. Da meine Großtante Franziska in der letzten Zeit sehr oft krank war, half meine Großmutter bei der Pflege.
An diesem Sonntag aber mußten wir sie nach Brüssel rufen. Sie war trotz der großen Entfernung – Solesmes liegt noch gute 200 Kilometer hinter Paris – schon am Nachmittag bei uns in Brüssel.
Sie traf aber meinen Bruder nicht mehr am Leben an, nur noch uns in unserem Schmerz.
Schulschluß war am Freitag, dem 27. Juni, gewesen. Johannes hatte ein sehr gutes Zeugnis nach Hause gebracht, er hatte seit Monaten zäh gearbeitet, um unseren Eltern eine besondere Freude zu machen.
Am Nachmittag wollte er von seinem ersparten Taschengeld meinem Bruder Simeon, der Geburtstag hatte, eine Schallplatte kaufen. Er radelte also in die Stadt hinunter und beeilte sich, die Platte unterm Arm, so schnell wie möglich wieder nach Hause zu kommen, damit Simeon von seiner Abwesenheit nichts merke und das Geschenk eine Überraschung bleibe. Dabei hat Johannes nicht genügend aufgepaßt, außerdem war der Bus zu schnell und hat ihn mitgerissen.

Johannes wurde von der Rettung sofort ins Spital gebracht. Die Polizei hatte in seiner Tasche einen Schulausweis gefunden und konnte so die Jesuitenpatres von St-Michel anrufen, die dann meine Eltern benachrichtigt haben. Es war eine schwere Kopfverletzung, Johannes ist nicht mehr zu sich gekommen und am Sonntag, dem 29. Juni, ist er gestorben.
Inzwischen kam auch schon unsere Großmutter. Ich kann gar nicht sagen, was das für uns bedeutet hat, weil sie uns und unserem Vater auch nach dem Tode unserer Mutter beigestanden hatte.
Johannes wurde zunächst in Beloeil, in der Gruft der Fürsten de Ligne, beigesetzt. Das Requiem fand in seiner Schule in Brüssel statt. Der Klassenvorstand sprach von der Hilfsbereitschaft meines Bruders und von seiner Frömmigkeit. Noch am Tag des Unfalls hatte er am Morgen ministriert.
Am 6. September wurde Johannes an der Seite unserer Mutter in der Gruft des Stiftes Muri beigesetzt.
Wir waren fast alle dort versammelt. Für meinen Vater war das Ganze unendlich schwer. Seine Frau, die uns eine wirkliche zweite Mutter ist, und Großmutter waren ihm sicherlich die größte Stütze. Die Erinnerung an Johannes ist uns wie ein schöner Traum.«

6. Rudolf
*5.9.1919
∞
Xenia Gräfin
Bezobrazow
*11.6.1929
gest. 20.9.1968

Maria Anna
19.5.1954
∞ Peter Fürst Gallitzin

Xenia
25.5.1983
Tatiana
16.8.1984
Alexandra
7.8.1986
Maria
11.5.1988
Dimitri
11.7.1990

Carl Peter
13.10.1955

Simeon
29.6.1958

Johannes
*11.12.1962
gest. 29.6.1975

2. Ehe Erzherzog Rudolfs
mit Anna Gabriele
Fürstin Wrede
*11.9.1940

Katharina
1972

Das siebente Kind: Erzherzogin Charlotte

Aus dem Abstand der Jahre betrachtet, gibt es auch an diesem 1. März des Jahres 1921 die ganz großen, ganz charakteristischen Meldungen; an diesem Tage gehen sie selbstverständlich klein und nebenbei in der Fülle des scheinbar Wichtigen unter:

»*Die antisemitischen Wahlen an der Universität Wien*
Nur ein Fünftel der Hörer bei der Wahl!
Insgesamt haben bei den Wahlen in die einseitige Parteienvertretung der deutschvölkischen und katholischdeutschen Studentenschaft, die vorgibt, die gesamte ›deutscharische Studentenschaft‹ zu vertreten, nur 2366 (45%) dieser ›Deutscharier‹ (Anzahl ca. 5100) gewählt.
Mehr als die Hälfte der deutschen Studenten der Wiener Universität hat das Wohl und die Bewahrung des Ansehens der zweitältesten Universität des deutschen Volkes nicht in einer Partnerschaft einer einzelnen Gruppe, sondern in einer freien, öffentlich-rechtlich anerkannten Studentenvertretung erkannt.«

Freilich gab es auch schon damals für die Nichtwähler keine Vertretung – und die »Deutscharier« triumphierten! Sie befanden sich schon damals in einer ihnen entsprechenden Gesellschaft, sowohl was die Winzigkeit der Meldung als auch die Größe der späteren Folgen betrifft; die ungewohnte Schreibung des Schlüsselwortes macht die Meldung zudem noch abstruser: »Heute sind in Adelsberg italienische Faszisten aus Triest eingetroffen, die alle slowenischen Lokale demolierten. Es kam zu blutigen Zusammenstößen zwischen italienischem Militär und dem einheimischen. Die Slowenen haben die italienischen Truppen entwaffnet. Wie hier gemeldet, haben die Italiener Adelsberg angezündet. In der Richtung des Ortes sieht man Feuerschein.«

Jene Meldung des Tages, die noch drei Jahre vorher in den heimischen Blättern ein höchst betuliches Echo gefunden hätte, erschien erst drei Tage nach dem Ereignis, quasi post festum, in der Rubrik »Kleine Chronik«:

»Geburt einer Tochter des ehem. Kaiserpaares. Am 2. d.M. fand in der Kapelle der Villa Prangins die Taufe der tags vorher geborenen Tochter, des 7. Kindes des ehem. Kaiserpaares, statt. Sie erhielt in der Taufe den Namen Charlotte.«
Was sich damals am Genfer See, in der Villa Prangins, zur Zeit der Geburt von Erzherzogin Charlotte politisch vorbereitete, wußte nur ein winziger Kreis von Eingeweihten; das Kaiserpaar verstand es geradezu perfekt, Pläne von Wichtigkeit auch vor der ganz unmittelbaren Umgebung zu verbergen.
So erinnert sich Baron Werkmann, der getreue Sekretär des Kaisers: »Am 1. März

1921 ward Erzherzogin Charlotte geboren. In Prangins weilten damals der Obersthofmeister der Kaiserin, Alexander Graf Esterházy, der ehemalige Chef de cabinet des österreichisch-ungarischen Außenministers, Legationsrat Graf Colloredo, Baron Hye und der schweizerische Major Marmillod. Aus Wien waren Hofrat Prof. Dr. Ritter von Peham und Doktor Delug, die Ärzte der Kaiserin, da. Die Kapelle wurde mit Blumen geschmückt, das Taufbecken bereitet. Es wurde zur Tauffeier gerüstet, die am 2. März stattfand.
Ich bewahre von jenem Tag ein Bild, das in der Mitte den Kaiser in Marschallsuniform, den Bischof von Veszprém, Dr. Roth, Burgpfarrer Dr. Seydl, den Pfarrer von Nyon, in dessen Pfarrsprengel die Villa Prangins lag, sowie den ungarischen Gesandten Graf Bornemisza, Graf Revertera und Baron Hye zeigt ... auf dem Antlitz des Kaisers und Königs ruht ein Schatten, liegt ein schwerer Ernst, der die Befassung mit bedeutenden Entschlüssen verrät.«

In den nächsten Tagen empfängt der Kaiser einen ununterbrochenen Strom von Besuchern aus Österreich; auch der Bischof von Lemberg stellt sich ein, der zur Freude des hohen Paares am 12. März in der Kapelle von Villa Prangins die Messe nach griechisch-katholischem Ritus liest. Dann häufen sich sogar noch die Besuche. Besuche, die, wie sich später herausstellt, mit der unmittelbaren Vorbereitung der Ungarn-Fahrt des Königs nur insofern zu tun haben, als sie die eigentlichen Pläne des Monarchen verschleiern helfen.

Etwas mehr als drei Wochen nach der Geburt der kleinen Prinzessin Charlotte notiert Werkmann: »Seine Majestät leicht erkrankt. Und mein Gedächtnis sagt mir, daß ich, ehe mich diese Krankheitsnachricht erreichte, den Kaiser im Überrock und mit dem Stock aus der Villa treten und in Richtung auf das Anwesen Paderewskis hatte schreiten gesehen. Der Stock ... er wurde am 25. März 1921 abends von dem Wiener Taxichauffeur Petrak in dessen Wagen A XII-265 gefunden, nachdem er eine aus drei Personen bestehende Reisegesellschaft in Wien vom Westbahnhof in die Landskrongasse Nr. 5 gebracht hatte. Ich habe, als ich den Kaiser am 24. März sah, nicht einen Augenblick daran gedacht, daß der Kaiser sich eben zur Reise nach Ungarn anschickte.«

Autobiographische Skizze der Erzherzogin Charlotte

»Geboren am 1. März 1921 in Prangins, Schweiz.
Getauft am 2. März 1921 durch Bischoff Rott, Kanzler der Königin von Ungarn.
Beim Tode meines Vaters war ich dreizehn Monate alt.
Mit sieben Jahren kam ich mit meiner Schwester Elisabeth, die erst nach dem Tode meines Vaters zur Welt gekommen war, in unsere ›Schule‹, das heißt, wir wurden

daheim im baskischen Lequeitio von österreichischen Volksschullehrerinnen unterrichtet. Zuerst von Fräulein Ottilie Maaß, dann von Fräulein Maria Kiechl; beide waren Tirolerinnen.
Von 1933 bis 1936 besuchte ich das Gymnasium der Dames de Marie in Brüssel, wo der Unterricht in französischer Sprache erfolgte.
Von 1936 bis zum ›Anschluß‹ Österreichs im März 1938 betrieb ich, gemeinsam mit meinem Bruder Rudolf, die Gymnasialstudien nach dem österreichischen Lehrplan weiter. Da wir uns auf die Matura im Wiener Schottengymnasium vorbereiteten (wo schon unser Vater studiert hatte), erhielten wir daheim in Steenockerzeel zusätzlichen Unterricht durch Herrn Ernst Sieber. Für die jährlichen Prüfungen sandte uns das Schottengymnasium die Fragen zu, die wir zu beantworten oder zu lösen hatten. Wien beurteilte die Ergebnisse.
Nach der Besetzung Österreichs hieß es abermals umsatteln. Wir begannen, nach den Lehrplänen des ›Athénée Grand Ducal‹, Luxemburg, zu lernen. Der Unterricht erfolgte teils in deutscher, teils in französischer Sprache. Auch ein neuer Lehrer kam zu uns, Herr Josef Heinen, der jetzt Direktor eines Gymnasiums in Luxemburg ist.
Im Sommer 1939 legten wir die Reifeprüfung ab. Es war nicht leicht.
Im Herbst 1939, kurz nach Kriegsbeginn, inskribierte ich an der Universität Löwen Volkswirtschaft. Wir blieben dort bis einen Tag nach dem Geburtstag meiner Mutter – am 10. Mai 1940 begannen die Truppen Adolf Hitlers den Angriff auf Belgien.
Niemals werde ich vergessen, wie uns damals ein Anruf aus Brüssel erreichte, bei dem sich einer unserer Professoren dafür entschuldigte, daß ›heute die Vorlesungen entfallen müssen ...‹
Unmittelbar vor dem Eintreffen der ersten deutschen Stoßtrupps – manche sagen, es habe sich nur um Minuten gehandelt – flüchteten wir. Wir verließen Belgien, gingen zunächst nach Frankreich, wo uns Onkel Xavier, ein Bruder meiner Mutter, bei sich aufnahm, dann flüchteten wir vor den nachrückenden deutschen Truppen weiter nach Spanien, nach Portugal und landeten schließlich in den Vereinigten Staaten, wo uns vor allem die Schwester meiner Großmutter, die Großherzogin von Luxemburg, aber auch unsere hochbetagte Großmutter selbst, Herzogin Maria Antonia von Parma, eine unschätzbare Hilfe waren ... vor allem auch, was die Stimmung in unserem ziemlich großen Familien-Flüchtlingslager betraf. Die Devise lautete ›Nicht verzagen‹.
Vom September 1940 bis zum Sommer 1942 studierte ich dann an der Universität Laval in Quebec. Ich schloß ab als Diplomvolkswirt.
Bis zum Herbst 1943 studierte ich Sozialarbeit an der Fordham-Universität, New York. Da in Kriegszeiten alles intensiver lebt und erlebt wird, schloß ich mein für zwei Jahre vorgesehenes Pensum schon nach fünfzehn Monaten erfolgreich ab. Ich glaube, ich hatte nicht einen halben Tag Ferien gemacht.
Dann ging's sogleich an die praktische Arbeit. Vom Oktober 1943 bis zum

Sommer 1955, also immerhin zwölf Jahre lang, arbeitete ich als Fürsorgerin in New York bei der Caritas Socialis. Sie hatten mich in den Distrikt Ost-Harlem beordert, das ist jener Teil von New York, in dem sowohl die Rassenspannungen als auch die gesellschaftliche Problematik am größten sind und dementsprechend auch das sittliche und materielle Elend.
Die Arbeit verlangte uns alles ab. Wir waren im Volleinsatz. Oft wundere ich mich, wie wir das alles heil und eigentlich gesund überstanden haben. Bei mir kam als ›erschwerendes‹ Element ja noch dazu, daß ich weit und breit die einzige Fürsorgerin war, die mehrere Sprachen beherrschte, und so kam ich wieder einmal mit Flüchtlingselend – displaced persons – in Dauerkontakt. Später avancierte ich zur Fürsorge-Lehrkraft in Harlem und bildete Studentinnen und junge Kolleginnen für unsere Arbeit aus.
1955 wollte ich keineswegs mit meiner Arbeit aufhören, sondern eigentlich nur einen längeren Europa-Urlaub antreten. Es wurde ein Daueraufenthalt daraus, weil ich meinem zukünftigen Mann begegnete, dem Herzog Georg zu Mecklenburg.
Wir heirateten am 25. Juli 1956 in der Pfarrkirche von Pöcking. Er war Doktor der Volkswirtschaft, hatte einst in Freiburg im Breisgau studiert und dann sein Gut in Mecklenburg geführt, bis er 1945 alles verlor. Die Nationalsozialisten hatten ihn vorher noch neun Monate lang wegen ›politischem Katholizismus‹ im Konzentrationslager Sachsenhausen inhaftiert. Als die Russen gegen Kriegsende immer näher rückten, entließ ihn der Lagerkommandant, ein Österreicher, auf eigene Verantwortung, damit er nicht den Russen in die Hände falle.
Georg war Witwer und hatte zwei Söhne und eine Tochter zu versorgen. Seinen Lebensunterhalt verdiente er sich in den Jahren nach dem Kriege mit Übersetzungsarbeiten.
1956 bis 1963 lebten wir in Sigmaringen, einem kleinen Städtchen in Baden-Württemberg. Es war schön, Hausfrau sein und meinem Mann bei seinen Arbeiten helfen zu können.
Sein jüngster Sohn, Carl Gregor, wohnte bei uns, die zwei älteren Kinder meines Mannes waren schon verheiratet.
Am 6. Juli 1963 starb mein Mann ganz plötzlich und unerwartet. Herzinfarkt.
1964, im Oktober, begann ich wieder mit meiner Fürsorgerinnen-Tätigkeit. Ich arbeitete im Sozialdienst katholischer Frauen in München. Diese Organisation ist ein Fachverband der Caritas für Jugend- und Gefährdetenfürsorge, besonders für Mädchen und Frauen. Ich habe meinen Dienstsitz in München, fahre aber zu allen unseren Ortsvereinen in Bayern, um sie bei ihrer Tätigkeit zu beraten. Das Gebiet unserer Arbeit, das mir am meisten liegt, ist die Gefangenenfürsorge. –

Wenn ich etwas über meine Mutter sagen darf:
Meine Mutter ist ein sehr zurückhaltender Mensch. Höflich und entgegenkommend ist sie zu jedermann; aber ihr wirkliches Wesen zeigt sie nur sehr wenigen.

Sie ist im Grunde genommen – aber man bemerkt das nicht so bald, weil der Lebenskampf oft eine besondere Haltung von ihr verlangte, vielleicht auch, weil sie uns doch weitgehend den Vater ersetzen mußte – eine sehr heitere, sonnige Natur.

Was mir schon von Kindheit an Eindruck gemacht hat, ist ihre absolute Treue zu jenen, denen sie ihr Vertrauen geschenkt hat. Sie schenkt allerdings ihr Vertrauen nicht leicht, weil sie stets vorsichtig und zurückhaltend ist.

Gewiß hat das seine Ursache in ihrer Erziehung. Unsere Großmutter, die in vielem meiner Mutter sehr ähnelte – oder umgekehrt –, hat ihre kleinen Prinzessinnen sehr streng erzogen. Mit weiser Voraussicht, immer im Hinblick auf die später zu erwartende politische Verantwortung, wurde den Kindern der Herzogin Maria Antonia, unserer Großmutter, eine stets überlegte Handlungsweise mit möglichst wenig Spontaneität anerzogen. Ich vermute, daß die Erzieherinnen meiner Mutter einige Schwierigkeiten hatten, die überschäumende Fröhlichkeit und das Temperament der jungen Prinzessin einzudämmen. Aber auch jetzt noch kann man – aber nur im allerengsten Kreis – mit meiner Mutter ganz herzlich lachen. Ein Fremder würde gewiß nicht vermuten, wieviel Humor meine Mutter besitzt – und wie gerne sie lacht.

Pardon, ich wollte eigentlich über ihre Treue sprechen. Wie gesagt, sie verschenkt ihr Vertrauen nicht leicht, aber wenn sie jemandem vertraut, dann ganz und für immer.

In diesem Zusammenhang denke ich vor allem an unsere Gräfin Therese Kerssenbrock, unsere geliebte ›Korffi‹, wie wir zu ihr sagten.

Sie kam im Jahre 1918 zu uns als Erzieherin – ›Aja‹ heißt oder hieß das –, und sie blieb immer und ohne Unterbrechung bei uns bis zu ihrem Tod im Jahre 1973; sie blieb sogar für immer bei uns, nicht nur, weil wir sie nicht vergessen, sondern weil sie auch in unserer neuen Familiengruft im Kloster Muri beigesetzt ist, wie die Gräfin Fuchs, die Erzieherin der Kaiserin Maria Theresia, in der Kapuzinergruft zu Wien.

Korffi hat mit meiner Mutter alles Schöne und alles Schwere getragen. Korffi war der gute Geist der Familie. Als wir acht Kinder alle aus dem Hause waren, war es für meine Mutter und für uns eine Selbstverständlichkeit, daß Korffi bei meiner Mutter blieb. Ihr Leben mit uns war ja schon längst kein ›Dienstverhältnis‹ mehr, sondern eine echte, tiefe Freundschaft. Getrennt von ihrer Familie in Böhmen, gab es für sie kein Zurück in die alte Heimat. Das bedeutete für meine Mutter und für uns, daß sie für immer bei uns bleiben müsse. So wie Korffi sich stets um unser Wohl und Wehe gesorgt hatte, für uns ein Leben lang betete und sich unser annahm, so betrachtete meine Mutter die Familie Korffis als die ihre, bangte um deren schweres Schicksal im Osten, überlegte alle Möglichkeiten der Hilfe und freute sich, wenn Verwandte zu Besuch kamen.

Meine Mutter wohnt seit 1964 in Zizers, und ich komme ziemlich oft zu Besuch. Anfangs waren sie zu dritt: meine Mutter, Gräfin Kerssenbrock und eine Schwe-

ster meiner Mutter, Prinzessin Isabella von Bourbon. Einfach und beschaulich war ihr Leben.
Die Wohnung der drei Damen war ja sehr klein, aber nett, es sind drei Schlafzimmer und eine winzige, eingeglaste Veranda, die als gemeinsames Wohnzimmer dient. Der Haushalt und die Verpflegung wurden und werden vom Heim bestritten.
Doch bringt meine Mutter ihr Bett und ihr Zimmer immer selber in Ordnung, damit die Hausangestellte weniger Arbeit hat; obgleich wir Mutter immer wieder anflehen, sich nicht soviel Arbeit zu machen und sich zu schonen, läßt sie sich nicht davon abbringen.
Das Tagewerk beginnt mit dem Besuch mehrerer heiliger Messen, die in der Hauskapelle gefeiert werden. Dann kommt Lesen – meine Mutter ist eine Künstlerin im Zeitungslesen –, auch Bücher natürlich, und die Korrespondenz mit ihren Kindern und Enkelkindern. Das ist eine langwierige Beschäftigung.
Dann kommt die Arbeit im Hause selbst, alle drei Damen kümmerten sich um die Kranken und die alten Mitbewohner im Stift, sie besuchten die Einsamen und standen den Sterbenden bei.
Wenn ich mit meiner Mutter im Stiftsgarten oder in Zizers spazieren gehe, bin ich immer beeindruckt, mit welcher Liebe und Verehrung die ›Frau Kaiserin‹ begrüßt wird.
Im Jahre 1965 erlitt Gräfin Kerssenbrock einen Herzinfarkt und war dann leidend, bis sie 1973 starb.
In diesen fast zehn Jahren war die Fürsorge meiner Mutter für unsere liebe Korffi beispielhaft. Mutter stellte alle persönlichen Wünsche zurück, sie war immer für Korffi da. Sie pflegte sie, sie sorgte sich um sie.
Wieder einmal war Korffi im Krankenhaus. Man erwartete, daß sie in den allernächsten Tagen entlassen werden könne. Mein Bruder Rudolf war da und auch ein junger Neffe. Es war verabredet worden, daß sie von Chur aus, wo das Krankenhaus war, nach Zizers zum Mittagessen fahren würden. Meine Mutter ging mit bis zum Aufzug, dann, plötzlich von einer starken Unruhe getrieben, verabschiedete sie sich von Sohn und Enkelsohn und ging zu Korffi. Für alle gänzlich unerwartet starb Korffi in der nächsten halben Stunde. Sie hat Mutter die Treue gehalten bis in den Tod.
Und wie ich Gräfin Kerssenbrock kannte, war es ihr gewiß ein Trost und eine Erleichterung, meine Mutter bis zum Ende bei sich zu haben ... an die Schulter ihrer Herrin gelehnt, schlief sie am 10. Februar in die Ewigkeit hinüber. Wir hatten eine Getreue auf Erden verloren, eine machtvolle Beterin aber vor Gott gewonnen.
Ich möchte da noch gerne aus meiner Sicht als Sozialarbeiterin über meine Mutter aussagen.
Wenn sie nicht Kaiserin geworden wäre, hätte sie bestimmt eine gute Fürsorgerin abgegeben. Ich war immer schon erstaunt, wie modern sie in ihren Auffassungen war.

Ich denke da an ihre Auffassungen, die sie zum Beispiel schon von jeher hinsichtlich der Betreuung unehelicher Mütter hatte. Sie vertrat da schon seit Jahren eine Auffassung, die erst jetzt allmählich Allgemeingut wird, sei es, was den Abbau von Vorurteilen gegenüber Mädchen betrifft, die den Mut haben, ein Kind auszutragen, sei es, was Erleichterungen bei Adoptionen, den größeren Schutz bei der Wahrung der Anonymität und ähnliches betrifft.
Meiner Mutter war das soziale G'spür schon in die Wiege gelegt worden. Als ganz junges Mädchen schon konnte ihr meine Großmutter die Sorge für die Familie anvertrauen, die sie besuchen, betreuen, beraten und für die sie nähen und stricken mußte.
Damals waren die sozialen Verhältnisse in Italien teilweise noch katastrophal. Es muß für einen jungen Menschen aus behüteten und finanziell gesicherten Verhältnissen ein Schock gewesen sein, mit solchem Elend, mit Krankheit, Siechtum und Schwierigkeiten ohne Ende konfrontiert zu werden.
Als meine Mutter heiratete, sollte sie das Protektorat über verschiedene Wohltätigkeitsorganisationen übernehmen.
Sie hat nie viel davon gehalten, nur eine sogenannte ›Schutzfrau‹ zu sein, sie wollte immer etwas tun, etwas Handgreifliches leisten, wirklich mitarbeiten. Sie übernahm daher auch nur den Schutz über eine kleinere Gruppe von Vereinigungen, deren Ziele ihr besonders am Herzen lagen und bei denen sie das Gefühl hatte, daß tatsächlich etwas geschehe.
Als es ihr dann immer schwieriger wurde, sich intensiv mit den Problemen dieser Vereinigungen zu beschäftigen, weil als Kaiserin ja immer neue und immer mehr Sorgepflichten auf sie zukamen, außerdem die eigenen Kinder auch noch zu betreuen waren, beauftragte sie eine Dame, zu der sie besonderes Vertrauen diesbezüglich hegte, mit der Weiterführung dieser besonderen Obsorge. Die mußte stets die Kaiserin auf dem laufenden halten.
Was meine eigene Berufswahl betrifft, so hatte Mutter dafür immer vollstes Verständnis, sie hat mich sogar in meiner Absicht bestärkt. Sie hat sich auch für meine Arbeit immer interessiert.
Oft habe ich mit ihr – selbstverständlich unter Wahrung der notwendigen Diskretion – meine ›Fälle‹ besprochen und war immer aufs neue von ihrem Verständnis, vor allem aber von ihrem Einfühlungsvermögen beeindruckt. Ich habe bei diesen gemeinsamen Überlegungen oft viel gelernt.
Nie, nicht ein einziges Mal, war meine Mutter scharf in ihrem Urteil. Sie stand immer auf dem Standpunkt, daß man für diejenigen dasein muß, die es im Leben nicht so gut haben wie wir. –

Ich war genau vierundzwanzig Tage alt, als mein Vater, von meinem Geburtsort Prangins aus, ganz auf sich allein gestellt, zum ersten Mal versuchte, die legitime Ordnung in Ungarn wiederherzustellen, und meine Mutter mit uns allein zurückblieb.«

7. Charlotte ⚭ Herzog Georg
*1.3.1921 von Mecklenburg
gest. 23.7.1989 *4.10.1899
gest. 6.7.1963

P.S.: Erzherzogin Charlotte hat ihre todkranke Mutter – obwohl selbst sterbenskrank – aufopfernd gepflegt und bis zur Erschöpfung ausgeharrt; sie verschied vier Monate nach dem Tod der Kaiserin und fand in Sigmaringen an der Seite ihres Gemahls die letzte Ruhestätte.

Der erste Restaurationsversuch (März 1921)

Das ungarische Volk schrie nach dem König ... die Menschen baten ihn, er möge bedenken, daß er als König versprochen habe, sein Volk zu beschützen und die gerechte Ordnung im Land zu bewahren. Der Strom der Besucher in unserem Hause riß nicht mehr ab. Alle wollten das gleiche: der König möge zurück in die Heimat kommen.

Natürlich gab es Bedenken. Es war die Lage in Ungarn genau zu beurteilen, es war die Stellung der »Nachfolgestaaten« respektive die ihrer Regierungen zu beachten und – das schien das wichtigste – die Stellung der Alliierten.

Welche Maßnahmen würden sie ergreifen, wenn der König nach Ungarn zurückkehrte? Davon hing letztlich alles ab.

Schon im Jänner des Jahres 1921 war in Frankreich ein alter Freund des Kaisers und Königs, Aristide Briand, wieder an die Macht gekommen, jener Mann, der schon im Jahre 1917 alles versucht hatte, um Österreich-Ungarn aus dem unseligen Krieg herauszulösen. Jetzt standen die Chancen noch besser; denn Briand war auch sein eigener Außenminister.

Aber die Vorbereitungen für den Versuch, den König wieder in seine volle Regierungsgewalt einzusetzen, begannen schon im Sommer des Jahres 1920, als unmittelbare Folge des irrsinnigen Friedensdiktates von Trianon, von dem die vernünftigen Politiker sofort erkannten, daß es in seiner Unsinnigkeit dem von St-Germain kaum nachstand.

Daraus ergab sich als einzige logische Konsequenz, deren Richtigkeit sich in der Folge immer mehr herausstellte, der Gedanke einer Wiederherstellung der gewachsenen Ordnung, also der Monarchie.

Selbstverständlich liefen alle diese Unterhaltungen auf inoffizieller, höchst geheimer Ebene, und nicht einmal die engsten Mitarbeiter des Kaisers und Königs wußten darüber Bescheid.

Inzwischen sind aber dennoch diese Kontakte aktenkundig geworden. Im Archiv des schweizerischen Bundesrates existiert unter der Aktenzahl 148, datiert mit dem 27. August 1920, ein Dokument folgenden Inhalts:

Memorandum

Ich erfahre aus absolut zuverlässiger Quelle, daß B. della Rocca im Auswärtigen Amt in Paris Dr. Seeholzer, dem Anwalt Kaiser Karls, offiziell zu Händen Kaiser Karls mitgeteilt habe, daß Frankreich gegen eine Wiedererrichtung der Monarchie in Ungarn nichts einzuwenden habe.

Daß Frankreich gegen die Beibehaltung der Monarchie in Ungarn nichts einzuwenden hatte, ist uns schon bekannt. Neu ist aber der Umstand, daß die gleiche Politik auch auf Österreich ausgedehnt wird, daß also Frankreich mit der Wiedererrichtung der Donau-Doppelmonarchie einverstanden ist.

Dieses »Memorandum« – es ist der erste aktenmäßige Beweis für die Existenz solcher Vereinbarungen und stiller Absprachen zwischen der Villa Prangins und dem Quai d'Orsay – unterstreicht die Mitteilungen der Kaiserin und Königin.

Die Friedensbemühungen Kaiser Karls vom Jahre 1917 schienen späte Früchte zu tragen. Nicht nur die konservativen Politiker Frankreichs unterstützten die Bestrebungen zur Wiedererrichtung der kaiserlichen und königlichen Macht, auch prominente Sozialisten unterstützten sie, was gewiß auch auf das eigenartige Auftreten der österreichischen Delegation in St-Germain zurückzuführen war: Frankreichs Sozialisten hatten absolut kein Verständnis dafür, daß die österreichischen Sozialdemokraten nichts sehnlicher zu wünschen schienen als eine Vereinigung mit ihren deutschen Genossen. So trug die Arbeit Kaiser Karls für die Bewahrung eines unabhängigen, selbständigen Österreich, die in Versailles dann auch zum Ziele geführt hatte, bereits neue Früchte.

Wie wohlbedacht die Vorbereitungen waren, die Kaiser und König Karl von Prangins aus für seine Heimkehr nach Ungarn betrieb, beweist der Bericht des schweizerischen Gesandten in London vom 28. Oktober 1921, in dem er im Zusammenhang mit dem zweiten Restaurationsversuch über die Ereignisse vom Frühjahr 1920 aussagt:

Erlauben Sie mir noch, über eine Zusammenkunft zu berichten, die ich vor zwei Tagen mit einem meiner Freunde hier hatte, einem englischen Offizier; hier der Bericht über das, was er mir erzählte: »Im vergangenen Frühling schrieb mir der Kaiser, ich möge, sofern es mir möglich sei, in die Schweiz kommen. Als ich nach Prangins kam, erzählte mir der Kaiser, daß, nach den Informationen, die er über seinen Schwager, den Prinzen Sixtus von Bourbon, erhalten habe, die französische Regierung den dringenden Wunsch habe, den König wieder in Budapest zu sehen.

Als ich ihn fragte, ob er diesbezüglich ein Dokument, irgendeine schriftliche Zusage habe, antwortete er mit nein. Ich beeilte mich daraufhin, dem Kaiser zu erklären, daß ich so ein Versprechen ohne schriftliche Garantieerklärung für gefährlich halte und mir nur wenig Erfolg verspreche. Ich trug mich an, mich selbst nach Paris, an die Quelle der Versprechungen, zu begeben.
Der König war einverstanden, sprach sich aber energisch dagegen aus, daß ich auch nach England gehe und mit Lord Curzon oder Mr. Lloyd George darüber spreche, da, wie der König sagte, das Ganze eine Sache zwischen ihm und Frankreich sei und aus diesem Grunde England über den Stand der Dinge nicht auf dem laufenden sei. Obwohl mir diese letzte Bemerkung ein wenig weh tat, wollte ich das Möglichste tun, um den Kaiser aus einer Katastrophe, die ich voraussah, herauszuhalten.
Ich begab mich also nach Paris und sprach dort mit dem Privatsekretär von M. Briand und mit Marschall Lyautey, Persönlichkeiten, von denen man mir bedeutet hatte, daß sie ganz besondere Vorkämpfer der Restauration in Ungarn seien. Ich fand bei ihnen tatsächlich eine sehr lebendige Sympathie für ein derartiges Unternehmen. Der Sekretär von M. Briand erklärte mir, der Premier sei einer Restauration von Karl sehr gewogen, und man sehe auch keine ernsten Schwierigkeiten in Ungarn voraus, da weder die Tschechoslowakei noch Rumänien in der Lage wären, einen Krieg zu führen, und daß Frankreich, was Jugoslawien betreffe, es auf sich nehme, dieses Land ruhig zu halten; alles das unter der Voraussetzung, daß Karl in der Lage sei, die Entente vor ein Fait accompli zu stellen und sich von seinem eigenen Volke bestätigen zu lassen.
Marschall Liautey sprach ganz in gleichem Sinne; aber sowohl der eine wie auch der andere lehnten es ab, etwas Schriftliches aus der Hand zu geben. Ich kehrte dann aus Paris nach Prangins zurück und stand unter dem Eindruck, daß diese Erklärungen nichts wert seien und daß ein Versuch, nach Ungarn zurückzukehren, zu vermeiden sei. Ich habe dem Kaiser gegenüber auch meine Zweifel geltend gemacht, wobei ich meinte, Frankreich beginne sich offensichtlich wegen der Auflösung der Doppelmonarchie Gewissensbisse zu machen, die es durch eine Unterstützung eines Restaurationsversuches beruhigen wolle.«
Aber was war anderes und Besseres zu erwarten als diese Zusagen?

Es entsprach doch die Haltung der französischen Regierung vollkommen den diplomatischen Gepflogenheiten, und der Kaiser konnte etwas Schriftliches gar nicht erwarten; es kam bloß auf den Erfolg in Budapest an; der zählte. Die Vereinbarungen gingen bis in die Einzelheiten der diplomatischen Anerkennung der neuen Regierung unter König Karl, der Zusicherung einer wirksamen Wirtschafts- und Finanzhilfe für Ungarn, ja sogar bis zu einer Revision der ungarischen Grenzen und der Ausübung von Druck auf die vielleicht unruhig werdenden tschechischen Nachbarn, denen man im Falle ihrer Unbotmäßigkeit einfach die Kredite sperren werde.

Auch der Termin für die Wiederherstellung der königlichen Macht in Ungarn ging indirekt auf französische Vorschläge zurück.
Das und die zwingenden Umstände in Ungarn selbst veranlaßten den König, nicht länger zu warten ... er mußte, seinem Eide gemäß, in sein Land zurückkehren.
Das war schwer zu bewerkstelligen. Doch galt für den König weder persönliche Sicherheit oder gar Bequemlichkeit, sondern ausschließlich seine Verantwortung als christlicher Monarch.

In Paris und in der Villa Prangins hatten die Eingeweihten alles bis in die kleinsten Einzelheiten generalstabsmäßig vorbereitet. Wie perfekt Vorbereitung und Geheimhaltung gelungen waren, bewiesen die Ereignisse der nächsten Stunden.
Wie immer, wenn es darauf ankam, standen die Brüder der Kaiserin ihrem Schwager treu zur Seite. Über Basel, Straßburg und Salzburg ging es nach Wien, wo der König zunächst bei seinem getreuen Tamás Erdödy Zuflucht fand. Schon am nächsten Tag brach der König wieder auf, um sich direkt nach Ungarn zu begeben.
Es war ein Karsamstag, und der Weg führte über Wiener Neustadt in das Gebiet der Heimat des Königs: über Seebenstein – zwischen Schwarzau und Wartholz hindurch –, über Mönichkirchen, hinunter zur ungarischen Grenze, die er bei Sinnersdorf erreichte.
Bei Mönichkirchen am Wechsel tauchen die ersten sowjetischen Panzerspitzen auf, die Russen bombardieren Schwarzau, schon arbeiten sie sich an Seebenstein heran.
Plünderungen, Vergewaltigungen, zurückflutende Truppenkörper der geschlagenen deutschen Armee, endlose Trecks von Flüchtlingen auf dem Wege nach Westen. Die Reste der geschlagenen ungarischen – immer noch »königlich« ungarischen – Armee, die Reste des Magnatentums dazwischen, alles, was einmal »etwas war«, flüchtet aus Ungarn.
Auf daß kein Zweifel bestehe: Es handelt sich um den Karsamstag 1945, den Jahrestag jenes heldenmütigen Versuchs des Königs von Ungarn, Ungarn zu retten: am Karsamstag des Jahres 1921 fährt der apostolische König von Ungarn über die gleiche Straße in der Gegenrichtung, hinunter in seine ungarische Heimat!
Über den Eindruck, den das kühne Unternehmen des ungarischen Königs auf die schweizerischen Behörden und die Welt machte, berichten besser die Akten aus dem schweizerischen Bundesarchiv, die in ihrem eigenwilligen Amtsdeutsch und aufgrund ihrer besonderen Perspektive aus der Sicht der eidgenössischen Regierung wohl von besonderem Interesse sind:

Notiz — Bern, 30. März 1921, 10 Uhr
Sofort nach Eintreffen der Nachrichten der Telegraphen-Agentur, wonach Ex-Kaiser Karl sich nach Budapest begeben hätte, setzte ich mich um 8 Uhr 15 mit dem Justiz- und Polizeidépartement des Kantons Waadt in Verbindung, um festzustel-

len, ob sich der Kaiser wirklich nicht mehr in Prangins befinde. Herr Regierungsrat Dufour teilte mir mit, daß er durch die Agenturberichte völlig überrascht sei und sofort die nötigen Feststellungen veranlassen werde.
Herr Regierungsrat Dufour telephoniert hierauf um 10.20, daß, nachdem der Chef der Sicherheitspolizei, Jacquillard, zur Zeit abwesend sei (er ist heute in Bern) und weil kein Sicherheitspolizeiregent momentan in Prangins zur Verfügung stehe, er sich direkt an Hauptmann Werkmann in der Villa Prangins gewandt habe.
Hauptmann Werkmann habe geantwortet, daß der Kaiser seit 4 bis 5 Tagen sein Zimmer nicht mehr verlassen habe und infolgedessen nicht mehr gesehen worden sei. Sofort nach Bekanntwerden der Nachricht, daß der Kaiser in Budapest erschienen sei, habe er (Werkmann) das Zimmer des Kaisers betreten und festgestellt, daß er nicht mehr dort ist. Die Kaiserin und die Kinder befinden sich noch in Prangins.
Herr Regierungsrat Dufour holt nun ergänzende Nachrichten ein und wird sofort schriftlich Bericht erstatten. Er regt die Frage an, ob dem Kaiser die Rückkehr nicht verweigert werden sollte.

*

30. März 1921, 12 Uhr 30

Konferenz mit dem Herrn Bundespräsidenten und dem Chef der waadtländischen Sicherheitspolizei, Herrn Jacquillard:

Namens des Regierungsrats Dufour teilt Herr Jacquillard mit, daß dieser persönlich, ohne die Entschlüsse des Bundesrates präjudizieren zu wollen, der Ansicht sei, man sollte den Kaiser nicht mehr zurückkehren lassen. Er ist persönlich im Waadtland gerne gesehen und populär, doch könnte seine weitere Anwesenheit wegen der ungeschickten Umgebung Unannehmlichkeiten schaffen, auch muß man immer mit der Möglichkeit eines Attentats rechnen.
Herr Bundespräsident bestätigt, daß Frankreich die Hand im Spiel habe. Die Mittelperson – Dr. Seeholzer – ist ihm bekannt. Er ist der Ansicht, daß man den Kaiser nach dem mißglückten Unternehmen, das ihm nur geschadet hat, wieder in die Schweiz zurückkehren lassen soll, um mit ihm ernstlich zu reden und festzustellen, wer ihm geholfen und wie er ausreisen konnte.
Ich mache darauf aufmerksam, daß gemäß Bundesratsbeschluß vom März 1919 nur als Bedingung gestellt wurde, der Souverän und sein Gefolge hätten sich auf unserem Gebiet jeder politischen Propaganda zu enthalten, ansonsten die Aufenthaltsbewilligung entzogen werden müßte. Diese Bedingung ist damals anläßlich der Verhandlungen Sir Horace Rumbold und durch Borsänger-Buchs dem Kaiser bestätigt worden. Dieser nahm sie an. Innerhalb der Schweiz konnte er *frei* verkehren. Er hatte sich *nicht* (wie König Konstantin) verpflichtet, uns vorher mitzuteilen, wenn er die Schweiz verlassen würde.

Hauptsache ist, daß man sich über das ganze Abenteuer nicht aufregt. Zur Zeit kann der Kaiser wohl *nur* in der Schweiz wohnen, man muß diesem Umstand, nach Ansicht des Herrn Bundespräsidenten, Rechnung tragen. Herr Regierungsrat Dufour und Jacquillard haben bereits zwei der besten Sicherheitsagenten nach Nyon-Prangins delegiert, um Erhebungen über die näheren Umstände der Flucht zu machen und uns Bericht zu erstatten, damit die Verantwortlichen festgestellt werden können.
Der ungarische Geschäftsträger, welcher in der Angelegenheit aus Budapest telegraphisch Weisung erhalten hat, suchte um Audienz nach, dieselbe wird auf 2.15 Uhr festgesetzt.

*

14.15 Uhr ... das war, auf die Minute genau drei Tage vorher, am 27. März 1921, der Zeitpunkt gewesen, an dem eine der wohl dramatischsten und folgenschwersten Begegnungen der mitteleuropäischen Geschichte stattgefunden hatte:

Am 27. März um 14 Uhr war das Auto des Königs an der königlichen Burg von Budapest vorgefahren. Dem Auto entstieg der König. Aber es trat keine Wache unter das Gewehr; niemand schien von der Anwesenheit des Souveräns Notiz zu nehmen. Der König ging allein in seine Burg und legte die Uniform eines Feldmarschalls an. Als der getreue Sigray, den der König zu Horthy vorausgeschickt hatte, zurückkam, sagte er: »Euer Majestät werden sehr energisch sein müssen.«

Der König versuchte mit allen Mitteln, Horthy dazu zu bewegen, seinem Souverän die Regierungsgewalt wieder zu übergeben, damit endlich dieser Herrschaft der Extreme in Ungarn ein Ende gesetzt sei, damit wieder Ruhe und Ordnung in das Land komme.
Ungezählte Menschen waren in der Zeit der Schreckensherrschaft des Béla Kun ums Leben gekommen, dann waren an die fünftausend Menschen dem weißen Terror zum Opfer gefallen. Tausende waren eingekerkert worden, Tausende außer Landes geflohen. Es war wahrlich an der Zeit, daß »die schreckliche, die königlose Zeit« wieder zu Ende gehe.
Schließlich erklärte Horthy, er könne die Macht nur dann übergeben, wenn ihm der König versichere, daß die Entente mit dieser Machtübernahme einverstanden sei. Worauf ihm der König, unter dem Siegel der strengsten Verschwiegenheit, versicherte, daß die Aktion mit den höchsten Spitzen der französischen Regierung genau abgesprochen worden sei. Der König nannte auch Einzelheiten über die Zustimmung der Verantwortlichen in Paris und in London; es sei der Wunsch der Entente, daß die alte Ordnung wiederhergestellt werde, es sei also von dieser Seite her absolut nichts zu befürchten, im Gegenteil.
Horthy brachte die Sache an die Öffentlichkeit, umgab sich sofort mit den ärgsten

Königsfeinden und zwang den König zunächst, nach Steinamanger zurückzukehren, wo er die Entwicklung der Dinge abwarten solle. Unglückseligerweise zog sich der König dort eine schwere Lungenentzündung zu, wohl auch infolge der völligen körperlichen Erschöpfung; der König war ja unter dem Einsatz seiner Person und seiner Kräfte schon seit Tagen und Nächten nicht mehr zur Ruhe gekommen; von Schlaf war nicht die Rede gewesen ...
Nun war der König durch seine Erkrankung sehr behindert. Wie sich alsbald herausstellen sollte, benützte Horthy die Frist, die ihm gegeben war, zu einer Täuschung des Königs und der ungarischen Öffentlichkeit: er ließ das Gerücht ausstreuen, der Monarch habe das Land bereits wieder verlassen, und verhandelte in der Zwischenzeit intensiv mit der schweizerischen Regierung über eine Wiedereinreise des Königs in die Eidgenossenschaft.
All die rührenden Treuekundgebungen der ungarischen Bevölkerung zu ihrem König vermochten selbstverständlich nichts gegen die Macht der Horthy-Regierung in Budapest auszurichten.
Und so mußte König Karl IV. sein Land wieder verlassen, dem er die Ordnung und den inneren Frieden wieder hatte bringen wollen. Der mutige und vorbehaltlose persönliche Einsatz des Königs war zunächst vergeblich gewesen ...

Über die Ereignisse aus der Sicht der Königin, der schweizerischen Behörden und der Getreuen in Prangins sprechen die Dokumente; gleich das erste knüpft an die Vorsprache des königlich-ungarischen Geschäftsträgers beim schweizerischen Bundespräsidenten um 14 Uhr 15 an:

B 44/142/2. Exp. 30.3.21, 16 Uhr 30
Telegramm nach Wien
Wir gestatten ohne Präjudiz für zukünftige Maßnahmen Rückreise Kaiser Karls in die Schweiz, auf Ansuchen ungarischer Regierung hin. Der Kaiser hält sich in Steinamanger auf. Sauf Conduit kann also von Ihnen oder Kienast visiert werden. Telegraphieren Sie uns Schweizer Grenzstation und Zeit seiner Ankunft.
Auswärtiges

Die ganze Hinterhältigkeit der Horthy-Regierung und ihres kaltblütigen, von keinerlei Skrupel geplagten Vorgehens gegen den König erhellt aus diesem Telegramm.
Während der König, von Horthy unter falschen Vorspiegelungen nach Steinamanger gelockt, dort auf den Ruf wartete, nach Budapest zu kommen, hatte die kleine Entente in den Nachbarstaaten Zeit gefunden, sich von ihrem Schrecken wieder zu erholen, lautes Geschrei anzustimmen und mit Mobilmachung zu drohen; hatte die Regierung Briand, von Horthy unerhört geschickt in die Enge getrieben, sich gleichfalls sehr lautstark von König Karl distanziert, hatte Horthy selbst alles veranlaßt, um seines Königs ehestens wieder ledig zu werden. Interessanterweise

gab der schweizerische Gesandte in Wien, Burckhart, eine für die Lage des Königs noch durchaus »offene« Stellungnahme ab:

Wien, 30.3.21, 22 Uhr 45
Telegramm an Auswärtiges, Bern:

Karl steht zur Zeit bei der Division Lehár (15 000 Mann), die ihm ergeben sein soll. Entwicklung der Ereignisse hängt hauptsächlich vom Verhalten der Truppe und der Energie des Königs ab. Wie ich von kaisertreuer Seite vernehme, ist Karl per Auto nach Straßburg und von dort per Bahn nach Wien gefahren. Briand habe Karl zugesichert, die Genehmigung seiner Restauration zu erwirken, nachdem sie innerpolitisch vollzogen sein würde ...

Mittlerweile setzte sich auch der schweizerische Polizeiapparat von Lausanne in Bewegung, und am gleichen, so ereignisreichen 30. März 1921 lieferten die Herren Polizeiinspektoren Potteret und Pichard dem Polizeichef in Lausanne den folgenden Bericht:
»Nach unserer Ankunft in Prangins empfing uns Hauptmann Werkmann, der vorher schon telefonisch von unserem Kommen verständigt worden war, in seinem Arbeitszimmer.
Nachdem wir ihn über den Zweck unseres Besuches informiert hatten, antwortete er, er sei nicht in der Lage, uns irgendeine Auskunft über die heimliche Abreise des Ex-Kaisers zu geben. Er gab vor, bis heute nacht, halb zwei, von der Abreise keine Ahnung gehabt zu haben, bis zu dem Zeitpunkt also, da er von einem Journalisten aus Genf telefonisch befragt worden war, ob es wahr sei, daß der König in Budapest sei ... eine Neuigkeit, die er aus Paris erhalten haben will.
Wir baten ihn schließlich um seine Zustimmung, das Hauspersonal befragen zu dürfen, um den genauen Zeitpunkt der Abreise des Ex-Kaisers aus Prangins bestimmen zu können.
Daraufhin begab sich Werkmann zur Kaiserin und setzte sie über unseren Besuch und unsere Schritte auf das laufende. Daraufhin erklärte sie ihm, es sei ihr nicht angenehm, wenn die Angestellten befragt werden, und daß sie es bevorzuge, schon aus Höflichkeit gegenüber der Behörde, uns selbst zu empfangen und über das Vorgefallene auf dem laufenden zu halten.
Wir wurden ihr daraufhin vorgestellt, und sie richtete daraufhin an uns die Worte: ›Ich habe selbst alles organisiert und vorbereitet, um die unbemerkte Abreise Seiner Majestät sicherzustellen und das Personal über die Vorgänge unwissend zu lassen. Wenn Sie das genaue Abreisedatum des Kaisers wissen wollen, so sage ich Ihnen gerne, daß es Donnerstag war, als er die Villa Prangins verlassen hat.‹«

Wie nicht anders zu erwarten, rief diese Erklärung, die übrigens auch Baron Werkmann im Interesse der Hausangestellten der Presse übergab, wieder eine

Welle von Gerüchten über das »eigentliche Regiment« in der Villa Prangins hervor: natürlich hatte die »ehrgeizige« Kaiserin diese Reise nicht nur organisiert und vorbereitet, sondern auch veranlaßt ... wer sonst?

Einen Tag später, am 31. März 1921 – der König befindet sich noch immer in Steinamanger – trifft in Bern ein Telegramm aus Wien ein:

Streng vertraulich
Amerikanischer Kommissär und englischer Gesandter halten ein Eingreifen der Sukzessionsstaaten durch Militär für unwahrscheinlich. Am ersten käme Jugoslawien in Betracht, doch sei Kroatien unsicher. Es neigen meine beiden Gewährsmänner zur Ansicht, daß der französischen Regierung dieser Zwischenfall nicht gerade unwillkommen und nicht ganz unerwartet kam.

Schweizerische Gesandtschaft

Mittlerweile gelang es der schweizerischen Polizei, die Abreise des Königs aus der Schweiz zu rekonstruieren; der Bericht stammt vom 1. April 1921.

Bern, 1. April 1921. Die Fremden-Polizei (Dr. Rothmund) teilt mit:

Am 24. III. 20.10 Uhr sind mit spanischen Pässen ausgereist nach Straßburg vom Basel-Elsässer Bahnhof

1. der bekannte Prinz von Bourbon-Parma (Sixte?) recte »Xavier«, eingereist am Morgen gleichen Tages von Paris über Genf-Cornavin,

2. José Solé, geboren 1881, wohnhaft in Zürich, mit Rückreisevisum.
   Bourbon, der sonst immer in letzter Minute kommt, hat mit seinem Begleiter sich das Schlafwagencoupé bereits um 7.30 Uhr öffnen lassen. Solé stieg sofort ein, offenbar der Kaiser.

Und hinsichtlich der Wiedereinreise des Kaisers in die Schweiz fährt der Bericht fort:
»Nachmittags wird in Anwesenheit des Herrn Bundespräsidenten Dr. Rothmund orientiert und veranlaßt, die Grenzorgane zu instruieren, damit dem Kaiser nahegelegt wird, an den Vierwaldstätter See zu fahren.
Verständigung an die Regierung von Luzern, welche sich ohne Begeisterung einverstanden erklärt, daß K. eventuell im Kanton provisorisch Wohnsitz nimmt.
Abends 6 Uhr telephoniert der ungarische Geschäftsträger, daß Österreich Schwierigkeiten mit dem Transit mache, da noch nicht feststehe, daß wir K. bestimmt übernehmen.
6 h 30 erklärt Georgievich namens der jugoslawischen Regierung, daß diese angeblich im Einvernehmen mit der Kleinen Entente Veto gegen die Rückkehr in

die Schweiz einlegt und dies morgen (3.) vormittag schriftlich bestätigen wird. Ich antworte, daß der Beschluß des Bundesrates bestehen bleibt und nur die Schweiz angeht, was er für unser Gebiet in der Sache verfügt.«
(Die angekündigte Note kommt am 3. nicht.)

Telegramm nach Wien, Exp. 2.4.21, 11 h 10

Es bleibt der Entschluß aufrecht, die Rückreise König Karls nach der Schweiz vorläufig zu gestatten.
Über die Möglichkeit weiteren Verbleibens wird Bundesrat später entscheiden. König Karl muß anderen Aufenthaltsort wählen, da der Kanton Waadt seine Wiederaufnahme vorläufig ablehnt.
Der Bundesrat behält sich Zustimmung zu einem neuen Aufenthaltsort vor. Wir haben unsererseits Prangins informiert und werden die Bedingungen auch an Grenzstation mitteilen.

Auswärtiges

*

Telegramm aus Wien, 3.4.21, 9 h, an Auswärtiges Amt, Bern:

Bestätige Empfang Ihres Telegramms, Kaiser Karl kommt in Buchs per Bahn Dienstag, den 5. April mittags 12 Uhr 50 an. Die Reise geschieht über Gratz [sic], Bischoffshofen [sic], Innsbruck in Begleitung von Entente-Offizieren und einigen Mann sozialistischen politischen Vertretern, Wehrmacht-Offizier und 12 Mann Polizei- und Kriminalbeamten und ein Vertreter des Ministeriums für Auswärtiges.
43 Personen im ganzen. Da kurze Bahnstrecke auf Schweizer Boden liegend, machte ich Ministerium aufmerksam, daß nur von Bundesrat Frage der Fahrt bewaffneter Macht bis Station Buchs entschieden werden könne. Ich muß es Ihnen überlassen, allfällige Vorkehrungen an der Grenze zu treffen, da Ihre diesbezüglichen Instruktionen mir nicht mehr vor Abfahrt Kaisers zukommen.

Schweizerische Gesandtschaft (Wien)

Zwei Tage später, am 5. April, war auch diese Frage schon geklärt, wie ein Telegramm aus Wien nach Bern bestätigt:

Habe an zuständiger Wiener Stelle Ihr Telegramm mitgeteilt. Es bleiben sozialistische Vertrauensmänner und österreichische Truppen, auf Protest liechtensteinischer Regierung hin, in Feldkirch zurück, während Polizeimannschaft, Entente-Begleitung und andere Begleitpersonen des Kaisers von Liechtenstein bis Buchs fahren.
Erbitte wenn möglich sofort Ankunft Kaisers Schweiz telegrafisch anzuzeigen.

Schweizerische Gesandtschaft (Wien)

Hier eine kleine Bemerkung am Rande: Ungarn begeht am 4. April seinen neuen »Nationalfeiertag«, in Erinnerung an jenen Tag, an dem sowjetische Truppen das Land zur Gänze besetzt haben.
Das war der 4. April 1945.
Es war am 4. April 1921, daß Horthy und die Seinen König Karl zwangen, Ungarn wieder zu verlassen.
Auch der Tag, an dem der König seinen Weg, der ihn durch Österreich führte, zurück in die Schweiz nahm, sollte in der Folge zu einem tragischen Jahrestag werden.
5. April 1921: auf seinem Weg von Steinamanger nach Bruck, wo ein paar tausend verhetzte Österreicher gegen den Kaiser demonstrieren und ihn, der ihnen den Frieden bringen wollte, als »Bluthund« beschimpfen, kommt er durch Fehring: jenes Fehring, um das am 5. April 1945 erbitterte Kämpfe zwischen den Deutschen und den Sowjets toben.
Zufall? Der Zufall ist insofern bemerkenswert, als sich der zweite Restaurationsversuch König Karls, vom 23. Oktober bis zum 19. November 1921, wieder – auf den Tag genau – mit den wenigen Tagen der Freiheit Ungarns im Jahre 1956 deckt.
Am 6. April 1921, gegen zwei Uhr morgens, erhält Werkmann in der Villa Prangins die erste authentische Nachricht darüber, daß das Unternehmen des Königs in Ungarn gescheitert ist und daß mit dem Eintreffen seines Kaisers an der schweizerischen Grenze gegen Mittag des gleichen Tages zu rechnen sei: »Die Kaiserin, der ich unverzüglich Meldung erstattete, eröffnete mir, sie wolle dem Kaiser sogleich, wenn irgend tunlich, bis an die Grenze entgegenfahren; Gräfin Schönborn, Fregattenkapitän von Schonta und ich hätten sie zu begleiten.
Die Kaiserin stand schon vor dem Tor der Villa Prangins, als das Auto vorfuhr. Niemand hatte Zeit gehabt, sich für die lange, kalte Fahrt zu rüsten. Eine eilends geweckte Kammerfrau warf noch einen Hutkoffer mit unbekanntem Inhalt in den Wagen. Dann sprang das Fahrzeug ins Dunkel. In rasender Fahrt ging's den Genfer See entlang nach Lausanne, dann stürmte das Auto die Höhen hinauf.
Über Moudon, Payerne jagend, zerschnitt der Kraftwagen die eisige Bise. Wir froren entsetzlich. Neben dem Chauffeur sitzend, nicht eine Sekunde schlafend, verfolgte die Kaiserin, wie das Auto Kilometer um Kilometer verschlang. Sich einmal umwendend, gewahrte sie mich in meinem eilig errafften, dünnen Überzieher. Mit dem charmantesten Lächeln lud sie mich ein, mich einer in ihrem Hutkoffer eingepackten Mantille zu bedienen.
Dann wieder Schweigen.
Freiburg, Bern, Langnau.
In Escholzmatt, wenn ich nicht irre, erlaubte ich mir die Frage, ob die Kaiserin nicht einen Tee befehle.
Es war 7 Uhr früh geworden und alles war erstarrt.
Wieder ein liebenswürdiges Wort, das Auto wurde verlassen, wir verzehrten in einer rasch aufgeweckten Wirtschaft Tee und etwas Gebäck. Die Kaiserin sprach

über gleichgültige Dinge, scherzte über das Bild, das wir im Wageninnern geboten hätten, und nahm selbst keinen Bissen, keinen Tropfen zu sich.
Weiter ging es.
Durch Luzern, die Hohle Gasse, über Rotenturm, Bieberbrücke, an den Zürcher See. Den See entlang fahrend, Karte, Uhr und Tempo prüfend, mußte ich erkennen, daß es nicht mehr möglich sei, Buchs vor der Ankunft des Kaisers zu erreichen.
Ich schlug daher vor, in Weesen zu halten. Ich wollte von der Bahnstation aus den zum Empfange des Kaisers nach Buchs kommandierten eidgenössischen Oberstleutnant Kißling telefonisch bitten, dem Kaiser zu melden, daß die Kaiserin ihm entgegengefahren sei und in Weesen oder in einer anderen nahen, von Kißling zu bestimmenden Station den Zug besteigen werde. Die Kaiserin nahm mit gewinnendem Dank meinen Vorschlag an und stieg in einem Gasthof ab, während ich die Bahnstation gewann.
Man teilte mir mit, daß der den Kaiser führende Zug wegen eines Zwischenfalls in Österreich erst etwa um 5 Uhr nachmittags in Buchs eintreffen, es also der Kaiserin leicht sein werde, zeitgerecht nach Buchs zu kommen. Nach meinem Vortrag wird beschlossen, daß in Weesen gefrühstückt werden, die Kaiserin nachher etwas ruhen und dann die Fahrt fortgesetzt werden soll.
Dann ging's weiter. Die Kaiserin machte uns, sich leicht nach rückwärts wendend, auf einige besonders schöne Ausblicke aufmerksam. Schon klang aber ein jeder ihrer Sätze in eine Frage nach der Stunde aus. Der Chauffeur verstand. Er verstärkte das Tempo. Nach Sargans wurde die Kaiserin still. Die lange, gerade Straße wurde verschlungen.
Vor Buchs, mitten auf der Straße, stand ein Heerespolizist, mit hocherhobener Hand Halt gebietend. Die Bremsen kreischten. Ich sprang ab. Der Soldat meldete mir, daß Oberstleutnant Kißling die Kaiserin möglichst lange den Blicken der neugierigen Menge im Buchser Bahnhof entziehen wolle, er habe deshalb eine Villa ausfindig gemacht, in der die Kaiserin die Minute erwarten könne, da der Zug des Kaisers nach Erledigung der grenz- und zollamtlichen Formalitäten die Fahrt über Sargans fortsetzen werde. Ich selbst möge mich sofort bei Oberst Kißling im Bahnhof einfinden. Ich meldete das der Kaiserin.
Ein Seufzer der Erleichterung entrang sich ihrer Brust. »Gott sei Dank, daß ich den Kaiser nicht unter dem Schutze fremden Militärs sehen werde!« Die Kaiserin blieb nicht lange in der Villa. Ich kam im Bahnhof an, als der Zug mit meinem zurückkehrenden Kaiser in die Station fuhr. An der Seite des schweizerischen Offiziers stehend, sah ich noch Franzosen, Engländer und Italiener aus den Waggons quellen. Dann stellte mir der Oberstleutnant den Hauptmann Trueb zur Verfügung, auf daß wir die Kaiserin zum Bahnhof geleiteten.
Die Kaiserin stand wenige Minuten später vor dem Wagen, aus dessen Fenstern der Kaiser blickte. Sie eilte die Stufen hinauf und hinein in den Salon ihres Gemahls.
Wenige Minuten später wurden Schonta und ich zum Kaiser befohlen. Hinter ihm

die Kaiserin – zum ersten Male sah ich Tränen in ihren Augen. Später, mit dem Kaiserpaar allein, sah ich sie sich einem Frohsinn hingeben, der ebensowohl die eigene Entspannung nach einer schweren Nervenkrise als ihr Bemühen verriet, den Kaiser all das Trübe vergessen zu machen, das nun hinter ihm lag.

*

Schweizerische Eidgenossenschaft
Militärdepartement
Konfidentiell

Bericht über die Einreise
Seiner K. & K. Apostolischen Majestät Karls IV.
am 6. April 1921

Der Zug des Kaisers war in Bruck an der Mur aufgehalten worden, nach Mitteilung der Begleiter des Kaisers durch mehrere Tausend kommunistische Arbeiter. Es soll erst Luft gegeben haben, als die den Zug begleitenden Soldaten der Entente sich an die Spitze desselben begaben und ostentativ scharf luden.
Bei der Ankunft des Zuges auf dem Bahnhofe Buchs meldete sich sofort ein höherer Beamter der Polizeidirektion Wien, der die Verantwortung für den Transport des Zuges bis nach Buchs zu tragen hatte, und übergab mir den Transport. Nachher nahm ich Rücksprache mit den Offizieren der Entente, je einem französischen, englischen und italienischen Obersten, deren Namen nicht verständlich waren.
Hierauf begab ich mich in den Salonwagen zum Kaiser und eröffnete ihm den Entscheid des Bundesrates über den vorläufigen Aufenthalt des Kaisers gemäß den mir gegebenen Instruktionen. Der Kaiser war hierüber schon im wesentlichen orientiert, da der Legationssekretär Borovicény von Feldkirch aus in seinem Auftrage telefonisch angefragt hatte, ob alles zur Weiterreise Seiner Majestät bereit sei. Während meines Vortrages verriet der Kaiser in keiner Weise irgendwelche Gemütsbewegung und erklärte sich gemäß meinem Vorschlage bereit, am Abend noch nach Luzern zu fahren.
Die Kaiserin Zita, in Begleitung der Gräfin Schönborn und der Herren Hauptmann Werkmann und Fregattenkapitän von Schonta, traf kurz vor Ankunft des Extrazuges des Kaisers im Automobil von Prangins kommend in Buchs ein. Sie hatte Prangins um 3.00 morgens verlassen. Es war uns gelungen, für sie ein Privatzimmer bereitzustellen, in welchem sie ungestört die Ankunft des Zuges hätte abwarten können. Da sie später als erwartet eintraf, konnte sie sich nur kurz umkleiden. Die Kaiserin wurde dann durch Hauptmann Trueb zum Salonwagen geführt. Meine Unterredung mit dem Kaiser war in diesem Augenblick bereits zu Ende.

Ich ließ das Kaiserpaar fürs erste allein.
Die ganze Fahrt verlief ohne Schwierigkeiten. Ankunft in Luzern 23.09. Der Bahnhof von Luzern, in dem sich ziemlich viele Leute eingefunden hatten, war stark abgesperrt. In mehreren Automobilen wurde das Kaiserpaar mit Gefolge und der schweizerischen Begleitung nach dem Hotel »National« geführt.
Ich meldete mich bei Seiner Majestät am 7. April, 10.30 morgens, ab und reiste mit meinem Begleiter nach Bern zurück, wo wir um 14.00 ankamen.
Über *die Vorgänge in Ungarn* sprach sich der Kaiser mir gegenüber nicht aus. Nur am 7. April morgens, als ich mich bei ihm verabschiedete, äußerte er mit schmerzverzerrten Zügen sein Bedauern über den unglücklichen Ausgang des Unternehmens.
Er fügte bei, daß er habe handeln *müssen,* daß er nicht (oder nicht nur) eigener Eingebung gefolgt sei und daß er keine unehrliche Handlung begangen habe.
Nach den Mitteilungen der Herren, welche den Kaiser aus Ungarn begleitet hatten, mußte geschlossen werden, daß die Vorgänge in Ungarn sich ganz wesentlich anders abgespielt hatten, als aus den bisher bekannten Zeitungsmeldungen zu entnehmen war.
Insbesondere soll das *Volk* den Kaiser mit großem Enthusiasmus empfangen haben. In dieser Richtung war namentlich der Arzt, Prof. Dr. Wenhard, sehr mitteilsam.
Dagegen unterstrichen die Herren Boroviczény und Pallavicini wiederholt den Gedanken, daß es eine kühne, tapfere Tat Karls von Habsburg gewesen sei, sich nach Ungarn zu begeben, und sie bedauerten, daß man auch in der Schweiz für diese Seite des Unternehmens so wenig Verständnis zeige.
Bei den Besprechungen offiziellen Charakters mit dem Kaiser war die Kaiserin nicht anwesend. Ob sie sich in einem nur durch einen Vorhang vom Salon abgetrennten Neben-Appartement befand, weiß ich nicht.
Auch bei meinem Abschiedsbesuch in Luzern trat die Kaiserin erst im letzten Augenblick ein. Dagegen war sie am 6. April abends anwesend, als mich der Kaiser zwischen Olten und Luzern in seinen Salon hatte bitten lassen. Die Kaiserin sah sehr verweint aus. Über politische Dinge wurde bei diesem Anlaß nicht gesprochen.

Bern, den 8. April 1921 Kißling

*

Notiz 7. April 1921 (Nr. 61)

Seinem schriftlichen Berichte vorgreifend, teilt Oberstleutnant Kißling heute folgendes mit:

1. Als er sich heute morgen in Luzern beim Kaiser abmeldete, frug ihn dieser an, ob der Bundesrat ihm gestatten würde, Aufenthalt in Disentis zu nehmen.

Es ist bekannt, daß die Kaiserliche Familie sich schon wiederholt dort aufgehalten hat. Es dürften Sparsamkeitsrücksichten dem Kaiser diesen Aufenthaltsort empfehlen.
2. Auf der Fahrt zwischen Olten und Luzern hatte Oberstleutnant Kißling Gelegenheit, länger mit dem Kaiser zu sprechen.
Dieser trat auf keine Details seiner Reise und seines Aufenthaltes in Ungarn ein, sagte aber im Laufe des Gespräches: »Sie wissen ja als Offizier, daß man manchmal handeln *muß*. Ich habe nicht nur meiner eigenen Eingebung folgend gehandelt, und ich habe keine unehrliche Handlung begangen.«
Diese Äußerung hat offenbar den Zweck, der Anschuldigung des Wortbruches entgegenzutreten.
Tatsächlich hatte sich bekanntermaßen der Kaiser nicht verpflichtet, unser Land nicht gegen vorherige Anzeige zu verlassen; auch hätten unsere Behörden weder die Pflicht noch irgendwelche Rechtsmittel gehabt, um ihn an einer Ausreise zu hindern, da er nicht interniert war, sondern sich frei bewegen konnte.
3. Die Kaiserliche Familie wohnt vorläufig im Hotel »National« in Luzern.

Die Kantonsregierung hat bis jetzt noch keine Überwachungsmaßnahmen getroffen.
Oberstdivisionär Pfyffer läßt durch Oberstleutnant Kißling mitteilen, daß er bereit sei, eine private, diskrete Überwachung zu organisieren, welche voraussichtlich erfolgreicher und auf jeden Fall unauffälliger wäre als eine polizeiliche Überwachung. Er bittet um Mitteilung, falls man auf sein Angebot eintreten will.

Am selben Tag, dem 7. April 1921, erschien im »Neuen Wiener Tagblatt« das folgende bemerkenswerte Dementi:

Des Exkaisers Reise und der Wiener Nuntius

Das Organ des päpstlichen Stuhles, der »Osservatore Romano«, veröffentlichte am Abend des 1. d.M. gegenüber der Meldung französischer Blätter, daß der Vatikan an der Rückkehr des Exkaisers Karl nach Ungarn einen gewissen Anteil gehabt habe, folgendes Dementi:

»Tatsache ist, daß *Papst* und *Vatikan* von dem, was sich in Prangins vorbereitete, nicht die geringste Kenntnis hatten. Am Tage der Ankunft Karls in Ungarn teilte Kardinal Piffl, der Erzbischof von Wien, dem Wiener Nuntius mit, daß Karl mit Zustimmung der Entente direkt nach Budapest gefahren sei.
Um die Nachricht zu überprüfen, teilte das Staatssekretariat die bedeutsame Meldung einigen Diplomaten, unter ihnen auch dem englischen Gesandten Doulcet, mit, die aber davon noch gar keine Kenntnis hatten.
Tags darauf telegrafierte der Wiener Nuntius, daß dem genannten Kardinal die Nachricht ohne bestimmte Grundlage als Gerücht zugekommen sei, während Karl

aber schon tatsächlich mit der ungarischen Regierung verhandelte. Von dieser neuen Darstellung wurden alle Personen, denen die erste Mitteilung gemacht worden war, wieder verständigt. In der Folge telegrafierte dann der Nuntius, daß sich die Anwesenheit Karls in Ungarn zu bestätigen scheine.
»Diese kurze Darstellung«, schließt der ›Osservatore Romano‹, »beweist, daß der Heilige Stuhl an den heutigen Ereignissen keinen wie immer gearteten Anteil hat.«

Die Hintergründe des zweiten Restaurationsversuches

Es war ein düsteres, ein gefahrvolles, ein verderbliches Jahr, dieses Jahr 1921. Ungarn war durch die Stürme einer grauenhaften, blutigen Revolution geschritten, und die Wunden wollten nicht verheilen; immer neue Terroraktionen sowohl von roten als auch von weißen Gruppen ließen das Land nicht zur Ruhe kommen.
Wahrscheinlich gibt es zur Charakterisierung des Jahres 1921 kein bezeichnenderes Ereignis – dessen Tragweite und dessen Bedeutung damals freilich noch nicht abzuschätzen war – als die erste große Massenversammlung der »NSDAP« Hitlers im Münchener Zirkus Krone, bei der nicht weniger als 6000 Menschen ihren neuen, falschen Messias bejubelten.
Der Nationalismus, der schon so unendlich viel Unheil angerichtet hatte, fraß sich wie Rost immer tiefer und tiefer in die Gesinnung der Menschen, auch der gutgläubigen und der anständigen. Die Verträge von Versailles, von St-Germain und Trianon begannen wie eine böse Saat in Europa aufzugehen.
Dazu kam die Gefahr aus dem Osten, die Gefahr einer Bolschewisierung Europas. Ich weiß, daß es noch immer Leute gibt, die über eine Frage, die Kaiser Karl während des Ersten Weltkrieges einmal an einen seiner Getreuen stellte: »Glauben Sie, werden wir den Bolschewismus bekommen?« – eine Frage, die er voll Sorge über die Entwicklung seit 1917 stellte –, milde lächeln, die den Kaiser geradezu für naiv halten. Kaiser Karl aber, der einen untrüglichen politischen Instinkt besaß, ahnte die Entwicklung voraus.
Er hatte sich mit allen ihm zur Verfügung stehenden Mitteln dagegen gewehrt, daß eine »Königsidee« des deutschen Generalstabs, Lenin zwecks Zersetzung des russischen Hinterlandes in seine Heimat zurückzutransportieren, durchgeführt werde. Vergebens. 1921 hatte Europa schon die ersten Versuche einer gewaltsamen Machtergreifung der Kommunisten hinter sich; Tausende und Abertausende von Menschen waren ihnen bereits zum Opfer gefallen.
Aber Kaiser und König Karl war in diesem Erkennen der Gefahr nicht allein; auch

der Heilige Vater in Rom wußte, worum es ging. Er wußte gewiß auch genauer über die Einzelheiten verschiedener gefährlicher Pläne Bescheid als irgend jemand sonst im damaligen Europa, und niemand hatte wohl bessere Absichten, war von der Notwendigkeit einer Wiederherstellung der legitimen Ordnung in Ungarn mehr überzeugt als er. Was lag denn noch zwischen der immer mächtiger werdenden Sowjetunion und dem freien Europa, als das Königreich Ungarn? Dieses Königreich, das seinen König schon das dritte Jahr außerhalb seiner Grenzen sehen mußte?

Nun, der König stand mit seinen ungarischen Getreuen in ständiger Verbindung, wußte über die Verhältnisse in Ungarn Bescheid, wußte auch, wie sehr die Machthaber in Ungarn daran desinteressiert waren, den König wieder in seine Rechte einzusetzen.

Auch die immer dringender werdenden Appelle seiner Getreuen, selbst die Nachricht von der Auflösung der königstreuen ungarischen Divisionen an der Westgrenze des Landes, konnten da noch nicht den entscheidenden Anstoß zur Rückkehr in die Heimat geben. War doch nach dem Scheitern des ersten Restaurationsversuches noch größere Vorsicht geboten als bisher.

Der eigentliche Appell zur Heimkehr, den König Karl dann auch befolgte, kam aus Rom, vom Heiligen Vater, Papst Benedikt XV.

Wie immer, wenn es um entscheidende Dinge ging – wie bei der Erhaltung von Österreichs Unabhängigkeit im Jahre 1919 –, vollzogen sich die notwendigen Verständigungen und Benachrichtigungen auf streng vertraulichem, geheimen Wege.

Papst Benedikt XV. bediente sich zunächst selbstverständlich seines diplomatischen Apparates, um die Aktion vorzubereiten, um zu sondieren und vor allem, um die politische Lage in den Hauptstädten Westeuropas, aber soweit wie damals möglich, auch im Osten, richtig einschätzen zu können.

Im Westen war die Sache im Grunde genommen völlig klar: Frankreichs Regierung vor allem hatte begriffen, was für ein folgenschwerer Fehler die Zertrümmerung der österreichisch-ungarischen Monarchie gewesen war, und nicht viel anders stand es in London und New York. Einsichtige Männer erkannten schon damals das Menetekel an der Wand: das Erwachen des (zum Teil wohlbegründeten) deutschen Revanche-Geistes.

Wie es im Osten Europas, vor allem in Ungarn selbst stand, wußte kaum jemand besser zu beurteilen als der Papst, der über eine noch intakte Hierarchie und einen hervorragenden diplomatischen Dienst über alle Vorgänge genauestens unterrichtet war.

Die Zeichen standen einesteils auf Sturm: das Ende Ungarns, das Verschlucktwerden Ungarns entweder durch Deutschland und seinen heraufdämmernden Faschismus, oder die Sowjetunion und ihren imperialistischen Kommunismus, war vorhersehbar.

Die Zeichen standen aber auch andernteils noch günstig: der Legitimismus war eine natürlich gewachsene, im Volke zutiefst verankerte Kraft, die, in Verbindung mit einem so sozial und fortschrittlich wie religiös denkenden König, wie Karl es war, die einzige reale und erfolgversprechende Barriere gegen den Bolschewismus und gegen den Nationalismus sein konnte. Der weitere Verlauf der Geschichte sollte ihm, Papst Benedikt XV., der sich schon während des Krieges so intensiv für die Bewahrung Österreich-Ungarns verwendet hatte, recht geben.

Im Herbst des Jahres 1921, als die Abgesandten der legitimistischen Bewegung schon mehrmals vergeblich versucht hatten, König Karl IV. zu einer neuerlichen Heimkehr in sein Heimatland zu bewegen – der Versuch schien zu gewagt, und allzu viel war dabei zu verlieren –, traf Pater Coelestin, einer der engsten Vertrauten des Papstes, in Hertenstein ein und überbrachte die Botschaft des Heiligen Vaters: Der König möge nicht zögern, nach Ungarn zurückzukehren. Die Zeichen stünden zum Teil bedenklich schlecht; Ungarn, und mit ihm Europa, schwebten in höchster Gefahr. Die Zeichen stünden andernteils gut: das Volk erwarte die Heimkehr seines Königs, damit die Ordnung wiederhergestellt werde, damit dem Terror der Roten und dem der Weißen endlich Einhalt geboten, damit die überparteiliche und gerechte Ordnung wiedererrichtet werde.

Diesem Rufe des Heiligen Vaters konnte sich König Karl nicht mehr verschließen. Als er sich zu dieser zweiten Rückkehr entschloß, folgte er demnach einem dreifachen Ruf, dem Ruf des Gewissens, dem Wortlaut seines Krönungseides und dem Gehorsam gegenüber dem Heiligen Vater.

Papst Benedikt XV. ließ seine dringende Bitte, da ja die Möglichkeit ausgeschlossen war, die Nachricht schriftlich zu übermitteln (es wimmelte in und um Hertenstein nur so von Agenten, Spionen, Defraudanten und Desperados), auch nicht bei dem einen Boten, dem Pater Coelestin, bewenden.

Schon kurze Zeit später sandte der Papst einen neuen Mittelsmann, der seine Nachricht, wieder aus Sicherheitsgründen, diesmal nicht auf Schloß Hertenstein, sondern in Neufchâtel überbrachte, jenem denkwürdigen Ort am Neuenburger See, wo auch die ersten Kontakte für die Friedensgespräche von 1917 stattgefunden hatten.

Der Bote wiederholte – mündlich – die dringende Bitte des Heiligen Vaters, nicht mehr zu zögern, sondern zu versuchen, wieder in den vollen Besitz der königlichen Macht und damit zur vollen Verantwortlichkeit für Ungarns Geschick zu kommen. Das gab den Ausschlag – der König folgte der Bitte des Heiligen Vaters, und ich folgte, selbstverständlich, dem König bei der Erfüllung dieser gefahrvollen Aufgabe.

Es gab nur sehr wenige Menschen, die von der päpstlichen Intervention wußten, die schließlich den Ungarn-Flug zur Folge hatte. Im Augenblick als der König sich entschloß, der Bitte des Papstes nachzukommen, wußten die beiden Boten davon, der König und ich. Später vermehrte sich diese Zahl ein wenig: ich sprach mit Papst Pius XI. darüber und mit seinem großen Nachfolger, Papst Pius XII. In Österreich wußte es außer dem ersten Blutzeugen des Legitimismus, Baron Zessner-Spitzen-

berg, niemand; in Ungarn selbst der damalige Nuntius und der spätere Kardinal Mindszenty.

Wenn ich heute darüber spreche, so deshalb, weil uns Jahrzehnte von jenen Tagen trennen, weil keiner der damals unmittelbar Beteiligten mehr irgendeinen Schaden nehmen kann und weil auch das Bild König Karls allmählich schärfer, deutlicher, wahrer in das Bewußtsein der Menschen tritt; weil man, aus dem Abstand der Zeit heraus, auch weil man die ganze Fülle der Folgen längst handgreiflich sieht, das, was der Papst, und das, was der König wollten, besser versteht.

Es war Kaiser Karls Tragödie, seiner Zeit um Jahrzehnte voraus zu sein; es war auch seine Tragödie als König von Ungarn.

Das also – die flehentliche Bitte des Heiligen Vaters – war der Beginn des Versuchs einer Heimkehr im Jahre 1921.

Warum der ganze Mut des Königs, seine Selbstlosigkeit und sein Gehorsam nichts fruchteten – für den Augenblick nichts fruchteten –, erkannten wir um Augenblicke zu spät. Ein Judas hatte sich eingeschlichen, ein Judas, von dem wir erst spürten, wer er und wie er war, als es um wenige Stunden zu spät war.

Doch zunächst die Geschichte der Heimkehr; sie stellt sich recht gut in Dokumenten dar, wie sie heute schon zugänglich sind. Die noch nicht zugänglichen Dokumente – auch die gibt es – werden zu gegebener Zeit alles, was ich heute erzähle, bestätigen.

Darüber hinaus ist ausdrücklich festzuhalten, daß die fundierten historischen Untersuchungen, die sich mit dem »Zweiten Restaurationsversuch« beschäftigten und die Prämissen zu diesem Versuch durchleuchten, nicht notwendigerweise irrig sind: nur das eigentliche, das auslösende Moment für den Entschluß des Königs scheint darin nicht auf. Überlegungen, ob der König auch ohne den Ruf aus Rom zu diesem Zeitpunkt nach Ungarn geflogen wäre, sind müßig: der König folgte eben diesem Ruf.

König Karl in Ungarn

Der Flug nach Ungarn, die Rückkehr nach Ungarn, hatte ja nicht nur den Zweck, die Ordnung im allgemeinen, Ungarn als Rechtsstaat wiederherzustellen, sondern auch und vor allem, den furchtbaren Terroraktionen einen Riegel vorzuschieben. Diese Terroranschläge kamen von drei Seiten zugleich: von Anarchisten, von Kommunisten und von der rassistischen »weißen« Bewegung. Es wurden so viele Menschen auf der einen wie auf der anderen Seite umgebracht. Dieser Irrsinn des Mordens und des politischen Terrors sollte vor allem einmal beendet werden. Das war der unmittelbare und offensichtliche Grund des Eingreifens. Über die eigentlichen politischen und moralischen Beweggründe des Königs habe ich schon berichtet.

Durch ein »Mißverständnis« kam das Telegramm an General Lehár um vierundzwanzig Stunden zu spät, so daß weder die Truppen noch die notwendigen Waggons zur Stelle waren, die den König und die Seinen unmittelbar und überraschend nach Budapest hätten bringen können.
Wäre die Überraschung, wie geplant, gelungen, so wäre der König wenige Stunden nach seiner Landung auf Heimatboden mit den Truppen Osztenburgs und Lehárs in Budapest eingezogen, und die Sache wäre vollkommen und glatt gelungen.
So aber – mit der erwähnten Telegramm-Mystifikation – scheiterte auch dieser Versuch.
Horthy zögerte nicht lange, ergriff die Initiative, alarmierte die Studenten von Budapest und ließ ihnen sagen, der König komme mit tschechischen Truppen, um Ungarn zu unterwerfen. Nach der ungarischen Slowakei solle nun auch ganz Ungarn den Tschechen anheimfallen.
Daraufhin griffen die jungen Leute selbstverständlich zu den Gewehren, und es kam zu dem unglücklichen Gefecht von Budaörs.

Das Gefecht von Budaörs war wohl das erste und auch das letzte der Geschichte, bei dem ein König mit seiner Königin in die Schlacht zog; zuletzt sozusagen auf einem eisernen Schlachtroß, einer Lokomotive.
Die Königin trug ein Kind unter ihrem Herzen.
Sie stand ihrem Manne zur Seite, wie sie es zweimal gelobt hatte: einmal an jenem 21. Oktober des Jahres 1911, als sie ihr lautes »Oui« in die Stille rief, und ein zweites Mal, als sie an einem kalten Dezembertag des Jahres 1916 die Krone des heiligen Stephan an ihrer rechten Schulter spürte und wußte: von nun an gilt es, dem König zu helfen, die Last der Krone zu tragen. Und auf den Schultern trägt es sich bekanntlich schwerer als auf dem Scheitel.
Hatte nicht König Karl das ehrwürdige Schwert des heiligen Mauritius damals bei der Königskrönung nach allen Himmelsrichtungen geschwungen, zum Zeichen, daß er das Königreich verteidigen wolle? Für das junge Königspaar bedeutete diese Symbolik mehr als eine Geste.
Sie war ein Zeichen. Jeder einzelne Schwertstreich ein Versprechen. Und das Schwert selbst: für wie viele Besucher der Wiener Schatzkammer ist das Mauritiusschwert, das gleich neben der Krone des Heiligen Römischen Reiches liegt, mehr als ein Schaustück.

Was ich empfand, als ich die Lokomotive bestieg? Was soll ich dazu sagen? Man war halt oben drauf und fuhr los. Das Ganze war einfach selbstverständlich, dazu gibt es gar nichts zu sagen.

Die Königin erinnert sich der Tage des zweiten Heimkehrversuches insofern besonders deutlich, als die Ereignisse von 1921 auf den Tag genau im Jahre 1956 eine entsetzliche Antwort fanden: die Niederschlagung des ungarischen Aufstan-

des von 1956 fiel dem Datum nach ganz exakt in die Tage des letzten Versuchs König Karls, die legitime Ordnung in Ungarn wiederherzustellen. Wie ja auch sein erster Versuch dem Datum nach in die Tage der späteren Eroberung Westungarns durch die Sowjets gefallen war.
Am Sonntag, den 23. Oktober 1921, hatte sich das Drama des Königs am Stadtrand von Budapest entschieden. Die Fahrt allerdings dorthin war ein Triumphzug ohnegleichen gewesen. Am Sonntag, den 23. Oktober 1921, erfüllte sich das Schicksal eines gerechten Königs, der einen Judas gefunden hatte. Am 23. Oktober des Jahres 1956, dem 35. Jahrestag, erfüllte sich das Schicksal Ungarns; ein Schicksal, das sich in der »orthodoxen« Geschichtsschreibung wie folgt liest:

»23. Oktober 1956: Der Weltimperialismus nutzt Fehler der Parteiführung um Matyás Rákosi zu einer *bewaffneten Konterrevolution* aus, um die volksdemokratische Ordnung zu stürzen. Dabei stützt er sich auf die Revisionisten, mit Ministerpräsident Imre Nagy an der Spitze, die zu Verrätern an den Interessen der Arbeiterklasse werden.«

Für das junge Königspaar war es der Abschluß der Tragödie, als die königstreuen Truppen durch einen Wortbruch Horthys in Gefangenschaft gerieten und interniert wurden.

Den König und die Königin brachte man zunächst in die Abtei Tihany ... *wo uns die Mönche auf das freundlichste empfingen. Sehen durfte uns während der Internierung nur der Abt, sonst niemand.*
Erst am allerletzten Tag, als wir Tihany bereits verlassen mußten, durften wir noch einen der Patres sehen ... aber das war auch schon alles. Die Folge unserer Absperrung war, daß niemand weit und breit wußte, worum es ging, was wirklich vorging.
Als eine Gruppe von Entente-Offizieren endlich in Tihany eintraf, um nach dem Rechten zu sehen, hieß es zunächst, die Herren seien beauftragt, zu überprüfen, »ob man uns auch streng genug halte«. Wie sich alsbald im Gespräch herausstellte, war das Gegenteil der Fall: die Entente-Offiziere hatten den Auftrag, zu überprüfen, ob unsere Behandlung korrekt sei. Nun, die Entente-Regierungen hatten auch jeden Grund, diese Überprüfung zu veranlassen ...
Schließlich kam die Ausweisung.
Spätabends verließen wir Tihany, man brachte uns an die Donau und führte uns durch ein Spalier unserer eigenen Soldaten bis zum Schiff, wo man uns dem englischen Militär übergab.
In letzter Minute kam noch der Nuntius, um dem König zu versichern, daß der Heilige Vater in seinem Herzen ganz mit ihm sei, ihm seinen Segen schicke und bedaure, daß die Rückkehr in die Heimat so unglücklich ausgefallen sei.
Der König beauftragte den Nuntius, sich der königstreuen Männer anzunehmen,

die nach dem unglücklichen Ausgang dieser Heimkehr inhaftiert worden waren, und danach zu sehen, daß diese Menschen nicht auch noch einen Schaden dafür erlitten, daß sie ihre Treue bewiesen hatten. Der Nuntius möge all seinen Einfluß darauf verwenden, daß diese Männer ehebaldigst wieder aus dem Gefängnis entlassen würden.
Der Nuntius versprach, daß der Vatikan alles tun werde, um die Treue dieser Männer zu lohnen ...

Papst Benedikt XV. hatte allen Grund, den unglücklichen Ausgang dieses Unternehmens zu bedauern. Und dennoch: er hatte für sich und die Kirche keinerlei Folgen aus seinem Schritt, den König zu diesem letzten Versuch aufgefordert zu haben, zu fürchten; der König würde dulden – und schweigen.
Auch die Königin würde schweigen, und wenn man ihr millionenfach nachsagte, sie sei die »ehrgeizige« Urheberin dieses »Abenteuers« gewesen.
November 1921. Es hieß nun, endgültig Abschied nehmen von der Heimat.
Es ist wohl einer der seltsamsten Zufälle der Weltgeschichte, der in den Daten dieses Versuches der Wiederherstellung legitimer Ordnung durch den apostolischen König von Ungarn mit»spielt«: Der König steht am 23. Oktober 1921 vor Budapest.
Am 23. Oktober 1956 erhebt sich das ungarische Volk gegen seine kommunistischen Unterdrücker.
Am 3. November des Jahres 1921 befindet sich König Karl noch auf ungarischem Boden. Im Laufe des Tages erreicht der britische Monitor, der den König und die Königin außer Landes bringt, Belgrad.
4. November 1956: »Die revolutionären Kräfte des ungarischen Volkes eröffnen mit Unterstützung der Sowjetarmee den Gegenangriff, der zum vollständigen Sieg über die innere und ausländische Konterrevolution führt.« Im Klartext: Am 4. November 1956 begannen die Sowjets mit der Niederschlagung des ungarischen Aufstandes.
Im verschlüsselten Text: König Karl hatte sich am 23. Oktober 1921 vor Budapest befunden, am 3. November 1921 brachten ihn seine Bewacher außer Landes; fünfunddreißig Jahre später währte die Freiheit des ungarischen Volkes auf Tag und Stunde genauso lange wie der Aufenthalt des Königs auf ungarischem Boden. Ein bemerkenswerter Zufall.
Der Rest liest sich wie ein Melodram; in Wahrheit ist er der Auftakt zum Ende der irdischen Laufbahn des Kaisers und Königs Karl, des »Dieners Gottes Karl aus dem Hause Österreich«, wie er bald heißen sollte: sein Kreuzweg begann.

Wir wurden eingeschifft. Es war ein trauriger Augenblick, waren wir doch sozusagen von den eigenen Truppen aus dem Gefängnis auf das englische Schiff gebracht worden.
Ich hatte schon von Anbeginn vorausgesehen, daß sich nach der ersten Unterre-

dung, die der König mit Horthy gehabt hatte, das Unternehmen nicht auf einfache Weise abspielen werde, daß es vielleicht sogar, im Gegenteil, in sehr gefährliche Situationen führen könne. Daher bestand ich darauf, diesmal den König zu begleiten, um die Gefahren mit meinem Mann zu teilen und nicht in der Ferne zu sein, während er diese schweren Tage durchstehen mußte.

An Bord empfing uns zunächst der zweite Kapitän, der erste befand sich noch an der Donaumündung, kam aber bald zurück, um uns auf seinem Schiff zu begrüßen. Er behandelte uns auf das beste, aber natürlich war es auf diesem Donauschiff denkbar eng, und es brachte einige Schwierigkeiten mit sich, tagelang nicht mehr allein sein zu können.

Ein großer Trost war es, daß es die Donau war, die uns trug, daß links und rechts die alte Heimat grüßte. Wir kamen an all den vielen Orten vorbei, in denen wir vor kaum drei Jahren noch so herzlich begrüßt worden waren. So sahen wir zum Beispiel Újvidék wieder, die Stadt, die uns einen so großartigen Empfang bereitet hatte.

Dann, zu unserer großen Überraschung, kam ein Dechant zu uns und sagte, die Donaulotsen hätten sich geweigert, unser Schiff durch die Stromschnellen zu führen; sowohl die ungarischen als auch die kroatischen Lotsen hätten gesagt, daß sie nicht ein Schiff steuern wollten, das ihren König gewaltsam außer Landes bringen solle.

Außerdem hätten sie bereits eine ganze Reihe von Sabotageakten ausgeführt, um zu verhindern, daß das Schiff weiter könne.

Die Treue dieser Menschen bewegte uns sehr. Ich erinnere mich auch an einen serbischen Offizier an Bord, der sagte: »Stellen Sie sich vor, was das für mich bedeutet! Ich bin wohl ein Serbe, aber ich habe doch unter König Karl gedient. Es ist für mich herzzerreißend, jetzt als Offizier der serbischen Armee meinen einstigen König außer Landes bringen zu müssen!«

Als das Schiff dann aufs neue nicht weiter konnte, weil die Donau zuwenig Wasser führte, sagten die Leute: »Klar, die Donau will den König nicht außer Landes bringen!«

So warteten wir zwei oder drei Tage lang vor dem Eisernen Tor, das uns nicht durchließ.

Die Engländer entschlossen sich schließlich, gemeinsam mit den uns begleitenden Franzosen, uns in einem Boot an Land und dann mit einem Auto bis zur nächsten Station zu bringen.

Als ein Engländer während der Autofahrt draußen irgend etwas besorgte und der Wagen solange hielt, schauten Hafenarbeiter beim Fenster unseres Wagens herein und sagten auf ungarisch: »Majestät, nur nicht verzweifeln, es wird schon anders kommen!« Auch sie waren Serben, ungarische Untertanen von einst.

Nach langen Verhandlungen waren wir ausgebootet und an Land gebracht worden. In Orşova wurden wir in einen Zug verladen.

Wieder war es rührend zu sehen, wie die Bevölkerung zusammenlief, um dem

König zu huldigen und ihm zu sagen, daß sie ihm die alte Treue halte, und dies gerade in einer Gegend, die früher sehr nationalrumänisch eingestellt war.
Von Orşova ging es weiter nach Galatz. Dort bestiegen wir ein Schiff, das wohl jetzt »Princessa Maria« hieß, das aber ein altes österreichisches Schiff war, das die Rumänen genommen und umgetauft hatten.
Ganz besonders rührte es uns, als wir plötzlich auf diesem Schiff ein Mittagessen bekamen, das aus lauter Speisen der Wiener Küche bestand. Als wir uns erkundigten, wie das möglich sei, stellte sich heraus, daß der Schiffskoch ein Wiener war, der früher einmal bei Hof in Arbeit gewesen war. Dieser Koch hatte, damit wir uns »daheim fühlen« sollten, ein »Hofdiner« nach Wiener Art für uns bereitet.
Schließlich aber kamen wir dort an, von wo aus wir die Bahn benützen sollten. Wieder lief das Volk von weit und breit zusammen, und die rumänischen Stellen mußten verlautbaren lassen, daß wir an einer ganz anderen Stelle wegfahren würden, als es dann tatsächlich geschah. Die Leute wollten ja Wagen und Zug aufhalten, und das mußten die rumänischen Behörden verhindern.
So führten sie uns auf ein Nebengeleise, und von dort ging es dann – wieder in einem ungarischen Hofzug übrigens – an die Donaumündung zum Schwarzen Meer.
Dort erwartete uns nach einer Nacht, die wir noch auf dem Lande zubrachten, der Kapitän auf dem Schiff. Nachdem uns Graf und Gräfin Hunyady gerade noch rechtzeitig erreicht hatten, ging es direkt ans Schwarze Meer.
In Sulina, dem Schwarzmeerhafen, begrüßten uns sowohl der Kapitän des Schiffes, auf das wir umstiegen, als auch das ganze Offizierscorps und die Mannschaft auf das freundlichste. Dann brachte uns das Schiff – der englische Kreuzer »Cardiff« – durch das Schwarze Meer bis nach Konstantinopel.
Konstantinopel bot allerdings einen anderen Anblick als vor drei Jahren ... Der Sultan entmachtet, die Gebäude verwahrlost, und die schönen Rosen vom Monat Mai waren verblüht.
Was waren das doch für Tage gewesen, als wir hier, am Goldenen Horn, noch auf Frieden und Ausgleich hofften, als wir noch von der Stellung Österreichs in einem künftigen, neuen Europa, von Österreichs Stellung im Nahen Osten sprachen ...
Jetzt sahen wir fremde Kriegsschiffe, französische, englische, italienische ... Ob auch eines von den unseren darunter war, umgetauft, anders beflaggt?
Das Weiße Palais, wo man uns köstlich duftenden Tee serviert hatte, konnten wir auf der asiatischen Seite drüben erkennen. Dann legte das Boot unseres Kapitäns ab, der sich zu seinem Admiral begab. Würde es – endlich – Nachricht von den Kindern geben?
Tags zuvor hatte es eine sehr unerquickliche Szene gegeben, als der Kapitän, ziemlich aufgeregt, Graf Hunyady die »Times« gezeigt hatte: da stand zu lesen, der König habe im Laufe eines einzigen Jahres gleich zweimal sein Wort gebrochen.
Die »Times«: das war »Lord« Northcliffe, dessen Presse und dessen Machenschaften zu einem guten Teil den Untergang der österreichisch-ungarischen Monarchie mitverschuldet hatten.

Nun schien auch unser Kapitän sein Opfer zu werden; und der Kaiser zögerte nicht, dem Kapitän darüber eine Aufklärung zu geben. Tatsächlich gelang es dem Kaiser, dem Kapitän den wahren Sachverhalt zu schildern. Der Kapitän zeigte sich ehrlich erleichtert, nachdem der Kaiser ihm die Frage vorgelegt hatte: »Ich habe der schweizerischen Regierung versprochen, sie 48 Stunden vor einem Wechsel meines Exils zu informieren. Wenn aber der König von Ungarn nach Ungarn fliegt ... wechselt er dann sein Exil?«

Kapitän Maitland war auch nicht der Mann, der seiner »Times« unbedingt Glauben schenkte, zumal er jetzt das Wort des Kaisers hatte.

Aber wie würde das in der Weltöffentlichkeit sein?

Was würde man in der Schweiz über den Kaiser denken?

Und was in der Heimat?

Ich sah, wie diese Dinge den Kaiser viel mehr bedrückten, als er zugeben wollte. Wie sollten wir unsere wahren Beweggründe in der Öffentlichkeit erklären? Wie konnten wir die Haltung und die Handlungsweise des Kaisers den Menschen so darstellen, wie es der Wahrheit entsprach und wie sie wirklich gemeint waren?

Am 9. November kam ein Boot vom Flaggschiff, und wir erfuhren vom Kapitän, daß wir gegen Mittag nach Gibraltar auslaufen sollten. Über die Kinder erfuhren wir nichts ...

Die ganze trübe Reise war außerdem gar nicht ungefährlich wegen der zahllosen Treibminen, die seit dem türkisch-griechischen Krieg noch überall herumschwammen. Jeden Augenblick mußten wir gewärtig sein, auf eine solche Mine aufzulaufen.

Schließlich gewannen wir nach der Durchquerung der Dardanellen die offene See, und da wurde es dann ein wenig besser. Wir fuhren die Nordküste Afrikas entlang und erreichten schließlich Gibraltar.

Wir erkannten zunächst die spanische Küste, schließlich näherten wir uns dem Felsen. Die See war die ganze Fahrt über sehr rauh gewesen, doch der Kapitän hatte den strikten Befehl erhalten, unbedingt weiterzufahren, wie immer das Wetter auch sei.

Endlich, am 16. November, erreichten wir um Punkt sieben Uhr morgens die Einfahrt zum Hafen von Gibraltar.

Wir vertäuten neben einem schwedischen Jungenschulschiff, und der Kapitän fragte auch gleich bei der Admiralität an, was mit uns geschehen solle, doch man wies ihn nur an, um 10 Uhr zum Admiral zu kommen. Aus dem fernen Konstantinopel erreichte uns gar ein Telegramm des Flottenkommandanten, daß es Graf und Gräfin Hunyady strengstens verboten sei, an Land zu gehen ...

Aber auch etwas anderes erreichte uns nun doch: ein Telegramm unseres sehr lieben Freundes Oberst Strutt, der uns im März 1919 aus Österreich herausgeleitet hatte und der Nachricht gab über unsere Kinder. Er hatte sich sehr bemüht, uns diese Nachricht schon in Konstantinopel zukommen zu lassen, doch ohne Erfolg. Jetzt erreichte uns aber seine Botschaft wirklich, und darüber waren wir natürlich froh;

wir waren sehr beunruhigt gewesen, wie das bei Eltern so ist, obwohl wir die Kinder bei Gräfin Kerssenbrock, unserer unermüdlichen, treuen »Korffi«, wie wir sie nannten, in bester Obhut wußten.

Am anderen Ende des Telegraphendrahtes – bei den Kindern – hatte es nicht weniger traurig ausgesehen. Wohl wußten Gräfin Kerssenbrock und die ihr anvertrauten Kinder, wo sich die Eltern befanden; aber sie wußten auch, daß Kaiser und Kaiserin zutiefst um das Schicksal der Zurückgebliebenen besorgt waren. Am 7. November richtete Gräfin Kerssenbrock einen Brief an die eidgenössische Regierung in Bern:

Sehr geehrter Herr Bundesrat,
Sie werden erstaunt sein über die Unbescheidenheit, ich würde sagen: Kühnheit der Bitte, mit der ich heute an Sie herantrete. Und doch weiß ich, daß, falls es Ihnen irgendwie möglich sein wird, Sie meine Bitte erfüllen werden.
Meine Bitte ist diese: Alle meine Bemühungen, Ihrer Majestät der Kaiserin Nachrichten von den Kindern zu geben, scheinen umsonst gewesen zu sein, und außer meinem Telegramm vor etwa 14 Tagen weiß Ihre Majestät, wie es scheint, nichts von den Kindern. Ich habe die verschiedensten Wege versucht – alles ohne Erfolg. Nun wollte ich Sie, sehr verehrter Herr Bundesrat, bitten, ob Sie vielleicht wüßten, wie ich endlich einen Brief oder ein Telegramm an Ihre Majestät gelangen lassen könnte. Um zu vermeiden, daß man einem von mir verfaßten Telegramm einen anderen Sinn unterschiebt, darf ich Sie vielleicht bitten, selbst gütigst ein Telegramm zu verfassen, in dem Ihrer Majestät mitgeteilt wird, daß es den Kindern sehr gut gehe und sie über dieselben beruhigt sein möge. Falls Sie beiliegenden Brief lesen wollen, wäre mir dies natürlich eine ganz besondere Beruhigung, damit Sie selbst sehen, daß er nichts als Kindernachrichten enthält.
Das Gefühl, in meiner Eigenschaft als Erzieherin der Kinder einer meiner ersten Pflichten, den Eltern über dieselben Bericht zu erstatten, nicht nachkommen zu können, drückt mich sehr, und ich wäre Ihnen außerordentlich dankbar, wenn durch Ihre gütige Vermittlung endlich eine Nachricht zu Ihrer Majestät gelangen könnte.
Mit der Versicherung meiner Hochachtung und meines herzlichen Dankes

Gräfin Schmising-Kerssenbrock
Aja der kaiserlichen Kinder

Den Brief an Ihre Majestät adressiere ich nicht, weil ich nicht weiß, wie Sie es wünschen, und beschrifte ihn aus Vorsicht mit »Tante«.

Hertenstein bei Luzern, 7. XI. 1921

Handschriftliche Ergänzungen aus Bern:
Auswärtiges: Ich weiß wirklich nicht, wie man dem Gesuch entsprechen könnte. Der nächste Weg scheint mir derjenige der ungarischen Gesandtschaft in Bern.

15. XI. 21 W

Dr. Egger: »Kann bestimmt nicht durch das Rote Kreuz in Genf weitergeleitet werden.«

Von den verzweifelten Versuchen unserer treuen Korffi ahnten wir nur ... Aber, wie gesagt, wir wußten die Kinder bei ihr in bester Obhut. Und das mit der Erkrankung Roberts ergab sich zum Glück erst ein paar Wochen später, so daß ich von unserem Exil aus mit Hilfe des tapferen portugiesischen Gouverneurs zu meinem Sohn Robert in die Schweiz gelangen konnte.
Jetzt aber stand uns die Weiterreise bevor, aus der schützenden Bucht von Gibraltar hinaus in den tobenden Atlantik.
Wahrscheinlich nach Madeira ... Gott sei Dank nicht, wie es anfänglich hieß, nach Asunción; das schien abgewendet zu sein.
Der Sturm, der uns schon während der ganzen Fahrt durch das Mittelmeer begleitet hatte, legte sich übrigens nicht. Dennoch erhielt der Kapitän den Befehl zum unverzüglichen Auslaufen. Unser wackerer Kapitän zeigte sich nicht nur Wind und Wetter, sondern auch solchen Befehlen gegenüber standhaft: »Das kann ich nicht«, kabelte er nach London, »es sind zwei Damen an Bord.«
Und so blieben wir noch eine Nacht länger im schützenden Hafen. Der Gouverneur schickte einen Korb mit Obst, der Admiral seine Karte, und es erreichte uns schließlich doch ein Aufschub. Wir durften eine Wetterberuhigung abwarten, die allerdings kaum eintreten sollte. Wie sich später herausstellte, war es übrigens der damalige Kolonialminister Winston Churchill, der dem Gouverneur gestattete, sich wie ein britischer Kavalier zu benehmen.
Als wir am nächsten Morgen in See stachen und als der Kaiser und ich von der Brücke aus langsam, langsam Europa in der Ferne entschwinden sahen, sagte ich zum Kaiser, es sei doch eigentlich eine sehr traurige Sache für uns, daß wir jetzt nicht nur die Heimat, sondern auch Europa verlassen müßten.
Da antwortete der Kaiser ganz ruhig: »Wenn Gott uns zurückführen will, so wird er uns gewiß zurückführen. Und wenn nicht, dann ergeb' ich mich in seinen Willen.«

Jenseits der schützenden Küsten, draußen auf dem offenen Meer, brach der Sturm wieder mit aller Macht über unser Schiff herein. Es war eigentlich eine entsetzliche Fahrt, besonders der Kaiser litt sehr unter dem hohen Seegang.
Wir ahnten das Ziel der Fahrt, wußten es eigentlich schon: Madeira. Was für eine Regierung jetzt in Portugal überhaupt an der Macht sei? stellte jemand die Frage.

Auch der Kapitän wußte kein Antwort. »Und wenn ich es wüßte«, meinte er trocken, »in vierzehn Tagen wär's ja doch wieder eine andere ...«
Wie wenig sich doch inzwischen geändert hat! Das portugiesische Reich kam seit dem Sturz der Monarchie nicht mehr zur Ruhe. Dann landeten wir tatsächlich auf Madeira.

Die großen und die kleinen Verräter

Im Oktober des Jahres 1809 drangen 30 000 Mann fremder Truppen in Tirol ein, und Andreas Hofer flüchtete mit seiner Frau, seinem Sohn und dem Bettelstudenten Dönninger auf die Alpe Kellerlaue in der Nähe seines Hauses am Sand. Er verbarg sich dort in einem sicheren Versteck. Einige Monate später fand sich in dem Bauern Raffel der Judas, der die Franzosen zur Heugadenhütte führte, wo sich Andreas Hofer aufhielt. Der Preis hierfür waren 10 000 Gulden: für dieses Geld kam Raffel dann in die Geschichtsbücher.
109 Jahre später, im Oktober des Jahres 1918, dachte Kaiser Karl daran, sich nach Tirol zurückzuziehen ... in sein treues Tirol. Die Vorbereitungsarbeiten gingen zügig voran. Aber in dem allgemeinen Zusammenbruch, in der ungeheuren Verwirrung jener Tage, war es für einen Ungetreuen leicht, Verwirrung zu stiften und ein Vorhaben zu verhindern.
Der Plan des Kaisers scheiterte.
Der Name des Mannes, der als Landeshauptmann an der verantwortlichen Stelle saß und verhinderte, daß sich Kaiser Karl mit seiner Kaiserin und den Kindern nach Tirol zurückziehen konnte, klang wieder so ähnlich wie Raffel.
Als der Kaiser sich mit den Seinen in der Schweiz niederließ, folgten ihm einige Getreue nach: Werkmann, Schonta, Ledóchowski, um nur einige Namen für viele zu nennen. Viele konnten dem Kaiser und König nicht folgen, sie hatten Kummer und Sorgen genug zu Hause, sie mußten sehen, wie sie die eigene Familie durchbrachten.
In diesen unruhigen und unsicheren Zeiten blühten nicht nur die schönsten Tugenden auf, erwiesen sich nicht nur die Guten als treu, sondern auch manche weniger feste Männer als käuflich. Und in die große Gesellschaft derer, die dem Kaiser auch in der bittersten Zeit die Treue hielten, gerieten auch ein oder zwei Männer, die ein doppeltes Spiel trieben.
Einer davon war Bruno Steiner, der ungetreue Vermögensverwalter, das fatale »Erbstück« aus der Vermögensverwaltung des Erzherzog-Thronfolgers Franz Ferdinand. Steiner war, wie sich erwies, nichts weiter als ein Dieb.
Ein anderer, der lange Zeit im Zwielicht stand, den der Kaiser (zu spät) durchschaute, nachdem er schon lange geahnt hatte, daß mit dem Manne etwas »nicht

stimmen müsse«, war – wie sich heute, nach Jahrzehnten, aus der »Aktenlage« klar ergibt – der Sektionschef und »Leiter der Verwaltung des Habsburg-Lothringischen Privatvermögens«, Dr. Albin Schager-Eckartsau, der sich seinerzeit als Autor eines vielbeachteten Büchleins über »Die Konfiskation des Privatvermögens der Familie Habsburg-Lothringen und des Kaisers und Königs Karl« nicht ohne Grund einen Namen gemacht hatte. Leider nützte er sein Wissen und seine Kenntnis nicht nur zum Wohle derer, denen er zu dienen vorgab.
Doch das ist ein eher unbedeutendes Kapitel. Entscheidend ist, daß Schager-Eckartsau aufgrund der einzigartigen Schlüsselstellung, die er sich als Verbindungsmann zwischen Schober und der schweizerischen Gesandtschaft in Wien einerseits und seinem Kaiser in der Schweiz andererseits zu verschaffen gewußt hatte, nicht nur in der Lage war, den Monarchen von seinen Getreuen sowohl in Österreich als auch in Ungarn und in Böhmen vollständig zu isolieren, sondern auch den Flug nach Ungarn zu verraten.
»Die Akten liegen an«.
Aus der Korrespondenz zwischen dem Ministerpräsidenten Gömbös und Bethlen geht darüber hinaus ausdrücklich und zweifelsfrei hervor, daß Schager auch dieser präfaschistischen Clique diente, unter deren Einfluß wieder Horthy stand, und versagte.
»Die Korrespondenz liegt an«.
Das Rätsel um das »Versagen« der Legitimisten sowohl in Österreich als auch in Ungarn dürfte damit recht weitgehend geklärt sein. Daß sowohl der Kaiser und König als auch die Kaiserin und Königin ahnten, schließlich sogar wußten, wo die Kette ihr schwaches Glied hatte, ändert an der Tatsache nichts mehr, daß es bereits zu spät war und daß das ganze tollkühne Wagnis des Ungarn-Fluges, das aus Treue zum Krönungseid und in Erfüllung einer ausdrücklichen Bitte des Heiligen Vaters unternommen worden war, scheiterte, weil die Verräterclique Gömbös, Bethlen, Horthy von der Ankunft des Königs früher wußte als die königstreuen Truppen in Westungarn, die, wie es später hieß, durch ein »Mißverständnis« zu spät informiert wurden. Das »Mißverständnis« hieß Schager.
Vielleicht sähe die Welt heute anders aus, hätte sich nicht ein Mann gefunden, der den Kaiser und König mit ein paar billigen Tricks von seinen Getreuen zu trennen wußte. Und einem Gömbös und Bethlen in die Hände spielte. Der zweite Restaurationsversuch ist zu den Akten gelegt. Man kann aber heute noch ein paar Akten dazulegen.
Am 6. Juli 1921 offenbart Julius Gömbös dem Grafen Stefan Bethlen einige Möglichkeiten, die österreichische »Karlistenbewegung«, wie er sie nennt, zu bespitzeln. Der Brief offenbart, wer die eigentlichen Drahtzieher des Verrates am König waren:

Lieber Stefan!
Ich habe in Wien – neben dem Generalagenten der Karlisten, Schager – einen verläßlichen Freund, einen ehemaligen Offizier des Generalstabes, nach Meldung, wie Wild sie bringt, ein Offizier in schlechten wirtschaftlichen Verhältnissen, der in die Pläne des Königs eingeweiht ist und der sich meinem Freund gegenüber bereit gezeigt hat, eventuell die Akten zu kopieren und die Organisationspläne zu verraten.
Wenn Du es wünschst, werde ich auf diesem Wege die Verbindung herstellen.

Dein getreuer Julius Gömbös

*

Bern, den 30. November 1921

An die Schweizerische Gesandtschaft
in Wien

Herr Minister,
wir haben im Interesse von Ihrem vertraulichen Bericht C 5 U 50 vom 21. ds. Mts., betreffend die Ihnen von Herrn Bundeskanzler Schober gemachten Mitteilungen über die Ausreise König Karls, Kenntnis genommen.
Inzwischen ist auch die Untersuchung der Schweizerischen Bundesanwaltschaft abgeschlossen worden, und sie hat dem Bundesrat einen Bericht nebst Antrag unterbreitet.
Auf Grund der geführten Untersuchung geht zweifellos hervor, daß der Sendbote der Legitimisten, der Vertrauensmann, dessen Namen Herr Schober Ihnen nicht nennen durfte, die geheimnisvolle Persönlichkeit, die von den legitimistischen Häuptern kurz vor der Abreise nach Hertenstein geschickt wurde, die in Zürich das Automobil kaufte, dort den ganzen Flug vorbereitete und mit dem gekauften Automobil nach Österreich zurückfuhr, daß dieser »große Unbekannte« identisch ist mit der Person des Sektionschefs Albin Schager-Eckartsau. Damit Sie sich selbst überzeugen können, geben wir Ihnen nachstehend einige Stellen aus dem Bericht der Bundesanwaltschaft, die an der tätigen Mitschuld Schagers bei der Flucht des Königs keine Zweifel mehr übriglassen, bekannt.
Es steht auch fest, daß der Vertrauensmann des Königs, Dr. Albin Schager-Eckartsau, geb. 1877, Gutsverwalter und Sektionschef in Wien, die Flucht vorbereitet hat. Schager, der für den König Vermögensangelegenheiten besorgte, kam öfters in die Schweiz …

Erster, grotesk-komischer Hinweis auf die Stellung und Tätigkeit Schagers: ein bezeichnender Diktatfehler in einem vertraulichen Bericht des schweizerischen Gesandten in Wien, Dr. Carl J. Burckhardt, vom 15. April 1921, kurz nach dem ersten Restaurationsversuch also, an die Eidgenössische Zentralstelle für Fremdenpolizei: »… [erlauben wir uns,] Ihnen mitteilen zu können, daß unsere

Gesandtschaft in Wien über die Ausreise des Königs von Ungarn aus der Schweiz vom *Polizeipräsidenten* Schager vertraulich erfahren hat . . .« – So konfidentiell war also alles, was Schager den Schweizern steckte, daß sie ihn sogar mit Schober verwechselten.

Am 9. Mai 1921 – es ist Geburtstag der Königin von Ungarn – teilt der schweizerische Gesandte in Wien, »C. J. Bourcart«, wie er sich gelegentlich unterschreibt, einem schweizerischen Bundesrat in der Angelegenheit der »Flucht« des Königs mit:

... Was den Sektionschef Schager von Eckartsau betrifft, so möchte ich in erster Linie feststellen, daß ich ihm kein Einreisevisum erteilte, sondern daß ich Ihnen in meinem Schreiben vom 25. April sein Einreisegesuch unterbreitete ...
Polizeipräsident Schober konnte sich, da ihm die Brüsseler Zusammenstellung Schager-Windischgraetz genannt wurde, eines Lächelns nicht erwehren, und er meinte, daß diese beiden grundverschiedenen, übrigens gegenseitig ausgesprochen miteinander verfeindeten Herren kaum eine andere Eigenschaft als eben den Legitimismus gemeinsam hätten; der eine, Windischgraetz, sei ein unzuverlässiger, begabter, aber verlotterter »grandseigneur«, Schager hingegen sei der Prototyp eines »anständigen, treuen Beamten, der, wenn jemand den König vor ungeschickten Ratschlägen bewahrt habe, bestimmt in erster Linie zu nennen sei«. Er sei die korrekteste Persönlichkeit in der Umgebung des Königs, er selbst, Schober, betrachtete ihn als einen Vertrauensmann, mit dem er alles bespreche. Legitimist sei er selbstverständlich, tätiger Legitimist, in den Grenzen absoluter Rücksicht auf die Verpflichtungen, die ihm die Gastfreundschaft der Schweiz auferlege. Daß er nicht republikanisch denke, sei wohl klar, denn in dieser Eigenschaft hätte er beim Kaiser nichts zu suchen.
Nach Schobers Ansicht läßt sich Schagers Namensliste als Grundlage zu einer Sperrliste verwenden, die von Ihnen hinzugefügten Persönlichkeiten dürften alle für unser Land unerwünscht sein, ich werde nicht ermangeln, Ihnen gegebenenfalls weitere Vorschläge zu unterbreiten ...

*

Sektionschef Dr. Schager-Eckartsau
I., Habsburgergasse 12

Wien, am 20. Jänner 1921

Eure Excellenz!
Unter Bezugnahme auf das heutige Gespräch erlaube ich mir, eine Liste jener Personen zu übersenden, die, wenn irgend möglich, nicht in die Schweiz fahren sollten.
Die unter 1 und 2 angeführten Personen leben in Budapest und sind Parteigänger des früheren ungarischen Ministerpräsidenten Stephan Friedrich. Ich brauche

nicht zu betonen, daß eine Annäherung dieses Kreises politisch sehr kompromittierend sein kann ...
Was den unter 3 angeführten Legationsrat von Glacz anbelangt, so lebt er in der Schweiz, macht aber Reisen nach Ungarn, um dort auf eigene Faust eine Propaganda zu machen, die selbstverständlich schädlich wirken und auch Anlaß geben muß, daß die Sozialdemokraten in der Schweiz darauf hinweisen, es finde ein ständiger Verkehr zwischen der Schweiz und der ehemaligen Monarchie statt.
Die Personen 7 bis 20 beschäftigten sich mit Organisationen monarchistischen Charakters in Österreich. So lobenswert diese Tätigkeit sein mag, so sehr muß verhindert werden, daß irgendein Zusammenhang zwischen der Schweiz und diesen Organisationen festgestellt wird. Die Tatsache, daß diese den hiesigen Sozialisten wohlbekannten Personen in die Schweiz reisen würden, schon allein genügt, um den Agitationen über habsburgische Umtriebe neuen Boden zu verschaffen. Dabei muß ich ausdrücklich bemerken, daß ich allen angeführten Personen absolut ein Zeugnis ausstellen muß, daß ich jedoch glaube, daß ihre Unvorsichtigkeit mehr Schaden als Nutzen bringen kann. Genehmigen Eure Excellenz den Ausdruck meiner vorzüglichsten Hochachtung.

Ihr ergebenster
Albin Schager-Eckartsau

Beilage:

1. Baron Sigmund Luzsensky, Budapest
2. Dr. Gyula Mészaros, Budapest
3. Legationsrat Adalbert de Glacz, Schweiz
4. Kapitän Hornyak, Linienschiffsltnt. i. P., Brünn
5. Wenzel Böhm, Oberst d. R., Iglau
6. Franz Novy, Oblt. i. P., Linz
7. Kurt Graf Strachwitz, Wien
8. Adolf Weishappel, Wien IX., Marktgasse
9. Dr. Gustav Wendl, Wien
10. Oskar Reichel Edler von Erlenhorst, Oblt. i. P., Wien
12. Graf Alberti, Wien
13. Gustav Wolff, Oberst d. R., Wien
14. Guido Freiherr Novak von Arienti, Wien
15. Freisauf, Oberstlt. d. R., Innsbruck
16. Waldemar Güttner, Innsbruck
17. Julius und August Schedewy, Linz
19. Schriftsteller Angenetter, Wien
20. Rittmeister Fritz von Riedl, Graz

[und, handschriftlich ergänzt:]

21. Bankdirektor Horwatowicz, Ungarn
22. Graf Thomas Erdödy, Ungarn
23. Lajos Fürst Windischgraetz, Budapest

24. Bruno Steiner von Valmont, Wien
26. Prinz Sixtus von Bourbon-Parma, Paris
27. Prinz Xavier von Bourbon-Parma, Paris
28. Sektionschef Freiherr Schager von Eckartsau, Wien

Die letzten Namen sind, wie erwähnt, handschriftlich von einem »Unschuldigen« angefügt, der offenbar nicht wußte, daß die Prinzen von Bourbon doch immerhin wußten, wie sie in die Schweiz gelangen konnten – auch ohne die Zustimmung eines Schager. Leider wußte auch Schager den Weg. Nicht anders als Nummer 24, namens »Steiner von Valmont«!

Dr. Schager war während des Krieges als Militärauditor dem Heeresgruppenkommando Tirol zugeteilt. Es gab damals eine Zeit, in der eine Gruppe von Verrückten im italienischsprachigen Gebiet von Südtirol begann, Ortsnamen »einzudeutschen«: Folgaria wurde zu Vielgereuth, Riva zu Reif, Rovereto zu Rovreit.

Generalstabschef dieses Frontabschnitts war der General Alfred Krauss, einer der fanatischsten »Deutschnationalen« seiner Zeit, dem ein gütiges Geschick noch den Triumph gewährte, den Einmarsch Hitlers in Österreich bejubeln zu düfen (ohne das bittere Ende miterleben zu müssen). Seine rechte Hand in Tirol war Militärauditor Dr. Schager.

General Krauss schleuste Schager in die Militärkanzlei des Kaisers ein, und in den Umsturztagen – gerade zur rechten Zeit, als alles drunter und drüber ging – empfahl ihn Zeidler-Sterneck dem Kaiser. Auf diese Weise wurde Schager »Vermögensverwalter«, eine Stellung, die er wohl nicht so drastisch wie Steiner, aber immerhin auch für seine eigene Tasche ausnützte.

Seine Agententätigkeit für nationalistische Kreise reichte in die Zeit des Generals Krauss zurück, und damit ergab sich auch die Verbindung zur »Rassewelt« der Gömbös und Bethlen, aber auch zur Umgebung von Czernin und Demblin. Er wurde – wie die meisten Verräter – für seine »Verdienste« schlecht bezahlt, wahrscheinlich auch erpreßt, und geriet immer tiefer in den Sog seiner Machenschaften.

Nachdem er sich zunächst ohne viel Erfolg (das Kaiserpaar wußte nach dem Ungarn-Flug um Schagers Gefährlichkeit) noch in legitimistischen Kreisen breitmachen wollte, versuchte er sich im deutschnationalen Lager glücklos als Parteiführer, förderte die nationalistischen Bestrebungen der ungarischen »Königsmacher« um Erzherzog Albrecht, eine der Marionetten des Julius Gömbös, und landete schließlich – wegen Betruges, Unterschriftenfälschung und falscher Zeugenaussage – schlicht im Landesgericht.

Die Vorgänge in der Schweiz

Am 24. Oktober 1921, drei Tage nach dem historischen Flug des ungarischen Königspaares in seine Heimat – wahrscheinlich dem sowohl kühnsten als auch modernsten Versuch eines Monarchen, sein Land vor dem sicheren Untergang zu retten –, beauftragte der schweizerische Bundesrat die Bundesanwaltschaft mit einer Untersuchung der Vorgänge, die zur sensationellen Abreise des Königs und der Königin geführt hatten.
Abgesehen von dem wiederholten, ebenso unzutreffenden wie albernen Gebrauch des Wortes »Flucht« – es handelte sich um alles andere als um »Flucht«: es war ein todesmutiger Flug mitten hinein in den Brennpunkt der Gefahr – sprachen die polizeilichen und diplomatischen Berichte für sich selbst:

Herr Bundesrat!

Ich beehre mich, Ihnen zu Händen des Bundesrates Bericht zu erstatten über unsere Erhebungen betreffend die *Flucht des Königs Karl.*

Das Ergebnis unserer Untersuchungen läßt sich wie folgt zusammenfassen:

Die Vorbereitungen zur Flucht
Da das Gefolge des Königs jedes Mitwissen bestreitet und Sachbeweise nur spärlich vorhanden sind, konnte nicht festgestellt werden, wann und durch wen der König zur Flucht bestimmt worden ist.
Die Kontrolle der Telegramme von und nach Hertenstein sowie des Telefonverkehrs hat in dieser Richtung keine Anhaltspunkte gebracht. Mit Sicherheit kann nur angenommen werden, daß Legationsrat Boroviczény bei der Vorbereitung der Flucht eine wichtige Rolle gespielt hat. Es steht auch fest, daß der Vertrauensmann des Königs, Dr. Albin Schager-Eckartsau, geboren 1877, Gutsverwalter und Sektionschef in Wien, die Flucht vorbereitet hat. Schager, der für den König Vermögensangelegenheiten besorgte, kam öfters in die Schweiz. Zuletzt erteilte ihm die schweizerische Gesandtschaft in Wien am 11. Oktober 1921 das Einreisevisum.
Am 12. Oktober wurde das Visum für einen achttägigen Aufenthalt an János Aller, geboren 2. März 1884, und Oswald Farkas, geboren 1. Juni 1889, erteilt, die als die beiden den König bei der Flucht begleitenden Offiziere in Betracht kommen. Diese drei Personen waren, wie sich aus den nachfolgenden Erhebungen ergibt, bei der Bewerkstelligung der Flucht betraut. Dr. Schager hat offenbar auch die Aufgabe gehabt, dem König die Wünsche der Karlisten zu überbringen und ihn zur Ausreise zu bewegen.
Andere Personen, die vom Ausland kamen, um bei der Flucht behilflich zu sein, konnten nicht festgestellt werden. Der luzernische Detektivkorporal Huwyler,

der seit dem 6. Oktober 1921 zum Schutz und zur Beobachtung des Königs im Schloßhotel Hertenstein wohnte, hat hierüber keine Beobachtungen gemacht. Das Gefolge gibt an, daß lange Zeit vor der Abreise keine ungarischen Persönlichkeiten nach Hertenstein gekommen waren, insbesondere wird die Zeitungsmeldung bestritten, daß ein Kurier Osztenburgs gekommen sei.
Die einzige Person aus dem Gefolge des Königs, die über die Ausreise nähere Angaben machte, Graf Wladimir Ledóchowski, Oberster Kammerherr des Königs, gibt folgende Darstellung:

»Donnerstag, 20. Oktober, circa 8 Uhr, ließ mir Seine Majestät sagen, daß er ausfahre, ich möge ihn begleiten. Circa 9 Uhr fuhren die beiden Majestäten in meiner Begleitung weg. Im Auto wurde dem Chauffeur zuerst gesagt, er solle Richtung Einsiedeln fahren. Wir fuhren dann durch Küßnacht, Goldau, nach Rapperswil. In Biberbrücke befahl der Kaiser dem Chauffeur, nicht nach Einsiedeln, sondern nach links zu fahren. Wir gelangten dann nach Rapperswil und Rüti. In der Nähe von Uster stand ein Auto auf der Landstraße mit Herrn Áladár von Boroviczény. Die beiden Majestäten bestiegen dieses Auto und fuhren unter Führung des Herren Áladár von Boroviczény weg. Während der Fahrt von Hertenstein nach Rüti sagte mir seine Majestät: ›Auf Anraten der bedeutendsten Männer Ungarns habe ich mich entschlossen, nach Ungarn zu gehen, und zwar mit dem Flugzeug.‹
Ich war von dieser Mitteilung derart ergriffen, daß ich darauf keine Antwort geben konnte. Seine Majestät gab mir noch Anordnungen bezüglich den Haushalt von Hertenstein. Ferner erhielt ich den Auftrag, nicht nach Hertenstein zurückzukehren, sondern zwei Tage auszubleiben. Ich fuhr im Auto gleichen Tages nach Zofingen, wo ich übernachtete. Am selben Abend telefonierte ich an Kapitän von Schonta, die Majestäten könnten nicht zurückkommen wegen Motordefekts.
Am folgenden Morgen fuhr ich nach Thun-Interlaken. Ich telefonierte von dort aus wiederum nach Hertenstein, die Majestäten würden erst morgen, Samstag, wieder kommen. In Thun übernachtete ich im ›Bären‹ und fuhr dann Samstag, den 22. Oktober, über den Brüning nach Hertenstein zurück. Ich hatte von dem Vorhaben Seiner Majestät keine Ahnung, bis er mir während der Fahrt Mitteilung machte. Ich entnahm daraus, daß sein Entschluß, nach Ungarn zu fahren, feststand.«
Über die Vorbereitungen zur Abreise des Königs von Hertenstein wurden noch folgende Feststellungen gemacht:

Montag, den 17. Oktober, reiste die Gattin des Legationsrates von Boroviczény, Hofdame der Königin Zita, von Hertenstein weg. Dieser Tatsache kommt insofern Bedeutung zu, als Legationsrat Boroviczény noch am gleichen Tage nach Zürich reiste, wo er sich um den Ankauf eines Autos bemühte.
Freiherr Karl von Werkmann, der während des Krieges als Oberleutnant im

Pressedienst des kaiserlichen Hauptquartiers stand, muß, entgegen seinen Beteuerungen, unbedingt als Mitwisser betrachtet werden. Kurze Zeit nach dem Wegflug des Königs erhielt er das Telegramm: OPERATION GELUNGEN/ALBIN.

Das nämliche Telegramm erhielt auch Baron Fritz Fischer von Ankern, früher österreichischer Konsul in St. Gallen, nunmehr der österreichischen Handelskammer in Zürich zugeteilt.

Über die Vorbereitungen in Zürich ist aus den Akten folgendes hervorzuheben: In der Zeit vom 13. bis 20. Oktober 1921 wohnten im Hotel »National« in Zürich die schon genannten Johann Aller und Oswald Farkas. Sie bereiteten den Flug vor. Der Flugzeugführer Wilhelm Zimmermann aus Dessau, geboren am 24. Februar 1897 in Koblenz, gibt in einem Briefe an die Fluggesellschaft »Ad Astra« an: »Montag, den 17. Oktober 1921, sind Bevollmächtigte des noch dort weilenden Königs Karl an mich herangetreten mit dem Verlangen, einen Flug von der Schweiz nach Westungarn mit fünf Passagieren, unter denen sich auch König Karl befinden würde, auszuführen. Nach einer mir nur sehr kurzfristig gegebenen Bedenkzeit habe ich die Ausführung des Fluges zugesagt:« Mittwoch, den 19. Oktober, sei ein eleganter, schwarzgekleideter Herr auf dem Büro in Zürich in Begleitung eines anderen erschienen und meldete sich und zwei weitere Passagiere an: Kowno und Frau. Der Preis von Fr. 1000 für den »Flug nach Genf« wurde vom angeblichen Heldener mit einer 1000-Franken-Note bezahlt, an die Piloten Zimmermann und Rubens wurden die nötigen Anweisungen für Donnerstag, den 20. Oktober, für den Flug nach Genf erteilt.

Inzwischen bemühten sich Dr. Schager und Legationsrat Boroviczény, in Verbindung mit dem schon erwähnten Baron Fischer von Ankern, um den Ankauf eines Autos. Es wurde schließlich ein Austro-Daimler zum Preise von Fr. 15 000 gekauft, den Dr. Schager sofort in Schweizer Banknoten bezahlte.

Die Flucht: Donnerstag, den 20. Oktober 1921, um 7½ Uhr, teilte der König seinem Kammerdiener Batstardoz mit, daß er, die Königin und Ledóchowski mit dem Auto nach Interlaken fahren würden.

Der Chauffeur Gregorić erhielt den Befehl, um 9 Uhr das Auto bereitzuhalten. Um 9 Uhr wurde das Auto bestiegen. Das Königspaar nahm kein Gepäck mit sich. Das Gepäck und die Garderobe wurden in Hertenstein zurückgelassen. Bei der Abreise des Königs fiel nichts Außergewöhnliches vor. Keiner der Zeugen will irgend etwas Verdächtiges wahrgenommen haben. Schonta berichtete: »Beide Majestäten waren gut aufgelegt und scherzten mit den Kindern bis zum Parkausgang.«

Die Kammerfrau Hubalek hörte, wie die Kinder ihre Eltern fragten, wann sie zurückkehrten, worauf die Königin geantwortet habe: »Am Abend sind wir zu Hause!«

Sicher ist, daß Schager mit seinem Auto das Königspaar und den Legationsrat Boroviczény auf den Flugplatz Dübendorf führte, wo sie um 12 Uhr eintrafen.

Nach Aussage von Mechaniker Rubens war es bis mittags nicht gelungen, den

Apparat zu einem tadellosen Funktionieren zu bringen. Zimmermann, der gegen seine Gewohnheit einen schweren Mantel trug, habe bemerkt, er werde einen Alpenflug unternehmen.
Um 12 Uhr erschien ein Auto am Haupteingang des Flugplatzes. Der Wagenführer stieg rasch aus und löste 4 Billets. Es steht fest, daß die Insassen dieses Autos König Karl, Königin Zita und Legationsrat Boroviczény waren. Die Dame wurde dem Piloten Zimmermann vorgestellt. Die Reisegesellschaft stand etwas abseits vom Apparat und stieg alsdann in größter Hast in das Flugzeug. Die Fenster der Kabine wurden geschlossen, bevor der Pilot Vollgas gegeben hatte; kurz nach 12 Uhr flog das Flugzeug ab. Die beiden Mechaniker Rubens und Muntwyler wollen keine Ahnung gehabt haben, daß mit dem Flugzeug König Karl davongeflogen sei. Auch die Zeugen, die die Abreise beobachteten, haben keine Wahrnehmung gemacht, die auf eine Flucht des Königs schließen lassen könnte. Ein Fliegerleutnant erklärt sogar, die ganze Gesellschaft habe ihm keinen guten Eindruck gemacht, er habe geglaubt, es handle sich um Schieber!
Dr. Schager fuhr mit dem Auto weg in Richtung Zürich. Wie bereits erwähnt, wurden von ihm die Telegramme des Inhalts »Operation gelungen« mit der Unterschrift »Albin« aufgegeben. Nach der Rolle, die Schager bei der Flucht gespielt hat, müssen die Telegramme von ihm ausgegangen sein. Dagegen kann nicht angenommen werden, daß er sie selbst in Wädenswil aufgegeben habe. Die Person des Absenders wird vom Personal des Telegrafenbüros Wädenswil geschildert als ein »großer, hagerer, mit Überzieher bekleideter Herr von fremdem Typus in mittlerem Alter, der die Telegramme nicht im Aufgaberaum geschrieben hatte«, während Schager als untersetzt und von fester Statur signalisiert wird.
Schager ersuchte den Chauffeur Golović, mit ihm bis nach Buchs zu fahren, da er seinen neuen Daimler-Wagen noch nicht genau kenne. Sie kamen nach fünf Uhr in Buchs an, wo Schager mit dem Auto über die Grenze reiste. Am 3. November, wonach Dr. Schager in der »Wiener Sonntags- und Morgenzeitung« schrieb:
»Das Unternehmen ist mißlungen, weil man mehr Wert auf das Prestige der Krone legte als darauf, Gewalt anzuwenden.
Um Blutvergießen zu vermeiden, hat man nicht einmal Gewalt gebraucht, als der Statthalter des Souveräns, der ungetreue Horthy, sich an die Spitze der Truppen stellte, um den Zug des Königs von der Artillerie beschießen zu lassen.
König Karl und die Königin Zita können auf Gott vertrauen, daß auch für sie der Tag kommen wird, da die Gerechtigkeit siegt und sie das Recht haben werden, sich für den Schlag zu rächen.«
Mit Beschluß vom 25. Oktober hat der Bundesrat, gestützt auf Art. 70 BV, in der vorliegenden Sache folgende Personen auf Ende Oktober ausgewiesen:

Erzherzog Max von Österreich (Bruder des Königs)
Hofpfarrer Bischof Dr. Ernst Seidl
Oberstkämmerer Graf Ledóchowski

Hauptmann und Sekretär Freiherr Werkmann von Hohensalzburg und Frau
Generaldirektor Bruno Freiherr von Steiner und Frau
Frau von Boroviczény
Baron Hye in Freiburg
Legationsrat Adalbert von Glacz in Bern

Dieser Ausweisungbeschluß ist vollzogen worden. Für die Regelung der Paßangelegenheiten wurde den Ausgewiesenen eine kurze Fristerstreckung erteilt. Dem Baron Steiner wurde zur Liquidierung der Vermögensangelegenheiten des Königs Frist bis zum 17. November 1921 gewährt. Gegen Dr. Schager haben wir die Einreisesperre verhängt. Die Ausweisung aller Beteiligten drängt sich um so mehr auf, als eine strafrechtliche Verfolgung nicht eingeleitet werden kann.
Wie Lammasch »Über politische Verbrechen gegen fremde Staaten« mit Recht ausführt, soll nur der unmittelbare, gewaltsame Angriff gegen Verfassungen und Territorialbestand fremder Staaten und die Anstiftung und Beihilfe zu einem solchen unmittelbaren Angriff bestraft werden ...
In der II. Expertenkommission für das schweizerische St.G.B. erklärte Max Huber: »Die Konspiration gegen eine fremde Regierung kann bei uns schon wegen des Asylrechts nicht bestraft werden. Nur dann soll sie bestraft werden, wenn etwa auf unserem Gebiete Munitionsvorräte gesammelt, Freischaren organisiert werden etc., um das fremde Gebiet zu verletzen.«
Die Auffassung Lammaschs entspricht jedenfalls derjenigen der Bundesbehörden, die durch unseren Begriff des Asylrechts mitbestimmt ist. Der Bundesrat hat sich nie veranlaßt gesehen, gegen Elsässer, die sich zur Anbahnung der Unabhängigkeit ihres Landes zusammentun, oder gegen Russen, die die Beseitigung des zaristischen Regiments anstreben, oder gegen polnische Flüchtlinge, Jungtürken, Ägypter, die eine politische Umwälzung in ihrem Vaterlande planten, wegen völkerrechtswidriger Handlungen einzuschreiten.
Es würde sich sonderbar ausnehmen, wenn der Bundesrat wegen Teilnahme an der Flucht des Königs als Vorbereitung eines hochverräterischen Angriffs gegen die Verfassung Ungarns eine Strafverfolgung einleiten würde, dagegen nach unserem geltenden Recht die Vorbereitung der Angriffe gegen unsere Verfassung (revolutionärer Generalstreik) straflos erklären muß.
Von besonderem Interesse für den vorliegenden Fall ist die Entscheidung des französischen Kassationshofes, wonach die Unterstützung eines Karlistenaufstandes in Spanien durch Bewerkstelligung eines Anleihens in Frankreich, Ankäufe von Ausrüstungen der Insurgenten und Lieferung eines Postwagens zur Überschreitung der spanischen Grenze nicht als Friedensgefährdung angesehen würde.
Aus diesen Gründen stellen wir den Antrag:

1. Der Bundesrat möge von dem vorliegenden Berichte Kenntnis nehmen.
2. Dr. Albin Schager, Johann Aller, Oswald Farkas, Wilhelm Zimmermann und

Fritz Fischer von Ankern seien gemäß dem beiliegenden Dekrete, gestützt auf Art. 70 BV, aus dem Gebiete der Eidgenossenschaft auszuweisen.

Der Bundesanwalt (m. p.)

Wie perfekt (Verrat allerdings nicht inbegriffen) das Unternehmen des Königs von Ungarn trotz der äußerst beschränkten Bewegungsfreiheit auch international abgeschirmt, geplant und schließlich mit generalstabsmäßiger Präzision durchgeführt worden war, beweist der »Auszug aus der Sitzung des schweizerischen Bundesrates« vom Dienstag, den 25. Oktober 1921:

Der französische Botschafter hat dem Vorsteher des politischen Départementes gegenüber geäußert, die Schweiz habe zweifellos in der ganzen Angelegenheit keinerlei völkerrechtliche Pflicht verletzt. Der englische Gesandte ist derselben Meinung und gab ihr in noch entschiedenerer Weise Ausdruck.
Ähnlich äußerte sich der spanische Gesandte. Eine Depesche des schweizerischen Gesandten in Paris berichtet, die Meldung des Botschafters von der Entrüstung des Bundesrates über die Haltung des Königs Karl habe im französischen Ministerium einen guten Eindruck gemacht.
Der ungarische Geschäftsträger sprach gestern beim Vorsteher des politischen Départementes vor. Seine Haltung war vielleicht infolge eines Zwiespaltes zwischen persönlichen legitimistischen Neigungen und seiner Funktion als Vertreter der das Karl'sche Abenteuer ablehnenden ungarischen Regierung unklar. Er schien wie vor den Kopf geschlagen und ließ die Vorwürfe des Vorstehers des politischen Départements unbeantwortet ...

Die Wahrheit über die »Kronjuwelen«

»Die Wiener Hofburg erstrahlte im Licht von über 5000 Kerzen in jener Faschingsnacht des Jahres 1879. Die Söhne und Töchter der edelsten österreichischen Familien waren von Kronprinz Rudolf zu diesem ausgelassenen Fest geladen worden. Nur der Kronprinz selber langweilte sich. Er kannte die hier versammelten jungen Damen zur Genüge – er fand sie ›fad‹.
Da fiel sein Blick zufällig auf ein zartes Geschöpf mit weichem, dunklem Haar ... Maria Antonia Prinzessin von Toscana.
›Ihre Augen funkeln wie Juwelen‹, sagte Rudolf, ›ja, sie haben die Farben wie der Florentiner.‹
›Was ist das, der Florentiner?‹ fragte Maria.

67 Noch im kanadischen Exil: Kaiserin Zita, Erzherzogin Charlotte und Erzherzog Rudolf (Tuxedo 1953)

68 Otto von Habsburg, seine Braut, Prinzessin Regina von Sachsen-Meiningen, die Kaiserin- und Königin-Mutter, Erzherzog Robert von Österreich-Este, Nancy, 9. Mai 1951

69 Vielleicht der wichtigste Tag im Leben der Kaiserin- und Königin-Witwe Zita: Großjährigkeitserklärung de
Erben von Kaiser und König Karl, ihres ältesten Sohnes Otto, an dessen 18. Geburtstag, dem 20. November 1930
in Steenockerzeel (Belgien)

V. l. n. r. Bischof Dr. Ernst Seydl, Ehgin. Elisabeth, Eh. Max (Bruder von Kaiser Karl), Ehgin. Adelheid, Kaiserin
Königin Zita, Erbkaiser und Erbkönig Otto, Ehgin. Maria Josepha (Mutter Kaiser Karls), Prinzessin Hedwig
(Sixtus) v. Bourbon-Parma, Ehgin. Charlotte, Prinzessin Marie-Madelaine (Xavier) v. Bourbon-Parma,
2. Reihe: Ung. soz. Schwester Erzsébet Bokor, Lehrerin Ottilie Maas, Gfn. Therese Korff gen. Schmising-Kers
senbrock, Gfn. Ilona (Aladár) Zichy, Eh. Rudolf (hinter der Kaiserin), Artur Keresztes v. Czikbánkfalva, Eh. Fe

lix, Stephan v. Rákovszky, Prinz Sixtus, Eh. Robert von Österreich-Este, Gfn. Anna Clam-Martinic, Prof. Niederacher, Gfn. Maria Szapáry,
letzte Reihe: Prinz Johannes v. u. z. Liechtenstein, Graf Josef Hunyady, Markgraf Alexander Pallavicini, Graf Aladár Zichy, Bn. Erwein von Gudenus, Gfn. Ernestine Bellegarde (verdeckt), Bn. Géza Kövess, Gfn. Gabrielle Hunyady, Fürst Aloys v. Schönburg-Hartenstein, Graf Josef Cziráky, Prinz Gaetan von Bourbon-Parma, Ministerpräsident a. D. Graf Heinrich Clam-Martinic (verwackelt), Prinz Xavier von Bourbon-Parma, Baronin Erwein v. Gudenus, Graf Heinrich von Degenfeld, Baronesse Aimée de Pont-Wullyámoz

70 Otto von Habsburg, sein Erstgeborener Karl, Kardinal Mindszenty und die Königin-Mutter auf der Terrasse des Johannesstifts, Mai 1972

71 Links: Die »Pfalz Europas«, das Johannesstift in Zizers, im schweizerischen Rheintal, wo Kaiserin- und Königin-Mutter Zita ihren Lebensabend verbrachte – 72 Rechts: Kaiserin Zita auf der Terrasse des Johannesstifts mit ihrer »allzeit Getreuen«, Gräfin Kerssenbrock, die von 1917 bis 1971 in unwandelbarer Treue das Schicksal der Familie Österreich teilte. Sie ruht in der neuen Familiengruft der Habsburger in Stift Muri, Schweiz

73 13. November 1982: Die Kaiserin trifft auf dem Wiener Stephansplatz ein. Die Polizei hatte mit einigen hundert Neugierigen gerechnet; doch es kamen Zehntausende Menschen, die dieses Ereignis miterleben wollten. Schließlich mußte die »Kobra«-Einheit der Polizei die in der jubelnden Menge eingekeilte Monarchin befreien

74 Die Kaiserin mit Erzherzog Karl und den Erzherzoginnen Gabriela und Elisabeth im Wiener Stephansdom

75 Der Blumengruß des Bürgermeisters und Landeshauptmanns von Wien, Dr. Helmut Zilk: Er hat die historische Totenfeier für Kaiserin und Königin Zita gemeinsam mit den Verantwortlichen der Wiener Landesregierung, den Herren der Städtischen Bestattung und dem Gremium, das, unter Vorsitz von Herzog Georg von Hohenberg und Erzherzog Karl, die Beisetzungsfeierlichkeiten plante, ermöglicht

76 Beisetzung des Herzens Kaiserin Zitas an der Loretto-Kapelle an der Seite der Herzurne Kaiser Karls – in der 28. Generation Nachfolger des Klosterstifters Radbod von Habsburg: Ganz im Zeichen des großen Heiligen, des »Freundes Jesu« Lazarus, den Christus von der Toten auferweckte, fand an dessen Namenstag, dem 17. Dezember 1989, die Beisetzung der Herzurne der Kaiserin statt

77 Die Loretto-Kapelle birgt die beiden Herzurnen von Karl und Zita. Eine schwarze Steinstele trägt die Inschrift ZITA-FIDELISSIMA EIUS UXOR Zita – Seine allzeit getreue Gemahlin. Karls Herzurne war schon im Jahre 1971 in der neuen Kaisergruft Muri beigesetzt worden, nachdem sie nach dem Tode des Kaisers die Familie ständig begleitet hatte: von Madeira nach Spanien, Belgien, dann auf der Flucht vor den Nationalsozialisten durch Frankreich, Spanien und Portugal, in die Vereinigten Staaten, nach Kanada und zurück nach Europa, zuerst nach Luxemburg, dann in die Schweiz, zunächst nach Zizers und schließlich nach Muri.
Der Brauch, einem Abgeschiedenen das Herz zu entnehmen, stammt aus der Zeit der Kreuzritter. Im Mittelalter war es unmöglich, einen im Heiligen Land ums Leben gekommenen Ritter in der Heimat zu bestatten. Das Herz des Toten wurde in einer Urne versiegelt und als »Teil fürs Ganze« in die ferne Heimat geschickt. Das bourbonische Königshaus übte als erstes diesen Brauch aus. Erst im 17. Jahrhundert griffen auch die Habsburger diesen Brauch auf. Ihre Herzgruft befindet sich in der Augustinerkirche zu Wien

78 Kaiserin Zita auf der Terrasse des Johannesstifts in Zizers; mit ihr Dr. Alois Diem, Diözesanreferent für Selig- und Heiligsprechungen im Erzbistum Wien, zuständig auch für den Seligsprechungsprozeß für den »Diener Gottes Karl aus dem Hause Österreich«. Inzwischen wurden schon die ersten Schritte zur Einleitung eines Seligsprechungsprozesses für Kaiserin und Königin Zita in die Wege geleitet. (Aufnahme vom 17. Juni 1983)

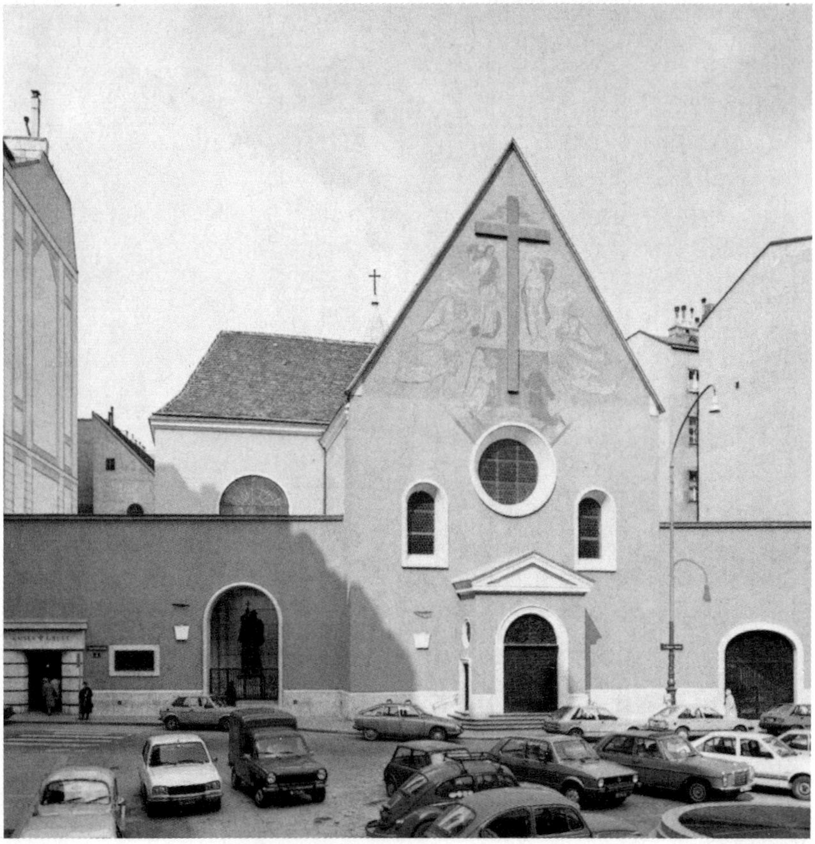

79 Die Kapuzinerkirche auf dem Neuen Markt in Wien, in deren Gruft Kaiserin und Königin Zita am 1. April 1989 – auf den Tag genau 67 Jahre nach dem Tode Kaiser und König Karls – beigesetzt wurde. In absehbarer Zeit wird auch Kaiser Karl hier seine letzte Ruhestätte finden

›Das ist unser kostbarster Diamant – kommen Sie, ich zeige Ihnen das herrliche Stück.‹
Durch dunkle Tunnels und über steinerne Stiegen führte er seine Prinzessin in die Schatzkammer des Schlosses, wo in der legendären Vitrine XIII die Kronjuwelen des Habsburger Kaiserhauses lagen. Da ruhte die diamantene Krone der Kaiserin Elisabeth, daneben ihr Rosenkollier, da lag die blutrote Rubingarnitur der unglücklichen Marie Antoinette. Und dann erblickte Maria den ›Florentiner‹: Sein Feuer überstrahlte alles um ihn herum.
Feierlich sagte Rudolf: ›Maria Antonia, du wirst diesen Diamanten tragen, wenn du meine Kaiserin bist.‹
Eng umschlungen saß das junge Paar auf den Steinstufen der Schatzkammer ...
Eines Tages gestand Maria: ›Ich bekomme ein Kind.‹
Und es wurde ein Sohn! Aber um Maria stand es schlecht; in Rudolfs Armen hauchte sie, selig lächelnd, ihr zartes Leben aus.
Da Rudolf mit seiner Gattin die große Liebe seines Lebens zu Grabe getragen hatte, arbeitete er um so besessener an seinen politischen Zielen. Rudolf sah keinen anderen Ausweg als den Staatsstreich.
Im Jagdschloß Mayerling beschloß er mit seinen Getreuen, daß man am 29. Januar 1889 gegen Wien ziehen werde.
Am Vorabend dieses Tages wurde es Rudolf weh ums Herz. Er drängte in die Schatzkammer der Hofburg. Dort ließ er sich die Vitrine öffnen, in der kalt und abweisend funkelnd der ›Florentiner‹ lag. Dann stammelte Rudolf unter Tränen: ›Maria Antonia, morgen wärst du unsere Kaiserin geworden ...‹
Aber der edle Kronprinz erlebte das Licht des kommenden Tages ebenfalls nicht mehr. Sein größter Feind, der Erzherzog Franz Ferdinand, hatte ein Mörderkommando ins Schloß gesandt. Dort wurde der Kronprinz hinterrücks erschossen.
So kam es, daß der ›Florentiner‹ in der Schatzkammer der Habsburger verblieb.
Bis zu jenem Allerheiligentag 1918, als der Stein zusammen mit den anderen Kronjuwelen verschwand: Kaiser Karl I. hatte auf den Thron verzichtet, und die Republik wurde ausgerufen. Seitdem hat man nichts von dem ›Florentiner‹ gehört, ebensowenig wie von den anderen Schätzen der Habsburger. Angeblich soll der Kronschatz spurlos verschwunden sein.
Nur einer kann es eigentlich wissen: Otto von Habsburg-Lothringen, Sohn des letzten österreichischen Kaisers und Königs von Ungarn, doch der schweigt.«

Anstelle von Dr. Otto Habsburg reden ohnehin die Vitrine XIII-Autoren jeder Couleur, und, so wissenschaftlich sie sich auch gebärden mögen, sie unterscheiden sich kaum von der Mitarbeiterin eines deutschen Massenblattes, die den oben zitierten »Bericht« unters Volk brachte.
Seither wollen die Rätselratereien und Mutmaßungen kein Ende nehmen, schon gar nicht die Enthüllungen. Und doch ist der Sachverhalt denkbar einfach.
Es handelte sich bei den in Frage stehenden Pretiosen nicht um »Kronjuwelen« (die

ruhen nach wie vor in der Schatzkammer der Wiener Hofburg), sondern um reinen Privatbesitz der kaiserlichen Familie. Das steht längst außer Frage.
Die Phantasie entzündet sich aber an diesem Schatz und auch an seinem Verschwinden, ein Verschwinden, das untrennbar mit dem Namen Bruno Steiner verbunden bleibt.
Und mit der Frage, wie denn bloß Kaiser Karl so »leichtgläubig«, so »unvorsichtig« oder gar so »gefährlich beeinflußbar« sein konnte, sich einem Manne wie dem betrügerischen Steiner anzuvertrauen. War das nicht genau jene schlechte Menschenkenntnis, die man ihm immer nachsagte, auch bei der »Wahl seiner Mitarbeiter«?
Die Wahrheit schaut allerdings ganz anders aus, auch wenn die Gerüchte und landläufigen Meinungen als zunächst durch die amtlichen schweizerischen Protokolle bestätigt erscheinen.
Die Beobachtungen der Schweizer trafen den Nagel auf den Kopf – soweit es sich um Steiner handelte. (Daß sie die Frage nicht berühren, wie Kaiser Karl überhaupt zu diesem Steiner kam, ist verständlich. Doch dort liegt die Lösung des Rätsels.)
Im Oktober des Jahres 1921, als die allgemeine, weltweite Aufregung über Kaiser und König Karl und seine Gemahlin im Zusammenhang mit dem Scheitern des zweiten Restaurationsversuches einen ihrer Höhepunkte erreichte, wurde auch die Frage nach den Männern in der Umgebung des Kaisers und Königs aktuell; für die Schweizer vor allem deshalb, weil sich ein großer Teil der Angehörigen der königlichen Suite ja noch immer in der Schweiz befand. Damals erreichte ein mit »Vertraulich« überschriebener Bericht des Legationsrates Egger den schweizerischen Bundesrat, ein Bericht, der bei der Charakterisierung einzelner Mitglieder der Suite nicht gerade zart verfuhr.
Bundesrat Motta sah sich daher veranlaßt, neben die Worte über Werkmann, dessen Frau und Bruno Steiner die Randbemerkung zu schreiben: »Die Urteile ... sind wahrscheinlich stark übertrieben.« Soweit sie sich jedoch auf Steiner beziehen, stimmen sie – leider – mit den Fakten voll und ganz überein. Hier Eggers Bericht:

»Was Generaldirektor Bruno Freiherr von Steiner anbetrifft, so schrieb uns Herr Minister Bourcart [schweizerischer Gesandter in Wien] im Mai d.J. über ihn:
›Bruno Steiner geht aus der Konsulatskarriere hervor. Er ist Jude. Sein Vater war zuerst Direktor des Wiener Varietés ›Ronacher‹, dann eines anderen Vergnügungs-Etablissements und floh, wegen Betruges steckbrieflich verfolgt, nach Amerika. Der Sohn wird als ›wertlose Figur‹ und als ›windig‹ bezeichnet. In der Schweiz nobilitierte ihn der Kaiser, und Steiner soll sich selbst den Titel *de Balmont*, als Erinnerung an den Genfer See, ausgewählt haben.‹«

Wie fast immer in solchen Zusammenhängen, ist auch hier der Originalbericht treffender und schärfer:

»... sein Vater, Gábor Steiner, war zuerst Direktor des Wiener Varietés ›Ronacher‹, dann des Vergnügungsetablissements ›Venedig in Wien‹, er soll sich selbst das Epitheton *de Valmont* als Erinnerung an den Genfer See ausgewählt haben. Allgemein glaube ich sagen zu dürfen, daß man die von Präsidenten Schober stammenden Einschätzungen und Charakteristiken als das Objektivste und Zuverlässigste nehmen kann, was der Informationsdienst im heutigen Österreich bietet.

Der Schweizerische Gesandte
C. J. Bourcart
An das Schweizerische Politische Département, Abteilung für Auswärtiges, Bern«

Dr. Egger setzt seine Ausführungen fort: »Nach unseren Erkundigungen besorgt Herr Steiner, der ausschließlich Geschäftsmann und Jude ist, die finanziellen Angelegenheiten. Der persönliche Eindruck ist ein recht ungünstiger. Seine Entfernung dürfte sich wohl rechtfertigen lassen, doch wird ihn der König kaum missen wollen.«

Soweit der amtliche Bericht des schweizerischen Legationsrates Dr. Egger; was Herr Egger nicht wissen konnte, war, daß der König seinen ungetreuen Diener sehr wohl »missen« wollte. König Karl hatte längst erkannt, welch ein Charakter Steiner war, und erneuerte daher schon in der Schweiz die abgelaufenen, kurz befristet gewesenen Vollmachten Steiners nicht mehr.

Steiner wußte sich zu helfen. Er landete seinen ganz großen Coup schließlich auch ganz ohne Vollmacht. Als er den König in der Gefangenschaft zu Tihany wußte, trat er, unter Ausnützung der Zwangslage, über Mittelsmänner abermals an den König heran, mit der Bitte, seine Vollmachten erneuern zu wollen.

König Karl lehnte – obwohl sich Vorteile aus einer neuerlichen Betrauung Steiners zu ergeben schienen – entschieden ab. Was Steiner allerdings keineswegs daran hindern konnte, mit seinen längst abgelaufenen und ungültigen Pouvoirs weiter Unfug zu treiben.

Es ist völlig klar, daß Steiner seine gigantischen Machinationen nicht ohne die Mithilfe einiger hochgestellter Männer aus dem damaligen Bankfach bewerkstelligen hätte können. Aber mit Bestechungsgeldern und Bestechungsgaben brauchte er ja nicht allzu knausrig zu sein.

Daß der König damals von dem wahren Umfang der Unterschleife Steiners noch immer keine Vorstellung hatte, ist, aus den Umständen heraus betrachtet, verständlich: er hatte andere Sorgen, Sorgen, welche die Existenz seiner Völker und seiner Familie betrafen. Das ging vor die Überwachung von Beamten seines Stabes, vor den »Blick in den Safe«. Womit sich die Frage erhebt, wie Steiner überhaupt jemals zu Vollmachten kam, aber das ist eine ganz andere Sache, mit der König Karl wenig zu schaffen hatte.

Übrigens gibt es noch eine amtliche schweizerische Charakterisierung Steiners und seiner Funktionen (oder jener, die er vorgab, auszuüben). Sie stammt vom 25. Oktober des Jahres 1921 und ist im »Auszug aus dem Protokoll des schweizerischen Bundesrates« nachzulesen, unter dem Titel »König Karl von Ungarn. Maßnahmen gegen das Gefolge und die Helfershelfer«. Dort heißt es unter Punkt 6:

»Von Steiner, ein aufdringlicher Jude, ist die Ratte, die das sinkende Schiff verläßt. Er gibt an, beim König seit Monaten in Ungnade gefallen zu sein, er habe sein Demissionsschreiben eingereicht, und sein kürzliches Zusammentreffen in Bern mit Erzherzog Max, der sehr materiell denke und der sich um Politik gar nicht kümmere, sei auf dessen Veranlassung erfolgt, um Steiner zu bewegen, die Demission zurückzuziehen. Steiner hat mich, zum Teil wirklich überzeugend, über die äußerst komplizierte Vermögenslage des Hauses aufgeklärt. Tatsächlich besitzt er alle Vollmachten, und er allein kennt das Wirrwarr dieser einzigartigen Verwaltung und scheint überdies durch namhafte, auf seinen Namen verbürgte und dem König vorgestreckte Summen persönlich engagiert zu sein. Er beruft sich auf Herrn Nationalbank-Direktor Schnyder, der die Verhältnisse kenne, und versichert, daß dem Hause unnennbare Summen verloren gehen, daß den Ausreisenden [gemeint sind Werkmann, von Schonta etc.] nicht der geringste Betrag ausgehändigt werden könne und daß dem Haushalt in Hertenstein jede Unterstützung fehle, wenn ihm als einzig Eingeweihten nicht eine Frist gegeben werde, um all diese Sachen zu ordnen.
Steiner will mir übermorgen in Bern dokumentarisch die Notwendigkeit seines Bleibens im Interesse der königlichen Kinder und zahlreicher schweizerischer Bankinstitute und Privater nachweisen.
Ich habe seine mit jüdischer Beredsamkeit vorgetragenen Erörterungen ohne Bemerkung entgegengenommen.
Frau Steiner ist zur Zeit in Lausanne mit ihren beiden Kindern. Sie sei nie in Hertenstein gewesen und auch nie von der Königin empfangen worden.«

Eine Bemerkung, die das Verhältnis der königlichen Familie zu Steiner trefflich charakterisiert.
Erzherzog Franz Ferdinand, der Onkel Kaiser Karls, hatte nicht nur große Liegenschaften in Böhmen und Niederösterreich besessen, sondern auch – vor allem – in Italien, war er doch der Erbe des Herzogs von Modena, und durch diesen des gewaltigen estensischen Vermögens gewesen. Erzherzog Franz Ferdinand setzte Bruno Steiner, der ihm von den verschiedensten Seiten als absolut vertrauenswürdig und tüchtig empfohlen worden war, als Vermögensverwalter des estensischen Erbes ein, und Bruno Steiner begann also in Rom zu »amtieren«.
Nach der Ermordung des Erzherzog-Thronfolgers fiel der überwiegende Teil des Este-Erbes an Erzherzog Karl, Franz Ferdinands Neffen. Bei der Abwicklung der Verlassenschaft stellte sich heraus, daß die böhmischen Güter des verstorbenen

Erzherzog-Thronfolgers mit Hypotheken belastet waren, was die allgemeine Lage verkomplizierte und die Kenntnisse des von Franz Ferdinand eingesetzten Steiner als besonders wertvoll erschienen ließ. Steiner war mit dem Ausgleich des Vermögens Böhmen-Este betraut; schließlich sollten doch die Kinder und Erben des ermordeten Thronfolgers ein bestelltes Haus vorfinden.
Dann kam der Krieg. Steiner blieb zunächst in Rom, und in Wien war man froh, dort einen »getreuen Verwalter« zu haben, Sorgen hatte man daheim genug.
Nach dem Ausbruch des Krieges zwischen Italien und Österreich im Jahre 1915 machte Steiner sich zunächst noch den Italienern nützlich, die das estensische Vermögen konfiszierten und sich freuten, in Steiner einen »Fachmann« gefunden zu haben, der sich allerdings schließlich in die Schweiz absetzte. Sein Gehalt als Vermögensverwalter bezog er weiterhin aus Wien. Davon abgesehen, sprach dort kein Mensch von ihm; der Kaiser hatte während des Krieges anderes zu tun, als sich den Kopf über sein Vermögen in Italien zu zerbrechen.
Dann kam das Kriegsende und schließlich die Ausreise aus Österreich. Kaiser Karl hatte rechtzeitig den Auftrag gegeben, die ausschließlich in Privatbesitz befindlichen Schmuckstücke aus dem Besitz der Kaiserin Maria Theresia, Franz Stephans von Lothringen und ähnliches, vorsorglich in Sicherheit zu bringen. (»Nicht ein Stein, nicht ein Stück aus dem Krongut wurde dabei berührt« – auch nicht die Rudolphinische Hauskrone, die von einer Expertenkommission gleichfalls eindeutig als habsburgischer Privatbesitz erkannt wurde.) Seinem Privatgut folgte Kaiser und König Karl in die Schweiz.
Von Steiner war keine Rede, kein Mensch dachte mehr an ihn. Aber Steiner dachte an seinen Herrn. Und wie es der Zufall wollte, sah ihn die Kaiserin und Königin zuerst, als er nach Schloß Wartegg am Bodensee kam:

Ich bemerkte einen seltsamen Menschen, der sich schwitzend und keuchend dem Schlosse näherte. Er fiel sofort auf, weil er trotz der großen Hitze einen feierlich-schwarzen Anzug trug und unter dem Arm sehr demonstrativ ein gewichtiges Meßbuch mit sich schleppte ... und das am hellen Mittag, als in der damaligen Zeit kein Mensch von einer Messe kommen konnte, weil Priester ja nur am frühen Morgen zelebrierten.
Was wollte der Mann?
Daß er »etwas wollte« ging aus seinem Aufzug hervor; er mußte gehört haben, daß »frommes« Auftreten beim Kaiser Eindruck mache, wahrscheinlich hatte er ähnliches und noch mehr über mich selbst gehört, also auch von dem Einfluß, der von mir ausgehen sollte ... Der Mann mit dem Meßbuch machte sich alsbald bekannt: Bruno Steiner, Absolvent der Konsularakademie, von Erzherzog Franz Ferdinand lange vor dem Krieg mit der Verwaltung des estensischen Vermögens in Italien betraut ... Ob Seine Majestät auch über diese Werte Bescheid wisse, ob Seine Majestät sich bewußt sei, daß die Rechtslage nicht so eindeutig sei, daß er, Bruno Steiner, der einzige sei, der noch über Listen verfüge, Überblick habe ... der die

zuständigen Männer in Rom genauestens kenne, daß manches, vieles vielleicht, noch zu retten sei?

Das also war Bruno Steiner, der Mann, in dessen Händen – laut seinen durchaus glaubwürdigen Angaben – alle Fäden dieser Verwaltung seit Jahren zusammenliefen, der »etwas retten« konnte.
Das war aber bei der damaligen Lage der kaiserlichen Familie viel. Der Haushalt auf Schloß Wartegg verschlang Unsummen. Nicht etwa, weil der Kaiser dort über ein »aufgeblähtes Hoflager« regierte, wenn es auch viele als solches bezeichneten, sondern weil der Kaiser gut achtzig Männer und Frauen seines Gefolges zu beherbergen und zu verpflegen hatte, von denen etwa siebzig reine Sozialfälle waren: Menschen, die ihre Heimat verloren hatten, ihre Stellung, ihre Existenzgrundlage.
Das ganze »Hoflager« von Wartegg war nichts anderes als ein Flüchtlingslager, und der Kaiser versorgte diese Leute nicht, weil er sie brauchte, sondern sie ihn. Selbstverständlich mußte die kaiserliche Familie immer wieder Schmuck verkaufen; um das Notwendigste zu bestreiten, und die Parmas gleichfalls; ihnen gehörte ja Wartegg (mit allen Lasten).
In dieser furchtbaren Zwangslage verstand es Steiner, sich immer wieder auf die dem Erzherzog Franz Ferdinand durch so viele Jahre in Treue geleisteten Dienste berufend, durch die Vortäuschung besonders günstiger Verkäufe oder Belehnungen »ins Geschäft« zu kommen, was ihm auch auf unerhört geschickte Weise gelang: wie sich (erst nach dem Tode des Kaisers) herausstellte, hatte er, gemeinsam mit den Brüdern Bienenfeld, eine »Association Perlesco« gegründet, eine Gesellschaft, die ausschließlich zu dem Zweck ins Leben gerufen worden war, um das Eigentum der kaiserlichen Familie auf Nimmerwiedersehen zu verschachern. Der eine der Brüder Bienenfeld hatte die französische Staatsbürgerschaft angenommen, der andere die spanische. Hier war Veruntreuung so gut wie straffrei, dort Hehlerei. Der eine stahl, der andere verkaufte weiter. So war später keinem der beiden viel anzuhaben.
Kompliziert wurde die Lage des Kaisers dadurch, daß er mit den schweizerischen Behörden nur über einen schweizerischen Anwalt verhandeln konnte – man legte ihm dabei einen Dr. Seeholzer nahe, der sich seine Dienste (oder das, was er darunter verstand) in Gold aufwiegen ließ. Die Schweizer lehnten es rundweg ab, mit einem der österreichischen oder ungarischen Herren zu verhandeln, und der Kaiser mußte sich fügen, ob ihm nun Dr. Seeholzer paßte oder nicht.
Stück um Stück mußte nun verkauft werden, die unbedeutenderen Kleinodien zuerst. Daß der Kaiser dabei andere Sorgen hatte, als diese Transaktionen persönlich zu überwachen, bedarf kaum der Erwähnung: schließlich ging es in diesen Monaten – unter anderem – um die Verhinderung der Selbstaufgabe Österreichs, um die Verhinderung des Anschlusses an Deutschland; eine Arbeit, die vollen Einsatz erforderte und keine Zeit für Tresorkontrollen übrigließ.

Daß Steiner (den der König inzwischen über dessen wiederholte und dringende Bitte baronisiert hatte, allerdings als »Valmont«, ein Titel, der weder mit Österreich noch mit Ungarn etwas zu tun hatte) das Vertrauen des Königs schon nach wenigen Wochen nicht mehr genoß, geht eindeutig daraus hervor, daß sich der König weigerte, die ihm während der Gefangenschaft in Tihany vorgelegten Papiere, die längst abgelaufenen Vollmachten Steiners betreffend, zu erneuern.
Welchen Schaden Steiner inzwischen bereits angerichtet hatte, konnte noch niemand ahnen, so wenig, wie jemand ahnen hätte können, welch ungetreuen Verwalter sich der Erzherzog-Thronfolger einst bestellt hatte. Unter ganz anderen Umständen freilich, mit den nötigen Kontrollen, Instanzen, und im tiefsten Frieden.
Aber auch in diesem Falle rettete der untrügliche Instinkt, der so oft beredete »sechste Sinn« Kaiser und König Karls, das Wichtigste. Es war rechtzeitig in Sicherheit gebracht worden und blieb dem Zugriff des ungetreuen Verwalters entzogen.
Dem dramatischen Ungarn-Flug folgte die Reise in die Verbannung, die Fahrt ins Exil nach Madeira. Von Madeira aus kehrte Kaiserin und Königin Zita noch einmal, allein, in die Schweiz zurück. Zweck der Reise: der sechsjährige Erzherzog Robert mußte operiert werden, die Mutter wollte ihn pflegen.
Die Kaiserin wollte aber auch persönlich den Gerüchten entgegentreten, die von einem »Wortbruch« des Königs gegenüber den schweizerischen Behörden sprachen.
Die Königin sollte des weiteren auch Geld beschaffen, was nur durch den Verkauf einiger Stücke aus den mitgebrachten Juwelen möglich war. Keinesfalls war an den Verkauf des Rosenkolliers der Kaiserin Maria Theresia gedacht, das überhaupt unverkäuflich war und nach dem Willen Maria Theresias für alle Zeiten im Besitze der Familie bleiben sollte; nicht anders verhielt es sich mit der »Hauskrone der Kaiserin«, einem privaten Schmuckstück, zuletzt von der Kaiserin-Königin im Dezember 1916, bei der Krönung des Königs in Budapest, getragen, und auch mit der Borso-Bibel; der Kaiser untersagte ausdrücklich den Verkauf dieser Stücke, ja verbot sogar deren Belehnung. Die Aufgabe der Kaiserin bestand nun darin, den Verkauf einiger anderer Schmuckstücke einzuleiten, damit die inzwischen nach Luxemburg abgereisten Getreuen versorgt werden könnten, damit der Unterhalt der Familie auf Madeira für die allernächste Zukunft gesichert sei, und um die wertvollsten, unveräußerlichen Stücke persönlich nach Madeira zu schaffen.
Es gibt ein Protokoll über eine denkwürdige Unterredung in Zürich, deren Zeuge (nicht ganz, aber immerhin teilweise) Dr. Egger war.
Er beschreibt das von ihm in etwa Mitgehörte so:

»Vertraulich
Notiz über meinen Besuch bei der Ex-Kaiserin Zita
am 17. Januar 1922

Verabredungsgemäß fand die Unterredung Dr. Seeholzers mit der Ex-Kaiserin, an der ich teilnahm, am 17. Januar 1922 nachmittags, 2 Uhr, im ›Paracelsus‹ in Zürich statt.
Die Aussprache Dr. Seeholzers beschränkte sich vom Anfang bis zum Ende auf rein finanzielle Fragen. Ich hatte durchaus keinen Anlaß zu irgendwelchen Bemerkungen. Dr. Seeholzer bat mich bloß um Diskretion über seine Ausführungen.
Daraus geht nun hervor, daß er von Baron Steiner durchaus nicht, wie wir glaubten, über die von diesem durchgeführten Transaktionen unterrichtet wurde. Baron Steiner, der zur Zeit in Wiesbaden ist, hat auch auf mehrfaches Ersuchen um Aufklärung keine Antwort gegeben und hat vor Verlassen unseres Landes Dr. Seeholzer überhaupt nicht gesehen. Dr. Seeholzer glaubte, von der Ex-Kaiserin irgendwelche Aufschlüsse zu erhalten, was nicht der Fall war. Sie sagte ihm vielmehr, aufs peinlichste überrascht, daß das nach Madeira mitgenommene Geld vielleicht noch bis zu ihrer Rückkehr lange, daß aber für den weiteren Aufenthalt, ferner zur Ablösung dringlicher Bankverpflichtungen in der Schweiz und zur Auszahlung von Zuschüssen an Mitglieder des ehemaligen kaiserlichen Hauses und an die in Luxemburg befindliche Suite unbedingt Geld beschafft werden müsse.

Verpfändet sind aus dem Kronschmuck:
Das Goldene Vlies
die sogenannte Hauskrone
das sogenannte Rosenkollier der Kaiserin Maria Theresia
die doppelte Perlenkette der Kaiserin Maria Theresia
eine Brosche.
Verkauft werden sollen:
der »Florentiner«-Diamant Karls des Kühnen
(Verkaufspreis nicht unter 10 Millionen Schweizer Franken)
die berühmte Borso-Bibel (von Crivelli), Verkaufspreis circa 5 Millionen Schweizer Franken.
Über die Verpfändung der fünf Stücke aus dem Kronschmuck kann nur Baron Steiner Auskunft geben. Für die beiden anderen Stücke interessieren sich Amerikaner.
Eine zweite Konferenz mit Dr. Seeholzer scheint mir nur nötig zu sein, wenn vor der Abreise der Ex-Kaiserin die von Baron Steiner erbetenen Aufschlüsse eintreffen sollten. Seeholzer wäre einverstanden, daß sie allfällig erst am letzten Tage stattfindet.«

Dieses Protokoll ist insofern von großer Bedeutung, als es die ganze Unzulänglichkeit, ja geradezu erschreckende Unzuverlässigkeit eines Gedächtnisprotokolls wiedergibt: es ist völlig ausgeschlossen, daß in Gegenwart der Kaiserin hinsichtlich der besprochenen Gegenstände das Wort »Kronschmuck« gebraucht worden sein könnte – einfach deshalb, weil es sich nicht um Kronjuwelen handelte und weil sich daher die Kaiserin aus verständlichen Gründen gegen diesen Ausdruck gewehrt hätte. So war auch von einer »Belehnung« der genannten Stücke nie die Rede. Weder das Rosenkollier noch die Hauskrone der Kaiserin sollten jemals belehnt werden; auch anderes kam ins Protokoll wie Pontius ins Credo.

Immerhin fand einige Tage später eine neuerliche Zusammenkunft in der Klinik Paracelsus statt, und zwar »Samstag, den 21. dieses, morgens 7 Uhr ... Diese Unterredung war notwendig geworden, weil inzwischen die von Baron Steiner erbetenen Aufschlüsse über die von ihm vorgenommenen finanziellen Transaktionen eingetroffen waren. Seeholzer wird sich demnächst nach Madeira begeben. Am Vorabend der Abreise unternahm die Exkaiserin den einzigen Ausgang während ihres Aufenthaltes in Zürich, um sich in der Frauenklinik durch Herrn Prof. Walthard untersuchen zu lassen ...«

Die erbetenen Aufschlüsse, die da soeben »eingetroffen waren«, erwiesen sich als katastrophale Nachrichten: es ergab sich der Verdacht, daß die erwähnten Pretiosen, die gemäß dem Auftrag des Kaisers nicht einmal hätten belehnt werden dürfen, bereits verschwunden waren. Wie Steiner. Spurlos.

Der Prinz, der allzeit zugegen war, wenn der kaiserlichen Schwester geholfen werden mußte, Xavier von Bourbon, war auch diesmal sofort zur Stelle.

Herzog Xavier von Bourbon-Parma erinnerte sich später:

»Um in dieser überaus heiklen Sache keinen Fehltritt zu begehen, wandte ich mich zunächst an den französischen Staatspräsidenten, Raymond Poincaré, mit dem ich recht gut bekannt war. Er war seinerzeit immerhin auch der beste Anwalt in Frankreich gewesen. Im Laufe einer ausführlichen Unterredung hatte ich Gelegenheit, ihm die überaus peinliche Lage Kaiser und König Karls auseinanderzusetzen. Schließlich sagte er mir, er erkenne wohl die ganze Problematik dieses Falles recht klar, doch möge ich nicht vergessen, daß er Präsident der Französischen Republik sei und daher nicht direkt eingreifen könne.

Aber bereits am folgenden Tag erklärte er mir, er habe die Lage überprüft und könne mir nur einen einzigen Rat geben: nicht allzuviel zu unternehmen, vor allem keinerlei Aufsehen zu machen, wie immer es um diese Angelegenheit auch stehe. Sei dieser Herr Steiner ein Ehrenmann – nun, dann habe er die Juwelen ohnehin in Sicherheit gebracht, und alles sei in Ordnung. Sollte es aber mit Steiner Schwierigkeiten geben, so dürfe keinesfalls irgend etwas über diese Angelegenheit in die Öffentlichkeit gelangen. Die Pretiosen würden sonst von den Nachfolgestaaten als ›Kriegsentschädigung‹ beschlagnahmt werden, und dagegen könne er, Poincaré, gar nichts tun, ob nun diese Juwelen reines Privatvermögen seien oder nicht. ›Außerdem kann ich in meiner Eigenschaft als Staatspräsident in dieser Angelegenheit überhaupt nichts tun.‹ Sollte ich aber jenen Herrn ausfindig machen, bestehe doch immerhin die Chance, daß Steiner das fremde Gut ›wahrscheinlich‹ zurück-

stelle. In der Zwischenzeit aber sollten wir durch Familienhilfe die Lage des Kaisers erleichtern, bis eine ›ehrbare‹ Lösung, auf die er hoffe, gefunden werden könne ... er wünsche mir alles Gute.
Das Wort ›ehrbar‹ klang recht originell in diesem Zusammenhang: die Engländer hatten meinen Schwager mit seiner Familie in Funchal an Land gebracht, in einem Hotel abgesetzt und ihn dort seinem Schicksal überlassen. Anfänglich halfen einige ungarische aristokratische Familien mit Geldern aus, doch diese Unterstützungen reichten nicht. Das gesamte kaiserliche Vermögen in Österreich und in den Nachfolgestaaten war beschlagnahmt.
Das war die verzweifelte Lage, als ich mich auf die Suche nach Steiner machte. Ich begann meine Nachforschungen an Ort und Stelle, in der Schweiz, nahm die Spur des Betrügers auf und verfolgte alle Hinweise quer durch Frankreich, England und wieder durch Frankreich, bis ich im Rheinland auf eine Fährte stieß, die mich nach Wiesbaden führte.
Wiesbaden war damals, in den Nachkriegsjahren, eine Art von juridischem ›Niemandsland‹, das zweifelhafte Elemente aus aller Welt anlockte. Dort in Wiesbaden spürte ich denn auch Steiner schließlich auf. Er hatte in einem der vornehmsten Hotels schon seit einiger Zeit eine ganze Suite gemietet.
Ich ließ mich natürlich nicht mit meinem Namen anmelden, sondern ließ ihm sagen, ›ein guter, alter Bekannter‹ wünsche ihn zu sprechen.
Es war am späten Nachmittag.
Als ich sein Appartement betrat, schien er – ganz im Sinne seines Namens – zunächst zu Stein zu erstarren.
›Was wollen Sie von mir?‹ stieß er schließlich stotternd hervor.
›Ich habe ernstlich mit Ihnen zu reden!‹
›Ich aber nicht mit Ihnen!‹ Er erholte sich rasch wieder von dem Schrecken, den ihm mein Erscheinen eingejagt hatte.
›Ich habe Ihnen allerdings etwas sehr Ernstes zu sagen. Sie wissen genau, in welcher verzweifelten Lage sich der Kaiser und seine Familie befinden.‹
›Ja‹, antwortete er, ›aber das ist nicht meine Sache, damit habe ich nichts zu tun.‹
So begann die unerfreuliche Unterredung, die von Anfang an nichts Gutes verhieß.
›Sie haben den Schmuck und die Juwelen der kaiserlichen Familie in Händen.‹
›Selbstverständlich‹, kam die zögernde Antwort.
›Ich habe von Seiner Majestät den Auftrag, die Juwelen zu sehen.‹
›Das ist im Augenblick nicht möglich. Sie liegen sicher verwahrt in einem Banksafe. Ich kann sie selbstverständlich nicht hier im Hotel aufbewahren.‹
›Und welches ist Ihre Bank?‹
Er nannte die Namen von drei oder vier Bankhäusern, worauf ich darauf bestand, die Bankbestätigungen über die Depots der Pretiosen zu sehen. Als er unter Ausflüchten die Vorlage der Bankbestätigungen verweigerte, wollte ich mit ihm persönlich die Banken aufsuchen, was er mit dem Hinweis auf die vorgerückte Stunde ablehnte.

Jetzt beging ich einen wahrscheinlich entscheidenden Fehler – ich fuhr selbst die kurze Strecke zu der mir schließlich genannten Bank; während dieser wenigen Minuten hatte er Gelegenheit, den Direktor der Bank von meinem Kommen zu verständigen.
So traf ich wohl noch auf einige leitende Angestellte, aber der Chef war ausgeflogen. Ich möge morgen um ½ 9 Uhr wiederkommen, sagte man mir.
So einigte ich mich mit Steiner auf ein Zusammentreffen um 8 Uhr morgens im Hotel, wonach wir gemeinsam die Bank aufsuchen und den Safe kontrollieren sollten.
Pünktlich auf die Sekunde klopfte ich an die Tür seines Appartements.
Keine Antwort. Die Tür war verschlossen.
Auf meine Anfrage hin kam der Direktor höchst aufgeregt herbeigelaufen und sagte, Steiner sei gegen Mitternacht ›mit seiner Frau und viel Gepäck eiligst in zwei Autos gestiegen und abgereist‹. Der Portier, der ihn fragte, wohin Post nachgeschickt werden solle, habe keine Antwort erhalten.
Das war das Ende dieser traurigen Angelegenheit. Ich konnte ja nicht einmal die Polizei rufen. Unter den damals herrschenden Umständen, noch dazu im Rheinland, wäre das ein völlig aussichtsloses Unterfangen gewesen, das bestenfalls einen Skandal ausgelöst hätte, aber ganz gewiß keine Fahndung mit dem Zweck, dem Kaiser sein Eigentum wiederzugeben. Im Gegenteil: die Öffentlichkeit hätte sich gierig auf diesen ›Fall‹ gestürzt und die neuen Machthaber auf den Schmuck, wäre irgendwo doch noch etwas aufgetaucht.
Die Position des Kaisers war aussichtslos. Wie sollte er sich gegen die Meute durchsetzen, auch wenn er tausendmal im Recht war? Immerhin fand ich in dem von Steiner fluchtartig verlassenen Appartement noch einen Behälter mit der Carcasse der Hauskrone der Kaiserin. Die Edelsteine waren auf das brutalste herausgebrochen, Perlen waren zersplittert ... Vandalismus plus Geldgier.
Ich habe dann noch lange in Paris nachgeforscht, drei Hehler gefunden, auch einen solchen, der selber als betrogener Betrüger dastand ... und schließlich auch Bruno Steiner, der sich als Monsieur Valmont im französischen Außenamt als gar nicht schlecht gestellter Beamter ein Refugium gesucht hatte. Ein gutes Refugium, wie sich im Laufe des Prozesses, den die Kaiserin-Witwe schließlich gegen ihn anstrengte, herausstellte, Steiner mußte allerdings Unsummen an Bestechungsgeldern ausgeben.
Der Prozeß dauerte jahrelang. Doch wo nichts ist, hat der Kaiser sein Recht verloren. Mehr noch die Kaiserin-Witwe, zumal sie andere, wichtigere Aufgaben zu erfüllen hatte, als sich mit raffinierten internationalen Betrügern herumzuschlagen und einen Prozeß durchzustehen, dessen Streitwert ihre finanziellen Kräfte bei weitem überstieg.
Das geistige Vermächtnis des Kaisers und Königs zu erfüllen, war wichtiger und nahm die ganze Kraft der jungen Kaiserin-Witwe in Anspruch ... auch eine ihrer letzten finanziellen Reserven.«

Ich war dann eines Tages gezwungen – es ging buchstäblich um das Überleben der Kinder –, etwas zu verkaufen ... und es war die Borso-Bibel. Ich werde das nie verwinden können, zumal es sich um das Eigentum eines meiner Kinder handelte ... die Handschrift gehörte Erzherzog Robert, sie stammte aus dem estensischen Erbe. Aber ich hatte keine andere Wahl ...

Das Äußerste blieb der Kaiserin schließlich erspart. Als die Familie im baskischen Lequeitio ein Heim gefunden hatte, standen ihr endlich wieder Menschen zur Seite, die fähig waren zu helfen, und die mit Treue und Hingebung tausendfach aufwogen, was ein Steiner, ein Bienenfeld und wie sie sonst alle heißen mochten, auf dem Gewissen hatten. Übrigens ging Steiner in den dreißiger Jahren arm und verlassen zugrunde.

Der Tod Kaiser Karls

Als Kaiser Karl am 19. November des Jahres 1921, fünfeinhalb Monate vor seinem Tode, in Funchal auf Madeira den Fuß an Land setzte, trat er damit keineswegs »aus der Geschichte« aus. Im Gegenteil: diese einhundertzweiunddreißig Tage auf Madeira waren jene Wegstrecke im Leben des Kaisers, auf der er seine Vollendung fand.

Bevor der Kaiser erkrankte, fand er endlich Gelegenheit, mit unserem Sohn Otto und unserer Tochter Adelheid viel spazieren zu gehen und dabei mit den Kindern zu sprechen. Der Kaiser war ja immer ein unermüdlicher Geher gewesen, ein geradezu klassischer Peripatetiker und gehend gab er den Kindern Unterricht in Geschichte und Heimatkunde. Die Kinder lernten in jenen wenigen Tagen, die ihm noch vergönnt waren, unendlich viel von ihrem Vater. Es war, als müsse der Kaiser diese Tage noch ausnützen, um sein Erbe zu versorgen. Er sagte den Kindern auch, wie treu viele Menschen in unserer Heimat seien und welche unendliche Freude es war, überall, auch in den ärgsten Momenten, so viele anhängliche Menschen gefunden zu haben.
Es war übrigens auch eine große Freude zu sehen, wie unser beider Familien – wir hatten ja beide eine portugiesische Großmutter, allerdings aus miteinander verfeindeten Linien – durch unsere Gegenwart auf portugiesischem Boden wieder zusammenwuchsen, sich miteinander versöhnten.
Dann kam die große Grippewelle. Als erstes wurde eines der Kinder krank, gleich darauf erkrankte Kaiser Karl. Es war eine sehr schmerzhafte, sehr langwierige Krankheit. Der Kaiser wurde schwächer und schwächer, und obwohl wir die besten und aufopferungsvollsten Ärzte hatten, half ihre Kunst nichts.

Am 1. April des Jahres 1922 verschied der Kaiser unter großen Schmerzen, aber vollkommen ruhig und gottergeben.
Dann kam die Beerdigung ... die gesamte Bevölkerung des Monte kam und geleitete den Sarg zur Kirche von Nossa Senhora, wo der Kaiser seine letzte Ruhestätte fand.
Die Kirche von Nossa Senhora do Monte ist sehr einfach, es ist eine Bauernkirche, die der Kaiser oft und gerne aufgesucht hat. An der Wand hinter dem Sarkophag ist jetzt ein prachtvolles Tiroler Kruzifix angebracht, von dem sich der Gekreuzigte herniederneigt ...

Ist das der Weg, auf dem der Kaiser »aus der Geschichte austrat«, oder ist das nicht vielmehr der Weg, auf dem Kaiser Karl in die Geschichte eintrat?
Das von der Publizistik verbreitete »Bild« Kaiser Karls erfuhr unterdessen mannigfache Veränderungen.
Farbschicht um Farbschicht scheint von dem unkundig und böswillig übermalten Originalgemälde abzufallen; Verfälschungen, im Laufe der Jahrzehnte vermodert, bröckeln zu Boden, die echten Umrisse treten zutage, unzerstört und aufbewahrt hinter all dem Schmutz und den Kritzeleien von einst.
Was damals »Schwäche« genannt wurde, enthüllte sich inzwischen als Weisheit, was man für »Unfähigkeit« hielt als das tragische Schicksal eines Mannes, der seiner Zeit um gut ein halbes Jahrhundert voraus war. Was ihm seinerzeit den Vorwurf des »Verrats« eintrug, gilt heute als eines seiner höchsten Verdienste.
Oder wie anders bezeichnet man denn heute den zähen, ja erbitterten Kampf gegen den blindwütigen Militarismus, wie anders die Amnestierung politischer Straftaten, wie anders die Aufhebung eines Duellzwanges, der so viele das Leben gekostet hatte; wie anders die Titulierung streikender Arbeiter als »Helden der Arbeit« – Jahre, viele Jahre vor der Einführung dieses Titels in der Sowjetunion?
Was bleibt, ist der Vorwurf, eine Heiligsprechung sei »unzeitgemäß«. Dabei trifft der Vorwurf nicht Kaiser Karl – es ist die »Gebetsliga für den Weltfrieden«, die eine Seligsprechung des »Dieners Gottes Karl aus dem Hause Österreich« betreibt.
Und man wird Vollendete immer noch verehren, wenn längst schon wieder ganz andere Doktrinen den Anspruch erheben, »fortschrittlich« genannt zu werden.

Aus den tagebuchartigen Aufzeichnungen der Franziska Kral, geb. Mold, Hebamme und Betreuerin der kaiserlichen Kinder:

»Am 27. 3. war scheinbar die Krisis ausgebrochen; Dr. Zsambóki hat S.M. die letzte Ölung gegeben; man mußte Sauerstoff kommen lassen, der Atem ging 60 in einer Minute. I.M. pflegt rührend, da es schon so lange dauert, hilft Gräfin Mensdorff bei der Pflege. Alle Begleitpersonen sind krank im Bett: Hubalek 12 Tage, Gregorić 14 Tage, Kindermädchen 5 Tage, es ist eine ganze Epidemie

ausgebrochen; Fr. Gregorić, das Küchenmädchen Netti, die Gräfin die Drüsen geschwollen.
In der Nacht zum 29. mußten die Ärzte geholt werden, sie gaben Kampferinjektionen, der Atem schnell, Puls 144, die Ärzte gingen nicht mehr fort, wiederholt Kampferinjektionen und immerfort Sauerstoff, es kam dann ein Chirurg und wurde dem Kaiser Blut geschröpft im Rücken, um das luftleere Blut aus der Lunge herauszusaugen, dies wurde dreimal gemacht, das erste und zweite Mal mit vier Gläsern, das dritte Mal mit sechs Gläsern. Die arme Kaiserin war bei allem dabei und so tapfer. S. M. verliert beim Sprechen immer den Faden, I. M. hilft ihm immer weiter, das beruhigt ihn sehr. Im Delirium spricht S. M. viel von gefallenen Soldaten. Vor dem Schröpfen mußte er vom Mittag bis zum Abend schwitzen. Er saß im Bett wie der sterbende Christus. Aspik, Suppe und Milch sind die ganze Nahrung, auch etwas alten Wein oder ½ Gläschen Cognac, 4 Tage lebte der arme Kaiser nur mehr künstlich, als am 1. April um 12.20 mittags die Katastrophe eintrat, kam einige Minuten darauf die Sonne hervor, die arme Kaiserin hielt S. M. von ½ 7 früh bis zum Tode im Arm, dann rief sie ›Karl, was fang' ich an, alleine‹, und flüsterte ihm noch stundenlang ins Ohr – der Kaiser empfahl seine Frau dem lieben Gott, und ein jedes seiner Kinder, auch das kommende, dann ließ er den Kronprinzen rufen. Seine letzten Worte waren: ›Jesus, komm zu mir. Herr, dein Wille geschehe.‹ Die Kaiserin machte namenlos verschreckte Augen, als die Katastrophe eingetreten war, und frug die Ärzte, ob denn nichts mehr zu machen sei.
In der ersten Nacht wurden dem Kaiser Einspritzungen gemacht, um ihn lange zu konservieren (ich glaube, es geht für drei Jahre), in der zweiten Nacht war um 12 Uhr eine Totenmesse, in der dritten Nacht kamen die Ärzte und nahmen das Herz heraus, wurde konserviert und bleibt vorläufig in der Kapelle aufgebahrt. Der Kaiser blieb den ganzen Tag im Bett aufgebahrt, mit der Felduniform angezogen, erst am 5. Tag wurde er in den Sarg gelegt. ›Wie schön und jung er aussieht‹, sagte die Kaiserin, ›und ich muß ihn hergeben.‹
Eine Stunde lang ließ man das Volk herein, welches in großen Scharen kam, um den Kaiser zu sehen. Viele weinten, viele küßten seine Hände. In der Kapelle stand der Sarg auch noch offen, da durfte die Volksmenge auch noch hinein.
Dann wurde eine Totenmaske abgenommen, der Bischof und viel Geistlichkeit war da. Nach der Einsegnung setzte sich der Zug in Bewegung, die Geistlichkeit voran, dann der Leichenwagen, hinter demselben I. M. mit dem jungen Kaiser, dann Erzherzogin Maria Theresia mit Adelheid und Robert, die Gräfinnen Mensdorff und Kerssenbrock mit den Kindern, nach ihnen die Angestellten des Hauses, Kränze tragend; den Leichenwagen zogen der Lehrer der kaiserlichen Kinder, Herr Dittrich, die beiden Chauffeure Gregorić und Golovics, ein Wiener, Herr Wagner, welcher in Funchal ein Geschäft hat, Graf Almeida und dessen Schwager, ferner der Sohn vom Besitzer des Hauses, wo wir wohnen.
I. M. besucht das Grab zweimal täglich. Es waren unzählige viele Blumen

gekommen; auf einer Kranzschleife stand in portugiesischer Sprache: ›Dem Märtyrer-König!‹«

»Es war das letzte Mal, dass ich sie in Farbe sah ...«

Otto Habsburg erzählt: »Der Morgen des 1. April 1922 auf der portugiesisch-afrikanischen Insel Madeira war sonnig und klar. Wir Kinder waren schon früh hinausgeschickt worden in den tropischen Garten der Quinta de Monte. Tief unten, jenseits der Stadt Funchal, glitzerte der Atlantische Ozean, während hinter uns die dunklen, vulkanischen Höhen der Toreiro de Luta in den tiefblauen Himmel ragten. Ich erinnere mich an die schönen, bunten, roten und weißen Kamelienblüten, die von den Bäumen herabgefallen waren und die von uns, in Ermangelung des heimatlichen Winters, als Wurfgeschosse einer Schneeballschlacht verwendet wurden.

Die Freude am Spiel war allerdings nicht uneingeschränkt. Seit Tagen lag unser Vater im Vorderzimmer des ebenerdigen Hauses schwer erkrankt darnieder. Wie ernst es um ihn stand, hatte man uns allerdings nicht gesagt. Als Ältester von uns sieben Kindern wußte ich allerdings etwas mehr: vor wenigen Abenden hatte man mich aus dem Bett geholt, damit ich dabei sei, wenn der Priester ihm die Letzte Ölung spendete.

Knapp vor 9 Uhr an diesem 1. April betrat unsere Mutter den Garten. Sie trug ein leichtes rosa Kleid – es war das letze Mal, daß ich sie in Farbe sah.

Sie führte mich fort, zuerst, ohne den Grund anzugeben.

Als wir uns dann dem Hause näherten und die Geschwister außer Hörweite waren, sagte sie, daß mich mein Vater rufen lasse, damit ich Zeuge sei, wie ein Christ zu seinem Schöpfer heimkehre.

Durch drei Stunden, von 9 bis 12 Uhr, wohnte ich seinem Sterben bei. Meist kniete ich links vom Bett, an dessen Ende das Allerheiligste stand. Es war kein leichter Todeskampf. Mein Vater war jung und kräftig, und seine Natur widerstand zäh der zerstörenden Krankheit, dem langsamen Erstickungstod.

Und trotzdem war dieses Ende kein erschreckender Anblick: wenn auch der Körper noch so litt, der Geist war ruhig. Wenige Stunden früher hatte er, sozusagen in Zusammenfassung seines Lebens, die Worte gesprochen: ›Mein Bestreben war es immer, den Willen Gottes zu erkennen und ihn zu befolgen, und zwar auf das vollkommenste.‹

Seine Aufgabe war damit erfüllt. Trotz der physischen Schmerzen für ihn und der seelischen Erschütterung für uns war sein irdisches Ende ein friedliches Hinübergehen in eine bessere Welt.

Als mein Vater starb, war ich neun Jahre alt. Schon seit früher Kindheit war ich zutiefst mit ihm verbunden, und gerade in den letzten Wochen auf Madeira hatte er viel zu mir gesprochen. So hatte ich zumindest einen kindlichen Überblick über

sein Leben erhalten, das wie wenige andere erfüllt war von Rückschlägen und Enttäuschungen, das in menschlicher Hinsicht als gescheitert betrachtet werden kann. Er hatte den Frieden gewollt und mußte Krieg führen. Er hatte die Einheit gesucht und mußte an verantwortlicher Stelle die Zerstörung des Vielvölkerreiches mitansehen. Zahlreiche Freunde hatten ihm den Rücken gekehrt, ja ihn sogar verraten. Und doch haben mir gerade die drei Stunden in dem Sterbezimmer der Quinta de Monte gezeigt, daß meines Vaters Leben nicht unglücklich gewesen war. Als ich ihn an seinem letzten Tage – in der Stunde der Wahrheit, wie es die Spanier nennen – sah, wußte ich, daß sein Leben erfolgreich gewesen war. Angesichts des Todes gibt es keine Selbsttäuschung. Man bleibt allein, und diesseitige Errungenschaft zählt nicht mehr. Wenn man seinem Schöpfer entgegentritt, gilt vor diesem nur Pflichterfüllung und guter Wille. Gott verlangt von den Menschen nicht, ihm Siegesberichte zu bringen. Den Erfolg gibt Er. Von uns erwartet er nur, daß wir unser Bestes tun.
Diese Lehre ist mir, wie es mein Vater wollte, die wertvollste Erfahrung für das spätere Leben geblieben. Sein Sterben hat mir gezeigt, daß es, solange das eigene Gewissen ruhig ist, keinen wirklichen Fehlschlag geben kann.«

Das achte, das nachgeborene Kind: Erzherzogin Elisabeth (geboren 1922)

»Arbeiter-Zeitung.«
Zentralorgan der Sozialdemokratie Deutschösterreichs.
Wien, Sonntag, 2. April 1922.
Der Tod des Ex-Kaisers.
»Es ist den Habsburgern und es ist ihm ergangen, wie sie es verdient haben; und ihr Geschick ist nur die Vergeltung der Nemesis für ihr Tun.
Der letzte Habsburger wäre, auch wenn der Krieg die Weltgeschichte nicht aus ihrer Bahn geschleudert hätte, ein Unheil für die Völker geworden. Nichts war an ihm, was auch nur diejenigen, die für Gekrönte die Bewunderung immer parat halten, zu berücken vermöchte; eben deshalb ist die Begeisterung für diesen Monarchen im tiefsten Wesen unecht und selbst bei berufsmäßigen Monarchisten ein Schwindel.
Nehmt alles nur in allem: er war ein ganz gewöhnlicher Mensch, dem alles fehlte, was Größe ausmacht; alles an ihm war schal und unbedeutend.
Das Geschlecht der Habsburger war ja überhaupt nie reich an bedeutenden Menschen; aber selbst in der Reihe ihrer Regenten fällt ihr letzter durch erbitternde Unzulänglichkeit auf ... Dieser Kaiser wäre, auch wenn der Umsturz aller Dinge

die Monarchie für unser Bewußtsein nicht unerträglich gemacht hätte, eine rechte Qual gewesen, und man hätte ihn auch dann nicht ausgehalten, wenn die Monarchie geblieben wäre.
Man könnte die monarchistische Idee noch begreifen, wenn sich die Leute nach einem bedeutenden Menschen, nach einer Persönlichkeit zurücksehnten, in der etwas steckt. Aber daß es ernstlich Menschen geben könnte, die es nicht verwinden können, daß sie nicht mehr von diesem Knaben Karl regiert werden, der in allem, in Wesen, Charakter, Begabung und Fähigkeit, so tief unter dem Mittelmaß gestanden ist, das schiene ein Rätsel, wenn sich das Rätsel nicht dahin auflösen würde, daß die monarchistische Begeisterung eben eine Begeisterung ohne Grund ist. Besonnenen und rechtlichen Menschen wird niemand weismachen, daß die Welt etwas verloren hat, wenn sie diesen Monarchen verloren hat ...
Nach dem verunglückten Osterputsch (27. März 1921) wurde er bekanntlich auf die Insel Madeira überführt, wo er in Funchal seinen Sitz nahm. Verheiratet ist er seit 21. Oktober 1911 mit Zita aus dem Hause Parma (das einmal in Italien regierte); wieviel Kinder er schließlich hatte, ist uns nicht bekannt.«
Es waren – bis zu dem Tage, an dem dieser Nachruf in der »Arbeiter-Zeitung« erschien – immer noch sieben; zur Freude aller Kinderfreunde jedoch war ein achtes unterwegs. Was dieses Jüngste betraf, das noch Ungeborene: unter welchem schützenden Dach sollte es die Mutter zur Welt bringen? Mit diesem Kind unter dem Herzen hatte sie den Flug nach Ungarn angetreten, die Gefangenschaft ertragen, die Reise donauabwärts, durchs Schwarze Meer, nach Gibraltar, in das Ungewisse einer fernen Verbannung.
Ankunft auf Madeira: 19. November 1921.
Am 19. November ist der Festtag der heiligen Elisabeth. »Wenn es ein Mädchen wird, werden wir es Elisabeth taufen«, hatte der Kaiser damals gesagt.
Noch ahnte niemand, daß er seine Elisabeth niemals mit eigenen Augen sehen werde, daß schon ein halbes Jahr später das Kind an einem ganz anderen Ort zur Welt kommen sollte als auf Madeira.
König Alfons XIII. von Spanien, der gleiche Monarch, der sich im Laufe des vergangenen Jahres so beharrlich einer Aufnahme des vertriebenen Kaisers und seiner Familie in Spanien widersetzt hatte (»Dann muß ich womöglich mit Karl auch noch über Politik reden«), hatte ein Traumgesicht, in dem ihn der verstorbene Kaiser um die Gewährung eines Asyls für seine Familie bat. Der König folgte dem Ruf.
Acht Tage vor der Niederkunft traf die Kaiserin-Witwe in Madrid ein, einen Tag später erreichte sie das Schloß El Pardo, einen Prachtbau Kaiser Karls V.
Die absurden Umstände dieser letzten Niederkunft der Kaiserin und Königin Zita vergegenwärtigt ein bezeichnendes Detail: inmitten der erdrückenden Pracht des weitläufigen, goldstrotzenden Monumentalbaus, inmitten der spanisch-habsburgisch-bourbonischen Hofhaltung, unmittelbar nach den so einfachen, ja kummervollen Verhältnissen auf Madeira, gelang es nachgerade nicht, Windeln oder gar ein

Zudeck für das Neugeborene aufzutreiben. Gräfin Mensdorff versorgte schließlich den Säugling mit ihren Wollsachen und schnitt aus ihrer eigenen Wäsche die Windeln zurecht.

Die Wiener Zeitungen hingegen meldeten in ungelenk-dürrer Formulierung, gerade so, als handle es sich um Fremde, für deren Schicksal in Österreich niemand zuständig sei:
»Aus Madrid wird gemeldet, daß Exkaiserin Zita eines Mädchens entbunden worden ist. Es ist dies das achte aus ihrer Ehe mit dem vormaligen Kaiser Karl entsprossene Kind. Die Familie der Exkaiserin bestand bisher aus fünf Söhnen und zwei Töchtern. Das letzte Kind, ein Mädchen, kam vor einem Jahr in Prangins zur Welt.«

Am 3. Juni geistert das nun schon obligat gewordene Phantom durch die Presse; diesmal stieg es sogar aus dem Wochenbett: »Angebliche politische Pläne der Exkaiserin Zita.«

»Dem Berliner Tageblatt meldet sein Wiener Korrespondent, er habe aus Madrider Kreisen, die der Exkaiserin Zita nahestehen, die Nachricht, die Exkaiserin werde nach ihrer Wiederherstellung vom Wochenbette in die Schweiz zurückzukehren trachten, um von dort aus politische Pläne durchzuführen.
Sie habe sich mit neuen Ratgebern umgeben, da ihre bisherigen Berater, Kapitän Schonta und Hauptmann Werkmann, sich von ihr abgewendet und die Schweiz verlassen hätten und sich bereits trotz ihrer Ausweisung aus Österreich in Lofer bei Salzburg befänden.
Der neuen Aktion liege ein Handschreiben zugrunde, in welchem Zita dem Reichsverweser Horthy erklärt, sie befinde sich im ungekürzten Besitz ihrer Herrscherrechte, sei die gekrönte Königin von Ungarn und werde die Regierung im Namen ihres minderjährigen Sohnes Otto im Einvernehmen mit Erzherzog Max, der gleich ihr Vormund der Kinder sei, so lange führen, bis der rechtmäßige König von Ungarn den Thron besteige.
Dieses Schreiben hätte Zitas Bruder, Prinz Sixtus von Parma, übergeben sollen, der mit falschem Paß durch Österreich gereist, aber dort erkannt und an die Grenze geschoben worden sei. Später sei das Schreiben durch den Grafen Josef Károlyi an Horthy befördert worden.
In Wiener informierten Stellen wird die Nachricht aus mehrfachen Gründen als unwahrscheinlich und abenteuerlich bezeichnet. Nicht nur, weil kaum anzunehmen sei, daß die Schweiz der Exkaiserin eine neue Aufenthaltsbewilligung erteilen werde, sondern auch deshalb, weil die Berliner Meldung eine Mystifikation enthält. Prinz Sixtus von Parma ist in der letzten Zeit nicht durch Österreich gereist und kann daher auch nicht angehalten worden sein. Die Herren Schonta und Werkmann befinden sich derzeit ebenfalls nicht auf österreichischem Boden

und könnten, wenn dies der Fall wäre, auch gar nicht ausgewiesen werden, weil sie österreichische Staatsbürger sind.«

»Lokalbericht« und »Aus dem Gerichtssaal« ergänzen das Bild der Kaiserstadt ohne Kaiser: »Heute nacht wurden am Parlamentsgebäude, in der Burg, am Rathause, Landhause und Heeresministerium, am ehemaligen Gesandtschaftspalais sowie an der Stephanskirche und an vielen anderen öffentlichen Gebäuden der Inneren Stadt und der Bezirke Neubau und Mariahilf breite, gelbe Zettel angeschlagen, die in schwarzem Druck die Aufschrift zeigten:
›Der 2. Juni ist der Namenstag unseres Kaisers. *Hoch Kaiser Otto!*‹
Auf dem Börseplatz wurden zwei junge Leute beim Affichieren dieser Plakate von der Wache arretiert und zum Hauskommissariat der Polizei-Direktion gestellt. Es handelte sich um den 23jährigen Bankbeamten Armand C. und den siebzehnjährigen Privatangestellten Karl G. Übrigens ist am 2. Juni nicht der Kalendertag *Otto,* sondern *Erasmus,* während der Namenstag des ehemaligen Kronprinzen auf den 2. Juli fällt!«

*

»Eine Serie von politischen Prozessen gegen Kommunisten, Monarchisten, Anarchisten und den Volkssturm
Am 5. und 6. Juli werden sich u. a. auch der Oberst im Ruhestand Gustav Wolff, Herausgeber der monarchistischen ›Staatswehr‹, der ehemalige Graf Crenneville, der Gymnasiast Erwin Neunstein und der Student Wilhelm Schubert wegen monarchistischer Umtriebe zu verantworten haben. Die Anklage lautet auf Aufreizung nach §65 A und auf Herabwürdigung von Verfügungen von Behörden.«

*

»Die neugeborene Tochter der Exkaiserin Zita: 6. Juni 1922. Nach einer Reuter-Meldung aus Madrid ist die neugeborene Tochter der Exkaiserin Zita gestern getauft worden. Sie erhielt die Namen Maria Christina Eugenia Victoria. Als Paten figurierten der König von Spanien und die Königin-Mutter Maria Cristina.

In Wien ist folgendes Telegramm eingetroffen:
Ergriffen über rührende Anhänglichkeit und Fürsorge aller Getreuen, die unter großen eigenen Opfern Ihrer Majestät die gewohnte ärztliche Hilfe und Pflege in schwerer Stunde ermöglichten, möchte Allerhöchstdieselbe jedem einzelnen innigsten Dank aussprechen und die Geburt einer kräftigen Erzherzogin mitteilen.

Kerssenbrock«

Sowohl der Bericht als auch das Telegramm bedürfen einer Ergänzung; der Name, oder richtiger: die Namensliste der kleinen Prinzessin lautet richtig *Elisabeth –*

Charlotte Alphonse Christine Therese Antonia Josepha Roberta Franziska Isabella Pia Marco d'Aviano *et Omnes Sancti.*
Und was das »kräftig« an der kleinen Erzherzogin betrifft: 3880 Gramm war sie schwer und ganze 0,53 Meter groß.

Weitere Nachrichten des Tages:

Tausendkronennoten in New York

Aus New York wird der »Frankfurter Zeitung« berichtet: New York ist voll von österreichischen 1000-Kronen-Noten. In den verkehrsreichen Straßen stehen Ausrufer und rufen: »Nie wieder eine solche Gelegenheit! Eine 1000-Kronen-Note für einen Quarter! [1 Quarter = 25 Cent.] Diesen Lockungen können nur wenige widerstehen, und man sieht die Verkäufer ein Bombengeschäft machen, namentlich in den Mittagsstunden, wenn die kleinen Tippfräulein, Kaufmannsjünglinge und Handwerker zum Lunch losgelassen werden.
Nach der Wallstreet getrauen sich die Kronenverkäufer allerdings nicht, denn dort würden sie ausgelacht werden, weil man dort schon für 10 Cent eine 1000-Kronen-Note erstehen kann ...

*

Berlin, 9. Juni 1922
Dementi der Rückreise der Exkaiserin Zita in die Schweiz

Bern, 9. Juni. An maßgebender Stelle ist, wie die Schweizerische Depeschenagentur erfährt, von einer Absicht der Exkaiserin Zita, in die Schweiz zurückzukehren, nicht das Geringste bekannt.

Autobiographische Skizze der Prinzessin Elisabeth von und zu Liechtenstein, Erzherzogin von Österreich

»Geboren am 31. Mai 1922 in El Pardo, bei Madrid.
Volksschule privat, mit Tiroler Lehrerinnen. Wir wohnten damals im Baskenland, in Lequeitio, am Meer.
Das humanistische Gymnasium besuchte ich zuerst bei den Dames de Marie in Brüssel. Wie korrekt dort das Erziehungsprogramm ablief, beweist am besten ein kleines Ereignis vom furchtbaren 10. Mai 1940, dem Tag, an dem die Deutschen ihre Offensive gegen Belgien und Frankreich begannen:
Kam da mitten in unsere hastige Zusammenpackerei (immerhin war mein Bruder Otto von den Nazis steckbrieflich gesucht) ein telefonischer Anruf aus Brüssel: wir mögen entschuldigen, aber wegen außergewöhnlicher Umstände entfalle heute

der Unterricht ... ja, er entfiel dann sogar für ziemlich lange, weil wir, die Deutschen immer dicht auf den Fersen, durch Frankreich über Spanien und Portugal in die USA flüchten mußten, von wo wir ›in Raten‹ dann nach Kanada übersiedelten.
Ich flog damals mit unserer Mutter als erste hinüber, und ich erinnere mich an einen ziemlich dramatischen Motorschaden an unserem Clipper, mit Notlandung und sehr langwieriger Reparatur ... und an das brennende Interesse meiner Mutter für das Leben auf den Azoren, die Schnelligkeit, mit der sie auch dort zu Hause war, sich mit Fischern und Bauern prachtvoll verstand.
Trotz aller Verzögerung und der ziemlich komplizierten Übersiedlungsprobleme konnte ich im Jahr darauf in Quebec maturieren. Anschließend studierte ich Staats- und Sozialwissenschaften an der Universität Laval in Quebec, und daneben erlernte ich den Beruf einer Fürsorgerin. Ich war dann viel in Jugendgruppen tätig, vor allem bei den Pfadfindern. Als meine Mutter ihre großen ›Betteltouren‹ für Österreich startete, begleitete ich sie auf diesen Reisen als ihre Hilfskraft; während der kurzen Pausen zwischen den Reisen war ich sehr mit dem Versand von Hilfsgütern nach Österreich beschäftigt und als Sekretärin meines Bruders Otto tätig. Im Laufe des Amerika-Aufenthaltes arbeitete ich aber auch als Sekretärin meiner Brüder Felix, Karl Ludwig und Rudolf, daneben als Fürsorgerin in Washington und New York.
1948 kehrte ich nach Europa zurück, 1949 vermählte ich mich in Frankreich, auf einer Besitzung meines Onkels Xavier, mit Prinz Heinrich von und zu Liechtenstein. Seither wohne ich in Waldstein in der Steiermark.
Heinrich: Er kam am 5. August 1916 in Graz zur Welt. Matura bei den Jesuiten in Kalksburg, Studium der Kunstgeschichte in Wien; Doktorat. Anschließend Übernahme der Verwaltung des mütterlichen Gutes (Forst und Sägewerk) in der Steiermark.
Ich habe meine Mutter während unseres langjährigen Amerika-Aufenthaltes stets in rastloser Tätigkeit für ihre Familie – und für Österreich, das aber im weitesten Sinne des Wortes – gesehen.
Ihre Hauptaufgabe bestand darin, den verantwortlichen, einflußreichen Menschen in Amerika klarzumachen, daß Österreich wiederherzustellen sei – eine Aufgabe, die man ihr und meinen Brüdern nicht leicht machte ... zu viele ›Österreicher‹ hatten damals ganz andere Dinge im Sinn, als sie heute weismachen wollen.
Zwei entscheidende Begegnungen meiner Mutter während des Krieges hatten schließlich einen nicht unbeträchtlichen Anteil an der Wiedererrichtung Österreichs.
Ich denke dabei zunächst an ihre Zusammenkunft mit dem Präsidenten Roosevelt, und ich erinnere mich dabei auch an Frau Roosevelt, die meine Mutter und mich schon an der Schwelle des Hauses auf das Zuvorkommendste empfing. Selbst für die First Lady der USA bedeutete es etwas ganz Außergewöhnliches, Kaiserin und Königin Zita zu empfangen.

8. Elisabeth
*31.5.1922
∞
Prinz Heinrich von und zu Liechtenstein
*5.8.1916
gest. 17.4.1991

Vincenz	Michael	Charlotte	Christof	Karl
*30.7.1950	10.10.1951	*3.7.1953	11.4.1956	31.8.1957
∞ Hélène Gräfin von Cossé Brissac *26.9.1960	∞ Dr. Hildegard Peters 12.2.1951	∞ The Hon. Pieter van der Byl *11.11.1923		
Adelheid 1981	Therese Maria 22.2.1987	Pieter Vinzenz 31.12.1980		
Hedwig 1982	Gisela 26.6.1990	Valerian 7.7.1982		
		Kasimir 27.7.1990		

Nun stellte Mrs. Roosevelt ja nicht nur eine freundlich lächelnde Dame an den Stufen des Weißen Hauses dar, sondern auch eine eminente Gefahr. Ihr Faible – wenn man das so nennen darf – für alles, was russisch oder gar kommunistisch war, nahm damals schon bedenkliche Formen an; sie durfte durchaus als ›Linkssympathisantin‹ bezeichnet werden.
Andernteils verfügte sie über viel echtes Mitgefühl, und alles, was damals unfrei, unterdrückt oder ausgebeutet war, durfte auf ihre tätige Hilfe bauen. So auch Österreich; sie interessierte sich sehr dafür, die Lage Österreichs näher kennenzulernen.
Ich erinnere mich, daß damals nicht allzuviel Zeit zur Verfügung stand, zumal wir ja beim Präsidenten der Vereinigten Staaten, nicht aber bei seiner Frau eingeladen waren.
Kaiserin und Königin Zita vollbrachte damals, sozusagen auf der kurzen Wegstrecke zwischen Haustür und Zimmertür, das kleine Wunder, auch Frau Roosevelt von der Notwendigkeit eines unabhängigen, freien Österreich zu überzeugen. Sehr, sehr viele Leute, nicht nur Beneš, leider auch viele exilierte Landsleute aus Wien und Umgebung, hatten schon oft das Gegenteil zu beweisen versucht ... und Frau Roosevelt wußte selbstverständlich auch davon, daß es einige unserer Landsleute verstanden hatten, die Aufstellung eines österreichischen Bataillons zu verhindern.
Frau Roosevelt war eine politisch ungemein interessierte Frau, und die engagierten Worte meiner Mutter brachten in ihr gewiß etwas zum Schwingen, weckten Verständnis für die verzweifelte Lage des besetzten Österreich. Man mag über Frau Roosevelt denken, wie man will – sie besaß jedenfalls viel Mitgefühl für die

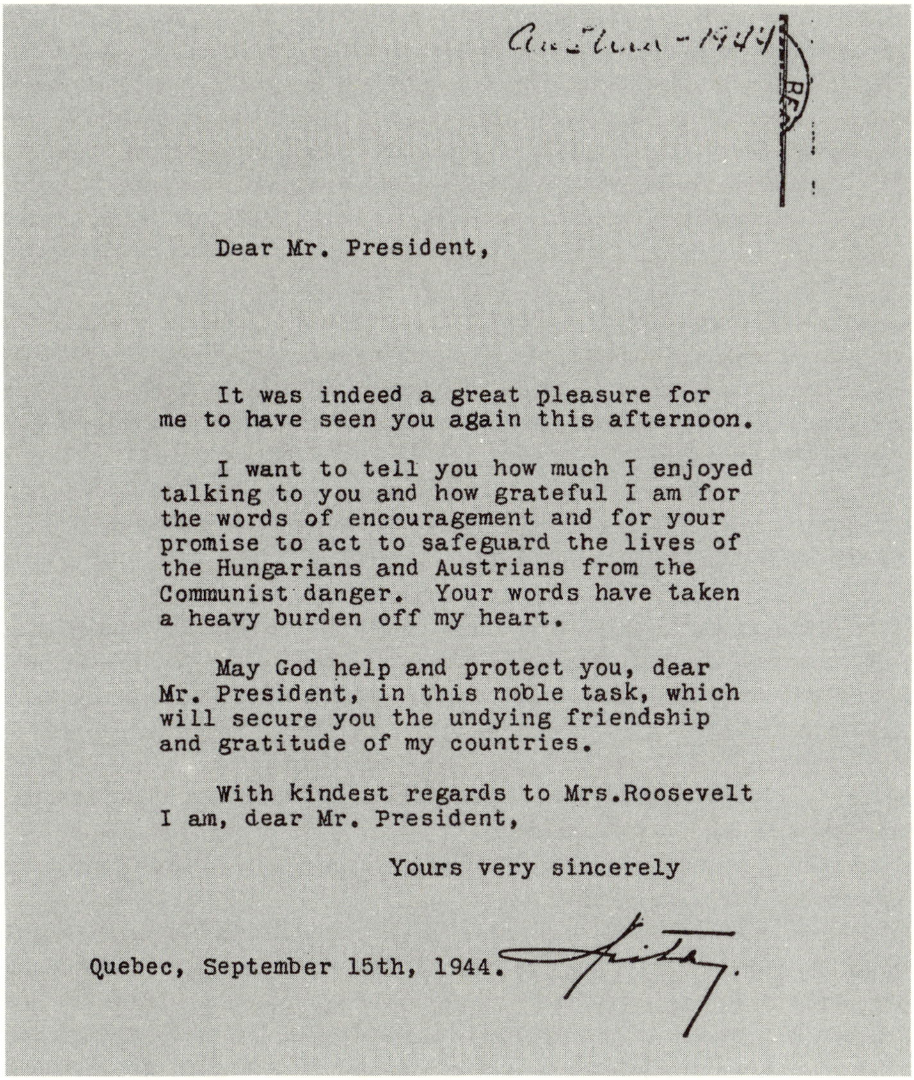

Austria - 1944

Dear Mr. President,

It was indeed a great pleasure for me to have seen you again this afternoon.

I want to tell you how much I enjoyed talking to you and how grateful I am for the words of encouragement and for your promise to act to safeguard the lives of the Hungarians and Austrians from the Communist danger. Your words have taken a heavy burden off my heart.

May God help and protect you, dear Mr. President, in this noble task, which will secure you the undying friendship and gratitude of my countries.

With kindest regards to Mrs.Roosevelt
I am, dear Mr. President,

Yours very sincerely

Quebec, September 15th, 1944. Zita.

Übersetzung des Briefes von Kaiserin Zita an Präsident Roosevelt:

Lieber Herr Präsident!
es war wirklich eine große Freude für mich, Sie heute nachmittags wieder zu sehen.
Ich möchte Ihnen sagen, wie sehr ich mich gefreut habe, mit Ihnen sprechen zu können und wie dankbar ich für Ihre Worte der Ermutigung und Ihr Versprechen bin, Taten zu setzen, um das Leben der Ungarn und der Österreicher vor der kommunistischen Gefahr zu bewahren. Ihre Worte haben eine schwere Last von mir genommen.
Möge Ihnen Gott beistehen und Sie bei der Erfüllung dieser vornehmen Aufgabe beschützen, die Ihnen die immerwährende Freundschaft und Dankbarkeit meiner Länder sichern wird.

Quebec, 15. September 1944 *Zita*

Leiden eines Volkes, und meine Mutter weckte damals das ganz spezifische Interesse dieser einflußreichen Frau für Österreich.
Als sich die beiden Damen vor dem Arbeitszimmer des Präsidenten voneinander verabschiedeten, war für Österreich viel geschehen. Dann standen wir dem Präsidenten der Vereinigten Staaten gegenüber, diesem mächtigsten Mann der Erde, und waren, wie jeder andere Besucher, zunächst einmal von seiner körperlichen Unzulänglichkeit, von diesem Rollstuhl, von dieser nur aus der Nähe erkennbaren furchtbaren Lähmung erschüttert, obwohl wir darauf gefaßt waren und selbstverständlich diese unsere Regungen überspielten.
Roosevelt selbst gab sich da viel unbefangener; ich war geradezu erstaunt, mit welch unverhohlener Freude, mit welch regem Interesse er meine Mutter beobachtete, sie geradezu ›prüfte‹. Er war ungemein lebhaft; ich erinnere mich, wie beeindruckt ich war, wenn er, um sich bewegen zu können, seine Beine mit den Händen immer zurechtrücken mußte.
Doch beide Persönlichkeiten – sowohl die Kaiserin als auch der Präsident – hatten ein striktes Gesprächsprogramm, das sie auch Punkt für Punkt exakt abwickelten; die entscheidenden Stellen daraus waren:

1. die Anerkennung Österreichs als eines von den Nationalsozialisten gewaltsam okkupierten Staates, der befreit und wiedererrichtet werden müsse und
2. die rechtzeitige Aufstellung eines umfassenden Hilfs- und Wiederaufbauprogramms für Österreich.

Roosevelt war von seiner eigenen Person, speziell aber von der Bedeutung seines politischen Amtes zutiefst überzeugt.
Er sprach viel und gerne von seinen Verpflichtungen; er tat es auch damals der Kaiserin und Königin gegenüber.
Es war interessant, zu beobachten, wie er – der Erzrepublikaner – in dem Gespräch allmählich auf die Bedeutung gekrönter Herrscher überging, wie er auf die Bedeutung der Dynastien und dabei allmählich auch auf ihre Funktion im Exil zu sprechen kam, wobei er sehr dezidiert die Ansicht vertrat, die Depossedierten hätten sich um ihre ehemaligen Länder genauso zu kümmern wie die noch Regierenden ... Immerhin eine interessante Stellungnahme aus dem Munde des Schöpfers des ›New Deal‹.
›Otto is the best example for that what I mean‹, sagte er dann; zum Glück für ganz Mitteleuropa schätzte er meinen Bruder Otto wirklich sehr.
Dann sprach er über Wilhelmine, die tapfere Königin der Niederlande, über Kronprinzessin Märtha von Norwegen und Großherzogin Charlotte von Luxemburg ... er erwies sich in seinem Monolog als ein Mann, der sehr bewußt für das ›Gewachsene‹ eintrat, und er vertrat den Standpunkt, daß Länder, die eine angestammte Dynastie hätten, auch zu ihr stehen sollten.
Ganz folgerichtig lenkte er dann das Gespräch auf Tito und seinen Gegenspieler

Mihailović, wobei er uns sehr ausführlich auseinandersetzte, warum die USA und England Mihailović mehr oder weniger fallengelassen hätten und warum Tito die größere Unterstützung erhalte.
Ganz von selbst kam dann das Gespräch auf die Situation in den Nachfolgestaaten der österreichisch-ungarischen Monarchie, und es war deutlich zu sehen, wie sehr er sich vor der Kaiserin und Königin rechtfertigen wollte als einer, der den ganzen Problemkreis kannte; über Präsident Wilson sprach man nicht.
Roosevelt war tatsächlich gut informiert, er strich die Zusammengehörigkeit der Donauländer besonders heraus, und zu unserer größten Überraschung (und Erleichterung) sprach er über die Sorgen, die er mit den Exilregierungen habe, und wie bestürzt er wegen der Ansprüche des Herrn Beneš sei.
Mein Bruder Otto hatte damals schon mit aller Vehemenz gegen die geplante Austreibung der sudentendeutschen Bevölkerung aus Böhmen Stellung genommen – es bestand also noch Hoffnung, Roosevelt klarmachen zu können, welchen unmenschlichen Wahnsinnsakt Beneš im Schilde führte.
Zum Abschluß des Gespräches erklärte Roosevelt, er werde sich mit aller Kraft für Österreich und seine Anliegen einsetzen. »Austria's innocent«, meinte er zu meiner Mutter ... Österreich sei am Kriege unschuldig, und es müsse auch wiedererstehen. Ausdrücklich bat er um ein Wiedersehen; er wolle unbedingt mit meiner Mutter wieder zusammenkommen.
Sein Benehmen, seinen Worten war nur Positives zu entnehmen. Niemand – wahrscheinlich auch er selbst nicht – konnte ahnen, daß er sich kurze Zeit später völlig dem Willen Stalins unterordnen würde.
Daß wir schließlich allen Grund hatten, von der Handlungsweise Roosevelts enttäuscht zu sein, ändert nichts daran, daß der Besuch meiner Mutter beim Präsidenten und die rastlose Arbeit meiner Brüder wenigstens die Erfüllung des wichtigsten Anliegens retteten: die Wiedererrichtung Österreichs war seit dem November 1943 endlich beschlossene Sache. Daß die Sozialdemokraten im Exil immer noch an der ›großdeutschen Konzeption‹ festhielten, änderte jetzt nichts mehr an unserem Erfolg.
Meine Mutter empfand es vielmehr als ihre Pflicht, schon jetzt, also noch während des Krieges, die amerikanische Öffentlichkeit auf die Probleme des dereinst befreiten Heimatlandes aufmerksam zu machen.
Den Höhepunkt der Tätigkeit meiner Mutter in den USA und in Kanada bildeten aber weder die gigantischen ›Betteltouren‹ für Österreich, als deren Ergebnis dann Schiffsladungen von Lebensmitteln und Hilfsgütern nach Österreich gelangten, sondern ihre meisterhafte Rede vor den Damen der Kongreßmitglieder und Senatoren in Washington. Es war gewiß ihre bestvorbereitete Rede. Zuerst hatte sie sich mit meinem Bruder Otto und mit Felix (der als ›Redner des Jahres‹ die Mentalität des amerikanischen Publikums bis ins kleinste kannte) genauestens vorbereitet.
Übrigens ein herrliches Beispiel dafür, um dies gleich vorwegzunehmen, daß es in

unserer Familie keine Generationsprobleme gibt: wir arbeiten stets und überall zusammen.

Die Kaiserin war sich der Bedeutung ihrer Rede voll bewußt; worum es dabei ging, werde ich noch erläutern. Jedenfalls wußten wir, daß der Erfolg dieser Rede vor den Damen für die Haltung des Kongresses entscheidend sein würde; ich brauche da nicht eigens noch auf die Rolle der Frauen in den USA hinzuweisen. Ich erinnere mich, wie herzlich die Damen meine Mutter gleich beim Eintritt begrüßten. Immerhin ... es bedeutete ihnen schon allein die Tatsache etwas, einmal einer waschechten Kaiserin gegenüberzusitzen, noch dazu einer, die ein so angenehmes Englisch sprach.

Meine Mutter begann ihre Rede, indem sie dem Damen-Auditorium einmal das Land Österreich als solches näherbrachte, auf seine Besonderheit, seine Individualität einging, auf all das Schöne, das die Welt an und in Österreich schätzt. Dann schilderte sie die Not, die erschütternde Ernährungslage, die zerstörten Industrien, die Verzweiflung der Menschen.

Es war eine rhetorische Meisterleistung. Die Kaiserin hatte ganz zaghaft zu reden begonnen, vielleicht auch deshalb, weil sie sich der Bedeutung dieses Abends nur allzu bewußt war. Allmählich gewann sie an Sicherheit, sprach lauter, betonter, und schließlich, nach einigen Minuten, steigerte sie sich in eine hinreißende Rede, trat vom Pult weg, auf dem das Konzept lag, hatte die Zahlen plötzlich alle im Kopf, sprach sie ganz frei und riß die Damen mit in einen Strom der Begeisterung für Österreich. Ich kann das Ganze deswegen so gut beurteilen, weil ich vorne im Präsidium saß, also mit dem Gesicht zum Auditorium.

Ich sah zu Beginn die brennende Neugier, mit der sie die ›Empress & Queen‹ bestaunten; das Wunderwesen (über das sie schon alles Mögliche und Unmögliche gehört haben mochten) aus einer anderen Welt, und wie sie allmählich die ›Kaiserin‹ vergaßen und nur mehr die Mutter sahen, die für ihre Kinder, für ein Millionenheer von entrechteten, hungernden, geschundenen Menschenkindern kämpfte.

Ich sah die Erschütterung in den Augen der Frauen vor mir, ihr Mitleid, ihre Bereitschaft zu helfen.

Und sie halfen.

Schon in der anschließenden Fragestunde zeigte sich, daß sie sehr wohl verstanden hatten. Da begann es mit Fragen mehr persönlicher Art, dann folgten Fragen, bei denen es im allgemeinen um Hilfe für Österreich ging. Und dann kam, wie bestellt (obgleich wahrhaftig nicht bestellt), ganz unschuldig und doch sehr klar die entscheidende Frage: Wenn Österreich ein ›besetztes Land‹ sei, wieso erhalte es dann eigentlich keine Hilfe?

Ja, das sei eben das Problem. Marshallplan-Hilfe gebe es für so viele ...

›Aber doch auch für Österreich?‹

›No, not for Austria.‹

Stille im Auditorium. ›Not for Austria?‹

Aber das sei doch undenkbar, einfach nicht möglich, da müsse doch etwas geschehen ...
Und es geschah. Wahrscheinlich hatten vorher noch einige Senatoren und Congressmen schlaflose Nächte durchzustehen.
Kurz darauf jedenfalls stimmten Kongreß und Senat dem Antrag zu, auch Österreich in den Marshall-Plan einzubeziehen.
Ich weiß, daß meine Mutter eine großartige Frau ist, sie spricht nur niemals über das, was sie für Österreich tat.
Deshalb habe ich das an ihrer Stelle hier getan, zumal ich es war, die sowohl bei den Roosevelts als auch vor den Kongreßdamen mit dabei war.«

Die Besuche der alten Dame – Triumph einer Wiederkehr

Zwischen dem 24. März 1919, dem Tag, an welchem das Kaiserpaar Österreich verlassen mußte, und dem 16. Mai 1982, an dem die Kaiserin zu einem ersten Besuch am Grabe ihrer Tochter wieder heimkehrte, liegen dreiundsechzig Jahre der ungerechtfertigten Verbannung.
Am 24. März 1919 – Stefan Zweig war zufällig Augenzeuge dieser Szene gewesen – wagte es nicht ein einziger der auf dem Bahnhof von Feldkirch weilenden Uniformierten, den Kaiser zu grüßen, als sich der Zug in Richtung Schweiz in Bewegung setzte; in Imst war eine stramme Ehrenwache auf dem Bahnsteig gestanden, die respektvoll grüßte – aber es handelte sich dabei um Briten.
Am 16. Mai 1982 schien sich die Szene des vielleicht typischen, österreichischen »vorauseilenden Gehorsams« geradezu gespenstisch der Schilderung Stefan Zweigs von 1919 anzugleichen: »Alle um uns spürten Geschichte, Weltgeschichte in diesem tragischen Anblick. Die Gendarmen, die Polizisten, die Soldaten schienen verlegen und sahen leicht beschämt zur Seite, weil sie nicht wußten, ob sie die alte Ehrenbezeigung noch leisten durften...«, heißt es bei Stefan Zweig, und der österreichische Journalist Johannes Greifeneder schildert nicht minder betreten das Verhalten des Chefs der Grenzwache am 6. Mai 1982: »... und dann kam ein Zollamtsleiter zu mir und hat mich regelrecht verscheucht. Er wußte, was ich wollte (ein Bild von der Ankunft der Kaiserin auf österreichischem Boden) und sagte, ich solle den Amtsplatz verlassen. Er war sichtlich nervös.« Und Greifeneder folgert: Wahrscheinlich war von der Bezirkshauptmannschaft eine Weisung gekommen. »Als ich versuchte, mit ihm zu reden, drohte er mir sogar an, bei nicht sofortigem Verschwinden die Gendarmerie zu holen.« O Du mein Österreich! Die Kaiserin, die kurz darauf, geleitet von ihrer Tochter Elisabeth, nach Österreich

kam, lächelte dennoch freundlich in die Kamera des wackeren Greifeneder – sie wußte schon seit frühester Jugend, wie »fragil die Macht ist« und daß es Treue und Gesinnungsfestigkeit trotzdem gibt – ihre Triumphreisen durch Österreich sollten das alsbald zur Genüge belegen.
Mit großer Begeisterung wurde sie von der österreichischen Bevölkerung empfangen. Dabei verlief der erste Besuch fast gänzlich unter Ausschluß der Öffentlichkeit, war er doch weniger als Akt der Heimkehr gedacht, sondern ausschließlich als Besuch am Grab der 1971 verstorbenen Tochter, Erzherzogin Adelheid.

Und das ist er Zeitplan der denkwürdigen öffentlichen Auftritte der Kaiserin:
16. Mai 1982: Erste Einreise der Kaiserin nach dreiundsechzig Jahren ungerechtfertigten Exils. Besuch am Grab der Tochter, anschließend Besuch in Innsbruck bei Enkeltochter Erzherzogin Maria Beatrix (Gräfin Arco) und Heimkehr nach Zizers noch am selben Tag. Erzherzogin Elisabeth, die ihre Mutter geleitet hatte, ist so glücklich wie die Kaiserin: alles verlief problemlos, die Menschen waren nicht nur freundlich und aufgeschlossen, sondern zeigten sich glücklich, die Kaiserin begrüßen zu dürfen.
17. August 1982: Es ist »Kaisers Geburtstag«, der 95. Geburtstag Kaiser Karls. Bewußt wählt Kaiserin Zita diesen Tag als Tag der wirklichen Heimkehr nach Österreich, zu einer Art »Teilübersiedlung« nach Waldstein in der Steiermark, wo ihre Tochter Elisabeth Prinzessin von und zu Liechtenstein mit ihrer Familie wohnt.
Erste Ausflüge führen nach Schloß Feistritz (27. 8. 1982), das ihr kurz nach der Vermählung Erzherzog Karl geschenkt hatte, und wo das junge Paar auch eine kurze, schöne Zeit gemeinsam verbrachte (nach dem Krieg schenkte die Kaiserin das Schloß der Caritas, jetzt befindet sich dort eine bäuerliche Fortbildungsschule), nach Bertholdstein, zu den Benediktinerinnen von St. Gabriel, und wiederholt auf die Gleinalm und andere hübsche Ausflugsziele nahe Waldstein.
1. September 1982: Die Wallfahrt der Kaiserin nach Mariazell, die zu einer Massen-Sympathiekundgebung für Zita und ihre Enkelkinder wird. Die Erzherzoge Karl und Simeon erscheinen in der Uniform des österreichischen Bundesheeres und helfen, so wie Prinz Vincenz, mit, die Monarchin durch die jubelnde Menge zu geleiten.
An die 10 000 Menschen sind zusammengekommen, nachmittags geht's noch hinauf zum Kreuzweg im Wald, wo feierlich eine Europa-Station, die dem Andenken Kaiser Karls gewidmet ist, geweiht wird.
Die Kaiserin übersteht die Strapazen in dem ungeheuren Gedränge mit Bravour und Humor.
30. Oktober 1982: Wallfahrt nach Maria Puchheim, Oberösterreich. Der Besuch hat eine ebenso traurige Vorgeschichte wie die Fahrt nach Tulfes: In der Kirche von Schloß Puchheim befindet sich in der dortigen Gruft der Bourbonen von Parma (denen das Schloß gehörte) die letzte Ruhestätte der Mutter der Kaiserin,

Herzogin Maria Antonia von Bourbon-Parma. Als Zitas Mutter am 14. Mai 1959 im Alter von 97 Jahren starb und kurz darauf in Maria Puchheim beigesetzt wurde, verbot die österreichische Regierung Kaiserin Zita die Einreise. Nun wurde der Besuch nachgeholt, der Landeshauptmann und eine gewaltige Schar begeisterter Menschen begrüßte die Kaiserin, die mit ihrer Tochter Charlotte und Schwägerin Herzogin Madeleine, Witwe nach Herzog Xavier von Bourbon-Parma, sowie Erzherzogin Elisabeth und der Familie ihres Sohnes Vincenz gekommen war.
13. November 1982: Besuch in Wien, Messe im Dom. Die Polizei schätzte, einige hundert würden kommen ... es sollten 20 000 werden, die in der Stephanskirche und um den Dom herum der Kaiserin huldigten. Als die Kaiserin die Kirche verließ, mußte die Spezialeinheit »Kobra« eingreifen, um ihr den Weg zu bahnen. Alle, die dabei waren – es gab nicht den geringsten Zwischenfall –, sprechen von einem Erlebnis, das sich unauslöschlich ins Gedächtnis prägte.
Nach dem Gottesdienst ehrte die Monarchin das Stiftungsfest der MAXIMILIANA, der ältesten österreichischen Landsmannschaft, mit einem Besuch.
27. November 1982: Besuch der Vorarlberger Landeshauptstadt Bregenz, wo Bischof Wechner in Gegenwart aller Großen des Ländles den Gottesdienst in der Stadtpfarrkirche zelebriert. Im Rathaus trägt sich die Kaiserin mit der gleichen Feder ins Goldene Buch der Stadt ein wie anläßlich des Besuches gemeinsam mit Kaiser Karl am 27. April 1917.
In Begleitung der Kaiserin befindet sich Erzherzog Karl, Erzherzog Robert mit seiner Gemahlin Margherita, deren Sohn Gerhard sowie Prinz Vincenz. Eine Visite bei den Zisterzienserinnen des Klosters Quiggen beendete den Besuch.
22. Mai 1983: Teilnahme am Sudetendeutschen Tag in Wien, in Gegenwart von mehr als 100 000 Heimatvertriebenen auf dem Wiener Heldenplatz. Auch Otto von Habsburg und seine Söhne Karl und Paul Georg sind zugegen, Franz Joseph II. Fürst von Liechtenstein und viele nahe Verwandte der Kaiserin wie Erzherzogin Constanze, Prinzessin Hélène, Erzherzog Karl Christian und Erzherzog Karl.
23. Mai 1983: Fahrt zum »Südmährerkreuz«, der Gedenkstätte der Heimatvertriebenen Südmährer bei Klein Schweinbarth, Niederösterreich.
23. Mai 1983: Besuch der Kapuzinergruft gemeinsam mit Erzherzog Karl.
28. Mai 1983: Zweiter, diesmal groß angelegter Besuch in Tulfes gemeinsam mit den Enkeln Karl, Paul Georg und Karl Christian sowie dessen junger Gemahlin Marie Astrid.
29. Mai 1983: Besuch in Innsbruck und Bergisel: Zweifellos einer der Höhepunkte der Reisen der Kaiserin. Obwohl die Monarchin draußen in Wilten begrüßt wurde, hatte sich eine gewaltige Menschenmenge eingefunden, um Zita zu huldigen. Erzherzog Robert und sein Sohn Lorenz waren dabei, als Landeshauptmann Wallnöfer »Ihre Majestät« begrüßte. Das besonders anstrengende Besuchs- und Audienzprogramm fand nachmittags auf dem Bergisel in Gegenwart ihrer Enkel Karl, Lorenz und Martin den Abschluß.

17. Juli 1983: Besuch von St. Jakob im Walde, Steiermark: ein intimes, zauberhaftes Volksfest in dem kleinen Ort, wo »wir unendlich glücklich waren«, wie die Kaiserin sagte: dort hatte sie sich im Frühsommer 1911 mit Erzherzog Karl verlobt (die offizielle Verlobung fand kurz darauf in Villa delle Pianore statt).
3. September 1983: Besuch der Hauptstadt Osttirols, Lienz. Obwohl die Kaiserin erst spät am Vorabend des sich bereits abzeichnenden Volksfestes aus Brüssel (!) ankommt, steht sie die Strapazen dieses vielleicht farbenprächtigsten und musikträchtigsten Besuches mit eiserner Disziplin durch und erregt die Bewunderung aller, die sie an diesem nichtendenwollenden Tag begleiten. Es beginnt mit einer Frühmesse, geht weiter mit Kriegerehrung, Besuch im Altersheim, Abnahme der Parade auf dem Hauptplatz, geht weiter mit Radio- und Fernsehinterviews, Reden, Hymnen, Salut und Fahnenweihe ... eine Stadt war einen Tag lang einfach verzaubert. Und schon am nächsten Tag geht es weiter, nach bewegtem Abschied von Regina, Karl, Rudolf, Walburga, Paul Georg, Martin und Vincenz.
4. September 1983: Maria Bildstein, Vorarlberg: dort findet die Wallfahrt 1983 der Kaiser Karl Gebetsliga statt, die sich um die baldige Seligsprechung des »Dieners Gottes Karl aus dem Hause Österreich« bemüht.
Es ist der letzte Besuch der Kaiserin bei einer großen, öffentlichen Veranstaltung. Ihre engsten Angehörigen, die in Maria Bildstein dabei waren und die unglaubliche physische Leistung mitansahen – innerhalb von drei Tagen an die eineinhalbtausend Kilometer im Auto zurückgelegt, ein wahrhaft überdimensionales Programm absolviert – meinten voll Bewunderung und übereinstimmend: es ist genug; die Wallfahrt der Liga war der krönende Abschluß.
Bis 1988: Es folgten noch zahllose Reisen in Österreich, vor allem immer wieder ausgedehnte Besuche in Waldstein, aber auch Besuche bei den Kindern und Enkeln in Brüssel und Basel und Pöcking, eine denkwürdige Reise nach Rom, um den Papst gemeinsam mit Kindern und Kindeskindern aufzusuchen (Jänner 1983). Im September 1988 übersiedelte die Kaiserin aus Waldstein wieder zurück nach Zizers, weil das einfach »zentraler« lag als das abgeschiedene Waldstein und die Kinder – Erzherzogin Charlotte wohnte in München, Robert und seine Söhne in Basel, Rudolf und Karl Ludwig in Brüssel, Karl Christian in Genf – es einfacher hatten, die Kaiserin zu besuchen und zu betreuen.

Übrigens grenzte diese letzte lange Reise der Kaiserin von Waldstein nach Zizers an ein Wunder, das durch die eiserne Disziplin Zitas ermöglicht wurde, galt sie doch klinisch als »transportunfähig« – aber sie stand die Reise mit Enkel Vincenz und einer begleitenden Ärztin dank ihrer Willenskraft durch, obwohl mehrmals die Grenzen des Möglichen erreicht schienen.
In Zizers erwartete sie schon die »Ablöse«, die treue Familie, die alles tat, um der allmählich schwächer werdenden Mutter beizustehen: die Tochter Erzherzogin Charlotte, Regina, Erzherzogin Anna Gabriela und deren Gemahl Rudolf, und um sie scharten sich, in ständiger Ablöse, die anderen Familienmitglieder.

Eine Kaiserin stirbt

Nach der Rückkehr der Kaiserin ins Johannesstift nach Zizers im Spätsommer 1988 änderte sich manches im früher gewohnten Tagesablauf Zitas. Sie hatte in Waldstein eine doppelseitige Lungenentzündung glücklich überstanden, aber kehrte doch sichtlich geschwächt nach Zizers zurück. Über die Stufen einer Treppe zu steigen war nun nicht mehr möglich. Doch es gab in dem guten Gemäuer des Johannesstifts auch einen Lift, und der wurde nun, mit dem Rollstuhl, zum Besuche der Meßfeiern benützt, die der Mittelpunkt im geistigen Leben der Monarchin waren. Von nun an nahm sie auch ihre Mahlzeiten in der Wohnung ein. Gegen Ende des Februars 1989, dann erst recht Anfang März, nahm die Schwäche so überhand, daß die Aufnahme von Nahrung problematisch wurde, und ab Sonntag, dem 5. März, nahm Kaiserin Zita weder feste noch flüssige Nahrung zu sich und war wenige Tage darauf auch nicht mehr ansprechbar. Das unausweichliche Ende zeichnete sich ab.

Montag, den 13. März, feierte Pfarrer Alois Leu, selbst schon hochbetagt und krank, der über viele Jahre der Kaiserin geistlichen Beistand geleistet hatte, das Meßopfer am Krankenlager Zitas – und alle ahnten, es sei schon das Sterbelager.

Am Dienstag, dem 14. März 1989, eine halbe Stunde nach Mitternacht, erlosch das irdische Leben der Kaiserin und Königin. Zugegen waren Regina, die Söhne Carl Ludwig mit Gemahlin Yolande und Rudolf mit Gemahlin Anna Gabriela sowie die treue Baronin Maria Plappart und Krankenschwester Maria Wolfrum.

Es scheint ein Schicksal besonderer Art zu sein, wenn sich ein Antlitz im Tod gleichsam in eine neue Dimension begibt; edle Züge, seit Jahr und Tag vertraut, erfahren etwas wie eine mythische Steigerung, als wollten sie ein sichtbares Zeichen der für uns nicht erkennbaren anderen Welt geben. Still und ergriffen nahmen die Bewohner des Johannesstifts Abschied von der hohen Frau, die ein

Zu Dokument Seite 416/17: Die Aussage Kaiserin Zitas vom März 1983 gegenüber Dieter Kindermann von der »Neuen Kronenzeitung«, Kronprinz Rudolf sei am 30. Jänner 1889 einem politisch motivierten Mordanschlag zum Opfer gefallen, löste ein geradezu ungeheures, weltweites Echo aus. Dem Autor dieses Buches lag schon vorher eine schriftliche Erklärung der Kaiserin zu diesem Thema vor, sie wurde dann auch zur Entschlüsselung der Vorgänge benützt. Die Enthüllung brachte der Kaiserin eine Welle von übler Nachrede, die die Monarchin nicht beirrte – sie hatte schon Ärgeres durchgestanden. Als Kaiserin Zita ein Jahr später von italienischen Reportern anläßlich einer Pilgerreise nach Rom zum Hl. Vater zum gleichen Thema befragt wurde, bestätigte sie ihre Aussage unzweideutig: »... Mayerling war ein Staatsverbrechen« (Il Tempo vom 7. 1. 1984).

Eine genaue Aufschlüsselung der Ereignisse und Hintergründe findet sich in der 1. Auflage der Kaiser Karl-Biographie von Erich Feigl, Amalthea, Wien 1984, sowie in Form eines ungekürzten Nachdruckes in »Der letzte Kaiser – ein Heiliger?« von E. J. Görlich (Christiana-Verlag Stein am Rhein).

Österreichs letzte Kaiserin bricht ihr Schweigen über Geheimnisse der Monarchie

Zita: Mayerling war Mord!

Noch nie hat Österreichs letzte Kaiserin, Zita, so rückhaltlos offen politisch hochbrisante Fragen beantwortet wie in diesem Gespräch mit der „Kronen-Zeitung". Zum erstenmal seit 64 Jahren bricht sie ihr Schweigen über die wohl bestgehüteten Staatsgeheimnisse unserer Vergangenheit. Die heute 90jährige Frau hat an der Seite von Kaiser Karl im 1. Weltkrieg einen Vielvölkerstaat mit 53 Millionen Menschen regiert. Ihren Aussagen kommt als einziger noch lebender Kronzeugin der Geschichte sicher historisches Gewicht zu. Und was sie enthüllt, wird nicht nur in Historikerkreisen wie eine Bombe einschlagen:

- Kronprinz Rudolf hat in Mayerling nicht Mord (an Mary Vetsera) und Selbstmord verübt, sondern ist einem politisch motivierten Mordanschlag zum Opfer gefallen!
- Kaiser Karl hat von seinem Schweizer Exil aus verhindert, daß Österreich beim Friedensvertrag von Saint-Germain Deutschland einverleibt wurde,
- Die Republik Österreich hätte in der Zwischenkriegszeit ohne einen Schwertstreich wieder in eine schwarzgelbe Monarchie verwandelt werden sollen.
- Und dann wären die blutigen Bürgerkriegswirren des 34er Jahres vermieden worden und der Anschluß an Hitler-Deutschland wäre uns erspart geblieben.

Weshalb Zita sich der „Kronen-Zeitung" anvertraute, ist leicht erklärt: Ich sprach Kanzler Kreisky nach dem Ministerrat vom 4. Mai 1982 darauf an: Die Kaiserin wolle zwar nicht auf den Thronanspruch verzichten, dennoch aber nach 63 Jahren Exil in ihre Heimat zurückkehren. Der Regierungschef fixierte mich kurz und

Von Dieter Kindermann

brummte: „Sie ist auf jeden Fall Exkaiserin. Der spanische König Juan Carlos hat mich schon auf Mallorca über ihren Herzenswunsch informiert. Wenn es sich rechtlich vertreten läßt, werden wir eine menschliche Lösung finden." Sektionschef Adamovich vom Verfassungdienst fand auch die juridische Lösung: Zita sei als Angeheiratete laut Pragmatischer Sanktion aus dem Jahre 1713 von der weiblichen Thronfolge ausgeschlossen. Sie brauche daher auch keine Verzichtserklärung abgeben. Am 16. Mai 1982 betrat die Exkaiserin am Grenzübergang Feldkirch-Tisis erstmals wieder österreichischen Boden. Am 14. November 1982 jubelten ihr 10.000 Gläubige bei einer Abendmesse, die Kardinal König zelebrierte, im Wiener Stephansdom zu. Die schwarzgelben Nostalgiewellen schlugen hoch.

Knapp vier Monate später sitze ich Zita im Johannisstift, dem Altersheim von Zizers im Schweizer Kanton Graubünden, gegenüber. In einem schmalen, kleinen Speisezimmer, das mit einem Herz-Jesu-Bild geschmückt ist und auf dessen Eßtisch eine Serviettentasche mit der Aufschrift „Ih Majestät" liegt. Ich weiß nicht, we cher Teufel mich geritten hat, de Witz zu erzählen: „Kreisky geht Pension, heiratet Zita und wird Kais von Österreich." Die frühere Mona chin lacht jedenfalls hellauf: „Ja, d Wiener haben schon immer eine eigenen Humor gehabt." Das Eis w gebrochen, um Fragen zu stellen, d Zita bisher noch nie beantwortet hat vor allem über das Drama von Maye ling, das bis heute die Phantasie d Menschen entzündet. Wie viele Ve

Die Kronzeugin

▲ *Das Grab von Mary Vetsera in Heiligenkreuz lockt noch heute viele Schaulustige an.*

sionen hat es schon darüber gegebe was sich am 30. Jänner 1889 im Jag schloß des Thronfolgers abspielte:

- Kronprinz Rudolf habe einen Her schlag erlitten.
- Er sei bei einem Jagdunfall ums L ben gekommen.
- Mary Vetsera hat ihn mit Zyank vergiftet.
- Es war die Tat eines eifersüchtig Försters.
- Die Baronesse und ihr Thronfolg hätten Selbstmord aus unglücklich Liebe verübt.
- Mary Vetsera verblutete bei ein Abtreibung. Rudolf gab sich a Ehrenmann die Kugel.
- Er hat in einem Anfall von Wah sinn sich und seine Geliebte ersch sen.
- Kaiser Franz Joseph ließ ihn ermo den, weil sich Rudolf zum König v Ungarn krönen lassen wollte.
- Viele Faktoren führten zu der T tung auf Verlangen (Mary Vetse und zum Selbstmord: familiäres U glück (Scheidungsbitte abgewiese unheilbare Geschlechtskrankheit u das Scheitern aller hochfliegend politischen Pläne.

Diese These untermauerte zulet

ie Wiener Historikerin Brigitte Hamann in einer mit Daten, Fakten und Zahlen gespickten „Rudolf"-Biografie, die in der Fachwelt großes Aufsehen erregte. Als ich vorigen Sonntag n einer Führung durch die Gedächtiskirche in Mayerling teilnahm, neinte eine zierliche Schwester des armeliterordens nur: „Das Geheimis ist bisher nicht gelüftet worden. lles, was geschrieben wurde, behränkt sich auf Vermutungen." leine Frage nach den strengen Orensregeln in Mayerling wurde mit er Gegenfrage beantwortet: „Wolln Sie etwa bei uns eintreten?"

Exkaiserin Zita hat noch nie mit inem Journalisten über das Drama on Mayerling gesprochen. Aber bei ir macht sie eine Ausnahme, weil sie ndet, daß Legendenbildungen, Klicheevorstellungen endlich beseitigt erden müßten. „Kronprinz Rudolf at nicht Selbstmord verübt, sondern t das Opfer eines politischen Mordomplotts geworden", sagt sie mit ner frappierenden Bestimmtheit. och bevor ich fragen kann, woher e das so genau weiß, nennt sie Naen von Zeugen, die das Drama um layerling „hautnah" miterlebt haen oder von erster Hand (Kaiser

▲ *Mary Vetsera und Kronprinz Rudolf, das Mayerling-Drama entzündet noch heute die Phantasie der Menschen.*

der Geschichte

ranz Joseph) in das Geheimnis eingeweiht worden sind, die Namen von litgliedern der kaiserlichen Familie, e Zita über Einzelheiten der Bluttat nd über den hochbrisanten politichen Background informierten:

- Kaiser Karl (1887 bis 1922), der ihr ie Mordversion voll und ganz bestägte;
- Erzherzogin Gisela (1856 bis 1932), ie Schwester des Kronprinzen;
- Erzherzogin Marie Valerie (1868 bis 924), ebenfalls eine Schwester Ruolfs;
- Erzherzogin Maria Theresia, die mit em Bruder von Kaiser Franz Joseph, arl Ludwig, verheiratet und eine ante von Zita war;
- Herzogin Marie José, die Ehefrau on Kaiserin Elisabeths Bruder Carlheodor, Herzog von Bayern, ebenalls eine Tante von Zita.

„Ich habe alles, was mir unter dem egel tiefster Verschwiegenheit mitteilt wurde, genau aufgezeichnet", zählt die Exkaiserin. „Ich werde die Unterlagen, die noch auf jeden Fall ei meinen Akten liegen, zu gegebeer Zeit veröffentlichen." Die Exkairin, die fast nichts mehr sieht und f zwei Stöcke gestützt geht, verfügt trotz ihres hohen Alters über ein phänomenales Gedächtnis. So erinnert sie sich noch genau, daß Kaiser Franz Joseph gefragt worden ist, warum er auf seinem Sohn die Schmach eines Selbstmordes habe sitzenlassen. Seine Antwort: „Ich konnte nicht anders. Es ging um die Existenz der Monarchie." Aber darauf kam ich mit Zita noch genau zu sprechen.

In ihrer kleinen Wohnung im ersten Stock des Johannisstiftes läßt mir die Exkaiserin Kaffee servieren und „füttert" mich mit Keks. In einer Ecke steht ein Schwarzweiß-Fernsehgerät! Jeden Abend hört sie sich die Nachrichten von „Zeit im Bild" an. An der Wand hängt ein Kinderbild ihres ältesten Sohnes Otto. Den Vorraum schmückt ein Gemälde, auf dem Thronfolger Erzherzog Karl (also Zitas Mann) Kaiser Franz Joseph huldigt. Ob sie heuer von Zizers in der Schweiz endgültig nach Österreich übersiedelt, möchte ich wissen. Etwa in das wildromantische Schloß Waldstein, wo ihre jüngste Tochter Elisabeth und ihr Schwiegersohn Dr. Heinrich Liechtenstein wohnen. „Ja, das wird sich bestimmt ergeben. Es ist jedenfalls mein tiefer Wunsch."

Die hochbetagte frühere Monarchin zeigt sich aber auch sonst recht unternehmungslustig, wie ihr neuestes Besuchsprogramm für Österreich beweist:

Zunächst wird dem geheiligten Land Tirol, Innsbruck und Lienz, ein Besuch abgestattet, wobei sicher die Schützen aufmarschieren werden.

Dann kommt sie zum Sudetendeutschentag nach Wien, wo sie zu Pfingsten mit rund 150.000 Menschen auf dem Heldenplatz einer Messe beiwohnt.

Zwischendurch ist auch ein Besuch in der Kapuzinergruft geplant, wohin auch Kaiser Karl von seinem Sterbeort auf Madeira überführt werden soll.

Und wenn der Papst am 13. September nach Mariazell kommt, will die Kaiserin zu dem Wallfahrtsort pilgern, der die erste Station ihrer Hochzeitsreise war.

Morgen lesen Sie: Wo sind die geheimen Mayerling-Protokolle?

▲ *Exkaiserin Zita sprach mit Dieter Kindermann über Mayerling: „Es war ein politisch motivierter Mord!"*

Vierteljahrhundert lang bescheidene Mitbewohnerin gewesen war und, so lang nur immer sie konnte, allen anderen Alten und Kranken des Hauses in ihren Nöten beigestanden hatte.

Nun kamen sie alle und entboten ihr Adieu, das bescheidene, gute Gottbefohlen.

Am Nachmittag des denkwürdigen 14. März wurde die Hingeschiedene zur Einbalsamierung in das Kantonsspital Chur überführt. Der toten Kaiserin wurde nach jahrhundertealtem habsburgischen Brauch das Herz entnommen und in einer Urne verwahrt. Die Beisetzung der Herzurne fand am 17. Dezember 1989 in der Loreto-Kapelle des Stiftes Muri statt; seither sind die Herzen Kaiser Karls und Kaiserin Zitas in der neuen Habsburgergruft von Muri wieder vereint.

In der gleichen Loreto-Kapelle am Kreuzgang des Klosters Muri, genau oberhalb der neuen Habsburgergruft, wurden die sterblichen Überreste der Kaiserin zunächst aufgebahrt. Unmittelbar nach der seit Tagen erwarteten Nachricht vom Heimgang der Kaiserin begann in Wien die Intensivarbeit eines kleinen Aktionskomitees, das sich schon vor Jahren konstituiert hatte – in den ersten Anfängen bereits 1984. Vorsitz führte Herzog Georg von Hohenberg, ein Enkel des Erzherzog-Thronfolgers Franz Ferdinand, der jeden Vorschlag kritisch abwog und Traum und Wirklichkeit wohl zu unterscheiden wußte; dem Gremium gehörte auch Kurt Stümpfl (†), ein absolut loyaler Diener des Hauses an, und der Autor dieses Buches, Erich Feigl. Schrittweise wurden mehrere Persönlichkeiten zugezogen, so wie sich der Aufgabenkreis dieses Komitees erweiterte: Hofrat Dr. Georg Kugler, der die Verantwortung für den Prunk-Leichenwagen aus der Wagenburg trug (der ja erst wieder flottgemacht werden mußte), Amtsdirektor Erik Engel, der die Presse zu betreuen hatte; Kurt Stümpfl, der als umsichtiger Kontakt- und Protokollmann diente. Zeitweilig übernahm Erzherzog Karl den Vorsitz in dem doch über mehrere Jahre vorbereitenden und beratenden Gremium, doch erwies sich die Entfernung Wien–Salzburg oft als recht hinderlich, so daß meistens Herzog Georg von Hohenberg die Beratungen leitete. Ein zentrales Thema dabei waren immer wieder Überlegungen, ob der Kondukt als bescheidener, der Lebensauffassung der Kaiserin gewiß eher entsprechender Leichenzug mit motorisiertem Fahrzeug und auf kürzestem Weg zur Kapuzinergruft geführt werden sollte oder ob grundsätzlich eine größere Lösung gesucht werden sollte – zu der sich das Komitee schließlich entschloß und zu der nach gewissenhaftester Überlegung auch das Kaiserhaus seine Zustimmung gab.

Nach einem vorbereitenden Gespräch von Dr. Georg Hohenberg und Bürgermeister Dr. Helmut Zilk kam es dann zu einer entscheidenden Besprechung zwischen Dr. Vincenz Liechtenstein und dessen Gemahlin Prinzessin Hélène sowie dem Autor dieses Buches mit Bürgermeister Dr. Helmut Zilk und Dr. Kurt Scholz aus dem Präsidialbüro des Landeshauptmanns, bei der Dr. Zilk der »großen Lösung« zustimmte und alle mögliche Hilfe zusagte – was auch in großzügigster Weise geschah, so wie sich auch die Herren der Städtischen Bestattung unter der Leitung von Obersenatsrat Franz Knispel mit Effizienz sondergleichen ihrer außerge-

wöhnlichen Aufgabe stellten. Das Bemerkenswerte an diesen Vorbereitungen war wahrscheinlich, daß ein winziges Komitee ohne Titel und ohne Mittel Vorbereitungen zu einem Ereignis traf, das schließlich, nachdem auch die Herren beigezogen wurden, welche unter Leitung von Sixtus von Reden die Traditionsverbände und unter Leitung von Dr. Heinz Hafner die Studentenverbindungen und Landsmannschaften führten, nicht zu vergessen das »Jugendkomitee Kaiserin und Königin Zita« mit Brigitte Trunzer, mit größter Präzision über die Weltbühne lief. Ein günstiger Umstand war dabei der Zeitpunkt, an dem die Kaiserin verstorben war: da unmittelbar darauf die Karwoche folgte, ergab sich ein Vorbereitungsrahmen von zwei Wochen, der dann – von hier ab übernahm Erzherzog Karl voll das Kommando – auch in ganzem Umfang genützt wurde.
Karls jüngerer Bruder, Erzherzog Paul Georg, übernahm gleichzeitig die Leitung der ebenso wichtigen wie heiklen Abteilung »Protokoll«, die ihm und seinen Mitarbeitern viel abverlangte, versammelten sich doch zu diesem einmaligen Ereignis die Spitzen von Kunst, Wissenschaft, Diplomatie, Politik und Gesellschaft schlechthin.

Kaiserin Zitas letzter Weg

Nach der Einbalsamierung in Chur wurden die sterblichen Überreste der Kaiserin nach Muri gebracht und in der neuen Familiengruft der Habsburger aufgebahrt. Als in den sechziger Jahren die kaiserliche Familie an die Errichtung dieser Gruft schritt, waren noch alle überzeugt, einmal hier im Tode versammelt zu werden – doch die Wendung der öffentlichen Meinung in Österreich, der Durchbruch des Bewußtseins, wer Kaiser Karl und Kaiserin Zita wirklich gewesen waren, leitete nun eine neue Entwicklung ein.
Ein Wagen der Städtischen Bestattung aus Wien überstellte den schlichten Sarg schließlich nach Österreich.

28. März 1989, 15 Uhr:
Die engsten Angehörigen erwarteten die Ankunft der Kaiserin im Stift Klosterneuburg. Die Aufbahrung erfolgte im Kuppelsaal von Klosterneuburg. Unter dem Trauerbaldachin war seinerzeit auch Kaiser Franz Joseph aufgebahrt. Die kaiserliche Familie begleitete den Sarg vom Kuppelsaal zur Stiftskirche. Vor dem Hochaltar bekrönte P. Floridus Röhrig den Sarg der Kaiserin mit dem Erzherzoghut, dem ehrwürdigen Symbol des Hauses Österreich. Der in Klosterneuburg aufbewahrte Erzherzoghut von Österreich gilt seit Jahrhunderten als wichtigste Insignie des Huldigungsaktes. Generalabt Gebhard Koberger, Probst von Klosterneuburg, nahm die Einsegnung vor.

Generalabt Gebhard Koberger hielt in der Stiftskirche Klosterneuburg die Predigt:

»Wir dürfen in diesen Tagen Großes und Erhabenes erleben. Kaiserin Zita – was sterblich an ihr war – hat den letzten Weg von Zizers in der Schweiz nach Österreich angetreten, um ihre letzte Ruhestätte in der Kaisergruft in Wien zu beziehen. Wir verfolgen in Ehrfurcht diesen Weg. Von Dienstag nachmittags bis Donnerstag – in dieser Stunde – weilte der Sarg in Klosterneuburg. Es war ein großer Dank für die hohe Frau. Ist ja Klosterneuburg Symbol für die Größe des Hauses Habsburg. Das neue Gebäude gibt Kunde davon. Von einem deutschen Kaiser – Karl VI. – in Spanien, nach den Plänen des Escorial in Madrid erbaut, sollte es Kunde geben von der Größe der Weltmacht der Habsburger. Von einem Italiener – Donato d'Allio – in den Plänen entworfen, wurde dieser hehre Bau von österreichischen Arbeitern errichtet. So grüßt dieser Bau – geschmückt mit der Deutschen Kaiserkrone und dem österreichischen Erzherzogshut – in die Lande. Ein Torso – sollten doch noch weitere Kuppeln die Symbole der österreichischen Weltmacht tragen. Dieser hehre Bau durfte nun durch 2 Tage die hohe Frau bergen, um dem österreichischen Volk die Gelegenheit zu geben, dieser großen Frau Ehre und Dankbarkeit zu erweisen. Es waren erhebende Stunden, dies erleben zu dürfen. Nun gilt es Abschied zu nehmen von Klosterneuburg. In dieser Stunde fällt uns aus der heiligen Schrift das Lied eines Mannes ein, der vor seinem Tod noch den Erlöser schauen durfte. Der greise Simeon darf noch das Glück erleben, den Erlöser als Kind schauen zu dürfen. Man kann sein Lied – »Nun läßt Du, Herr, Deinen Knecht in Frieden scheiden« – als ein Lied des Dankes für ein erfülltes Leben bezeichnen. Diesen biblischen Gedanken eines erfüllten Lebens möchte ich in dieser Stunde aufgreifen. Müssen wir nicht auch – wenn wir an Kaiserin Zita denken – den Dank sagen für ein erfülltes Leben? So gelten unsere Gedanken dem Glauben Kaiserin Zitas an Österreich. Für sie war Österreich eine große Aufgabe – in den letzten Tagen des Ersten Weltkrieges, als sie mit Kaiser Karl die Verantwortung trug für das große Völkerreich. Sie glaubte immer an Österreich; selbst in den Tagen und Jahren, als sie Österreich verlassen mußte. Müssen wir nicht Dank sagen für einen solchen starken Glauben an Österreich. Bewundernd stehen wir vor dieser großen Frau. Wir müssen Dank sagen für ein erfülltes Leben für Österreich. Wer erahnt die Gedanken und Gebete von Kaiserin Zita, als der Gedanke auftauchte, den Seligsprechungsprozeß für Kaiser Karl zu eröffnen. Ihre Liebe ihm zu schenken und Weggefährtin dieses edlen Mannes zu sein, muß wohl etwas ganz Großes sein. Müssen nicht auch wir mit Kaiserin Zita für ein erfülltes Leben danken, Dank sagen für ein erfülltes Leben. Wer denkt nicht in dieser Stunde an das Wort der Kaiserin, als sie beim Sterben des Kaisers das Wort sprach: »Karl, was tu ich ohne Dich?«

Das Leid war groß. Uns fehlen die Worte, das nachzufühlen. Noch einen Gedanken des Leides will ich hier anführen. Als ihre erste Tochter Adelheid starb, verweigerte die Republik Österreich die Erlaubnis, nach Österreich zum Begräbnis nach Tirol zu kommen. Können die Männer, die dies verweigerten, vor dieser großen Frau bestehen?

Das Leid der Kaiserin war groß. Und doch müssen wir Dank sagen für ein erfülltes Leben – für ein erfülltes Leben des Leides. Wenn heute das Haus Habsburg großes Ansehen genießt in Österreich – in Europa – in der ganzen Welt, dann verdanken wir dies auch dieser großen Frau. Wir müssen Dank sagen für ein erfülltes Leben.
Nun geht Kaiserin Zita ihren Weg von Klosterneuburg nach Wien, um ihre letzte Ruhestätte in der Kaisergruft in Wien zu beziehen.
Unsere Liebe und unsere Gebete begleiten sie.«

Am Schluß des Pontifikalrequiems ergriff der Landeshauptmann von Niederösterreich, Siegfried Ludwig, das Wort:

»Verehrte tieftrauernde kaiserliche Familie!
Majestäten, Hoheiten, Exzellenzen!
Hohe Geistlichkeiten!
Verehrte Trauergemeinde!

Kaiserin und Königin Zita ist nicht mehr. Mit ihr hat eine bedeutende und bemerkenswerte historische Persönlichkeit der europäischen Geschichte dieses Jahrhunderts für immer die Augen geschlossen. Als Landeshauptmann von Niederösterreich und damit jenes Landes, das für Zita in besonderem Maße Heimat war, möchte ich der hochgeschätzten Familie der Verstorbenen persönlich und namens des Landes meine tiefempfundene Anteilnahme zum Ausdruck bringen. Niederösterreich nimmt ganz bewußt hier im Stift Klosterneuburg Abschied.
Wir nehmen Abschied an der Begräbnisstätte unseres Landespatrons, des heiligen Leopold, dessen Heiligsprechung von den Habsburgern vor mehr als 500 Jahren durchgesetzt worden war. Hier hatte bekanntlich Kaiser Karl VI. die großen Pläne zum Umbau Klosterneuburgs in einen österreichischen Escorial. Und so entspricht die Aufbahrung hier im Stift mit seinem Erzherzogshut, der zu den habsburgischen Insignien gehörte, der besonderen Verbundenheit der Habsburger mit diesem Stift, das gleichsam das Hauskloster des österreichischen Erzhauses war.
Verehrte trauernde Gemeinde! Das Schicksal hat Kaiserin Zita und ihre Familie vor besonders schwere Aufgaben gestellt. Sie hat das so oft harte Schicksal mit der ihr das ganze Leben lang eigenen Zähigkeit, Tapferkeit und Festigkeit, vor allem aber mit einem bewunderswerten und unerschütterlichen Glauben an den Herrgott gemeistert. Sie hat sich in diesem Jahrhundert, im Ersten wie im Zweiten Weltkrieg, für Österreich unvergängliche Verdienste erworben. Ihre größte Sorge im Ersten Weltkrieg galt der Linderung und Abkürzung des unermeßlichen Leides, von dem ungezählte Menschen und insbesondere die Ärmsten der Armen betroffen waren. Sie hat den letzten Kaiser von Österreich, ihren Gatten Karl, unermüdlich in seinem ehrlichen und aufrichtigen Ringen um Frieden und Versöhnung unterstützt. Die Verstorbene hat in ihrem Exil ebenso unermüdlich

zunächst für den Erhalt der Selbständigkeit Österreichs und während der NS-Okkupation und der Kriegsjahre für die Wiederherstellung eines freien und unabhängigen Österreich gekämpft.
Trotzdem blieb es offenbar ihr Schicksal, in entscheidenden Stunden verkannt und erst viel später in ihrem Handeln richtig beurteilt zu werden.
Hoch verehrte trauernde Gemeinde! Gerade unser Heimatland war mit der teuren Verstorbenen zutiefst verbunden. Stationen und Fixpunkte ihres Lebens in unserem Lande waren insbesondere Schwarzau, Reichenau an der Rax, Laxenburg, Baden und nicht zuletzt die bitteren Stunden in Eckartsau. Kaiserin Zita konnte aber auch miterleben, und das mag ihr eine gewisse Genugtuung gewesen sein, daß jene Geschichtsepoche, die vor mehr als 70 Jahren zu Ende ging, nach Jahren und Jahrzehnten einer von gewissen Kreisen verzerrten Beurteilung noch einem helleren und objektiveren Urteil gewichen ist. Dies gilt nicht nur für die Geschichtsschreibung, sondern ebenso für das allgemeine Bild der Donaumonarchie in den letzten Jahrzehnten ihres Bestehens. Niederösterreich selbst hat zu seiner eigenen Geschichte stets ein ungestörtes Verhältnis gehabt. Dieses Verhältnis war und ist von einem besonderen Sinn für Traditionen ebenso wie von einem Bekenntnis zu Kontinuität und Geschichtsbezogenheit gekennzeichnet. Wir können zudem in aller Bescheidenheit festhalten, daß wir zu dieser Aufhellung und Objektivierung der Geschichtsschreibung vor allem mit großen wissenschaftlichen Ausstellungen einen wesentlichen Beitrag geleistet haben. Niederösterreich ist das Kernland Österreichs, es war das Kernland der Babenberger und ebenso das Herzstück des Wirkens der Habsburger in Österreich. Wenn früher die Historiker von Österreich gesprochen haben, so meinten sie vor allem und in erster Linie Niederösterreich. Und wenn ich von geschichtlicher Kontinuität gesprochen habe, so ist man sich heute mehr denn je dessen bewußt, daß diese Kontinuität vom Gestern ins Heute im Grund genommen viel stärker ist, als man früher vielfach wahrhaben wollte. Niederösterreich forciert in unserer Zeit eine eigene Landes-Außenpolitik. Auch dies ist nicht zuletzt Ausdruck einer speziellen geschichtlichen Kontinuität in unserem Land.
Verehrte Trauerversammlung! Es mag für Kaiserin Zita ebenso Genugtuung gewesen sein, daß auch die Republik Österreich in den letzten Jahren, selbstverständlich im Zeichen einer veränderten Staatsform und veränderter politischer Allianz, zu einer ähnlichen Funktion gefunden hat, wie sie die österreichisch-ungarische Monarchie stets hatte. Es ist die naturgegebene und jetzt noch zu verstärkende Brückenfunktion zwischen der Europäischen Gemeinschaft und den Ländern des COMECON. Diese Funktion im historischen Licht und unter den geänderten gegenwärtigen Umständen geschickt, verstärkt und im Geiste bester österreichischer Traditionen zu nutzen, ist zweifellos die besondere österreichische Herausforderung mit Blickrichtung auf die Jahrtausendwende. Kaiserin Zita konnte am Ende ihres Lebens somit eine Entwicklung erleben, die vielfach mit jenen europäischen Intentionen ident war, denen sie ihr Leben lang nachhing.

Sehr geschätzte kaiserliche Familie, verehrte trauernde Gemeinde! Die Republik Österreich und das größte und älteste Bundesland dieser Republik Österreich verneigen sich vor einer in ihrem Wirken zutiefst österreichischen Persönlichkeit von historischer Größe. Möge die Verstorbene in der ewigen Heimat jene Ruhe finden, die ihr zeitlebens so oft versagt blieb.«

Nach dem Gottesdienst gaben die Familienangehörigen und tausende Trauergäste der Kaiserin das Geleit. Kameradschaftsverbände standen Spalier, Kanonenschüsse wurden abgefeuert, und unter Glockengeläut bewegte sich der Kondukt schließlich nach Wien. Allein in Klosterneuburg hatten 20 000 Menschen von der Kaiserin Abschied genommen.
Um 17 Uhr war der Trauerzug in Klosterneuburg aufgebrochen, und auf die Minute pünktlich um 19 Uhr traf der Wagen der Kaiserin im Inneren Burghof in Wien ein. Tausende Jugendliche waren dem Ruf des »Jugendkomitees Kaiserin und Königin Zita« gefolgt und geleiteten nun den Trauerzug mit Fackeln durch ein dichtes Spalier über Kohlmarkt und Graben zum Dom. Am Riesentor erwarteten Kardinal Groër, Bürgermeister Zilk sowie die Herren des Ordens vom Goldenen Vlies den Kondukt. Schließlich wird der Sarg im Friedrichschiff aufgebahrt und feierlich eingesegnet. Die ganze Nacht über bleiben Betende im Dom – auch in den folgenden Nächten bis zum 1. April.
Bis zum Tag der Beisetzung der Kaiserin kommen Zehntausende Menschen in den Dom, um sich von der Monarchin zu verabschieden; rings um St. Stephan geben die unzähligen, prachtvollen Kränze, die wie eine nichtendenwollende Girlande das Gotteshaus schmückten, der grandiosen Totenfeier in ihrem düstern Pomp einen hellen, freundlichen Akzent.
1. April 1989: Um 11 Uhr beginnt das feierliche Pontifikalrequiem, das Erzbischof Hans Hermann Groër mit großer Assistenz zu den Klängen des Mozartrequiems zelebriert. Unter den Trauergästen befinden sich Bundespräsident Dr. Kurt Waldheim, Fürst Franz Josef II. von Liechtenstein mit seiner Gemahlin Gina, Großherzog Jean von Luxemburg und seine Gemahlin Charlotte, Prinz Albert von Lüttich (Bruder von König Baudouin I. der Belgier), der Kronprinz von Marokko Sidi Mohamed, Erbprinz Albert von Monaco, die Landeshauptleute von Wien, Niederösterreich, Oberösterreich, der Steiermark und von Tirol, Außenminister Dr. Alois Mock, zahlreiche Abgeordnete, Vertreter der Ungarn, Böhmen, Slowaken, Kroaten, Bosniaken, Furlaner, Triestiner, Siebenbürger, Südtiroler und Sudetendeutschen, fast das gesamte diplomatische Korps und – als eigentlicher Ehrengast im Sinne weiland Ihrer Majestät: das Volk; ihr Volk, dessen Landesmutter, welcher Herkunft und Nationalität auch immer, sie immer war und über den Tod hinaus bleiben wollte.
Während des Pontifikalrequiems richtete der Apostolische Nuntius in Wien, Erzbischof Dr. Michele Cecchina, ein Grußwort an die Hinterbliebenen und verlas sodann ein Schreiben des Heiligen Vaters:

»Kaiserliche und Königliche Hoheit!
Aus Anlaß des feierlichen Requiems für die Mutter Eurer Hoheit, der Apostolischen Kaiserlichen Königlichen Majestät Zita von Habsburg, hat mich Seine Heiligkeit Papst Johannes Paul II. damit beauftragt, ihn persönlich bei den Begräbnisfeierlichkeiten zu vertreten, und mich ersucht, Eurer Hoheit und allen Mitgliedern Ihrer hehren Familie sein Beileid auszusprechen und Sie seiner Gebete für die Seele der Verstorbenen zu versichern.
Der Papst gedenkt des eindrucksvollen Zeugnisses des Glaubens und der christlichen Frömmigkeit, das die verstorbene Kaiserin gegeben hat, und erteilt im Licht der erhabenen Verheißungen des auferstandenen Christus den Familienangehörigen und allen, die am liturgischen Begräbnisritus teilnehmen, seinen tröstenden Apostolischen Segen.
Im eigenen Namen entbiete ich Eurer Hoheit und der ganzen Familie meine innigste Anteilnahme und versichere Ihnen, daß ich beim Heiligen Meßopfer der Seelenruhe der Heimgegangenen gedenken werde.«

Nach der Verkündigung des Evangeliums nach Johannes (11, 21–27: »Ich bin die Auferstehung, wer an mich glaubt, wird leben, auch wenn er stirbt ...« ergriff Hans Hermann Kardinal Groër, Erzbischof von Wien, das Wort:

»Die letzten Tage haben unserem Land und unserem Volk – für manche überraschenderweise, für viele zu innerster Freude und Bestätigung ihres immer schon im Herzen getragenen Glaubens – gezeigt: Die Trauer um die verewigte Kaiserin Zita und die Feierlichkeiten, in denen sich diese Trauer mit allem Respekt und aller dankbaren Verehrung und den vielen Zeichen dieser Verehrung offenbart, ist mehr als irgendein nach Protokoll und formalen Gesichtspunkten ablaufender Abschied, mehr als eine letzte Ehrerweisung und mehr als ein noch so ernst zu nehmender und ernst gemeinter Staatsakt.
Diese Tage in Klosterneuburg und hier in Wien sind ein Volksbegräbnis, ein Zeichen, das auch der Rundfunk heute morgen zu erkennen gegeben hat mit der Meldung, es werden Hunderttausende zu diesem Begräbnis heute in Wien erwartet. Und viele, viele Tausende – so haben wir es gesehen – sind in den letzten Tagen in stiller, verehrungsvoller, tief dankbarer innerlicher Zuwendung – und keineswegs äußerlicher Neugierde – hinzugetreten zu dem Sarg, in dem die sterbliche Hülle unserer letzten österreichischen Kaiserin geborgen ist. Und wir dürfen uns freuen, daß in diesem Volksbegräbnis für Zita – und sie hat sich gerne unterschrieben »Zita von Österreich« – so viele mit uns hier trauern und beten, nicht in einer hinreißenden Trauer, denn wer sollte, wenn ein Leben sich so vollendet mit fast 100 gesegneten Jahren, jetzt herzzerreißend klagen wie etwa eine Familie mit Kindern, deren junger Vater und Gatte plötzlich durch einen Unfall weggerissen wird. Aber es ist eine tiefe und ganz herzliche innerste Anteilnahme, und das mag der Familie der Verewigten eine besondere tröstliche, innere stille Freude vermit-

teln, daß so viele Vertreter der öffentlichen wie der privaten Gemeinschaften, das Oberhaupt unseres Staates, die Letztverantwortlichen der Bundesländer, so viele Vertreter des öffentlichen Lebens und so viele letztverantwortliche, höchste Autoritäten der Kirche nicht nur unseres Landes, sondern der Nachbarländer, sich mit uns hier im Dom versammelt haben. Und wenn sie nicht persönlich anwesend sein konnten, mit ehrlichen, herzlichen Entschuldigungen ihrer geistigen Anteilnahme und Gemeinschaft uns versichert haben. Das ist ein untrügliches Zeichen auch für jene wunderbare milde und von jeder Schärfe und jeder Verurteilung wegen erlittener Unbill oder erlittenem Unrecht freien Sprache und Art der verewigten Kaiserin, daß so viele in unserem Land es erkennen, obwohl sie nur kaum zwei Jahre die Krone trug an der Seite des Dieners Gottes, Karl. Obwohl sie mehr als 70 Jahre unser Land leider nicht hat betreten dürfen, in unserem Land mit uns lange Zeit nicht hat leben dürfen! Aber eben das zählt, daß sie so viel Kreuz zu tragen hatte von Anfang an unter den drohenden Wolken des Krieges und der schwersten Nöte und Bedrängnisse unseres Volkes, und dann so viel und so viel Bedrängnis und doch sich von alldem nicht niederzwingen hat lassen!
Dieses wunderbare Beispiel des Glaubens, der unerschütterlichen gläubigen Hoffnung, das der Hl. Vater in seinem Telegramm, das im Brief des Apostolischen Nuntius uns übermittelt worden ist, so deutlich uns für diese Stunde zeigt: das und all die anderen Zeichen müssen uns mit Freude erfüllen, mit Dankbarkeit – und wir verdanken es ihr vor allem, ihrer stillen, bescheidenen, so edlen, tief gläubigen und von keiner Unbill besiegbaren hoffenden Seele.
Sie, meine Lieben, die Sie sich im hohen Dom zu St. Stephan versammelt haben und anderswo in der Ihnen möglichen Weise anteilnehmen an unserer hier stattfindenden Trauerfeier, an dieser Liturgie, Sie haben sicherlich gehört dieses einzigartige, majestätische Requiem von Mozart, es ist würdig einer Herrscherin, einer Kaiserin. Es ist eine Interpretation des Wortes Gottes über Tod und Leben und über das ewige Schicksal der Menschen, die im Gericht bestehen können. Es ist eine einzigartige Interpretation des Wortes Gottes.
Dennoch wird es uns guttun, daß wir die Frohe Botschaft, die uns der Diakon jetzt verkündigte, noch ein bißchen auch mit eigenen Gedanken dankbar bedenken. Auf wen kann dieses Wort des Herrn besser angewendet werden als auf sie, die voll des Glaubens war und in ihrem Glauben bis zuletzt unerschütterlich. Auf sie trifft das beseligende, tröstliche Wort des Herrn zu: ›Ich bin die Auferstehung und das Leben; wer an mich glaubt und lebt, stirbt nicht, und auch wenn er stirbt, er wird ewig leben.‹ Diese österliche Botschaft, so könnten wir sagen, müssen wir sagen, diese wunderbare, göttliche Botschaft hat sie vorbildlich geglaubt und nicht nur in ihrem Beispiel, auch durch ihr Wort, durch das Wort, das so oft von der Hoffnung geprägt war und Hoffnung ausstrahlte, bezeugt. Das wollen wir ihr danken, das wollen wir von Gott als Gnade für uns selbst erbitten.
Unvergeßlich wird uns bleiben können ihr letztes ganz herrliches Interview (Anm.: Gemeint ist das Schlußwort der Kaiserin aus der TV-Dokumentation von

Erich Feigl, die, lange vorher gedreht, am 14. März 1989, dem Todestag der Kaiserin, ausgestrahlt wurde) gelegentlich des 90. Geburtstages. Und am Schluß dieses Gespräches hat sie ein so herrliches Bekenntnis ihres Glaubens, aber auch ihrer Zuversicht für das Leben der Völker, die einst in ihrem Reich vereinigt waren, abgelegt. Ein Bekenntnis, das wir nicht vergessen sollten, auch wenn sich längst die politischen und sonstigen Verhältnisse gewaltig verändert haben. Es ist nicht Nostalgie, und es ist nicht ein Liebäugeln mit einem anderen Staats- und politischen System, wenn am Schluß die beiden alten Hymnen dieser Kaiserin gleichsam zuliebe und zu ihrer Ehre gesungen werden. Und es ist nicht Untreue zu unserer Republik!

Denn dieser Staat, so klein er ist, hat allen Grund zu hoffen auf jenen göttlichen Beistand, den unser Volk mehr als tausend Jahre empfangen durfte. Und sie ist in gewisser Hinsicht ein Wort, ein lebendiges Wort der Hoffnung für uns. Was sie vor sieben Jahren – fast sieben Jahren – gesagt hat, wir sehen schon, wie es sich erfüllt, und wieviel Gutes sich überall regt, wenn wir nur die Zeichen der Zeit verstehen und großmütig alles tun, um die Gemeinschaft unserer Völker und auch die innere Gesundung unseres Landes, der Menschen bei uns, im Auge haben. Sie kann nur kommen aus der Gnade Gottes und aus der Treue seinem Wort gegenüber. Je größer Gott für uns wieder wird, desto größer wird die Herrlichkeit unseres Volkes und wird der innere Friede sein zu einer Kraft, zu einer Trostquelle und zum Heil auch für die anderen Völker, mit denen wir durch unsere Geschichte im Glauben verbunden sind, und durch unseren Respekt und ehrliche Anerkennung der Menschenwürde, weil wir sie im Glauben und im Licht Gottes sehen.

Ich möchte mir erlauben, meine Lieben, – ohne jeden irgendwie nur scharfen Seitenblick oder gar Verweis – eines hier von mir aus zu widerrufen: Dieses Begräbnis ist nicht ein Begräbnis unserer Geschichte. Diese unsere Geschichte lebt. Sie kann nicht ein Baumstamm sein – dessen Wurzeln fast 2000 Jahre zurück in der Zeit liegen – den man eben in der Mitte gleichsam um vielleicht einen Meter abschneidet und neu dann zusammensetzen will. Nichts kann begraben werden von dem vielen, vielen Edlen, Guten, von der vielen vielfachen Liebe und Treue und von all dem Guten, das die Menschen unseres Landes, begabt durch die Gaben Gottes und der Natur, getan, gegeben haben. Wir glauben und sollen glauben, daß Geschichte Heilsgeschichte unseres Landes ist, und so wie es die verewigte Kaiserin zum Schluß ihres Interviews gesagt hat: »Ich bin davon überzeugt, daß dieser große Donauraum mit seinen Völkern weiterhin im Schutz Gottes stehen wird.

Und es ist schön, und ich möchte es mit besonderem Dank an die Familie jetzt vermerken, daß auf dem kleinen Doppelblättchen zum Andenken der Verewigten dieses wunderbare Bild von Maria Zell von der Magna Mater Austriae, von der Magna Regina Hungariae und der Mater Slavorum steht. Die Bischöfe dieser Länder, die bei uns sind, sie mögen mit Zuversicht dieser himmlischen Fürsprecherin und Schutzfrau Maria ihre wunderbare Berufung anvertrauen, den Völkern zu einem neuen Glauben und der Kirche zu neuer Kraft verhelfen, von Gott her. Und wir, die wir für sie beten, für diese liebe, gute, treue Dienerin des Herrn, wir wollen zugleich auch mit Zuversicht – wir dürften es ja – erhoffen, daß sie, hier auf Erden eine so gute Mutter, auch uns allen – wenn ihr Gott, sein Wort einlösend, das ewige Leben schenken wird, die Auferstehung, die er selber ist, unser umsomehr weiterhin gedenken möge.«

Die Fürbitten, in den großen Sprachen der Doppelmonarchie verlesen, prägten sich insofern ganz besonders ein, als sie geradezu Schlag um Schlag mit der Abwerfung des kommunistischen Jochs durch die Völker Mittel-Osteuropas in Erfüllung gingen:

Za smířeni a mír národů dunajského prostoru prosíme te uslyš nás.

Für die Versöhnung und den Frieden der Völker des Donauraumes bitten wir, erhöre uns.

Hogy az Európa népei ismételten Krisztushoz forduljanak, hogy újra elnyerjék a hitnek, a reménynek és a szeretetnek kegyelmét.

Daß die Völker Europas sich wieder Christus zuwenden, damit sie von neuem die Gnade des Glaubens, der Hoffnung und der Liebe erlangen.

Gospodine, udjeli svim vladama naših zemalja da mudro i zauzeto upravljaju državama i narodima.

Herr, gib allen Regierungen unserer Länder Weisheit und Kraft, damit sie mit Einsatz ihrer Kräfte die Staaten und Völker lenken.

Da bi vsi, ki po svoji vesti iskreno živijo, razsvetljeni od Svetega Duha v Kristusu spoznali polno resnico.

Daß alle, die nach ihrem Gewissen aufrichtig leben, vom Heiligen Geist erleuchtet in Christus die volle Wahrheit finden.

Aby Bóg laskawie przyjal ofiare zycia naszego cesarza i króla Karola.

Daß Gott das Lebensopfer unseres Kaisers und Königs Karl gnädig annehme.

Per la nostra difunta imperatrice e regina Zita perchè Dio le conceda la felicità eterna e che la sua profunda fede sofferta e travagliata dagli eventi umani aiuti anche noi a raggiungere la Patria celeste.

Für unsere heimgegangene Kaiserin und Königin Zita, daß Gott ihr die ewige Freude schenke, und daß ihr tiefer, in leidvollem Schicksal durchlittener und vollendeter Glaube auch uns helfe, in die Heimat im Himmel zu gelangen.

Die feierliche »Verabschiedung« im Dom, dem vielleicht bewegendsten Teil dieser grandiosen Totenfeier, eingeleitet mit dem »Näher, mein Gott zu Dir«, klang aus mit dem gemeinsamen Gesang der Trauergäste im Dom und draußen auf dem Stephansplatz und den umliegenden Straßenzügen. Zuerst mit Ungarns Hymnus

Isten, áldd meg a magyart, Jó kedvvel, böséggel,
Nyujts feléje védö kart,
Ha küzd ellenséggel; Balsors akit
régen tép, Hozz reá vig esztendöt,
Megbünhödte már e nép A multat s jövendöt!

und schließlich mit der Volkshymne

Gott erhalte, Gott beschütze
unserern Kaiser unser Land.
Mächtig durch des Glaubens Stütze
führt er uns mit weiser Hand.
Laßt uns seiner Väter Krone
schirmen wider jeden Feind.
Innig bleibt mit Habsburg's Throne
Österreichs Geschick vereint.

Nach dem Gottesdienst formierte sich zwischen Rotenturmstraße und dem Ende des Grabens ein Trauerzug mit dem Katafalk, den Angehörigen, den Ehrengästen und den zahllosen Gruppen, Delegationen und Verbänden, auch mit einer auffallend starken Abordnung von Offizieren und Soldaten des österreichischen Bundesheeres, Soldaten, die auch der Oberst-Inhaberin des Husarenregiments Nr. 16 – Kaiserin und Königin Zita – die letzte militärische Ehre erweisen wollten. Die nach Tausenden zählenden Männer und Frauen dieses Kondukts, die stundenlang nach Aufstellung um die Mittagszeit bis zum Beginn des Abmarsches zu warten hatten, standen auch unbeirrt ein ungewöhnlich heftiges Frühlingsgewitter durch; um Punkt 15 Uhr verdunkelte sich der Himmel über Wien fast ins Nachtschwarze und öffnete unter Donner und Blitz seine Schleusen.
Durch ein von Zehntausenden Menschen gebildetes dichtes Spalier bewegte sich der Trauerzug dann über Graben und Kohlmarkt, vorbei an der Hofburg, der Augustinerkirche und der Albertina zur Kapuzinerkirche mit ihrer Kaisergruft. Nach dem Eintreffen des Wagens und der Aufstellung der Garden konkretisierte sich eine Wechselrede zur historischen Tatsache, die bisher nur in der Legende lebte.

Mit dem silbernen Stab klopfte der Zeremonienmeister Dr. Heinz Hafner an die verschlossene Pforte zur Kapuzinergruft, worauf sich zwischen dem Zeremoniär und dem Domcustos der Kaisergruft, P. Guardian, der Dialog entfaltete:

P. Guardian: »Wer begehrt Einlaß?«
Zeremoniär: »Zita, die Kaiserin von Österreich, gekrönte Königin von Ungarn, Königin von Böhmen, von Dalmatien, Kroatien, Slawonien, Galizien, Lodomerien und Illyrien; Königin von Jerusalem; Erzherzogin von Österreich, Großherzogin der Toskana und von Krakau; Herzogin von Lothringen, von Bar, von Salzburg, Steyr, Kärnten, Krain und der Bukowina; Großfürstin von Siebenbürgen, Markgräfin von Mähren; Herzogin von Ober- und Niederschlesien, von Modena, Piacenza und Guastalla; von Auschwitz und von Zator, Teschen, Friaul, Ragusa und Zara; gefürstete Gräfin von Habsburg und Tirol, von Kyburg, Görz und Gradiska; Fürstin von Trient und Brixen; Markgräfin von Ober- und Niederlausitz und Istrien, Gräfin von Hohenems, Feldkirch, Bregenz und Sonnenberg; Herrin von Triest, von Cattaro und auf der Windischen Mark; Großwojwodin der Wojwodschaft Serbien, Infantin von Spanien, Prinzessin von Portugal und von Parma.«
P. Guardian: »Kenne ich nicht.«

Der Zeremonienmeister klopft dreimal an das Tor der Kapuzinerkirche.

P. Guardian: »Wer begehrt Einlaß?«
Zeremoniär: »Zita,
Ihre Majestät die Kaiserin und Königin.«
P. Guardian: »Wir kennen sie nicht.«

Der Zeremonienmeister klopft dreimal an das Tor der Kapuzinerkirche.

P. Guardian: »Wer begehrt Einlaß?«
Zeremoniär: »Zita, ein sterblicher, sündiger Mensch.«
P. Guardian: »So komme sie herein.«

Im Zuge der Einsegnung ergriff der Alterzbischof von Wien, Franz Kardinal König, das Wort zum Abschied: »›Wenn ich einmal soll scheiden, so scheide nicht von mir.‹ Mit diesem Blick auf den Erlöser halten wir die letzte Rast am Ende eines langen Weges. Wir blicken zurück auf den Anfang, mit den Worten aus dem Begräbnisritus der katholischen Kirche: ›Im Wasser und im hl. Geiste wurdest du getauft; der Herr vollende an dir, was er in der Taufe begonnen hat.‹

Der Weg von Klosterneuburg über die Stephanskirche hat uns jetzt in die Kirche der Kapuziner geführt. In ihrer Obhut befindet sich die Kaisergruft, wo wir nach ihrer langen und schmerzlichen Pilgerschaft endgültig Abschied nehmen von Kaiserin Zita.
Mit vielen von Ihnen verneige ich mich hier vor der Majestät des Todes. Ich

verneige mich vor der Größe und Macht der Geschichte. Respektvoll verneige ich mich vor einer großen Frau und Mutter.
Die Majestät des Todes kennt keinen Unterschied des Ranges und des Standes. Nachdem bereits zuvor sichtbare Zeichen der Versöhnung gesetzt worden waren, war es nun der Macht des Todes vorbehalten, der Kaiserin den Weg in die Heimat endgültig freizumachen; in eine Heimat, in der sie einmal die Kaiserkrone von Österreich, die Königskrone von Ungarn getragen hat, um sie dann zu vertauschen mit der Last des Exils.
Die Macht des Todes hat damit den Weg freigemacht – allen Unsicherheiten des Lebens entrissen – für ein kleines Stück Heimaterde, wodurch die Kaiserin nun für immer mit dieser Heimat verbunden bleibt.
Wenn sie auch in der Kaisergruft bestattet wird, so ist es doch die Erde, die sie aufnehmen wird, wie jeden von uns, die wir dem Gesetz der Vergänglichkeit und der Sterblichkeit unterworfen sind.
Ich verbeuge mich in dieser Stunde vor der Größe und Macht der Geschichte. Wir können das Vergangene, aber wir können die Geschichte nicht auslöschen, denn sie wirkt hinein ohne Unterlaß, in unsere Zeit, in unsere Gegenwart. Man kann sich Geschichte daher nicht zurechtbiegen, damit sie den Wünschen der Gegenwart entspricht, man kann die Geschichte auch nicht nostalgisch verlassen, um nur in der Vergangenheit zu leben. Warum also Geschichte fürchten?
Aus der Vergangenheit zu lernen, ist Aufgabe der Geschichte. Und die mit der Geschichte unseres Landes verbundene Kaiserin stellt unser kleines Österreich hinein in die europäische Weite einer in Zukunft eins werdenden Welt. Die mit Geschichte vielfach befrachtete Heimkehr zeigt zudem jene einmal größere geistige Verbundenheit Europas, eingewurzelt im Welt- und Menschenbild des Christentums.
Nicht zuletzt ist es die Geschichte, die uns sagt, was vergänglich ist und was bleibt. Die Geschichte sagt uns, daß es Scheinwerte gibt, die den Keim des Unterganges und des Todes in sich tragen. Das Gute und Wertvolle, um das ein Mensch oft im Verborgenen gerungen hat, das allein respektiert die sonst alles nivellierende Macht des Todes. Sie schreibt es hinein in das Buch der Geschichte, in unsere Geschichte: auch das, was die Verstorbene für Österreich getan hat, ist aufbewahrt im Buch der Geschichte.
Nach den langen Lebensjahren einer Kaiserin Zita hat nun aber die Majestät des Todes den Schlußstrich gezogen.
Hier aber greift der Herr über Leben und Tod ein –, er, der den Tod ursprünglich nicht gewollt hat (Buch der Weisheit), um jene Seiten des Lebensbuches aufzuschlagen, die in jedem Menschenleben zu dem gehören, was bleibt. Die tote Kaiserin, die wir jetzt in der Kaisergruft der Habsburger zur letzten Ruhe bestatten, vor deren Leben ich mich, gemeinsam mit ihrer großen Familie, respektvoll verneige, war eine mutige und tapfere Frau. Sie hat ihr schweres Schicksal, wie sie selbst öffentlich bekannt hat, wie es kleine, unbekannte Leute

Zehntausende beim Zita-Begräbnis:

Noch einmal wurde Wien zur Kaiserstadt

Lit 1500,– Din 3900,– Dr 190,– Pta 150,– DM 2,10 sfr 1,90

Sonntag, 2. April 1989 / Nr. 10.368, S 7,–

Neue Kronen Zeitung
UNABHÄNGIG

Wien 19, Muthgasse 2, Telefon 36 01-0

Foto: Gradwohl

BEEINDRUCKENDE SZENEN wie beim Begräbnis Kaiser Franz Josephs gab es für die Menschen im Spalier und weltweit im TV bei Zitas letzter Fahrt mit dem Totenwagen der Habsburger in Wien (8 Seiten Bildberichte).

ihrer unmittelbaren Umgebung schriftlich bezeugen, nur gemeistert aus der Kraft des Glaubens. Ich meine jenes Glaubens, den die Christenheit seit Jahrhunderten im Credo bekennt. Dieser Glaube gab auch ihr den Mut, ihr Leben mit allen seinen dunklen Stunden in Gottes Hand zu legen. Ein Wort aus dem Psalm war ihr wohl Trost und Stütze: »Muß ich auch wandern in finsterer Schlucht; ich fürchte kein Unheil, du bist bei mir ... nichts wird mir fehlen.«
Dieser Glaube, unmittelbar nach dem Osterfest, sagt uns voll Zuversicht: ›Deinen Gläubigen, o Herr, wird das Leben gewandelt, nicht genommen.‹ Und wenn die Herberge der irdischen Pilgerschaft zerfällt, ist uns bei dir eine ewige Wohnung bereitet. Denn Jesus Christus, Gottes Sohn, hat durch seine Auferstehung die Macht des Todes gebrochen und das Tor zu einem größeren Leben aufgetan.
In diesem Glauben bitten wir den Herrn über Leben und Tod: ›Im Wasser und im hl. Geiste wurdest du getauft, der Herr vollende an dir, was er in der Taufe begonnen hat.‹ Daher laßt uns beten ...«

Nach Schluß der Zeremonie stimmten die Wiener Sängerknaben ein SALVE REGINA, MATER MISERICORDIAE an, und dann begaben sich die engsten Familienangehörigen sowie der hohe Klerus in die »Neue Gruft«, unmittelbar neben jenem Raum, in dem Kaiser Franz Joseph I., Kaiserin Elisabeth und Kronprinz Rudolf ihre letzte Ruhe fanden.
Nach einer letzten Segnung – der Sarg der Kaiserin steht gegenüber der Büste Kaiser Karls, zu Füßen einer von den Frauen Ungarns gestifteten Marienstatue, begaben sich die Angehörigen hinaus auf den Neuen Markt, wo Otto von Habsburg und seine Familie den dort wartenden Ehrenformationen ihren persönlichen Dank für die Anteilnahme und Teilnahme ausdrückten.
Dem Autor dieses Buches widerfuhr die Ehre, über Otto von Habsburgs ausdrücklichen Wunsch, der mir von Erzherzog Karl überbracht worden war, dem geschlossenen Kreis jener, die bei der letzten Verabschiedung in der Gruft anwesend waren, teilnehmen zu dürfen.
Seit dem 1. April 1989 reißt der Strom der Besucher, die an Kaiserin Zitas Sarg, der inzwischen auf einem bescheidenen Postament steht, vorbeidefilieren, nicht ab, und alle verbinden mit ihrem Besuch die Hoffnung, daß auch Kaiser Karl möglichst bald nach Wien zu seiner treuen Gemahlin heimkehren werde.

DAS POLITISCHE VERMÄCHTNIS DER KAISERIN

Als Kaiser Karl am 21. Nobember 1916 nach dem Tode Kaiser Franz Josephs an dessen Stelle trat, erließ er seine erste Proklamation, in der es hieß: »Als kostbares Erbe Meines Vorfahren übernehme Ich die Anhänglichkeit und das innige Vertrauen, das Volk und Krone umschließt: Dieses Vermächtnis soll Mir die Kraft verleihen, den

Pflichten Meines hohen und schweren Herrscheramtes gerecht zu werden. Durchdrungen von dem Glauben an die unvernichtbare Lebenskraft Österreich–Ungarns, beseelt von inniger Liebe zu Meinen Völkern, will ich Mein Leben und Meine ganze Kraft in den Dienst dieser Hohen Aufgabe stellen.«

Für mich ist es wie Erfüllung dieses Vermächtnisses, wenn ich im sehr hohen Lebensalter noch den Beginn einer neuen Zeit miterleben darf, in der die Völker Europas sich in Frieden und Freiheit wiederfinden. Es ist für mich wie eine Krönung dieses Vermächtnisses, wenn Ungarn und Österreich wieder so herzlich zueinander finden und sich am Horizont schon ein neues Mitteleuropa abzeichnet, das, vereint und stark, als ein Teil der Europäischen Gemeinschaft seinen Beitrag für das Wohlergehen Europas und besonders unserer Länder leisten wird, auch jene eingeschlossen, die heute noch in Unfreiheit zu leben gezwungen sind.

Kaiser Karl hat damals, bei der Übernahme des Erbes, gesagt: »Indem Ich des Himmels Gnade und Segen auf Mich und Mein Haus, wie auf Meine geliebten Völker herabflehe, gelobe Ich vor dem Allmächtigen, das Gut, das Meine Ahnen Mir hinterlassen haben, getreulich zu verwalten.«

Bald fiel mir die Aufgabe zu, einen Teil dieses Gutes zu verwalten. Mit Gottes Hilfe und dem Beistand so vieler Getreuer, die in jeder Stunde, sei es in den Tagen des Kriegsendes, sei es in der Zeit der Verfolgung während des Zweiten Weltkrieges und auch danach unverbrüchlich die Treue hielten, konnten wir gemeinsam den Weg in eine neue Zeit finden. Ich konnte sogar an jenem unvergeßlichen 17. August 1982, am Geburtstag Kaiser Karls, die geliebte Heimat wiedersehen. Die Erlebnisse jener Tage haben sich tief in mein Herz gegraben. Ich durfte Mariazell wiedersehen, Maria Puchheim, ich durfte den überwältigenden Empfang im Erzdom von Wien erleben, der alten Haupt- und Residenzstadt, der wir so besonders verbunden sind; ich durfte die Heimatvertriebenen zu Pfingsten 1983 besuchen, Tulfes, St. Jakob, mit dem mich so viele kostbare Erinnerungen verbinden, das herrliche Innsbruck, und Osttirol, wo ich auch so viele liebe Landsleute aus Südtirol sehen durfte. Wie gerne wäre ich noch nach Südtirol gekommen und nach Ungarn und an all die anderen Orte, denen ich so herzlich durch meinen Weg durch das Leben verbunden bin. Meine schwächer werdenden Kräfte erlaubten das nicht mehr, aber ich erlebte die Reisen meines Sohnes Otto und meines Enkels Karl nach Ungarn so mit, als wäre ich mit ihnen gewesen. Ich weiß, daß die Liebe, die Kaiser und König Karl galt, auch seinen Erben gelten wird.

Noch ist das Ziel nicht erreicht, noch ist der Friede, für dessen Gewin-

nung Kaiser Karl alles gegeben hat, nicht gesichert, noch ist unsere gemeinsame christliche Zivilisation bedroht. Aber so unerschütterlich Kaiser Karls Vertrauen in die Kraft der untrennbaren Schicksalsgemeinschaft der Donauvölker war, so gewiß erschien es mir stets, daß trotz aller Schwierigkeiten unsere Völker zum Werk der friedlichen Erneuerung zusammenwirken werden. Auch vertraue ich auf Gottes Vorsehung, daß unser Europa zu den geistigen und sittlichen Wurzeln zurückfindet, die allein seine Zukunft sichern können.
Ich bin dankbar für alles, was die Menschen unserer Länder an Treue und Liebe aufgeboten haben. Gott schütze sie alle und führe sie in eine glückliche, gemeinsame Zukunft!

Zizers, 1989

Auf der Straße des 9. Mai

Nebelverhangen und trüb, ja stickig stand der Himmel über dem Städtchen Brandeis an der Elbe, als pünktlich, wie es die Höflichkeit der Könige gebeut, Otto von Habsburg mit einem VW-Golf vor dem Tor des Rathauses erschien; am Steuer sein jüngster Sohn, Erzherzog Paul Georg, Jahrgang 1964.
Am Portal des Rathauses eine stramme, in tadelloser Montur aufgezogene Wache der k.u.k. 7er-Dragoner, dem Regiment Erzherzog Karls in seiner Brandeiser Dienstzeit. Es sind junge Herren aus Böhmen, die ein Traditionsregiment »7er-Dragoner« aufgebaut haben und mit größter Begeisterung bei der Sache sind: Der Besuch Otto von Habsburgs, Paul Georgs und Karl Christians (einem Neffen Ottos) ist zweifellos der Höhepunkt in ihrer jungen Regimentsgeschichte.
Drinnen im Rathaus haben sich Bürgermeister und Gemeinderäte aufgestellt und nehmen den Besuch des Erbkönigs von Böhmen mit spürbarer Bewegung entgegen. Die Damen und Herren – es ist Freitag, der 8. Dezember 1990 – werden erst am Montag darauf ihre Ämter antreten, weil am Vortag die ersten freien Gemeinderatswahlen seit Menschengedenken stattfanden. Von dem 30 Gemeinderäten sind gezählte zwei von der Kommunistischen Partei ...
Als erste Farbtupfer einer bunteren, besseren Zukunft flankieren wieder 7er-Dragoner den großen Tisch, auf dem das Goldene Buch von Brandeis an der Elbe bereits aufliegt, aufgeschlagen ist eine zauberhaft dekorierte Doppelseite mit der Eintragung der jungen Erzherzogin Zita, datiert 29. November 1911. Er gilt als der schönste Tag in der Geschichte des Städtchens Brandeis, der Tag, an dem die Jungvermählten Karl und Zita im Bahnhof von Brandeis (etwa eine Fahrstunde nordöstlich von Prag, am Oberlauf der Elbe) eintrafen, der Bürgermeister, der Kommandant der Dragober-Eskadron und die Honoratioren das hohe Paar begrüßten und dann im festlichen Zug zum Rathaus geleiteten. Die Fenster

prangten im Schmuck der Fahnen und Tannengirlanden, allüberall glitzerten in Lametta die Buchstaben »KZ« – kein Mensch konnte ahnen, welche entsetzliche Bedeutung diese Buchstaben auch für die Juden von Brandeis haben würden, die sich an der Begrüßung von Karl und Zita patriotisch beteiligten.

Vom Rathaus ging's hinüber zum Offizierskasino, gleich gegenüber, wo die Soldaten die Vorderfront des Gebäudes mit besonderer Hingabe geschmückt und herausgeputzt hatten, zählte doch der Oberleutnant Erzherzog Karl als Ausbilder zu den beliebtesten Herren des Regiments.

Seit Ende des Zweiten Weltkrieges heißt ausgerechnet dieser Teil der Stadt »Straße des 9. Mai« – offiziell zur Erinnerung an den ersten Tag des Friedens nach sieben Jahren Weltkrieg –, aber es ist ein offenes Geheimnis, daß damit der Geburtstag von Kaiserin Zita gemeint war, die in den Herzen der Menschen von Brandeis als eine lichte, schöne Erinnerung weiterlebte.

Nur ein paar Gehminuten von der Straße des 9. Mai entfernt liegt Schloß Brandeis, einst von Kaiser Rudolf II. als mächtiges Renaissanceschloß wiedererrichtet. Die Zufahrt nach Brandeis glich damals, am 29. 11. 1911, einer die Größe und Bedeutung des Städtchens Brandeis geradezu sprengenden VIA TRIUMPHALIS, hatten doch die Bürger alle paar Schritte fahnen-, reisig- und wappengeschmückte Freudenbögen errichtet, um die Jungvermählten gebührend zu begrüßen.

Schloß Brandeis glich damals einem Juwel. Später übernahm Erzherzog Ludwig Salvator das Schloß. Da er aber sein Leben vorwiegend im Orient und auf den Balearen verbrachte, die er wissenschaftlich exakt erforschte, stellte er Brandeis seinem Neffen und dessen junger Frau zur Verfügung, und Karl und Zita verbrachten denn auch dort das glücklichste und unbeschwerteste Jahr ihres gemeinsamen Lebens. Vor der Niederkunft mit dem Erstgeborenen – Otto von Habsburg – übersiedelte das erzherzogliche Paar nach Reichenau in Niederösterreich, wo Kronprinz Otto zur Welt kam.

Als Otto von Habsburg am 8. Dezember, beinahe schon als Achtzigjähriger, Schloß Brandeis besuchte, bot sich ihm ein düsteres Bild dar: denn heute birgt das völlig heruntergekommene, desolate Gemäuer eine staatliche Forstverwaltung, und der Bau- und Allgemeinzustand entspricht durchaus dem von Böhmens devastierten, vom sauren Regen vernichteten Wäldern.

Die Menschen von Brandeis jedenfalls scheinen die Präsenz »ihrer Erzherzogin« und »ihres Karel« mehr denn je geradezu greifbar zu spüren. Viele äußern ganz offen den Gedanken, daß sie die Befreiung ihrer so viele Jahrzehnte von den Kommunisten beherrschten Heimat dem gemeinsamen Wirken Karls und Zitas in der anderen Welt zuschreiben – ein Gedanke, der auch bei den Besuchen Ottos in Budapest, Prag, Laibach, Agram, Krakau oder anderen Orten der Doppelmonarchie immer wieder auftauchte. Ist es ein Zufall, daß der 9. Mai, der Geburtstag Kaiserin Zitas, der erste Tag des Friedens im Jahre 1945 war, und sie am 1. April, dem Sterbetag Kaiser Karls, in der Wiener Kapuzinergruft beigesetzt wurde?

Es gibt Zusammenhänge, die wir mit unserem Verstand nicht erfassen.

Dank

Die Quellen zu diesem Buch, das inzwischen schon zahlreichen anderen Autoren wieder als Quelle diente, sind so gut wie ausschließlich Zeitzeugen: in erster Linie weiland Ihre Majestät Kaiserin und Königin Zita, ihre »Annotationen« und jene Aufzeichnungen Kaiser Karls, die hier relevant waren; dann die Aussagen und Berichte der Kinder und Kindeskinder der Kaiserin, schließlich die Aussagen ihrer nächsten Verwandten – der Herzöge Robert und Xavier von Bourbon-Parma, des Prinzen Sixtus; dann Kardinal Mindszenty, Prinz Alfred von und zu Liechtenstein, Prinz Vincenz, seine Gemahlin Hélène; Univ.-Prof. Ludwig Jedlicka (†), Fürst Karl zu Löwenstein, Dr. Anna Gräfin Coreth vom Staatsarchiv und Dr. Kurt Peball sowie – er verdient ganz besonderen Dank – Dr. Peter Broucek; Dr. Erich Thanner (†), der unvergessene Freund und Mentor; Dr. Géza Freiherr von Kövess-Kövessháza (†), Dr. Egon Gianone, Dr. Joseph Vecsey (†), Heinz Fröhlich (Aargau) und, besonders bei dieser Auflage, Präsident Dr.h.c. Herbert Rauch-Höphffner von Brendt, ohne dessen akribische Aufzeichnungen manches schon wieder der Vergessenheit anheimgefallen wäre.
Ein besonderer Dank gilt auch Herrn Dr. Bayer und Herrn Hika aus Brandeis an der Elbe, die dem Autor ihre Fotosammlungen zur Verfügung stellten.

Register

Bildnachweis

Alle Fotos stammen aus dem Archiv des Autors.
Besonders zu danken ist den Herren Franz Hammerl, Feldkirch, Helge Reinl (Europress), Adolf L. Milkovic und Schaler von der Neuen Kronenzeitung.